法律硕士（法学）联考
历年真题精解及考前 5 套题

白文桥　主编

中国人民大学出版社
·北京·

图书在版编目（CIP）数据

法律硕士（法学）联考历年真题精解及考前 5 套题/白文桥主编. —北京：中国人民大学出版社，2020.11
ISBN 978-7-300-28736-2

Ⅰ．①法… Ⅱ．①白… Ⅲ．①法律-研究生-入学考试-习题集 Ⅳ．①D9-44

中国版本图书馆 CIP 数据核字（2020）第 210422 号

法律硕士（法学）联考历年真题精解及考前 5 套题
白文桥　主编
Falü Shuoshi（Faxue）Liankao Linian Zhenti Jingjie ji Kaoqian 5 Tao Ti

出版发行	中国人民大学出版社			
社　　址	北京中关村大街 31 号		邮政编码	100080
电　　话	010—62511242（总编室）		010—62511770（质管部）	
	010—82501766（邮购部）		010—62514148（门市部）	
	010—62515195（发行公司）		010—62515275（盗版举报）	
网　　址	http://www.crup.com.cn			
经　　销	新华书店			
印　　刷	北京七色印务有限公司			
规　　格	185 mm×260 mm　16 开本		版　次	2020 年 11 月第 1 版
印　　张	31.75		印　次	2020 年 11 月第 1 次印刷
字　　数	768 000		定　价	78.00 元

目　录

第一部分　历年真题精解（2010—2020年）

第二部分　考前 5 套题

第一部分

历年真题精解

（2010—2020 年）

2020 年全国法律硕士（法学）专业学位研究生入学联考专业基础课试题

一、单项选择题（第 1～20 小题，每小题 1 分，共 20 分。下列每题给出的四个选项中，只有一个选项是最符合题目要求的）

1. 下列关于刑法因果关系的说法中，正确的是（　　）。
   A. 因果关系的认定必须考虑行为人的主观认识
   B. 因果关系的存在是行为人承担刑事责任的充分条件
   C. 危害行为与危害结果之间存在条件关系即可认定因果关系存在
   D. 不作为犯罪中不作为与危害结果之间的因果关系是客观存在的

2. 下列关于剥夺政治权利的最高期限的说法中，正确的是（　　）。
   A. 单处剥夺政治权利的期限不得超过 10 年
   B. 判处管制，附加剥夺政治权利的期限不得超过 5 年
   C. 判处有期徒刑，附加剥夺政治权利的期限不得超过 5 年
   D. 从无期徒刑减为有期徒刑时，附加剥夺政治权利的期限不得超过 15 年

3. 公司经理甲利用职务上的便利，侵吞本单位财物数额巨大。对此犯罪，我国刑法规定的法定刑是"处五年以上有期徒刑，可以并处没收财产"。根据本条对甲量刑（　　）。
   A. 最高可判处 15 年有期徒刑，并处没收财产
   B. 最高可判处 20 年有期徒刑，并处没收财产
   C. 最高可判处 25 年有期徒刑，不并处没收财产
   D. 如果判处 5 年有期徒刑，则不能并处没收财产

4. 下列选项中，应按故意杀人罪一罪定罪处罚的是（　　）。
   A. 甲为索取债务将孙某关在宾馆房间，其间多次毒打孙某致其死亡
   B. 乙为勒索财物绑架钱某，从钱某家人处获得赎金后将钱某杀害
   C. 丙为牟取暴利组织多人偷越国境，其间将被组织者吴某殴打致死
   D. 丁为劫取财物杀死曹某，并按照计划将曹某驾驶的车辆变卖获利

5. 甲因经营不善欠下巨额债务，为转移财产，与朋友乙伪造甲向乙借款 200 万元的借款合同，让乙向法院提起诉讼，第三人丙得知后申请参加诉讼。法院经开庭审理查明，

该借款合同属于甲、乙恶意伪造。甲的行为应认定为（　　　）。

  A. 伪证罪   B. 妨害作证罪

  C. 虚假诉讼罪   D. 扰乱法庭秩序罪

  6. 甲在其制作的玉米馒头中违规超量添加色素，销售金额累计达 22 万元。此种色素为合法食品添加剂，超量使用不足以造成严重食物中毒事故或者其他严重食源性疾病。甲的行为应认定为（　　　）。

  A. 不构成犯罪   B. 生产、销售伪劣产品罪

  C. 生产、销售有毒、有害食品罪 D. 生产、销售不符合安全标准的食品罪

  7. 甲从王某处借得一辆价值 10 万元的竞赛用自行车，因急需用钱，甲将该车质押给典当行，得款 6 万元。在王某索要时，甲无力赎回该车，又向李某借得一辆价值 15 万元的竞赛用自行车，将该车质押给同一典当行，得款 10 万元后赎回王某的自行车。甲将自行车交还给王某后潜逃，导致李某的自行车期满未赎。甲诈骗的金额为（　　　）。

  A. 6 万元 B. 10 万元 C. 15 万元 D. 25 万元

  8. 下列关于强奸罪的说法中，正确的是（　　　）。

  A. 强奸罪的犯罪对象可以是男性

  B. 强奸罪的犯罪主体不可以是女性

  C. 只要与幼女发生性关系就应以强奸罪论处

  D. 强奸引起被害人自杀的，不属于强奸"致使被害人死亡"

  9. 工休期间，建筑工人甲在工地上将与自己相互嬉闹的工友乙推倒，致乙跌落摔死。甲的行为应认定为（　　　）。

  A. 意外事件   B. 重大责任事故罪

  C. 故意伤害罪   D. 过失致人死亡罪

  10. 甲毒瘾发作，委托乙到住在同一小区的毒贩（另案处理）处代购毒品，并向乙支付了"劳务费"。乙购买了 2 小包海洛因交给甲吸食。对此，下列说法中正确的是（　　　）。

  A. 甲构成贩卖毒品罪   B. 乙构成贩卖毒品罪

  C. 乙构成非法持有毒品罪   D. 甲、乙均不构成犯罪

  11. 某地多日暴雪，甲在公交站等车时，站台顶棚因积雪过多塌落，将甲砸伤。该公交站站台系乙公司设计、丙公交公司管理。甲的损害应由（　　　）。

  A. 本人承担   B. 乙公司赔偿

  C. 丙公司赔偿   D. 乙公司和丙公司共同赔偿

  12. 两个以上污染者污染环境造成他人损害的，污染者承担（　　　）。

  A. 按份责任 B. 连带责任 C. 过错责任 D. 公平责任

  13. 甲物业公司委托乙清洁公司清洁其管理的某住宅楼外墙，乙公司指派的员工丙因操作不当，致清洁工具从高处掉落，砸中业主丁的汽车。丁的损害应由（　　　）。

  A. 甲公司承担责任   B. 乙公司承担责任

  C. 甲公司和乙公司承担连带责任 D. 乙公司和丙承担连带责任

  14. 画家甲丧偶后，独自抚养儿子乙。某日，甲将自己的一幅画作交给朋友丙保管，

嘱托丙待自己去世后烧毁该画作。甲去世后，丙违背甲的嘱托，将画作交拍卖公司拍卖，得款 50 万元。该 50 万元应当（　　　）。

  A．归乙所有   B．归丙所有

  C．由乙、丙平分   D．归国家所有

15．微信名为"温柔的小蜜蜂"的用户在朋友圈中发图配文称：张某是一位糖尿病患者，服用"小蜜蜂"牌保健品后病情得到控制。李某发现该图用的是自己的生活照，且文字内容与自己毫不相干。该用户侵犯了李某的（　　　）。

  A．名誉权   B．肖像权

  C．个人信息权益   D．姓名权

16．甲收到乙通讯公司短信，内容为：本公司为您提供实时天气预报服务，每月收费 5 元，如不接受此服务，请回复 N。甲看后未予理睬。后甲发现乙公司向自己收取了该费用，遂要求返还。甲与乙公司之间的天气预报服务合同（　　　）。

  A．不成立   B．无效   C．可撤销   D．有效

17．下列选项中，属于继父或继母收养继子女的条件是（　　　）。

  A．继子女不满 14 周岁   B．继父母无子女

  C．经生父母同意   D．生父母有特殊困难无力抚养子女

18．甲以 5 万元购得一块手表，甲的朋友乙发现该表系高仿品，但未告知甲。丙看见该手表有意购买，乙为让丙买下该表，对丙声称该表是绝版正品，丙信以为真，遂以 5.5 万元买下该表。甲与丙之间买卖合同的效力为（　　　）。

  A．无效   B．可撤销   C．效力待定   D．有效

19．甲将自己的房屋赠与好友乙，已交付但未办理过户登记。一年后，甲因急需资金，将该房卖给丙并办理了过户登记，同时约定在丙付清全款前，甲保留房屋所有权。对此，下列选项正确的是（　　　）。

  A．甲仍享有房屋所有权   B．乙继受取得房屋所有权

  C．丙善意取得房屋所有权   D．丙继受取得房屋所有权

20．甲向乙借款 100 万元。为担保乙的债权，甲以一套价值 50 万元的房屋作抵押，丙以一套价值 50 万元的房屋作抵押，丁提供保证。现甲不能偿还到期债务。对此，下列说法正确的是（　　　）。

  A．乙应当先就甲的房屋实现抵押权

  B．乙应当先就丙的房屋实现抵押权

  C．乙应当先请求丁承担保证责任

  D．乙可以同时请求甲、丙、丁承担按份担保责任

二、多项选择题（第 21～30 小题，每小题 2 分，共 20 分。下列每题给出的四个选项中，至少有两个选项是符合题目要求的。多选、少选或错选均不得分）

21．下列选项中，属于我国刑法理论中处断的一罪的有（　　　）。

  A．集合犯   B．连续犯   C．牵连犯   D．吸收犯

22．下列选项中，减刑的适用对象有（　　　）。

  A．被判处管制的犯罪分子   B．被判处拘役的犯罪分子

C. 被判处有期徒刑的犯罪分子　　　　　D. 被判处无期徒刑的犯罪分子

23. 下列选项中，应认定为共同犯罪中的教唆犯的有（　　　）。

    A. 甲引诱 17 岁的王某盗窃了巨额财物

    B. 乙唆使已有自杀决意的高某赶快自杀

    C. 丙在演讲中煽动听众实施分裂国家的活动

    D. 丁说服丈夫刘某利用职权向他人索取巨额财物

24. 自动投案的罪犯的下列行为中，应认定为属于自首中"如实供述自己的罪行"的
有（　　　）。

    A. 供述时对所知的同案犯未作供述的

    B. 如实供述行为事实但对行为性质加以辩解的

    C. 在司法机关掌握其主要犯罪事实之前主动交代的

    D. 供述的身份与真实情况有差别但未影响定罪量刑的

25. 我国刑法保护的公民个人信息包括（　　　）。

    A. 财产状况　　　　　　　　　　　　　B. 行踪轨迹

    C. 身份证件号码　　　　　　　　　　　D. 通讯联系方式

26. 甲拾得乙丢失的手机，向乙索要 2 000 元报酬，乙表示面谈。见面后乙称只给
500 元，甲因此拒绝返还手机。乙要求甲返还手机的请求权有（　　　）。

    A. 侵权请求权　　　　　　　　　　　　B. 物权请求权

    C. 不当得利请求权　　　　　　　　　　D. 无因管理请求权

27. 下列选项中，属于非营利法人的有（　　　）。

    A. 基层群众性自治组织法人　　　　　　B. 社会团体法人

    C. 事业单位法人　　　　　　　　　　　D. 农村合作经济组织法人

28. 甲、乙、丙、丁一家四口乘坐某客运公司的客车去旅游。甲购买了全票，乙购买
了优待票，丙购买了半票，丁免票。因司机疲劳驾驶发生交通事故，全车旅客受伤。下列
人员中，有权请求客运公司赔偿的有（　　　）。

    A. 甲　　　　　　B. 乙　　　　　　C. 丙　　　　　　D. 丁

29. 我国婚姻法规定，"父母不履行抚养义务时，未成年的或不能独立生活的子女，
有要求父母付给抚养费的权利。"其中，"不能独立生活的子女"包括（　　　）。

    A. 在校接受高中学历教育的成年子女

    B. 在校接受大学本科学历教育的成年子女

    C. 丧失劳动能力无法维持正常生活的成年子女

    D. 未完全丧失劳动能力无法维持正常生活的成年子女

30. 甲将祖父的遗像交给乙装裱，乙粗心大意，弄丢了该遗像，甲非常痛苦。甲有权
要求乙（　　　）。

    A. 返还原物　　　　　　　　　　　　　B. 恢复原状

    C. 赔偿财产损失　　　　　　　　　　　D. 赔偿精神损害

三、简答题（第 31～34 小题，每小题 10 分，共 40 分）

31. 简述单位犯罪自首的认定。

32. 简述徇私枉法罪的构成要件。

33. 简述撤销监护人资格的法定事由。

34. 简述侵犯商标权的主要情形。

四、论述题（第 35～36 小题，每小题 15 分，共 30 分）

35. 试论我国刑法中数罪并罚的限制加重原则。

36. 试论债权让与。

五、案例分析题（第 37～38 小题，每小题 20 分，共 40 分）

37. 甲因犯盗窃罪被判处有期徒刑 5 年，并处罚金，2017 年 9 月 1 日刑满释放。2019 年 1 月 30 日，甲尾随独自回家的乙，强行进入乙家中，用胶带捆绑乙的双手，逼迫乙说出贵重财物存放地点，甲即去翻找。乙乘机将身体探出二楼窗户向邻居呼救，因双手被胶带捆住，失去平衡，坠楼摔死。甲见状空手逃离现场。

请根据上述材料，回答下列问题并说明理由：

（1）甲的行为应如何定罪？

（2）甲的犯罪行为属于何种停止形态？

（3）对甲确定刑罚时应考虑哪些情节？

38. 1998 年 4 月 1 日，栗园村村委会与本村农户刘家签订土地承包合同，约定：村集体的耕地 A 地块交由刘家承包经营；承包期为 1998 年 5 月 1 日至 2028 年 4 月 30 日。

2012 年 5 月 1 日，刘家与相邻 B 地块的承包户张家签订合同，约定：刘家有权在 B 地块取水浇田，每年支付 2 000 元。刘家未对该权利申请登记。6 月 1 日，刘家到 B 地块取水时，张家以刘家取水的权利未登记为由，不允许其取水。

2019 年 4 月 1 日，刘家将 A 地块的土地经营权流转给本村农户李家，双方约定：李家有权于 2019 年 4 月 10 日至 2030 年 3 月 31 日使用 A 地块，每年支付 500 元/亩；刘家应于 4 月 10 日前交付 A 地块。4 月 5 日，本村农户赵家得知刘家将土地经营权流转给李家，于是找到刘家，请求刘家将 A 地块的土地经营权流转给自己，并表示愿意每年支付 700 元/亩，刘家遂与赵家签订合同，并在当天交付了 A 地块。次日，李家发现赵家在使用 A 地块，要求赵家返还。

请根据上述材料，回答下列问题并说明理由：

（1）张家不允许刘家取水的理由是否成立？

（2）刘家与李家之间关于李家使用 A 地块期限的约定是否有效？

（3）李家是否有权要求赵家返还 A 地块？

2020 年全国法律硕士（法学）专业学位研究生入学联考专业基础课试题答案解析

一、单项选择题

1. D

【解析】因果关系具有客观性，即因果关系的认定，不受行为人主观认识的影响。行为人是否料到自己的行为可能导致该种危害结果，对因果关系的有无不发生任何影响。可见，A 项表述错误。存在因果关系，并不意味着对危害结果当然负责，有因果关系只能说明行为人具备对该结果承担刑事责任的客观性条件，不是充分条件。即使认定因果关系有所扩大，也不会导致刑事责任扩大化。可见，B 项表述错误。因果关系中的"条件"和"原因"并非等同含义。例如，甲将乙打成重伤昏迷，过路人丙目睹一切。在甲离开后，丙取走了乙的财物。本案中，甲致人重伤的行为只是丙盗窃的"条件"，而非因果关系中的"原因"。所以，甲的行为与乙的财产损失之间没有因果关系，而丙的盗窃行为才与乙的财产损失之间存在因果关系。可见，危害行为与危害结果之间存在条件关系，但不一定存在因果关系，C 项表述错误。不作为与危害结果之间存在因果关系，即不作为的原因力在于行为人应该阻止而没有阻止事物向危险方向发展，从而引起危害结果的发生。不作为因果关系的特殊性在于：不作为以行为人负有特定的义务为前提，行为人如果履行自己的作为义务就能够防止犯罪结果发生，因不履行该义务而致该结果发生的，具有因果关系。可见，D 项表述正确。

2. C

【解析】《刑法》第 55 条规定，剥夺政治权利的期限，除本法第 57 条规定外，为 1 年以上 5 年以下。判处管制附加剥夺政治权利的，剥夺政治权利的期限与管制的期限相等，同时执行。据此，对于独立适用（单处）剥夺政治权利，或者判处有期徒刑、拘役附加剥夺政治权利的期限，为 1 年以上 5 年以下。管制的期限为 3 个月以上 2 年以下，剥夺政治权利的期限与管制的期限相等，即为 3 个月以上 2 年以下。可见，A、B 项表述错误，C 项表述正确。《刑法》第 57 条规定，对于被判处死刑、无期徒刑的犯罪分子，应当剥夺政治权利终身。在死刑缓期执行减为有期徒刑或者无期徒刑减为有期徒刑的时候，应当把附加剥夺政治权利的期限改为 3 年以上 10 年以下。据此，D 项表述错误。

3．A

【解析】我国在刑事立法上采取相对确定的法定刑。相对确定的法定刑包括：规定最高限度的法定刑；规定最低限度的法定刑；规定最高限度与最低限度的法定刑；规定两种以上主刑或者规定两种以上主刑并规定附加刑的法定刑。所谓"规定最低限度的法定刑"，是指刑法分则规范只规定刑罚的最低限度，刑罚的最高限度根据总则规定确定。本题表述的法定刑为"处五年以上有期徒刑"，属于"规定最低限度的法定刑"。依据《刑法》第45条规定，有期徒刑的最高刑期为15年。没收财产的适用方式包括并处没收财产、可以并处没收财产、并处罚金或者没收财产。题干表述的"可以并处没收财产"，即量刑时既可以附加没收财产，也可以不附加没收财产。可见，只有A项量刑正确，选A项。

4．A

【解析】根据《刑法》第238条规定，为索取债务非法扣押、拘禁他人的，依照非法拘禁罪定罪处罚。使用暴力致被拘禁人死亡的，非法拘禁罪转化为故意杀人罪，以故意杀人罪定罪处罚。据此，A项表述中，甲构成故意杀人罪一罪，选A项。B项表述中，乙构成绑架罪，在绑架过程中杀害被绑架人的，也以绑架罪定罪处罚，不定故意杀人罪。可见，不选B项。根据《刑法》第318条规定，犯组织他人偷越国（边）境罪，对被组织人有杀害、伤害、强奸、拐卖等犯罪行为，或者对检查人员有杀害、伤害等犯罪行为的，依照数罪并罚的规定处罚。据此，C项表述中，丙构成组织他人偷越国（边）境罪和故意杀人罪，实行数罪并罚，不选C项。D项表述中，丁为劫财将曹某杀死，属于抢劫杀人，只认定为抢劫罪一罪，丁按照计划将曹某驾驶的车辆变卖获利，属于抢劫后的销赃行为，在性质上属于"事后不可罚行为"，不再认定为掩饰、隐瞒犯罪所得罪。因此，丁构成抢劫罪一罪，不选D项。

5．C

【解析】虚假诉讼罪是指以捏造的事实提起民事诉讼，妨害司法秩序或者严重侵害他人合法权益的行为。本题表述中，甲为转移财产，与乙签订虚假的借款合同，乙以捏造的事实向甲提起民事诉讼，妨害司法秩序，甲、乙构成虚假诉讼罪的共犯，选C项。伪证罪是指在刑事诉讼中，证人、鉴定人、记录人、翻译人对与案件有重要关系的情节，故意作虚假证明、鉴定、记录、翻译，意图陷害他人或者隐匿罪证的行为。妨害作证罪是指以暴力、威胁、贿买等方法阻止证人作证或者指使他人作伪证的行为。扰乱法庭秩序罪是指以法定方式实施扰乱法庭秩序的行为。上述法定方式包括：（1）聚众哄闹、冲击法庭的；（2）殴打司法工作人员或者诉讼参与人的；（3）侮辱、诽谤、威胁司法工作人员或者诉讼参与人，不听法庭制止，严重扰乱法庭秩序的；（4）有毁坏法庭设施，抢夺、损毁诉讼文书、证据等扰乱法庭秩序行为，情节严重的。可见，A、B、D项都与题意不符，不选A、B、D项。

6．B

【解析】生产、销售不符合安全标准的食品罪是指违反国家食品安全管理法规，生产、销售不符合食品安全标准的食品，足以造成严重食物中毒事故或者其他严重食源性疾病的行为。根据《最高人民法院、最高人民检察院关于办理危害食品安全刑事案件适用法律若干问题的解释》的规定，在食用农产品种植、养殖、销售、运输、贮存等过程中，违反食品安全标准，超限量或者超范围滥用添加剂、农药、兽药等，足以造成严重食物中毒事故或者其他食源性疾病的，构成生产、销售不符合安全标准的食品罪。但是，生产、销售不符合安全标准的食品罪是危险犯，须以"足以造成严重食物中毒事故或者其他严重食源性疾病"作为必备构成要素。本题表述中，甲的行为尚不能认定为生产、销售不符合安全标准的食品罪。根据《最高人民法院、最高人民检察院关于办理危害食品安全刑事案件适用法律若干问题的解释》的规定，生产、销售不符合食品安全标准的食品，无证据证明足以造成严重食物中毒事故或者其他严重食源性疾病，不构成生产、销售不符合安全标准的食品罪，但是构成生产、销售伪劣产品罪等其他犯罪的，依照该其他犯罪定罪处罚。根据《刑法》第149条第1款的规定，生产、销售不符合食品安全标准的食品，不构成该罪，但是销售金额在5万元以上的，依照生产、销售伪劣产品罪定罪处罚。根据上述规定，本题表述中，甲的行为虽不构成生产、销售不符合安全标准的食品罪，但销售金额累计达22万元，构成生产、销售伪劣产品罪，选B项。

7. C

【解析】 甲明知无力赎回王某的自行车，还隐瞒真相向李某借自行车去典当，最后因无力赎回李某的自行车而潜逃，致使李某的自行车到期不能赎回。甲具有非法占有李某的自行车的价值的目的，构成诈骗罪，诈骗数额为15万元，选C项。

8. D

【解析】 强奸罪的犯罪对象是女性，男子不能成为强奸罪的犯罪对象，A项表述错误。强奸罪的犯罪主体是男子，这是从正犯或者实行犯的角度而言，女子不能成为强奸罪的正犯，但可以成为强奸罪的间接正犯或者共犯，B项表述错误。并非只要与幼女发生性关系，就以强奸罪论处。根据《最高人民法院关于审理未成年人刑事案件具体应用法律若干问题的解释》的规定，已满14周岁不满16周岁的人偶尔与幼女发生性行为，情节轻微，未造成严重后果的，不认为是犯罪。另据《最高人民法院关于行为人不明知是不满十四周岁的幼女，双方自愿发生性关系是否构成强奸罪问题的批复》指出：行为人明知是不满14周岁的幼女而与其发生性关系，不论幼女是否自愿，均应以强奸罪定罪处罚；行为人确实不知对方是不满14周岁的幼女，双方自愿发生性关系，未造成严重后果，情节显著轻微的，不认为是犯罪。可见，C项表述错误。强奸"致使被害人重伤、死亡或者造成其他严重后果的"规定中，"致使被害人重伤、死亡"是指因强奸导致被害人性器官严重损伤或者造成其他严重伤害，甚至当场死亡或者经治疗无效死亡（不包括被害人事后自杀身亡）。强奸致被害人重伤、死亡的，属于强奸罪的结果加重犯。"造成其他严重后果"，是指因强奸引起被害人自杀、精神失常以及其他严重后果。可见，D项表述正确，选D项。

9. D

【解析】 乙跌落在工地上，虽然发生的场合是"工地"，但因处于工休期间，并非发生于生产、作业期间，甲的行为不构成重大责任事故罪。甲、乙是工友，二者之间不存在个人恩怨等任何矛盾，甲并没有伤害乙的故意，因此甲的行为不构成故意伤害罪。甲将乙推倒，致使乙跌落摔死，甲应当预见到会发生致人死亡的结果，但因疏忽大意而没有预见到，甲的主观心态为过失，而非意外事件，因此甲的行为构成过失致人死亡罪，选D项。

10. B

【解析】贩卖毒品罪是指明知是毒品而故意实施贩卖的行为。非法持有毒品罪是指违反国家毒品管理法规，非法持有毒品且数量较大的行为。贩卖属于有偿转让行为，单纯购买毒品的行为不构成犯罪，单纯的吸食、注射毒品的行为也不构成犯罪，因此，甲不构成贩卖毒品罪，不选 A 项。2015 年《全国法院毒品犯罪审判工作座谈会纪要》指出，行为人为他人代购仅用于吸食的毒品，在交通、食宿等必要开支之外收取"介绍费""劳务费"，或者以贩卖为目的收取部分毒品作为酬劳的，应视为从中牟利，属于变相加价贩卖毒品，以贩卖毒品罪定罪处罚。据此，乙为吸毒者甲代购毒品，并收取"劳务费"，从中牟利，乙的行为属于变相加价贩卖毒品，构成贩卖毒品罪，选 B 项，不选 D 项。乙构成贩卖毒品罪，其非法持有毒品的行为被贩卖毒品行为吸收，不再独立评价，故对乙不再认定为非法持有毒品罪，不选 C 项。

11. C

【解析】《民法典》第 1253 条规定，建筑物、构筑物或者其他设施及其搁置物、悬挂物发生脱落、坠落造成他人损害，所有人、管理人或者使用人不能证明自己没有过错的，应当承担侵权责任。所有人、管理人或者使用人赔偿后，有其他责任人的，有权向其他责任人追偿。据此，本题中，丙公交公司是管理人，站台顶棚因积雪过多塌落，对此，丙公司不能证明自己没有过错，因此应当承担赔偿责任，选 C 项。

12. A

【解析】《民法典》第 1231 条规定，两个以上侵权人污染环境、破坏生态的，承担责任的大小，根据污染物的种类、浓度、排放量，破坏生态的方式、范围、程度，以及行为对损害后果所起的作用等因素确定。据此，两个以上污染者污染环境造成他人损害的，污染者承担的是按份责任，而不是连带责任，选 A 项，不选 B 项。在归责原则上，环境污染责任适用无过错责任，而不适用过错责任或者公平责任，不选 C、D 项。

13. B

【解析】《民法典》第 1191 条第 1 款规定，用人单位的工作人员因执行工作任务造成他人损害的，由用人单位承担侵权责任。用人单位承担侵权责任后，可以向有故意或者重大过失的工作人员追偿。据此，本题表述中，丙是乙公司员工，在执行工作任务时造成他人损害，应当由乙公司承担侵权责任。可见，选 B 项。

14. A

【解析】《民法典》第 1122 条规定，遗产是自然人死亡时遗留的个人合法财产。依照法律规定或者根据其性质不得继承的遗产，不得继承。据此，本题表述中，甲将自己的一幅画作交给朋友丙保管，嘱托丙待自己去世后烧毁该画作。但甲去世后，丙违背甲的嘱托，没有将该画作销毁，而是将画作交拍卖公司拍卖。既然该画作并没有被销毁，则该画作属于甲去世后遗留的个人合法财产，那么应由甲的继承人乙继承该画作，选 A 项。甲生前并没有将该画作赠与丙，也未将该画作遗赠给丙，丙不能取得该画作的所有权，不选 B、C 项。

15. B

【解析】《民法典》第 1018 条规定，自然人享有肖像权，有权依法制作、使用、公开或者许可他人使用自己的肖像。肖像是通过影像、雕塑、绘画等方式在一定载体上所反映的特定自然人可以被识别的外部形象。《民法典》第1019条第1款规定，任何组织或者个人不得以丑化、污损，或者利用信息技术手段伪造等方式侵害他人的肖像权。未经肖像权人同意，不得制作、使用、公开肖像权人的肖像，但是法律另有规定的除外。据此，微信名为"温柔的小蜜蜂"的用户在朋友圈中发图配文使用的是李某的生活照，但未经李某同意，侵犯了李某的肖像权，选B项。名誉权是民事主体对其品德、声望、才能、信用等的社会评价所享有的人格权。姓名权是民事主体有权依法决定、使用、变更或者许可他人使用自己的姓名的人格权。个人信息是以电子或者其他方式记录的能够单独或者与其他信息结合识别特定自然人的各种信息，包括自然人的姓名、出生日期、身份证件号码、生物识别信息、住址、电话号码、电子邮箱、健康信息、行踪信息等。对上述信息享有的权益是个人信息权益。可见，A、C、D项与题意不符，不选。

16. A

【解析】合同的订立要经过要约和承诺两个阶段。本题表述中，乙通讯公司向甲发出订立天气预报服务合同的短信，该短信在性质上属于要约。乙公司在要约中单方面约定不接受服务要回复N，该条款是乙公司并未与对方协商的条款，没有得到甲的同意。由于受要约人有权在要约的有效期限内作出接受要约的答复，而不负有必须承诺的义务，因此，甲没有对乙公司承诺的义务。既然合同的订立未经承诺，则合同不成立，乙公司无权收取费用。可见，选A项。

17. C

【解析】《民法典》第1103条规定，继父或者继母经继子女的生父母同意，可以收养继子女，并可以不受本法第1093条第3项、第1094条第3项、第1098条和第1100条第1款规定的限制。《民法典》第1093条规定，下列未成年人，可以被收养：（1）丧失父母的孤儿；（2）查找不到生父母的未成年人；（3）生父母有特殊困难无力抚养的子女。《民法典》第1094条规定，下列个人、组织可以作送养人：（1）孤儿的监护人；（2）儿童福利机构；（3）有特殊困难无力抚养子女的生父母。《民法典》第1098条规定，收养人应当同时具备下列条件：（1）无子女或者只有1名子女；（2）有抚养、教育和保护被收养人的能力；（3）未患有在医学上认为不应当收养子女的疾病；（4）无不利于被收养人健康成长的违法犯罪记录；（5）年满30周岁。《民法典》第1100条第1款规定，无子女的收养人可以收养2名子女；有子女的收养人只能收养1名子女。综上规定，C项是正确答案，选C项。

18. D

【解析】《民法典》第149条规定，第三人实施欺诈行为，使一方在违背真实意思的情况下实施的民事法律行为，对方知道或者应当知道该欺诈行为的，受欺诈方有权请求人民法院或者仲裁机构予以撤销。据此，因第三人欺诈构成可撤销的民事法律行为应当符合下列条件：（1）必须是第三人实施了欺诈行为；（2）受欺诈方因为第三人的欺诈行为而实施民事法律行为；（3）相对人知道或者应当知道该欺诈行为，亦即，在第三人实施欺诈行为的情形下，相对人必须知道或者应当知道欺诈情形。本题表述中，相对人甲对第三人乙实施的欺诈行为并不知情，甲也认为手表是正品，因此，甲与丙之间的买卖合同并非可撤销合同，而是有效合同。可见，选 D 项。

19．D

【解析】所有权保留是指在买卖合同中，买受人虽先占有、使用标的物，但在双方当事人约定的特定条件成就之前（根据《民法典》第 641 条规定，包括未履行支付价款或其他义务），出卖人仍保留标的物的所有权；待条件成就后，再将所有权转移给买受人。《民法典》第 209 条第 1 款规定，不动产物权的设立、变更、转让和消灭，经依法登记，发生效力；未经登记，不发生效力，但是法律另有规定的除外。该规定为强制性规定，不允许当事人以所有权保留特约的形式予以改变或者排除。换言之，所有权保留特约仅适用于动产，而不适用于不动产。本题表述中，甲将房屋赠与乙，但没有办理过户登记，乙不能取得房屋所有权，不选 B 项。甲、丙关于甲保留房屋所有权的特约因与《民法典》第 209 条规定相冲突而无效。甲将房屋出卖给丙并办理了过户登记，丙取得房屋所有权，甲不再享有房屋所有权，不选 A 项。善意取得与无权处分相联系，由于甲有权处分其房屋，因而本题没有适用善意取得制度的余地，不选 C 项。丙通过买卖取得房屋的所有权，买卖属于所有权继受取得方式，因而丙继受取得房屋所有权，D 项表述正确，选 D 项。

20．A

【解析】《民法典》第 392 条规定，被担保的债权既有物的担保又有人的担保的，债务人不履行到期债务或者发生当事人约定的实现担保物权的情形，债权人应当按照约定实现债权；没有约定或者约定不明确，债务人自己提供物的担保的，债权人应当先就该物的担保实现债权；第三人提供物的担保的，债权人可以就物的担保实现债权，也可以请求保证人承担保证责任。提供担保的第三人承担担保责任后，有权向债务人追偿。据此，在混合担保情形下，没有约定或者约定不明确，债权人应当先就债务人提供的物的担保实现债权。本题表述中，债务人甲自己提供了物的抵押担保，债权人乙应当先就甲提供的物的担保实现债权，选 A 项。

二、多项选择题

21．BCD

【解析】处断的一罪是指数个行为犯数罪但按照一罪定罪处罚的情形，主要有连续犯、牵连犯和吸收犯，选 B、C、D 项。集合犯属于法定的一罪，不选 A 项。

22．ABCD

【解析】根据《刑法》第 78 条规定，被判处管制、拘役、有期徒刑、无期徒刑的犯罪分子，在执行期间，如果认真遵守监规，接受教育改造，确有悔改表现的，或者有立功表现的，可以减刑；有法定重大立功表现之一的，应当减刑。据此，减刑的适用对象包括被判处管制、拘役、有期徒刑和无期徒刑的犯罪分子。可见，备选项应全选。

23．AD

【解析】教唆犯是指教唆他人实施犯罪的人。教唆行为通常表现为怂恿、诱骗、收买、劝说、强迫、威胁等方式，唆使特定的人实施特定的犯罪。甲引诱 17 岁的王某盗窃了巨额财物，甲与王某构成盗窃罪共犯，甲是教唆犯，选 A 项。乙唆使已有自杀决意的高某赶快自杀，由于高某具有完全的意志自由，且高某已有自杀决意，因此，乙不构成故意杀人罪的教唆犯，不选 B 项。丙在演讲中煽动听众实施分裂国家的活动，丙的行为构成煽动分裂国家罪，丙是煽动分裂国家罪的实行犯，而不是教唆犯，不选 C 项。丁教唆丈夫向他人索取贿赂，构成教唆犯，故选 D 项。

24. BCD

【解析】如实供述自己的罪行是指犯罪嫌疑人自动投案后，如实供述自己实施并应由本人承担刑事责任的罪行。根据司法解释的有关规定，共同犯罪案件中的犯罪嫌疑人，除如实供述自己的罪行，还应当供述所知的同案犯，主犯则应当供述所知的其他同案犯的犯罪事实。否则，不能成立自首。据此，A 项表述中，由于没有供述同案犯，因而不能认定为"如实供述自己的罪行"，不选 A 项。根据司法解释的有关规定，如实供述自己的主要犯罪事实不同于对行为性质的辩解，被告人对行为性质的辩解不影响自首的成立。可见，B 项表述属于"如实供述自己的罪行"，选 B 项。根据司法解释的有关规定，犯罪嫌疑人自动投案时虽然没有交代自己的主要犯罪事实，但在司法机关掌握其主要犯罪事实之前主动交代的，应认定为如实供述自己的罪行。据此，C 项表述属于"如实供述自己的罪行"，选 C 项。根据司法解释的相关规定，如实供述自己的罪行，除供述自己的主要犯罪事实外，还应包括姓名、年龄、职业、住址、前科等情况。犯罪嫌疑人供述的身份与真实情况虽有差别，但不影响定罪量刑的，应当认定为如实供述自己的罪行。据此，D 项表述属于"如实供述自己的罪行"，选 D 项。

25. ABCD

【解析】《民法典》第 1034 条第 2 款规定，个人信息是以电子或者其他方式记录的能够单独或者与其他信息结合识别特定自然人的各种信息，包括自然人的姓名、出生日期、身份证件号码、生物识别信息、住址、电话号码、电子邮箱、健康信息、行踪信息等。《最高人民法院、最高人民检察院关于办理侵犯公民个人信息刑事案件适用法律若干问题的解释》第 1 条规定，"公民个人信息"是指以电子或者其他方式记录的能够单独或者与其他信息结合识别特定自然人身份或者反映特定自然人活动情况的各种信息，包括姓名、身份证件号码、通信通讯联系方式、住址、账号密码、财产状况、行踪轨迹等。据此，备选项应全选。

26. ABC

【解析】《民法典》第 1165 条第 1 款规定，行为人因过错侵害他人民事权益造成损害的，应当承担侵权责任。《民法典》第 314 条规定，拾得遗失物，应当返还权利人。拾得人应当及时通知权利人领取，或者送交公安等有关部门。手机为遗失物，甲拾得遗失物拒不返还，侵犯了乙的财产权，构成侵权，乙有权请求甲承担侵权责任。可见，选 A 项。《民法典》第 235 条规定，无权占有不动产或者动产的，权利人可以请求返还原物。据此，乙有权请求甲返还手机，选 B 项。《民法典》第 122 条规定，因他人没有法律根据，取得不当利益，受损失的人有权请求其返还不当利益。据此，甲拾得手机拒绝返还，其取得手机并没有合法根据，取得的利益并不正当，因此甲的行为构成不当得利。可见，选 C 项。《民法典》第 121 条规定，没有法定的或者约定的义务，为避免他人利益受损失而进行管理的人，有权请求受益人偿还由此支出的必要费用。据此，成立无因管理需具备为他人谋利益这一要件，而甲并没有为乙谋利益的意思，因此不成立无因管理，且乙并非管理人，不能行使无因管理请求权，故不选 D 项。

27. BC

【解析】《民法典》第 87 条规定，为公益目的或者其他非营利目的成立，不向出资人、设立人或者会员分配所取得利润的法人，为非营利法人。非营利法人包括事业单位、社会团体、基金会、社会服务机构等。据此，选 B、C 项。根据《民法典》第 96 条的规定，基层群众性自治组织法人和农村合作经济组织法人属于特别法人，而不是非营利法人，不选 A、D 项。

28. ABCD

【解析】《民法典》第 823 条规定，承运人应当对运输过程中旅客的伤亡承担赔偿责任；但是，伤亡是旅客自身健康原因造成的或者承运人证明伤亡是旅客故意、重大过失造成的除外。前款规定适用于按照规定免票、持优待票或者经承运人许可搭乘的无票旅客。据此，备选项应全选。

29. ACD

【解析】《民法典》第 1067 条第 1 款规定，父母不履行抚养义务的，未成年子女或者不能独立生活的成年子女，有要求父母给付抚养费的权利。参照相关司法解释的规定，这里的"不能独立生活的成年子女"，是指尚在校接受高中及其以下学历教育，或者丧失或未完全丧失劳动能力等非因主观原因而无法维持正常生活的成年子女。据此，选 A、C、D 项。

30. CD

【解析】本题表述中，甲的祖父的遗像已经丢失，无法适用返还原物和恢复原状的民事责任，不选 A、B 项。遗像属于财产，乙因过错造成遗像丢失，甲有权要求乙赔偿财产损失，选 C 项。《民法典》第 996 条规定，因当事人一方的违约行为，损害对方人格权并造成严重精神损害，受损害方选择请求其承担违约责任的，不影响受损害方请求精神损害赔偿。据此，甲与乙之间形成承揽合同法律关系，甲可以请求乙承担违约责任，同时有权请求乙赔偿其精神损害。《民法典》第 1183 条第 2 款规定，因故意或者重大过失侵害自然人具有人身意义的特定物造成严重精神损害的，被侵权人有权请求精神损害赔偿。据此，本题表述中，甲的祖父的遗像属于具有人身意义的特定物，遗像丢失，甲可以要求乙赔偿精神损害。可见，选 D 项。

三、简答题

31. （1）单位犯罪自首，是指单位在犯罪以后，自动投案，如实交代自己的罪行的行为。

（2）单位犯罪案件中，单位集体决定或者单位负责人决定而自动投案，如实交代单位犯罪事实的，是单位自首。

（3）单位直接负责的主管人员自动投案，如实交代单位犯罪事实的，应当认定为单位自首。

32. （1）侵犯客体是国家司法机关的正常活动与国家的司法公正。

（2）客观方面表现为司法工作人员利用司法职务上的便利，在刑事诉讼中，对明知是无罪的人而使他受追诉、对明知是有罪的人而故意包庇不使他受追诉，或者在刑事审判活动中故意违背事实和法律作枉法裁判的行为。

（3）犯罪主体是特殊主体，即司法工作人员。

（4）主观方面表现为故意，并出于徇私情、私利的徇私动机。

33. 监护人有下列情形之一的，人民法院根据有关个人或者组织的申请，撤销其监护人资格，安排必要的临时监护措施，并按照最有利于被监护人的原则依法指定监护人：

（1）实施严重损害被监护人身心健康的行为；

（2）怠于履行监护职责，或者无法履行监护职责且拒绝将监护职责部分或者全部委托给他人，导致被监护人处于危困状态；

（3）实施严重侵害被监护人合法权益的其他行为。

34. 答案要点：

有下列行为之一的，均属侵犯注册商标专用权：

（1）未经商标注册人的许可，在同一种商品上使用与其注册商标相同的商标的。

（2）未经商标注册人的许可，在同一种商品上使用与其注册商标近似的商标，或者在类似商品上使用与其注册商标相同或者近似的商标，容易导致混淆的。

（3）销售侵犯注册商标专用权的商品的。

（4）伪造、擅自制造他人注册商标标识或者销售伪造、擅自制造的注册商标标识的。

（5）未经商标注册人同意，更换其注册商标并将该更换商标的商品又投入市场的。

（6）故意为侵犯他人商标专用权行为提供便利条件，帮助他人实施侵犯商标专用权行为的。

（7）给他人的注册商标专用权造成其他损害的。

四、论述题

35. 限制加重原则是指以一人所犯数罪中应当判处或已判处的最高刑罚为基础，再在一定限度以内对其予以加重作为执行刑罚的合并处罚原则。我国刑法适用限制加重原则的具体规则为：判决宣告的数个主刑均为有期徒刑的，应当在总和刑期以下，数刑中最高刑以上，酌情决定执行的刑期，有期徒刑总和刑期不满 35 年的，最高不能超过 20 年，总和刑期在 35 年以上的，最高不能超过 25 年；判决宣告的数个主刑均为拘役的，应当在总和刑期以下，数刑中最高刑期以上，酌情决定执行的刑期，但是最高不能超过 1 年；判决宣告的数个主刑均为管制的，应当在总和刑期以下，数刑中最高刑期以上，酌情决定执行的刑期，但是最高不能超过 3 年。

36. 债权让与是指债权人通过协议将其债权移转给第三人享有的行为。其条件包括：存在有效债权；让与人与第三人达成合意且不违反法律规定；债权具有可让与性。债权让与应当通知债务人，未经通知的，对债务人不发生效力。债权让与的效力包括对内效力和对外效力，对内效力是：受让人取得转让的债权及有关的从权利，但从权利专属于债权人的除外；让与人对让与债权负权利瑕疵担保责任。对外效力是：债务人应向受让人履行债务；债务人有权向受让人主张对让与人的抗辩。

五、案例分析题

37.（1）抢劫罪。甲以非法占有为目的，当场对乙使用暴力，劫取财物，构成抢劫罪。

（2）抢劫罪既遂。具备劫取财物或者造成他人轻伤以上后果两者之一的，属抢劫既遂，甲没有劫取到财物，但其抢劫行为致乙死亡，应认定为既遂。

（3）甲具有抢劫罪中入户抢劫和抢劫致人死亡两个法定的加重处罚情节：甲强行进入乙的住宅进行抢劫，应认定为入户抢劫；甲的抢劫行为与乙坠楼身亡之间具有因果关系，应认定为抢劫致人死亡。甲因盗窃罪（故意犯罪）被判处有期徒刑，刑满释放后 5 年内又犯抢劫罪，属于累犯，应当从重处罚。

38.（1）不成立。刘家取水的权利属于地役权，地役权自地役权合同生效时设立，不以登记为要件。

（2）部分有效。土地经营权流转的，流转的期限不得超过承包期的剩余期限，超过该期限的部分无效，未超过的部分有效。

（3）有权。土地承包经营权人将土地经营权流转的，未经登记，不得对抗善意第三人，赵家已知刘家将土地经营权流转给了李家，不属于善意第三人。

2020 年全国法律硕士（法学）专业学位研究生入学联考综合课试题

一、单项选择题（第 1~20 小题，每小题 1 分，共 20 分。下列每题给出的四个选项中，只有一个选项是最符合题目要求的）

1. 下列关于法系的说法，正确的是（　　）。
   A. 法律赖以产生的经济基础是划分法系的核心标准
   B. 大陆法系是在继承罗马法的基础上逐渐形成的
   C. 通过法律移植实现区域法律高度统一，是形成法系的必要条件
   D. 在法律全球化时代，大陆法系与英美法系的区分已没有现实意义

2. 我国《行政处罚法》第五条规定："实施行政处罚，纠正违法行为，应当坚持处罚与教育相结合，教育公民、法人或者其他组织自觉守法。"对此，下列说法正确的是（　　）。
   A. 该规定对行政执法有约束力
   B. 该规定主要发挥社会作用而非规范作用
   C. 该规定直接体现了法律的可操作性和可预测性
   D. 该条文规定了假定条件、行为模式和法律后果

3. 下列引起法律关系产生、变更或消灭的情形中，属于法律行为的是（　　）。
   A. 地震造成人员伤亡引发保险理赔
   B. 某国爆发战争导致投资合同无法如期履行
   C. 小李与小张依法进行婚姻登记结成夫妻关系
   D. 大刘死亡致其与所在单位的劳动关系消灭

4. 在划分法律部门时不能频繁地变动法律部门的内容和结构，也不能只考虑法律规范的现状，需要具有一定的前瞻性。该观点体现的法律部门划分原则是（　　）。
   A. 主次标准原则　　　　　　　　B. 相对稳定原则
   C. 合目的性原则　　　　　　　　D. 适当平衡原则

5. 下列关于我国立法程序的表述，正确的是（　　）。
   A. 立法程序包含了立法的步骤与方法
   B. 立法程序只能由《立法法》予以规定

C. 立法程序在实际立法环节中可以调整甚至省略

D. 法律的公布实行"谁制定，谁公布"原则

6. 某法官在一份赡养纠纷案的判决书中，不仅援引了相关法律条文，还引用了中国古代《孝经》中的孝道原则进行说理。对此，下列说法不正确的是（　　　）。

A. 法官援引的相关法律条文是裁判的大前提

B. 法官在适用相关法律条文时需对其进行解释

C.《孝经》中的孝道原则对该案具有法律约束力

D. 法官运用孝道原则说理，是在进行法律论证

7. 关于法律与科学技术的关系，下列说法正确的是（　　　）。

A. 法律决定科学技术的发展

B. 科学技术不仅影响法律的内容，也影响法律调整的领域

C. 科学技术的发展不会引起传统法律概念和原则的变化

D. 防范科学技术可能带来的危害，要靠科技手段而非法律机制

8.《共同纲领》在新中国成立之初起到了临时宪法的作用，其制定主体是（　　　）。

A. 全国人民代表大会　　　　　　　　B. 中央人民政府委员会

C. 全国人民代表大会常务委员会　　　D. 中国人民政治协商会议第一届全体会议

9. 下列有关我国土地制度的表述，正确的是（　　　）。

A. 荒地属于国家所有

B. 宅基地和自留地、自留山属于集体所有

C. 为提高土地利用效率，土地所有权可以转让

D. 城市郊区的土地除由法律规定属于集体所有的以外，属于国家所有

10. 下列有关我国人民代表大会制度的表述，正确的是（　　　）。

A. 人民代表大会制度是我国的国体

B. 全国人民代表大会行使一切国家权力

C. 各级人民代表大会是人民行使国家权力的机关

D. 人民代表大会制度确立了立法机关、行政机关和司法机关的相互监督关系

11. 下列关于香港特别行政区立法会议员的表述，正确的是（　　　）。

A. 立法会议员在就职时必须依法宣誓

B. 行政长官有权任命部分立法会议员

C. 立法会主席由立法会议员互选产生，由全国人大常委会任命

D. 立法会议员只能由香港特区永久性居民中的中国公民担任

12. 根据现行宪法，下列关于平等保护原则的表述，正确的是（　　　）。

A. 国家机关拒绝录用"乙肝"表面抗原携带者，不构成歧视

B. 政府优先采购残疾人福利企业的产品，违反了平等保护原则

C. 为保护妇女的就业权，在任何工种或岗位上都不得设置性别限制

D. 国家对少数民族给予某些适当的照顾不违反平等保护原则

13. 某镇镇长甲涉嫌贪污公款被调查，后被起诉至县人民法院。法院经过审理，判处甲有期徒刑五年。关于此案，下列做法正确的是（　　　）。

A. 县公安机关对甲立案侦查

B. 县人民法院认为贪污是甲的隐私，不公开审理此案

C. 人民检察院认为县人民法院判决错误，提出抗诉

D. 上级人民法院认为县人民法院的量刑过重，要求其改判为三年

14. 关于全国人大和全国人大常委会职权的划分，下列表述正确的是（　　）。

A. 全国人大批准自治区的建置，全国人大常委会批准自治县的建置

B. 全国人大决定特别行政区的设立，全国人大常委会决定其社会制度

C. 全国人大批准国家预算，全国人大常委会批准国家预算的部分调整方案

D. 全国人大决定国务院总理的人选，全国人大常委会决定国务院副总理的人选

15. 下列关于我国居民委员会的表述，正确的是（　　）。

A. 居民委员会是一级政权机关

B. 居民委员会每届任期五年，其成员不可连选连任

C. 居民委员会须接受基层人民政府的领导

D. 居民委员会中从事管理的人员受监察机关的监察

16. 汉代的《三互法》规定的主要制度是（　　）。

A. 司法管辖　　　　B. 任官回避　　　　C. 犯罪株连　　　　D. 外贸管理

17. 唐玄宗开元年间，河南道徐州村民张某外出打猎，发现丛林中有一只山鸡，遂引弓射箭，不幸射中采药的郎中李某，致其头部中箭而亡。依照唐朝法律，张某的行为构成的罪名是（　　）。

A. 故杀　　　　B. 误杀　　　　C. 谋杀　　　　D. 过失杀

18. 《晋书·刑法志》记载，律学家张斐对二十个法律概念作了精确解释。其中，他将"戏"解释为（　　）。

A. "两讼相趣"　　　　　　　　　B. "两和相害"

C. "不意误犯"　　　　　　　　　D. "知而犯之"

19. 北洋政府广泛运用判例与解释例，补充了成文法之未备，使之成为案件判决的重要依据。有权作出解释例的机构是（　　）。

A. 参议院　　　　B. 法部　　　　C. 大理院　　　　D. 平政院

20. 清乾隆年间，山东省济南府人王某因与邻居赵某发生纠纷，怒而杀之。地方官府拟判王某绞监候，山东巡抚审转复核后，上报朝廷。该案经秋审查实，王某系家中独子，有年老父母需要赡养。王某可能面临的处罚结果是（　　）。

A. 执行死刑　　　　　　　　　　B. 留待下年秋审

C. 减刑为流三千里　　　　　　　D. 重杖枷号示众三个月

二、多项选择题（第 21～30 小题，每小题 2 分，共 20 分。下列每题给出的四个选项中，至少有两个选项是符合题目要求的。多选、少选或错选均不得分）

21. 我国《婚姻法》第二十四条第一款："夫妻有相互继承遗产的权利。"该条内容属于（　　）。

A. 授权性规则　　B. 委任性规则　　C. 确定性规则　　D. 强行性规则

22. 某省会城市的市政府出台规范"共享单车"的规章，将"共享单车"纳入法治化

管理轨道。对此，下列说法正确的有（　　　）。

    A．该政府出台规章属于广义的立法范畴

    B．政府部门依据该规章管理"共享单车"，属于法的适用

    C．该规章须报市人大常委会备案，这体现了权力监督的法治原则

    D．公民、企业依据该规章行使权利、履行义务是守法的表现

23．甲与乙签订租房合同，约定："甲方应按时交房，否则向乙方支付月房租百分之二十的违约金。"后双方因违约金发生争议而诉诸法院。对此，下列说法正确的有（　　　）。

    A．该租房合同是规范性法律文件

    B．依据该租房合同，按时交房是甲方的相对义务

    C．该租房合同的签订使甲乙双方产生了权利义务关系

    D．合同中关于违约金的约定，是法院确定法律责任的重要依据

24．某人民法院在审理一起疑难案件时，参考了某法学家的学说后作出判决。对此，下列说法正确的有（　　　）。

    A．该法学家的学说属于法的非正式渊源

    B．该法学家的学说为疑难案件的解决提供了指引

    C．参考法学家的学说作出判决有悖于审判独立原则

    D．该法学家的学说与法律规定不一致时不应援引

25．某县第一中学为防止校园欺凌事件的发生，作出专门规定。下列规定中，符合宪法和法律的有（　　　）。

    A．学校禁止学生宣扬校园暴力

    B．学校禁止学生携带管制刀具进入校园

    C．学校可定期检查学生手机储存的信息

    D．学校可将实施欺凌的学生的姓名、照片公布于本地报刊

26．关于四川省某自治州和上级国家机关的关系，下列表述正确的有（　　　）。

    A．该自治州州长由四川省人民政府任命

    B．四川省人大有权为该自治州制定自治条例

    C．该自治州单行条例由四川省人大常委会批准后生效

    D．该自治州单行条例可以对四川省人大制定的地方性法规作出变通规定

27．根据现行宪法，下列选项中，属于国务院职权的有（　　　）。

    A．领导和管理国防建设事业

    B．领导和管理经济工作和城乡建设、生态文明建设

    C．决定同外国缔结的条约和重要协定的批准和废除

    D．改变或撤销地方各级国家行政机关的不适当的决定或命令

28．在 1975 年 12 月出土的湖北云梦睡虎地秦墓竹简中，有大量关于律的内容。下列选项中，属于秦律篇名的有（　　　）。

    A．金布律   B．关市律   C．户婚律   D．均工律

29．下列关于清朝民事法律制度的表述，正确的有（　　　）。

A. 禁止乞养异姓义子　　　　　　B. 改善雇工人的法律地位

C. 承认独子兼祧的合法性　　　　D. 明确房屋出典后的风险责任

30. 南京国民政府的民事立法采用民商合一的体例，即只编纂民法典，不单独编纂商法典。这种立法体例所参酌效仿的国家包括（　　　）。

A. 德国　　　　　B. 瑞士　　　　　C. 日本　　　　　D. 苏俄

三、简答题（第 31～33 小题，每小题 10 分，共 30 分）

31. 简述法律职业的内涵与特征。

32. 简述现行宪法对非公有制经济的规定。

33. 简述《大清现行刑律》对《大清律例》的主要修改。

四、分析论述题（第 34～37 小题，每小题 15 分；第 38 小题，20 分，共 80 分）

34. 杨某在电梯内对老人段某的吸烟行为加以劝阻，段某不听劝阻，还情绪激动，杨某随即离开。二十分钟后，段某在小区内倒地身亡。段某的妻子将杨某诉至法院，要求其赔偿 40 万元。一审法院认为，杨某并无过错，但基于公平原则判决杨某向段妻补偿 1.5 万元。该判决一经媒体报道，受到广泛关注，社会舆论普遍认为杨某不应补偿。

结合材料，运用法理学相关知识，回答以下问题：

（1）法律原则有什么特点，是否可以成为法院裁判的依据？

（2）司法审判应如何实现法律效果与社会效果相统一？

35. 试论"正义不仅要实现，而且要以看得见的方式实现"。

36. 2018 年 8 月，全国人大常委会对《个人所得税法》作出修改。根据修改后的《个人所得税法》第六条，居民个人的综合所得，以每一纳税年度的收入额减除费用六万元以及专项扣除、专项附加扣除和依法确定的其他扣除后的余额，为应纳税所得额。其中，专项附加扣除包括子女教育、继续教育、大病医疗、住房贷款利息或者住房租金、赡养老人等支出，具体范围、标准和实施步骤由国务院确定。

2018 年 12 月，国务院印发《个人所得税专项附加扣除暂行办法》，该办法明确了专项附加扣除的范围、标准、方式以及保障措施等内容。

请结合上述材料，根据宪法学理论和实践，回答下列问题：

（1）《个人所得税法》规定专项附加扣除制度的宪法依据是什么？

（2）全国人大常委会和国务院在个人所得税立法方面的权限划分是什么？

37. 论述 2018 年我国宪法修改的主要内容。

38. 《新唐书·刑法志》：广州都督党（姓氏）仁弘尝率乡兵二千助高祖起，封长沙郡公。仁弘交通豪酋，纳金宝，没降獠为奴婢，又擅赋夷人。既还，有舟七十。或告其赃，法当死。帝（太宗）哀其老且有功，因贷为庶人，乃召五品以上，谓曰："赏罚所以代天行法，今朕宽仁弘死，是自弄法以负天也。人臣有过，请罪于君，君有过，宜请罪于天……"房玄龄等曰："宽仁弘不以私而以功，何罪之请？"百僚顿首三请，乃止。

根据上述材料，请运用中国法制史的知识，回答以下问题：

（1）仁弘被控何罪？唐太宗是如何处理此案的？

（2）按照唐朝的八议制度，仁弘受到宽贷的原因是什么？

（3）唐律关于八议的规定是什么？八议的历史渊源和影响是什么？

2020年全国法律硕士（法学）专业学位研究生入学联考综合课试题答案解析

一、单项选择题

1. B

【解析】法的历史类型不同于法系。法的历史类型是依据法所赖以存在的经济基础及所体现的国家意志的性质的不同，而对各种社会的法律制度所作的分类。法系是按照世界上各个国家和地区法律的源流关系和历史传统以及形式上某些特点对法律所作的分类。法系是具有共性或共同历史传统的法律的总称。可见，A项表述混淆了法的历史类型和法系，因而是错误的。大陆法系是以罗马法为基础而发展起来的法律的总称，故B项表述正确，选B项。法系是基于法律的历史传统以及形式上的共性而形成的，法律移植是法系形成和发展的重要途径，但并非法系形成的必要条件。可见，C项表述错误。在法律全球化时代，大陆法系和英美法系有融合的趋势，但是，由于历史传统不同，两大法系的差异还将长期存在。可见，D项表述错误。

2. A

【解析】《行政处罚法》第5条规定的是处罚和教育相结合的法律原则。法律原则和法律规则都是法的要素，都具有法律约束力。可见，A项表述正确，选A项。法具有规范作用和社会作用。法的规范作用是指法作为行为规范，对人们的意志、行为发生的直接影响，对人们的行为所起到的保障和约束作用。法的社会作用是指法的社会、政治功能，即法作为社会关系的调整器，服务于一定的社会政治目的、目标，承担一定的社会政治使命，形成、维护、实现一定的社会秩序。从《行政处罚法》第5条规定来看，该规定主要发挥的是法的规范作用而非社会作用。可见，B项表述错误。法律规则不同于法律原则，法律规则有完整的逻辑结构，具有微观指导性、可操作性较强、确定性程度较高和可预测性等特点；但是，法律原则不预先设定明确的、具体的假定条件，也不具体规定相应的权利、义务和法律后果，其要求比较笼统、模糊。可见，C、D项表述都是错误的。

3. C

【解析】引起法律关系产生、变更或消灭的各种事实为法律事实，法律事实包括法律事件和法律行为。法律事件是法律规范规定的、与当事人意志无关的，且能够引起法律关系产生、变更或消灭的客观事实。法律行为是指与当事人意志有关的，能够引起民事法律关系产生、变更或消灭的作为或不作为。地震造成人员伤亡引发保险理赔，战争导致合同无法履行，当事人死亡导致劳动关系消灭，这些事实都不以当事人的意志为转移，因而属于事件。可见，不选 A、B、D 项。小李与小张依法进行婚姻登记结成夫妻关系，此为婚姻法律关系的产生，是由小李与小张依法进行婚姻登记这一法律行为所引发，属于法律行为引起的变动。可见，选 C 项。

4. B

【解析】法律部门的划分原则主要有客观原则、合目的性原则、适当平衡原则、辩证发展原则、相对稳定原则和主次原则等。其中，相对稳定原则是指在划分法律部门时不能只考虑目前的法律、法规的多少，而应当具有一定的前瞻性，在划分法律部门时应当考虑到法律、法规今后的发展，即考虑到即将制定或可能制定的法律、法规。在划分法律部门时，不能频繁地变动法律部门的内容和结构。可见，选 B 项。

5. A

【解析】立法程序有广义和狭义之分。广义的立法程序是指有立法权的国家机关在创制、认可、修改或废止规范性法律文件的活动中所必须遵守的步骤和方法。狭义的立法程序仅指国家最高权力机关创制、认可、修改或废止法律的程序。可见，立法程序包含了立法的步骤与方法。我国最高国家权力机关全国人民代表大会及其常设机关全国人大常委会立法的基本程序包括：法律草案的提出、法律草案的审议、法律草案的表决与通过、法律的公布等。可见，A 项表述正确，选 A 项。立法程序不仅由《立法法》规定，《全国人民代表大会会议事规则》《全国人民代表大会常务委员会议事规则》也有关于立法程序的相关规定。可见，B 项表述错误。立法程序是所有立法环节必须遵守的程序，不能调整和省略，立法程序的这一特点与立法活动的工作程序不同，因为立法活动的工作程序大多不需要由法律加以规定，可以在具体立法活动中进行调整甚至省略。可见，C 项表述错误。法律的公布必须由特定的机关采取特定的方式进行。对于宪法和修正案的公布，由全国人大以公告的方式公布实施；对于法律的公布，由国家主席根据最高权力机关的决定行使。《立法法》第 25 条规定，全国人民代表大会通过的法律由国家主席签署主席令予以公布。《立法法》第 44 条规定，常务委员会通过的法律由国家主席签署主席令予以公布。可见，法律并非"谁制定，谁公布"，故 D 项表述错误。

6. C

【解析】法官援引相关法律条文对赡养纠纷案件进行判决，这是用演绎推理方式进行司法审判活动，在此演绎推理方式中，法官援引的相关法律条文是案件适用的大前提，赡养案件事实为小前提，由此得出的判决是结论。可见，A 项表述正确。法官在审理案件过程中，要将一般的法律规定适用于具体案件，需要对相关法律条文进行解释。可见，B 项表述正确。《孝经》并非法律，不是案件适用的前提，因而《孝经》中的孝道原则对该案没有法律约束力。可见，C 项表述不正确，选 C 项。法律论证特别强调法外因素对法律正当性证成的意义，因此，法官运用孝道对案件进行说理，实际上就是将"法外因素"引入案件说理中，这实际上是在进行法律论证。可见，D 项表述正确。

7. B

【解析】法律对科学技术有重要作用，但是法律不能决定科学技术的发展。可见，A

项表述错误。科学技术对法律的影响体现在：科学技术影响法的内容，成为法律规定的重要依据；科学技术的发展拓展了法律调整的领域；科学技术的发展引起了有关的传统法律概念和原则的变化；科学技术的发展完善了法律调整机制，为立法和执法提供了新的技术和手段，对法律的制定和实施产生重大影响；科学技术的发展也影响了法学教育、法制宣传和法学研究的方式和内容，促进其方式和内容的更新和发展。可见，B 项表述正确，选B 项，而 C 项表述是错误的。由于科学技术本身具有两面性，因此要靠法律防止其可能带来的危害。可见，D 项表述错误。

8. D

【解析】1949 年 9 月 29 日，中国人民政治协商会议第一届全体会议选举了中央人民政府委员会，宣告了中华人民共和国的成立，并通过了《中国人民政治协商会议共同纲领》（简称《共同纲领》），起到了临时宪法的作用。可见，D 项是正确答案。

9. B

【解析】《宪法》第 9 条第 1 款规定，矿藏、水流、森林、山岭、草原、荒地、滩涂等自然资源，都属于国家所有，即全民所有；由法律规定属于集体所有的森林和山岭、草原、荒地、滩涂除外。《宪法》第 10 条规定，城市的土地属于国家所有。农村和城市郊区的土地，除由法律规定属于国家所有的以外，属于集体所有；宅基地和自留地、自留山，也属于集体所有。国家为了公共利益的需要，可以依照法律规定对土地实行征收或者征用并给予补偿。任何组织或者个人不得侵占、买卖或者以其他形式非法转让土地。土地的使用权可以依照法律的规定转让。一切使用土地的组织和个人必须合理地利用土地。据此，只有 B 项表述是正确的。

10. C

【解析】国体也就是国家性质，我国的国体是人民民主专政制度，人民代表大会制度是我国的政体，即政权组织形式。可见，A 项表述错误。《宪法》第 2 条规定，中华人民共和国的一切权力属于人民。人民行使国家权力的机关是全国人民代表大会和地方各级人民代表大会。人民依照法律规定，通过各种途径和形式，管理国家事务，管理经济和文化事业，管理社会事务。据此，并非一切国家权力都由全国人民代表大会行使，如非基本法律的制定、公布法律的权力等，就不属于全国人民代表大会的职权；而且人民行使国家权力的机关也并非只有全国人民代表大会，还有地方各级人民代表大会。可见，B 项表述错误，C 项表述正确，选 C 项。《宪法》第 3 条规定，中华人民共和国的国家机构实行民主集中制的原则。全国人民代表大会和地方各级人民代表大会都由民主选举产生，对人民负责，受人民监督。国家行政机关、监察机关、审判机关、检察机关都由人民代表大会产生，对它负责，受它监督。中央和地方的国家机构职权的划分，遵循在中央的统一领导下，充分发挥地方的主动性、积极性的原则。据此，全国人民代表大会是最高国家权力机关，其他国家机关对全国人民代表大会负责，并受全国人民代表大会监督。因此，我国实行的制度不是三权分立制度，全国人民代表大会处于核心地位，其他国家机关受全国人民代表大会监督，其他国家机关不能监督全国人民代表大会。可见，D 项表述错误。

11. A

【解析】《香港特别行政区基本法》第 104 条规定，香港特别行政区行政长官、主要官员、行政会议成员、立法会议员、各级法院法官和其他司法人员在就职时必须依法宣誓拥护中华人民共和国香港特别行政区基本法，效忠中华人民共和国香港特别行政区。据此，A 项表述正确，选 A 项。《香港特别行政区基本法》第 68 条第 1 款规定，香港特别行政区立法会由选举产生。据此，行政长官不能任命立法会议员。可见，B 项表述错误。《香港特别行政区基本法》第 71 条规定，香港特别行政区立法会主席由立法会议员互选产生。香港特别行政区立法会主席由年满 40 周岁，在香港通常居住连续满 20 年并在外国无居留权的香港特别行政区永久性居民中的中国公民担任。据此，立法会主席由立法会议员互选产生，而不是由全国人大常委会任命。可见，C 项表述错误。《香港特别行政区基本法》第 67 条规定，香港特别行政区立法会由在外国无居留权的香港特别行政区永久性居民中的中国公民组成。但非中国籍的香港特别行政区永久性居民和在外国有居留权的香港特别行政区永久性居民也可以当选为香港特别行政区立法会议员，其所占比例不得超过立法会全体议员的 20％。据此，D 项表述错误。

12. D

【解析】宪法上的公民平等权，是指公民平等地享有权利，不受任何差别对待，要求国家给予同等保护的权利与原则。我国宪法确立了平等权，但平等权并不意味着对所有公民采取无差别待遇，只要存在差别待遇的合理理由，就应当承认这种差别，这就是合理差别。合理差别并不违反平等权的要求。需要注意的是，平等权禁止的是不合理的差别，即宪法意义上的差别有合理的差别与不合理的差别，平等权的相对性要求禁止不合理的差别，而合理的差别具有合宪性。判断政府的措施是合理差别还是违反平等保护原则的歧视性做法的标准有：（1）政府进行区别对待的目的必须是实现正当的而且是重大的利益。（2）这种区别对待必须是实现其所宣称的正当目的的合理的乃至必不可少的手段。（3）政府负有举证责任。例如，政府对残疾人采取多种妥当安置的措施应负举证责任。本题表述中，国家机关拒绝录用"乙肝"表面抗原携带者，国家机关的做法属于差别对待，而且没有合理理由，构成歧视，违反了平等保护原则。可见，A 项表述错误。残疾人属于弱势群体，政府优先采购残疾人福利企业的产品，这有利于维护残疾人的经济利益，该做法存在合理差别的理由，因此不违反平等保护原则。可见，B 项表述错误。男女在生理上存在差别，因此对于妇女采取合理的差别对待，并不违反平等保护原则，但是这并不意味着在任何工种或岗位上都不得设置性别限制。可见，C 项表述错误。为贯彻民族平等和民族团结政策，政府可以依据民族的差异采取合理差别。因此，国家对少数民族给予某些适当的照顾不违反平等保护原则。可见，D 项表述正确，选 D 项。

13. C

【解析】《监察法》第 11 条规定，监察委员会依照本法和有关法律规定履行监督、调查、处置职责：（1）对公职人员开展廉政教育，对其依法履职、秉公用权、廉洁从政从业以及道德操守情况进行监督检查。（2）对涉嫌贪污贿赂、滥用职权、玩忽职守、权力寻租、利益输送、徇私舞弊以及浪费国家资财等职务违法和职务犯罪进行调查。（3）对违法的公职人员依法作出政务处分决定；对履行职责不力、失职失责的领导人员进行问责；对涉嫌职务犯罪的，将调查结果移送人民检察院依法审查、提起公诉；向监察对象所在单位提出监察建议。根据上述第 2 项规定，对于涉嫌贪污的职务犯罪，应由监察委员会履行监督、调查、处置职责，而不应由公安机关立案。可见，A 项表述错误。贪污不属于甲的隐私，对于涉嫌贪污的案件，应当公开审理。可见，B 项表述错误。人民检察院认为判决有错误的，应当提出抗诉。可见，C 项表述正确，选 C 项。上下级法院之间的关系是监督与被监督关系，而不是领导与被领导关系，因此，上级人民法院认为县人民法院的量刑过重，可以依法改判，而不能要求下级人民法院改判。可见，D 项表述错误。

14. C

【解析】《宪法》第 62 条第 13 项规定，全国人民代表大会批准省、自治区和直辖市的建置。《宪法》第 89 条第 15 项规定，国务院批准省、自治区、直辖市的区域划分，批准自治州、县、自治县、市的建置和区域划分。根据上述规定，A 项表述错误。《宪法》第 31 条规定，国家在必要时得设立特别行政区。在特别行政区内实行的制度按照具体情况由全国人民代表大会以法律规定。据此，特别行政区的设立及其社会制度都应由全国人民代表大会以法律规定。可见，B 项表述错误。《宪法》第 62 条第 11 项规定，全国人民代表大会审查和批准国家的预算和预算执行情况的报告。《宪法》第 67 条第 5 项规定，在全国人民代表大会闭会期间，全国人民代表大会常务委员会审查和批准国民经济和社会发展计划、国家预算在执行过程中所必须作的部分调整方案。据此，C 项表述正确，选 C 项。《宪法》第 62 条第 5 项规定，全国人民代表大会根据中华人民共和国主席的提名，决定国务院总理的人选；根据国务院总理的提名，决定国务院副总理、国务委员、各部部长、各委员会主任、审计长、秘书长的人选。据此，无论是国务院总理人选，还是国务院副总理人选，都应由全国人民代表大会决定。可见，D 项表述错误。

15. D

【解析】《城市居民委员会组织法》第 2 条规定，居民委员会是居民自我管理、自我教育、自我服务的基层群众性自治组织。不设区的市、市辖区的人民政府或者它的派出机关对居民委员会的工作给予指导、支持和帮助。居民委员会协助不设区的市、市辖区的人民政府或者它的派出机关开展工作。据此，居民委员会是居民自我管理、自我教育、自我服务的基层群众性自治组织，而不是一级政权机关，基层人民政府与居民委员会的关系也不是领导与被领导的关系。可见，A、C 项表述错误。《城市居民委员会组织法》第 8 条第 1款规定，居民委员会主任、副主任和委员，由本居住地区全体有选举权的居民或者由每户派代表选举产生；根据居民意见，也可以由每个居民小组选举代表二至三人选举产生。居民委员会每届任期 5 年，其成员可以连选连任。据此，B 项表述错误。《监察法》第 15 条规定，监察机关对下列公职人员和有关人员进行监察：（1）中国共产党机关、人民代表大会及其常务委员会机关、人民政府、监察委员会、人民法院、人民检察院、中国人民政治协商会议各级委员会机关、民主党派机关和工商业联合会机关的公务员，以及参照《中华人民共和国公务员法》管理的人员；（2）法律、法规授权或者受国家机关依法委托管理公共事务的组织中从事公务的人员；（3）国有企业管理人员；（4）公办的教育、科研、文化、医疗卫生、体育等单位中从事管理的人员；（5）基层群众性自治组织中从事管理的人员；（6）其他依法履行公职的人员。据此第 5 项规定，居民委员会中从事管理的人员受监察机关的监察。可见，D 项表述正确，选 D 项。

16. B

【解析】汉代在官吏选任中实行回避制度，为此制定了《三互法》，规定"婚姻之家及两州人士，不得对相监临（即交互为官）"。可见，《三互法》规定的是任官回避制度，选B项。

17. D

【解析】唐律规定了"六杀"罪名：谋杀、斗杀、故杀、误杀、戏杀和过失杀。《唐律疏议·斗讼律》（卷二十三）规定："诸过失杀伤人者，各依其状，以赎论。（谓耳目所不及，思虑所不到；共举重物，力所不制；若乘高履危足跌及因击禽兽，以致杀伤之属，皆是。）"据此，属于过失杀的情形包括：（1）因耳目所不及、思虑所不到而杀伤人的情形。即行为人意想不到在幽静偏僻、人迹罕至之处却有人实际上存在，而且又确实没有听见人声，也未看见人影而投掷瓦石，杀伤了人的情形。（2）因共举重物力所不制而杀伤他人的情形。即如果几个人共同抬举一重物，因其中某人体力不支而导致他人（包括其他共举人和旁人）伤亡，是作为过失犯罪定罪处罚的。（3）因乘高履危足跌而杀伤他人的情形。（4）因猎射鸟兽而杀伤他人的情形。（5）因共捕盗贼而误杀伤旁人的情形。本题表述的情形是因猎射山鸡而导致的杀伤，因此为过失杀，选D项。A项表述的"故杀"，即事先虽无预谋，但情急杀人时已有杀人的意念；B项表述的"误杀"，即由于种种原因杀错了对象；C项表述的"谋杀"，即预谋杀人，包括已杀成和未杀成。

18. B

【解析】晋代律学家张斐对20个法律概念及其含义作了精要的表述："其知而犯之谓之故，意以为然谓之失，违忠欺上谓之谩，背信藏巧谓之诈，亏礼废节谓之不敬，两讼相趣谓之斗，两和相害谓之戏，无变斩击谓之贼，不意误犯谓之过失，逆节绝理谓之不道，陵上僭贵谓之恶逆，将害未发谓之戕，唱首先言谓之造意，二人对议谓之谋，制众建计谓之率，不和谓之强，攻恶谓之略，三人谓之群，取非其物谓之盗，货财之利谓之赃。凡二十者，律义之较名也。"即：明知故犯为故意犯罪，因主观判断错误而致罪或根本没有想到而误犯为过失犯罪，违背忠诚而欺瞒上级为欺谩罪，背信弃义而暗藏奸巧为奸诈罪，亏废礼教仪节为不敬罪，两相争斗为斗殴罪，因嬉戏而相害为戏伤罪，私下攻击伤害为贼罪，违绝仪节伦理为不道罪，凌辱尊长权贵为恶逆罪，预谋杀人而伤害为戕贼罪，主谋首倡为造意，两人商议为合谋，统率策划为首犯，不经合意为强迫，强行侵犯为攻掠，三人合意为群伙，获取他人财物为盗罪，贪猎不义货财为赃罪。可见，"戏"指的是"两和相害"，就是因嬉戏而相害为戏伤罪。可见，选B项。

19. C

【解析】北洋政府广泛运用判例与解释例，补充了成文法之未备，使之成为案件判决的重要依据。有权作出解释例的机构是最高审判机关大理院，选C项。参议院为南京临时政府行使立法权的机关，北洋政府时期根据"天坛宪草"的规定，实行两院国会制，参议院和众议院共同行使立法权，因此，参议院没有作出解释例的职权，故不选A项。法部是清末司法改革出现的机关，由刑部演变而来，为最高司法行政机关，北洋政府时期改为司法部，其无权作出解释例，故不选B项。平政院为北洋政府设立的中央最高行政诉讼审判机关，其无权作出解释例，故不选D项。

20. D

【解析】秋审是清朝最重要的死刑复审制度，被称为国家大典。秋审源于汉代的秋冬行刑和录囚制度，到了明朝发展成为朝审，清朝继承了明朝的朝审，并发展成为秋审制度。秋审的对象是各省上报的斩绞监候案件，每年秋八月在天安门金水桥西由九卿、詹事、科道以及军机大臣、内阁大学士等重要官员会同审理。秋审案件经过复审程序后，分为五种情况处理：（1）情实：罪名恰当，执行死刑；（2）缓决：案情属实，但危害性不大，可以减刑；（3）可矜：案情属实，但情有可原，可免死而减为徒刑或者流刑；（4）可疑：案情尚未完全搞清楚的，则驳回原省再审；（5）留养承祀：案情属实、罪名恰当，但有亲老丁单情形，而祖父母、父母年老无人奉养，或符合"孀妇独子"等条件的，须奏请皇帝裁决，经皇帝批准，可改判重杖，枷号示众 3 个月。本题表述中，王某符合"亲老丁单"条件，应当"留养承祀"，经皇帝批准，可改判重杖，枷号示众 3 个月。可见，选D 项。

二、多项选择题

21. AC

【解析】授权性规则是指规定人们有权做一定行为或不做一定行为的规则，即规定人们的"可为模式"的规则。授权性规则的作用在于赋予人们一定的权利去设立、变更、终止他们的法律地位或法律关系，其特点是为权利主体提供一定的选择自由，对于权利主体来说不具有强制性，它既不强令权利人作为，也不强令权利人不作为。相反，它为行为人的作为、不作为提供了一个自由选择的空间。"夫妻有相互继承遗产的权利"，继承权是一种权利，该法律规则不具有强制性，因而是授权性规则。可见，选 A 项。确定性规则是指内容已明确肯定，无须再援引或参照其他规则来确定其内容的法律规则。确定性规则本身的规定是确定的，无须援引或委托其他机构就可以知道其规定，权利义务关系也很容易确定。委任性规则是指内容尚未确定，而只规定某种概括性指示，法律规则的内容由相应国家机关通过相应途径或程序加以确定的法律规则。"夫妻有相互继承遗产的权利"，该规则本身是确定的，是确定性规则，故选 C 项。该规则具体规定了夫妻之间的权利，无须委任，因此不是委任性规则，故不选 B 项。强行性规则又称为强制性规则，是指内容规定具有强制性，不论人们的意愿如何，都必须加以适用的规则。"夫妻有相互继承遗产的权利"，该规则不具有强制性，因而不是强行性规则，故不选 D 项。

22. ACD

【解析】立法有广义和狭义之分，广义的立法是指有关国家机关依照法定的职权和程序，制定具有法律效力的各种规范性文件的活动；狭义的立法仅指最高国家权力机关及其常设机关依照法定的权限和程序制定规范性法律文件的活动。省会城市的市政府制定规章明显属于广义的立法范畴。可见，A 项表述正确，选 A 项。执法就是指法的执行。政府部门依据规章管理"共享单车"的活动是执法活动，而不是法的适用活动，法的适用指的是司法。可见，B 项表述错误，不选 B 项。规章须报市人大常委会备案，这种备案制体现了权力监督的法治原则。可见，C 项表述正确，选 C 项。守法是指公民、社会组织和国家机关以法律为自己的行为准则，依照法律行使权利、履行义务的活动，包括积极守法和消极守法（不违法）。公民、企业依据该规章行使权利、履行义务是守法的表现。可见，D 项表述正确，选 D 项。

23. BCD

【解析】规范性法律文件不同于非规范性法律文件，规范性法律文件具有普遍适用性，而非规范性法律文件只针对特定的人或者特定的事。可见，甲、乙签订的租房合同并非规范性法律文件，A 项表述错误。甲、乙签订租房合同，甲、乙之间形成合同法律关系，而合同法律关系为相对法律关系，相对法律关系以当事人之间的相对权利和相对义务为内容。因此，按时交房是甲方所负担的相对义务。可见，B 项表述正确，选 B 项。甲、乙签订租房合同，双方产生了相应的权利义务关系，甲方负有按时交房的义务，乙方负有交付租金的义务。可见，C 项表述正确，选 C 项。法律责任是指行为人由于违法行为、违约行为或者由于法律规定而应承受的某种不利的法律后果。违约金条款是甲乙双方在合同中作出的约定，违反该约定，应当承担法律责任，因此，合同中关于违约金的约定，是法院确定法律责任的重要依据。可见，D 项表述正确，选 D 项。

24. ABD

【解析】法的非正式渊源包括正义标准、理性原则、公共政策、道德信念、社会思潮、习惯、宗教规则、学说等。因此，法学家的学说属于法的非正式渊源，可以为疑难案件的解决提供指引，但是在有具体法律规则可以援引时，法学家的学说不应援引作为判决的依据。可见，A、B、D 项表述正确。参考法学家的学说作出判决并不影响审判独立原则，因此 C 项表述错误。

25. AB

【解析】《宪法》第 38 条规定，中华人民共和国公民的人格尊严不受侵犯。禁止用任何方法对公民进行侮辱、诽谤和诬告陷害。据此，学校禁止学生宣扬校园暴力和学校禁止学生携带管制刀具进入校园，这并没有侵犯学生的人格尊严，因而符合宪法和法律的规定，选 A、B 项。但是，D 项表述的情形则侵犯了学生的人格尊严，故 D 项表述的情形不符合宪法和法律的规定，不选 D 项。《宪法》第 40 条规定，中华人民共和国公民的通信自由和通信秘密受法律的保护。除因国家安全或者追查刑事犯罪的需要，由公安机关或者检察机关依照法律规定的程序对通信进行检查外，任何组织或者个人不得以任何理由侵犯公民的通信自由和通信秘密。据此，学校无权检查学生手机。可见，C 项表述错误。

26. CD

【解析】根据《地方各级人民代表大会和地方各级人民政府组织法》第 8 条第 5 项规定，自治州州长由本级人民代表大会选举产生，故 A 项表述错误。《宪法》第 116 条规定，民族自治地方的人民代表大会有权依照当地民族的政治、经济和文化的特点，制定自治条例和单行条例。自治区的自治条例和单行条例，报全国人民代表大会常务委员会批准后生效。自治州、自治县的自治条例和单行条例，报省或者自治区的人民代表大会常务委员会批准后生效，并报全国人民代表大会常务委员会备案。据此，自治州人大有权制定自治条例。可见，B 项表述错误。自治州制定的单行条例报四川省人大常委会批准后生效，C 项表述正确。《立法法》第 75 条第 2 款规定，自治条例和单行条例可以依照当地民族的特点，对法律和行政法规的规定作出变通规定，但不得违背法律或者行政法规的基本原则，不得对宪法和民族区域自治法的规定以及其他有关法律、行政法规专门就民族自治地方所作的规定作出变通规定。《立法法》第 90 条第 1 款规定，自治条例和单行条例依法对法律、行政法规、地方性法规作变通规定的，在本自治地方适用自治条例和单行条例的规定。据此，自治条例和单行条例可以对法律、行政法规、地方性法规作出变通规定。可见，D 项表述正确。

27. ABD

【解析】根据《宪法》第 89 条第 6、10、14 项规定，A、B、D 项表述属于国务院的职权，选 A、B、D 项。根据《宪法》第 67 条第 15 项规定，决定同外国缔结的条约和重要协定的批准和废除属于全国人大常委会的职权，故不选 C 项。

28. ABD

【解析】在 1975 年 12 月出土的湖北云梦睡虎地秦墓竹简中，有大量关于律的内容，所见律名主要有《田律》《厩苑律》《仓律》《金布律》《关市律》《工律》《工人程》《均工律》《徭律》《司空律》《军爵律》《置吏律》《效律》《传食律》《行书律》《内史杂》《尉杂律》《除吏律》《除弟子律》《牛羊课》《傅律》《戍律》《捕盗律》等近 30 种。可见，选 A、B、D 项。《户婚律》为隋唐律典的篇目，故不选 C 项。

29. ABCD

【解析】清朝继承重血缘，法律禁止乞养异姓义子，以免乱宗族，否则杖八十。可见，A 项表述正确。清朝人身依附关系有所减弱，雇工人地位改善。可见，B 项表述正确。在身份继承上，清朝确立了独子兼祧制度，独子兼祧为清代独创，民间合称"两房合一子"，即一人可以继承两房的香火和财产。可见，C 项表述正确。清朝明确规定了房屋出典后因失火焚烧的风险责任承担。关于房屋出典后的风险责任，宋、元以来的法律均无规定，清朝乾隆十二年（1747 年）定例对此作了详细的规定。可见，D 项表述正确。

30. BD

【解析】南京国民政府采用民商合一的立法体例，实行这种体例参酌效仿的国家为瑞士、苏俄、暹罗等，故选 B、D 项。德国、日本采用民商分立的民事立法体例，故不选 A、C 项。

三、简答题

31. 法律职业是指以法官、检察官、律师为代表的，受过专门的法律专业训练，具有娴熟的法律技能与法律伦理的法律人所构成的自治性共同体。

法律职业的特征有：

（1）法律职业的技能特征。

（2）法律职业的伦理特征。

（3）法律职业的自治特征。

（4）法律职业的准入特征。

32.（1）在法律规定范围内的个体经济、私营经济等非公有制经济，是社会主义市场经济的重要组成部分。

（2）国家保护个体经济、私营经济等非公有制经济的合法的权利和利益。

（3）国家鼓励、支持和引导非公有制经济的发展，并对非公有制经济依法实行监督和管理。

33.（1）《大清现行刑律》取消了《大清律例》中按吏、户、礼、兵、刑、工六部名称而分的六律条目，将法典按照性质分隶30门。

（2）《大清现行刑律》对继承、婚姻、田宅、钱债等纯属民事性质的条款不再判刑。

（3）《大清现行刑律》删除枭首、戮尸、刺字、凌迟等酷刑和缘坐制度，设置了新刑罚体系，将主体刑罚确定为死刑（斩、绞）、遣刑、流刑、徒刑、罚金五种。

（4）《大清现行刑律》增加了一些新罪名，如私铸银元罪、妨害国交罪、妨害选举罪以及破坏交通、电讯的犯罪等。

四、分析论述题

34.（1）法律原则属于法律规范，与法律规则相比，法律原则没有设定明确的法律后果，比较模糊和抽象，具有宏观指导性，不以"全有或全无的方式"应用于个案当中。在法律规则存在缺陷和不足的时候，法律原则可以成为法院裁判案件的法律依据。

（2）法律效果要求司法审判严格依法进行，保证判决在法律上具有合法性；社会效果要求司法审判应考虑社会利益和社会影响，确保判决不与主流价值产生较大冲突。司法过程既要严格遵照法律规定调处纠纷，又要把社会需求、社会价值和公共利益等因素纳入其中加以衡量，注重情、理、法的有效融合，使裁判结果符合社会主流价值取向。司法机关应贯彻实施陪审员制度，加强裁判文书释法说理，加强与社会公众的沟通，增进交流和理解。

35. 正义是法的核心价值之一，是对利益的正当分配。该句话是法的正义价值在司法中得以实现的形象概括，强调法既要实现实体正义，又要实现程序正义。实体正义是指通过法律规定的实体权利和义务来公正地分配社会利益与负担；程序正义是指为了实现法律上的实体权利与义务，设定必要程序以实现正义。从司法角度看，应避免单纯地追求实体正义而忽视程序正义，司法机关应严格执行法定程序，防范冤假错案的出现。

36.（1）宪法规定公民在法律面前一律平等。专项附加扣除制度考虑到公民不同的经济负担，承担不同的纳税义务，体现了合理差别，是对平等原则的落实。宪法规定国家保护公民的财产权，专项附加扣除制度减轻了公民的纳税负担，是对公民财产权的保护。宪法规定了公民的社会权利，专项附加扣除制度减轻了公民在教育、医疗、住房、赡养老人等方面的经济负担，体现了国家对公民的生存照顾，履行了国家的社会权利保障义务。

（2）公民有依法纳税的宪法义务是《个人所得税法》制定的规范基础。税种的设立、税率的确定和税收征收管理等税收基本制度只能由全国人大及其常委会制定法律。国务院为执行《个人所得税法》的规定可以制定行政法规，可以根据全国人大常委会的授权就授权事项作出规定。国务院在制定行政法规时必须根据宪法和法律，不得违背《个人所得税法》税收征收管理的精神或授权立法应遵循的原则。

37. 宪法是国家的根本法，2018年全国人大对现行宪法进行了第五次修改，通过了21条修正案。此次修改主要涉及宪法序言、贯彻党的领导、国家机构等方面：在宪法序言部分，确立科学发展观、习近平新时代中国特色社会主义思想在国家政治和社会生活中的指导地位，充实完善爱国统一战线和民族关系的内容，充实和平外交政策的内容，完善依法治国和宪法实施举措；在宪法第一条充实坚持和加强中国共产党全面领导的内容；在国家机构方面，修改全国人大专门委员会的有关规定，修改国家主席任期制，增加设区的市制定地方性法规的规定，增加监察委员会的各项规定。

38.（1）仁弘被控犯赃罪，应处死刑。唐太宗宽贷了仁弘的死罪，免为庶人。

（2）因其对国家有大功勋，属于八议中的"议功"。

（3）八议是指议亲、议故、议贤、议能、议功、议贵、议勤、议宾，此八类贵族官僚犯罪，可受到减免刑罚等优待。应八议者犯死罪，先由司法官将其罪行和符合议的条件上奏，再由大臣集议并提出处理意见，最后由皇帝裁决；犯流刑以下罪，依律减一等处刑。犯"十恶"者，不在八议之列。渊源：八议源于西周的"八辟"，曹魏时正式入律。影响：八议是古代优遇贵族官僚的特权法律制度，至唐趋于系统化和完备化，对后世立法影响极大。

2019 年全国法律硕士（法学）专业学位研究生入学联考专业基础课试题

一、单项选择题（第 1～20 小题，每小题 1 分，共 20 分。下列每题给出的四个选项中，只有一个选项是最符合题目要求的）

1. 下列关于我国刑法中罪刑法定原则的理解，正确的是（　　）。
   A. 简单罪状因缺乏明确性不符合罪刑法定原则
   B. 将习惯法视为刑法的渊源不违反罪刑法定原则
   C. 罪刑法定原则不允许有利于被告人的新法溯及既往
   D. 罪刑法定原则中的"法"不包括行政法规

2. 我国公民甲在某国杀害乙（无国籍人），被该国法院判处有期徒刑 12 年。如甲在该国服刑完毕回到我国，我国司法机关依照刑法对甲行使刑事管辖权的根据是（　　）。
   A. 属地原则　　　　B. 属人原则　　　　C. 保护原则　　　　D. 普遍管辖原则

3. 下列情形中，成立不作为犯罪的是（　　）。
   A. 某县法院院长甲目睹身为县财政局局长的妻子收受其下属的巨额贿赂，不予阻止
   B. 乙见室友在门口遭遇持刀抢劫，因害怕将房门反锁导致室友无处躲藏被刺成重伤
   C. 收养人丙发现所收养的两岁小孩患有先天性心脏病，将孩子独自留在家中致其饿死
   D. 丁在妻子难产时拒绝在剖宫产手术同意书上签字，妻子难忍疼痛从病房楼跳下身亡

4. 下列选项中，不属于继续犯的是（　　）。
   A. 诈骗罪　　　　B. 遗弃罪　　　　C. 非法拘禁罪　　　　D. 非法持有毒品罪

5. 债权人王某伙同他人将债务人甲关在办公室中长达十几个小时并持续辱骂，甲求救未果后持水果刀将王某刺成重伤。甲的行为应认定为（　　）。
   A. 防卫过当　　　　B. 假想防卫　　　　C. 偶然防卫　　　　D. 正当防卫

6. 甲意图杀死范某，持刀潜伏在范某家门口树林里，久等未见范某归来，因惧怕受到法律惩罚，弃刀回家。甲的行为应认定为（　　）。
   A. 犯罪预备　　　　B. 犯罪中止　　C. 犯罪未遂　　　　D. 不构成犯罪

7. 幼儿园教师甲在幼儿园卫生间多次用针刺戳肖某等 10 余名幼儿的臀部，虽未造成伤害后果，但情节十分恶劣。甲的行为应认定为（　　）。
   A. 侮辱罪　　　　　　　　　　　B. 猥亵儿童罪

C. 虐待被监护、看护人罪　　　　　　D. 故意伤害罪

8. 国有公司负责人甲的下列行为，应当认定为挪用公款归个人使用的是（　　　）。

A. 经单位集体决定后将公款供其他私人公司使用

B. 经单位集体决定后将公款供个人承包企业使用

C. 以个人名义将公款供其他国有资本控股企业使用

D. 个人决定以单位名义将公款供其他单位使用但没有谋取个人利益

9. 下列对于我国刑法中"终身监禁"的理解，正确的是（　　　）。

A. 终身监禁属于一种新的刑罚种类而非刑罚执行方式

B. 终身监禁作出后不得根据服刑表现进行减刑或假释

C. 终身监禁应适用于国家工作人员实施的各种职务犯罪

D. 判处死刑缓期执行的罪犯减为无期徒刑时应适用终身监禁

10. 甲饥饿难耐，夜入位于高层住宅一楼的小超市行窃，尚未得手便惊醒了一直住在超市里的店主夫妇。甲用超市内销售的菜刀砍死前来查看的店主，砍伤店主妻子并点燃现场易燃物后逃离。火势在蔓延之前被邻居扑灭，但浓烟导致店主妻子窒息死亡。下列对于甲行为性质的认定，正确的是（　　　）。

A. 甲进入超市实施盗窃，应属于紧急避险

B. 甲进入超市实施盗窃，不属于入户盗窃

C. 甲用刀砍死店主，应认定为故意杀人罪

D. 甲放火致人死亡，应认定为放火罪一罪

11. 下列行为中，由民法调整的是（　　　）。

A. 甲与网友相约一起参加电子竞技

B. 乙大学拒绝授予郑某硕士学位

C. 丙在相亲活动中与王某成功"牵手"

D. 丁公安局发布公告："提供破案线索者，奖励 3 000 元"

12. 甲骑乙公司运营的共享单车上班。途中，单车刹车失灵，甲躲闪不及，撞伤丙。丙的损害应当（　　　）。

A. 由甲承担全部赔偿责任　　　　　　B. 由乙公司承担全部赔偿责任

C. 由甲和乙公司承担按份责任　　　　D. 由甲和乙公司承担连带责任

13. 甲为设立蓝天公司，以自己的名义承租乙公司的房屋作为蓝天公司筹备处的办公场所，约定租金 2 万元。蓝天公司成立后，乙公司对到期未付的租金（　　　）。

A. 只能请求甲支付　　　　　　　　　B. 只能请求蓝天公司支付

C. 有权选择请求甲或蓝天公司支付　　D. 有权请求甲和蓝天公司承担按份责任

14. 甲、乙系夫妻，1998 年 5 月儿子丙出生。2017 年 10 月甲与侄子丁签订书面协议，约定在甲丧失民事行为能力时，丁担任甲的监护人。一年后甲丧失民事行为能力，其好友戊表示愿意担任甲的监护人，并得到甲住所地居委会的同意。此时甲的监护人是（　　　）。

A. 乙　　　　　　　B. 丙　　　　　　　C. 丁　　　　　　　D. 戊

15. 甲外出务工多年未与家中联系，经其配偶乙申请，法院宣告甲死亡。甲的好友丙替甲偿还了欠丁的 1 万元。后乙与丙组成家庭。一日，甲返乡。对此，下列说法正确的是（　　　）。

    A. 甲和乙之间的婚姻关系自动恢复

    B. 乙和丙之间的婚姻关系自动解除

    C. 乙、丙婚后，丙可向乙主张 1 万元债权

    D. 无论甲、乙是否恢复婚姻关系，丙均有权要求甲偿还 1 万元债务

16. 甲公司将售房过程中收集到的购房者的姓名、身份证号码、电话、家庭住址等信息打包出售。甲公司的行为侵害了购房者的（　　　）。

    A. 个人信息权益   B. 身份权   C. 信用权   D. 姓名权

17. 甲请同事吃饭，结账时发现没带钱，遂请好友乙帮忙买单，乙碍于情面付款。后乙要求甲偿还，甲拒绝。乙的付款行为属于（　　　）。

    A. 赠与   B. 代为清偿   C. 无因管理   D. 情谊行为

18. 甲听说乙有一祖传玉石，遂前往询价，甲问：你多少钱卖？乙说：你出多少钱？甲问：15 万元卖不卖？乙说：20 万元可以马上拿走。甲未置可否。三天后，甲携款 20 万元前来购买，乙说：25 万元才能卖。对此，下列选项正确的是（　　　）。

    A. 乙说"你出多少钱"属于要约

    B. 乙说"20 万元可以马上拿走"属于要约邀请

    C. 甲携款 20 万元前来购买时合同成立

    D. 乙说"25 万元才能卖"属于要约

19. 甲、乙、丙三人以 3∶2∶1 的比例按份共有一头骆驼，用于旅游服务。现甲欲将自己的份额转让给丁，乙、丙均要求以同等条件购买。甲的份额应当（　　　）。

    A. 由丁购买   B. 由乙、丙等额购买

    C. 由甲在乙和丙中指定一人购买   D. 由乙、丙按所持份额比例购买

20. 导游甲带团赴国外旅游，朋友乙委托其代购三块名表。回国时，甲代购的名表被海关检查发现，甲被罚款。对此，下列选项正确的是（　　　）。

    A. 乙应当承担甲支付的海关罚款

    B. 甲有权要求乙分担一半的国际机票费用

    C. 如手表存在质量问题，乙有权向甲主张退货

    D. 甲有权要求乙支付使用甲的信用卡所享受的折扣优惠价款

二、多项选择题（第 21~30 小题，每小题 2 分，共 20 分。下列每题给出的四个选项中，至少有两个选项是符合题目要求的。多选、少选或错选均不得分）

21. 下列对于我国《刑法》第 13 条中"……但是情节显著轻微危害不大的，不认为是犯罪"的理解，正确的有（　　　）。

    A. 避免给轻微的违法行为打上"犯罪"的标记

    B. 表明认定犯罪需要正确"定性"及合理"定量"

    C. 是区分"违法行为"与"犯罪行为"的宏观标准

    D. 合理配置司法资源以集中力量惩罚"严重违法行为"

22. 甲指使乙重伤江某，乙同意后持钢管将江某打成轻伤，并在离开现场时，为防止江某报警，勒令江某交出手机。对此，下列选项中正确的有（　　　）。

    A. 甲的行为构成故意伤害罪   B. 甲的行为构成抢劫罪

C. 乙的行为构成故意伤害罪   D. 乙的行为构成抢劫罪

23. 下列人员中，利用职务上的便利，非法收受他人财物为他人谋取利益，数额较大，可以构成非国家工作人员受贿罪的有（   ）。

A. 公立医院的医生   B. 村民委员会主任

C. 工程承包队队长   D. 文艺演出筹委会主任

24. 按照我国刑法规定，应当适用社区矫正的对象包括（   ）。

A. 被裁定假释的犯罪分子   B. 被宣告缓刑的犯罪分子

C. 被判处管制的犯罪分子   D. 被单处剥夺政治权利的犯罪分子

25. 下列关于减刑适用的理解，正确的有（   ）。

A. 对于被判处 2 年有期徒刑并宣告缓刑的甲，一般不适用减刑

B. 对于被判处管制 2 年并在执行期间确有立功表现的乙，可以减刑

C. 丙被判处无期徒刑，有重大立功表现，应当减刑，但实际执行的刑期不能少于 10 年

D. 丁被判处死刑缓期 2 年执行，无论经过几次减刑，其实际执行的刑期都不得少于 15 年，且死刑缓期执行期间不包括在内

26. 我国《民法总则》依据法人存在的目的，将法人分为营利法人、非营利法人和特别法人。下列选项中，属于特别法人的有（   ）。

A. 机关法人   B. 事业单位法人

C. 捐助法人   D. 农村集体经济组织法人

27. 宋某和赵某分别住在同一栋住宅楼的一层和二层。宋某在小区围墙与该楼之间自建平房，给住宅楼造成严重的安全隐患。不久，宋某在平房内开办门窗加工厂，加工生产的噪音严重干扰了赵某的正常生活。对此，赵某有权要求宋某（   ）。

A. 赔礼道歉   B. 消除危险   C. 恢复原状   D. 停止侵害

28. 下列关于意思表示生效的表述，正确的有（   ）。

A. 以对话方式作出的意思表示，相对人知道其内容时生效

B. 以非对话方式作出的意思表示，到达相对人时生效

C. 无相对人的意思表示，法律无特别规定的，表示完成时生效

D. 以公告方式作出的意思表示，公告发布时生效

29. 甲公司分期支付乙公司货款，可用于甲公司向乙公司提供担保的财产有（   ）。

A. 甲公司的职工班车

B. 甲公司持有的丙公司股权

C. 甲公司效益最好的分公司的厂房

D. 甲公司与相邻丁公司存在争议的货场使用权

30. 下列知识产权中，对其法律保护没有时间限制的有（   ）。

A. 甲公司的保密除虫剂配方

B. 乙制作的电影《问道昆仑》

C. 丙企业的驰名商标"云南白药及图"

D. 丁行业协会的"阳澄湖大闸蟹"地理标志

三、简答题（第 31～34 小题，每小题 10 分，共 40 分）

31．简述犯罪客体的种类。

32．简述集资诈骗罪与非法吸收公众存款罪的区别。

33．简述地役权的特征。

34．简述赠与人可以行使法定撤销权的事由。

四、论述题（第 35～36 小题，每小题 15 分，共 30 分）

35．试论我国刑法理论中判断犯罪既遂的不同学说。

36．试论可撤销的民事法律行为。

五、案例分析题（第 37～38 小题，每小题 20 分，共 40 分）

37．2017 年 11 月 25 日，甲（2003 年 11 月 26 日出生）在公共汽车上将手伸进丙的衣袋偷东西，丙发现后立即抓住甲的手。甲的同伙乙（2000 年 12 月 5 日出生）见状拔出甲随身携带的匕首刺向丙胸部。丙情急之下拉过乘客陈某的胳膊挡在自己前面，乙刺中陈某胳膊，致其轻伤，甲、乙趁乱逃离现场。后乙在前往公安机关投案途中，被公安机关抓获。到案后，乙如实说明全部情况。

请根据上述材料，回答下列问题并说明理由：

（1）甲的行为应如何认定？

（2）乙的行为应如何认定？

（3）丙的行为应如何认定？

（4）本案中的犯罪分子具备哪些法定量刑情节及相应量刑情节的处理原则是什么？

38．2017 年 3 月 1 日，甲公司与乙银行书面约定：甲公司向乙银行借款，以在建写字楼作抵押，抵押担保的债权为 2017 年 3 月 1 日至 12 月 31 日期间签订的所有借款合同项下的借款本息之和，但担保债权总额不超过 1 亿元。签约后双方办理了抵押登记。

2017 年 4 月 1 日，甲公司法定代表人汪某以甲公司名义与乙银行签订 2 000 万元借款合同。10 月 1 日甲公司股东会决议：汪某代表公司所签借款合同，单笔限额为 3 000 万元。12 月 31 日汪某以甲公司名义与乙银行签订 4 000 万元借款合同。乙银行对甲公司股东会决议并不知情。

上述借款均在 2018 年 12 月 1 日到期，本息共计 6 500 万元。同日，乙银行将上述债权转让给丙公司，并书面通知了甲公司。

请根据上述材料，回答下列问题并说明理由：

（1）乙银行享有何种特殊抵押权？

（2）汪某以甲公司名义与乙银行签订的借款合同是否有效？

（3）丙公司对在建写字楼是否享有抵押权？

（4）本案中的抵押权在什么期间行使才能得到人民法院保护？

2019 年全国法律硕士（法学）专业学位研究生入学联考专业基础课试题答案解析

一、单项选择题

1. D

【解析】明确化原则是罪刑法定原则的基本内容之一。明确化，即对于什么行为是犯罪以及犯罪所产生的法律后果，都必须作出具体的规定，并用文字表述清楚。明确化原则表明，刑法条文字义能够清楚地为社会公众理解，亦即，相对于社会公众的理解力而言是明确的即可。我国刑法中有很多简单罪状的立法例，亦即条文对犯罪的状况不作具体描述，只是表述该罪的罪名，由于规定的一般为普通犯罪，能为公众明确地理解，因而并不违反明确化原则，也就没有违反罪刑法定原则。因此，A 项表述错误。罪刑法定原则要求实行成文法，禁止以习惯或者习惯法作为刑法的渊源，因此，将习惯法视为刑法的渊源违反罪刑法定原则，B 项表述错误。罪刑法定原则禁止不利于被告人的溯及既往，但并不禁止有利于被告人的溯及既往，亦即，我国刑法在溯及力上采取从旧兼从轻原则，允许有利于被告人的事后法，当新法为轻法时有溯及力。因此，C 项表述错误。罪刑法定原则中的"法"，指刑法，包括刑法典、单行刑法和附属刑法。根据《立法法》第 8、9 条的规定，犯罪和刑罚只能由全国人大及其常委会制定法律。行政机关没有制定法律的权限，只有制定法规、规章的权限。因此，罪刑法定原则中的"法"不包括行政法规，D 项表述正确，选 D 项。

2. B

【解析】《刑法》第 7 条第 1 款规定，中华人民共和国公民在中华人民共和国领域外犯本法规定之罪的，适用本法，但是按本法规定的最高刑为 3 年以下有期徒刑的，可以不予追究。据此，我国公民甲在域外犯罪，适用属人管辖原则，选 B 项。《刑法》第 10 条规定，凡在中华人民共和国领域外犯罪，依照本法应当负刑事责任的，虽然经过外国审判，仍然可以依照本法追究，但是在外国已经受过刑罚处罚的，可以免除或者减轻处罚。据此，甲虽经外国审判并服刑，我国仍可依据属人管辖原则对甲行使刑事管辖权。

3. C

【解析】本题考查的是不作为犯罪。不作为犯罪的构成条件是：（1）行为人有实施一定行为的义务，这种义务或者由法律直接规定，或者基于职务或业务上的要求，或者基于行为人法律地位或法律行为产生，或者是由于行为人自己的行为而使法律所保护的某种利益处于危险状态所发生的救护义务。（2）行为人有可能和能力履行其实施一定行为的义务，如果行为人在一定条件下，没有可能或者没有能力去履行其作为义务的，不构成犯罪。（3）行为人确实没有实施他有义务实行的行为，并且是出于故意或者过失，而非不可抗力或紧急避险情况下的不作为。A项表述中，县法院院长甲的妻子具备国家工作人员身份，收受贿赂成立受贿罪，甲的妻子属于作为犯。一般而言，父母、监护人有义务阻止未成年子女、被监护人（如精神病人）侵害他人的行为，此为基于法律地位所产生的义务。但是夫妻之间、成年的兄弟姐妹之间不具有这样的监督、阻止义务，因为都是平等的民事主体，自然要对自己的行为负责。因此，县法院院长甲不具有阻止其妻子受贿的义务，甲不成立不作为犯罪。可见，不选A项。乙的室友面临的危险并非乙的行为所致，乙不负有救助义务，因而乙的行为不构成不作为犯罪。可见，不选B项。基于法律地位产生的义务可以成为不作为义务的来源，C项表述中，收养人丙与小孩之间存在监护关系，丙具有监护人地位，因而对小孩具有抚养义务，丙将小孩独自留在家里致其饿死，构成不作为的故意杀人罪，选C项。丁的妻子难产这种危险并非丁的行为引起的，丁的妻子自杀身亡与丁的行为之间也不存在因果关系，丁的行为不构成不作为犯罪。可见，不选D项。

4．A

【解析】继续犯是指作用于同一对象的一个犯罪行为从着手实行到实行终了，犯罪行为与不法状态在一定时间内同时处于继续状态的犯罪，例如，遗弃罪等不作为犯罪，非法拘禁罪等侵犯人身自由的犯罪，以及非法持有毒品罪等持有型犯罪，都是继续犯。诈骗罪并非继续犯，而是状态犯，因为诈骗行为既遂后，不法行为已经结束，选A项。

5．A

【解析】王某的行为构成非法拘禁罪，属于继续犯。对于继续犯，在犯罪既遂以后，如果犯罪行为继续存在，属于正在进行的不法侵害，允许进行正当防卫。所以，本案中甲是可以进行正当防卫的。但是，王某的非法拘禁行为并非属于暴力性犯罪（所以本案不存在行使无过当防卫权的问题），因而甲的防卫反击导致王某重伤，明显超过必要限度造成了重大损害，突破了正当防卫的限度条件，属于防卫过当，选A项。

6．B

【解析】甲因惧怕受到法律惩罚而自动中止犯罪，后面表述的"弃刀"，也说明甲是自动放弃犯罪，因而属于犯罪中止，选B项。该犯罪中止发生于犯罪预备阶段，因而属于预备阶段的中止，对于构成预备阶段中止的，属于犯罪中止的类型，因而应当选B项而非选A项。犯罪中止具有可罚性，因而不选D项。

7．C

【解析】甲的行为构成虐待被监护、看护人罪。虐待被监护、看护人罪是指对未成年人、老年人、患病的人、残疾人等负有监护、看护职责的人虐待被监护、看护的人，情节恶劣的行为。本案中，肖某等幼儿属于未成年人，处于被看护的地位，是被看护人；甲是幼儿园教师，负有看护义务，但却违反看护义务，对肖某等幼儿进行肉体上的折磨，造成幼儿的肉体疼痛，构成虐待被监护、看护人罪，选C项。不选A项，因为甲的行为并非属于公然败坏他人的侮辱行为，不构成侮辱罪。不选B项，因为甲用针刺戳肖某等幼儿的行为并非以满足性刺激为目的的猥亵行为，不构成猥亵儿童罪。不选 D 项，因为甲用针刺戳肖某等幼儿的行为尚不能认定为故意伤害罪中的"伤害"（轻伤以上），不构成故意伤害罪。

8. C

【解析】构成挪用公款罪必须以挪用公款归个人使用为必要构成要素。根据《全国人民代表大会常务委员会关于〈中华人民共和国刑法〉第三百八十四条第一款的解释》，有下列情形之一的，属于挪用公款"归个人使用"：（1）将公款供本人、亲友或者其他自然人使用的；（2）以个人名义将公款供其他单位使用的；（3）个人决定以单位名义将公款供其他单位使用，谋取个人利益的。据此，C 项表述应当认定为挪用公款归个人使用，选 C 项。不选 A、B 项，因为挪用公款归个人使用须"个人决定"，而不能"单位决定"。不选 D 项，因为个人决定以单位名义将公款供其他单位使用，须以"谋取个人利益"为必要构成要素。

9. B

【解析】我国刑法涉及"终身监禁"的条款为《刑法》第 383 条第 4 款，该款规定："犯第一款罪，有第三项规定情形被判处死刑缓期执行的，人民法院根据犯罪情节等情况可以同时决定在其死刑缓期执行二年期满依法减为无期徒刑后，终身监禁，不得减刑、假释。"这里的"终身监禁"并不是独立的刑种，只是对贪污、受贿罪的死缓减为无期徒刑后的一种特殊执行方式，A 项表述错误。对于执行"终身监禁"的罪犯，不得根据服刑表现进行减刑或假释，B 项表述正确。"终身监禁"只适用于犯有贪污、受贿的死缓犯，而非适用于国家工作人员实施的各种职务犯罪，C 项表述错误。"终身监禁"作为特殊的执行方式，只能在适用死缓时"可以"同时决定适用，而非"应当"适用，D 项表述错误。

10. D

【解析】紧急避险不同于正当防卫。正当防卫是对不法侵害的防卫，即所谓"正对不正"；而紧急避险是两个法益之间存在冲突，即所谓"正对正"。甲夜间进入有人居住的超市盗窃，属于"入户盗窃"，此为"不正"，不具有合法性，不符合紧急避险的成立条件。可见，A 项定性错误。入户盗窃中的"户"，是指供他人家庭生活、与外界相对隔离的住所，据此，超市并非"户"。但是，对于部分用于经营、部分用于生活起居的场所，行为人在非营业期间入内行窃的，应当认定为"入户盗窃"。可见，B 项定性错误。甲盗窃期间被发现，杀死他人，不能认定为故意杀人罪，而应属于转化型抢劫。至于甲盗窃没有得手（未遂），不影响转化型抢劫罪的认定。换言之，"犯盗窃、诈骗、抢夺罪"，主要是指行为人已经着手实施盗窃、诈骗、抢夺行为，一般不考察盗窃、诈骗、抢夺行为是否既遂。总之，C 项定性错误。甲在抢劫中的杀人行为本已结束，但甲为了销毁罪证，放火烧毁超市，导致另外一人死亡，甲的后一行为构成放火罪一罪。可见，D 项表述正确，选 D 项。

11. D

【解析】民法调整的是平等主体间的人身关系和财产关系。民法不调整平等主体间的社会关系，通常称为"情谊行为"。A 项表述的朋友之间相互交往的情谊行为，C 项表述的情侣恋爱关系，民法不调整这类社会关系，不选 A、C 项。民法调整的人身关系和财产关系发生于平等主体之间，而乙大学和郑某在授予硕士学位方面并非平等主体，因而不是民事法律关系，不能由民法调整，乙大学和郑某之间属于行政隶属关系，不选 B 项。丁公安局发出的悬赏广告在性质上属于一种合法有效的要约，因而属于民法调整的范畴，选 D 项。

12. B

【解析】本题考查的是一般侵权责任的构成要件。一般侵权责任的构成要件包括四个，一是加害行为；二是损害事实；三是加害行为与损害事实之间有因果关系；四是行为人主观过错。结合本题，前三个构成要件都好理解，关键是第四个构成要件如何认定。本题表述中，甲撞伤丙是甲因单车刹车失灵所致，甲没有过错，而乙公司有过错。因为共享单车是由乙公司运营的，那么乙公司对共享单车就负有维持正常使用状态的义务，而乙公司对共享单车没有尽到该义务，存在过失，即行为人应当预见自己的行为可能发生侵害他人权益的结果，但却因为疏忽大意而没有预见，或者已经预见而轻信能够避免的主观状态。所以按照一般侵权责任的构成要件，乙公司是侵权责任人，应当对丙的损害承担全部赔偿责任。综上分析，A、C、D 项定性错误，B 项定性正确，选 B 项。

13. C

【解析】本题考查的是法人设立人的责任。《民法典》第 75 条规定，设立人为设立法人从事的民事活动，其法律后果由法人承受；法人未成立的，其法律后果由设立人承受，设立人为二人以上的，享有连带债权，承担连带债务。设立人为设立法人以自己的名义从事民事活动产生的民事责任，第三人有权选择请求法人或者设立人承担。据此，设立人甲为设立蓝天公司以自己的名义从事民事活动产生的民事责任，第三人乙公司有权选择请求甲或者蓝天公司支付到期未付的租金，选 C 项。

14. C

【解析】本题考查的是意定监护。《民法典》第 33 条规定，具有完全民事行为能力的成年人，可以与其近亲属、其他愿意担任监护人的个人或者组织事先协商，以书面形式确定自己的监护人，在自己丧失或者部分丧失民事行为能力时，由该监护人履行监护职责。据此，本案中，甲与丁签订的书面协议确立的监护就是意定监护。对于意定监护，只有在设立意定监护的成年人丧失或者部分丧失民事行为能力时，协议所设立的监护人才开始履行监护职责。而且在意定监护中，当事人选择监护人时，既不受法定监护人范围的限制，也不受监护顺序的限制，更不需要其住所地的居民委员会、村民委员会的同意，以最大限度地尊重当事人的意愿。可见，甲在丧失民事行为能力时，甲的监护人为丁，只有 C 项是正确答案。

15. D

【解析】本题考查的是宣告死亡的法律后果。本题表述中，甲返乡时，乙已经再婚。《民法典》第 51 条规定，被宣告死亡的人的婚姻关系，自死亡宣告之日起消除。死亡宣告被撤销的，婚姻关系自撤销死亡宣告之日起自行恢复。但是，其配偶再婚或者向婚姻登记机关书面声明不愿意恢复的除外。据此，甲和乙之间的婚姻关系不能自动恢复，乙和丙之间的婚姻关系也不因甲返乡而自动解除，所以 A、B 项说法都是错误的。甲的好友丙替甲偿还了欠丁的 1 万元，丙的行为属于无因管理，由此在丙、甲之间产生了债权债务关系，因甲的债务属于个人债务而非夫妻共同债务，所以丙有权请求甲偿还 1 万元债务，但不能向乙主张 1 万元债权，所以 C 项说法错误，D 项说法正确，选 D 项。

16. A

【解析】本题考查的是个人信息权。个人信息权是指自然人依法对其本人的个人资料所享有的支配并排除他人侵害的人格权。《民法典》第 111 条规定，自然人的个人信息受法律保护。任何组织或者个人需要获取他人个人信息的，应当依法取得并确保信息安全，不得非法收集、使用、加工、传输他人个人信息，不得非法买卖、提供或者公开他人个人信息。本题表述中，甲公司将售房过程中收集到的购房者的姓名、身份证号码、电话、家庭住址等信息打包出售，这些信息都属于购房者的个人信息，甲公司的行为侵害了购房者的个人信息权益，选 A 项。

17. B

【解析】本题考查的是债的履行（清偿）。赠与是指赠与人将自己的财产无偿给予受赠人，受赠人表示接受赠与的行为。本题表述中，乙付款是应甲的请求，并且付款后乙要求甲偿还，所以，乙的付款行为不是赠与，不选 A 项。代为清偿又称为内部的债务承担，是指第三人（承担人）与债务人达成协议，约定由承担人代替债务人履行债务人之债务。结合本题，甲请乙买单，乙碍于情面付了款，事后乙要求甲偿还，这些都符合内部约定的债务承担的表现，属于代为清偿，故 B 项正确，选 B 项。无因管理是指没有法定的或者约定的义务，为避免他人利益受损失而进行管理或者服务的行为。结合本题，乙应甲之托付款，存在内部债务承担的协议，而非基于事实上的管理行为，因而乙的付款行为不是无因管理，不选 C 项。情谊行为是指行为人不以发生私法上效果的目的，为加强社会交往、增进感情的道德上的行为，如情侣恋爱、朋友相处、师生交往、请客吃饭、相约旅行、求神拜佛、招待客人等社会交往。可见，乙的付款行为并非情谊行为，不选 D 项。

18. D

【解析】本题考查的是合同的订立。合同订立通常要经过要约和承诺两个阶段。要约是当事人一方向对方发出的希望与对方订立合同的意思表示。其条件包括：（1）要约必须是特定人向相对人发出的意思表示。（2）要约必须以缔结合同为目的。（3）要约的内容应具体明确。（4）要约必须表明经受要约人承诺，要约人即受该意思表示约束。要约与要约邀请不同。要约邀请是一方向他方作出的希望他方向自己发出要约的意思表示。要约邀请无须具备要约的上述条件。按照要约与要约邀请的不同界定标准，本题表述中，甲问"你多少钱卖"，此为询价，属于前要约行为，具有磋商性质，尚不能认定为要约邀请。乙说"你出多少钱"，属于要约邀请，而不是要约，A 项表述错误。乙说"20 万元可以马上拿走"，属于新要约，B 项表述错误。承诺是受要约人向要约人作出的同意要约的意思表示。其条件包括：（1）承诺必须是由受要约人本人或其代理人向要约人作出。（2）承诺必须在要约确定的期限内到达要约人。（3）承诺的内容应当与要约的内容一致。（4）承诺原则上应以明示方式作出。《民法典》第 481 条第 2 款规定，要约以对话方式作出的，应当即时作出承诺。依据承诺的条件和上述规定，甲对乙作出的"20 万元可以马上拿走"的新要约未置可否，即甲并没有即时作出承诺。因而甲三天后携款 20 万元前来购买的行为是（新）要约，而不是承诺。因为前来购买的行为发生在乙说"20 万元可以马上拿走"的三天之后，即晚于要约要求的期限。而乙说"25 万元才能卖"，又是新要约。甲对此没有承诺，既然没有承诺，那么就谈不上合同成立。可见，C 项表述错误，D 项表述正确，选D 项。

19. D

【解析】《民法典》第 305 条规定，按份共有人可以转让其享有的共有的不动产或者动产份额。其他共有人在同等条件下享有优先购买的权利。《民法典》第 306 条规定，按份共有人转让其享有的共有的不动产或者动产份额的，应当将转让条件及时通知其他共有人。其他共有人应当在合理期限内行使优先购买权。两个以上其他共有人主张行使优先购买权的，协商确定各自的购买比例；协商不成的，按照转让时各自的共有份额比例行使优先购买权。据此，乙、丙都享有同等条件下的优先购买权，因此二人可以协商确定各自的购买比例；协商不成的，按照转让时各自的共有份额比例行使优先购买权。可见，选D 项。

20. A

【解析】本题考查的是委托合同。《民法典》第 930 条规定，受托人处理委托事务时，因不可归责于自己的事由受到损失的，可以向委托人请求赔偿损失。据此，A 项表述正确，选 A 项。《民法典》第 921 条规定，委托人应当预付处理委托事务的费用。受托人为处理委托事务垫付的必要费用，委托人应当偿还该费用并支付利息。据此，导游甲带团赴国外旅游，顺道完成委托事务，而不是为完成委托事务而专门赴国外，机票不属于受托人为处理委托事务垫付的必要费用，甲无权请求乙分担一半的国际机票费用。可见，B 项表述错误。如果手表存在质量问题，应当由生产商或销售商承担责任，乙无权向甲主张退货，故C 项表述错误。《民法典》第 929 条规定，有偿的委托合同，因受托人的过错造成委托人损失的，委托人可以请求赔偿损失。无偿的委托合同，因受托人的故意或者重大过失造成委托人损失的，委托人可以请求赔偿损失。受托人超越权限造成委托人损失的，应当赔偿损失。据此，本题表述中，甲使用信用卡所享受的折扣优惠价款并没有给甲造成损失，所以甲无权请求乙支付使用甲的信用卡所享受的折扣优惠价款。可见，D 项表述错误。

二、多项选择题

21. ABCD

【解析】《刑法》第 13 条规定的犯罪定义既含定性要求又含定量要求，对于合理认定犯罪及处罚犯罪具有重要意义。该犯罪定义不仅从性质上明确了犯罪具有危害性和违法性，而且还设置了定量要求。"但书"表明认定犯罪不仅需要正确"定性"，还需要合理确定危害的"程度"或"量"。"但书"的基本理念是通过对犯罪的实质特征提出定量的要求，赋予司法机关酌情排除犯罪的权力，避免过分拘泥于法律形式而作出刻板教条的判决。"但书"是区分"违法行为"与"犯罪行为"的宏观标准，是适应我国法律结构需要产生的。"但书"的刑事政策意义在于：可以缩小犯罪或刑事处罚的范围，避免给一些轻微的危害行为（或违法行为）打上犯罪的标记，有利于行为人改过自新；还可以合理配置司法资源，集中力量惩罚严重的违法行为——犯罪。可见，备选项应全选。

22. ACD

【解析】甲指使乙重伤江某，乙同意后持钢管将江某打成轻伤，甲、乙在"轻伤"的部分成立共同犯罪，甲构成故意伤害罪，但对于乙的抢劫行为，甲不承担刑事责任，A项表述正确，B项表述错误。乙将江某打成轻伤，构成故意伤害罪，事后，乙又另起犯意抢劫江某的手机，构成抢劫罪，对乙应以抢劫罪和故意伤害罪实行数罪并罚，C、D项表述正确。

23. ABCD

【解析】非国家工作人员受贿罪的犯罪主体是非国家工作人员。非国家工作人员是指公司、企业或者其他单位的工作人员。根据《最高人民法院、最高人民检察院关于办理商业贿赂刑事案件适用法律若干问题的意见》，这里的"其他单位"，既包括事业单位（如医院、出版社、报社等）、社会团体、村民委员会、居民委员会、村民小组等常设性的组织，也包括为组织体育赛事、文艺演出或者其他正当活动而成立的组委会、筹委会、工程承包队等非常设性的组织。医疗机构中的国家工作人员，在药品、医疗器械、医用卫生材料等医药产品采购活动中，利用职务上的便利，索取销售方财物，或者非法收受销售方财物，为销售方谋取利益，构成犯罪的，以受贿罪定罪处罚。需要注意的是，公立医院的医生原则上作为医疗机构中的医务人员，属于国家工作人员，应当成为受贿罪的犯罪主体，但是，根据上述司法解释的规定，公立医院的医务人员，仅仅利用开处方的职务便利，以各种名义非法收受药品、医疗器械、医用卫生材料等医药产品销售方财物，为医药产品销售方谋取利益，数额较大的，构成非国家工作人员受贿罪。综上分析，备选项表述的人员都可以构成非国家工作人员受贿罪，因此备选项应全选。

24. ABC

【解析】本题考查的是刑法的社区矫正。接受社区矫正的罪犯，称为社区服刑人员，包括被判处管制、宣告缓刑、裁定假释、决定暂予监外执行并在社区服刑的人员。对于罪行轻微、主观恶性不大的未成年犯、老病残犯以及罪行较轻的初犯、过失犯等，应作为重点对象，适用上述非监禁措施，实施社区矫正。可见，选A、B、C项。

25. ABD

【解析】减刑适用于被判处管制、拘役、有期徒刑和无期徒刑的犯罪分子。根据《最高人民法院关于办理减刑、假释案件具体应用法律的规定》第18条的规定，被判处拘役或者3年以下有期徒刑，并宣告缓刑的罪犯，一般不适用减刑。前款规定的罪犯在缓刑考验期内有重大立功表现的，可以参照《刑法》第78条的规定予以减刑，同时应当依法缩减其缓刑考验期。缩减后，拘役的缓刑考验期限不得少于2个月，有期徒刑的缓刑考验期限不得少于1年。据此，A项表述中，甲被判处2年有期徒刑并宣告缓刑，"一般"不适用减刑，A项表述正确，选A项。根据《刑法》第78条第1款的规定，被判处管制、拘役、有期徒刑、无期徒刑的犯罪分子，在执行期间，如果认真遵守监规，接受教育改造，确有悔改表现的，或者有立功表现的，可以减刑；有法定重大立功表现之一的，应当减刑。据此，B项表述中，乙被判处管制并在执行期间有立功表现，对于有"立功表现"的，可以减刑，B项表述正确，选B项。根据《刑法》第78条第2款的规定，减刑以后实际执行的刑期不能少于下列期限：（1）判处管制、拘役、有期徒刑的，不能少于原判刑期的1/2；（2）判处无期徒刑的，不能少于13年；（3）人民法院依照本法第50条第2款规定限制减刑的死刑缓期执行的犯罪分子，缓期执行期满后依法减为无期徒刑的，不能少于 25 年，缓期执行期满后依法减为 25 年有期徒刑的，不能少于 20 年。据此，C 项表述中，丙被判处无期徒刑，即便有重大立功表现，应当减刑，但实际执行的刑期也不能少于 13 年，而不是"10 年"，C 项表述错误。根据《最高人民法院关于办理减刑、假释案件具体应用法律的规定》第 12 条第 1 款的规定，被判处死刑缓期执行的罪犯经过一次或者几次减刑后，其实际执行的刑期不得少于 15 年，死刑缓期执行期间不包括在内。据此，D 项表述正确，选 D 项。

26. AD

【解析】我国《民法典》依据法人存在的目的，将法人分为营利法人、非营利法人和特别法人。备选项中，机关法人和农村集体经济组织法人是特别法人，选 A、D 项；事业单位法人和捐助法人属于非营利法人，不选 B、C 项。

27. BCD

【解析】《民法典》第 295 条规定，不动产权利人挖掘土地、建造建筑物、铺设管线以及安装设备等，不得危及相邻不动产的安全。据此，宋某自建平房，给住宅楼造成严重的安全隐患，应当承担侵权责任。《民法典》第 294 条规定，不动产权利人不得违反国家规定弃置固体废物，排放大气污染物、水污染物、土壤污染物、噪声、光辐射、电磁辐射等有害物质。据此，宋某开办门窗加工厂，加工生产的噪音严重干扰了赵某的正常生活，宋某应当承担侵权责任。赵某有权请求宋某承担侵权责任，包括消除危险、恢复原状和停止侵害。消除危险是指侵害人消除由其行为或物件引起的现实存在的某种可能对他人合法权益造成侵害的事实状态。恢复原状是指将受害人的财产恢复到受到侵害之前的状态。停止侵害是指受害人有权依法请求侵害人终止其正在进行或者延续的侵权行为。因此，本题选 B、C、D 项。赔礼道歉主要适用于侵害公民的姓名权、肖像权、名誉权、荣誉权以及法人的名称权、名誉权、荣誉权等，本题不存在侵害这些权利的现象，故不选 A 项。

28. ABCD

【解析】《民法典》第 137 条规定，以对话方式作出的意思表示，相对人知道其内容时生效。以非对话方式作出的意思表示，到达相对人时生效。据此，A、B 项表述正确，选 A、B 项。《民法典》第 138 条规定，无相对人的意思表示，表示完成时生效。法律另有规定的，依照其规定。据此，C 项表述正确，选 C 项。《民法典》第 139 条规定，以公告方式作出的意思表示，公告发布时生效。据此，D 项表述正确，选 D 项。

29. ABC

【解析】《民法典》第 395 条第 1 款规定，债务人或者第三人有权处分的下列财产可以抵押：（1）建筑物和其他土地附着物；（2）建设用地使用权；（3）海域使用权；（4）生产设备、原材料、半成品、产品；（5）正在建造的建筑物、船舶、航空器；（6）交通运输工具；（7）法律、行政法规未禁止抵押的其他财产。据此规定第 1、6 项，厂房和交通运输工具可以抵押，因此选 A、C 项。根据《民法典》第 440 条第 4 项规定，可以转让的股权可以作为质押担保，因此选 B 项。《民法典》第 399 条规定，下列财产不得抵押：（1）土地所有权；（2）宅基地、自留地、自留山等集体所有土地的使用权，但是法律规定可以抵押的除外；（3）学校、幼儿园、医疗机构等为公益目的成立的非营利法人的教育设施、医疗卫生设施和其他公益设施；（4）所有权、使用权不明或者有争议的财产；（5）依法被查封、扣押、监管的财产；（6）法律、行政法规规定不得抵押的其他财产。据此规定第 4 项，D 项表述的货场使用权存在权属争议，因而不得成为抵押财产，故不选 D 项。

30．AD

【解析】甲公司的保密除虫剂配方属于商业秘密，甲公司对此享有商业秘密权。商业秘密权的保护期限具有不确定性，具言之，商业秘密权的保护期限在法律上没有规定，期限的长短取决于权利人的保密措施是否得力及商业秘密是否被公开，只要商业秘密不被泄露出去，其就一直受到法律保护。与此不同的是，专利权、集成电路布图设计权、植物新品种权等创造性成果权往往有时间限制，当法定的保护期限届满，该权利即不再受法律保护。可见，选 A 项。乙对制作的电影《问道昆仑》享有著作权，根据《著作权法》的规定，除了署名权、修改权和保护作品完整权等著作人身权不受期限限制外，著作财产权及邻接权都有保护期限的限制。可见，不选 B 项。丙企业对其驰名商标"云南白药及图"享有驰名商标专用权，对于驰名商标的保护期限，可依据《商标法》第 39 条的规定确定，即注册商标的有效期为 10 年，自核准注册之日起计算。可见，不选 C 项。丁行业协会享有"阳澄湖大闸蟹"的地理标志权。地理标志权不具有时间性，该项权利无保护期限的限制，是一项永久性的权利。可见，选 D 项。

三、简答题

31．犯罪客体可按其范围大小划分为三种：一般客体、同类客体、直接客体。一般客体，是指一切犯罪所共同侵害的社会利益，即社会利益的总体；同类客体，是指某一类犯罪共同侵害的社会利益；直接客体，是指某一犯罪所直接侵害的某种特定的社会利益。

32．（1）侵犯的客体不同，集资诈骗罪侵害的客体是国家的金融管理秩序和公私财产的所有权，非法吸收公众存款罪侵犯的客体是国家的金融管理秩序。

（2）犯罪客观方面不同，集资诈骗罪以使用诈骗方法为构成犯罪的必要条件，非法吸收公众存款罪不以使用诈骗方法为构成犯罪的必要条件。

（3）犯罪主观方面不同，集资诈骗罪要求行为人必须具有非法占有的目的，而非法吸收公众存款罪不要求行为人以非法占有为目的。

33．地役权的特征主要包括：地役权的主体包括不动产的所有权人和使用权人；地役权的内容是利用他人不动产，并对他人的权利加以限制；地役权的客体是他人的不动产；地役权的设立目的是为自己使用不动产提供便利或提高效益；地役权不得脱离需役地而存在，具有从属性。

34．赠与人可以行使法定撤销权的事由包括：受赠人严重侵害赠与人或者赠与人近亲属的合法权益；受赠人对赠与人有扶养义务而不履行；受赠人不履行赠与合同约定的义务。

（本题依据《民法典》规定对原标准答案进行了修正——编者注）

四、论述题

35．（1）结果说，认为犯罪既遂是指故意犯罪的实行行为造成了刑法规定的犯罪结果；目的说，认为犯罪既遂是指故意犯罪的实行行为达到了行为人的犯罪目的；构成要件（齐备）说，认为犯罪既遂是指犯罪行为完全具备了基本犯罪构成要件的情况。

（2）我国刑法理论中对判断犯罪既遂以构成要件（齐备）说为通说，主要根据刑法分则条文的具体规定进行既遂标准的认定，不以犯罪目的达到或者犯罪结果发生作为犯罪既遂之标准。

36.（1）可撤销的民事法律行为是指虽然已经成立，但因意思表示有瑕疵，当事人有权请求人民法院或仲裁机构予以撤销的民事法律行为。

（2）其特征是：主要因意思表示不真实而发生；撤销权人有权决定是否行使撤销权；在被撤销前仍然有效。

（3）可撤销的民事法律行为的种类包括：基于重大误解实施的民事法律行为；因受欺诈实施的民事法律行为；一方或者第三人以胁迫手段，使对方在违背真实意思的情况下实施的民事法律行为；显失公平的民事法律行为。

（4）撤销权消灭的情形是：撤销权人在法定期限内没有行使撤销权、明确表示或者以自己的行为表明放弃撤销权。被撤销的民事法律行为自始没有法律约束力。

五、案例分析题

37.（1）甲不负刑事责任，因为其行为时未满14周岁。

（2）乙的行为构成抢劫罪。乙行为时已满16周岁，在实施盗窃行为过程中，为抗拒抓捕，当场使用甲随身携带的匕首致人轻伤，应承担转化型抢劫的刑事责任。

（3）丙的行为构成紧急避险，不负刑事责任。丙为使本人的生命权利避免正在发生的紧迫危险，不得已将陈某的胳膊拉在自己身前，且没有造成不应有的损害，符合紧急避险的成立条件。

（4）乙犯罪时不满18周岁，应当从轻或者减轻处罚；乙的情况属于自动投案，且如实供述自己的罪行，成立自首，可以从轻或者减轻处罚。乙在公共交通工具上抢劫，属于加重处罚情节。

38.（1）最高额抵押权。乙银行享有的抵押权是对于一定期间内将要连续发生的债权预先确定最高债权额限度而设定的。

（2）有效。汪某系甲公司法定代表人，有权以公司名义签订借款合同，2 000万元合同在担保债权总额之内，故合同有效；4 000万元借款合同虽然超出甲公司股东会对汪某代表权的限制，但该限制系甲公司内部决议，不得对抗善意相对人乙银行。

（3）享有。乙银行享有的最高额抵押权所担保的债权已经确定；乙银行将债权转让给丙公司的行为有效；主债权转让的，担保该债权的抵押权一并转让，丙公司受让乙银行债权，乙银行对在建写字楼的抵押权也一并转让给丙公司。

（4）2018年12月2日至2021年12月1日。抵押权人丙公司应当在主债权诉讼时效期间行使抵押权，因期日计算从次日起算，故行使抵押权的期间起点为2018年12月2日，诉讼时效为3年，故期间终止时间为2021年12月1日。

2019 年全国法律硕士（法学）专业学位研究生入学联考综合课试题

一、单项选择题（第 1～20 小题，每小题 1 分，共 20 分。下列每题给出的四个选项中，只有一个选项是最符合题目要求的）

1. 2018 年，国家统一法律职业资格考试制度在我国正式实施。该制度集中体现的法律职业特征是（　　）。

   A. 法律职业具有相当大的自治性

   B. 法律职业要求设置严格的准入门槛

   C. 法律职业必须具备特定的职业伦理

   D. 从事法律职业意味着肩负更多的社会责任

2. 法律全球化是指法律的各种要素如法律原则、法律理念、法律价值、法律制度等在全球范围内的趋同以及在全球范围内形成一个法治的标准。对此，下列说法正确的是（　　）。

   A. 法律全球化要求实现所有国家法律的一体化

   B. 法律全球化的目标是形成超主权的法律体系

   C. 人类文明的多样性最终会导致法律全球化的衰亡

   D. 各国法律的交流借鉴是实现法律全球化的有效途径

3. 某法院公布失信被执行人名单，以督促其履行义务。不少失信人在得知姓名被公布后迫于"面子"和舆论压力，找到法院配合执行。对此，下列表述正确的是（　　）。

   A. 法院公布失信被执行人名单属于司法裁判活动

   B. 公布失信人名单有助于形成尊重法律权威的社会氛围

   C. 法院未经被执行人同意就公布其姓名信息侵犯了当事人的隐私权

   D. 失信人迫于"面子"和舆论压力配合执行不属于守法行为

4. 比例原则是行政执法应遵循的重要原则。下列行政行为中，符合比例原则的是（　　）。

   A. 为保护本地企业的利益，禁止本地超市出售外地企业的肉类制品

   B. 在一年一度的马拉松比赛当日，实行比赛沿线地区临时交通管制

   C. 在对企业违法行为作出处罚前，举行听证会听取其申辩

D. 为迎接创建卫生城市评比检查，决定检查期间早点摊、夜宵店均不得营业

5. 《最高人民法院关于案例指导工作的规定》第7条："最高人民法院发布的指导性案例，各级人民法院审判类似案件时应当参照。"下列对于该规定的理解，正确的是（　　）。

A. 人民法院参照指导性案例审理类似案件体现了"同案同判"的要求

B. 最高人民法院发布的指导性案例具有普遍的法律约束力

C. 最高人民法院发布指导性案例属于立法活动

D. 指导性案例是当代中国的判例法

6. 我国刑法规定："贪污数额巨大或者有其他严重情节的，处三年以上十年以下有期徒刑……"根据《最高人民法院、最高人民检察院关于办理贪污贿赂刑事案件适用法律若干问题的解释》，贪污或者受贿数额在20万元以上不满300万元的，应当认定为"数额巨大"。冯某贪污公款21万元，法院依法判处其3年有期徒刑。法院在该裁判中运用的主要推理方式是（　　）。

A. 演绎推理　　　　B. 类比推理　　　　C. 归纳推理　　　　D. 辩证推理

7. 2017年8月，杭州互联网法院成立。互联网法院将涉及网络的案件从现有审判体系中剥离，依托互联网技术，实现了"网上案件网上审"。对此，下列表述正确的是（　　）。

A. 法院对网络新科技的运用并不影响司法效率

B. 法院对网络新科技的运用必然提升司法公正

C. 互联网法院是网络新科技在司法领域运用的产物

D. 法院运用网络新科技审理案件体现了司法的能动性

8. 下列关于宪法分类的表述，正确的是（　　）。

A. 刚性宪法和柔性宪法的区分由宪法学家罗文斯坦最早提出

B. 成文宪法和不成文宪法的划分标准是宪法是否具有成文的形式

C. 以制定宪法的机关为标准，可将宪法分为民定宪法和共和宪法

D. 根据宪法的经济基础和阶级本质，可将宪法分为资本主义宪法和社会主义宪法

9. 下列关于我国社会主义公有制的表述，正确的是（　　）。

A. 国有经济是国民经济的重要组成部分

B. 集体所有制经济是公有制经济的主导力量

C. 农村实行集体所有制，城镇实行全民所有制

D. 社会主义公有制包括全民所有制和劳动群众集体所有制

10. 下列关于宪法修改的表述，正确的是（　　）。

A. 宪法修改权的主体是修宪机关

B. 我国宪法修改的程序和普通法律相同

C. 我国宪法修改的机关是全国人大常委会

D. 宪法修改有全面修改和部分修改两种形式

11. 根据我国宪法和法律，设区的市的人大及其常委会可以制定地方性法规。下列事项中，属于该立法权限的是（　　）。

A. 环境保护　　　　　　　　　　　B. 税收征收管理

C. 外贸基本制度　　　　　　　　　D. 本级人民政府的职权

12. 根据我国宪法，中国特色社会主义最本质的特征是（　　）。

A. 社会主义公有制　　　　　　　　B. 中国共产党领导

C. 全面依法治国　　　　　　　　　D. 人民代表大会制度

13. 根据选举法，下列关于直接选举的表述，正确的是（　　）。

A. 县级人大代表的选举由县级人大常委会主持

B. 当选人数少于应选代表名额的，应重新投票

C. 选举所投的票数多于投票人数的，该次选举无效

D. 代表候选人获得全体选民过半数的选票，始得当选

14. 根据我国宪法和法律，下列关于公民财产权的表述，正确的是（　　）。

A. 公民行使财产权，不得损害公共利益

B. 2004 年宪法修正案规定，公民的私有财产神圣不可侵犯

C. 公民财产权规定在宪法第二章"公民的基本权利和义务"中

D. 国家为经济发展的需要，可依法对私有财产进行征收并赔偿

15. 根据我国宪法和法律，下列关于监察委员会的表述，不正确的是（　　）。

A. 国家监察委员会是最高监察机关

B. 上级监察委员会监督下级监察委员会的工作

C. 各级监察委员会是行使国家监察职能的专责机关

D. 监察委员会依法独立行使监察权，不受行政机关、社会团体和个人的干涉

16. 根据《礼记·王制》的记载，商朝对"乱政"和"疑众"均处以"杀"。下列行为中，属于"乱政"的是（　　）。

A. 析言破律　　　　　　　　　　　B. 行伪而坚

C. 作淫声异服　　　　　　　　　　D. 假于鬼神、时日、卜筮

17. 唐朝天宝年间，长安城商贩张三、李四因争抢生意殴斗，李四持刀将张三刺伤，在辜限内张三因伤死亡。依唐律，李四应论处的罪名是（　　）。

A. 斗殴　　　　　B. 伤害　　　　　C. 杀人　　　　　D. 强盗

18. 宋朝元丰年间，开封府民人钱某与赵某因相邻土地的田界问题发生纠纷，钱某欲告官解决。按照《宋刑统》的相关规定，官府可以受理钱某词状的时间是（　　）。

A. 四月初一　　　B. 六月十八　　　C. 八月十八　　　D. 十月初一

19. 民国十四年秋，教育部佥事周树人提起行政诉讼，要求撤销教育部对其的免职令。依据北洋政府时期的法律，受理该案的机构是（　　）。

A. 大理院　　　　B. 平政院　　　　C. 高等审判厅　　　　D. 法部

20. 关于抗日民主政权时期的婚姻立法，下列表述不正确的是（　　）。

A. 实行一夫一妻制　　　　　　　　B. 规定了保护妇女儿童原则

C. 确立了婚姻自由原则　　　　　　D. 明确了登记结婚以订婚为必经程序

二、多项选择题（第 21～30 小题，每小题 2 分，共 20 分。下列每题给出的四个选项中，至少有两个选项是符合题目要求的。多选、少选或错选均不得分）

21. 下列关于中国特色社会主义法律体系特征的表述，正确的有（　　）。

A. 体现中国特色社会主义的本质要求

B. 体现改革开放和现代化建设的时代要求

C. 体现结构内在统一而又多层次的国情要求

D. 体现继承中国法律文化优秀传统和借鉴人类法制文明成果的文化要求

22. 法律不是万能的，导致法律局限性的主要原因有（　　）。

A. 法律的实现须具备一定的经济、政治和文化等条件

B. 法律的稳定性与社会生活的变动性之间存在矛盾

C. 法律的制定和实施受人的因素制约和影响

D. 有些社会关系不适宜由法律调整

23. "任何组织和个人都不得有超越宪法法律的特权，绝不允许以言代法、以权压法、逐利违法、徇私枉法。"该论断直接体现的法治理念有（　　）。

A. 程序正义理念　　　　　　　　　B. 法律至上理念

C. 权力受制约理念　　　　　　　　D. 法律面前人人平等理念

24. 某区人民法院在审理一起民事案件时，依据全国人大常委会副委员长关于民法总则草案的说明，对民法通则的有关条款作了解释。对此，下列说法不正确的有（　　）。

A. 该法院采用了比较法解释方法　　B. 该法院运用了文义解释方法

C. 该法院的解释属于正式解释　　　D. 该法院的解释同法律具有同等效力

25. 某村 5 名初中生辍学，家长听之任之。镇政府对家长进行了批评教育，要求他们送子女返校读书。根据我国宪法和法律，下列表述正确的有（　　）。

A. 学生家长应保障子女接受义务教育

B. 受教育既是公民的权利，也是公民的义务

C. 镇政府有保障适龄儿童、少年接受义务教育的职责

D. 子女教育应由家长负责，镇政府的行为侵犯了家长的监护权

26. 根据我国宪法和法律，人大代表出现下列情形，其代表资格应终止的有（　　）。

A. 赵某辞职被接受

B. 钱某加入外国国籍但定居北京

C. 孙某因刑事案件被羁押正在接受侦查

D. 李某未经批准两次不出席本级人大会议

27. 根据我国宪法，公民人身自由的内容包括（　　）。

A. 住宅不受侵犯　　　　　　　　　B. 人身自由不受侵犯

C. 人格尊严不受侵犯　　　　　　　D. 通信自由和通信秘密受法律保护

28. 历史上以廷尉为中央最高司法审判机关的朝代有（　　）。

A. 秦朝　　　　　B. 汉朝　　　　　C. 唐朝　　　　　D. 宋朝

29. 在清朝司法实践中，幕友发挥着重要作用。下列关于幕友的表述，正确的有（　　）。

A. 幕友须精通复杂的律例

B. 幕友由各级官府衙门任命

C. 以专办刑事审判实务的刑名幕友地位为最高

D. 幕友是各级地方官及中央司法部门长官的政法顾问

30. 下列关于 1935 年《中华民国刑法》的表述，正确的有（　　　）。

A. 分总则和分则两编　　　　　　　　B. 确立罪刑法定主义

C. 增设"保安处分"　　　　　　　　　D. 侵害直系尊亲属犯罪加重处罚

三、简答题（第 31～33 小题，每小题 10 分，共 30 分）

31. 简述法律的基本特征。

32. 简述我国宪法上公民的监督权。

33. 简述汉代的春秋决狱。

四、分析论述题（第 34～37 小题，每小题 15 分；第 38 小题，20 分，共 80 分）

34. 英国法理学家哈特在其《实证主义和法律与道德的分离》一文中，提出了一系列法律实证主义的主要观点：法律是人类的命令；法律与道德之间不存在必然的联系；法律体系是一个"封闭的逻辑系统"，可以通过单纯的逻辑手段从既定的法律规则中推导出正确的判决。

请结合上述材料，运用法理学相关知识，阐释法律实证主义的基本观点并对其作出评价。

35. 2018 年，最高人民法院印发《关于加强和规范裁判文书释法说理的指导意见》。联系我国的司法实践，结合法律论证原理，论述释法说理的内涵及目的。

36. 在审理王某诉李某债务纠纷案件中，某市中级人民法院依据最高人民法院《关于适用〈中华人民共和国婚姻法〉若干问题的解释（二）》第 24 条关于夫妻共同债务认定的规定，作出了终审判决。当事人李某认为，该规定同法律相抵触，向全国人大常委会书面提出了审查建议。

请结合上述材料，根据我国宪法和法律，回答下列问题：

（1）最高人民法院作出司法解释的权限范围和原则是什么？

（2）李某向全国人大常委会书面提出审查建议的法律依据是什么？

（3）全国人大常委会收到李某的审查建议后，应如何处理？

37. 论述我国的总理负责制。

38.《大明律》卷第一"断罪无正条"：凡律令该载不尽事理，若断罪而无正条者，引律比附。应加应减，定拟罪名，转达刑部，议定奏闻。若辄断决，致罪有出入者，以故失论。

请结合上述材料，根据中国法制史的知识和理论，回答下列问题：

（1）何谓"比附"？其适用条件是什么？

（2）适用比附应遵守何种程序规定？

（3）司法官员违反比附规定可能导致的法律责任是什么？

（4）明律关于比附立法的意义何在？

2019 年全国法律硕士（法学）专业学位研究生入学联考综合课试题答案解析

一、单项选择题

1. B

【解析】本题考查的是法律职业的特征。法律职业具有自治特征、伦理特征、技能特征和严格的准入特征。本题题干明确强调的是，"国家统一法律职业资格考试制度"集中体现的是哪一特征。显然，B 项描述了法律职业要求设置严格的准入门槛。具言之，加入法律职业必将认真考查，获得许可证，得到资格。国家统一法律职业资格考试制度体现了法律职业的准入特征，即未掌握特殊的技能与伦理的人不得进入这个职业的殿堂。所以，需要设定职业准入制度以检测申请者的素养。可见，选 B 项。

2. D

【解析】本题考查的是对法律全球化理论的理解。法律全球化是指法律跨越国家的疆界，在世界范围传播、流动；具体是指法律的各种要素如法律原则、法律理念、法律价值观、法律制度、执法标准与原则等在全球范围内的趋同，并在全球范围形成一个法治的标准或模范。A 项表述错误：法律全球化并不意味着所有国家法律的一体化，那些不具有涉外性、国际性的地方性法律不可能、也没有必要化为"全球性"或"世界性"法律。B 项表述错误：法律全球化并不意味着国家主权概念的过时或消失，而只是意味着主权概念的进步和丰富，各国之间的法律仍将呈现多样性、多元化。C 项表述错误：人类文明具有多样性，但法律全球化已经取得重大进展，从发展趋势看，法律全球化并不会消亡。D 项表述正确：各国法律的交流借鉴是实现法律全球化的有效途径，通过积极主动参与法律全球化，促进国家间友好关系的发展，推动全人类的文明与进步。

3. B

【解析】A 项表述错误：司法是司法机关具体应用法律处理各种案件的专门活动，而法院公布失信被执行人名单，并非具体应用法律处理案件的活动，因而不是司法活动。B 项表述正确：公布失信人名单的确有助于形成尊重法律权威的社会氛围。C 项表述错误：公布失信人名单不侵犯个人隐私权，因为失信人员不履行义务本身就是违法行为，对于违法行为的公布符合社会公共利益。D 项表述错误：失信人员配合执行属于守法行为。

4. B

【解析】比例原则作为行政执法应遵循的重要原则，是指行政机关实施行政行为应兼顾行政目标的实现和保护相对人的权益，如果为了实现行政目标可能对相对人权益造成某种不利影响时，应使这种不利影响限制在尽可能小的范围和限度，使二者处于适度的比例。备选项中，B 项表述符合比例原则的要求，因为比赛实行临时交通管制，此执法活动会对行政相对人产生影响，但该交通管制措施仅在比赛当日进行，且仅限于沿线地区，因此把对行政相对人的影响限制在最小的范围和限度内，符合比例原则的要求，选 B 项。A 项表述违反依法行政原则，因为禁止本地超市出售外地企业的肉类制品违反了《反不正当竞争法》的规定。C 项表述符合正当程序原则，但并非比例原则的要求。D 项表述违反了比例原则。

5. A

【解析】《最高人民法院关于案例指导工作的规定》第 7 条规定，各级人民法院审判类似案件应当参照指导性案例，这体现了"同案同判"的要求，A 项表述正确。最高人民法院发布的指导性案例并非法律，不具有普遍的法律约束力，B 项表述错误。最高人民法院并非立法机关，其发布的指导性案例也非具有普遍适用意义的立法文件，C 项表述错误。判例并非我国的法律渊源，最高人民法院发布的指导性案例不是判例法，但对人民法院审理案件具有指导意义，D 项表述错误。

6. A

【解析】本题表述中，法院审理案件采取的法律推理的方式是演绎推理，即法院运用可以适用于案件的有关贪污罪的法律规则（大前提），以及通过审理确定的、可以归入该规定贪污罪法律规则的案件事实（小前提），得出确定的判决（判决冯某构成贪污罪并判处其 3 年有期徒刑），该推理形式就是演绎推理，选 A 项。B 项表述的类比推理，是一种从个别到个别的推理；C 项表述的归纳推理，是从特殊到一般的推理，即从个别知识推出一般知识的推理活动；D 项表述的辩证推理，又称为实质推理，它是指当作为推理前提的是两个或两个以上的相互矛盾的法律命题时，借助于辩证思维，从中选择出最佳的命题以解决法律问题。B、C、D 项明显不正确，都是干扰项。

7. C

【解析】A 项表述错误：法院对网络新科技的运用对司法效率产生影响，互联网法院的最大特点是诉讼全程通过网络进行，起诉、立案、举证、开庭、送达、判决、执行全部在网上完成，体现了司法便捷。B 项表述错误：法院对网络新科技的运用影响司法，但未必会提升司法公正，二者没有必然联系。C 项表述正确：互联网法院是网络新科技在司法领域运用的产物，是司法主动适应互联网发展大趋势的一项重大制度创新。D 项表述错误：司法能动性是指法官在司法活动中要体现能动性，其最直接的体现为法官在法律适用中的自由裁量权。因此，法院运用网络新科技，这并非法律适用中的司法能动性问题。

8. D

【解析】刚性宪法和柔性宪法的分类是由英国宪政学者蒲莱士最早提出来的，A 项表述错误。成文宪法和不成文宪法的划分标准为宪法是否具有统一法典形式，B 项表述错误。以制定机关为标准，可以将宪法分为钦定宪法、协定宪法和民定宪法，C 项表述错误。马克思主义宪法学者根据宪法的阶级本质和赖以建立的经济基础的不同，将宪法分为资本主义宪法和社会主义宪法，D 项表述正确。

9. D

【解析】《宪法》第 7 条规定，国有经济，即社会主义全民所有制经济，是国民经济中的主导力量。据此，A、B 项表述错误。根据《宪法》第 8 条规定，劳动群众集体所有制经济包括农村集体经济和城镇集体经济，C 项表述错误。《宪法》第 6 条规定，中华人民共和国的社会主义经济制度的基础是生产资料的社会主义公有制，即全民所有制和劳动群众集体所有制。据此，D 项表述正确。

10. D

【解析】宪法修改权的主体是宪法授权的特定机关，宪法的修改机关主要有两种情形：一是宪法授权的特定机关，主要是国家立法机关；二是根据宪法修改的需要，专门设立宪法修改机关。我国的修宪机关是全国人民代表大会。可见，修宪机关未必是宪法修改权的主体，A、C 项表述错误。我国宪法的修改程序比普通法律严格。依据我国《宪法》第 64 条规定，宪法的修改，由全国人民代表大会常务委员会或者 1/5 以上的全国人民代表大会代表提议，并由全国人民代表大会以全体代表的 2/3 以上的多数通过。法律和其他议案由全国人民代表大会以全体代表的过半数通过。据此，B 项表述错误。宪法的修改有全面修改和部分修改两种形式，D 项表述正确。

11. A

【解析】根据《立法法》第 72 条的规定，设区的市的人民代表大会及其常务委员会根据本市的具体情况和实际需要，在不同宪法、法律、行政法规和本省、自治区的地方性法规相抵触的前提下，可以对城乡建设与管理、环境保护、历史文化保护等方面的事项制定地方性法规。据此，选 A 项。根据《立法法》第 8 条规定，各级人民政府的职权、税收征收管理和外贸基本制度属于法律保留（专属立法）事项，设区的市无权制定有关本级人民政府的职权、税收征收管理和外贸基本制度方面的法律，不选 B、C、D 项。

12. B

【解析】《宪法》第 1 条第 2 款规定，社会主义制度是中华人民共和国的根本制度。中国共产党领导是中国特色社会主义最本质的特征。禁止任何组织或者个人破坏社会主义制度。据此，选 B 项。A 项表述的社会主义公有制涉及我国的生产资料的所有制形式，C 项表述的全面依法治国是中国特色社会主义的本质要求和重要保障，D 项表述的人民代表大会制度是我国根本的政治制度。A、C、D 项均不符合题意。

13. C

【解析】根据《选举法》第 8 条的规定，不设区的市、市辖区、县、自治县、乡、民族乡、镇设立选举委员会，主持本级人民代表大会代表的选举。据此，A 项表述错误。根据《选举法》第 44 条的规定，获得过半数选票的当选代表的人数少于应选代表的名额时，不足的名额另行选举。据此，B 项表述错误。《选举法》第 43 条规定，每次选举所投的票数，多于投票人数的无效，等于或者少于投票人数的有效。每一选票所选的人数，多于规定应代表人数的作废，等于或者少于规定应代表人数的有效。据此，C 项表述正确，选 C 项。根据《选举法》第 44 条的规定，在选民直接选举人民代表大会代表时，选区全体选民的过半数参加投票，选举有效。代表候选人获得"参加投票的选民"过半数的选票时，始得当选。据此，D 项表述错误。

14. A

【解析】 财产权的社会性决定了财产权的行使不得损害公共利益。对公民财产权的限制必须基于公共利益，即社会整体利益，A 项表述正确。2004 年宪法修正案规定，公民的合法的私有财产不受侵犯。从我国宪法规定的措辞上看，公有财产用的是"神圣不可侵犯"，而私有财产用的是"合法的私有财产不受侵犯"。可见，B 项表述错误。我国宪法将公民财产权规定在第一章"总纲"中，而非第二章"公民的基本权利和义务"中，C 项表述错误。我国宪法规定，国家为了公共利益的需要，可以依照法律规定对公民的私有财产实行征收或者征用并给予"补偿"，而非"赔偿"，D 项表述错误。

15. B

【解析】《宪法》第 125 条第 1 款规定，中华人民共和国国家监察委员会是最高监察机关。据此，A 项表述正确。第 2 款规定，国家监察委员会领导地方各级监察委员会的工作，上级监察委员会领导下级监察委员会的工作。据此，监察委员会上下级之间是领导关系，而非监督关系，B 项表述错误。《监察法》第 3 条规定，各级监察委员会是行使国家监察职能的专责机关，依照本法对所有行使公权力的公职人员进行监察，调查职务违法和职务犯罪，开展廉政建设和反腐败工作，维护宪法和法律的尊严。据此，C 项表述正确。《宪法》第 127 条第 1 款规定，监察委员会依照法律规定独立行使监察权，不受行政机关、社会团体和个人的干涉。据此，D 项表述正确。

16. A

【解析】《礼记·王制》记载商有"乱政"和"疑众"等罪："析言破律、乱名改作、执左道以乱政，杀；作淫声、异服、奇技、奇器以疑众，杀；行伪而坚、言伪而辩、学非而博、顺非而泽以疑众，杀；假于鬼神、时日、卜筮以疑众，杀。"所谓"乱政"，主要包括三种政治性犯罪：一是"析言破律"，即随意曲解或破坏法律政令；二是"乱名改作"，即扰乱法定名分或变乱政制法度；三是"执左道以乱政"，即利用旁门左道干扰统治秩序。"疑众"罪包括五种蛊惑人心、制造混乱的犯罪行为，这些犯罪行为都处死刑：一是"作淫声、异服、奇技、奇器"以疑众，即制作违禁乐舞、奇装异服、奇技淫巧；二是"行伪而坚、言伪而辩"以疑众，即言行虚伪狡诈又巧言辩解；三是"学非而博"以疑众，即坚持习用并宣扬违法理论；四是"顺非而泽"以疑众，即顽固顺从非法事物且文过饰非；五是"假于鬼神、时日、卜筮"以疑众，即假托鬼神、祭祀名义而悖礼逆制。A 项表述的"析言破律"为"乱政"罪，选 A 项。B、C、D 项为"疑众"罪。

17. C

【解析】 为准确区分伤害罪和伤害致死的杀人罪，明确因斗殴而导致的法律责任，唐律规定了保辜制度。所谓保辜，即在伤害行为发生后，确定一定的期限，限满之日根据被害人的死伤情况决定加害人所应承担的刑事责任。在法定的期限内加害人可以积极救助被害人，在挽救被害人的生命的同时减轻自己的罪责。如果受害人在辜限期内死亡的，各依杀人罪论处，如果是在辜限期外或者虽然在限内，但是是由于其他原因导致死亡的，则各依殴伤法中的伤害罪论处。本题表述中，张三因伤在辜限期内死亡，因而对李四应以杀人罪论处，选 C 项。

18．D

【解析】 本题考查的是宋朝的务限法。务限法即规定在农务繁忙季节停止民事诉讼审判的法律制度。宋朝继承唐朝的务限法，这里的"务"，就是农务。《宋刑统·户婚律·婚田入务》规定："所有论竞田宅、婚姻、债负之类，取十月一日以后，许官司受理，至正月三十日住接词状，三月三十日以前断遣完毕，如为未毕，停滞刑狱事由闻奏，如是交相夺及诸般词讼，但不干田农人户者，所在官司随时受理断遣，不拘上件月日之限。"据此，在农务繁忙季节停止民事诉讼审判。规定每年农历二月初一"入务"，即开始进入农忙季节，直到九月三十日为止。在"务限"期内，州县官停止受理有关田宅、婚姻、债负、地租等民事诉讼。限满之日即十月初一，方可受理上述民事诉讼案件，直至次年入务日。可见，本题表述中，按照《宋刑统》的相关规定，官府可以受理钱某词状的时间只能是非农忙时节，即十月初一，选 D 项。

19．B

【解析】 民国北洋政府时期，教育部佥事周树人提起行政诉讼，要求撤销教育部对其的免职令。北洋政府受理行政诉讼的机构是平政院，选 B 项。大理院为北洋政府的最高审判机关，但不受理行政诉讼。高等审判厅为北洋政府在省级设立的审判机构。法部为清末司法改革由刑部改制而来，为清末最高行政司法机关，北洋政府的最高行政司法机关为司法部。

20．D

【解析】 抗日民主政权时期规定了婚姻立法的基本原则，如男女平等、婚姻自由、一夫一妻制以及保护妇女儿童原则等。可见，A、B、C 项表述正确。抗日民主政权时期，婚姻立法增加了"订婚""解除婚约"专章，规定订婚并非结婚的必经程序，订婚不得索取财物，婚约不得强制履行，双方或任意方都可在订婚后解除婚约。可见，D 项表述错误，选 D 项。

二、多项选择题

21．ABCD

【解析】 中国特色的社会主义法律体系，是以宪法为统帅，以法律为主干，以行政法规、地方性法规为重要组成部分，由宪法及宪法相关法、民商法、行政法、经济法、社会法、刑法、程序法等多个法律部门组成的有机统一整体。它的形成，不仅体现了中国特色社会主义的本质要求，而且体现了改革开放和社会主义现代化建设的时代要求，体现了结构内在统一而又多层次的国情要求，体现了继承中国法律文化优秀传统和借鉴人类法治文明成果的要求，体现了动态、开放、与时俱进的社会发展要求，是中国社会主义民主法治建设的一个重要里程碑。可见，备选项应全选。

22．ABCD

【解析】 法律不是万能的，法律具有局限性，这体现在：（1）法律调整的范围是有限的。法是众多社会调整手段中的一种，而不是唯一的一种。法是调整社会关系的重要手段，但不是唯一手段。对有些社会关系而言，法并不是有效的调整手段，比如人们的思想、信仰或私生活方面，就不宜采取法律手段加以调控。（2）法的特性与社会生活的现实之间存在着矛盾。法具有抽象性、稳定性特征，而现实生活中的问题却是具体的和不断变化的。法还具有保守性，它总是落后于现实生活的变化，而立法者认识能力上的局限性也会使法律存在着某种不合理、不科学的地方。（3）法的制定和实施受人的因素的制约。如果没有高素质的立法者，就不可能有良好的法律。即使制定得很好的法律，也需要合适的人正确地执行和适用，才能真正发挥其作用。如果没有具备良好法律素质和职业道德的专业队伍，法律再好，其作用也是难以发挥的。另外，法律的实施还需要大多数社会成员的遵守和支持，如果社会成员缺乏一定的法律意识，缺乏自觉遵守法律的思想道德风尚和习惯，法律也不可能有效地实施。（4）法的实施受政治、经济、文化等社会因素的制约。法总是十分依赖其外部条件，其作用总是容易受到社会因素的制约，其中的主要因素有经济体制、政治体制、执法机关的工作状况、各级领导干部及普通公民的法律观、传统法律文化等，这些因素都会对法的实施形成制约。可见，备选项应全选。

23. BCD

【解析】"任何组织和个人都不得有超越宪法法律的特权，绝不允许以言代法、以权压法、逐利违法、徇私枉法。"在该论断中，"任何组织和个人都不得有超越宪法法律的特权"体现了法律至上和法律面前人人平等理念；"绝不允许以言代法、以权压法、逐利违法、徇私枉法"体现了权力受制约理念。可见，选 B、C、D 项。上述论断并未体现程序正义理念，不选 A 项。

24. ABCD

【解析】比较法解释是指通过比较外国的立法和判例及其原则、经验和效果，对本国法律进行解释。这里的"比较"，特指国内法与国外法之间的比较，而非国内法之间的比较，A 项表述错误。文义解释是指严格遵循法律规范的字面含义的一种以尊重立法者意志为特征的解释。这种解释按照法律条文的语言表述的字义、语法和通用的表达方式以及逻辑规律进行解释，目的在于使人们正确理解法律规范的含义和立法者的意志。可见，法院并没有对某法律规范进行遵循字面含义的解释，而仅是对有关条款作了一般性解释，B 项表述错误。正式解释是指由特定的国家机关、官员或其他有解释权的人对法律作出的具有法律约束力的解释，可以分为立法解释、司法解释和行政解释三种。某区法院对民法通则有关条款的解释是非正式解释，而不是正式解释，C 项表述错误。该法院的解释属于非正式解释，因而不具有法律效力，D 项表述错误。

25. ABC

【解析】我国《宪法》第 46 条规定，中华人民共和国公民有受教育的权利和义务。国家培养青年、少年、儿童在品德、智力、体质等方面全面发展。我国保障公民受教育权利的法律体系已初步建立，例如，《义务教育法》规定了父母应保障子女接受义务教育，A 项表述正确。受教育既是公民的权利，也是公民的义务，具有权利和义务的双重属性，B 项表述正确。《义务教育法》第 5 条第 1 款规定，各级人民政府及其有关部门应当履行本法规定的各项职责，保障适龄儿童、少年接受义务教育的权利，C 项表述正确，D 项表述则是错误的。

26. ABD

【解析】《全国人民代表大会和地方各级人民代表大会代表法》第 49 条规定，代表有下列情形之一的，其代表资格终止：（1）地方各级人民代表大会代表迁出或者调离本行政区域的；（2）辞职被接受的；（3）未经批准两次不出席本级人民代表大会会议的；（4）被罢免的；（5）丧失中华人民共和国国籍的；（6）依照法律被剥夺政治权利的；（7）丧失行为能力的。对照上述规定，赵某辞职被接受，钱某加入外国国籍而丧失中国国籍，李某未经批准两次不出席本级人大会议，均符合人大代表资格终止的情形。可见，选 A、B、D 项。孙某因刑事案件被羁押正在接受侦查，但未最终判决，结果不确定，其代表资格不应终止，故不选 C 项。

27．ABCD

【解析】 我国宪法规定的公民人身自由的内容包括：人身自由不受侵犯；人格尊严不受侵犯；住宅不受侵犯；通信自由和通信秘密受法律保护。可见，备选项应全选。

28．AB

【解析】 以廷尉作为中央最高司法机关的朝代包括秦朝至南北朝北齐以前各朝。北齐创建大理寺作为中央最高审判机关，以取代廷尉。可见，选 A、B 项。隋、唐、宋都以大理寺为中央最高审判机关。

29．ACD

【解析】 在清朝司法实践中，幕友发挥着重要作用。由于幕友娴熟律例，因而被地方各级官吏和中央司法部门长官聘请为法律顾问，A、D 项表述正确。幕友为官府聘用，而非出身于科举，因此，幕友并非由各级官府衙门任命，B 项表述错误。幕友以专办刑事审判实务的"刑名幕友"地位为最高。刑名幕友帮助官员对民间诉状作出批词，确定审理的时间及审理方法，草拟判词，C 项表述正确。

30．ABCD

【解析】 1935 年《中华民国刑法》分总则、分则两编，A 项表述正确。1935 年《中华民国刑法》在立法原则方面，继受罪刑法定、罪刑相适应以及刑罚人道主义等原则，B 项表述正确。1935 年《中华民国刑法》从西方引进保安处分制度，在刑法典中增设保安处分一章，是受西方国家社会防卫主义主流刑法思想和立法实践影响的体现，C 项表述正确。1935 年《中华民国刑法》为继承传统的宗法伦理精神，保留了更多传统中国刑法的痕迹，如对侵害直系尊亲属的犯罪行为，采取加重处罚原则；同居相为隐原则得到一定的体现，如规定罪犯的配偶、五亲等内之血亲或姻亲犯便利犯人逃脱、藏匿犯人、湮灭证据等犯罪，可以减轻或免除处罚；亲族间犯盗可以免于处罚、适用亲告；纵容纳妾。可见，D 项表述正确。

三、简答题

31．法律的基本特征有：规范性和普遍性；国家意志性和权威性；权利义务的一致性；国家强制性；严格的程序性。

32．公民监督权是公民对国家机关及其工作人员进行监督的权利，包括批评建议权、控告检举权、申诉权和国家赔偿请求权。批评建议权是公民对国家机关及其工作人员的缺点和错误，提出意见和要求改正的权利；控告检举权是公民对国家机关工作人员违法失职行为提出指控、进行检举的权利；申诉权是公民对国家机关的决定不服，要求重新处理的权利；国家赔偿请求权是国家机关侵犯公民合法权益造成损害时，受害人请求国家赔偿的权利。

33. 春秋决狱是由西汉董仲舒首倡的一种司法审判方式，它以儒家经典的精神和事例作为判决根据；其最重要的原则是论心定罪；促进了法律儒家化的进程，对后世影响深远。

四、分析论述题

34. 法律实证主义是西方主要的法学流派，主要观点包括：法律是主权者的命令，以国家强制力保障其实施；法律与道德不存在必然联系，法律即使不符合道德，也依然具有效力和权威，"恶法亦法"；法律是一个封闭的体系，司法审判应运用逻辑从现有规则中推出判决，而不应考虑其他价值因素。法律实证主义与自然法学派存在立场、方法、观点上的分歧，它在捍卫法律权威性的同时，促进了法律科学的发展。但它也存在局限性，法律的价值因素在现实中无法回避，单纯的逻辑推理并不能保证在疑难案件中得到唯一正确的判决。

35. 裁判文书释法说理是法律论证在司法领域的具体应用。释法说理要阐明事理，说明裁判所认定的案件事实及其根据和理由；要释明法理，说明裁判所依据的法律规范以及适用法律规范的理由；要讲明情理，体现法理情相协调，符合社会主流价值观。其目的是通过阐明裁判结论的形成过程和正当性理由，提高裁判的可接受性，实现法律效果和社会效果的有机统一。

36. （1）最高人民法院有权就审判工作中具体应用法律的问题作出解释；解释应当主要针对具体的法律条文，并符合立法的目的、原则和原意。

（2）根据《各级人民代表大会常务委员会监督法》，公民认为最高人民法院、最高人民检察院作出的具体应用法律的解释同法律规定相抵触的，可以向全国人大常委会书面提出进行审查的建议。

（3）全国人大常委会收到李某的审查建议后，由常委会工作机构进行研究，必要时，送有关专门委员会进行审查、提出意见。全国人大宪法和法律委员会、有关专门委员会经审查认为司法解释同法律规定相抵触，而最高人民法院不予修改或者废止的，可以提出要求最高人民法院予以修改、废止的议案，或者提出由全国人大常委会作出法律解释的议案。

37. 总理负责制是指国务院总理对其主管的工作负全部责任，同时对自己主管的工作有完全决定权。具体内容有：由总理提名组成国务院，总理向全国人大及其常委会提出任免国务院其他组成人员的议案；总理领导国务院的工作，副总理、国务委员协助总理工作，其他组成人员在总理领导下工作，向总理负责；总理主持召开国务院常务会议和全体会议，对于所议事项有最后决定权；国务院发布的行政法规、决定和命令，向全国人大及其常委会提出的议案和任免国务院有关人员的决定，由总理签署。

38. （1）比附是指在法律没有明文规定的情况下，司法官员可比照最相类似的律文定罪量刑。其适用条件是：律令无明文规定，而行为又具有明显的社会危害性，应以犯罪论处。

（2）初审官员根据比附原则定罪量刑，上呈转达刑部，由刑部议定后，上奏皇帝决定。

（3）司法官员违反比附规定，随意裁判，导致"出罪"（重罪轻判或有罪判作无罪）或"入罪"（轻罪重判或无罪判作有罪）的，区分故意或过失，分别追究法律责任。

（4）比附作为一种法律适用方法或技术，是中国古代法律传统之一。《大明律》于"断罪无正条"下确立比附制度，有利于缓和因律条抽象程度不足而导致的律文僵化之弊，增强律文的适应性；立法严格限定比附的适用条件，旨在防止司法官员的擅断，也适应了皇帝控制司法权之需。

2018 年全国法律硕士（法学）专业学位研究生入学联考专业基础课试题

一、**单项选择题**（第 1～20 小题，每小题 1 分，共 20 分。下列每题给出的四个选项中，只有一个选项是最符合题目要求的）

1. 最高人民法院发布的《关于审理抢劫案件具体应用法律若干问题的解释》中规定，抢劫正在使用中的银行或者其他金融机构的运钞车的，视为"抢劫银行或者其他金融机构"。该规定使用的解释方法是（　　）。

    A. 扩大解释　　　　　B. 类推解释　　　　C. 限制解释　　　　D. 文理解释

2. 下列关于单位犯罪的表述，正确的是（　　）。

    A. 没有可执行财产的单位分支机构不会构成单位犯罪

    B. 我国刑法中有关单位犯罪的规定不适用于外国公司、企业

    C. 两个以上单位以共同故意实施犯罪的可不区分主犯、从犯

    D. 对单位犯罪直接负责的主管人员和其他直接责任人员可不区分主犯、从犯

3. 下列选项中，主观方面可以表现为过失的是（　　）。

    A. 放火罪　　　　　　　　　　　　B. 虐待罪

    C. 危险驾驶罪　　　　　　　　　　D. 食品监管渎职罪

4. 甲破解了张某的股票账户密码，偷偷登录其账户买卖股票"练手"，案发时造成张某股票账户资金实亏 15 万元。甲的行为应认定为（　　）。

    A. 盗窃罪　　　　　　　　　　　　B. 非法经营罪

    C. 故意毁坏财物罪　　　　　　　　D. 非法侵入计算机信息系统罪

5. 下列选项中，既可以由作为实行，也可以由不作为实行的是（　　）。

    A. 洗钱罪　　　　　　　　　　　　B. 遗弃罪

    C. 玩忽职守罪　　　　　　　　　　D. 拒不履行信息网络安全管理义务罪

6. 甲误把张某当作李某推入水井，意图将其淹死，但事实上井中无水，结果张某摔死。这属于（　　）。

    A. 客体错误　　　　　　　　　　　B. 工具错误

    C. 打击错误　　　　　　　　　　　D. 因果关系错误

7. 甲在候车室以需要紧急联络为名，向赵某借得高档手机，边打电话边向候车室外

63

移动，出门后拔腿就跑，已经有所警觉的赵某猛追未果。甲的行为应认定为（　　　）。

    A. 抢夺罪　　　　　　B. 盗窃罪　　　　　　C. 侵占罪　　　　　　D. 抢劫罪

8. 下列关于罚金的表述，正确的是（　　　）。

    A. 对于未成年罪犯不得适用罚金刑

    B. 罚金的最低数额可由法官酌情确定

    C. 一人犯数罪分别判处罚金的应合并执行

    D. 一人犯数罪同时并处罚金和没收全部财产的应合并执行

9. 乘客甲明知擅自打开飞机应急舱门会危及飞行安全，在飞机被牵引车推出阶段故意将应急舱门打开，地勤人员发现应急充气滑梯弹出后将飞机迫停。甲的行为应认定为（　　　）。

    A. 破坏交通工具罪　　　　　　　　　B. 暴力危及飞行安全罪

    C. 重大飞行事故罪　　　　　　　　　D. 以危险方法危害公共安全罪

10. 下列选项中，应认定为寻衅滋事罪的是（　　　）。

    A. 因宅基地纠纷将邻居家电视机砸毁　　B. 因感情纠纷随意殴打路人情节恶劣

    C. 因债务纠纷率众人拿走债务人财物　　D. 因医患纠纷将主治医生困在办公室

11. 李某于 2012 年 7 月将户籍由甲市迁往乙市，因遗失户籍迁移证而未能落户，后李某因工作需要，自 2013 年 8 月起租住在丙市，并在 2014 年 9 月至 2015 年 12 月期间因重病在丁市某医院住院治疗。2015 年 10 月时李某的住所在（　　　）。

    A. 甲市　　　　　　B. 乙市　　　　　　C. 丙市　　　　　　D. 丁市

12. 甲将一部相机借给乙，乙擅自将相机卖给不知情的丙，丙又将相机卖给不知情的丁并交付。对此，下列说法正确的是（　　　）。

    A. 丁根据善意取得取得相机的所有权

    B. 丁基于丙的交付取得相机的所有权

    C. 丁在甲追认后方可取得相机的所有权

    D. 丁在付清全部款项后方可取得相机的所有权

13. 甲在报纸上发表了一篇时事性文章，未声明不允许其他媒体刊登，乙杂志社未经甲同意予以转载且未支付报酬。乙杂志社的行为不构成侵权的法律依据是（　　　）。

    A. 许可使用　　　　B. 法定许可　　　　C. 强制许可　　　　D. 合理使用

14. 甲在某酒店公用洗手间滑倒，摔碎了眼镜。经查：甲滑倒系因酒店清洁工乙清洁不彻底，地面湿滑所致。甲的损失应由（　　　）。

    A. 甲自己承担　　　　　　　　　　　B. 酒店承担全部责任

    C. 酒店和乙承担按份责任　　　　　　D. 酒店和乙承担连带责任

15. 下列选项中，甲的行为构成无因管理的是（　　　）。

    A. 甲主动将摔倒在人行道上的老人扶起

    B. 甲儿时被收养，成年后赡养亲生父母

    C. 甲为了出行便利，出钱修复邻居家被台风刮倒的院墙

    D. 甲的狗将他人咬伤，甲误以为是好友乙的狗咬伤人而赔偿伤者

16. 甲公司欠乙公司货款 50 万元，乙公司欠甲公司租金 50 万元，后甲公司被乙公司

兼并。甲公司与乙公司之间的债消灭的原因是（　　）。

  A. 混同   B. 免除   C. 抵销   D. 清偿

17. 甲将自己的汽车借给乙使用。某日，乙酒后驾驶该车撞伤丙。丙的损害应由（　　）。

  A. 甲全部赔偿   B. 乙全部赔偿

  C. 甲、乙连带赔偿   D. 甲、乙按份赔偿

18. 摄影师甲以乙为模特拍摄了数百张艺术照。甲将这些照片编辑成画册，未经乙同意交出版社出版发行。甲的行为侵害了乙的（　　）。

  A. 著作权   B. 发表权   C. 肖像权   D. 署名权

19. 甲将乙的照片和联系方式发到自己的微信朋友圈，声称乙欠钱不还，是个骗子。经查，甲所言与事实完全不符。甲的行为侵害了乙的（　　）。

  A. 姓名权   B. 名誉权   C. 肖像权   D. 荣誉权

20. 甲公交公司的司机乙为避让闯红灯的行人丙而急刹车，致乘客丁摔倒受重伤。丁的损害应由（　　）。

  A. 甲公司赔偿   B. 甲公司和乙连带赔偿

  C. 乙赔偿   D. 甲公司和丙连带赔偿

  二、多项选择题（第 21～30 小题，每小题 2 分，共 20 分。下列每题给出的四个选项中，至少有两个选项是符合题目要求的。多选、少选或错选均不得分）

21. 甲在街头摆气球射击摊，因向顾客提供的六只枪形物被鉴定为枪支，被法院以非法持有枪支罪判处有期徒刑同时宣告缓刑。法院的做法符合（　　）。

  A. 罪刑法定原则   B. 罪责刑相适应原则

  C. 从旧兼从轻原则   D. 主客观相统一原则

22. 下列选项中，应认定为自首中"自动投案"的有（　　）。

A. 在接受强制戒毒期间，主动向警方交代了自己抢劫他人的事实

B. 因形迹可疑被父母捆绑到派出所后，如实交代了自己杀人的事实

C. 匿名报案后在事故现场接受询问时，向警方交代了自己交通肇事的事实

D. 在涉嫌诈骗被取保候审期间潜逃，途中找警方交代了自己绑架他人的事实

23. 在情节严重的情况下，下列行为应认定为非法经营罪的有（　　）。

A. 使用伪造的药品经营许可证，非法经营药品

B. 长期以暴力手段强迫他人向自己借款，赚取利息

C. 以营利为目的，长期通过网络有偿提供删除信息服务

D. 非法生产具备赌博功能的电子游戏机，供他人开设赌场

24. 下列聚众斗殴的情形中，属于"持械"的有（　　）。

A. 牵引恶犬参与斗殴

B. 携带非法持有的枪支参与斗殴

C. 在斗殴现场抢夺对方棍棒并使用

D. 斗殴时使用事先藏匿在斗殴地点的砍刀

25. 生产、销售伪劣产品罪的客观方面表现为，在生产、销售的产品中（　　）。

A. 以次充好　　　B. 以假充真　　　C. 掺杂　　　D. 掺假

26. 甲、乙、丙设立一合伙企业。2014年8月，该合伙企业欠星月公司货款36万元，同年10月，丙经甲、乙同意退伙，依约承担了15万元的合伙债务。2015年2月，丁经甲、乙同意入伙，并约定：丁对入伙前该合伙企业所欠债务不承担责任。对该合伙企业欠星月公司的债务应承担无限连带责任的有（　　）。

A. 甲　　　　　　B. 乙　　　　　　C. 丙　　　　　　D. 丁

27. 下列选项中，无须登记即可发生物权变动的有（　　）。

A. 甲公司将其股权出质给银行

B. 乙公司将其轮船的所有权转让给高某

C. 丙公司通过拍卖取得建设用地使用权

D. 丁农户将其土地承包经营权转让给钱某

28. 志愿者甲经常照顾孤寡老人乙。2015年3月20日，乙病故，遗嘱执行人丙告诉甲，乙遗赠给甲3万元和一套古籍。5月15日，甲明确表示拒绝接受古籍。5月18日，甲联系丙，表示撤销此前拒绝接受古籍的行为。5月28日，甲请求丙执行遗嘱，丙（　　）。

A. 应将3万元交付给甲　　　　　　B. 应将古籍交付给甲

C. 无须向甲交付3万元　　　　　　D. 无须向甲交付古籍

29. 甲公司与乙幼儿园签订空气净化器买卖合同，约定：净化器的PM2.5去除率应达到95%，验收合格后付款。后乙幼儿园经甲公司同意将合同转让给丙幼儿园。丙幼儿园验收时，发现PM2.5去除率远未达到合同约定的标准。对此，下列说法正确的有（　　）。

A. 丙幼儿园有权解除买卖合同

B. 丙幼儿园可以对甲公司行使先履行抗辩权

C. 丙幼儿园可以请求乙幼儿园承担违约责任

D. 乙幼儿园与丙幼儿园之间的转让合同有效

30. 甲将拾得的手表赠与不知情的乙，乙对该手表的占有属于（　　）。

A. 有权占有　　　B. 善意占有　　　C. 直接占有　　　D. 自主占有

三、简答题（第31～34小题，每小题10分，共40分）

31. 简述连续犯的特征。

32. 简述减刑的限度。

33. 简述效力待定民事法律行为的法律后果。

34. 简述表演者的权利与表演权的区别。

四、论述题（第35～36小题，每小题15分，共30分）

35. 试论犯罪的基本特征。

36. 试论我国民法中绿色原则的功能。

五、案例分析题（第37～38小题，每小题20分，共40分）

37. 2015年10月，某国有银行国际部主任甲利用主管业务的便利，将本单位公款300万元借给张某的公司使用。2016年4月，甲被调离岗位，此时，借出的公款尚未归还。2016 年 6 月，因该银行建立电子对账系统，甲和接替其职务的乙为掩盖借款 300 万元给他人使用的事实，制作了金额为 50 万美元的虚假信用证材料。2016 年 11 月，该银行发现信用证材料不全，询问乙，乙承认上述事实。该银行报案后，乙通过电话指引侦查机关将甲抓获。甲到案后，交代了全案。

请根据上述材料，回答下列问题并说明理由：

(1) 甲、乙的行为构成何罪？

(2) 影响甲、乙刑事责任的因素有哪些？

38. 甲、乙系夫妻。2013 年 5 月，甲、乙签订离婚协议，约定：3 岁的孩子丙跟乙共同生活，甲婚前的个人房产在年底前过户丙。同年 6 月，甲、乙办理了离婚手续。

2013 年 8 月，甲向丁借款 20 万元做生意。9 月，甲与戊结婚，不久甲生意失败，无法偿还债务。2013 年 12 月，甲将离婚协议约定给丙的房产卖给他人并办理了过户手续。2014 年 1 月，甲携卖房款离家出走，至今下落不明。

请根据上述材料，回答下列问题并说明理由：

(1) 2013 年 10 月时，谁是丙的监护人？

(2) 乙是否有权主张房屋买卖合同无效？

(3) 若丁请求戊偿还债务，戊是否有义务偿还？

(4) 谁有权申请宣告甲失踪？

2018 年全国法律硕士（法学）专业学位研究生入学联考专业基础课试题答案解析

一、单项选择题

1. A

【解析】最高人民法院发布的《关于审理抢劫案件具体应用法律若干问题的解释》中，将抢劫正在使用中的银行或者其他金融机构的运钞车，包括在抢劫银行或者其他金融机构之内，从而扩大了"银行和金融机构"的含义，因而是扩大解释，选 A 项，不选 C 项。一般认为，最高司法机关作出的司法解释是一种没有超出罪刑法定原则的范围而进行的解释，而类推解释是超出罪刑法定原则范围，或者与罪刑法定原则不相符而进行的解释，因而本题表述的情形不是类推解释，不选 B 项。文理解释是严格按照条文的字面含义进行的解释，本题表述的情形显然将"银行或者其他金融机构"扩大解释为"运钞车"，这显然超出字面含义，不是文理解释，不选 D 项。

2. D

【解析】以单位的分支机构或者内设机构、部门的名义实施犯罪，违法所得亦归分支机构或者内设机构、部门所有的，应当认定为单位犯罪，至于分支机构或者内设机构等是否有可供执行的财产，不影响单位犯罪的认定。可见，A 项表述错误。外国公司、企业在我国领域内实施犯罪的，或者虽然在我国领域外实施犯罪但应当适用我国刑法的，应依照我国刑法关于单位犯罪的规定定罪处罚。可见，B 项表述错误。两个以上单位犯罪的，也可以区分主犯和从犯，C 项表述错误。在单位犯罪中，主管人员与直接责任人员，不是当然的主从犯关系，有的案件，主管人员与直接责任人员在实施犯罪行为的主从关系上不明显的，可不区分主犯和从犯；如果可以分清主犯和从犯，而且分不清主犯和从犯，在同一法定刑档次、幅度内量刑无法做到罪责刑相适应的，就应当分清主犯和从犯，依法处罚。可见，D 项表述正确。

3. D

【解析】食品监管渎职罪主观方面表现为故意或者过失。对于滥用职权的，表现为故意；对于玩忽职守的，表现为过失。可见，选 D 项。放火罪、虐待罪和危险驾驶罪主观方面都表现为故意。

4. C

【解析】故意毁坏财物罪是指故意毁坏公私财物，数额较大或者有其他严重情节的行为。故意毁坏财物罪中的"毁坏"，不限于从物理上变更或者消灭财物的形体，而是包括使财物的效用丧失或者减少的一切行为。通过对财物行使有形力，导致财物的完整性受到明显毁损的，当然属于"毁坏"，但没有直接对财物行使有形力，而使他人财物的效用减少或者丧失的，同样是毁坏财物。本题表述中，甲通过炒股使张某财产丧失15万元，构成故意毁坏财物罪，选C项。不选A项，因为甲并没有非法占有张某财产的目的，但"练手"却导致张某财产损失，所以不构成盗窃罪，当然，如果炒股盈利巨大并将盈利据为己有的，构成盗窃罪。总之，不选A项。甲的行为不符合法律和相关司法解释规定的以非法经营罪论处的情形，不构成非法经营罪，不选B项。根据《刑法》第285条第1款规定，非法侵入计算机信息系统罪是指自然人或者单位违反国家规定，侵入国家事务、国防建设、尖端科学技术领域的计算机信息系统的行为。本题表述中，甲的行为不符合非法侵入计算机信息系统罪的客观表现，不选D项。

5. C

【解析】玩忽职守罪的行为方式既可以是作为，也可以是不作为，选C项。洗钱罪只能以作为方式实行，不选A项。遗弃罪和拒不履行信息网络安全管理义务罪只能以不作为方式实行，不选B、D项。

6. D

【解析】甲误以为张某是淹死的，实际上是摔死的，即甲已经实际造成损害结果，但对损害结果的发生原因存在误解，这属于因果关系错误，选D项。需要注意的是，本题表述中，甲误把张某当作李某，这种情形属于对象错误或性质错误（属于同一犯罪构成），因而本题表述的情形既存在对象错误也存在因果关系错误，但备选项表述中并无对象错误。

7. B

【解析】甲以需要紧急联络为名，以欺骗的手段公开行窃赵某的手机，甲的行为符合盗窃罪的构成要件，应当以盗窃罪论处，选B项。甲的行为不构成抢夺罪，因为抢夺行为具有使被害人伤亡的可能，而盗窃行为不会导致被害人伤亡。换言之，只要夺取他人财物的行为有可能致人伤亡，即使可能性较小，也应当认定为抢夺罪，但根本不会产生伤亡的，就不能认定为抢夺罪，只能认定为盗窃罪（绝对不能认定为诈骗罪）。一般而言，同时具备以下两个条件，就应当认为具有致人伤亡的可能性：第一，所夺取的财物必须是被害人紧密占有的财物。即被害人提在手上、背在肩上、装在口袋等与人的身体紧密联结在一起的财物。第二，必须对财物使用了非平和的手段，即可以评价为对物暴力的强行夺取的行为。具备上述两个条件，构成抢夺罪，如果仅具备上述条件之一的，宜认定为盗窃罪：第一，对离开被害人身体的财物实施非法取得行为的，宜认定为盗窃罪。第二，虽然对被害人紧密占有的财物实施非法取得行为，但行为本身平和、平稳，而不能评价为对物暴力，因而不可能致人伤亡的，也宜认定为盗窃罪。总之，不选A项。侵占罪的对象是代为保管的他人财物、他人的遗忘物和埋藏物三种财物。本题表述的财物并非上述三种财物，不选C项。甲的行为不符合抢劫罪的构成特征，这是不言自明的，不选D项。

8. C

【解析】罚金是人民法院判处犯罪分子或者犯罪的单位向国家缴纳一定金钱的刑罚方

法，属于财产刑。《最高人民法院关于审理未成年人刑事案件具体应用法律若干问题的解释》第15条规定，对未成年罪犯实施刑法规定的"并处"没收财产或者罚金的犯罪，应当依法判处相应的财产刑；对未成年罪犯实施刑法规定的"可以并处"没收财产或者罚金的犯罪，一般不判处财产刑。对未成年罪犯判处罚金刑时，应当依法从轻或者减轻判处，并根据犯罪情节，综合考虑其缴纳罚金的能力，确定罚金数额。但罚金的最低数额不得少于500元人民币。对被判处罚金刑的未成年罪犯，其监护人或者其他人自愿代为垫付罚金的，人民法院应当允许。不过，我国刑法没有明确规定罚金数额，罚金的最低数额不能少于1 000元，对于未成年罪犯，罚金数额不能少于500元。可见，A、B项表述错误。《刑法》第69条第3款规定，数罪中有判处附加刑的，附加刑仍须执行，其中附加刑种类相同的，合并执行，种类不同的，分别执行。据此，一人犯数罪分别判处罚金的，应当实行并罚，将所判处的罚金数额相加，执行总和数额，属于合并执行，C项表述正确。一人犯数罪，判处没收全部财产，同时判处罚金刑的，应决定执行没收全部财产，不再执行罚金刑，D项表述错误。

9. D

【解析】破坏交通工具罪是指破坏火车、汽车、电车、船只、航空器，足以使火车、汽车、电车、船只、航空器发生倾覆、毁坏危险，尚未造成严重后果的行为。甲在飞机被牵引车推出阶段打开应急舱门的行为，不足以使飞机发生倾覆、毁坏危险，不构成破坏交通工具罪，不选A项。暴力危及飞行安全罪是指行为人对飞行中的航空器上的人员使用暴力，危及飞行安全的行为。暴力危及飞行安全罪要求行为人必须使用暴力，暴力的针对对象必须是机组人员与乘客等航空器上的其他人员。本题表述中，甲的行为并未针对航空器上的人员，不构成暴力危及飞行安全罪，不选B项。重大飞行事故罪是指航空人员违反规章制度，致使发生重大飞行事故，造成严重后果的行为。重大飞行事故罪的犯罪主体是航空人员，包括空勤人员和地勤人员，主观方面表现为过失，若主观方面表现为故意，不得以重大飞行事故罪论处，构成其他犯罪的，按照其他相应的犯罪论处。本题表述中，甲不是航空人员，而是乘客，且主观方面表现为故意，甲的行为不构成重大飞行事故罪，不选C项。以危险方法危害公共安全罪是指使用与放火、爆炸、决水、投放危险物质方法的危险性相当的其他危险方法，危害公共安全的行为。甲明知擅自打开飞机应急舱门会危及飞行安全，在飞机被牵引车推出阶段故意将应急舱门打开，导致地勤人员将飞机迫停，甲实施的行为与放火、爆炸、决水、投放危险物质等危害公共安全行为的危险性相当，应当以以危险方法危害公共安全罪论处，选D项。

10. B

【解析】寻衅滋事罪是指肆意挑衅，无事生非，起哄闹事，进行扰乱破坏，情节恶劣的行为。具体表现为下列形式之一：（1）随意殴打他人，情节恶劣的；（2）追逐、拦截、辱骂、恐吓他人，情节恶劣的；（3）强拿硬要或者任意损毁、占用公私财物，情节严重的；（4）在公共场所起哄闹事，造成公共场所秩序严重混乱的。备选项中，B项表述符合上述客观表现，选B项。A项表述中，砸毁电视机系事出有因，并非无事生非，也不是"任意"损毁公私财物，因此不构成寻衅滋事罪，不选A项。C项表述中，对于财物的占有并非出于无事生非而任意占用，不构成寻衅滋事罪，不选C项。D项尚不能认定属于严重扰乱公共场所秩序的行为，不选 D 项。

11．C

【解析】《民法典》第 25 条规定，自然人以户籍登记或者其他有效身份登记记载的居所为住所；经常居所与住所不一致的，经常居所视为住所。据此，李某将其户籍由甲市迁往乙市，因遗失户籍迁移证而未能落户，因此李某仍应以户籍登记记载的居所即甲市作为其住所。李某自 2013 年 8 月起租住在丙市，丙市为其经常居所。虽然李某在 2014 年 9 月至 2015 年 12 月期间在丁市某医院住院治疗，但是住院治疗的地方不能认定为住所。因此，在李某经常居所（丙市）与住所（甲市）不一致时，应以其经常居所为住所。故 2015 年 10 月时李某的住所在丙市，选 C 项。

12．B

【解析】本题表述中，丙善意取得相机的所有权，丙取得相机所有权后，又将其卖给丁并交付相机。《民法典》第 224 条规定，动产物权的设立和转让，自交付时发生效力，但是法律另有规定的除外。据此，丁基于丙的交付取得相机的所有权，选 B 项。丁取得相机所有权的依据并非善意取得制度，因为丙已经依据善意取得制度取得相机的所有权，丙当然有权处分相机，而适用善意取得制度的前提是丙对相机无权处分，既然丙有权处分相机，自然没有适用善意取得的余地，更不存在所谓是否"追认"的问题，不选 A、C 项。既然已经交付相机，丁取得相机所有权，至于是否付清全款，则属于合同履行问题，不选 D 项。

13．D

【解析】《著作权法》第 22 条规定了著作权的合理使用制度，其中第 1 款第 4 项规定，报纸、期刊、广播电台、电视台等媒体刊登或者播放其他报纸、期刊、广播电台、电视台等媒体已经发表的关于政治、经济、宗教问题的时事性文章，可以不经著作权人许可，不向其支付报酬，但应当指明作者姓名、作品名称，并且不得侵犯著作权人依照本法享有的其他权利，但作者声明不许刊登、播放的除外。据此，选 D 项。

14．B

【解析】本题表述的情形为用工责任。《民法典》第 1191 条第 1 款规定，用人单位的工作人员因执行工作任务造成他人损害的，由用人单位承担侵权责任。用人单位承担侵权责任后，可以向有故意或者重大过失的工作人员追偿。据此，选 B 项。

15．C

【解析】无因管理的成立须以为他人谋利益为必要，专为本人谋利益的意思不能成立无因管理，自己获益的同时兼使他人获益，不妨碍成立无因管理。C 项表述中，甲出钱修复邻居家被台风刮倒的院墙，甲在使本人获益的同时也使其邻居获益，成立无因管理，选 C 项。无因管理在管理人与本人之间产生债权债务关系，对不能在当事人之间产生债权债务关系的事项的管理不能构成无因管理。据此，A 项表述中不能发生债权债务关系，不能认定为无因管理，当然，如果将 A 项表述修改成"甲将危急病人送往医院"，则因发生费用问题而构成无因管理。总之，不选 A 项。对于亲属间履行道德义务性质的行为或给付，不得认定为无因管理。B 项表述中，被收养的甲成年后赡养亲生父母，虽然不是法定义务（履行法定义务的行为也不构成无因管理），但属于履行道德义务性质的给付，不能成立无因管理，不选 B 项。D 项表述中，甲对伤者有法定的义务，因此甲的赔偿行为不构成无因管理，不选 D 项。

16. A

【解析】混同为债权人和债务人合为一人的事实。混同的情形主要有企业合并、概括继承、债务人受让债权人的债权等。本题表述中，甲公司被乙公司兼并，债权债务都归于乙公司，债权债务关系消灭，是混同，选 A 项。

17. B

【解析】《民法典》第 1209 条规定，因租赁、借用等情形机动车所有人、管理人与使用人不是同一人时，发生交通事故造成损害，属于该机动车一方责任的，由机动车使用人承担赔偿责任；机动车所有人、管理人对损害的发生有过错的，承担相应的赔偿责任。据此，本题表述中，出借人甲无过错，借用人乙酒后驾车撞伤行人丙，乙应当承担侵权责任，选 B 项。

18. C

【解析】甲未经乙同意将乙的照片编辑成画册并交出版社出版发行，侵犯了乙的肖像权，选 C 项。甲没有侵犯乙的著作权，本题表述的摄影作品属于委托作品。《著作权法》第 17 条规定，受委托创作的作品，著作权的归属由委托人和受托人通过合同约定。合同未作明确约定或者没有订立合同的，著作权属于受托人。据此，甲、乙并未就摄影作品的著作权的归属作出约定，因而摄影作品的著作权属于甲。可见，本题表述谈不上侵犯著作权的问题，因为作品的著作权归甲，不选 A 项。既然著作权归甲，更谈不上侵犯发表权、署名权，不选 B、D 项。

19. BC

【解析】本题原标准答案为 B 项，《民法典》通过后，C 项也是正确答案。《民法典》第 1024 条规定，民事主体享有名誉权。任何组织或者个人不得以侮辱、诽谤等方式侵害他人的名誉权。名誉是对民事主体的品德、声望、才能、信用等的社会评价。据此，甲所言与事实不符，甲的所为导致乙的社会评价受损，侵犯了乙的名誉权。可见，选 B 项。《民法典》第 1012 条规定，自然人享有姓名权，有权依法决定、使用、变更或者许可他人使用自己的姓名，但是不得违背公序良俗。《民法典》第 1014 条规定，任何组织或者个人不得以干涉、盗用、假冒等方式侵害他人的姓名权或者名称权。据此，姓名权侵权行为方式体现为干涉、盗用、假冒等，而甲并没有实施上述行为，没有侵犯乙的姓名权，故不选 A 项。《民法典》第 1019 条规定，任何组织或者个人不得以丑化、污损，或者利用信息技术手段伪造等方式侵害他人的肖像权。未经肖像权人同意，不得制作、使用、公开肖像权人的肖像，但是法律另有规定的除外。未经肖像权人同意，肖像作品权利人不得以发表、复制、发行、出租、展览等方式使用或者公开肖像权人的肖像。据此，甲未经乙许可擅自使用乙的肖像，因而构成侵犯肖像权，故选 C 项。需要注意的是，依照原民事法律规定，毁损、玷污他人肖像或者以牟利为目的使用他人肖像，构成肖像侵权，但是，《民法典》取消了以牟利为目的使用肖像作为侵权的判断标准，即是否构成侵犯肖像权，并不以是否营利作为判断标准，凡是未经肖像权人同意而使用他人肖像的，即可构成侵权，因此，《民法典》通过后，应当选 C 项。《民法典》第 1031 条规定，民事主体享有荣誉权。任何组织或者个人不得非法剥夺他人的荣誉称号，不得诋毁、贬损他人的荣誉。获得的荣誉称号应当记载而没有记载的，民事主体可以请求记载；获得的荣誉称号记载错误的，民事主体可以请求更正。据此，甲的行为并未侵犯荣誉权，故不选 D 项。

20．A

【解析】《民法典》第 823 条规定，承运人应当对运输过程中旅客的伤亡承担赔偿责任；但是，伤亡是旅客自身健康原因造成的或者承运人证明伤亡是旅客故意、重大过失造成的除外。前款规定适用于按照规定免票、持优待票或者经承运人许可搭乘的无票旅客。据此，甲公交公司应对乘客丁的人身伤害负责，选 A 项。

二、多项选择题

21．ABD

【解析】甲向顾客提供的枪形物被鉴定为枪支，法院据此认定甲的行为构成非法持有枪支罪，符合罪刑法定原则的要求，选 A 项。但甲非法持有枪支的行为社会危害性小，主观恶性也小，因此法院在判处甲有期徒刑的同时宣告缓刑，符合罪责刑相适应原则的要求，选 B 项。从旧兼从轻原则为刑法的溯及力所采取的原则，法院在适用刑法时并未提及该原则，本题表述的情形也与从旧兼从轻原则无关，不选 C 项。主客观相统一原则即主观恶性、人身危险性与客观社会危害性相统一的刑事责任原则，刑罚执行制度最能体现这一原则，如减刑、假释制度。本题表述的情形中，法院既考虑到行为人的主观恶性，又考虑到行为人的社会危害性较小，并以此作出宣告缓刑的决定，法院的做法体现了主客观相统一原则，选 D 项。

22．ACD

【解析】按照司法解释的规定，犯罪嫌疑人具有以下情形之一的，应当视为自动投案：（1）犯罪后主动报案，虽未表明自己是作案人，但没有逃离现场，在司法机关询问时交代自己罪行的；（2）明知他人报案而在现场等待，抓捕时无拒捕行为，供认犯罪事实的；（3）在司法机关未确定犯罪嫌疑人，尚在一般性排查询问时主动交代自己罪行的；（4）因特定违法行为被采取行政拘留、司法拘留、强制隔离戒毒等行政、司法强制措施期间，主动向执行机关交代尚未被掌握的犯罪行为的；（5）其他符合自首的立法宗旨，应当视为自动投案的情形。此外，交通肇事后保护现场、抢救伤者，并向公安机关报告的，以及交通肇事逃逸后又自动投案的，均应认定为自动投案。根据上述情形第 1、4 项，A、C 项表述构成自首。自动投案是指犯罪人基于自己的意志积极主动地投案。但是，在罪行尚未被司法机关发觉，仅因形迹可疑，被有关组织或者司法机关盘问、教育后，主动交代自己的罪行的，也应认定为自动投案；并非出于犯罪嫌疑人主动，而是经亲友规劝、陪同投案的，应视为自动投案；公安、检察机关通知犯罪嫌疑人的亲友，或者亲友主动报案后，将犯罪嫌疑人送去投案的，同样视为自动投案。但是，犯罪嫌疑人被亲友采用捆绑等手段送到司法机关，或者在亲友带领侦查人员前来抓捕时无拒捕行为，并如实供认犯罪事实的，不能认定为自动投案。可见，B 项表述的情形不构成自首，不选 B 项。对于被采取强制措施（如取保候审、监视居住等）后逃跑然后再"投案"的，相对于被采取强制措施的犯罪而言，不能认定为自动投案，但对新犯之罪仍能成立自动投案，D 项表述的情形即属于此，选 D 项。

23. ACD

【解析】根据《刑法》第 225 条规定，非法经营是指以下四类行为：（1）未经许可经营法律、行政法规规定的专营、专卖物品或者其他限制买卖的物品。（2）买卖进出口许可证、进出口原产地证明以及其他法律、行政法规规定的经营许可证或者批准文件。（3）未经国家有关主管部门批准非法经营证券、期货、保险业务，或者非法从事资金支付结算业务。（4）其他严重扰乱市场秩序的非法经营行为。根据相关司法解释的规定，下列情形属于"其他严重扰乱市场秩序的非法经营行为"，应以非法经营罪论处：①在国家规定的交易所外非法买卖外汇、扰乱市场秩序，情节严重的，以非法经营罪论处。②违反国家规定，出版、印刷、复制、发行严重危害社会秩序和扰乱市场秩序的非法出版物（构成其他较重的犯罪的除外），或者非法从事出版物的出版、印刷、复制、发行业务，该非法出版物虽然不侵犯他人著作权，不具有侮辱、诽谤等内容，但是严重扰乱社会秩序，情节严重的，以非法经营罪论处。出版单位与他人事前通谋，向其出售、出租或者以其他形式转让该出版单位的名称、书号、刊号、版号，为他人非法经营提供便利的，对该出版单位以非法经营罪的共犯论处。③违反国家规定，采取租用国际专线、私设转接设备或者其他方法，擅自经营国际电信业务或者涉港澳台电信业务进行营利活动，扰乱电信市场管理秩序的，以非法经营罪论处。对于未取得国际电信业务（含涉港澳台电信业务）经营许可证而经营，或被终止国际电信业务经营资格后继续经营，应认定为"擅自经营国际电信业务或者涉港澳台电信业务"；情节严重的，应按上述规定以非法经营罪追究刑事责任。"其他方法"是指在边境地区私自架设跨境通信线路；利用互联网跨境传送 IP 话音并设立转接设备，将国际话务转接至我国境内公用电话网或转接至其他国家或地区；在境内以租用、托管、代维等方式设立转接平台；私自设置国际通信出入口等方法。另外，获得国际电信业务经营许可的经营者（含涉港澳台电信业务经营者）明知他人非法从事国际电信业务，仍违反国家规定，采取出租、合作、授权等手段，为他人提供经营和技术条件，利用现有设备或另设国际话务转接设备并从中营利，情节严重的，应以非法经营罪的共犯追究刑事责任。④未取得药品生产、经营许可证件和批准文号，非法生产、销售盐酸克仑特罗（瘦肉精）等禁止在饲料和动物饮用水中使用的药品，扰乱药品市场秩序，情节严重的，以非法经营罪论处。在生产、销售的饲料中添加盐酸克仑特罗（瘦肉精）等禁止在饲料和动物饮用水中使用的药品，或者销售明知是添加有该类药品的饲料，情节严重的，以非法经营罪论处。⑤违反国家有关盐业管理规定，非法生产、储运、销售食盐，扰乱市场秩序，情节严重的，以非法经营罪论处。非法经营食盐行为未经处理的，其非法经营的数量累计计算；行为人非法经营行为是否盈利，不影响犯罪的构成。⑥违反国家在预防、控制突发传染病疫情等灾害期间有关市场经营、价格管理等规定，哄抬物价、牟取暴利，严重扰乱市场秩序，违法所得数额较大或者有其他严重情节的，以非法经营罪定罪，依法从重处罚。⑦违反国家规定，擅自设立互联网上网服务营业场所，或者擅自从事互联网上网服务经营活动，情节严重，构成犯罪的，以非法经营罪论处。⑧未经国家批准，擅自发行、销售彩票，构成犯罪的，以非法经营罪论处。⑨对于中介机构非法代理买卖非上市公司股票，涉嫌犯罪的，应以非法经营罪论处。⑩违反国家规定，使用销售点终端机具（POS 机）等方法，以虚构交易、虚开价格、现金退货等方式向信用卡持卡人直接支付现金，情节严重的，以非法经营罪定罪处罚。持卡人以非法占有为目的，采用上述方式恶意透支，应当追究刑事责任的，以信用卡诈骗罪定罪处罚。⑪未经烟草专卖行政主管部门许可，无生产许可证、批发许可证、零售许可证，而生产、批发、零售烟草制品，情节严重的，以非法经营罪定罪处罚。⑫违反国家规定，未经依法核准擅自发行基金份额募集基金，情节严重的，以非法经营罪论处。⑬以提供给他人生产、销售食品为目的，违反国家规定，生产、销售国家禁止用于食品生产、销售的非食品原料，情节严重的，以非法经营罪定罪处罚。违反国家规定，生产、销售国家禁止生产、销售、使用的农药、兽药、饲料、饲料添加剂，或者饲料原料、饲料添加剂原料，情节严重的，以非法经营罪定罪处罚。实施上述行为，同时又构成生产、销售伪劣产品罪，生产、销售伪劣农药、兽药罪等其他犯罪的，属于想象竞合犯，从一重罪处罚。⑭违反国家规定，私设生猪屠宰厂（场），从事生猪屠宰、销售等经营活动，情节严重的，以非法经营罪定罪处罚。行为同时构成生产、销售不符合安全标准的食品罪，生产、销售有毒、有害食品罪等其他犯罪的，属于想象竞合犯，从一重罪处罚。⑮违反国家规定采挖、销售、收购麻黄草，没有证据证明以制造毒品或者走私、非法买卖制毒物品为目的，构成犯罪的，以非法经营罪定罪处罚。⑯违反国家规定，以营利为目的，通过信息网络有偿提供删除信息服务，或者明知是虚假信息，通过信息网络有偿提供发布信息等服务，扰乱市场秩序，情节严重的，以非法经营罪定罪处罚。⑰非法生产、销售"伪基站"设备，情节严重的，以非法经营罪论处。⑱以提供给他人开设赌场为目的，违反国家规定，非法生产、销售具有退币、退分、退钢珠等赌博功能的电子游戏设施设备或者其专用软件，情节严重的，以非法经营罪论处。⑲违反国家药品管理法律法规，未取得或者使用伪造、变造的药品经营许可证，非法经营药品，情节严重的，以非法经营罪论处。以提供给他人生产、销售为目的，违反国家规定，生产、销售不符合药用要求的非药品原料、辅料，情节严重的，以非法经营罪论处。行为同时构成生产、销售伪劣产品罪，以危险方法危害公共安全罪等犯罪的，属于想象竞合犯，从一重罪处罚。⑳行为人出于医疗目的，违反有关药品管理的国家规定，非法贩卖麻醉药品或者精神药品，扰乱市场秩序，情节严重的，以非法经营罪论处。如果行为人并不是出于医疗目的，向走私、贩卖毒品的犯罪分子或者吸食、注射毒品的人员贩卖国家规定管制的能够使人形成瘾癖的麻醉药品或者精神药品的，以贩卖毒品罪定罪处罚。㉑违反国家规定，未经监管部门批准，或者超越经营范围，以营利为目的，经常性地向社会不特定对象发放贷款，扰乱金融市场秩序，情节严重的，以非法经营罪定罪处罚。㉒在疫情防控期间，违反国家有关市场经营、价格管理等规定，囤积居奇，哄抬疫情防控急需的口罩、护目镜、防护服、消毒液等防护用品、药品或者其他涉及民生的物品价格，牟取暴利，违法所得数额较大或者有其他严重情节，严重扰乱市场秩序的，以非法经营罪定罪处罚。违反国家规定，非法经营非国家重点保护野生动物及其制品（包括开办交易场所、进行网络销售、加工食品出售等），扰乱市场秩序，情节严重的，以非法经营罪定罪处罚。A 项表述中，使用伪造的药品经营许可证，非法经营药品，情节严重的，以非法经营罪定罪处罚，选 A 项。C 项表述中，以营利为目的，通过信息网络有偿提供删除信息服务，情节严重的，以非法经营罪定罪处罚，选 C 项。D 项表述中，以供他人开设赌场为目的，非法生产具备赌博功能的电子游戏机，情节严重的，以非法经营罪定罪处罚，选 D 项。B 项表述的情形中，使用暴力手段强迫他人向自己借款，以赚取利息，该行为中归还借款本身并没有非法占有的目的，但对于赚取利息，因该利息是通过暴力手段取得的，具有非法占有的目的，对此应以强迫交易罪和抢劫罪（或者敲诈勒索罪）择一重罪论处（想象竞合犯）。强迫交易罪是指自然人或者单位，以暴力、胁迫手段，强迫他人提供或者接受服务，强迫他人参与或者退出投标、拍卖，强迫他人转让或者收购公司、企业的股份、债券或者其他资产，强迫他人参与或者退出特定的经营活动，情节严重的行为。可见，不选 B 项。

24. BD

【解析】《刑法》第 292 条第 1 款规定，聚众斗殴的，对首要分子和其他积极参加的，处 3 年以下有期徒刑、拘役或者管制；有下列情形之一的，对首要分子和其他积极参加的，处 3 年以上 10 年以下有期徒刑：（1）多次聚众斗殴的；（2）聚众斗殴人数多，规模大，社会影响恶劣的；（3）在公共场所或者交通要道聚众斗殴，造成社会秩序严重混乱的；（4）持械聚众斗殴的。"持械"中的"械"是指凶器，包括性质上的凶器与用法上的凶器。"持械"是指使用凶器斗殴，而不是指单纯的携带。在斗殴过程中显示凶器的，也应当认定为使用凶器斗殴。备选项中，B、D 项表述的枪支和砍刀都可以认定为"械"。A 项表述的恶犬并非"械"，即便对"械"作扩大解释，也不能将"恶犬"作为"械"，不选 A 项。C 项表述的"棍棒"，当对生命、身体具有危险感时，可以认定为"械"，但"持械"是指自动持械，而非从斗殴对方抢得，不选 C 项。

25. ABCD

【解析】根据《刑法》第 140 条规定，生产者、销售者在产品中掺杂、掺假，以假充真，以次充好或者以不合格产品冒充合格产品，销售金额达到 5 万元以上的，构成生产、销售伪劣产品罪。可见，备选项应全选。

26. ABCD

【解析】根据合伙企业法规定，普通合伙企业的合伙人对合伙企业的债务承担无限连带责任。据此，甲、乙作为合伙企业的合伙人，对合伙企业的债务承担无限连带责任，选 A、B 项。《合伙企业法》第 53 条规定，退伙人对基于其退伙前的原因发生的合伙企业债务，承担无限连带责任。据此，本题中的合伙人丙虽然依约承担了 15 万元债务，但只要其退伙前的债务依然存在，就应当承担无限连带责任，合伙人内部的约定不能对抗债权人，故选 C 项。《合伙企业法》第 44 条第 2 款规定，新合伙人对入伙前合伙企业的债务承担无限连带责任。据此，新入伙的合伙人对入伙前的合伙企业的债务承担无限连带责任，换句话说，新人要想入伙，要以接受合伙企业的债务为前提，否则不得入伙。可见，丁作为新的合伙人，也应对其入伙前的债务承担无限连带责任，选 D 项。

27. BD

【解析】《民法典》第 443 条第 1 款规定，以基金份额、股权出质的，质权自办理出质登记时设立。据此，A 项表述的情形应当办理股权出质登记，故不选 A 项。《民法典》第 224 条、第 225 条规定，动产物权的设立和转让，自交付时发生效力，但是法律另有规定的除外。船舶、航空器和机动车等的物权的设立、变更、转让和消灭，未经登记，不得对抗善意第三人。据此，船舶、航空器和机动车所有权变动，仍以交付作为公示方式，登记仅为对抗要件，而不是生效要件，即未经登记不得对抗善意第三人。故 B 项表述中，即使轮船不登记，只要将轮船交付给高某，轮船所有权就发生变动。可见，选 B 项。《民法典》第 349 条规定，设立建设用地使用权的，应当向登记机构申请建设用地使用权登记。建设用地使用权自登记时设立。登记机构应当向建设用地使用权人发放权属证书。据此，C 项表述中，丙公司取得建设用地使用权应当办理登记，未经登记不发生物权效力。可见，不选 C 项。《民法典》第 333 条第 1 款规定，土地承包经营权自土地承包经营权合同生效时设立。据此，土地承包经营权的设立采取登记对抗主义，即登记是对抗要件，而不是生效要件，未经登记不得对抗善意第三人。可见，选 D 项。

28. CD

【解析】《民法典》第 1124 条规定，继承开始后，继承人放弃继承的，应当在遗产处理前，以书面形式作出放弃继承的表示；没有表示的，视为接受继承。受遗赠人应当在知道受遗赠后 60 日内，作出接受或者放弃受遗赠的表示；到期没有表示的，视为放弃受遗赠。据此，甲在知道受遗赠 60 日内表示放弃接受古籍，此意思表示视为以明示方式放弃受遗赠。根据《民法典》第 1124 条规定，对于接受遗赠，必须采取明示方式，而甲对于是否接受 3 万元遗赠没有作出表示，则视为放弃受遗赠。由于甲先前放弃受遗赠的行为是已经生效的单方法律行为，因此甲事后又表示接受古籍的行为不发生效力，丙无须交付古籍，也无须交付 3 万元。总之，选 C、D 项。

29. ABD

【解析】《民法典》第 555 条规定，当事人一方经对方同意，可以将自己在合同中的权利和义务一并转让给第三人。《民法典》第 556 条规定，合同的权利和义务一并转让的，适用债权转让、债务转移的有关规定。据此，本案中，乙幼儿园经甲公司同意将合同权利义务概括转移给丙幼儿园，该转让协议符合概括转移的条件，因而是有效的，选 D 项。合同权利义务概括转移，乙幼儿园享有的对甲公司的权利，如追认权、选择权、解除权、撤销权和合同抗辩权等，都随之转移给丙幼儿园承受，选 A 项。乙幼儿园是后履行方，乙幼儿园将合同权利义务转移给丙幼儿园，则各类抗辩权，如先履行抗辩权、时效经过抗辩权、合同履行抗辩权等，也随之转移给丙幼儿园，在甲公司的履行不符合约定时，丙幼儿园作为后履行方，享有先履行抗辩权，选 B 项。由于合同权利义务已经转移，丙幼儿园只能请求甲公司承担违约责任，而不能请求乙幼儿园承担违约责任，不选 C 项。

30. BCD

【解析】我国民法典排除了拾得人将遗失物据为己有的可能性，甲不能取得遗失物手表的所有权，因而甲对手表的占有属于无权占有，甲将手表赠与乙，由于乙不是通过有效交换占有手表的，不能适用善意取得，因而乙对手表的占有也是无权占有，而不是有权占有，不选 A 项。但乙毕竟不知情，所以乙对手表的占有属于善意占有，选 B 项。由于乙直接对手表进行管领，因此属于直接占有，选 C 项。乙本意认为自己当然是手表的所有权人，因而是自主占有，选 D 项。

三、简答题

31. （1）行为人实施数个犯罪行为。

（2）数个犯罪行为具有连续性。

（3）数个犯罪行为出于同一的或者概括的故意。

（4）数个犯罪行为触犯相同罪名。

32.（1）减刑以后实际执行的刑期，判处管制、拘役、有期徒刑的，不能少于原判刑期的 1/2；判处无期徒刑的，不能少于 13 年。

（2）人民法院依照法律规定限制减刑的死刑缓期执行的犯罪分子，缓期执行期满后依法减为无期徒刑的，不能少于 25 年，缓期执行期满后依法减为 25 年有期徒刑的，不能少于 20 年。

33.（1）权利人行使追认权的，效力待定的民事法律行为有效；权利人拒绝追认的，效力待定的民事法律行为自始无效或对特定人如被代理人不发生效力。

（2）善意相对人行使撤销权的，效力待定的民事法律行为不发生效力。

（3）效力待定的民事法律行为会因特定事实的出现而补正效力。

34.（1）表演者的权利是表演者对作品的表演活动所享有的权利，属于邻接权；表演权是著作权人享有的公开表演作品，以及用各种手段公开播送作品的表演的权利，属于著作权。

（2）表演者的权利的客体是作品的表演活动；表演权的客体是作品。表演者的权利包括人身权与财产权；表演权属于著作权中的财产权。

（3）表演者的权利中的有些权利，如表明表演者身份的权利的保护期不受限制；表演权则有保护期的限制。

四、论述题

35.（1）严重的社会危害性。犯罪是具有社会危害性的行为，犯罪的社会危害性必须达到严重的程度。

（2）刑事违法性。根据罪刑法定原则的要求，具有严重社会危害性的行为只有同时被刑法明文规定为犯罪时，才是犯罪。

（3）刑罚可罚性。如果一个行为不应受到刑罚处罚，其行为就不构成犯罪。

以上三个基本特征紧密联系。严重的社会危害性是犯罪最基本的属性，是刑事违法性和刑罚可罚性的基础，而社会危害性如果没有达到违反刑法、应受刑罚处罚的程度，就不构成犯罪。

36. 绿色原则又称生态保护原则，是我国《民法典》所确立的民法基本原则之一，其功能主要有三项：

（1）指导功能。绿色原则对民事立法、民事活动和民事司法均有指导意义，如编纂民法典时以该原则为指导进行具体制度设计。

（2）约束功能。绿色原则对民事立法、民事活动和民事司法均有约束力，如绿色原则要求民事主体在进行民事活动时，应当有利于节约资源和保护生态环境，在追求个人利益的同时，兼顾社会环境公益。

（3）补充功能。法官在审理案件时，若无具体规范可供适用，可依据绿色原则寻求立法本意或法律价值取向，通过目的解释，裁判具体案件。

五、案例分析题

37.（1）甲和乙构成挪用公款罪。国家工作人员甲和乙利用职务上的便利，挪用公款数额巨大，且超过 3 个月未归还，构成挪用公款罪。

（2）甲为掩盖挪用公款的罪证勾结接替其职务的乙做假账，两人构成共同犯罪，甲起主要作用，是主犯，乙起次要作用，是从犯。乙在单位向其询问时，交代了全部犯罪事实，视为自动投案，且如实供述全部罪行，成立自首。到案后，乙协助侦查机关抓捕重大案件嫌疑人甲（因甲挪用公款数额巨大不退还），成立重大立功。甲被抓获后，如实供述自己的罪行，成立坦白。

38．（1）甲和乙。监护关系不因父母离婚而消灭。

（2）无权。甲在房屋过户给丙之前为所有权人，离婚协议的约定不影响甲卖房行为的效力。

（3）没有义务。该债务系甲在婚前所欠，属于个人债务，戊没有偿还义务。

（4）丙、丁、戊。丙系甲的子女，丁系甲的债权人，戊系甲的配偶，均为有权申请宣告甲失踪的利害关系人。

2018 年全国法律硕士（法学）专业学位研究生入学联考综合课试题

一、单项选择题（第 1～20 小题，每小题 1 分，共 20 分。下列每题给出的四个选项中，只有一个选项是最符合题目要求的）

1. 不同学派关于法的性质有不同理解。对此，下列说法正确的是（　　）。

A. 经济分析法学派认为，法律不外乎主权者的命令

B. 批判法学派认为，衡量法律优劣的最主要标准是实施效果

C. 自然法学派认为，法律应与社会主流道德和人性的正义准则保持一致

D. 历史法学派认为，一国的自然环境和政治制度决定着法的内容和性质

2. 关于法律的特征，下列说法正确的是（　　）。

A. 以义务为本位，是法律的本质特征

B. 法律由立法机关制定或认可，体现了国家意志

C. 法律具有强制性，只能通过司法予以实施和实现

D. 法律的普遍性意味着在一国之内，所有人都应享有相同的法律权利

3. 关于法律关系，下列说法中不正确的是（　　）。

A. 民事法律关系均为相对法律关系

B. 法律规范是法律关系产生的前提

C. 在法律关系中，主体的权利和义务是现实的

D. 法律关系是以法律上的权利义务为内容的社会关系

4. "和为贵"是中国传统法律文化的重要内容之一。关于该观念的当代意义及价值，下列说法正确的是（　　）。

A. "和为贵"与自由、平等的法律观念无法兼容

B. "和为贵"对调解制度的实施可以起到积极作用

C. "和为贵"观念不利于维护社会公平和秩序

D. 信访制度是"和为贵"在当代法律制度中的重要体现

5. 四位法学院学生旁听了法院审理的一起刑事案件后，用不同方法对该案涉及的刑法条文进行了解释。对此，下列说法正确的是（　　）。

A. 甲根据最高人民法院 1985 年发布的案例进行解释，属于历史解释

B. 乙结合立法时的社会背景进行解释，属于体系解释

C. 丙结合法律的上下文作出解释，属于目的解释

D. 丁按照法律条文的字面含义进行解释，属于文义解释

6. 关于《中华人民共和国人民警察法》的法律性质和地位，下列说法正确的是（　　）。

A. 属于程序法　　　　　　　　　　B. 属于我国法律体系中的行政法

C. 是《监狱法》的上位法　　　　　D. 相较于《公务员法》，属于一般法

7. 下列关于大陆法系与英美法系区别的表述，不正确的是（　　）。

A. 大陆法系法的正式渊源主要是制定法，而英美法系是判例法和制定法

B. 大陆法系法的基本分类是公法与私法，而英美法系是普通法与衡平法

C. 大陆法系的诉讼模式采用当事人主义，而英美法系采用法官中心主义

D. 大陆法系注重法典编纂，而英美法系更多采用单行法

8. 下列文件中，被马克思称为"世界上第一个人权宣言"的是（　　）。

A. 1215 年的英国《自由大宪章》　　B. 1689 年的英国《权利法案》

C. 1776 年的北美《独立宣言》　　　D. 1789 年的法国《人权和公民权利宣言》

9. 关于中国人民政治协商会议，下列表述正确的是（　　）。

A. 中国人民政治协商会议由选民选举产生，对选民负责

B. 中国人民政治协商会议与全国人民代表大会共同行使国家立法权

C. 现行宪法在"国家机构"一章中规定了中国人民政治协商会议的参政议政职能

D. 1949 年中国人民政治协商会议通过了《共同纲领》，行使了一定范围的制宪权

10. 关于香港特别行政区司法机关，下列表述正确的是（　　）。

A. 香港特区法院由普通法院和行政法院组成

B. 香港特区法院对国防等国家行为无管辖权

C. 香港特区终审法院接受最高人民法院的监督

D. 香港特区法院的法官必须是特区永久性居民中的中国公民

11. 在甲、乙离婚案件的审理过程中，甲以怀疑乙有婚外情为由，请求法院向移动通信公司调取乙的通话记录清单作为证据。根据现行宪法，下列表述正确的是（　　）。

A. 甲只能雇用私人侦探调取乙的通话记录清单

B. 法院为查明事实，有权要求移动通信公司提供用户的通话记录清单

C. 移动通信公司为保护用户，有权拒绝任何机构对通信内容进行调查

D. 通话记录清单属于公民通信秘密的范围，移动通信公司有保护通信秘密的义务

12. 为治理交通拥堵，某市制定地方性法规《道路交通管理条例》，规定行人闯红灯罚款 20 元，累计 10 次处以行政拘留。下列有关该条例的表述，正确的是（　　）。

A. 该条例有权规定对行人闯红灯的行为处以罚款

B. 该条例只有在获得全国人大常委会授权后才可设定行政拘留

C. 只有该市人民代表大会有权制定该条例，该市人大常委会无权制定

D. 法院可以根据被处罚人的审查要求撤销该条例

13. 关于全国人大常委会的立法监督权，下列表述正确的是（　　）。

A. 全国人大常委会有权改变同法律相抵触的地方性法规

B. 全国人大常委会可以撤销或改变同法律相抵触的行政法规

C. 部门规章与地方政府规章对同一事项规定不一致的，由全国人大常委会裁决

D. 根据授权制定的法规与法律规定不一致的，由全国人大常委会裁决

14. 关于县级以上地方各级人民政府的组成部门，下列表述正确的是（　　）。

A. 各组成部门由同级人民代表大会决定设立

B. 地方审计机关独立行使审计监督权，只对上一级审计机关负责

C. 各组成部门受本级人民政府的领导，并且受上级主管部门的业务指导或领导

D. 民族自治地方人民政府组成部门的负责人，由实行区域自治的民族的公民担任

15. 关于我国专门人民法院，下列表述正确的是（　　）。

A. 知识产权法院的设立由全国人大常委会决定

B. 中国人民解放军军事法院院长由中央军事委员会任命

C. 海事法院负责审理海事和海商领域的刑事和民事案件

D. 我国设立专门的行政法院以保障行政案件的独立公正审理

16. 在中国法制史上，提出"王者之政，莫急于盗贼"立法思想的是（　　）。

A. 商鞅　　　　　　B. 子产　　　　　　C. 李悝　　　　　　D. 李斯

17. 秦始皇年间，咸阳发生一起杀人案。甲向官府告发该案系乙所为。乙遂被官府捕获，被判死罪。后官府抓获真凶丙。经查，甲、乙素有结怨，甲为报私仇而行诬告。依秦律，甲可能被判处的刑罚是（　　）。

A. 腰斩　　　　　　B. 鬼薪　　　　　　C. 斩左趾　　　　　D. 髡钳城旦

18. "诸强奸幼女者处死，虽和同强，女不坐。"这条关于强奸幼女罪的法律规定最早出现于（　　）。

A. 唐朝　　　　　　B. 宋朝　　　　　　C. 元朝　　　　　　D. 明朝

19. 下列关于北洋政府立法活动的表述，不正确的是（　　）。

A. 采用、删改清末新订之法律

B. 制定颁布了众多的单行法规

C. 判例和解释例成为重要的法律渊源

D. 拒绝采用西方资本主义国家的立法原则

20. 南宋庆元年间，某州有一妇人被杀。死者丈夫甲被当地州衙拘捕，受尽拷掠，招认了"杀妻事实"。在该案提交本路提刑司审核时，甲推翻原口供，断然否认杀妻指控。对此，提刑司的下列做法中，符合宋代翻异别推制度规定的是（　　）。

A. 发回原州衙由原审官员重审　　　　　　B. 上报中央御史台审理

C. 上报中央大理寺审理　　　　　　　　　D. 指定本路另一州衙官员审理

二、多项选择题（第 21～30 小题，每小题 2 分，共 20 分。下列每题给出的四个选项中，至少有两个选项是符合题目要求的。多选、少选或错选均不得分）

21. 下列关于法律规则和法律条文关系的表述，正确的有（　　）。

A. 法律规则是法律条文的内容

B. 法律条文是法律规则的形式

    C. 一个法律条文可能包含若干法律规则

    D. 一个法律规则可以体现在若干法律条文中

22. 2016 年 9 月，国务院新闻办公室发布《国家人权行动计划（2016—2020 年）》，对我国人权事业发展作出全面部署。对此，下列说法正确的有（   ）。

    A. 国家对保障人权负有重要责任

    B. 人权就是公民依据宪法和法律享有的权利

    C. 现代人权的保护需要通过立法予以确认

    D. 司法机关在审判时应尊重和保障当事人的人权

23. 下列关于现代立法的表述，正确的有（   ）。

    A. 立法是国家的一项专门职能活动   B. 立法主体是特定的国家机关

    C. 立法是政府部门管理社会的手段   D. 立法是国家治理法治化的一种方式

24. 乘客张某因迟到而被拒绝登机，在机场吵闹不休，殴打航空公司工作人员，被公安机关依法行政拘留。航空公司将张某列入"拒绝承载人员名单"。下列关于该事件的说法，正确的有（   ）。

    A. 航空安全优先于张某乘坐航班的自由

    B. 对张某的治安处罚，可因其有立功表现而减轻或免除

    C. 航空公司因张某迟到而拒绝其登机，侵犯了他的民事权利

    D. 将张某列入"拒绝承载人员名单"，是航空公司追究其民事责任的具体表现

25. 根据现行宪法和法律，下列关于全国人大专门委员会的表述，正确的有（   ）。

    A. 专门委员会受全国人大及其常委会的领导

    B. 专门委员会有权向全国人大提出同本委员会有关的议案

    C. 专门委员会有权审查和撤销同法律相抵触的地方性法规

    D. 专门委员会副主任委员由主任委员提名，由全国人大常委会通过

26. 外来务工人员刘某在为其子办理小学入学报名手续的过程中，被要求到户籍所在地派出所开具无犯罪记录证明。刘某不同意开具证明，学校因此拒绝其子入学。根据现行宪法，在这一事件中，刘某之子受到侵犯的基本权利有（   ）。

    A. 沉默权   B. 平等权   C. 财产权   D. 受教育权

27. 下列选项中，国家主席需要根据全国人大或全国人大常委会的决定行使的职权有（   ）。

    A. 会晤外国总统   B. 授予国家勋章和荣誉称号

    C. 发布动员令   D. 批准同外国缔结的重要协定

28. 根据唐代关于"告诉"的法律规定，下列选项中，官府应予受理的案件有（   ）。

    A. 张某控告其祖父谋反   B. 李某控告其主人杀人

    C. 八十岁的王某控告其子孙不孝   D. 在押囚犯刘某控告狱卒虐待

29. 下列选项中，属于明朝法律形式的有（   ）。

    A. 则例   B. 大诰   C. 条法事类   D. 问刑条例

30. 清廷于 1910 年颁行的《法院编制法》对于中国传统司法体制和审判制度进行了

重大改革。该法所确立的法律原则和制度包括（　　　）。

　　A. 审判独立　　　　B. 合议制　　　　C. 民刑分理　　　　D. 审检分立

三、简答题（第 31～33 小题，每小题 10 分，共 30 分）

31. 简述中国特色社会主义法治体系的主要内容。

32. 简述我国选举制度的基本原则。

33. 简述中华民国南京国民政府法律制度的主要特点。

四、分析论述题（第 34～37 小题，每小题 15 分；第 38 小题，20 分，共 80 分）

34. 随着网络技术的发展与共享经济理念的流行，在传统出租车之外，网约出租车成为人们出行的另一选择。网约出租车的出现，在给人们的出行带来便利的同时，对传统的出租车行业造成了巨大冲击，也对城市交通管理提出了挑战。在此背景下，为了规范网约出租车发展，促进行业创新和转型升级，更好地满足公众需求，2016 年 7 月，交通运输部等联合发布了《网络预约出租汽车经营服务管理暂行办法》（简称《办法》）。

　　请结合上述材料，运用法理学相关知识，回答以下问题：

　　（1）从法律渊源的角度，分析该《办法》的属性与效力。

　　（2）谈谈社会发展与法律变革的关系。

35. 联系我国的法治实践，论述"将权力关进制度的笼子里"的内涵与意义。

36. 某乡政府通知所辖某村村委会，要求村委会向每户村民收取 500 元用于修建该村文化活动中心。村民认为修建文化活动中心的决定没有经过他们讨论同意，不愿交款。村委会告知村民，如不按期交款，就不发放筑堤防洪工程补助款。村民对此强烈不满，欲罢免村委会成员。

　　请结合上述材料，根据现行宪法和法律，回答以下问题：

　　（1）乡政府要求村委会向村民收费的做法是否合法？为什么？

　　（2）村民欲罢免村委会成员，需经过何种程序？

　　（3）谈谈如何完善农村基层群众自治制度。

37. 试从人权司法保障的角度，论述宪法关于人民法院、人民检察院和公安机关在办理刑事案件中相互关系的规定。

38.《唐律疏议·杂律》：诸违令者，答五十；谓令有禁制而律无罪名者。别式，减一等。

　　【疏】议曰："令有禁制"，谓《仪制令》"行路，贱避贵，去避来"之类，此是"令有禁制，律无罪名"，违者，得答五十。"别式减一等"，谓《礼部式》"五品以上服紫，六品以下服朱"之类，违式文而著服色者，答四十，是名"别式减一等"。物仍没官。

　　请结合上述材料，运用中国法制史相关知识，回答以下问题：

　　（1）材料中律文的主要规定是什么？

　　（2）律文与疏议之间是何关系？

　　（3）唐代的律、令、式三者是何关系？

2018年全国法律硕士（法学）专业学位研究生入学联考综合课试题答案解析

一、单项选择题

1. C

【解析】"法律不外乎主权者的命令"是分析法学派的观点，而非经济分析法学派的观点，19世纪英国法哲学家、分析法学派创始人约翰·奥斯丁认为：法律是主权者的命令。可见，A项表述错误。社会法学派认为，衡量法律优劣的最主要标准是实施效果，B项表述错误。自然法学派认为，法是人的理性，强调自然法普遍永恒，且高于人定法，人定法符合自然法时才是真正的法律，法律应与社会主流道德和人性的正义准则保持一致。可见，C项表述正确。历史法学派认为，法律是民族精神、民族特性和民族共同意识的体现；而D项中的"一国的自然环境和政治制度决定着法的内容和性质"本身就是错误的论断，D项表述错误。

2. B

【解析】法律以权利为本位，不是以义务为本位，A项表述错误。法律由国家制定或认可，法律应由特定的国家机关通过立法来完成，法律是国家意志的体现。可见，B项表述正确。法律具有强制性，但法律并非只能通过司法来实施和实现，法律的实现途径还有执法和守法，C项表述错误。法的普遍性是指法所具有的普遍约束力，它通常包括两重含义：（1）在一国主权范围内，法具有普遍效力，所有人都要遵守；（2）法律对同样的事和人同样适用，即法律面前人人平等。可见，D项表述错误。

3. A

【解析】民事法律关系既有绝对法律关系，也有相对法律关系，A项表述不正确，选A项。法律规范是法律关系产生的前提，没有法律规范，就无所谓法律关系，法律关系是根据法律规范建立的社会关系，B项表述正确。在法律关系中，权利主体的权利和义务具有现实性，即权利主体现实地享有权利和履行义务，这不同于法律规范所规定的权利和义务，法律规范所规定的权利和义务不具有现实性，它只是具有可能性。可见，C项表述正确。法律关系是根据法律规范建立的以法律上的权利义务为内容的社会关系，D项表述正确。

4. B

【解析】"和谐社会"的理念体现了"和为贵"的文化传统。"和为贵"作为一种文化传统，与现代的自由、平等的法律观念可以相容，构建和谐社会本身就能充分保障人们的自由，贯彻平等观念。可见，A 项表述错误。"和为贵"强调和谐，重视调解在解决纠纷中的作用，重视调解是中国传统法律文化中"和为贵"在现代诉讼中的一个体现。可见，B 项表述正确。"和为贵"观念有利于维护社会公平，使社会有序、稳定。可见，C 项表述错误。信访制度是除法律制度以外的解决社会矛盾的一种制度，是自然人、法人和其他组织在法律框架外主张权利的渠道，因此，信访制度并非"和为贵"在当代法律制度中的体现，D 项表述错误。

5. D

【解析】历史解释是指通过对法律文件制定的时间、地点、条件等历史背景材料的研究，或者通过将这一法律与历史上同类法律规范进行比较研究来阐明法律规范的内容和含义。A 项表述的解释并非历史解释，因为最高人民法院 1985 年发布的案例并非历史背景材料，甲并非针对法律文件的历史背景材料的研究而进行的解释，A 项表述错误。体系（系统）解释是指通过分析某一法律规范在整个法律体系和所属法律部门中的地位和作用，来揭示其内容和含义。可见，B 项表述错误。目的解释是指从制定某一法律的目的来解释法律，而非结合法律上下文作出的解释，C 项表述错误。文义解释是指严格遵循法律规范的字面含义的一种以尊重立法者意志为特征的解释，D 项表述正确，选 D 项。

6. B

【解析】《中华人民共和国人民警察法》是实体法，而非程序法，A 项表述错误。《中华人民共和国人民警察法》属于我国法律体系中的行政法，B 项表述正确。《中华人民共和国人民警察法》和《监狱法》同属于法律，不存在谁是谁的上、下位法之说，C 项表述错误。相较于《公务员法》，《中华人民共和国人民警察法》应属于特别法，D 项表述错误。

7. C

【解析】在大陆法系国家，法的正式渊源主要是制定法，法院的判例不是正式意义上的法律渊源；在英美法系国家，制定法和判例法都是法的正式渊源，A 项表述正确。大陆法系法的基本分类是公法和私法，英美法系法的基本分类是普通法和衡平法，B 项表述正确。大陆法系的诉讼程序以法官为中心，奉行职权主义，具有纠问程序的特点；英美法系的诉讼程序奉行当事人主义，法官一般充当消极的、中立的裁定者的角色。可见，C 项把大陆法系和英美法系的区别表述反了，因而是错误的，选 C 项。大陆法系国家承袭古代罗马法的传统，基本法律一般采用系统的法典形式；英美法系国家，尤其是英国，一般不倾向于法典形式，它的制定法往往是单行的法律、法规。可见，D 项表述正确。

8. C

【解析】1776 年的北美《独立宣言》被马克思誉为"世界上第一个人权宣言"，选 C 项。

9. D

【解析】中国人民政治协商会议不是国家机关，不握有国家权力，而是爱国统一战线组织，其性质是政治联盟，政协委员产生需要经过各党派中央、各人民团体、无党派民主人士等协商提名推荐、协商确定名单、政协常务委员会会议通过和公布等步骤，并非选举产生，更谈不上对选民负责，A 项表述错误。在我国，全国人大及其常委会行使国家立法权，中国人民政治协商会议并非立法机关，不能行使国家立法权，B 项表述错误。中国人民政治协商会议的职能是政治协商、民主监督、参政议政，但中国人民政治协商会议并非国家机构，因此现行宪法在"国家机构"一章中不能规定中国人民政治协商会议的参政议政职能，C 项表述错误。1949 年 9 月中国人民政治协商会议通过了《共同纲领》，《共同纲领》起着临时宪法的作用，因而在当时中国人民政治协商会议行使了一定范围的制宪权，D 项表述正确，选 D 项。

10．B

【解析】《香港特别行政区基本法》第 81 条规定，香港特别行政区设立终审法院、高等法院、区域法院、裁判署法庭和其他专门法庭。香港特别行政区的法律体系属于英美法系，因而没有行政法院，A 项表述不正确。《香港特别行政区基本法》第 19 条规定，香港特别行政区享有独立的司法权和终审权。香港特别行政区法院除继续保持香港原有法律制度和原则对法院审判权所作的限制外，对香港特别行政区所有的案件均有审判权。香港特别行政区法院对国防、外交等国家行为无管辖权。据此，B 项表述正确，C 项表述不正确。《香港特别行政区基本法》第 92 条规定，香港特别行政区的法官和其他司法人员，应根据其本人的司法和专业才能选用，并可从其他普通法适用地区聘用。据此，D 项表述不正确。不过，根据《香港特别行政区基本法》第 90 条规定，香港特别行政区终审法院和高等法院的首席法官，应由在外国无居留权的香港特别行政区永久性居民中的中国公民担任。

11．D

【解析】现行《宪法》第 40 条规定，中华人民共和国公民的通信自由和通信秘密受法律的保护。除因国家安全或者追查刑事犯罪的需要，由公安机关或者检察机关依照法律规定的程序对通信进行检查外，任何组织或者个人不得以任何理由侵犯公民的通信自由和通信秘密。据此，只有公安机关或者检察机关依照法律规定的程序对通信才能进行检查，而且要出于追查刑事犯罪的需要。本题表述中的私人侦探并非属于公安机关或者检察机关，而人民法院既非有权进行限制的机关，其目的也非追查刑事犯罪，而只是审理民事案件，所以，人民法院也无权检查属于宪法保护的通信秘密范围内的公民的通话记录清单，也无权要求移动通信公司提供用户的通话记录清单。移动通信公司作为公民通信秘密的保有单位，负有保护通信用户的通信秘密的义务和责任。可见，不选 A、B、C 项，选 D 项。

12．A

【解析】行政处罚的种类有：警告；罚款；没收违法所得、没收非法财物；责令停产停业；暂扣或者吊销许可证、暂扣或者吊销执照；行政拘留；法律、行政法规规定的其他行政处罚。其中，法律可以设定各种行政处罚，限制人身自由的行政处罚，只能由法律设定。行政法规可以设定除限制人身自由以外的行政处罚。地方性法规可以设定除限制人身自由、吊销企业营业执照以外的行政处罚。上述规定可以看作是《立法法》第 8 条规定的法律保留原则的延伸，具体规定在《行政处罚法》中。可见，罚款属于地方性法规可以规定的行政处罚，A 项表述正确。行政拘留属于限制人身自由的行政处罚措施，地方性法规无权规定，全国人大常委会也不得授权就行政拘留制定地方性法规，B 项表述错误。市人大和市人大常委会都无权制定拘留等有关限制人身自由的行政措施，C 项表述错误。在我国，法院没有对抽象法律文件的审查权，D 项表述错误。

13. D

【解析】根据《立法法》第 97 条第 2 项规定，全国人民代表大会常务委员会有权撤销同宪法、法律和行政法规相抵触的地方性法规，但只是有权"撤销"，而不能"改变"，A、B 项表述错误。《立法法》第 95 条规定，地方性法规、规章之间不一致时，由有关机关依照下列规定的权限作出裁决：（1）同一机关制定的新的一般规定与旧的特别规定不一致时，由制定机关裁决。（2）地方性法规与部门规章之间对同一事项的规定不一致，不能确定如何适用时，由国务院提出意见，国务院认为应当适用地方性法规的，应当决定在该地方适用地方性法规的规定；认为应当适用部门规章的，应当提请全国人民代表大会常务委员会裁决。（3）部门规章之间、部门规章与地方政府规章之间对同一事项的规定不一致时，由国务院裁决。根据授权制定的法规与法律规定不一致，不能确定如何适用时，由全国人民代表大会常务委员会裁决。据此，C 项表述错误，D 项表述正确。

14. C

【解析】《地方各级人民代表大会和地方各级人民政府组织法》第 64 条第 1、3、4 款规定，地方各级人民政府根据工作需要和精干的原则，设立必要的工作部门。省、自治区、直辖市的人民政府的厅、局、委员会等工作部门的设立、增加、减少或者合并，由本级人民政府报请国务院批准，并报本级人民代表大会常务委员会备案。自治州、县、自治县、市、市辖区的人民政府的局、科等工作部门的设立、增加、减少或者合并，由本级人民政府报请上一级人民政府批准，并报本级人民代表大会常务委员会备案。据此，A 项表述错误。《地方各级人民代表大会和地方各级人民政府组织法》第 64 条第 2 款规定，县级以上的地方各级人民政府设立审计机关。地方各级审计机关依照法律规定独立行使审计监督权，对本级人民政府和上一级审计机关负责。据此，B 项表述错误。《地方各级人民代表大会和地方各级人民政府组织法》第 66 条规定，省、自治区、直辖市的人民政府的各工作部门受人民政府统一领导，并且依照法律或者行政法规的规定受国务院主管部门的业务指导或者领导。自治州、县、自治县、市、市辖区的人民政府的各工作部门受人民政府统一领导，并且依照法律或者行政法规的规定受上级人民政府主管部门的业务指导或者领导。据此，C 项表述正确。《民族区域自治法》第 17 条、第 18 条规定，自治区主席、自治州州长、自治县县长由实行区域自治的民族的公民担任。自治区、自治州、自治县的人民政府的其他组成人员，要尽量配备实行区域自治的民族和其他少数民族的人员。民族自治地方的人民政府实行自治区主席、自治州州长、自治县县长负责制。自治区主席、自治州州长、自治县县长，分别主持本级人民政府的工作。民族自治地方的自治机关所属工作部门的干部中，要尽量配备实行区域自治的民族和其他少数民族的人员。据此，虽然自治区主席、自治州州长、自治县县长由实行区域自治的民族的公民担任，但对于民族自治地方工作部门的负责人，并无"民族自治地方人民政府工作部门的负责人由实行区域自治的民族的公民担任"这一要求。可见，D 项表述错误。

15. A

【解析】根据《人民法院组织法》的规定，专门人民法院的组织和职权由全国人民代表大会常务委员会另行规定。2014 年 8 月 31 日，十二届全国人大常委会第十次会议表决通过了全国人大常委会关于在北京、上海、广州设立知识产权法院的决定。据此，专门人民法院的设立由全国人大常委会决定，选 A 项。现行《宪法》第 67 条第 12 项规定，全国人大常委会根据最高人民法院院长的提请，任免最高人民法院副院长、审判员、审判委员会委员和军事法院院长。据此，B 项表述错误。海事法院负责审理海事海商民事案件，但无权审理有关的刑事案件，C 项表述错误。我国没有设置行政法院，D 项表述错误。

16．C

【解析】战国魏相李悝认为"王者之政，莫急于盗贼"，因此在制定《法经》6 篇时，将"盗法"和"贼法"列于篇首，选 C 项。

17．A

【解析】秦朝对故意捏造事实陷害他人者，使无罪者入罪，轻罪者入于重罪，即构成诬告罪，按被诬告人所受到的刑罚，对诬告者处罚。本题表述中，甲以死罪诬告，对甲应处死刑，只有 A 项表述的"腰斩"是死刑，选 A 项。

18．C

【解析】元朝罪名体系最为显著的变化，是强奸幼女罪的确立。唐律、宋律的奸类罪中，未特别列出强奸幼女罪。元律规定：诸强奸幼女者处死，虽和同强，女不坐。元朝将幼女的年龄界定为 10 岁以下。对于犯强奸幼女罪者，处刑极重。可见，选 C 项。

19．D

【解析】北洋政府立法活动的特点有：（1）采用、删改清末新订法律。（2）采用西方资本主义国家的某些立法原则。（3）制定颁布众多的单行法规。（4）判例或解释例成为重要的法律渊源。可见，D 项表述错误，选 D 项。

20．D

【解析】翻异别推制就是在犯人推翻原口供，而且所翻情节事碍重罪时，案件须重新审理，应将该案改由另一法官或者另一司法机关审理。改换法官审理，称为"别推"；改换司法机关审理，称为"别移"。本题表述的情形中，犯人推翻原口供，且事碍重罪，须改换官员或机构审理，只有 D 项表述符合翻异别推制度，选 D 项。

二、多项选择题

21．ABCD

【解析】法律规则和法律条文这两个概念既有联系又有区别。法律规则和法律条文的联系是，法律规则是法律条文的内容，法律条文是法律规则的表现形式。可见，A、B 项表述正确。法律条文和法律规则也不能等同。不是每一个法律条文只表述一个法律规则，一个法律条文可能包含若干法律规则，如《刑法》第 114 条同时规定了放火罪、爆炸罪、决水罪、投放危险物质罪、以危险方法危害公共安全罪等多项法律规则，C 项表述正确。一个法律规则可以体现在若干法律条文中，如民法典中的不安抗辩权制度是通过《民法典》第 527 条和第 528 条两个法律条文规定的，D 项表述正确。

22．ACD

【解析】国家是保障人权的主体，因此国家对保障人权负有重要责任。我国 2004 年人权入宪，这为国家设立了尊重和保障人权的义务。可见，A 项表述正确。人权是一个内涵广泛的作为人应该享有的权利，人权并非依据宪法和法律所享有的具体的权利，而是普遍性、基础性、本源性的权利，人权入宪入法的过程只是提供了实现人权的具体化途径和法律保障。可见。B 项表述错误。为了充分保障人权，现代人权有必要通过立法予以确认，C 项表述正确。司法机关在审判时应尊重和保障当事人的人权，我国《刑事诉讼法》和《民事诉讼法》都规定了当事人在诉讼中享有的各项诉讼权利，D 项表述正确。

23．ABD

【解析】 立法是国家的一项专门职能活动。立法是国家职能中最重要、最根本的职能，是其他国家职能的基础和前提。可见，A 项表述正确。立法的主体是特定的国家机关。立法活动是特定的国家机关依照法定职权进行的一项专门活动。立法只能由特定的享有立法权的国家机关来进行。可见，B 项表述正确。立法的目标在于产生具有普遍性、规范性、强制性的法律规范，将统治阶级的意志上升为国家意志。立法的目的在于通过创制、认可、修改、废除法律规范的方式，将统治阶级的意志上升为国家意志。立法的这一特点将其与执法相区别，执法是政府部门管理社会的手段。可见，C 项表述错误。立法将国家法治治理的观念体现出来，是国家治理法治化的一种方式，D 项表述正确。

24．AB

【解析】 航空安全是一种秩序，张某有乘坐航班的权利和自由，但自由和航空安全这种秩序价值比较，在该个案当中，秩序价值应当优先于自由价值，A 项表述正确。如果张某有立功表现，公安机关根据《治安管理处罚法》有关立功减轻处罚或不予处罚的规定，对张某的处罚予以减轻或免除。从法理学有关法律责任的减轻或免除理论，也可以依据立功对张某的处罚予以减轻或免除，B 项表述正确。航空公司因张某迟到而拒绝其登机，并未侵犯其民主权利（民主权利如宪法规定的选举权和被选举权、知情权、监督权等），C 项表述错误。将张某列入"拒绝承载人员名单"，并非是航空公司追究张某民事责任的具体表现，因为民事责任中不存在承担"拒绝承载人员名单"这一责任方式，不选 D 项。

25．AB

【解析】 根据《全国人民代表大会组织法》第 35 条第 1 款规定，各专门委员会受全国人民代表大会领导；在全国人民代表大会闭会期间，受全国人民代表大会常务委员会领导。据此，A 项表述正确。根据《全国人民代表大会组织法》第 37 条第 1 款第 2 项规定，各专门委员会有权向全国人民代表大会主席团或者全国人民代表大会常务委员会提出属于全国人民代表大会或者全国人民代表大会常务委员会职权范围内同本委员会有关的议案。据此，B 项表述正确。专门委员会没有违宪审查权，不能审查和撤销同法律相抵触的地方性法规，即便进行审查工作，也是以全国人大常委会的名义进行的，C 项表述错误。根据《全国人民代表大会组织法》第 35 条第 2、3 款规定，各专门委员会由主任委员、副主任委员若干人和委员若干人组成。各专门委员会的主任委员、副主任委员和委员的人选由主席团在代表中提名，大会通过。在大会闭会期间，全国人民代表大会常务委员会可以补充任命专门委员会的个别副主任委员和部分委员，由委员长会议提名，常务委员会会议通过。据此，D 项表述错误。

26. BD

【解析】现行《宪法》并没有规定沉默权，不选 A 项。平等权包括民族平等、男女平等、宗教信仰平等、选举平等、教育平等等具体平等权。本题表述中，学校拒绝刘某之子入学，侵犯了刘某之子享有的受教育权。由于刘某属于外来务工人员，在教育资源的享用上与其他入学人员存在事实上的差异，因而被要求开具无犯罪记录证明，这本身是基于身份或地位的差别所致的受教育权遭受侵犯，选 B、D 项。本题表述的情形没有侵犯财产权，这是显而易见的，不选 C 项。

27. BCD

【解析】我国国家主席没有个人决策权，除了进行国事活动、接见外国使节外，其职权要同全国人大及其常委会的职权结合起来行使。现行《宪法》第 80 条规定，中华人民共和国主席根据全国人民代表大会的决定和全国人民代表大会常务委员会的决定，公布法律，任免国务院总理、副总理、国务委员、各部部长、各委员会主任、审计长、秘书长，授予国家的勋章和荣誉称号，发布特赦令，宣布进入紧急状态，宣布战争状态，发布动员令。现行《宪法》第 81 条规定，中华人民共和国主席代表中华人民共和国，进行国事活动，接受外国使节；根据全国人民代表大会常务委员会的决定，派遣和召回驻外全权代表，批准和废除同外国缔结的条约和重要协定。根据上述规定，选 B、C、D 项。

28. ACD

【解析】根据《唐律疏议·斗讼律》规定，在押犯只准告谋叛以上之罪和狱官非法残害自己之事，其他罪不得告诉。80 岁以上、10 岁以下以及笃病残者只准告谋反、谋大逆、谋叛以及子孙不孝或者同居之内受人侵害之事，其他罪不得告诉。此外，禁止越诉；除谋反、谋大逆、谋叛等罪外，卑幼不得控告尊长，卑贱不得控告尊贵；禁止投匿名信控告。可见，选 A、C、D 项。

29. BD

【解析】《大诰》是明太祖朱元璋在明初制定的一部刑事特别法，该法采取"诰"这一形式编纂而成，选 B 项。《问刑条例》是明孝宗弘治年间由刑部删定而成，该条例的删定为"律例合编"的法典编纂体例奠定了基础，选 D 项。则例是清朝最重要的例，类似于现代的行政法规，不选 A 项。条法事类是宋代独有的法律形式，如《庆元条法事类》，不选 C 项。

30. ABCD

【解析】1910 年 2 月，清廷准允颁行的《法院编制法》引进了诸如审判独立、公开审判、民刑分理、审检分立、合议制等西方法制原则，这些无疑对于传统司法体制和审判制度是重大的变革。可见，备选项应全选。

三、简答题

31.（1）完备的法律规范体系。

（2）高效的法治实施体系。

（3）严密的法治监督体系。

（4）有力的法治保障体系。

（5）完善的党内法规体系。

32．（1）选举权的普遍性原则。

（2）选举权的平等性原则。

（3）直接选举与间接选举并用原则。

（4）差额选举原则。

（5）秘密投票原则。

33．（1）以孙中山的"遗教"为立法的根本原则。

（2）特别法多于普通法，其效力也高于普通法。

（3）形成了以《六法全书》为标志的国家成文法律体系。

（4）判例、解释例、习惯及法理等在法律体系中占据重要地位。

四、分析论述题

34．（1）属于部门规章；其效力低于宪法、法律、行政法规。

（2）法律是由社会发展决定的，社会发展推动着法律的变革；法律应与时俱进，根据社会发展及时制定、修改、废止；法律对新出现的社会现象与问题合理地予以规范和调整，能够引导和保障社会良性发展；但如果法律规制不当，也会成为社会发展的阻碍。

35．（1）"将权力关进制度的笼子里"是对法治社会中权力制约原则的形象描述。"权力"主要包括立法权、行政权、司法权；"制度"主要指法律制度；"关进笼子"是指通过制度合理规制权力的行使，包括通过立法机制与监督机制将权力的行使限制在合理范围内。

（2）"将权力关进制度的笼子里"要求权力应在法律规定的范围内合理运行，国家权力之间互相监督、有效制约，权力的行使接受人民群众和其他社会主体的监督，促使权力机关能够依法履行法定职责。

（3）"将权力关进制度的笼子里"有助于国家权力的有序运行、权力不被滥用；有助于人权不受公权力侵犯；有助于实现法律的公平正义。

36．（1）不合法。村委会是基层群众性自治组织，乡政府对村委会的工作给予指导、支持和帮助，但是不得干预依法属于村民自治范围内的事项。本事件中，修建文化活动中心属于村公益事业，是村民自治范围内的事项，乡政府无权要求村委会执行其指令。

（2）本村 1/5 以上有选举权的村民或者 1/3 以上的村民代表联名，可以提出罢免村委会成员的要求，并说明罢免理由。罢免村委会成员，须有登记参加选举的村民过半数投票，并须经投票的村民过半数通过。

（3）遵守关于基层群众性自治组织的法律规定，避免将村委会当作政府的派出机关；提高自治组织组成人员的素质，增强村民与村委会之间的沟通；加强自治组织的制度建设，规范自治组织的行为。

37．（1）国家尊重和保障人权，保障人权是国家机关的重要职责。人民法院、人民检察院和公安机关依法办理刑事案件，对人权保障影响重大。

（2）为保障三机关依法行使职权，加强对刑事司法权的监督制约，现行宪法规定，三机关办理刑事案件应当分工负责、互相配合、互相制约，以保证准确有效地执行法律。三机关各司其职、各尽其责；工作相互衔接和协助；任一机关发现另一机关的工作问题，可提出建议要求其纠正。

（3）这一规定是刑事诉讼立法及实践应遵守的宪法原则，其意义在于保证国家刑事追诉权的正当行使，保障法律准确有效执行，既有效打击犯罪，又防止冤假错案的发生，从而加强人权的司法保障。

38.（1）主要规定违反"令"和"式"的法律责任，即违令，处笞五十，别（违）式，处笞四十（减一等）。

（2）疏议是对律文进行的解释和补充，与律文具有同等的法律效力。本条律文的疏议主要是通过例举的方法，对律文中何为"违令"、何为"别式"进行解释，以统一法律的适用。

（3）律是关于定罪量刑的基本法典，令是有关国家政权组织制度与行政管理活动的法规，式是国家机关的公文程式和活动细则。三者既相互联系，又发挥着不同作用。违反令、式，一断于律。几种法律形式并用，使法律的运用既有相对稳定性，又有一定灵活性，形成一个周密的法律体系。

2017年全国法律硕士（法学）专业学位研究生入学联考专业基础课试题

一、单项选择题（第1~20小题，每小题1分，共20分。下列每题给出的四个选项中，只有一个选项是最符合题目要求的）

1. 近年，我国司法机关展开"猎狐行动"，追捕潜逃海外的犯罪嫌疑人回国接受刑事审判，此举是为了实现刑法的（　　　）。

　　A. 规制机能　　　　B. 保障机能　　　　C. 保护机能　　　　D. 补偿机能

2. 甲国公民乘坐乙国飞机飞越丙国领空时，殴打中国籍乘客刘某致其重伤。甲国公民对刘某的犯罪，适用我国刑法的依据是（　　　）。

　　A. 属地管辖原则　　B. 保护管辖原则　　C. 属人管辖原则　　D. 普遍管辖原则

3. 甲基于杀人故意实施的下列行为，与乙的死亡之间具有刑法上因果关系的是（　　　）。

　　A. 甲劝乙乘坐长途汽车去山区旅行，乙旅行时因汽车坠崖死亡

　　B. 甲在家中"作法"诅咒与其有矛盾的乙，后乙突发疾病死亡

　　C. 甲殴打乙致其轻伤，乙在去医院途中被高楼上坠落的花盆砸中死亡

　　D. 甲持木棍对乙穷追不舍，乙迫不得已跳入冰冷的河中因痉挛而溺水死亡

4. 甲想用水果刀伤害张三，却失手将张三旁的李四捅伤。这种情形在我国刑法中属于（　　　）。

　　A. 因果关系错误　　B. 打击错误　　　　C. 行为性质错误　　D. 意外事件

5. 下列关于罚金的表述，符合我国刑法规定的是（　　　）。

　　A. 对未成年人判处的罚金，不得由其监护人垫付

　　B. 是否判处罚金，不应考虑犯罪人的经济条件

　　C. 应根据犯罪情节，决定判处罚金的数额

　　D. 对累犯应当并处罚金

6. 甲因涉嫌抢劫被公安机关逮捕后，主动供述自己曾入户盗窃。甲供述盗窃的行为属于（　　　）。

　　A. 坦白　　　　　　B. 一般自首　　　　C. 立功　　　　　　D. 特别自首

7. 下列选项中，属于信用卡诈骗罪中冒用他人信用卡情形的是（　　　）。

A. 盗窃他人信用卡并使用　　　　　　B. 使用作废的信用卡
C. 使用伪造的信用卡　　　　　　　　D. 拾得他人信用卡并使用

8. 下列选项中，应认定为故意伤害罪的是（　　　）。

A. 抢劫未果却造成被害人轻伤的
B. 强奸过程中造成被害人重伤的
C. 刑讯逼供时造成犯罪嫌疑人伤残的
D. 拐卖儿童过程中造成被拐卖儿童重伤的

9. 下列选项中，在情节严重的情况下，应认定为妨害公务罪的是（　　　）。

A. 甲多次煽动他人在镇政府门前广场非法聚集
B. 乙为了解决医疗纠纷，带领多人封堵公立医院大门
C. 丙纠集多人打砸警车，阻止警察带走涉嫌诈骗的丈夫
D. 丁纠集多名亲友，在村口阻碍警察带走被收买的儿童

10. 甲（建委主任）与妻子乙商议后，由乙出面收受请托人现金 300 万元，甲为请托人办理建筑审批手续。乙的行为（　　　）。

A. 构成受贿罪　　　　　　　　　　　B. 构成利用影响力受贿罪
C. 不构成犯罪　　　　　　　　　　　D. 构成受贿罪和利用影响力受贿罪

11. 下列事实中，能引起甲、乙之间民事法律关系发生的是（　　　）。

A. 甲向乙问路，乙因疏忽指错方向
B. 甲赌博输给乙 2 万元并当场给付
C. 甲、乙约定某日商谈"互联网＋创意"合作合同
D. 甲开车撞断乙公司的输电线，造成损失 3 000 元

12. 甲委托乙以乙的名义为甲购买一辆汽车。乙与丙签订购车合同后，由于甲的原因不能依约向丙支付购车款，乙遂向丙披露了委托人甲。对此，下列说法正确的是（　　　）。

A. 丙只能请求甲支付购车款
B. 丙只能请求乙支付购车款
C. 丙可以在甲、乙中择一请求支付购车款
D. 丙请求甲支付购车款遭拒后，可请求乙支付

13. 甲遗失一条项链，被乙拾得。丙从乙处偷走项链，以 1 万元价格卖给不知情的丁并交付。现该项链的所有权人是（　　　）。

A. 甲　　　　　B. 乙　　　　　C. 丙　　　　　D. 丁

14. 甲为担保对乙的债务，于 2015 年 3 月 1 日与乙签订质押合同，承诺将自己的越野车质押给乙。同年 4 月 1 日甲交付越野车，但未将随车工具箱交付给乙。对此，下列说法正确的是（　　　）。

A. 乙于 3 月 1 日取得质权　　　　　B. 乙对随车工具箱享有质权
C. 质押合同于 3 月 1 日生效　　　　D. 质押合同于 4 月 1 日生效

15. 甲、乙、丙、丁共同出资购买一辆挖掘机，出资比例分别为 55％、30％、10％、5％。对该挖掘机的转让（　　　）。

A. 甲一人即可决定　　　　　　　　　B. 甲、乙二人同意即可

C. 经任意三人同意即可　　　　　　　　D. 必须经四人一致同意

16. 甲经政府主管部门批准，在其宅基地上盖了一栋楼房，未办理房屋登记手续。3 年后甲死亡，其唯一的继承人乙将房屋卖给同村的丙，并交付丙占有使用。现该房屋的所有权人是（　　　　）。

A. 国家　　　　　　B. 甲所在村集体　　C. 乙　　　　　　　D. 丙

17. 甲将房屋出租给乙，租期 5 年。半年后，甲通知乙欲出售该房屋，20 天内乙未表态，甲遂将该房屋卖给丙，并办理了过户登记。乙有权（　　　　）。

A. 主张甲、丙之间的买卖合同无效　　　　B. 要求甲承担违约责任

C. 主张租赁合同对丙继续有效　　　　　　D. 主张优先购买权

18. 甲（18 周岁）伪造身份信息与乙（23 周岁）登记结婚。有权以甲未达到法定婚龄为由申请宣告婚姻无效的利害关系人是（　　　　）。

A. 甲的近亲属　　　　　　　　　　　　　B. 乙的近亲属

C. 甲住所地的基层组织　　　　　　　　　D. 乙住所地的基层组织

根据以下案情，回答第 19、20 小题。

甲村为了灌溉 A 地，与乙村签订书面合同，约定：甲村每年支付乙村 4 000 元，在乙村的水库取水 10 000 立方米；期限为 20 年。合同签订后，双方办理了权利登记。一年后，甲村将 A 地发包给丙。后丙将部分承包地转包给丁。

19. 甲村与乙村设定的有关取水的权利属于（　　　　）。

A. 地役权　　　　B. 相邻权　　　　　C. 租赁权　　　　　D. 土地承包经营权

20. 在丙将部分承包地转包给丁后，关于取水的权利表述正确的是（　　　　）。

A. 只有丙有权取水　　　　　　　　　B. 只有丁有权取水

C. 丙、丁均有权取水　　　　　　　　D. 丙、丁均无权取水

二、多项选择题（第 21～30 小题，每小题 2 分，共 20 分。下列每题给出的四个选项中，至少有两个选项是符合题目要求的。多选、少选或错选均不得分）

21. 下列选项中，属于刑法立法解释的有（　　　　）。

A. 全国人大常委会《关于惩治骗购外汇、逃汇和非法买卖外汇犯罪的决定》

B. 全国人大常委会《关于〈中华人民共和国刑法〉有关信用卡规定的解释》

C. 全国人大常委会法制工作委员会刑法室《关于挪用资金罪有关问题的答复》

D. 全国人大常委会《关于〈中华人民共和国刑法〉第二百六十六条的解释》

22. 下列选项中，属于量刑制度的有（　　　　）。

A. 累犯　　　　　　　B. 缓刑　　　　　C. 自首　　　　　　D. 假释

23. 下列情形中，可以成立单位犯罪的有（　　　　）。

A. 甲设立公司，主要从事为他人虚开增值税专用发票活动以牟利

B. 乙与公司股东商议后，以公司名义走私香烟，所得收益归公司所有

C. 丙为使其公司承建工程，向国有投资公司主管人员支付巨额回扣

D. 丁以公司名义吸收公众存款，并将违法所得用来购买豪华别墅

24. 下列选项中，构成非法拘禁罪的有（　　　　）。

A. 甲（警察）因私怨与刘某发生口角，用手铐将刘某铐在警车内

B. 乙为索取合法债务，非法扣押债务人涂某的妻子

C. 丙为了索要劳务报酬，偷走龙某出生不久的儿子

D. 丁为了追索高利贷，扣留债务人钱某

25. 下列选项中，应认定为诈骗罪的有（　　）。

A. 甲伪造名画，冒充真迹卖给他人

B. 乙设立赌博网站，招揽小学生参与赌博

C. 丙用冰糖冒充冰毒卖给他人，获利 4 000 元

D. 丁用短信将邻居从家中骗出，趁机进入邻居家拿走 1 万元现金

26. 甲被依法宣告失踪，乙为甲的财产代管人。下列选项中，由乙从甲的财产中支付的有（　　）。

A. 甲所欠税款　　　　　　　　　　B. 甲所欠债务

C. 甲应支付的赡养费　　　　　　　D. 乙代管财产的管理费

27. 某服装公司员工实施的下列行为中，该公司不予认可但仍应承担民事法律后果的有（　　）。

A. 超越代表权限与不知情的 L 公司订立买卖合同

B. 超越公司经营范围与不知情的 M 公司订立买卖合同

C. 伪造公司印章与不知情的 P 公司订立买卖合同

D. 以自己的名义将公司的电脑转让给不知情的 Q 公司

28. 甲、乙系夫妻，有一子丙。丙与丁结婚，生有一女戊。2008 年丙去世，丁与庚再婚，二人一起照顾甲、乙的生活起居。2015 年 5 月甲去世。对甲遗产的继承，第一顺序继承人有（　　）。

A. 乙　　　　　　B. 丁　　　　　　C. 戊　　　　　　D. 庚

29. 小明在父母离异后跟随母亲生活。某日午休时，小明在幼儿园与小朋友小刚打闹，幼儿园老师余某因外出接电话而未能发现和制止，小明将小刚的头打伤。对于小刚的损害，不应承担责任的有（　　）。

A. 小明的母亲　　B. 幼儿园　　　C. 小明的父亲　　D. 余某

30. 下列民事权益中，受我国侵权责任法保护的有（　　）。

A. 婚姻自主权　　B. 担保物权　　　C. 股权　　　　　D. 商业秘密

三、简答题（第 31～34 小题，每小题 10 分，共 40 分）

31. 简述牵连犯的概念及要件。

32. 简述危害公共安全罪的概念及共同特征。

33. 简述商标权的内容。

34. 简述侵权责任的抗辩事由。

四、论述题（第 35～36 小题，每小题 15 分，共 30 分）

35. 试论我国刑法中的法律认识错误。

36. 试论民法基本原则的含义和功能。

五、案例分析题（第 37～38 小题，每小题 20 分，共 40 分）

37. 甲（男，19 周岁）纠集乙（男，15 周岁）、丙（男，17 周岁）实施盗窃。在甲、

乙破窗入室后，负责望风的丙因害怕而逃离现场。甲、乙窃得储物间的财物后共同进入卧室，乙发现女主人王某正在熟睡，遂对其实施强奸，乙得逞后甲也欲强奸王某，但因太紧张未能得逞。之后，二人携带财物逃离现场。

请根据上述材料，回答下列问题并说明理由：

（1）甲、乙、丙的行为应如何定罪？

（2）甲、乙、丙具备哪些法定量刑情节？

38. 2014 年 6 月 27 日，甲公司与乙公司签订《模具加工合同》，约定：甲公司委托乙公司加工 3 个模具，编号分别为模具 1 号、模具 2 号、模具 3 号，总价款 100 万元；乙公司应于 2014 年 8 月 20 日前交付模具；甲公司应在合同签订之日交付定金 30 万元，于模具交付之日起 3 个月内付清全部价款。合同签订当日，甲公司依约交付定金 30 万元。

乙公司将 3 个模具加工完毕后，按照甲公司的通知，于 2014 年 8 月 17 日将 1 号模具、2 号模具分别交付给甲公司下属的 A 公司、B 公司。因甲公司在另一笔业务中尚欠乙公司 30 万元货款，乙公司留置了价值 20 万元的 3 号模具。

2014 年 9 月 17 日，甲公司以乙公司未交付 3 个模具构成严重违约为由，通知乙公司解除合同。

请根据上述材料，回答下列问题并说明理由：

（1）甲公司与乙公司签订的是何种有名合同？

（2）定金条款效力如何？为什么？

（3）乙公司是否可以行使留置权？为什么？

（4）甲公司是否有权解除合同？为什么？

2017 年全国法律硕士（法学）专业学位研究生入学联考专业基础课试题答案解析

一、单项选择题

1. C

【解析】 刑法具有规制机能、保障机能和保护机能 3 大机能。题干表述的情形实现了刑法的保护机能，即通过开展"猎狐行动"追捕潜逃海外的犯罪嫌疑人回国接受审判，使国家、社会和个人的法益得到保护，使法益不受侵害与威胁，选 C 项。规制机能是对犯罪行为予以规范评价并给予刑罚惩罚的机能，本题表述没有体现该机能。保障机能是指刑法具有的保护个人的人权免受国家刑罚权不当侵害的机能，本题表述没有体现该机能。补偿机能在民法领域体现明显。

2. B

【解析】《刑法》第 8 条规定了保护管辖原则：外国人在中华人民共和国领域外对中华人民共和国国家或者公民犯罪，而按本法规定的最低刑为 3 年以上有期徒刑的，可以适用本法，但是按照犯罪地的法律不受处罚的除外。据此，甲国公民在我国领域外重伤我国公民刘某，按我国刑法应处 3 年以上有期徒刑，可以适用我国刑法。

3. D

【解析】 刑法上的因果关系是危害行为与危害结果之间的一种引起与被引起的联系。A 项表述中，甲虽有杀乙故意，但乙的死亡（坠崖）并非甲的行为引起，因而不具有刑法上的因果关系，不选 A 项。B 项表述中，甲是迷信犯，乙突发疾病死亡并非甲的"作法"所致，不具有刑法上的因果关系，不选 B 项。C 项表述中，甲殴打乙致使乙轻伤，甲的殴打行为与乙的受伤结果具有因果关系，但乙在去医院途中被高楼坠落的花盆砸死与甲的行为之间并无因果关系，这也是"不能将因果关系的认定推向极端"的应有之义，不选 C 项。D 项表述中，乙跳河溺死是因甲的穷追不舍所致，乙的死亡是甲的行为引起的，甲的追打行为与乙跳水从而溺水死亡的行为之间具有相当性，因而应当认定为具有因果关系，选 D 项。

4. B

【解析】 甲因存在客观认识错误，失手将张三旁的李四捅伤，造成预想打击的目标与实际打击的目标不一致，这属于目标打击错误或行为偏差，选 B 项。因果关系错误即对危害行为和危害结果之间因果关系的实际情况发生错误认识，包括：行为造成危害结果但却误以为没有造成危害结果；行为没有造成危害结果但却误以为造成危害结果；行为已经造成预定的危害结果但却对危害结果发生的原因有误解。甲误伤李四，不存在上述因果关系认识错误，不选 A 项。行为性质错误即客体错误，是指行为人预想侵犯的对象与实际侵犯的对象在法律性质上不同（分属不同犯罪构成的情况）。客体错误属于分属不同犯罪构成的情况，而打击错误和对象错误属于同一犯罪构成的情况，本题中，甲想用水果刀伤害张三，却失手将张三旁的李四捅伤，都属于故意伤害罪的犯罪构成，因而不是客体错误，不选 C 项。不选 D 项是不言自明的。

5. C

【解析】 根据《最高人民法院关于审理未成年人刑事案件具体应用法律若干问题的解释》第 15 条，对被判处罚金刑的未成年罪犯，其监护人或者其他人自愿代为垫付罚金的，人民法院应当允许。据此，A 项表述错误。根据《最高人民法院关于适用财产刑若干问题的规定》第 2 条，人民法院应当根据犯罪情节，如违法所得数额、造成损失的大小等，并综合考虑犯罪分子缴纳罚金的能力，依法判处罚金。据此，B 项表述错误。《刑法》第 52 条规定，判处罚金，应当根据犯罪情节决定罚金数额。据此，C 项表述正确。对于 D 项，《刑法》没有规定，因而表述是错误的。

6. D

【解析】 甲因涉嫌抢劫被公安机关逮捕后，主动供述自己曾入户盗窃，该盗窃事实属于司法机关尚未掌握的甲所犯其他罪行，因而甲的行为构成特别自首（余罪自首），选 D 项，不选 B 项。无论是一般自首还是余罪自首，都属于"主动"如实供述司法机关"尚未掌握"的罪行，而坦白是"被动"供述司法机关"已经"掌握的罪行。本题表述中，甲如实供述司法机关尚未掌握的罪行，是自首，不是坦白，不选 A 项。自首是犯罪以后自动投案，如实供述自己的罪行，或者被采取强制措施的犯罪嫌疑人、被告人和正在服刑的罪犯，如实供述司法机关还未掌握的本人其他罪行的行为。换言之，自首是供述本人的行为，立功是揭发其他犯罪人的行为，这是自首和立功的区别。本题表述中，甲被采取强制措施后如实供述"本人"罪行，属于自首而非立功，不选 C 项。

7. D

【解析】《最高人民法院、最高人民检察院关于办理妨害信用卡管理刑事案件具体应用法律若干问题的解释》第 5 条第 2 款规定，《刑法》第 196 条第 1 款第 3 项所称"冒用他人信用卡"，包括以下情形：（1）拾得他人信用卡并使用的；（2）骗取他人信用卡并使用的；（3）窃取、收买、骗取或者以其他非法方式获取他人信用卡信息资料，并通过互联网、通讯终端等使用的；（4）其他冒用他人信用卡的情形。据此，选 D 项。根据《刑法》第 196 条第 3 款规定，A 项表述构成盗窃罪，不选 A 项。根据《刑法》第 196 条第 1 款第 1、2 项规定，B、C 项表述构成信用卡诈骗罪，但并非属于"冒用他人信用卡"的情形，不选 B、C 项。

8. C

【解析】 根据《刑法》第 247 条规定，刑讯逼供致人伤残的，以故意伤害罪定罪处罚，此为转化犯，选 C 项。A 项表述构成抢劫罪（既遂），B 项表述构成强奸罪（加重构成），D 项表述构成拐卖儿童罪（加重构成）。

9. C

【解析】根据《刑法》第277条第1款规定，以暴力、威胁方法阻碍国家机关工作人员依法执行职务的，构成妨害公务罪。C项表述中，丙以暴力方法阻碍警察依法执行职务，构成妨害公务罪，选C项。根据《刑法》第290条规定，A、B项表述构成聚众扰乱社会秩序罪。根据《刑法》第242条规定，D项表述构成聚众阻碍解救被收买的儿童罪。当然，如果其他参与者使用暴力、威胁方法的，构成妨害公务罪。

10. A

【解析】根据《刑法》第385条之规定以及最高人民法院《全国法院审理经济犯罪案件工作座谈会纪要》的解释，国家工作人员的近亲属向国家工作人员代为转达请托事项，收受请托人财物并告知该国家工作人员，或者国家工作人员明知其近亲属收受了他人财物，仍按照近亲属的要求利用职权为他人谋取利益的，对该国家工作人员应认定为受贿罪，其近亲属以受贿罪共犯论处。本题表述中，甲与妻子乙商议，由乙出面接受请托人现金300万元，甲、乙就受贿事实存在通谋，甲构成受贿罪，乙构成受贿罪共犯，选A项。乙不构成利用影响力受贿罪，因为乙与甲已经就受贿事实事前通谋。

11. D

【解析】D项表述中，甲、乙之间形成侵权损害赔偿之债的债权债务法律关系，选D项。民事法律关系的产生有两个前提条件：一是民事法律规范；二是民事法律事实。民事法律事实是能够引起民事法律关系产生、变更和消灭的客观现象。A项表述的"问路"和"指错方向"，民法不调整，基于这类关系发生的事实不是民事法律事实，也不能形成民事法律关系，故不选A项。民事法律关系是合法的法律关系，赌博之债并非合法债权债务，因而不是民事法律关系，不选B项。C项表述中，甲、乙之间仅仅有形成合同关系的意向，尚未形成以民事权利和民事义务为内容的民事法律关系，故不选C项。

12. C

【解析】本题考查的是委托合同中的间接代理制度。《民法典》第926条第2款规定，受托人因委托人的原因对第三人不履行义务，受托人应当向第三人披露委托人，第三人因此可以选择受托人或者委托人作为相对人主张其权利，但是第三人不得变更选定的相对人。据此，本题表述中，丙为第三人，由于委托人甲不履行义务，乙不得不将甲披露给丙，此时第三人丙可以选择甲或乙作为相对人履行义务，此为第三人的选择权，第三人的选择权为形成权，所以一经选定相对人就不得变更。可见，选C项。

13. A

【解析】善意取得制度是指无处分权人将他人所有的标的物非法转让给第三人，第三人在受让该标的物时若出于善意且符合其他条件，则可取得该标的物所有权的制度。民法典物权编区分占有委托物和占有脱离物，占有委托物是指占有人对物的占有是基于所有人的意思取得的，如交付给他人保管的古玩字画；占有脱离物是指非基于所有人的意思而丧失占有的物，如遗失物、盗赃物等。如果无处分权人转让的是占有委托物，则适用善意取得制度；如果无处分权人转让的是占有脱离物，则不适用善意取得制度。《民法典》第314条规定，拾得遗失物，应当返还权利人。拾得人应当及时通知权利人领取，或者送交公安等有关部门。据此，拾得人乙不能取得项链的所有权。丙偷盗项链，不能取得项链的所有权。盗赃不适用善意取得，丁不能依据善意取得制度取得项链的所有权。可见，项链的所有权人仍然是甲，选 A 项。

14. C

【解析】 要严格区分物权效力与合同效力。《民法典》第 136 条第 1 款规定，民事法律行为自成立时生效，但是法律另有规定或者当事人另有约定的除外。据此，甲、乙于 2015 年 3 月 1 日签订质押合同，因此，质押合同的生效日期为 2015 年 3 月 1 日。可见，C 项表述正确，选 C 项，而 D 项表述是错误的。《民法典》第 429 条规定，质权自出质人交付质押财产时设立。据此，甲于 4 月 1 日交付越野车，质权自 4 月 1 日设立。可见，A 项表述错误。成立质权须移转质物的占有，但是，随车工具箱并没有移转占有，因此，乙对随车工具箱不享有质权。可见，B 项表述错误。

15. B

【解析】《民法典》第 301 条规定，处分共有的不动产或者动产以及对共有的不动产或者动产作重大修缮、变更性质或者用途的，应当经占份额 2/3 以上的按份共有人或者全体共同共有人同意，但是共有人之间另有约定的除外。据此，甲、乙二人所占总份额为 85%，远远超过 2/3 份额，因此对于挖掘机的转让，甲、乙二人同意即可，选 B 项。

16. C

【解析】 甲所盖楼房虽然未办理房屋登记手续，但是，其在宅基地上盖楼的行为是经过政府主管部门批准的，因此，甲盖楼的行为属于合法的事实行为。《民法典》第 231 条规定，因合法建造、拆除房屋等事实行为设立或者消灭物权的，自事实行为成就时发生效力。据此，甲将楼房建造完成即取得房屋所有权，而不必经登记。《民法典》第 230 条规定，因继承取得物权的，自继承开始时发生效力。《民法典》第 232 条规定，处分依照本节规定享有的不动产物权，依照法律规定需要办理登记的，未经登记，不发生物权效力。据此，乙因继承取得房屋所有权。但是，由于该房屋并未办理登记，因此，乙将房屋所有权转移给丙的行为不发生物权效力，房屋所有权仍然属于乙。可见，选 C 项。

17. C

【解析】《民法典》第 726 条规定，出租人出卖租赁房屋的，应当在出卖之前的合理期限内通知承租人，承租人享有以同等条件优先购买的权利；但是，房屋按份共有人行使优先购买权或者出租人将房屋出卖给近亲属的除外。出租人履行通知义务后，承租人在 15 日内未明确表示购买的，视为承租人放弃优先购买权。据此，承租人乙享有优先购买权，但乙应当在收到通知后 15 日内行使优先购买权，否则视为放弃优先购买权，而乙在接到通知后 20 日都未表态，这表明乙放弃了优先购买权。可见，不选 D 项。《民法典》第 728 条规定，出租人未通知承租人或者有其他妨害承租人行使优先购买权情形的，承租人可以请求出租人承担赔偿责任。但是，出租人与第三人订立的房屋买卖合同的效力不受影响。据此，倘若乙没有放弃优先购买权，乙都无权主张甲、丙之间的房屋买卖合同无效，更何况乙放弃了优先购买权，则乙更无权主张甲、丙之间的买卖合同无效。可见，不选 A 项。乙已经放弃了优先购买权，且不存在违约事由，因而不能请求甲承担违约责任，不选 B 项。《民法典》第 725 条规定，租赁物在承租人按照租赁合同占有期限内发生所有权变动的，不影响租赁合同的效力。此规定为"买卖不破租赁"原则。据此，选 C 项。

18．A

【解析】有权向人民法院就已办理结婚登记的婚姻申请宣告婚姻无效的主体，包括婚姻当事人及利害关系人。利害关系人包括：（1）以重婚为由申请宣告婚姻无效的，为当事人的近亲属及基层组织。（2）以未到法定婚龄为由申请宣告婚姻无效的，为未达法定婚龄者的近亲属。（3）以有禁止结婚的亲属关系为由申请宣告婚姻无效的，为当事人的近亲属。（4）以婚前患有医学上认为不应当结婚的疾病，婚后尚未治愈为由申请宣告婚姻无效的，为与患病者共同生活的近亲属。根据上述规定第 2 项，选 A 项。

19．A

【解析】甲村利用乙村土地上兴建的水库取水，是利用他人土地的便利而使自己获得收益，且以有偿合同的方式设立，符合地役权的特征，因此甲村与乙村设定的物权类型为地役权，属于取水地役权，选 A 项。甲村和乙村未必相邻，且相邻关系皆为无偿，不以合同方式设立，相邻关系只不过是民法对相邻各方权利义务关系最低限度调解的结果，可见，不选 B 项。租赁权的标的为非消耗物，而水为消耗物，不符合租赁权标的特征，且租赁权本质上为债权，物权并没有规定租赁权，不选 C 项。甲村和乙村设定的物权并非土地承包经营权，因为任何一方当事人都不是集体经济组织，不符合土地承包经营权的主体特征，不选 D 项。

20．C

【解析】《民法典》第 380 条规定，地役权不得单独转让。土地承包经营权、建设用地使用权等转让的，地役权一并转让，但是合同另有约定的除外。据此，由于地役权具有从属性，甲村将 A 地发包给丙，则地役权随着土地承包经营权的设立而转让。《民法典》第 382 条规定，需役地以及需役地上的土地承包经营权、建设用地使用权等部分转让时，转让部分涉及地役权的，受让人同时享有地役权。据此，丙将部分承包地转包给丁，由于转让的需役地即 A 地涉及部分地役权，涉及的地役权也转让给丁。可见，丙、丁都有权取水，选 C 项。

二、多项选择题

21．BD

【解析】立法解释即全国人大常委会对刑法条文的解释，或刑法中对有关术语的专条解释，解释的对象是刑法条文，选 B、D 项。全国人大常委会《关于惩治骗购外汇、逃汇和非法买卖外汇犯罪的决定》并非针对刑法专门条文的立法解释，而是单行刑法，不选 A 项。在我国，立法解释权属于全国人大常委会，因此，C 项表述的"全国人大常委会法制工作委员会刑法室"不享有立法权，其所作的《关于挪用资金罪有关问题的答复》不是立法解释，不选 C 项。

22．ABC

【解析】量刑制度包括累犯、自首、立功、数罪并罚和缓刑等，选 A、B、C 项。假释属于刑罚执行制度，而非量刑制度，不选 D 项。

23．BC

【解析】《最高人民法院关于审理单位犯罪案件具体应用法律有关问题的解释》第 2 条

规定，个人为进行违法犯罪活动而设立的公司、企业、事业单位实施犯罪的，或者公司、企业、事业单位设立后，以实施犯罪为主要活动的，不以单位犯罪论处。据此，不选 A 项。单位犯罪一般表现为为本单位谋取非法利益或者以单位名义为本单位全体成员或多数成员谋取非法利益，B 项表述的情形即将非法利益归单位所有，应当认定为单位犯罪，选 B 项。当然，如果 B 项表述的情形改为"乙与公司股东将非法利益私分"，则属于盗用单位名义实施的自然人犯罪。C 项表述中，丙为使其公司承建工程，向国有投资公司主管人员支付巨额回扣，构成单位行贿罪，选 C 项。《最高人民法院关于审理单位犯罪案件具体应用法律有关问题的解释》第 3 条规定，盗用单位名义实施犯罪，违法所得由实施犯罪的个人私分的，依照刑法有关自然人犯罪的规定定罪处罚。据此，D 项表述构成自然人犯罪（非法吸收公众存款罪），不选 D 项。

24. ABD

【解析】非法拘禁罪是指非法拘禁他人或者以其他方法非法剥夺他人人身自由的行为。A 项表述中，甲出于私怨使用器械非法拘禁刘某，构成非法拘禁罪，选 A 项。根据《刑法》第 238 条第 3 款规定，为索取债务非法扣押、拘禁他人的，以非法拘禁罪定罪处罚，索取债务非法扣押、拘禁他人，致人重伤、死亡的，成立非法拘禁罪的结果加重犯；使用暴力致人伤残、死亡的，应定故意伤害罪、故意杀人罪。据此，选 B 项。C 项表述中，丙为了索要劳务报酬而偷走龙某出生不久的儿子，由于婴幼儿无行为能力，所以欠缺成为非法拘禁罪对象的条件，因此，C 项表述不构成非法拘禁罪，不选 C 项（但有的观点认为，非法拘禁罪的行为对象不应仅限于具有行为能力的人，故能够行走的幼儿、精神病患者、能够依靠轮椅或者其他工具移动身体的人，均可以成为非法拘禁罪的行为对象，依此观点，C 项表述也构成非法拘禁罪）。《最高人民法院关于对为索取法律不予保护的债务非法拘禁他人行为如何定罪问题的解释》指出：行为人为索取高利贷、赌债等法律不予保护的债务，非法扣押、拘禁他人的，依照非法拘禁罪定罪处罚。据此，D 项表述构成非法拘禁罪，选 D 项。

25. AC

【解析】诈骗罪是指以非法占有为目的，用虚构事实或者隐瞒真相的方法，骗取数额较大的公私财物的行为。A 项表述中，甲伪造名画，冒充真迹卖给他人，以骗取财物，构成诈骗罪，选 A 项。根据《最高人民法院、最高人民检察院关于办理赌博刑事案件具体应用法律若干问题的解释》第 2 条规定，以营利为目的，在计算机网络上建立赌博网站，或者为赌博网站担任代理，接受投注的，以开设赌场罪定罪处罚。据此，不选 B 项。C 项表述中，丙以非法占有为目的，用冰糖冒充冰毒出售，构成诈骗罪，选 C 项。D 项表述中，丁用欺骗手段将邻居从家中骗出，并乘机盗窃，丁的欺骗行为是实施盗窃的手段行为，不定诈骗罪，而是盗窃罪，不选 D 项。

26. ABCD

【解析】《民法典》第 43 条规定，财产代管人应当妥善管理失踪人的财产，维护其财产权益。失踪人所欠税款、债务和应付的其他费用，由财产代管人从失踪人的财产中支付。财产代管人因故意或者重大过失造成失踪人财产损失的，应当承担赔偿责任。上述规定第 2 款中的"其他费用"，包括赡养费、扶养费、抚育费和因代管财产所需的管理费等必要的费用。可见，备选项应全选。

27. AB

【解析】本题考查的是表见代理。本题表述中的"不予认可"，相当于事后"拒绝追认"。《民法典》第 172 条规定，行为人没有代理权、超越代理权或者代理权终止后，仍然实施代理行为，相对人有理由相信行为人有代理权的，代理行为有效。据此，服装公司员工超越代理权限与 L 公司订立买卖合同，但 L 公司不知情，为善意，构成表见代理，因此，服装公司员工与 L 公司订立的买卖合同对服装公司发生效力，故选 A 项。《民法典》第 505 条规定，当事人超越经营范围订立的合同的效力，应当依照本法第一编第六章第三节和本编的有关规定确定，不得仅以超越经营范围确认合同无效。据此，服装公司员工超越经营范围与不知情的 M 公司订立的买卖合同对服装公司发生效力，故选 B 项。有的认为，依据表见代理制度，应选 C 项，但一般而言，下列情形，相对人不得主张表见代理：(1) 行为人伪造他人的公章、合同书或者授权委托书等，假冒他人的名义实施民事法律行为的。(2) 被代理人的公章、合同书或者授权委托书等遗失、被盗，或者与行为人特定的职务关系已经终止，并且已经以合理方式公告或者通知，相对人应当知悉的。此外，构成表见代理必须客观上存在使相对人相信行为人有代理权的理由，即权利外观。在确定表见代理的构成要件时必须考虑到权利外观的形成是否与被代理人具有关联性，只要被代理人的行为与权利外观的形成具有一定的牵连性，被代理人就应当承受表见代理的后果；反之，如果权利外观的形成与被代理人毫无联系，则被代理人就不应承受表见代理的后果。本题 C 项表述中，伪造公司印章，被代理人对此毫不知情也无法加以防范，所以被代理人就不承受这种代理的后果。可见，不选 C 项。《民法典》第 597 条第 1 款规定，因出卖人未取得处分权致使标的物所有权不能转移的，买受人可以解除合同并请求出卖人承担违约责任。据此可推知，无权处分合同为有效合同。D 项表述中，服装公司员工以自己的名义而不是以服装公司的名义将公司的电脑转让，属于无权处分，但买卖合同仍然有效，服装公司不得主张买卖合同无效，因此，不管服装公司是否认可，买卖合同都有效。可见，不选 D 项。

28. ABC

【解析】乙是甲的妻子，是第一顺序法定继承人，选 A 项。丁是甲的儿媳，丧偶，照顾甲的生活起居，尽了主要赡养义务，是第一顺序法定继承人，选 B 项。戊是丙的女儿，丙作为甲的第一顺序法定继承人，先于被继承人甲死亡，戊可以代位继承甲的遗产，代位继承作为替补继承，戊可以作为第一顺序法定继承人，选 C 项。庚不是甲的法定继承人，不能继承甲的遗产，不选 D 项。

29. ACD

【解析】《民法典》第 1201 条规定，无民事行为能力人或者限制民事行为能力人在幼儿园、学校或者其他教育机构学习、生活期间，受到幼儿园、学校或者其他教育机构以外的第三人人身损害的，由第三人承担侵权责任；幼儿园、学校或者其他教育机构未尽到管理职责的，承担相应的补充责任。幼儿园、学校或者其他教育机构承担补充责任后，可以向第三人追偿。据此，幼儿园老师余某外出打电话未能制止小明和小刚打闹，致使小明将小刚的头打伤，对于小刚的损害，幼儿园疏于管理，应当承担侵权责任，不选 B 项。小明的父母是小明的监护人，根据《民法典》第 1188 条规定，小明的父母应当对小明给他人造成的人身伤害承担侵权责任，但是承担监护人责任的条件是幼儿园没有过错，本题表述中，幼儿园有疏于管理的过错，因此，应当由幼儿园承担侵权责任。余某是学校老师，根据《民法典》第 1191 条第 1 款规定，对于用人单位的工作人员造成他人损害的，由用人单位承担侵权责任，因此，余某不承担责任。综上分析，选 A、C、D 项。

30．ABCD

【解析】《民法典》第 1164 条规定，本编调整因侵害民事权益产生的民事关系。据此，生命权、身体权、健康权、姓名权、名称权、肖像权、名誉权、荣誉权、隐私权、个人信息权益、婚姻自主权、监护权、所有权、用益物权、担保物权、著作权、专利权、商标专用权、发现权、植物新品种权、商业秘密权、股权、继承权，以及死者的人格利益等，都受民法典侵权责任编保护。但是，民法债权、非实体性民事权利如抗辩权和宪法规定的某些权利，如选举权和被选举权、政治权利和自由、劳动权、休息权和受教育权等，不受民法典侵权责任编的保护。可见，备选项应全选。

三、简答题

31．牵连犯是指以实施某一犯罪为目的，其方法行为或结果行为又触犯其他罪名的犯罪形态。

其要件包括：

（1）以实施一个犯罪为目的。

（2）必须具有两个以上的行为。

（3）数个行为之间必须具有牵连关系。

（4）数个行为必须触犯不同罪名。

32．危害公共安全罪，是指行为人故意或过失地实施危及不特定多数人的生命、健康和重大公私财产安全的行为。

本类犯罪的共同特征包括：

（1）客体是社会的公共安全，即不特定多数人的生命、健康和重大公私财产安全。

（2）客观方面表现为行为人实施了已经造成严重后果或足以造成严重后果的危及公共安全的行为，可以是作为，也可以是不作为。

（3）犯罪主体既有一般主体，也有特殊主体。

（4）主观方面既有故意，又有过失。

33．商标权主要包括专用权、禁止权、许可权和转让权等内容。

（1）专用权，是指商标权人对其注册商标享有的独占性使用的权利。

（2）禁止权，是指商标权人禁止他人未经许可使用其注册商标的权利。

（3）许可权，是指商标权人将其注册商标专用权许可他人行使的权利。

（4）转让权，是指商标权人将其注册商标所有权转让给他人的权利。

34．侵权责任的抗辩事由包括：

（1）正当理由，包括依法执行公务、正当防卫、紧急避险、受害人同意、自助行为。

（2）外来原因，包括不可抗力、意外事件、受害人过错、第三人过错。

四、论述题

35．（1）法律认识错误是指行为人对自己的行为在法律上是否构成犯罪，构成何种犯罪或者应当受到什么样的刑事处罚的不正确理解。

（2）法律认识错误有三种情形：①假想非罪。行为被法律规定为犯罪，而行为人误认为不是犯罪。此种情形原则上不排除罪责，但可以酌情减轻罪责，因为行为人毕竟不是明知不可为而为之，主观恶性较小。②假想犯罪。行为人的行为在法律上不构成犯罪，行为人误认为构成犯罪。行为人假想犯罪并不改变其行为的法律性质，不成立犯罪。③对罪名和罪刑轻重的误解。这种对法律的误解不涉及行为人有无违法性意识，不影响罪过的有无以及大小，不影响定罪量刑。

36．（1）民法的基本原则是民事立法、民事行为和民事司法的基本准则，是民法的本质和特征的集中体现，表达了民法的基本价值取向，是高度抽象的民事行为规范和价值判断准则。

（2）民法基本原则的功能包括：民事立法的指导方针；民事主体应遵循的行为准则；解释民事法律法规和填补法律漏洞的依据。

（要求对上述三种功能作具体阐释，否则酌情扣分；如以某一具体民法基本原则为例论述的，酌情给分——编者注）

五、案例分析题

37．（1）甲构成盗窃罪、强奸罪，乙构成强奸罪，丙构成盗窃罪。甲纠集乙、丙入户盗窃，三人形成共同故意并共同实施了盗窃行为，其中甲是实行犯，丙是帮助犯，乙因不满 16 周岁，不构成盗窃罪的共同犯罪。甲、乙构成强奸罪的共同犯罪。甲以默示方式与乙形成实施强奸的事中故意，于乙之后对受害人实施强奸行为，构成强奸罪的共同犯罪。由于强奸超出了原来共同盗窃的故意，丙与甲、乙不构成强奸罪的共同犯罪。

（2）甲在盗窃罪中是主犯，在强奸罪中具有轮奸这一法定加重处罚情节。乙在强奸罪中具有犯罪时不满 18 周岁这一法定从轻或者减轻处罚情节，同时具有轮奸这一法定加重处罚情节。丙在盗窃罪中具有从犯这一法定从轻、减轻处罚或者免除处罚情节，以及犯罪时不满 18 周岁这一法定从轻或者减轻处罚情节。

38．（1）承揽合同。

（2）定金部分有效，部分不具有定金效力。我国民法典规定，定金的数额不得超过主合同标的额的 20%，故 30 万元定金中 20 万元的部分具有定金的效力，10 万元的部分不具有定金的效力。

（3）可以。虽然乙公司留置 3 号模具并非基于承揽合同，而是基于另一笔债权，但乙公司留置该模具属于企业之间的留置，企业之间的留置不限于同一法律关系，故乙公司可以行使留置权。

（4）无权。乙公司已按照甲公司的要求交付 1 号模具、2 号模具，未交付 3 号模具有合法理由，乙公司未违约，故甲公司无权解除合同。

（本题依照民法典规定对原标准答案进行了修正——编者注）

2017年全国法律硕士（法学）专业学位研究生入学联考综合课试题

一、单项选择题（第1～20小题，每小题1分，共20分。下列每题给出的四个选项中，只有一个选项是最符合题目要求的）

1. 下列关于法系的表述，正确的是（ ）。

A. 中华法系体现礼法结合的精神

B. 大陆法系是在德国民法典的基础上产生的

C. 英美法系是以美国法为基础，以英国法为主导发展而来

D. 法系划分的主要依据是各国法律的外在形式和本质特征

2. 关于如何提高我国司法公信力，保证公正司法，下列说法正确的是（ ）。

A. 加强人权的司法保障，有助于提升司法公信力

B. 提升司法公信力要求法院在裁判前必须广泛征求社会意见

C. 提升司法公信力必须推进以侦查为中心的诉讼制度改革

D. 提升司法公信力需要检察权、审判权与执行权高度统一

3. 关于法律推理，下列说法正确的是（ ）。

A. 辩证推理是通过法官的主观想象获得合理裁判结论的推理过程

B. 英美法系国家一般采用归纳推理，不用演绎推理

C. "类似案件，类似处理"是类比推理的基本要求

D. 演绎推理的大前提通常是法律事实

4. 某市的城市规划方案频繁变更，导致一些企业的房地产项目无法按计划正常进行。该地方政府违反的执法原则是（ ）。

A. 讲求效率原则　　　　　　　　　B. 诚实守信原则

C. 正当程序原则　　　　　　　　　D. 比例原则

5. 下列关于法治思维的理解，正确的是（ ）。

A. 法治思维是实体思维而不是程序思维

B. 法治思维须以合法性判断作为其核心内容

C. 法治思维主要是立法机关采用的思维方式

D. 法治思维是一种认识思维而不是实践思维

6. 王某发现当地个别政府工作人员有违法行为，遂将收集的证据材料交给电视台。电视台报道后，引起广泛关注。当地政府为此组成调查组进行调查，认定报道反映的问题属实，依法对相关责任人进行了处理。该事件涉及的法律监督形式包括（　　）。

A. 社会舆论监督、政党监督和行政机关监督

B. 权力机关监督、人民群众监督和社会舆论监督

C. 人民群众监督、社会舆论监督和行政机关监督

D. 社会组织监督、社会舆论监督和人民群众监督

7. 我国《刑法》第 21 条第 1 款规定："为了使国家、公共利益、本人或者他人的人身、财产和其他权利免受正在发生的危险，不得已采取的紧急避险行为，造成损害的，不负刑事责任。"关于该法条中包含的法律规则的逻辑结构，下列表述正确的是（　　）。

A. 假定条件和法律后果 　　　　 B. 假定条件、行为模式和法律后果

C. 法律后果和行为模式 　　　　 D. 假定条件和行为模式

8. 关于制宪权和制宪机关，下列表述正确的是（　　）。

A. 制宪权和修宪权是同一层次的权力形态

B. 立宪实践中，宪法起草机构就是制宪机关

C. 在我国，制宪权主体是全国人民代表大会

D. 1954 年宪法是新中国成立后人民行使制宪权的产物

9. 2004 年全国人民代表大会对宪法进行了修改。下列选项中，属于此次修改内容的是（　　）。

A. 国家尊重和保障人权

B. 中华人民共和国实行依法治国，建设社会主义法治国家

C. 县、市、市辖区的人民代表大会每届任期由三年改为五年

D. 中国共产党领导的多党合作和政治协商制度将长期存在和发展

10. 下列选项中，属于我国现行宪法规定的公民政治权利的是（　　）。

A. 结社自由 　　　　　　　　　 B. 通信自由

C. 劳动者休息的权利 　　　　　 D. 受教育权

11. 2015 年 8 月 29 日，全国人大常委会决定：在中国人民抗日战争暨世界反法西斯战争胜利 70 周年之际，对部分服刑罪犯予以特赦。根据宪法，发布特赦令的是（　　）。

A. 国家主席 　　　　　　　　　 B. 全国人大常委会委员长

C. 国务院总理 　　　　　　　　 D. 中央军委主席

12. 张某长期在外打工，返乡时恰逢乡人大换届选举。根据选举法，张某可以向法院起诉的情形是（　　）。

A. 选举委员会宣布张某当选无效

B. 选举委员会未将张某列入选民名单

C. 张某和其他选民联名提出代表候选人被拒绝

D. 选举委员会不同意张某委托其他选民代为投票

13. 根据现行宪法和法律，下列关于民族区域自治制度的表述，正确的是（　　）。

A. 民族自治地方包括自治区、自治州、自治县和民族乡

B. 民族自治地方的人大常委会主任应当由实行区域自治的民族的公民担任

C. 自治州和自治县的自治条例和单行条例，均须报省级人大常委会批准后生效

D. 自治条例和单行条例不得对法律和行政法规的规定作出变通规定

14. 根据现行宪法和法律，下列关于村民委员会的表述，正确的是（   ）。

A. 乡镇政府可直接设立村民委员会，报县政府批准

B. 户籍在本村但不在本村居住的外嫁女，可以参加本村的村委会选举

C. 村民委员会可以制定和修改村民自治章程，并报乡镇政府备案

D. 乡镇政府领导、支持和帮助村民委员会的工作

15. 《左传》载，"昏、墨、贼，杀，皋陶之刑也"。其中"贼"指的是（   ）。

A. 掠人之美　　　　B. 杀人无忌　　　　C. 贪以败官　　　　D. 寇攘奸宄

16. 秦简《法律答问》记载："甲小未盈六尺，有马一匹自牧之，今马为人败，食人稼一石，问当论不当？不当论及偿稼。"依照该解答，秦律判断责任能力的标准是（   ）。

A. 智识　　　　　　B. 身高　　　　　　C. 年龄　　　　　　D. 财产

17. 根据《唐律·杂律》的规定，监临主司以外的其他官员"因事受财"构成的犯罪是（   ）。

A. 坐赃　　　　　　B. 受财枉法　　　　C. 受财不枉法　　　　D. 受所监临财物

18. 典卖契约是一种附有回赎条件的特殊类型的买卖契约。宋朝法律规定，以原价赎回标的物的最长期限是（   ）。

A. 10 年　　　　　　B. 20 年　　　　　　C. 30 年　　　　　　D. 40 年

19. 明太祖朱元璋为"防臣下之揽权专擅，交结党援"而增设的一项新罪名是（   ）。

A. 阿党罪　　　　　B. 左官罪　　　　　C. 腹诽罪　　　　　D. 奸党罪

20. 在清末变法修律中，法理派和礼教派围绕《大清新刑律》等法典的修订原则产生了激烈争论，学界称之为"礼法之争"。下列选项中，法理派的主要代表人物是（   ）。

A. 张之洞　　　　　B. 劳乃宣　　　　　C. 刘坤一　　　　　D. 沈家本

二、多项选择题（第 21～30 小题，每小题 2 分，共 20 分。下列每题给出的四个选项中，至少有两个选项是符合题目要求的。多选、少选或错选均不得分）

21. 在环境保护法修改过程中，全国人大常委会依照有关法律，向社会公众、环保组织、专家学者征集对该法的修改意见。此举体现的立法原则有（   ）。

A. 民主性原则　　B. 科学性原则　　C. 便民性原则　　D. 平等性原则

22. 下列有关人权的说法，不正确的有（   ）。

A. 只存在个体人权，不存在集体人权

B. 人权是指宪法中规定的公民基本权利

C. 马克思主义法学认为，人权是历史发展的产物

D. 人权具有超时代性，所以人权价值属于本源性价值

23. 下列关于我国法律职业的说法，正确的有（   ）。

A. 最高人民检察院检察长是首席大检察官

B. 法官的职责之一是参加合议庭审判案件或独任审判案件

C. 律师是依法取得律师执业证书，为社会提供法律服务的国家工作人员

D. 狭义的法律职业从业者包括法官、检察官、律师和法学教学研究人员四大类

24. 某法院在当地一所大学对被指控犯组织考试作弊罪的被告人依法进行审判，并作出有罪判决，很多学生参与旁听。在此，法律发挥的规范作用有（   ）。

A. 预测作用　　　B. 教育作用　　　C. 评价作用　　　D. 强制作用

25. 根据全国人大常委会关于实行宪法宣誓制度的决定，下列人员中，在就职时应当进行宪法宣誓的有（   ）。

A. 中华人民共和国教育部部长　　　　　B. 北京市人民检察院副检察长

C. 上海市人民政府办公厅会计　　　　　D. 中华人民共和国驻外全权代表

26. 根据澳门特别行政区基本法，下列表述正确的有（   ）。

A. 特别行政区行政长官在任职期内不得具有外国居留权

B. 特别行政区检察长由行政长官提名，报中央人民政府任命

C. 特别行政区境内的土地和自然资源，全部属于国家所有

D. 特别行政区永久性居民和非永久性居民都享有选举权和被选举权

27. 甲省乙市是设区的市。乙市政府依法制定公布了《乙市环境保护办法》。下列有关该办法的表述，正确的有（   ）。

A. 该办法应当报国务院、省人大常委会、省政府、市人大常委会备案

B. 该办法与环境保护部的规章具有同等效力，在各自权限范围内施行

C. 市人大常委会认为该办法的规定不适当，应当提请省人大常委会撤销

D. 如该办法与省政府规章不一致，应适用省政府规章

28. 西周统治者为维系以血缘关系为纽带的政权组织制度，在实践中逐渐形成的原则有（   ）。

A. 嫡长子继承　　B. 小宗服从大宗　　C. 亲贵合一　　　D. 选官时"任人唯贤"

29. 唐初创建了市舶制度，制定了中国历史上第一项外贸征税法令。对外商贩至中国的部分货物，官府抽取十分之一的实物税。下列属于应抽取实物税的货物有（   ）。

A. 丝绸　　　　　B. 瓷器　　　　　C. 龙香　　　　　D. 沉香

30. 下列关于抗日民主政权时期劳动立法内容的表述，正确的有（   ）。

A. 工人有组织工会的权利　　　　　　　B. 实行安全生产防护

C. 雇主可以自行开除工人　　　　　　　D. 雇主安排加班应征得工人同意

三、简答题（第 31～33 小题，每小题 10 分，共 30 分）

31. 简述法律全球化的主要表现。

32. 简述我国现行宪法规定的公民基本义务。

33. 简述《中华民国临时政府组织大纲》的性质及其历史意义。

四、分析论述题（第 34～37 小题，每小题 15 分；第 38 小题，20 分，共 80 分）

34. 2014 年，在外地打工的王某接到家中求助电话，遂到 ATM 机取款，遇机器故障，乘机多取走 9 万元。案发。法院经审理认为，王某的行为构成盗窃罪，但可对王某从轻处罚。该案数万字的判决书在网上公开，判决书的主要论证理由有：被告人主观恶性较轻；非法获取钱财的方式较平和；其行为的社会危害性较小；被告人家庭生活困苦，案发

自首后，能及时归还全部所盗款项。王某对社会管理秩序心存畏惧，其案发后的行为说明他仍心存良知。因此，法院依法对王某判处有期徒刑三年，缓刑三年。大部分网友认为该判决书辨法析理，判决结果合情合理合法。

运用法理学有关理论，分析本案的法律论证是否具有正当性，为什么？

35. 联系我国实际，论述法治的权利保障原则。

36. 某县多名儿童接种疫苗出现不良反应。家长质疑疫苗在配发过程中未按要求储运，对县卫计委提出批评，要求公开"问题疫苗"的相关信息，建议县卫计委开展疫苗检查工作。县政府针对"问题疫苗"事件下发文件，要求全县疫苗接种单位必须得到县政府的许可才能实施疫苗接种，否则对擅自实施接种者处以罚款。县人大常委会就此事件组成了特定问题调查委员会。

请结合上述材料，根据宪法和法律相关规定，回答下列问题：

（1）本事件中家长行使了哪些基本权利？

（2）县人大常委会如认为县政府下发的文件不适当，如何处理？

（3）县人大常委会组成特定问题调查委员会需要经过何种程序？

37. 论述我国中央人民政府和特别行政区的关系。

38.《宋史·刑法志三》（卷二百一）：苏州民张朝之从兄以枪戳死朝父，逃去，朝执而杀之。审刑、大理当朝十恶不睦，罪死。案既上，参知政事王安石言："朝父为从兄所杀，而朝报杀之，罪止加役流，会赦，应原。"帝从安石议，特释朝不问。

根据上述史料，运用中国法制史的知识，回答以下问题：

（1）案犯张朝为什么被审刑院和大理寺判处十恶中的不睦罪？

（2）十恶罪刑罚适用的特点是什么？

（3）张朝为什么最终被免除刑事责任？

2017 年全国法律硕士（法学）专业学位研究生入学联考综合课试题答案解析

一、单项选择题

1. A

【解析】中华法系体现了礼法结合、礼融于法的特点，A 项表述正确。大陆法系是在罗马法的基础上发展起来的，B 项表述错误。英美法系是以英国中世纪的法律，特别是英国的普通法为基础发展起来的，美国法只是后来发展出来的英美法系的一个分支，C 项表述错误。法系的划分依据是世界上各个国家和地区法律的源流关系和历史传统以及形式上的某些特点，法系并非通过法律的本质特征对法所作的分类，D 项表述错误。

2. A

【解析】依照我国司法改革的任务，提高司法公信力、保证公正司法在当前有 6 个方面的改革要求：（1）完善确保依法独立公正行使审判权和检察权的制度。主要有：建立领导干部干预司法活动、插手具体案件处理的记录、通报和责任追究制度，健全尊重法院裁判制度，建立健全司法人员履行法定职责保护机制等举措。（2）优化司法职权配置。主要有：推动实行审判权和执行权相分离的体制改革试点，统一刑罚执行体制，探索实行法院、检察院司法行政事务管理权和审判权、检察权相分离，最高人民法院设立巡回法庭，探索设立跨行政区划的人民法院和人民检察院，探索建立检察机关提起公益诉讼制度等举措。（3）推进严格公正司法。主要有：推进以审判为中心的诉讼制度改革，实行办案质量个人负责制和错案责任倒查问责制等举措。（4）保障人民群众参与司法。主要有：完善人民陪审员制度，构建开放、动态、透明、便民的阳光司法机制等举措。（5）加强人权司法保障。主要有：健全落实罪刑法定、疑罪从无、非法证据排除等法律原则的法律制度，完善对限制人身自由司法措施和侦查手段的司法监督等举措。（6）加强对司法活动的监督。主要有：完善检察机关行使监督权的法律制度，完善人民监督员制度，建立终身禁止从事法律职业制度等举措。根据上述第 5 项要求，A 项表述正确，选 A 项。根据上述第 1、4 项要求，不选 B 项，因为 B 项表述不仅有违司法机关依法独立行使审判权的原则，而且是对"保障人民群众参与司法"的曲解，"保障人民群众参与司法"并不意味着法院在裁判前要征询社会意见，B 项表述不正确。根据上述第 3 项要求，不选 C 项，因为应当是"推进以审判为中心的诉讼制度改革"，而非"推进以侦查为中心的诉讼制度改革"，C 项表述

113

不正确。根据上述第 2 项要求，不选 D 项，因为优化司法职权配置，就要探索实行法院、检察院司法行政事务管理权和审判权、检察权相分离，而非"相统一"，D 项表述不正确。

3. C

【解析】法律推理可以分为形式推理和辩证推理两大类。形式推理又包括演绎推理、归纳推理和类比推理。本题备选项的表述故意混淆了其中的一些概念。关于辩证推理，学理上又称实质推理，是法官对法律或案件客观事实的辩证推理过程，它必须建立在事物的辩证法的客观基础之上，而绝不应该是从法官的主观想象中得出结论。可见，A 项表述错误。A 项表述还涉及的知识是，一般而言，法律推理着重于客观事实，而法律论证则着重于主观判断，当然，法律论证只能说是偏重于"主观判断"，而并非不需要客观依据。英美法系国家的法官因为有判例法传统，所以其推理过程比较复杂，虽然主要应用归纳推理，但也有演绎推理，B 项表述错误。D 项表述也违背常识，因为演绎推理是从一般到特殊的推理形式，在法律推理过程中，法院演绎推理的大前提是可以适用的法律规则和法律原则，而不是案件事实，故 D 项表述错误。只有 C 项表述正确，因为类比推理就是一种从个别到个别的推理，在法律推理中，其要求是"类似案件，类似处理"。可见，选 C 项。

4. B

【解析】行政执法机关在执法时应坚持诚实守信原则，不得撤销、变更已经生效的行政决定；因国家利益、公共利益或者其他法定事由需要撤回或者变更行政决定的，应当依照法定权限和程序进行，并对行政管理相对人因此受到的财产损失依法予以补偿。本题表述中，市城市规划方案频繁变更，违反了诚实守信原则，选 B 项。

5. B

【解析】法治思维是程序思维，A 项表述不正确。法治思维是将法律作为判断是非和处理事务的准绳，它要求崇尚法治、尊重法律，善于运用法律手段解决问题和推进工作。运用法治思维解决问题，都应始终关注目的是否合法、权限是否合法、内容是否合法、手段是否合法以及程序是否合法 5 个方面内容。可见，B 项表述正确。法治思维并非仅是立法机关采用的思维方式，而是国家工作人员，特别是领导干部都要具备的思维方式。可见，C 项表述不正确。法治思维是实践思维，是按照社会主义法治的逻辑来观察、分析和解决社会问题的思维方式，它是将法律规定、法律知识、法治理念付诸实施的认识过程。可见，D 项表述不正确。

6. C

【解析】本题考查的是法律监督的形式。当代中国的法律监督可以分为国家监督与社会监督两大类。国家监督包括国家权力机关的监督、国家司法机关的监督和国家行政机关的监督。社会监督，即非国家的监督，是指各政党、各社会组织和人民群众依照宪法和有关法律，对各种法律活动的合法性进行的监督。在我国，根据社会监督的主体不同，可以将其分为政党的监督、社会组织的监督、社会舆论的监督、人民群众的监督。每一种监督形式都有其特定的内涵。本题表述中，A 项表述的"政党监督"在题干中明显没有反映，故不选 A 项。B 项表述的"权力机关监督"在题干中也没有出现，故不选 B 项。D 项表述中，"社会组织监督"在题干中也没有出现，故不选 D 项。C 项表述的人民群众监督、社会舆论监督和行政机关监督在题干中都有所体现，具体而言，王某将证据材料交给电视台，这属于人民群众监督；电视台进行报道，这属于社会舆论监督；当地政府组成调查组对相关问题进行调查，这属于行政机关监督。可见，C 项是正确答案。

7. B

【解析】 法律规则具有严密的逻辑结构。一般认为，法律规则主要是由假定条件、行为模式和法律后果三个要素组成。假定条件是指法律规则中关于适用该规则的条件的规定，即法律规则在什么时间、空间对什么人适用以及在什么情境下对人的行为有约束力的问题；行为模式是指法律规则中关于行为的规定，即法律关于允许做什么、禁止做什么和必须做什么的规定；法律后果是指法律规则中对遵守规则或违反规则的行为予以肯定或否定评价的规定。本题中法律条文究竟包含了哪些要素，要做具体分析，实际上，条文中"为了使……权利免受正在发生的危险"就是为行为设定的前提条件；"不得已采取的紧急避险行为，造成损害的"是行为模式；关于"不负刑事责任"的判断是法律后果。所以，A、C、D 项表述中所做的概括都不全面。只有 B 项表述是正确的。

8. D

【解析】 制宪权和修宪权是不同层次的权力形态，制宪权高于修宪权，修宪权可以看作是制度化的制宪权。可见，A 项表述不正确。制宪机关不同于宪法起草机构：制宪机关享有制宪权，宪法起草机构是工作机关，不享有制宪权；制宪机关是常设机构，宪法起草机构是临时机构；制宪机关经选举产生，宪法起草机构任命产生。可见，B 项表述不正确。在我国，制宪权主体是我国全体人民，制宪机关是全国人民代表大会。可见，C 项表述不正确。1954 年 9 月 15 日，第一届全国人民代表大会第一次会议通过了 1954 年宪法，1954 年宪法是新中国成立后人民行使制宪权的产物。可见，D 项表述正确。

9. A

【解析】 A 项表述为 2004 年宪法修正案的内容。B 项表述为 1999 年宪法修正案的内容。C、D 项表述为 1993 年宪法修正案的内容。

10. A

【解析】 我国现行《宪法》规定的政治权利和自由包括选举权和被选举权，言论自由，出版自由，集会、游行、示威自由，结社自由。可见，选 A 项。B 项表述的通信自由属于人身自由权的范畴。C、D 项表述的休息权和受教育权属于社会文化权利的范畴。

11. A

【解析】 根据《宪法》第 80 条规定，国家主席发布特赦令，选 A 项。

12. B

【解析】《选举法》第 28 条规定，对于公布的选民名单有不同意见的，可以在选民名单公布之日起 5 日内向选举委员会提出申诉。选举委员会对申诉意见，应在 3 日内作出处理决定。申诉人如果对处理决定不服，可以在选举日的 5 日以前向人民法院起诉，人民法院应在选举日以前作出判决。人民法院的判决为最后决定。据此，张某可以向法院起诉的情形仅限于对公布的选民名单有意见。本题表述中，选举委员会未将张某列入选民名单，张某对此有意见，可以起诉，选 B 项。

13. C

【解析】《民族区域自治法》第 2 条第 2 款规定，民族自治地方分为自治区、自治州、自治县。据此，民族自治地方包括自治区、自治州和自治县，民族乡不是民族自治地方，A 项表述错误。《宪法》第 113 条第 2 款规定，自治区、自治州、自治县的人民代表大会常务委员会中应当有实行区域自治的民族的公民担任主任或者副主任。据此，B 项表述错误。《宪法》第 116 条规定，民族自治地方的人民代表大会有权依照当地民族的政治、经济和文化的特点，制定自治条例和单行条例。自治区的自治条例和单行条例，报全国人民代表大会常务委员会批准后生效。自治州、自治县的自治条例和单行条例，报省或者自治区的人民代表大会常务委员会批准后生效，并报全国人民代表大会常务委员会备案。据此，C 项表述正确。《立法法》第 75 条第 2 款规定，自治条例和单行条例可以依照当地民族的特点，对法律和行政法规的规定作出变通规定，但不得违背法律或者行政法规的基本原则，不得对宪法和民族区域自治法的规定以及其他有关法律、行政法规专门就民族自治地方所作的规定作出变通规定。据此，D 项表述错误。

14．B

【解析】《村民委员会组织法》第 3 条第 2 款规定，村民委员会的设立、撤销、范围调整，由乡、民族乡、镇的人民政府提出，经村民会议讨论同意，报县级人民政府批准。据此，A 项表述错误。《村民委员会组织法》第 13 条第 2 款规定，村民委员会选举前，应当对下列人员进行登记，列入参加选举的村民名单：（1）户籍在本村并且在本村居住的村民；（2）户籍在本村，不在本村居住，本人表示参加选举的村民；（3）户籍不在本村，在本村居住 1 年以上，本人申请参加选举，并且经村民会议或者村民代表会议同意参加选举的公民。据此规定第 2 项，B 项表述正确。《村民委员会组织法》第 27 条第 1 款规定，村民会议可以制定和修改村民自治章程、村规民约，并报乡、民族乡、镇的人民政府备案。据此，C 项表述错误。《村民委员会组织法》第 5 条规定，乡、民族乡、镇的人民政府对村民委员会的工作给予指导、支持和帮助，但是不得干预依法属于村民自治范围内的事项。村民委员会协助乡、民族乡、镇的人民政府开展工作。据此，乡镇政府与村民委员会的关系是"指导"关系，而非"领导"关系，D 项表述错误。

15．B

【解析】《左传·昭公十四年》记载："昏、墨、贼，杀，皋陶之刑也。"据春秋时期叔向的解释："己恶而掠美为昏，贪以败官为墨，杀人不忌为贼"，即对于行为恶劣而夺取善名的，为昏；贪婪败坏官纪的，为墨；肆无忌惮地杀人的，为贼，三者均处死刑。可见，选 B 项。

16．B

【解析】秦简《法律答问》的上述记载表明，依照秦朝法律的规定，未成年者犯罪，不负刑事责任或减轻刑事处罚，并确立以身高为承担刑事责任的标准。秦朝是我国历史上唯一以身高作为承担刑事责任标准的朝代。秦简《法律答问》还记载有一例："甲盗牛，盗牛时高六尺，系一岁，复丈，高六尺七寸，问甲何论？当完城旦。"参以秦简《仓律》："隶臣、城旦高不盈六尺五寸，隶妾、舂不盈六尺二寸，皆为小。"即男子六尺五寸、女子六尺二寸（秦代时尺寸比现在小，六尺约合现今 1.38 米）为成年人。达到此身高者开始负刑事责任，否则不负刑事责任。可见，选 B 项。

17．A

【解析】唐律首次将六种非法攫取公私财物的行为归纳到一起，冠以"六赃"之名，即"受财枉法"、"受财不枉法"、"受所监临财物"、"强盗"、"窃盗"和"坐赃"。其中，"坐赃"是指非监临官即监临主司以外的其他官员"因事受财"构成的犯罪，即利用不正当手段获取本不当得的财物，选 A 项。"受财枉法"是指"受有事财而为曲法处断"的行为，即官吏收受当事人贿赂而利用职权曲法枉断，为其牟取不正当利益，或为其开脱罪责。"受财不枉法"是指"虽受有事人财，判断不为曲法"的行为。"受所监临财物"是指"监临之官不因公事而受监临内财物"的行为，一般是主管官员私下接受所监管的吏民的财物。"强盗"是指"以威若力而取其财"的行为，即以暴力或暴力威胁而取他人财物。"窃盗"是指"潜形隐面而取"的行为，即秘密占有不属于自己的官私财物。

18. C

【解析】宋朝典卖契约的回赎期限可以由当事人约定，但约定的最长期限为 30 年。30 年到期未回赎的，视为绝卖。可见，选 C 项。

19. D

【解析】明太祖朱元璋为"防臣下之揽权专擅，交结党援"，增设了唐、宋、元刑法中所无的奸党罪，并在《大明律》中罗列了奸党罪的种种表现，仅洪武年间，以奸党罪被诛杀的文武官吏达几万人，选 D 项。阿党罪、左官罪是汉武帝为加强中央集权而确定的罪名。腹诽罪是汉武帝为维护君主权威而罗织的有关思想言论方面的罪名。

20. D

【解析】清末"礼法之争"中，属于法理派的人物有沈家本、伍廷芳、刘坤一、杨度等，其中，沈家本是主要代表人物。

二、多项选择题

21. AB

【解析】本题考查的是我国立法的基本原则。我国立法应遵循合宪性原则、民主立法原则和科学立法原则。根据本题题干，环境保护法修改过程中，全国人大常委会依法向社会公众、环保组织和专家学者征集意见，恰恰是既体现了合宪性原则（法治原则）、民主原则，也体现了科学原则。A 项表述的"民主性原则"比较好理解也容易被认同，选 A项。B 项表述的"科学性原则"可能会存在疑惑，但题干中表述的"向专家学者征集对该法的意见"，就是科学精神的体现之一。因为专家学者在相关领域有长期的研究和思考，通常比一般人更准确地把握其规律，所以符合科学性原则，选 B 项。如果备选项中有合宪性原则（法治原则），也应该选。便民性原则和平等性原则并非立法原则，较为容易排除。

22. ABD

【解析】本题为选非题。根据现代人权理论，人权内容已经至少发展到了第三代，即从原来的个体人权时代，发展到承认集体人权的时代。据此，人权有个体人权和集体人权之分。可见，A 项表述不正确。B 项表述将人权的范围限定为宪法中规定的公民基本权利，这是不正确的，这不仅把人权和公民权这两个概念混淆，还缩小了人权的范围，即把人权限定在宪法规定的范围内，这是绝对错误的。可见，B 项表述错误。按照马克思主义的历史发展观和人权理论，人权是历史的产物，虽然是本源性权利，人权价值也属于本源性价值，但人权不具有超时代性特征。可见，C 项表述正确，D 项表述错误。

23. AB

【解析】《检察官法》第 27、28 条规定，检察官实行单独职务序列管理。检察官等级分为十二级，依次为首席大检察官、一级大检察官、二级大检察官、一级高级检察官、二级高级检察官、三级高级检察官、四级高级检察官、一级检察官、二级检察官、三级检察官、四级检察官、五级检察官。最高人民检察院检察长为首席大检察官。据此，A 项表述正确。《法官法》第 8 条第 1 款规定，法官的职责：（1）依法参加合议庭审判或者独任审判刑事、民事、行政诉讼以及国家赔偿等案件；（2）依法办理引渡、司法协助等案件；（3）法律规定的其他职责。据此规定第 1 项，B 项表述正确。《律师法》第 2 条规定，律师是指依法取得律师执业证书，接受委托或者指定，为当事人提供法律服务的执业人员。据此，C 项表述不正确。法律职业是指以法官、检察官、律师为代表的，受过专门的法律专业训练，具有娴熟的法律技能与法律伦理的法律人所构成的自治性共同体。从狭义上说，法律职业主要包括法官、检察官、律师 3 种具体的职业。从广义上说，法律职业还包括一切受过法律专业训练、从事法律工作的人员，如司法辅助人员、企业和行政机关里从事法律事务的人、法学教师、法学研究人员，等等。可见，D 项表述不正确。

24. BCD

【解析】法院通过对被告人适用刑罚，宣告被告人有罪，对包括被告人在内的一般的人起到教育作用，选 B 项。法院对被指控犯组织考试作弊罪的被告人依法进行审判，发挥了对他人行为的评价作用，选 C 项。法院通过法所具有的强制力对被告人实施制裁，体现了法的强制作用，选 D 项。预测作用的对象是人们之间的交互行为，即通过对本人与他人的交互进行预测，以对自己的行为作出安排。本题表述中，法院对被告人的审判，不涉及对交互行为的预测并对自己行为作出合理的安排，因而不体现预测作用，不选 A 项。

25. ABD

【解析】本题考查的是宪法宣誓制度。宪法宣誓制度从 2016 年 1 月 1 日起开始实施，2018 年宪法修正案正式将宪法宣誓制度写入宪法。根据《全国人民代表大会常务委员会关于实行宪法宣誓制度的决定》，凡经人大及其常委会选举或者决定任命的国家工作人员正式就职时公开向宪法宣誓。本题 A、B、D 项表述的教育部部长、人民检察院副检察长、驻外全权代表都是由全国人大及其常委会，或者由各级人大及其常委会选举或者决定任命的国家工作人员，在就职时都应当进行宪法宣誓，选 A、B、D 项。C 项表述的人民政府办公厅会计不属于人大及其常委会选举或者决定任命的国家工作人员，不选 C 项。

26. AB

【解析】《澳门特别行政区基本法》第 46 条规定，澳门特别行政区行政长官由年满 40 周岁，在澳门通常居住连续满 20 年的澳门特别行政区永久性居民中的中国公民担任。此外，"在任职期内"不得具有外国居留权。据此，A 项表述正确。《澳门特别行政区基本法》第 90 条规定，澳门特别行政区检察院独立行使法律赋予的检察职能，不受任何干涉。澳门特别行政区检察长由澳门特别行政区永久性居民中的中国公民担任，由行政长官提名，报中央人民政府任命。检察官经检察长提名，由行政长官任命。检察院的组织、职权和运作由法律规定。据此，B 项表述正确。《澳门特别行政区基本法》第 7 条规定，澳门特别行政区境内的土地和自然资源，除在澳门特别行政区成立前已依法确认的私有土地外，属于国家所有，由澳门特别行政区政府负责管理、使用、开发、出租或批给个人、法人使用或开发，其收入全部归澳门特别行政区政府支配。据此，C 项表述错误。《澳门特别行政区基本法》第 26 条规定，澳门特别行政区永久性居民依法享有选举权和被选举权。据此，澳门特别行政区居民有永久性居民和非永久性居民之分。永久性居民依法享有选举权和被选举权，有资格担任特区政府公务人员和立法会议员；非永久性居民除在法律有特别规定的情况下担任政府公务人员外，不能担任政府公务人员和立法会议员。可见，D 项表述错误。

27．ABD

【解析】《立法法》第 98 条第 4 项规定，部门规章和地方政府规章报国务院备案；地方政府规章应当同时报本级人民代表大会常务委员会备案；设区的市、自治州的人民政府制定的规章应当同时报省、自治区的人民代表大会常务委员会和人民政府备案。据此，A 项表述正确。《立法法》第 91 条规定，部门规章之间、部门规章与地方政府规章之间具有同等效力，在各自的权限范围内施行。据此，B 项表述正确。《立法法》第 97 条第 5 项规定，地方人民代表大会常务委员会有权撤销本级人民政府制定的不适当的规章。据此，C 项表述错误。《立法法》第 96 条规定，法律、行政法规、地方性法规、自治条例和单行条例、规章有下列情形之一的，由有关机关依照本法第 97 条规定的权限予以改变或者撤销：（1）超越权限的；（2）下位法违反上位法规定的；（3）规章之间对同一事项的规定不一致，经裁决应当改变或者撤销一方的规定的；（4）规章的规定被认为不适当，应当予以改变或者撤销的；（5）违背法定程序的。根据上述规定第 2 项，若乙市政府制定的规章与省政府制定的规章不一致，由于省政府制定的规章属于"上位法"，而市政府制定的规章属于"下位法"，对于下位法违反上位法的，应适用上位法即省政府规章，D 项表述正确。

28．ABC

【解析】西周时期实行宗法制度。宗法制度是一种以血缘关系为纽带，家族组织与国家制度相结合，以保证血缘贵族世袭统治的政治形式。宗法制度贯彻 3 个基本原则：其一，周天子、诸侯、卿大夫、士的宗祧都实行嫡长子继承制；其二，大宗、小宗之间权利义务关系明确，小宗服从大宗，大宗保护小宗；其三，家国一体，等级秩序分明，各级宗族构成一级国家政权，共同向周天子负责。综上所述，选 A、B 项。西周宗法等级制度的特征是家族组织与国家制度合而为一，即亲贵合一，家族观念、家族道德与国家法律、意识形态互为表里。可见，选 C 项。

29．CD

【解析】唐太宗贞观十七年（公元 643 年）诏令，对外国商船贩至中国的龙香、沉香、丁香和白豆蔻四种货物，政府征收 10% 的实物税，这是中国历史上第一项外贸征税法令。可见，选 C、D 项。

30．ABD

【解析】抗日民主政权时期劳动立法的主要内容包括：（1）工人具有自由组织工会的权利。工会有权调解劳资纠纷，代表工人签订集体合同和向政府提出要求。（2）实行 10 小时工作制（陕甘宁边区为 8 小时），雇主安排加班应征得工人同意，并支付加班工资。（3）按照各地的具体经济条件实行最低工资标准。（4）实行安全生产防护。综上所述，

A、B、D 项表述正确。

三、简答题

31.（1）法律的"非国家化"。越来越多的法律出自各种经济联合体、非政府组织等"非国家"机构。

（2）法律的"标准化"。由联合国等国际组织制定的法律范本提供给各个国家作为立法的模本或参照。

（3）法律的"趋同化"。调整同类型社会关系的法律趋于一致，既包括不同国家国内法的趋同，也包括国内法与国际法的趋同。

（4）法律的"世界化"。国际法与国内法的界限变得模糊不清，有出现"全球性法律"和"世界法"的趋势。

32.（1）维护国家统一和民族团结。

（2）遵守宪法和法律，保守国家秘密，爱护公共财产，遵守公共秩序，尊重社会公德。

（3）维护祖国的安全、荣誉和利益。

（4）依法服兵役和参加民兵组织。

（5）依法纳税。

（6）劳动的义务、受教育的义务、夫妻双方有实行计划生育的义务、父母有抚养教育未成年子女的义务、成年子女有赡养扶助父母的义务。

33.（1）《中华民国临时政府组织大纲》（以下简称《大纲》）是辛亥革命胜利后由各省都督府代表会议通过的关于筹建中华民国临时政府的纲领性文件。

（2）《大纲》以法律的形式肯定了辛亥革命的成果，为临时政府的成立提供了法律依据。《大纲》宣告废除封建帝制，第一次以法律的形式确认了总统制共和政体，成为制定《中华民国临时约法》的基础。

四、分析论述题

34. 本案的法律论证具有正当性。

（1）论证说理内容具有融贯性。本案法官的说理论证符合法律规则，同时也具有内在一致性。从被告人的主观恶性、非法获取钱财的方式、其行为的社会危害性等角度，进行了论证。

（2）论证说理逻辑具有有效性。法官的说理论证符合基本的逻辑方法，符合大众的思维习惯。根据被告人的行为表现和内在心理，得出他心存畏惧、心存良知，具有说理的逻辑性。

（3）论证结论具有可接受性。法官根据事实和法律，决定对被告人从轻处罚，合情合理合法，为社会普遍接受。

35.（1）权利保障原则是我国法治的基本原则之一，其内涵包括尊重和保障人权、法律面前人人平等、权利与义务相一致。

（2）具体而言：尊重和保障人权，促进公民自由意识和能力的提高是法治所有价值目标的归结；法律面前人人平等是民主和法治的基本要求，具体包括法律适用上的平等，立法在分配社会资源上的平等，尊重社会主体的多元价值观和生活方式；确认和保障主体的权利和自由是法治的根本目的，没有无权利的义务，也没有无义务的权利，公权力在社会资源的分配上，要保证权利的分配和义务的分配相一致，公民在行使权利的过程中，必须尊重他人和社会的合法利益。

36.（1）知情权和监督权。

（2）县人大常委会对县政府不适当的文件有权予以撤销。

（3）主任会议可以向人大常委会提议组织特定问题调查委员会，提请常委会审议。1/5 以上人大常委会组成人员书面联名，可以向人大常委会提议组织特定问题调查委员会，由主任会议提请常委会审议。

37.（1）特别行政区是我国享有高度自治权的地方行政区域，直辖于中央人民政府。中央人民政府和特别行政区的关系是单一制国家结构形式下中央和地方的关系。

（2）中央人民政府管理与特别行政区有关的外交事务、防务，任命特别行政区的行政长官和行政机关的主要官员等。

（3）特别行政区享有高度自治权，包括行政管理权、立法权、独立的司法权和终审权，以及全国人大及其常委会、中央人民政府授予的其他权力。

38.（1）张朝与被害人是五服之内的近亲，近亲之内相杀伤的，重于凡人相犯的杀伤罪，罪入十恶中的不睦。

（2）十恶罪列于五刑之首，通常被判处死刑。十恶罪适用刑罚的重要原则是"为常赦所不原"，犯十恶者不得适用议、请、减、赎、当、免等优免措施。

（3）依宋朝法律的规定，为父复仇杀人的，罪止加役流。本案中，张朝系为父复仇而杀人，经朝议无死罪，故不属于不睦。案犯张朝既不属于十恶犯罪，又经皇帝特赦，故免其罪责。

2016年全国法律硕士（法学）专业学位研究生入学联考专业基础课试题

一、单项选择题（第1～20小题，每小题1分，共20分。下列每题给出的四个选项中，只有一个选项是最符合题目要求的）

1. "过失犯罪，法律有规定的才负刑事责任。"刑法的这一规定体现的原则是（　　）。

    A. 罪刑法定   B. 主客观相统一

    C. 罪责刑相适应   D. 刑法适用平等

2. 甲在油罐和货物混存的货场，用打火机烧开货物外包装袋，盗窃袋内物资，被盗物资遇明火燃烧，甲见状逃离，火势蔓延，造成了物资及附近建筑的巨大损失。甲的行为应认定为（　　）。

    A. 盗窃罪   B. 失火罪

    C. 故意毁坏财物罪   D. 以危险方法危害公共安全罪

3. 甲（15周岁）指使乙（13周岁）抢夺手机，乙得手后为了逃跑，捡起砖块将追赶的受害人打成轻伤。甲的行为应认定为（　　）。

    A. 抢夺罪   B. 抢劫罪   C. 故意伤害罪   D. 不构成犯罪

4. 甲进入乙家行窃，乙将甲制服并报警。在等待警察到来期间，乙多次击打甲的头部，致其重伤。乙的行为应认定为（　　）。

    A. 正当防卫   B. 假想防卫   C. 防卫不适时   D. 防卫过当

5. 甲将500克冰糖冒充"冰毒"，卖给执行"卧底"任务的缉毒警察，被当场抓获。甲的行为（　　）。

    A. 构成诈骗罪   B. 构成贩卖毒品罪

    C. 构成非法经营罪   D. 不构成犯罪

6. 依法佩枪的甲停职后，将100余发军用子弹存放在家中，拒不上交，情节恶劣。甲的行为应认定为（　　）。

    A. 私藏弹药罪   B. 滥用职权罪

    C. 玩忽职守罪   D. 非法持有弹药罪

7. 甲伪造军官身份，蒙骗了多名妇女与之发生性关系。甲的行为应认定为（　　）。

A. 强奸罪   B. 招摇撞骗罪

C. 强奸罪与冒充军人招摇撞骗罪   D. 冒充军人招摇撞骗罪

8. 甲明知王某是逃犯，在公安人员前来抓捕王某时，给其3 000元帮他逃跑。甲的行为构成（   ）。

A. 窝藏罪   B. 妨害公务罪

C. 包庇罪   D. 私放在押人员罪

9. 甲明知乙意图杀人，仍为其提供毒药。第二天，甲后悔，向乙索回毒药，遭乙拒绝，乙于当晚投毒杀人得逞。甲的行为应认定为（   ）。

A. 犯罪预备   B. 犯罪未遂   C. 犯罪中止   D. 犯罪既遂

10. 甲非法举办推介会，以支付40%的年息为条件，向50多名退休人员"借款"300多万元。甲后将这笔钱转借给乙，并约定收取60%的年息。不料乙携款潜逃，致甲无法归还借款。甲的行为应认定为（   ）。

A. 非法经营罪   B. 非法吸收公众存款罪

C. 集资诈骗罪   D. 贷款诈骗罪

11. 下列选项中，属于可撤销民事行为的是（   ）。

A. 甲将租赁的一辆汽车转让给乙

B. 甲在某网店购得国家禁止销售的窃听器

C. 某公司误将甲当成乙而与之签订委托合同

D. 甲谎称未婚，乙信以为真与之结婚

12. 孙某在商场购物时，被正在追小偷的商场保安王某撞伤。孙某的损害应由（   ）。

A. 商场承担全部责任   B. 王某承担全部责任

C. 商场与王某承担连带责任   D. 商场与王某承担按份责任

13. 甲公司与乙公司签订运输合同，约定由乙公司将甲公司的氯气运至某市。甲公司在装运时未按规定使用专用容器。运输途中一罐氯气滚落到马路上，乙公司的司机甄某未察觉，氯气泄漏致数人中毒。受害人的损害应由（   ）。

A. 甲公司承担全部责任   B. 乙公司承担全部责任

C. 乙公司与甄某承担连带责任   D. 甲公司与乙公司承担连带责任

14. 某电影厂以纪实手法拍摄影片，拍摄街头实景时将报刊摊主汪某摄入镜头，并有3秒钟形象定格。影片公映后，汪某因此屡遭他人调侃，心生不悦。电影厂的行为（   ）。

A. 不构成侵权   B. 侵犯了汪某的肖像权

C. 侵犯了汪某的名誉权   D. 侵犯了汪某的隐私权

15. 根据我国继承法，遗嘱人在遗嘱中应当为缺乏劳动能力又没有生活来源的继承人保留必要的遗产份额。继承人是否符合上述条件的确定时间为（   ）。

A. 立遗嘱时   B. 遗嘱生效时

C. 执行遗嘱时   D. 分割遗产时

16. 甲、乙违反计划生育政策生下丙。丙的出生属于民事法律事实中的（   ）。

A. 事实行为　　　　B. 违法行为　　　　C. 状态　　　　D. 事件

17. 甲将母亲的骨灰葬于乙村坟地时，将自己的一对手镯随葬。该手镯的所有权属于（　　）。

A. 甲母　　　　　B. 甲　　　　　C. 乙村　　　　　D. 国家

18. 根据我国物权法，建设用地使用权的设立时间为（　　）。

A. 建设用地使用权出让合同生效时　　B. 建设用地使用权登记时

C. 建设用地使用权出让合同公证时　　D. 行政主管部门批准时

19. 甲与某房产公司签订一购房合同，双方约定：如交房时房价下跌，买方可要求退房或要求卖方退还差价。该约定产生的债属于（　　）。

A. 可分之债　　　B. 简单之债　　　C. 选择之债　　　D. 种类之债

20. 甲公司以自己的一栋房屋作抵押，向乙银行借款 200 万元，约定 2011 年 12 月 3 日一次性还本付息。甲公司到期未清偿债务，乙银行多次催收未果，最后一次催收时间是 2013 年 3 月 9 日。乙银行的抵押权能够得到法院保护的最后日期是（　　）。

A. 2012 年 12 月 3 日　　　　　　　B. 2013 年 12 月 3 日

C. 2014 年 3 月 9 日　　　　　　　D. 2015 年 3 月 9 日

二、多项选择题（第 21～30 小题，每小题 2 分，共 20 分。下列每题给出的四个选项中，至少有两个选项是符合题目要求的。多选、少选或错选均不得分）

21. 下列关于刑法中法条竞合的说法，正确的有（　　）。

A. 法条竞合是指一个犯罪行为同时触犯数个罪名的犯罪形态

B. 处理法条竞合时一般适用特别法优于普通法的规则

C. 我国刑法中的法条竞合主要存在于刑法分则之中

D. 在竞合的数个法条中，仅应择一适用

22. 下列对象中，应依法实行社区矫正的有（　　）。

A. 被判处管制的犯罪分子　　　　　B. 被免于刑事处罚的犯罪分子

C. 被宣告缓刑的犯罪分子　　　　　D. 被假释的犯罪分子

23. 下列选项中，应以抗税罪定罪处罚的有（　　）。

A. 甲动手殴打向自己催缴税款的税务人员常某，致其重伤

B. 乙用刀扎破税务人员吴某的汽车轮胎，威胁其不要对自己的公司征税

C. 丙以加害税务人员赵某之子相威胁，要求赵某免除丙所在单位的税款

D. 丁对自己应缴纳税款的数额有异议，在争执过程中推搡了税务人员王某

24. 下列选项中，行为人占有他人财物拒不退还，可构成侵占罪的有（　　）。

A. 民营酒店服务人员甲，在工作期间将他人遗忘在酒店房间的贵重物品带回家

B. 店主的亲属乙，在临时替店主看店的过程中将店中贵重货物带走销售

C. 个体司机丙，在承运货物期间将客户托运的贵重物品送给自己的朋友

D. 公司出纳丁，谎称自己被抢劫，将从银行领取的单位工资款私吞

25. 下列被执行人的行为中，构成拒不执行判决、裁定罪的有（　　）。

A. 甲拒绝履行法院的腾房公告，导致判决无法执行的

B. 乙将法院裁定拍卖的公寓恶意出租，导致裁定无法执行的

C. 丙找借口将被法院扣押的车辆开走拒不开回，导致判决无法执行的

D. 丁将被法院裁定查封的 100 箱药品卖给第三方，导致判决无法执行的

26. 按照民法理论，有限责任公司属于（　　）。

A. 私法人　　　　　　　　　　B. 营利法人

C. 企业法人　　　　　　　　　　D. 社会团体法人

27. 甲从超市购买了两瓶白酒送给朋友乙，乙饮用后双目失明。经鉴定，该酒系工业酒精勾兑而成。根据侵权责任法理论，与乙失明存在因果关系的行为有（　　）。

A. 甲送酒的行为　　　　　　　　B. 乙饮用的行为

C. 生产者的勾兑行为　　　　　　D. 超市的销售行为

28. 甲、乙系夫妻。在双方未作任何约定的情况下，属于夫妻共有的财产包括（　　）。

A. 婚后甲依法定继承方式继承的一套房屋

B. 甲婚前继承、婚后登记在甲名下的一套房屋

C. 婚后双方父母出资购买并登记在乙名下的一套房屋

D. 婚后乙的父母出资为乙购买并登记在乙名下的一套房屋

29. 下列行为中，属于侵害人身权的有（　　）。

A. 王某将金某口中种植的假牙打落

B. 李某干涉其已成年的儿子小李变更姓名

C. 陆某离婚后屡次阻拦前妻齐某探望孩子

D. 记者赵某将游客张某的不文明行为拍成照片

30. 张某与李某系夫妻。在不损害债权人利益的情况下，张某请求分割夫妻共同财产能得到法院支持的理由有（　　）。

A. 李某伪造夫妻共同债务　　　　B. 李某挥霍夫妻共同财产

C. 李某隐藏夫妻共同财产　　　　D. 李某变卖夫妻共同财产

三、简答题（第 31～34 小题，每小题 10 分，共 40 分）

31. 简述刑法的概念和特征。

32. 简述渎职罪的共同特征。

33. 简述商业秘密的构成要件。

34. 简述附条件民事法律行为的含义及所附条件的特点。

四、论述题（第 35～36 小题，每小题 15 分，共 30 分）

35. 试论我国刑法中的教唆犯。

36. 试论我国物权法的公示、公信原则。

五、案例分析题（第 37～38 小题，每小题 20 分，共 40 分）

37. 2009 年 10 月，甲被某市第一高中聘为会计。甲根据校长办公会的安排，将学校收取的学杂费存入以甲的名义开设的银行账户。2014 年 5 月，校长乙虚构因公借款理由，指示甲从该账户中提取 15 万元现金。乙将这笔钱借给弟弟开茶楼。2014 年 12 月，乙归还了 15 万元现金，甲遂用这笔钱为儿子购买住房，并虚列支出平账。2015 年 8 月，审计机关审计时，甲向审计人员主动交代了上述事实，并退赔了 15 万元。

请依据上述材料，回答下列问题并说明理由：

（1）甲的犯罪行为应如何认定？

（2）乙的犯罪行为应如何认定？

（3）甲具有何种法定和酌定量刑情节？

38. 2012 年 9 月 5 日，陈某到野狼快递服务部寄一部价值 5 000 元的手机，该服务部业务员宋某承接了此笔业务。宋某收取陈某的快递费后，在陈某填写的"飞狐速递运单"上签字确认。3 天后，陈某得知其包裹被宋某卷走，遂要求野狼快递服务部承担违约责任。

经查：该快递运单背面写有客户须知，载明"未保价的寄递包裹丢失或毁损的，不予赔偿"，陈某未办理保价；野狼快递服务部系飞狐速递公司所设的营业网点，对外以飞狐速递公司名义开展快递业务。

请依据上述材料，回答以下问题：

（1）本案中当事人所签运单属于何种有名合同？

（2）"未保价的寄递包裹丢失或毁损的，不予赔偿"的条款效力如何？为什么？

（3）野狼快递服务部是否应当向陈某承担违约责任？为什么？

（4）假设陈某于 2014 年 12 月向人民法院起诉，请求宋某返还手机，宋某以超过诉讼时效期间为由拒绝返还。请问宋某的抗辩理由能否成立？为什么？

2016年全国法律硕士（法学）专业学位研究生入学联考专业基础课试题答案解析

一、单项选择题

1. A

【解析】《刑法》第3条规定了罪刑法定原则，即法律明文规定为犯罪行为的，依照法律定罪处刑；法律没有明文规定为犯罪行为的，不得定罪处刑。据此，罪刑法定原则要求规定犯罪及其后果的只能是法律，这与"过失犯罪，法律有规定的才负刑事责任"的要求相吻合，故选A项。

2. D

【解析】以危险方法危害公共安全罪是指使用与放火、爆炸、决水、投放危险物质方法的危险性相当的其他危险方法，危害公共安全的行为。本题中，甲用打火机烧开货物外包装袋，目的是盗窃袋内物资，但是货场有油罐，其用打火机烧外包装袋的行为足以危害公共安全，且甲对危害公共安全的危险持放任态度，甲成立以危险方法危害公共安全罪，选D项。甲的主观故意虽然是非法占有公私财物，但盗窃行为同时构成以危险方法危害公共安全罪和盗窃罪的想象竞合犯，应从一重罪处罚，即应当以以危险方法危害公共安全罪论处。失火罪是指过失地引起火灾，致人重伤、死亡或者使公私财产遭受重大损失的行为。失火罪的主观方面表现为过失，行为人对危害结果的发生持否定态度，但是本题中的甲在大火燃烧后逃离货场，没有采取任何灭火措施，甲对于危害结果的发生持放任态度，故不成立失火罪。甲没有毁坏财物的故意，甲烧开货物的外包装是为了盗窃物资，所以甲不成立故意毁坏财物罪。本书认为，本题无正确答案，甲对火灾的发生持有间接故意的心态，其行为符合放火罪的构成要件，在符合放火罪构成要件的情况下，不能再认定为以危险方法危害公共安全罪，对甲应当以放火罪定罪处罚，但本题没有放火罪这一选项。

3. D

【解析】甲指使无刑事责任能力者乙抢夺手机并得手，甲、乙对抢夺行为均不负刑事责任。至于乙在手机得手后，为抗拒抓捕而将受害人打成轻伤的，对二人行为的定性不产生影响。可见，选D项。

4. C

【解析】乙的行为不构成正当防卫，因为不满足正当防卫的时间条件（不法侵害"正在进行"），不选 A 项。乙的行为并非假想防卫，因为假想防卫是本不存在不法侵害而行为人主观臆测有所谓的"不法侵害"存在而进行防卫反击，不选 B 项。防卫过当首先要满足正当防卫的起因、时间、对象、主观等条件，只不过不满足限度条件，既然乙的行为并非正当防卫，也就无所谓防卫过当，故不选 D 项。防卫不适时即不法侵害尚未开始或已经结束而实施的防卫，包括事前防卫和事后防卫，乙的行为属于不法侵害结束后而进行的防卫，属于防卫不适时中的事后防卫。可见，选 C 项。

5．A

【解析】 甲以假毒品冒充真毒品出售，以骗取财物，构成诈骗罪，选 A 项。

6．A

【解析】 所谓私藏弹药罪，是指依法配备弹药的人员，在配备弹药的条件消除后，私自藏匿弹药且拒不交出的行为。甲的行为符合私藏弹药罪的构成条件，选 A 项。滥用职权罪、玩忽职守罪是指国家机关工作人员滥用职权或者玩忽职守，致使公共财产、国家和人民利益遭受重大损失的行为。甲没有滥用职权或者玩忽职守，也没有给公共财产、国家和人民利益造成重大损失，不成立滥用职权罪或者玩忽职守罪，故不选 B、C 项。非法持有弹药罪是指不符合配备弹药条件的人员，擅自持有弹药的行为。甲的行为不符合非法持有弹药罪的构成条件，故不选 D 项。

7．D

【解析】 冒充军人招摇撞骗罪是指以谋取非法利益为目的，冒充军人招摇撞骗的行为。构成冒充军人招摇撞骗罪必须以谋取非法利益为目的，如假借军人的身份骗财骗色。甲的行为符合冒充军人招摇撞骗罪的构成条件，选 D 项。构成强奸罪须以违背妇女意志为构成必要，如果不违背妇女意志而发生性关系的，不构成强奸罪。招摇撞骗罪和冒充军人招摇撞骗罪存在法条竞合关系，对于冒充军人招摇撞骗的，构成冒充军人招摇撞骗罪，不再定招摇撞骗罪。

8．A

【解析】 根据《刑法》第 310 条规定，窝藏罪的行为方式包括：（1）为犯罪分子提供隐藏处所；（2）提供财物，资助或协助犯罪人逃匿；（3）为犯罪分子提供交通工具，指示行动路线或逃匿方向等。可见，甲的行为构成窝藏罪，选 A 项。

9．D

【解析】 乙已将故意杀人行为实施完毕，构成既遂，甲未能客观有效地阻止故意杀人这一犯罪结果的发生，不能成立犯罪中止。乙已构成故意杀人罪既遂，则甲也应认定为故意杀人罪既遂。可见，选 D 项。

10．B

【解析】 非法吸收公众存款罪是指违反国家金融管理法规，非法吸收公众存款或者变相吸收公众存款，扰乱金融秩序的行为。甲以支付 40% 的年息为条件非法吸收公众存款，其行为符合非法吸收公众存款罪的构成条件，构成非法吸收公众存款罪，选 B 项。区分非法吸收公众存款罪和集资诈骗罪、贷款诈骗罪的关键是犯罪目的不同：非法吸收公众存款罪的犯罪目的是通过非法吸收存款进行营利活动，并无将非法所吸收的存款据为己有的目的；集资诈骗罪和贷款诈骗罪的犯罪目的在于将非法筹集的资金或非法所贷款项占为己有。可见，甲的行为不构成集资诈骗罪或贷款诈骗罪。

11. C

【解析】《民法典》第 311 条第 1 款规定，无处分权人将不动产或者动产转让给受让人的，所有权人有权追回；除法律另有规定外，符合下列情形的，受让人取得该不动产或者动产的所有权：（1）受让人受让该不动产或者动产时是善意；（2）以合理的价格转让；（3）转让的不动产或者动产依照法律规定应当登记的已经登记，不需要登记的已经交付给受让人。据此，A 项表述中，甲对汽车的处分属于无权处分，如果乙符合善意取得的条件，就可以取得汽车的所有权；如果乙为恶意，则转让汽车的行为是无效的民事法律行为。总之，A 项表述的情形不可能是可撤销的民事法律行为，不选 A 项。因窃听器为禁止流通物，不能成为买卖合同的标的，故 B 项表述的买卖合同为无效的民事法律行为，不选 B 项。《民法典》第 147 条规定，基于重大误解实施的民事法律行为，行为人有权请求人民法院或者仲裁机构予以撤销。这里的"重大误解"，包括对行为的性质、标的物、价金和当事人等的误解，本题 C 项表述的情形属于对当事人的误解，为可撤销的民事法律行为，故选 C 项。D 项表述中，甲谎称未婚而与乙结婚，构成重婚。《民法典》第 1051 条规定，有下列情形之一的，婚姻无效：（1）重婚；（2）有禁止结婚的亲属关系；（3）未到法定婚龄。据此规定第 1 项，甲、乙之间的婚姻为无效婚姻，而不是可撤销婚姻，故不选 D 项。

12. A

【解析】孙某在商场购物时被商场保安王某撞伤，该损害是保安的行为所致，即行为与损害结果具有直接的因果关系，且王某作为保安，未能尽到保护顾客安全的义务，存在主观过错。因此，对于王某撞伤孙某的行为，应由商场承担侵权责任。可见，选 A 项。

13. D

【解析】本题表述的情形属于遗失、抛弃高度危险物致人损害的侵权责任。《民法典》第 1241 条规定，遗失、抛弃高度危险物造成他人损害的，由所有人承担侵权责任。所有人将高度危险物交由他人管理的，由管理人承担侵权责任；所有人有过错的，与管理人承担连带责任。据此，氯气管理人乙公司应当承担侵权责任；甲公司作为所有人，在装运时未按规定使用专用容器，存在主观过错，应与管理人乙公司承担连带责任。可见，选 D 项。

14. A

【解析】电影厂对汪某拍摄的 3 秒视觉形象定格行为不构成侵权，选 A 项。电影厂的行为没有侵犯汪某的肖像权，因为对汪某的 3 秒钟形象定格并不能使汪某的肖像固定下来，映像无法固定，就不存在肖像权的问题，且该影片是纪实性的，故不选 B 项。电影厂的行为没有侵犯汪某的名誉权，因为该纪实影片的形象定格并没有使汪某的社会评价降低，故不选 C 项。电影厂的行为没有侵犯汪某的隐私权，因为汪某的形象定格并非是汪某的隐私，故不选 D 项。

15. B

【解析】《民法典》第 1141 条规定，遗嘱应当为缺乏劳动能力又没有生活来源的继承人保留必要的遗产份额。继承人是否缺乏劳动能力又没有生活来源，应当按照遗嘱生效时该继承人的具体情况确定，故选 B 项。

16. D

【解析】出生不以当事人的意志为转移，属于自然事实中的事件，即出生属于客观现象的发生或消灭的情形，出生属于客观事实的发生，死亡属于客观事实的消灭，可见，选 D 项。自然事实有事件和状态之分，状态是某种客观现象的持续，而非客观事实的发生，出生并非客观现象的持续，即非状态。

17. B

【解析】所有权的权能包括占有、使用、收益和处分。其中，使用权能是指在不毁损所有物或改变其性质的前提下，依照物的性能和用途加以利用，满足所有人需求的权利。本题表述中，甲将自己所有的一对手镯随葬，并非将手镯抛弃，而是甲自主决定使用其财产的一种方式，所以随葬后的手镯的所有权仍归属于甲。可见，选 B 项。

18. B

【解析】《民法典》第 349 条规定，设立建设用地使用权的，应当向登记机构申请建设用地使用权登记。建设用地使用权自登记时设立。登记机构应当向建设用地使用权人发放权属证书。据此，建设用地使用权的设立采取登记生效主义，未经登记，不发生物权效力。可见，选 B 项。

19. C

【解析】甲与某房产公司签订的购房合同约定，如交房时房价下跌，买方既可以选择要求退房，也可以选择要求退还差价，即对于该房屋买卖合同，有两种履行标的可供选择，因此是选择之债，选 C 项。房屋买卖合同的标的物即房屋是不可分物，因此是不可分之债，不选 A 项。房屋买卖合同的标的物即房屋已经特定化，因此是特定之债，不选 D 项。

20. 无

【解析】本题原标准答案为 D 项，《民法典》通过后，本题无答案。《民法典》第 188 条第 1 款规定，向人民法院请求保护民事权利的诉讼时效期间为 3 年。法律另有规定的，依照其规定。据此，乙银行的多次催收行为属于权利人提出请求的行为，能够引起诉讼时效的中断。乙银行最后一次催收时间是 2013 年 3 月 9 日，借款合同的 3 年诉讼时效期间重新计算。《民法典》第 419 条规定，抵押权人应当在主债权诉讼时效期间行使抵押权；未行使的，人民法院不予保护。据此，抵押权人应当在主债权的 3 年诉讼时效期间行使抵押权。因此，乙银行能够得到法院保护的最后日期为 2016 年 3 月 9 日。可见，本题无答案。

二、多项选择题

21. BCD

【解析】法条竞合虽然也触犯了数个罪名，但从其形态上看，是由于法规错综复杂的规定即法规内容存在着包容或交叉关系，以致一个犯罪行为触犯数个刑法规范。法条竞合是法条之间具有重合关系，而非犯罪的竞合。可见，A 项表述错误。法条竞合的法律适用问题，依照特别法优于普通法等原则来解决。可见，B 项表述正确。不仅刑法分则条文之间存在法条竞合，而且刑法总则与刑法分则之间也存在一些法条竞合，但法条竞合主要存在于刑法分则之中。可见，C 项表述正确。行为符合数个法条规定的犯罪构成是由刑法错综复杂的规定所致，故不可能同时适用数个法条，只能适用其中一个法条。可见，D 项表述正确。

22. ACD

【解析】根据《刑法》第 38 条第 3 款、第 76 条、第 85 条规定，依法实行社区矫正的适用对象包括被判处管制、宣告缓刑、假释的犯罪分子 3 类，故选 A、C、D 项。《刑事诉讼法》第 258 条规定，对被判处管制、宣告缓刑、假释或者暂予监外执行的罪犯，依法实行社区矫正，由社区矫正机构负责执行。据此，对于暂予监外执行的罪犯，也依法实行社区矫正。

23．BC

【解析】抗税罪是指纳税人以暴力、威胁方法拒不缴纳税款的行为。B 项表述的情形是纳税人以暴力方法抗税的行为，构成抗税罪，选 B 项。C 项表述的情形是纳税人以威胁方法抗税的行为，构成抗税罪，选 C 项。实施抗税行为致人重伤的，以故意伤害罪定罪处罚，不选 A 项。D 项表述的"推搡"尚不能达到暴力程度，不构成抗税罪，不选 D 项。

24．AC

【解析】A 项表述中，甲将他人遗忘物非法侵吞，符合侵占罪的构成条件，可构成侵占罪，选 A 项。侵占罪须以合法占有他人财物为成立前提，这里的"占有"不包括辅助占有。B 项表述中，乙仅为看店者，属于辅助占有者，根据社会的一般观念，即使店主暂时离开了店铺，店铺中的财物仍由店主占有，因此，B 项表述的情形构成盗窃罪，而非侵占罪，不选 B 项。侵占罪的行为对象是"代为保管"的他人财物，这里的"代为保管"，即基于委托关系对他人财物进行的占有。侵占罪以财物的所有人与行为人之间存在委托关系为前提，C 项表述中，丙受托占有客户的贵重物品，形成事实上的委托占有关系，而丙将贵重物品送给自己的朋友，拒不交出，构成侵占罪，选 C 项。D 项表述的情形构成职务侵占罪，不选 D 项。

25．ABC

【解析】拒不执行判决、裁定罪是指对人民法院的判决、裁定有能力执行而拒不执行，情节严重的行为。本罪以"有能力执行而拒不执行""情节严重"作为必要的客观构成要件。根据《最高人民法院关于审理拒不执行判决、裁定刑事案件适用法律若干问题的解释》（2015 年 7 月）第 2 条第 3 项规定，拒不交付法律文书指定交付的财物、票证或者拒不迁出房屋、退出土地，致使判决、裁定无法执行的，以拒不执行判决、裁定罪论处。可见，选 A 项。B 项表述中，乙将法院裁定拍卖的房屋恶意出租，使查封的公寓价值降低，导致法院无法对公寓进行拍卖，这属于有能力履行而拒不履行法院裁定的行为，且情节严重，构成拒不执行判决、裁定罪，选 B 项。根据《全国人民代表大会常务委员会关于〈中华人民共和国刑法〉第三百一十三条的解释》第 2 项规定，担保人或者被执行人隐藏、转移、故意毁损或者转让已向人民法院提供担保的财产，致使判决、裁定无法执行的，构成拒不执行判决、裁定罪，选 C 项。D 项表述构成非法处置查封、扣押、冻结的财产罪。根据《刑法》第 314 条规定，非法处置查封、扣押、冻结的财产罪是指隐藏、转移、变卖、故意毁损已被司法机关查封、扣押、冻结的财产，情节严重的行为。可见，不选 D 项。

26．ABC

【解析】有限责任公司是依据私法设立的法人，因而是私法人；有限责任公司以营利为目的，因而属于营利法人；有限责任公司以营利为目的，以获取较大经济利益，因而是企业法人。有限责任公司是强调人的集合的社团法人，而非从事社会公益、文学艺术、学术研究等活动的社会团体法人。可见，选 A、B、C 项，不选 D 项。

27．CD

【解析】本题表述的情形属于产品损害责任。成立侵权责任的因果关系是指侵权行为和损害事实之间的因果关系，且为直接因果关系。本题表述中的侵权行为指的是生产者和销售者（超市）实施的生产（勾兑）、销售缺陷产品的行为，损害事实是乙双目失明，乙双目失明的事实是因生产者和销售者（超市）的生产（勾兑）和销售行为所致。可见，选C、D项。

28．AC

【解析】《民法典》第1062条第1款规定，夫妻在婚姻关系存续期间所得的下列财产，为夫妻的共同财产，归夫妻共同所有：（1）工资、奖金、劳务报酬；（2）生产、经营、投资的收益；（3）知识产权的收益；（4）继承或者受赠的财产，但是本法第1063条第3项规定的除外；（5）其他应当归共同所有的财产。据此规定第4项，通过法定继承方式继承的房屋为夫妻共同财产。可见，选A项。《民法典》第230条规定，因继承取得物权的，自继承开始时发生效力。《民法典》第1063条规定，下列财产为夫妻一方的个人财产：（1）一方的婚前财产；（2）一方因受到人身损害获得的赔偿或者补偿；（3）遗嘱或者赠与合同中确定只归一方的财产；（4）一方专用的生活用品；（5）其他应当归一方的财产。根据上述规定，B项表述中，甲婚前继承的房产属于甲的个人财产，即便婚后办理的过户登记，但仍然属于个人财产。可见，不选B项。参照相关司法解释规定，当事人结婚前，父母为双方购置房屋出资的，该出资应当认定为对自己子女的个人赠与，但父母明确表示赠与双方的除外。当事人结婚后，父母为双方购置房屋出资的，该出资应当认定为对夫妻双方的赠与，但父母明确表示赠与一方的除外。据此，C项表述中，登记在乙名义下的房屋属于双方父母对夫妻双方的赠与，应当认定为共同财产。可见，选C项。参照相关司法解释规定，婚后由一方父母出资为子女购买的不动产，产权登记在出资人子女名下的，视为只对自己子女一方的赠与，该不动产应认定为夫妻一方的个人财产。据此，D项表述的情形为乙的个人财产，故不选D项。

29．ABC

【解析】A项表述中，只要假牙未与人身分离，就应当认定为属于身体的组成部分，汪某将金某口中种植的假牙打掉，构成对身体权的侵犯，选A项。B项表述中，小李享有对自己姓名的变更权，小李的父亲李某非法干涉小李变更姓名的行为，构成对姓名权的侵犯，选B项。C项表述中的探望权属于身份权，《民法典》第1086条规定，离婚后，不直接抚养子女的父或者母，有探望子女的权利，另一方有协助的义务。行使探望权利的方式、时间由当事人协议；协议不成的，由人民法院判决。父或者母探望子女，不利于子女身心健康的，由人民法院依法中止探望；中止的事由消失后，应当恢复探望。据此，陆某不得无故阻挠齐某行使探望权，否则构成对身份权的侵害。可见，选C项。D项表述中，赵某将游客张某的行为拍成照片，因张某的行为系不文明行为，赵某的拍照行为阻却违法，不构成侵权，故不选D项。

30．ABCD

【解析】在婚姻关系存续期间，夫妻双方原则上不得分割夫妻共同财产，以维持夫妻对财产的共同共有关系。《民法典》第1066条规定，婚姻关系存续期间，有下列情形之一的，夫妻一方可以向人民法院请求分割共同财产：（1）一方有隐藏、转移、变卖、毁损、挥霍夫妻共同财产或者伪造夫妻共同债务等严重损害夫妻共同财产利益的行为；（2）一方负有法定扶养义务的人患重大疾病需要医治，另一方不同意支付相关医疗费用。据此，备选项应全选。

三、简答题

31. 刑法是规定犯罪及其法律后果的法律规范的总和。

刑法的特征是：

（1）调整对象的专门性（特定性）。

（2）刑罚制裁的严厉性。

（3）调整范围的广泛性。

（4）刑法发动的补充性和保障性。

32. 渎职罪的共同特征是：

（1）客体是国家机关的正常活动。

（2）客观方面表现为行为人实施了滥用职权、玩忽职守、徇私舞弊等行为，致使公共财产、国家和人民利益遭受重大损失。

（3）主体是国家机关工作人员。

（4）主观方面有故意和过失两种心理态度。

33. 商业秘密的构成要件包括：

（1）非公知性，即不为公众所知悉。有关信息不为其所属领域的相关人员普遍知悉和容易获得，应当认定为"不为公众所知悉"。

（2）具有商业价值。这要求作为商业秘密的有关信息应当具有现实的或者潜在的商业价值，能为权利人带来竞争优势。

（3）保密性。这要求权利人为防止信息泄露应当采取与其商业价值等具体情况相适应的合理保护措施。

（本书依据新大纲的要求对本题答案进行了修正——编者注）

34. 附条件民事法律行为是指民事法律行为效力的开始或终止取决于将来不确定事实发生与否的民事法律行为。

所附条件的特点是：

（1）应是将来发生的事实。

（2）应是发生与否不确定的事实。

（3）应是由行为人约定的事实。

（4）应是合法的事实。

四、论述题

35. （1）教唆犯是指故意教唆他人实行犯罪的人。

（2）教唆犯的成立条件：①主观上具有使他人产生犯罪意图和决心的故意，也就是唆使他人犯罪的故意；②客观上实施了唆使他人犯罪的行为。

（3）教唆犯的刑事责任包括：①对教唆犯按照其在共同犯罪中所起的作用处罚。起主要作用的，按主犯处罚；仅起到次要作用的，按从犯处罚。②如果被教唆的人没有犯被教唆的罪，对于教唆犯，可以从轻或者减轻处罚。③教唆不满 18 周岁的人犯罪的，应当从重处罚。

36.（1）公示原则是指物权变动时，必须将物权变动的事实通过一定方式向社会公开，使第三人知道物权变动的情况。不动产物权变动的公示方法为登记；动产物权变动的公示方法为交付。基于民事法律行为发生的物权变动，非经公示不发生物权变动的效果或不产生对抗善意第三人的效力。

（2）公信原则是指物权变动时，当事人依据法律进行了公示，即使公示所表现的物权状态与真实的物权状态不相符，也不影响物权变动的效力。公信原则包括两方面内容：①权利的正确性推定效力（或者回答占有权利的推定效力——编者注）。②善意保护效力（或者回答物权转让效力——编者注）。

（3）公示、公信原则的意义在于明确物权的功能，提高物的利用效率，保护交易安全，稳定社会经济秩序。

五、案例分析题

37.（1）甲应认定为贪污罪。理由是：①甲利用管理学校财务的职务便利，侵吞乙归还的 15 万元公款，符合贪污罪的客观要件；②甲被聘为学校会计，属于受国有事业单位委托管理公共财产的人员，具备贪污罪的主体身份；③甲采取虚列支出平账的方式侵吞公款，表明主观上具有非法占有公共财物的目的，符合贪污罪的主观要件。

（2）乙应认定为挪用公款罪。理由是：①乙利用校长职权，指使不知情的甲挪用公款，供亲友使用，进行营利活动，符合挪用公款罪的客观要件；②乙是学校校长，属于国家工作人员，具备挪用公款罪的主体身份；③乙归还了所挪用的公款，说明其不具备非法占有的目的，符合挪用公款罪的主观要件。

（3）甲向审计机关主动交代了贪污的事实，符合自首的规定，属于法定量刑情节。甲退还了 15 万元，应认定为积极退赃，属于酌定量刑情节。

38.（1）货运合同。

（2）无效。该条款属于格式条款，且其内容是免除快递公司的责任，故无效。

（3）不应当。与陈某签订合同的主体是飞狐速递公司，野狼快递服务部只是其营业网点，故野狼快递服务部不应当承担违约责任。

（4）不成立。陈某向宋某请求返还手机的权利属于物权请求权，物权请求权不适用诉讼时效。

2016 年全国法律硕士（法学）专业学位研究生入学联考综合课试题

一、单项选择题（第 1～20 小题，每小题 1 分，共 20 分。下列每题给出的四个选项中，只有一个选项是最符合题目要求的）

1. 下列关于法学与法理学的表述，正确的是（　　）。

A. 凡有法律的地方，就一定会有法学

B. 法理学对法律创制和法律适用没有直接价值

C. 法理学的研究应当为法治建设提供理论支持与指导

D. 法学的研究对象是有效的法律规范与现行的法律制度

2. 下列关于法的历史演进的表述，正确的是（　　）。

A. 法的历史演进只受客观物质条件的影响

B. 封建制法是人类历史上第一种私有制的法律类型

C. 私有财产神圣不可侵犯是资本主义法的核心特征之一

D. 从规范性调整逐渐发展为个别调整是法起源的一般规律

3. 下列关于人权的表述，正确的是（　　）。

A. 人权就是指公民权利和政治权利

B. 人权价值可作为立法与司法的指导

C. 人权是超越时代和历史的基本权利

D. 人权的主体是公民，其内容由宪法加以规定

4. 下列选项中，关于法律行为或法律事件的判断，不正确的是（　　）。

A. 赵某生下一对双胞胎是法律事件

B. 钱某与单位签订聘用合同是法律行为

C. 孙某的房屋在地震中垮塌是法律事件

D. 李某声称自己被外星人劫持是法律行为

5. 下列关于立法体制与立法原则的表述，正确的是（　　）。

A. 联邦制国家一般采用一元立法体制

B. 一国立法体制的形成主要由其文化传统决定

C. 我国立法体制的特点是"一元、两级、多层次"

D. 立法公开是我国立法体制中"合法性原则"的集中体现

6.《中华人民共和国婚姻法》第 2 条第 3 款规定："实行计划生育。"按照法律原则分类的相关理论，该条文属于（　　）。

A. 政策性原则　　　B. 程序性原则　　　C. 公理性原则　　　D. 基本原则

7. 下列关于法律解释的表述，正确的是（　　）。

A. 国家机关对法律所作的解释均为有权解释

B. 我国法律解释体系包括立法解释和司法解释两种形式

C. 历史解释方法既可用于正式解释，也可用于非正式解释

D. 按解释尺度的不同可以将法律解释分为文义解释与体系解释

8. 下列关于宪法效力的表述，正确的是（　　）。

A. 宪法的效力和法律的效力相同

B. 宪法能够直接约束私人行为是宪法学的通说

C. 就各国实践来看，宪法具有最高效力是例外情形

D. 宪法效力主要体现为规范立法权、行政权和司法权

9. 根据我国宪法和法律，下列关于宪法监督制度的表述，正确的是（　　）。

A. 我国的宪法监督制度是一种附带性审查制度

B. 全国人大常委会在对法规进行备案时有权审查其合宪性

C. 由法院审查法律是否合宪符合人民代表大会制度的要求

D. 公民和社会组织有权向全国人大常委会提出违宪审查的要求

10. 根据我国宪法和法律，下列关于地方各级人民政府的表述，不正确的是（　　）。

A. 地方各级人民政府必须依法行政

B. 地方各级人民政府实行集体负责制

C. 地方各级人民政府均受国务院的统一领导

D. 地方各级人民政府是地方各级人大的执行机关

11. 根据我国法律，制定和修改村规民约的主体是（　　）。

A. 村民会议　　　B. 村民代表　　　C. 村党支部　　　D. 村民委员会

12. 2014 年 9 月，王村举行村委会选举。下列人员中，应当列入参选村民名单的是（　　）。

A. 王二，户籍在李村，半年前入赘王村

B. 王五，户籍在王村，在纽约唐人街打工，久无音讯

C. 王七，户籍在王村，嫁入李村，已登记和参加李村选举

D. 王九，户籍在王村，在北京经商，多次表示要参选村委会主任

13. 东风地质队在白兔村勘探时，发现高某承包的竹园地下有丰富的钨矿。此钨矿的所有权属于（　　）。

A. 东风地质队　　　B. 白兔村　　　C. 高某　　　D. 国家

14. 根据我国宪法和法律，下列关于地方人民政府派出机关的表述，正确的是（　　）。

A. 派出机关是一级政权机关，有行政管理职权

B. 县人民政府设立派出机关应当经国务院批准

C. 不设区的市的人民政府经批准可设立派出机关

D. 行政公署是省、自治区、直辖市人民政府的派出机关

15. 宋代文学家苏轼曾感叹"三风十愆古所戒，不必骊山可亡国"。其中，"三风十愆"指的是官吏中盛行的"巫风"、"淫风"和"乱风"三类恶劣风气以及与之相关的十种不良行为。我国古代已有针对"三风十愆"处墨刑的惩罚性规定，作出该规定的朝代是（　　　）。

A. 商朝　　　　　　B. 西周　　　　　　C. 秦朝　　　　　　D. 唐朝

16. 依秦律，下列案件中，属于官府应当受理的"公室告"的是（　　　）。

A. 甲告邻人窃其财产　　　　　　B. 乙告父殴伤自己

C. 丙告子窃其财物　　　　　　D. 丁告主擅用私刑

17. 下列选项中，依唐律可以适用自首减免刑罚原则的犯罪行为是（　　　）。

A. 私习天文　　　B. 偷渡关卡　　　C. 侵害人身　　　D. 脱漏户籍

18.《历代名臣奏议》中记载，宋高宗时"狱司推鞫，法司检断，各有司存，所以防奸也"。材料反映的司法制度是（　　　）。

A. 翻异别推　　　B. 鞫谳分司　　　C. 三司会审　　　D. 死刑复奏

19. 清朝负责受理蒙古、西藏、新疆等少数民族地区上诉案件的中央机关是（　　　）。

A. 宣政院　　　B. 大宗正府　　　C. 理藩院　　　D. 宗人府

20. 中华民国南京临时政府颁布了一系列社会改革法令，旨在革除社会陋习，改进社会风尚。下列选项中，未被这些改革法令所涉及的内容是（　　　）。

A. 禁烟　　　　　　B. 剪辫　　　　　　C. 劝禁缠足　　　　　　D. 禁纳妾

二、多项选择题（第 21～30 小题，每小题 2 分，共 20 分。下列每题给出的四个选项中，至少有两个选项是符合题目要求的。多选、少选或错选均不得分）

21. 下列关于法的基本特征的理解，正确的有（　　　）。

A. 法具有权利与义务的一致性

B. 法由专门的国家机关制定、认可

C. 法既可以调整行为，也可以调整思想

D. 法与道德、习惯不同，其实施由国家强制力予以保障

22. 下列关于法的局限性的理解，正确的有（　　　）。

A. 法律只能调整一部分社会关系

B. 法律的创制和适用受到社会发展的制约

C. 社会生活时刻在变化，但法律不可朝令夕改

D. 徒法不足以自行，法律职业的整体水平影响着法的实施效果

23. 村民甲为修建房屋，盗伐了某林场木材若干。事发后，公安机关依法对甲的违法行为展开调查，并依据我国治安管理处罚法的相关条文对甲处以罚款。对此，下列分析正确的有（　　　）。

A. 甲的盗伐行为引发了多个法律关系的产生

B. 公安机关依法对甲进行处罚运用了演绎推理的方法

C. 甲与林场之间的法律关系属于平权法律关系与相对法律关系

D. 公安机关的行政处罚决定书属于规范性法律文件，具有法的效力

24. 下列关于法与政治关系的表述，正确的有（　　）。

A. 政治的变迁可以影响法的发展变化

B. 法能够为政治行为提供合法律性依据

C. 政治可为法的实现提供必要的环境和条件

D. 法治社会需要法律与政治、权力保持适当的距离

25. 根据我国宪法和法律，下列关于全国人民代表大会代表权利与义务的表述，正确的有（　　）。

A. 全国人大代表有义务模范地遵守宪法和法律，协助宪法和法律的实施

B. 全国人大闭会期间，全国人大代表非经全国人大常委会许可，不受逮捕

C. 全国人大代表执行代表职务时，国家根据需要给予其适当的补贴和物质上的便利

D. 全国人大代表应同原选举单位和人民保持密切联系，可列席原选举单位的人民代表大会会议

26. 香港特别行政区政治体制具有行政主导的特点，其表现有（　　）。

A. 立法会通过的法案须经行政长官签署、公布，方能生效

B. 行政长官有权根据法律规定的程序任免立法会议员

C. 行政长官是特别行政区的首长，代表特别行政区

D. 行政长官对立法会通过的法案有相对否决权

27. 下列关于平等权的表述，正确的有（　　）。

A. 平等权是我国公民的基本权利

B. 国家对公民的平等权负有保障义务

C. 平等权意味着公民平等地享有权利、履行义务

D. 平等权反对特权和歧视，也不允许存在任何差别对待

28. 下列关于春秋时期公布成文法历史意义的表述，正确的有（　　）。

A. 打破了"刑不可知，则威不可测"的传统

B. 开辟了一种全新的以法治世的统治模式

C. 为封建法律制度的确立奠定了基础

D. 为成文法典的出现提供了条件

29. 下列关于春秋决狱的表述，正确的有（　　）。

A. 春秋决狱是贾谊倡导的

B. 春秋决狱的实质是原心定罪

C. 春秋决狱盛行于秦汉，直到隋唐时期才退出历史舞台

D. 春秋决狱是将儒家经典的原则适用于案件审理的特殊审判方式

30. 下列关于明朝官员选任制度的表述，正确的有（　　）。

A. 科举制是明朝官吏选任的基本途径，辅之以荐举制

B. 科举考试以四书五经为命题内容，且要求考生论及时事

C. 地方官任命严格执行"北人官南、南人官北"的籍贯回避

D. 明朝建立了完整的科举选官制度，只有官学的学生才可以参加科举考试

三、**简答题**（第 31～33 小题，每小题 10 分，共 30 分）

31. 简述法律论证的正当性标准。

32. 简述宪法的发展趋势。

33. 简述清末诉讼审判制度变革的主要内容。

四、**分析论述题**（第 34～37 小题，每小题 15 分；第 38 小题，20 分，共 80 分）

34. 教师李某与银行职员刘某因争抢停车位发生冲突，刘某一怒之下将李某的汽车砸坏。李某报警后，县公安局对刘某作出行政拘留 5 日的处罚。处罚执行后，刘某为报复李某将其打成重伤。检察院以涉嫌故意伤害罪依法对刘某提起公诉。法院经审理认为，刘某将李某打成重伤，存在主观故意，构成故意伤害罪。法院根据我国《刑法》第 234 条及相关法律，判处刘某有期徒刑 5 年，赔偿李某人民币 7 万元整。

结合上述材料，运用法理学的相关理论，回答并分析下列问题：

（1）法院对刘某刑事责任的归结体现了哪些法律归责原则？

（2）本案中出现了哪几种法律制裁形式？

35. 法律的权威源自人民对法律的内心拥护和真诚信仰，只有公民普遍守法，才能真正实现社会的法治。公民普遍遵守法律需要一定的条件才能实现。

请从法理学角度阐述公民普遍守法的一般条件。

36. 2014 年 12 月，为加快旧城改造，某市城南区政府决定征收黎明小区的房屋。就补偿问题，区政府未能与部分居民达成一致。区政府遂对小吴等反对拆迁的"钉子户"的住宅实施监控并断水断电。小吴在其微博连续披露此事，批评区政府行为违法，引起社会关注。城南区政府以消除社会不良影响为由，要求微博运营商提供小吴的所有微博私信内容，并注销其微博账号。运营商对此予以配合。区政府还就小吴反对拆迁事件录制专题片在区电视台播出，以教育小吴和广大群众。

根据我国宪法和法律，分析城南区政府采取的措施侵犯了小吴的哪些宪法权利，并阐述理由。

37. 论宪法基本原则的内容及其在我国宪法中的体现。

38. 材料一：《诗·齐风·南山》：取妻如之何？必告父母。

《诗·豳风·伐柯》：取妻如何？匪媒不得。

《礼记·昏义》：昏（婚）礼者，合二姓之好，上以事宗庙，而下以继后世也，故君子重之，是以昏礼，纳采、问名、纳吉、纳征、请期，皆主人筵几于庙，而拜迎于门外，入揖让而升，听命于庙，所以敬慎重正昏礼也。

《礼记·曲礼》：取妻不取同姓，故买妾不知其姓则卜之。

材料二：《大戴礼记·本命》：妇有七去：不顺父母去，无子去，淫去，妒去，有恶疾去，多言去，窃盗去……妇有三不去：有所取，无所归，不去；与更三年丧，不去；前贫贱，后富贵，不去。

请运用中国法制史的知识和理论，分析上述材料并回答下列问题：

（1）根据材料一，概括西周婚姻成立的条件。

（2）材料二中"七去三不去"的离婚原则是如何体现宗法伦理精神的？

（3）西周婚姻制度对于后世婚姻立法有什么影响？

2016年全国法律硕士（法学）专业学位研究生入学联考综合课试题答案解析

一、单项选择题

1. C

【解析】 有法律未必就有法学，法学是在法律发展到一定阶段才产生的。可见，A项表述错误。法理学不仅研究法的一般理论，还研究法的创制、法的适用等法律运行的理论，因此，法理学对法律创制和法律适用具有直接价值。可见，B项表述错误。法理学的研究应以法治建设为主，应当为法治建设提供理论支持和指导。可见，C项表述正确。法理学的研究对象是一般法，是法和全部法律现象及其规律性，一般法包括法的整个领域，还可以指古今中外的一切法。可见，法理学的研究对象不限于有效的法律规范与现行的法律制度，故D项表述错误。

2. C

【解析】 法的产生和演进，除了经济、政治原因外，还有人文、地理等因素的影响。可见，A项表述错误。奴隶制法是人类历史上第一种私有制的法律类型。可见，B项表述错误。私有财产神圣不可侵犯是所有资产阶级宪法确立的一项基本原则，也是资本主义法律制度的核心。可见，C项表述正确。由个别调整逐步发展为规范性调整是法起源的一般规律。可见，D项表述错误。

3. B

【解析】 人权是作为人所享有或应当享有的那些权利。这些权利包括个体权利和集体权利，就个体权利而言，按照联合国人权公约的划分，人权可以分为公民权利和政治权利，以及经济、社会和文化权利两大类。可见，A项表述错误。人权作为法律价值，表明法律的来源、法律的实施、实现、立法、执法、司法、法律监督等法律运作的各个环节，以及法律的根本目的都要着眼于人本身，因此，人权价值可作为立法与司法的指导。就立法而言，我国将宪法规定的人权原则和各项公民权利具体化到有关的法律法规中去，建立健全了以宪法为基础的行之有效的人权法律保障体系。就司法而言，司法机关贯彻宪法规定的尊重和保障人权原则，依法处理各种侵权违法犯罪。可见，B项表述正确。人权是历史范畴，而不是超时代和超历史的。可见，C项表述错误。人权包括个体权利和集体权利，据此，人权的主体不仅包括个人，还包括集体，如少数民族自决权、妇女儿童的权利、国家集团的发展权等。人权的内容也并非都由宪法加以规定，即通过宪法规定人权原则，再将宪法规定的人权原则具体化到法律法规中去，从而使公民的各项人权得到法律保障。可见，D 项表述错误。

4. D

【解析】 依据法律事实是否与当事人的意志有关，可以将法律事实分为法律事件和法律行为。法律事件是法律规范规定的，与当事人的意志无关的，能够引起法律关系产生、变更和消灭的客观事实。人的出生和地震等自然事实都与人的意志无关，属于事件。可见，A、C 项表述正确。法律行为是与当事人意志有关的，能够引起法律关系产生、变更或消灭的作为或不作为，如签订合同、结婚等。可见，B 项表述正确。法律行为不仅要与当事人的意志有关，而且能够产生法律效果，D 项表述的情形不能引起法律效果，不是法律行为，故 D 项表述不正确。

5. C

【解析】 联邦制国家一般采用二元或多元立法体制，A 项表述错误。一国立法体制的形成主要由这个国家的国家性质、国家结构形式和文化传统等因素决定，但国家结构形式对于立法体制的形成影响最为显著，B 项表述错误。我国立法体制的特点是"一元、两级、多层次"（还有一种观点是：我国立法体制的特点是"既统一而又分层次"），C 项表述正确。立法公开是我国立法体制中民主性原则的体现，D 项表述错误。

6. A

【解析】 法律原则有政策性原则和公理性原则之分。政策性原则体现了国家必须达到的政治目标或所作出的政治决策，如《婚姻法》第 2 条第 3 款规定的"计划生育"原则。公理性原则是被社会广泛公认的法律公理，如诚实信用原则、无罪推定原则、罪刑法定原则等。可见，选 A 项，不选 C 项。《婚姻法》第 2 条第 3 款规定的"计划生育"原则属于实体性原则，而非程序性原则，不选 B 项。《婚姻法》第 2 条第 3 款规定的"计划生育"原则属于具体性原则，而非宪法规定的基本原则，不选 D 项。需要注意的是，我国民法典婚姻家庭编已删除计划生育条款，计划生育原则已经不是民法典婚姻家庭制度的基本原则。

7. C

【解析】 有权解释包括立法解释、司法解释和行政解释，上述法律解释应由享有解释权的国家机关进行，如司法解释只能由最高司法机关进行，其他司法机关无权进行司法解释，因此，国家机关对法律所作的解释未必是有权解释，也可能是无权解释。可见，A 项表述错误。我国的法律解释体系包括立法解释、司法解释和行政解释。可见，B 项表述错误。正式解释和非正式解释都可以运用历史解释方法。例如，在正式解释中可以附载立法理由书或制度沿革等；在非正式解释中，解释者可以对未能通过的草案作出对比说明书等。可见，C 项表述正确。按解释尺度的不同，可以将法律解释分为限制解释、扩充解释和字面解释三种。可见，D 项表述错误。

8. D

【解析】 宪法具有最高法律效力，任何其他法律都不得与宪法相抵触，否则该法律无效。可见，A 项表述错误。宪法具有最高法律效力，这种最高权威性的效力不能直接约束私人行为，这体现了宪法效力的原则性，这是通说。可见，B 项表述错误。就各国实践来看，宪法具有最高效力为各国宪法立法和普通立法所确认或尊重。可见，C 项表述错误。宪法是为了保障公民的权利而制定的，而公民权利的保障正是通过宪法限制国家权力而实现的，因此，宪法效力主要体现为对立法权、行政权和司法权进行规范，通过权力制约权力，从而限制国家权力。可见，D 项表述正确。

9. B

【解析】我国的宪法监督制度是一种事后审查制度（但对于自治条例和单行条例采取事先审查制度）。附带性审查是指法院在审理具体案件的诉讼过程中，当事人提出适用于该案件的法律、法规存在违宪问题，而由法院对该法律、法规所进行的审查。附带性审查虽然也属于事后审查，但仅存在于普通司法机关行使违宪审查权的国家，我国没有这种审查方式。可见，A 项表述错误。全国人大常委会作为我国的违宪审查机关，自然有权对备案的法规进行违宪性审查。《立法法》第 99 条第 3 款规定，全国人大常委会有关的专门委员会和常务委员会工作机构可以对报送备案的规范性文件进行主动审查。可见，B 项表述正确。我国采取立法机关的违宪审查模式，即我国的违宪审查机关是全国人大及其常委会，法院没有违宪审查权。可见，C 项表述错误。根据《立法法》第 99 条第 2 款规定，公民认为行政法规、地方性法规、自治条例和单行条例同宪法或者法律相抵触的，可以向全国人民代表大会常务委员会书面提出进行审查的"建议"，而非"要求"。可见，D 项表述错误。

10. B

【解析】《地方各级人民代表大会和地方各级人民政府组织法》第 55 条第 3 款规定，地方各级人民政府必须依法行使行政职权。据此，A 项表述正确。根据《地方各级人民代表大会和地方各级人民政府组织法》第 56 条规定，地方各级人民政府实行首长负责制，B 项表述错误。《地方各级人民代表大会和地方各级人民政府组织法》第 55 条第 2 款规定，全国地方各级人民政府都是国务院统一领导下的国家行政机关，都服从国务院。据此，C 项表述正确。《地方各级人民代表大会和地方各级人民政府组织法》第 54 条规定，地方各级人民政府是地方各级人民代表大会的执行机关，是地方各级国家行政机关。据此，D 项表述正确。

11. A

【解析】《村民委员会组织法》第 27 条第 1 款规定，村民会议可以制定和修改村民自治章程、村规民约，并报乡、民族乡、镇的人民政府备案。据此，制定和修改村规民约的主体是村民会议。可见，选 A 项。

12. D

【解析】《村民委员会组织法》第 13 条规定，年满 18 周岁的村民，不分民族、种族、性别、职业、家庭出身、宗教信仰、教育程度、财产状况、居住期限，都有选举权和被选举权；但是，依照法律被剥夺政治权利的人除外。村民委员会选举前，应当对下列人员进行登记，列入参加选举的村民名单：（1）户籍在本村并且在本村居住的村民；（2）户籍在本村，不在本村居住，本人表示参加选举的村民；（3）户籍不在本村，在本村居住 1 年以上，本人申请参加选举，并且经村民会议或者村民代表会议同意参加选举的公民。已在户籍所在村或者居住村登记参加选举的村民，不得再参加其他地方村民委员会的选举。根据上述规定，只有D项表述的王九应当列入参选村民名单。

13．D

【解析】《宪法》第9条第1款规定，矿藏、水流、森林、山岭、草原、荒地、滩涂等自然资源，都属于国家所有，即全民所有；由法律规定属于集体所有的森林和山岭、草原、荒地、滩涂除外。据此，钨矿作为矿藏属于国家所有，故选D项。

14．C

【解析】根据地方组织法规定，省级和县级人民政府在必要的时候，经上级人民政府批准，可以设立若干派出机关。这些派出机关不是一级正式的政权机关，而是代表派出它的人民政府督促、检查、领导下一级人民政府工作的机构。可见，A项表述错误。目前，我国的派出机关是：省人民政府在必要的时候，经国务院批准，可以设立若干行政公署，作为它的派出机关；县级人民政府在必要的时候，经省级人民政府批准，可设立若干区公所，作为它的派出机构；市辖区、不设区的市的人民政府，经上级人民政府批准，可以设立若干街道办事处，作为它的派出机构。可见，B项表述错误，C项表述正确。行政公署是省人民政府的派出机关。可见，D项表述错误。

15．A

【解析】商代有"三风十愆"之规定，即官吏有"巫风"、"淫风"和"乱风"三类恶劣风气以及与之相关的十种不良行为的，当处墨刑。"三风十愆"属于职官犯罪。可见，选A项。

16．A

【解析】本题考查的是秦朝的告诉及限制制度。《睡虎地秦墓竹简·法律答问》记载：公室告何也？非公室告何也？贼杀伤、盗他人为公室；子盗父母，父母擅杀、擅用私刑、髡子及奴妾不为公室告。子告父母，臣妾告主，非公室告，勿听。据此，凡属于杀伤他人或盗窃他人，是公室告；子女盗窃父母，父母擅自杀死、致伤、髡剃子女及奴婢不是公室告。子女控告父母，奴婢控告主人，属于非公室告，不予受理。可见，A项表述的盗窃他人财产的行为应当属于公室告。而B、C、D项表述的乙控告父亲殴伤自己、丙控告子盗窃其财产、丁控告主人擅用私刑属于非公室告，故不选B、C、D项。

17．D

【解析】依据唐律，对于侵害人身、毁坏贵重物品、偷渡关卡、私习天文等不适用自首。只有脱漏户籍可以适用自首，选D项。

18．B

【解析】《历代名臣奏议》中记载的"狱司推鞫"即由"鞫司"（又称"推司"或"狱司"）审案；"法司检断"即由"法司"（又称"谳司"）检法量刑。鞫司和法司各司其职，审、判分离，此为鞫谳分司制。可见，选B项。

19．C

【解析】清朝负责受理蒙古、西藏、新疆等少数民族地区上诉案件的中央机关是理藩院，选C项。宣政院为元朝主持全国佛教事务和统领吐蕃地区军民之政的中央机构，也是全国最高宗教审判机关，负责审理重大的僧侣案件和僧俗纠纷案件，清朝没有此机构。大宗正府是元朝专理蒙古王公贵族案件的中央司法机构，其地位高于刑部。宗人府创于明朝，清朝的宗人府是管理皇室宗族诉讼的机构。

20．D

【解析】 南京临时政府颁布了一系列社会改革法令，这些法令包括：（1）保障民权的法令。颁布《保障人民财产令》《保护人民生命财产电文》《禁止买卖人口文》《禁止贩卖猪仔文》《公权私权文》《保护华侨办法》等。（2）发展经济的法令。颁布《慎重农事令》等。（3）文化教育方面的法令。颁布《普通教育暂行办法》《禁用前清各书通告各省电文》等。（4）社会改革方面的法令。颁布《禁烟文》《一律剪辫文》《禁止缠足文》《革除前清官厅称呼文》等。（5）改革刑罚与司法的法令。颁布《禁止刑讯文》《禁止体罚文》等。可见，只有 D 项表述的"禁纳妾"未被南京临时政府颁布的社会改革法令所涉及，选D项。

二、多项选择题

21．ABD

【解析】 法具有权利与义务的一致性，这是法的基本特征之一，A 项表述正确。法是由国家制定或认可的社会规范，体现国家意志性和权威性，B 项表述正确。法是调整人们行为的规范，规定了人们行为的标准和模式。法律不是通过调整人们的内心观念、思想来调整社会关系的。可见，C 项表述错误。法律是由国家强制力保证实施的社会规范，具有国家强制性，这是法律与道德、习惯等社会规范的区别之一。可见，D 项表述正确。

22．ABCD

【解析】 法律调整的范围是有限的，法律只是众多社会调整手段中的一种，并非所有的社会关系都由法律调整或都适用法律调整。可见，A 项表述正确。法律的创制和实施（包括适用）受到社会发展的制约，B 项表述正确。法律的相对稳定性和保守性特性和社会发展之间存在矛盾，这意味着法律不能朝令夕改。可见，C 项表述正确。"徒善不足以为政，徒法不足以自行"，法律制定和实施受到人的因素的制约，法律职业的整体水平影响着法的实施效果，D 项表述正确。

23．ABC

【解析】 甲的盗伐行为引发了民事法律关系、行政法律关系等多个法律关系的产生。可见，A 项表述正确。公安机关依据治安管理处罚法的相关条文对甲进行行政处罚，是将可以适用的法律规则这个大前提运用到具体案件中，这种推理方式正是演绎推理。可见，B 项表述正确。甲盗伐林木，引起侵权损害赔偿法律关系，这属于民事法律关系，该法律关系属于平权法律关系和相对法律关系。可见，C 项表述正确。公安机关的行政处罚决定书虽然具有法律效力，但属于非规范性法律文件，决定书是适用法律的结果。可见，D 项表述错误。

24．ABCD

【解析】 政治的变迁即政治活动和政治关系的发展变化必然在一定程度或意义上影响法律的内容或对价值追求的发展变化。可见，A 项表述正确。法律对政治具有确认、规范和保障作用，因此，法能够为政治行为提供合法律性依据。可见，B项表述正确。政治可以影响法律的内容，政治也可以为法律的实现和发展提供必要的环境和条件。可见，C项表述正确。政治的核心是权力，而法律的核心是权利。虽然权力运用得当可以为权利的实现创造有利条件，但权力往往对权利构成威胁与侵害，因此，法治社会需要法律与政治、权力保持适当的距离。可见，D项表述正确。

25. ABCD

【解析】《宪法》第76条第1款规定，全国人民代表大会代表必须模范地遵守宪法和法律，保守国家秘密，并且在自己参加的生产、工作和社会活动中，协助宪法和法律的实施。据此，A项表述正确。《宪法》第74条规定，全国人民代表大会代表，非经全国人民代表大会会议主席团许可，在全国人民代表大会闭会期间非经全国人民代表大会常务委员会许可，不受逮捕或者刑事审判。据此，B项表述正确。《全国人民代表大会组织法》第42条规定，全国人民代表大会代表在出席全国人民代表大会会议和执行其他属于代表的职务的时候，国家根据实际需要给予适当的补贴和物质上的便利。据此，C项表述正确。《全国人民代表大会组织法》第41条规定，全国人民代表大会代表应当同原选举单位和人民保持密切联系，可以列席原选举单位的人民代表大会会议，听取和反映人民的意见和要求，努力为人民服务。据此，D项表述正确。

26. ACD

【解析】行政主导主要表现为：（1）行政长官在特别行政区处于特殊地位，是特别行政区的首长，代表特别行政区。（2）法律草案、预算案及其他重要议案由政府向立法会提出。（3）政府向立法会提出的议案优先列入议程。（4）立法会通过的法案须经行政长官签署、公布，方能生效。（5）行政长官对立法会通过的法案有相对否决权。（6）行政长官有权根据法律规定的程序解散立法会。（7）其他。例如，行政长官可以依照法律的规定批准临时短期拨款，有权决定政府官员或者其他公务人员是否向立法会作证和提供证据等。可见，选A、C、D项。特区立法会议员由选举产生，行政长官无权任免立法会议员。可见，不选B项。

27. ABC

【解析】我国《宪法》在第二章"公民的基本权利和义务"中规定了平等权，即在第33条第2款规定了一般平等权条款，因而，平等权是我国公民的基本权利。可见，A项表述正确。平等权是公民的基本权利，也是国家对公民负有的义务，即国家对公民享有基本权利负有保障义务。可见，B项表述正确。平等权意味着公民平等地享有权利、履行义务。可见，C项表述正确。平等权反对特权和歧视，但这并不意味着不允许存在差别对待，只要存在差别对待的合理理由，就应当允许存在这种差别。可见，D项表述错误。

28. ABCD

【解析】春秋时期公布成文法的历史意义有：（1）公布成文法是对旧的法律观念、法律制度以及社会秩序的一种否定，打破了"刑不可知，则威不可测"的信条，结束了法律的秘密状态，使法律制度逐步走向公开化，开创了古代法制建设的新纪元。（2）公布成文法在客观上为法律制度的进一步发展、为罪和刑对应的成文法典的出现提供了条件，也为各种新型社会关系的产生和发展提供了可靠保证。（3）春秋时期公布成文法，开辟了一种全新的以法治世的统治模式，为"法治"取代"礼治"拉开了序幕，也为战国及其后世法律制度的发展与完善积累了经验。（4）成文法的公布使奴隶制法律体系走向解体，为封建法律制度的确立奠定了基础。可见，备选项应全选。

29. BD

【解析】春秋决狱是董仲舒倡导的，而不是贾谊，贾谊倡导的是"黄老学说"和"无为而治"。可见，A 项表述错误。春秋决狱的基本精神是"原心定罪"，即以犯罪人的主观心理动机作为定案的主要依据。如果犯罪人的动机不纯正，违背了《春秋》精神，即使尚未作为或犯罪未遂，也要予以刑事处罚，对共同犯罪的首犯还要从重处罚；而如果行为人的目的、动机纯正，符合《春秋》精神，即使已违法犯罪，也可以赦免其罪或减轻处罚。春秋决狱体现了司法领域中儒家思想向法律的渗透，是儒家经典原则适用于案件审理的特殊审判方式，也是汉朝法律儒家化的标志之一。可见，B、D 项表述正确。秦朝没有春秋决狱的审判方式，春秋决狱盛行于西汉中期，沿用于魏晋南北朝，到了隋、唐，因法律儒家化的任务已经完成，礼法合一的法典正式形成，春秋决狱也完成了历史使命。可见，C 项表述错误。

30. ACD

【解析】明朝官吏的选举之法，大略有四：曰学校，曰科目，曰荐举，曰铨选。但科举制始终是选官的基本途径。除科举制外，明初还一度实行过荐举制，明代宗景泰年间开捐纳之先。可见，A 项表述正确。明太祖朱元璋采纳刘基的意见，规定各级考试专用四书五经命题，考生只能按照宋代程朱几家的经义解释来回答，绝不允许抒发自己的见解，更不能言及时事，自由发挥。可见，B 项表述错误。明代实行"北人官南、南人官北"的任官籍贯回避制度，即北方人调南方任官，南方人调北方任官。可见，C 项表述正确。明朝建立了完整的科举选官制度，只有官学的学生才可以参加科举考试。中央设国子监为最高学府，学生称"监生"，由各地官学选送。可见，D 项表述正确。

三、简答题

31.（1）内容的融贯性。法律论证需要与法律体系内部的规则形成一致，同时也要符合社会的评价。

（2）程序的合理性。法律论证的过程应当符合合理的程序，以消解论证的开放性和灵活性所带来的缺陷。

（3）依据的客观性和逻辑的有效性。法律论证必须依据基本的法律和社会规范以及合理的逻辑规则达成。尽管评价性判断的依据可能是多元的，但原则上仍必须是客观的。法律论证使用的逻辑方法应当满足大众的接受度，符合大众的思维习惯。

（4）结论的可接受性。法律论证的最终结论应当具有说服决策者和公众的效力，能够为社会普遍接受。

（本题依据新考试大纲对原标准答案第 3 点内容进行了修正——编者注）

32.（1）宪法越来越强调对人权的保障，不断扩大公民基本权利的范围。

（2）宪法在授予政府更多权力的同时，更加注重对政府权力的监督。

（3）为维护宪法的权威，违宪审查制度在越来越多国家得以确立。

（4）宪法发展的国际化趋势更加明显。

33.（1）确立了司法独立原则。建立各级审判厅，实行四级三审制。

（2）区分刑事、民事诉讼。在诉讼和审判中终结了刑、民不分的历史。

（3）承认了律师活动的合法性。

（4）初步规定了法官及检察官考试任用制度。

（5）改良了监狱及狱政管理制度。

四、分析论述题

34.（1）法院对刘某刑事责任的归结体现了如下归责原则：①责任法定原则。刑事法律是追究刑事责任的唯一法律依据，法院依据刑法判处刘某承担刑事责任是责任法定原则的体现。②因果关系原则。刘某的违法行为与李某受到的伤害之间、刘某的主观恶意与刘某的违法行为之间均有直接的因果关系。③责任相称原则。刘某将李某打成重伤且具有明显的主观故意，其所承担的刑事责任同其主观恶性与造成的损害相当，符合责任相称原则。④责任自负原则。刘某具有完全刑事责任能力，应为其违法行为所造成的后果承担法律责任。

（2）本案中出现了三种法律制裁形式：县公安局对刘某作出行政拘留 5 日的处罚，属于行政制裁；法院判处刘某有期徒刑 5 年，属于刑事制裁；法院判处刘某赔偿李某人民币 7 万元整，属于民事制裁。

35.（1）良好的法律制度。法律是社会主体守法的参照系，是主体行为的标准和依据。有什么样的法律，就会引导主体形成什么样的行为模式。法治社会要求"良法之治"，需要法律既体现法治的精神和价值，也满足法治所要求的形式标准。

（2）良好的法律环境。法律环境是影响和制约公民普遍守法的客观条件。良性法律秩序生成的各种社会条件，主要包括法律运行环境、社会政治环境、经济环境以及历史文化环境等。

（3）良好的守法理念。守法不仅是对公民提出的要求，也是对执政党、国家机关以及其他社会组织的要求。守法理念是主体能够自愿遵守法律的内部因素。良好的守法理念是法律被普遍遵守的关键，培养良好的守法理念是推动普遍守法的前提。

36.（1）城南区政府采取的措施侵犯了小吴的住宅权、言论自由、监督权、通信自由和通信秘密、人格尊严等宪法权利。

（2）理由：①公民的住宅不受侵犯。区政府对小吴的住宅实施监控并断水断电，侵犯了其住宅安全和生活安宁。②公民享有言论自由，对国家机关及其工作人员有批评等监督权。小吴在微博连续披露此拆迁事件，批评区政府行为违法，属言论自由和监督权的行使。区政府要求运营商销号侵犯了小吴的言论自由和监督权。③公民的通信自由和通信秘密受法律保护。除因国家安全或追查刑事犯罪的需要，由公安机关或者检察机关依照法律规定的程序对通信进行检查外，任何组织或个人不得以任何理由侵犯公民的通信自由和通信秘密。区政府获取小吴微博私信的行为侵犯了小吴的通信自由和通信秘密。④公民的人格尊严不受侵犯。区政府录制并播出小吴反对拆迁的专题片，损害了小吴的名誉，侵犯了其人格尊严。

37.（1）人民主权原则。国家权力属于人民，来源于人民。我国宪法规定，国家的一切权力属于人民，人民行使国家权力的机关是全国人民代表大会和地方各级人民代表大会。

（2）基本人权原则。人权是人应该享有的权利，不得非法限制或剥夺。我国 2004 年宪法修正案规定"国家尊重和保障人权"，确立了基本人权原则。

（3）法治原则。国家治理必须依据宪法和法律。法治原则包含宪法优位和法律保留。我国宪法明确了宪法的最高效力和依法治国的目标。

（4）权力监督和制约原则。国家权力的各部分之间相互监督、相互制约，以保障公民权利。我国实行人民代表大会制度，在国家权力统一行使的基础上，国家机关分工负责，相互制约。

38.（1）材料一反映出西周婚姻成立的条件有：①父母之命，媒妁之言；②符合"六礼"，即纳采、问名、纳吉、纳征、请期、亲迎；③同姓不婚。

（2）西周婚姻关系的解除遵循"七去"（"七出"）原则，其内容的设置和权利的行使都以男方家族利益的保护为中心，旨在保障家族的稳定和延续，也体现出明显的男尊女卑观念。"三不去"对男方单意休妻有一定的限制，但实质并非维护女子权益，出发点仍然是维护礼治和倡导宗法伦理道德。

（3）西周婚姻制度对后世的婚姻立法产生了深远影响。汉唐乃至明清，各朝法律中关于婚姻成立和解除的规定，大体没有超出西周婚姻制度的内容。后世婚姻立法均是在西周婚姻制度的基础上损益而成。

2015 年全国法律硕士（法学）专业学位研究生入学联考专业基础课试题

一、单项选择题（第 1～20 小题，每小题 1 分，共 20 分。下列每题给出的四个选项中，只有一个选项是最符合题目要求的）

1. 《刑法》第 202 条规定："以暴力、威胁方法拒不缴纳税款的，处……"该条文的罪状形式属于（　　）。

  A. 简单罪状　　　　B. 叙明罪状　　　　C. 引证罪状　　　　D. 空白罪状

2. 甲因形迹可疑，被公安干警盘问，遂交代了与乙、丙一起贩毒的事实。侦查机关进一步侦查，将乙、丙抓获。甲的行为属于（　　）。

  A. 自首　　　　　　B. 准自首　　　　　C. 立功　　　　　　D. 坦白

3. 依照我国刑法规定，利用职务上的便利，挪用本单位资金归个人使用，数额巨大的，处 3 年以上 10 年以下有期徒刑。2002 年 7 月 5 日甲挪用本单位巨额资金，用于经营活动，直到 2013 年 4 月 1 日才归还。甲的行为的追诉时效期限为（　　）。

  A. 10 年，从 2002 年 7 月 5 日开始计算

  B. 10 年，从 2002 年 10 月 5 日开始计算

  C. 15 年，从 2002 年 7 月 5 日开始计算

  D. 15 年，从 2013 年 4 月 1 日开始计算

4. 甲公司董事长乙明知公司已无继续经营的可能，虚构了标的额为 1 000 万元的贸易合同，骗取银行贷款 300 万元，致使银行损失数额巨大。下列选项中，正确的是（　　）。

  A. 以贷款诈骗罪追究甲公司的刑事责任

  B. 以合同诈骗罪追究甲公司的刑事责任

  C. 以贷款诈骗罪追究乙的刑事责任

  D. 以合同诈骗罪追究甲公司和乙的刑事责任

5. 甲盗取李某的身份证及一张信用卡，对妻子乙谎称是在路上拾得的。甲与乙根据身份证号码试出了信用卡密码，持该卡共消费 4 万元。下列选项中，正确的是（　　）。

  A. 甲与乙构成盗窃罪

B. 甲与乙构成信用卡诈骗罪

C. 甲构成盗窃罪，乙构成信用卡诈骗罪

D. 甲构成信用卡诈骗罪，乙属于不当得利

6. 甲自称神医，擅长治愈癌症，患者云某服用了甲自制的"神药"后，因该"药"含有国家禁止使用的有毒成分导致心力衰竭而死亡。甲的行为应认定为（　　）。

A. 医疗事故罪

B. 非法行医罪

C. 过失致人死亡罪

D. 生产、销售假药罪

7. 甲意图毒死年迈的父亲，在其饭菜中掺入"毒鼠强"。甲父觉得饭菜有异味就没吃，在将饭菜倒掉时，不慎摔倒，引发脑血管破裂而死亡。甲的行为构成（　　）。

A. 故意杀人罪（既遂）

B. 故意杀人罪（未遂）

C. 过失致人死亡罪

D. 投放危险物质罪

8. 某国有控股公司董事长甲收受钱某的现金 30 万元，通过其丈夫（某市委书记）帮助钱某升迁。甲的行为构成（　　）。

A. 受贿罪

B. 介绍贿赂罪

C. 利用影响力受贿罪

D. 非国家工作人员受贿罪

9. 甲在医院缴费单上加盖自己私刻的收费章，逃避支付妻子透析治疗费用 17 万余元。甲的行为（　　）。

A. 按诈骗罪定罪处罚

B. 按伪造事业单位印章罪定罪处罚

C. 按合同诈骗罪定罪处罚

D. 成立紧急避险

10. 甲秘密窃取他人持有的枪支，该行为同时符合盗窃罪和盗窃枪支罪的犯罪构成。按照我国刑法理论，这种情形属于（　　）。

A. 牵连犯　　　　B. 法条竞合　　　　C. 想象竞合犯　　　　D. 结果加重犯

11. 甲恋爱期间送给女友乙一枚钻戒，后二人因性格不合分手，2 年后甲欲要回钻戒。甲（　　）。

A. 有权要求乙返还，因为赠与合同可撤销

B. 无权要求乙返还，因为赠与物已经交付

C. 无权要求乙返还，因为已超过诉讼时效

D. 有权要求乙返还，因为赠与钻戒属于情谊行为

12. 2010 年 9 月 9 日甲创作完成小说《坚硬的泡沫》，2012 年 5 月 4 日甲去世。该作品著作财产权保护期的截止日是（　　）。

A. 2060 年 9 月 9 日

B. 2060 年 12 月 31 日

C. 2062 年 5 月 4 日

D. 2062 年 12 月 31 日

13. 申请专利的发明创造在申请日以前 6 个月内发生下列情形，其中导致新颖性丧失的是（　　）。

A. 在国内试销产品

B. 在规定的学术会议上首次发表

C. 他人未经申请人同意而泄露其内容

D. 在中国政府主办的国际展览会上首次展出

14. 甲系公司经理，有一子一女。甲弟乙（单身）38 周岁时与甲签订收养协议，收养甲 5 周岁的女儿丙，双方办理了登记手续。两年后乙结婚，要求解除收养关系，甲不同意。对此，下列选项中，正确的是（   ）。

A. 乙无权解除收养关系

B. 甲、乙之间的收养协议适用合同法

C. 甲不具备送养人条件，故收养无效

D. 乙不具备收养人条件，故收养无效

15. 甲与乙协议离婚时约定：女儿由乙抚养，甲给付抚养费，每周探望一次。离婚后，甲的父母非常想念孙女，也想探望，遭乙拒绝。下列选项中，正确的是（   ）。

A. 仅甲有探望权

B. 甲、甲的父母均有探望权

C. 乙若拒绝甲探望女儿，则丧失抚养权

D. 甲若不给付抚养费，乙可以剥夺甲的探望权

16. 甲、乙兄弟二人居住于祖传院落中，四间南房为甲所有，五间北房为乙所有。甲在外地打工，乙独自在家。某日，院墙因连日暴雨倒塌将路人丙砸伤。丙的损害应由（   ）。

A. 乙单独承担责任 　　　　　B. 甲、乙承担连带责任

C. 甲、乙承担按份责任 　　　D. 丙自己承担

17. 某公司货车在途经竣工不久的高架桥时，大桥突然坍塌，货车倾覆，司机重伤，货物毁损。该损害应由（   ）。

A. 施工单位单独承担责任

B. 建设单位单独承担责任

C. 建设单位和施工单位承担连带责任

D. 施工单位和监理单位承担连带责任

18. 甲在网吧上网，邻座乙、丙因故发生争吵并互殴，但无人制止，致甲被误伤。甲的损害应由（   ）。

A. 网吧单独承担责任

B. 网吧、乙、丙承担连带责任

C. 网吧承担责任，乙、丙承担相应的补充责任

D. 乙、丙承担责任，网吧承担相应的补充责任

19. 甲向乙银行贷款，以其别墅设定抵押。之后，甲在别墅院内建造了独立车库。贷款到期，甲无力偿还。乙银行享有优先受偿权的财产（   ）。

A. 仅限于别墅 　　　　　　　B. 包括别墅、车库

C. 包括别墅、建设用地使用权 　D. 包括别墅、车库及建设用地使用权

20. 某公安局官方微博公布了演员甲因容留他人吸毒被抓的消息，某知名记者在其博客上转载该消息，并上传了甲与艺人乙、丙一起赌博的照片。该记者的行为（   ）。

A. 侵害了甲的隐私权 　　　　B. 侵害了乙、丙的肖像权

C. 侵害了乙、丙的隐私权 　　D. 不构成侵权

二、多项选择题（第 21～30 小题，每小题 2 分，共 20 分。下列每题给出的四个选项中，至少有两个选项是符合题目要求的。多选、少选或错选均不得分）

21. 全国人大常委会《关于〈中华人民共和国刑法〉有关信用卡规定的解释》中规定："刑法规定的'信用卡'，是指由商业银行或者其他金融机构发行的具有消费支付、信用贷款、转账结算、存取现金等全部功能或者部分功能的电子支付卡。"这一规定属于（   ）。

    A. 立法解释　　　　B. 扩大解释　　　　C. 当然解释　　　　D. 类推解释

22. 2010 年，甲（15 周岁）因琐事放火烧毁邻居家房屋后逃走，2014 年因多次盗窃被抓获。下列选项中，正确的有（   ）。

    A. 甲构成累犯，应当从重处罚

    B. 对甲最重只能判处无期徒刑

    C. 对甲的放火行为应当从轻或者减轻处罚

    D. 甲的行为构成放火罪和盗窃罪，应当数罪并罚

23. 甲约乙入户盗窃。甲入户盗窃，乙负责望风，甲得手后发现熟睡中的刘某，便对刘某实施了奸淫行为。下列选项中，正确的有（   ）。

    A. 甲、乙共同构成盗窃罪

    B. 甲、乙共同构成强奸罪

    C. 甲为共同犯罪的主犯，乙为共同犯罪的从犯

    D. 甲为共同犯罪的实行犯，乙为共同犯罪的帮助犯

24. 下列选项中，构成抢劫罪的有（   ）。

    A. 甲携带管制刀具抢夺赵某财物

    B. 乙杀死仇人钱某后，随手拿走其手机

    C. 丙趁孙某醉酒搜走其随身携带的 2 000 元现金

    D. 丁扒窃得手后被李某发现，拿刀子威胁李某不得声张

25. 甲在某学校附近利用"地沟油"生产"食用油"，被刘某举报。甲因此被判处有期徒刑 1 年，缓刑 2 年，同时宣告禁止令。关于该禁止令的适用，正确的有（   ）。

    A. 禁止甲接触刘某

    B. 禁止甲进入学校

    C. 禁止甲从事食用油生产经营行业

    D. 禁止令的执行期限从缓刑考验期满之日起计算

26. 甲（8 周岁）名下有一套房产。下列人员中，在处分房产时可以成为甲的法定代理人的有（   ）。

    A. 甲的父亲　　　B. 甲的祖父　　　C. 甲的舅舅　　　D. 甲的继母

27. 根据我国商标法，下列要素及其组合中，可以作为商标申请注册的有（   ）。

    A. 图形　　　B. 颜色组合　　　C. 三维标志　　　D. 声音

28. 甲公司为乙公司运输一批羊，途中有三只羊逃跑，被丙、丁拾得。丙将其中两只羊赶回家，丁带着剩下的一只羊在路边等候失主。戊驾车经过此地，因车速过快将羊撞死。下列选项中，正确的有（   ）。

A. 甲公司有权要求丙返还两只羊　　　B. 乙公司有权要求丙返还两只羊

C. 甲公司有权要求戊赔偿　　　　　　D. 丁有权要求戊赔偿

29. 下列选项中，能够引起不当得利之债发生的有（　　　）。

A. 向债权人提前偿还借款

B. 匿名资助贫困地区学生读书

C. 向黑社会性质组织成员交"保护费"

D. 在网站订购的商品被快递员误投给他人

30. 甲与妻子乙协议离婚，约定 8 周岁儿子由乙抚养，甲支付抚养费。后甲与有一女儿的丙再婚，并在婚后继续给付儿子抚养费。十年后，丙因心脏病去世。丙去世时，其近亲属还有姐姐丁。有权继承丙遗产的人有（　　　）。

A. 甲　　　　　　B. 甲的儿子　　　　　　C. 丙的女儿　　　　　D. 丁

三、简答题（第 31～34 小题，每小题 10 分，共 40 分）

31. 简述缓刑的适用条件。

32. 简述我国刑法中国家工作人员的范围。

33. 简述产品责任的构成要件及其责任形式。

34. 简述滥用代理权的主要情形及其效力。

四、论述题（第 35～36 小题，每小题 15 分，共 30 分）

35. 试论防卫过当的成立条件及其刑事责任。

36. 试论物权的保护。

五、案例分析题（第 37～38 小题，每小题 20 分，共 40 分）

37. 甲为偿还赌债，找到乙商定绑架他人勒索赎金。二人将赵某骗出，用电棍将赵某打晕，带至一隐蔽处，用绳索将其捆住。甲在赵某身上搜出银行卡，逼赵某说出银行卡密码，吩咐乙取出卡中的 4 万元。甲随后给赵某的母亲发短信，索要人民币 200 万元，并要求是旧钞。乙感觉事情不妥，便对甲说已弄到 4 万元了，赵母也不可能筹到 200 万元旧钞，不如放了赵某。甲不答应，并指使乙给赵母打电话索要赎金，乙只好照办。之后，乙骗甲说赵家已经报警，再次劝其放了赵某。甲便让乙放走赵某。

请结合上述材料，回答下列问题并说明理由：

（1）甲、乙的绑架行为是犯罪未遂、中止，还是既遂？

（2）甲、乙取出赵某卡中 4 万元的行为应如何定性？

（3）对甲、乙应如何定罪处罚？

38. 2013 年 10 月 18 日，甲公司与乙公司签订货物运输合同，双方约定：乙公司以公路运输方式运输甲公司的货物，合同有效期为 1 年。同年 12 月 1 日，甲公司与丙公司签订货物买卖合同，约定在 12 月 10 日前甲公司将货物运交丙公司。12 月 3 日，甲公司将丙公司订购的货物交由乙公司运输，乙公司出具的货物托运单载明：托运人为甲公司，收货人为丙公司。

乙公司收到货物后，委托丁公司将货物运交给丙公司。丁公司将货物运到丙公司所在地后，以乙公司拖欠运费为由扣留。经查，乙公司拖欠丁公司运费一事属实。

请根据上述案情，回答下列问题并说明理由：

（1）丙公司是否有权要求丁公司交付货物？

（2）丁公司是否有权对货物行使留置权？

（3）甲公司是否有权要求丁公司承担赔偿责任？

（4）甲公司是否有权解除与乙公司之间的货物运输合同？

2015 年全国法律硕士（法学）专业学位研究生入学联考专业基础课试题答案解析

一、单项选择题

1. B

【解析】《刑法》第 202 条详细描述了抗税罪的基本特征，即以暴力、威胁方法拒不缴纳税款，因此属于叙明罪状，选 B 项。

2. A

【解析】甲、乙、丙构成贩卖毒品罪的共同犯罪。对于共同犯罪，各共犯人不仅要如实供述自己的罪行，还要供述所知的同案犯，符合上述情形的，就应当认定为自首。可见，选 A 项。准自首即特别自首，是指被采取强制措施的犯罪嫌疑人、被告人或者正在服刑的罪犯，如实供述司法机关还未掌握的本人其他罪行的行为。由于甲尚未被采取强制措施，仅是因形迹可疑遭到盘问，因而不能成立特别自首，故不选 B 项。甲的行为不是立功，因为在共同犯罪中，共犯人揭发同案犯共同犯罪以外的其他犯罪并经查证属实的，才能认定为立功，而甲所揭发的贩卖毒品的事实并非共同犯罪以外的其他犯罪事实，故不选 C 项。甲的行为不是坦白，因为坦白是犯罪嫌疑人被动归案后如实供述自己罪行的行为，而甲尚未归案，仅是因形迹可疑遭到盘问，故不选 D 项。

3. C

【解析】本题表述中，甲的行为构成挪用资金罪。《刑法》第 87 条规定，犯罪经过下列期限不再追诉：（1）法定最高刑为不满 5 年有期徒刑的，经过 5 年；（2）法定最高刑为 5 年以上不满 10 年有期徒刑的，经过 10 年；（3）法定最高刑为 10 年以上有期徒刑的，经过 15 年；（4）法定最高刑为无期徒刑、死刑的，经过 20 年。如果 20 年以后认为必须追诉的，须报请最高人民检察院核准。《刑法》第 99 条规定，本法所称以上、以下、以内，包括本数。根据上述规定，对于挪用本单位资金数额巨大的，处 3 年以上 10 年以下有期徒刑，因此，甲的追诉期限应为 15 年。《刑法》第 89 条第 1 款规定，追诉期限从犯罪之日起计算；犯罪行为有连续或者继续状态的，从犯罪行为终了之日起计算。由于挪用资金罪属于状态犯，而不是继续犯，因此，对于挪用资金罪的追诉时效，应从犯罪之日起计算。可见，选 C 项，不选 D 项。

4. D

【解析】《最高人民法院关于印发〈全国法院审理金融犯罪案件工作座谈会纪要〉的通知》指出，单位不能构成贷款诈骗罪。根据《刑法》第 30 条和第 193 的规定，单位不构成贷款诈骗罪。对于单位实施的贷款诈骗行为，不能以贷款诈骗罪定罪处罚，也不能以贷款诈骗罪追究直接负责的主管人员和其他直接责任人员的刑事责任。但是，在司法实践中，对于单位十分明显地以非法占有为目的，利用签订、履行借款合同诈骗银行或者其他金融机构贷款，符合《刑法》第 224 条规定的合同诈骗罪构成要件的，应当以合同诈骗罪定罪处罚。据此，对甲公司应以合同诈骗罪定罪处罚。《刑法》第 231 条规定，单位犯本节第 221 条至第 230 条规定的合同诈骗罪等罪的，对单位判处罚金，并对其直接负责的主管人员和其他直接责任人员，依照本节各该条的规定处罚。据此，对合同诈骗罪采取双罚制，而不仅仅追究单位的刑事责任。可见，选 D 项。

5. C

【解析】《刑法》第 196 条第 3 款规定，盗窃信用卡并使用的，依照盗窃罪定罪处罚。据此，甲构成盗窃罪应无疑问。但甲、乙不构成盗窃罪共犯，因为甲对乙掩盖了盗窃信用卡的事实，乙对甲盗窃信用卡的事实并不知情，甲、乙并不具有盗窃的共同故意。根据《刑法》第 196 条第 1 款规定，构成信用卡诈骗罪的情形包括：（1）使用伪造的信用卡，或者使用以虚假的身份证明骗领的信用卡的；（2）使用作废的信用卡的；（3）冒用他人信用卡的；（4）恶意透支的。此外，根据《最高人民法院、最高人民检察院关于办理妨害信用卡管理刑事案件具体应用法律若干问题的解释》第 5 条第 2 款规定，《刑法》第 196 条第 1 款第 3 项所称"冒用他人信用卡"，包括以下情形：（1）拾得他人信用卡并使用的；（2）骗取他人信用卡并使用的；（3）窃取、收买、骗取或者以其他非法方式获取他人信用卡信息资料，并通过互联网、通讯终端等使用的；（4）其他冒用他人信用卡的情形。根据上述规定，乙的行为构成信用卡诈骗罪。可见，选 C 项。

6. B

【解析】非法行医罪是指未取得行医资格的人非法行医，情节严重的行为。《刑法》第 336 条第 1 款规定，未取得医生执业资格的人非法行医，情节严重的，处 3 年以下有期徒刑、拘役或者管制，并处或者单处罚金；严重损害就诊人身体健康的，处 3 年以上 10 年以下有期徒刑，并处罚金；造成就诊人死亡的，处 10 年以上有期徒刑，并处罚金。根据上述规定，甲的行为构成非法行医罪，选 B 项。甲不具有医生执业资格，不构成医疗事故罪，故不选 A 项。甲非法行医造成就诊人死亡，造成就诊人死亡的结果或出于间接故意，或出于过失，但都不再定过失致人死亡罪或故意杀人罪等罪，故不选 C 项。甲的行为不构成生产、销售假药罪，因为生产、销售假药罪的客体是不特定多数人的身体健康，故不选 D 项。

7. B

【解析】甲试图故意杀死其父，但并未得逞，构成故意杀人罪（未遂），选 B 项。甲父的死亡并非甲投毒杀人行为所致，甲父的死亡与甲的投毒杀人行为不存在因果关系，故不选 A 项。甲的投毒杀人行为明显存在主观故意，故不选 C 项。甲的行为不构成投放危险物质罪，因为甲的投毒杀人行为具有明显的特定性和指向性，并没有危害不特定多数人的生命安全，故不选 D 项。

8. C

【解析】甲利用其丈夫的职权形成的便利条件为钱某谋取不正当利益，其行为符合利用影响力受贿罪的特征，构成利用影响力受贿罪，选 C 项。甲并没有利用本职便利受贿，而是利用其丈夫职权的便利受贿，因而甲的行为不构成受贿罪或非国家工作人员受贿罪，故不选 A、D 项。甲的行为并非在行贿人与受贿人之间进行沟通、撮合的行为，因而不构成介绍贿赂罪，故不选 B 项。

9. A

【解析】牵连犯是指实施某个犯罪，作为该犯罪的手段行为或者结果行为又触犯其他罪的情况。常见的牵连犯是行为人出于诈骗的目的而伪造公文、证件、印章等用于诈骗犯罪。牵连犯的处断原则是择一重罪处罚，但是刑法有特别规定的除外。本案中，甲使用伪造事业单位印章的手段，实施诈骗行为，属于牵连犯。其中，诈骗罪的法定刑重于伪造事业单位印章罪，所以应当按照诈骗罪处罚。可见，选 A 项，不选 B 项。诈骗罪与合同诈骗罪之间存在法条竞合关系，根据特别法条优于普通法条适用的原则，对符合合同诈骗罪构成要件的行为，应当认定为合同诈骗罪。根据《刑法》第 224 条规定，有下列情形之一，以非法占有为目的，在签订、履行合同过程中，骗取对方当事人财物，数额较大的，构成合同诈骗罪：（1）以虚构的单位或者冒用他人名义签订合同的；（2）以伪造、变造、作废的票据或者其他虚假的产权证明作担保的；（3）没有实际履行能力，以先履行小额合同或者部分履行合同的方法，诱骗对方当事人继续签订和履行合同的；（4）收受对方当事人给付的货物、货款、预付款或者担保财产后逃匿的；（5）以其他方法骗取对方当事人财物的。本题表述的情形不符合上述合同诈骗罪的客观表现，仍应定普通的诈骗罪。可见，不选 C 项。甲的行为不成立紧急避险，因为根本不存在正在发生的现实危险，也不存在不得已损害另一方合法权益的情况。可见，不选 D 项。

10. B

【解析】甲秘密窃取他人持有的枪支，该行为既符合盗窃罪的构成要件，也符合盗窃枪支罪的构成要件。甲的同一行为同时触犯两个法条，这两个法条之间存在法条竞合，且两个法条之间存在包容关系。可见，选 B 项。牵连犯的成立要求行为人实施数行为，且触犯不同罪名，而甲仅实施了一行为，甲的行为不构成牵连犯，故不选 A 项。想象竞合犯的成立要求行为人实施一行为触犯数罪名，且数罪名之间不存在包容关系，而本题表述中，甲所犯盗窃罪和盗窃枪支罪之间存在包容关系，因而不成立想象竞合犯，故不选 C 项。结果加重犯的成立要求行为人实施的基本犯罪构成的行为之外还存在一个基本犯罪构成之外的重结果，且该重结果不属于基本犯罪构成的范围。本题表述中，甲所犯盗窃罪和盗窃枪支罪都符合两罪的基本犯罪构成，都属于基本犯罪构成的范围，因而甲的行为不构成结果加重犯。可见，不选 D 项。

11. B

【解析】《民法典》第 658 条规定，赠与人在赠与财产的权利转移之前可以撤销赠与。经过公证的赠与合同或者依法不得撤销的具有救灾、扶贫、助残等公益、道德义务性质的赠与合同，不适用前款规定。据此，甲已经将钻戒交付，赠与合同交付义务履行完毕，不存在撤销的问题，选 B 项。

12. D

【解析】《著作权法》第 21 条第 1 款规定，公民的作品，其发表权、本法第 10 条第 1 款第 5 项至第 17 项规定的权利的保护期为作者终生及其死亡后 50 年，截止于作者死亡后第 50 年的 12 月 31 日；如果是合作作品，截止于最后死亡的作者死亡后第 50 年的 12 月 31 日。据此，选 D 项。

13. A

【解析】《专利法》第 24 条规定，申请专利的发明创造在申请日以前 6 个月内，有下列情形之一的，不丧失新颖性：（1）在国家出现紧急状态或者非常情况时，为公共利益目的首次公开的；（2）在中国政府主办或者承认的国际展览会上首次展出的；（3）在规定的学术会议或者技术会议上首次发表的；（4）他人未经申请人同意而泄露其内容的。据此，只有 A 项表述的情形会丧失新颖性，选 A 项。

14. A

【解析】《民法典》第 464 条规定，合同是民事主体之间设立、变更、终止民事法律关系的协议。婚姻、收养、监护等有关身份关系的协议，适用有关该身份关系的法律规定；没有规定的，可以根据其性质参照适用本编规定。据此，甲、乙之间的收养协议应适用民法典婚姻家庭编关于收养的规定；没有规定的，才可以根据其性质参照适用民法典合同编的规定。可见，B 项表述错误。《民法典》第 1093 条规定，下列未成年人，可以被收养：（1）丧失父母的孤儿；（2）查找不到生父母的未成年人；（3）生父母有特殊困难无力抚养的子女。《民法典》第 1094 条规定，下列个人、组织可以作送养人：（1）孤儿的监护人；（2）儿童福利机构；（3）有特殊困难无力抚养子女的生父母。《民法典》第 1102 条规定，无配偶者收养异性子女的，收养人与被收养人的年龄应当相差 40 周岁以上。《民法典》第 1099 条第 1 款规定，收养三代以内旁系同辈血亲的子女，可以不受本法第 1093 条第 3 项、第 1094 条第 3 项和第 1102 条规定的限制。根据上述规定，甲具备送养人的条件，故收养有效。可见，C、D 项表述错误。《民法典》第 1114 条第 1 款规定，收养人在被收养人成年以前，不得解除收养关系，但是收养人、送养人双方协议解除的除外。养子女 8 周岁以上的，应当征得本人同意。据此，甲、乙之间的收养协议有效，甲不同意解除收养关系，且收养人丙尚未成年，因此，乙无权解除收养关系。可见，A 项表述正确，选 A 项。

15. A

【解析】探望权的权利主体为未直接抚养子女的父母一方，故 A 项表述正确，B 项表述错误。探望权是与直接抚养权相对应的一项法定权利，探望权与直接抚养权同时产生并依据直接抚养权的确定而确定。此外，探望权的义务主体是直接抚养子女的一方，直接抚养子女的一方负有协助的义务。因而，乙无权拒绝甲探望女儿，乙也不会丧失抚养权。可见，C 项表述错误。探望权不能被剥夺，但可以中止，中止探望权的唯一条件是不利于子女的身心健康，至于其他原因，如父母之间相互关系恶化，或者探望权人未及时给付抚养费等，都不能成为中止探望权的理由。可见，D 项表述错误。

16. B

【解析】《民法典》第 1168 条规定，二人以上共同实施侵权行为，造成他人损害的，应当承担连带责任。据此，院墙为甲、乙兄弟二人共有，因此，对于院墙倒塌致人损害的共同侵权责任，应由甲、乙二人承担连带责任。可见，选 B 项。

17．C

【解析】本题表述的是建筑物倒塌、塌陷致人损害责任。《民法典》第 1252 条规定，建筑物、构筑物或者其他设施倒塌、塌陷造成他人损害的，由建设单位与施工单位承担连带责任，但是建设单位与施工单位能够证明不存在质量缺陷的除外。建设单位、施工单位赔偿后，有其他责任人的，有权向其他责任人追偿。因所有人、管理人、使用人或者第三人的原因，建筑物、构筑物或者其他设施倒塌、塌陷造成他人损害的，由所有人、管理人、使用人或者第三人承担侵权责任。据此，题干中的损害应由建设单位和施工单位承担连带责任。可见，选 C 项。

18．D

【解析】本题考查的是违反安全保障义务的侵权责任。《民法典》第 1198 条规定，宾馆、商场、银行、车站、机场、体育场馆、娱乐场所等经营场所、公共场所的经营者、管理者或者群众性活动的组织者，未尽到安全保障义务，造成他人损害的，应当承担侵权责任。因第三人的行为造成他人损害的，由第三人承担侵权责任；经营者、管理者或者组织者未尽到安全保障义务的，承担相应的补充责任。经营者、管理者或者组织者承担补充责任后，可以向第三人追偿。据此，第三人乙、丙作为直接侵权人，应当承担连带共同侵权责任，但是，网吧未尽到安全保障义务，应当承担相应的补充责任。可见，选 D 项。

19．C

【解析】《民法典》第 397 条规定，以建筑物抵押的，该建筑物占用范围内的建设用地使用权一并抵押。以建设用地使用权抵押的，该土地上的建筑物一并抵押。抵押人未依据前款规定一并抵押的，未抵押的财产视为一并抵押。《民法典》第 417 条规定，建设用地使用权抵押后，该土地上新增的建筑物不属于抵押财产。该建设用地使用权实现抵押权时，应当将该土地上新增的建筑物与建设用地使用权一并处分。但是，新增建筑物所得的价款，抵押权人无权优先受偿。根据上述规定，享有优先受偿权的财产包括别墅和建设用地使用权，而车库是新增建筑物，不属于抵押财产。可见，只有 C 项符合题意，选 C 项。

20．D

【解析】记者的行为并未侵害甲、乙、丙的隐私权，因为为了揭露社会不良现象，必要时可以涉及某些个人的隐私，这不构成对隐私权的侵犯。可见，不选 A、C 项。《民法典》第 1020 条规定，合理实施下列行为的，可以不经肖像权人同意：（1）为个人学习、艺术欣赏、课堂教学或者科学研究，在必要范围内使用肖像权人已经公开的肖像；（2）为实施新闻报道，不可避免地制作、使用、公开肖像权人的肖像；（3）为依法履行职责，国家机关在必要范围内制作、使用、公开肖像权人的肖像；（4）为展示特定公共环境，不可避免地制作、使用、公开肖像权人的肖像；（5）为维护公共利益或者肖像权人合法权益，制作、使用、公开肖像权人的肖像的其他行为。据此规定第 2 项，记者上传甲与乙、丙一起赌博的照片，不可避免地使用了他们的肖像，不构成侵权。可见，选 D 项。

二、多项选择题

21．AB

【解析】全国人大常委会《关于〈中华人民共和国刑法〉有关信用卡规定的解释》显

然属于立法解释，选 A 项。信用卡一般是指由商业银行或者其他金融机构发行的电子支付卡。随着商业银行和其他金融机构业务的发展，出现了多种形式的电子支付卡。如电子支付卡细分为信用卡、借记卡，并将信用卡再细分为贷记卡和准贷记卡。为了统一法律适用，全国人大常委会《关于〈中华人民共和国刑法〉有关信用卡规定的解释》对"信用卡"的含义及范围作了扩大解释，即刑法规定的"信用卡"，是指由商业银行或者其他金融机构发行的具有消费支付、信用贷款、转账结算、存取现金等全部功能或者部分功能的电子支付卡。可见，选 B 项。

22. BCD

【解析】甲的行为构成放火罪和盗窃罪，应当数罪并罚，故 D 项表述正确。构成累犯的主体条件是犯罪发生时犯罪人已满 18 周岁，甲实施放火行为时不满 18 周岁，因而不构成累犯，故 A 项表述错误。《刑法》第 17 条第 3 款规定，已满 14 周岁不满 18 周岁的人犯罪，应当从轻或者减轻处罚。据此，甲犯放火罪时不满 18 周岁，对甲的放火行为应当从轻或者减轻处罚，故 C 项表述正确。《刑法》第 49 条第 1 款规定，犯罪的时候不满 18 周岁的人和审判的时候怀孕的妇女，不适用死刑。《最高人民法院关于审理未成年人刑事案件具体应用法律若干问题的解释》第 13 条规定，未成年人犯罪只有罪行极其严重的，才可以适用无期徒刑。对已满 14 周岁不满 16 周岁的人犯罪一般不判处无期徒刑。根据上述规定，B 项表述正确。

23. ACD

【解析】甲、乙有共同盗窃的故意，构成盗窃罪共犯，且甲、乙都实行了盗窃行为，都是实行犯，乙是实行犯的帮助犯。在盗窃共犯行为中，甲起主要作用，是主犯；乙起次要作用，是从犯。可见，A、C、D 项表述正确。甲构成强奸罪，但乙并没有强奸的故意，也未实行强奸行为，对于该"实行过限"行为，乙不负刑事责任，故 B 项表述错误。

24. AD

【解析】《刑法》第 267 条第 2 款规定，携带凶器抢夺的，依照抢劫罪定罪处罚。这里的"凶器"主要指匕首、枪支、刮刀等管制刀具，以及具有一定杀伤力的菜刀、斧头等器具。可见，A 项表述构成抢劫罪。乙杀死仇人钱某，构成故意杀人罪，乙杀死钱某后拿走其手机，构成盗窃罪，对乙应以故意杀人罪和盗窃罪并罚。可见，不选 B 项。丙趁孙某醉酒而搜走 2 000 元现金的行为构成盗窃罪。可见，不选 C 项。《刑法》第 269 条规定，犯盗窃、诈骗、抢夺罪，为窝藏赃物、抗拒抓捕或者毁灭罪证而当场使用暴力或者以暴力相威胁的，依照抢劫罪定罪处罚。据此，D 项表述构成抢劫罪。

25. AC

【解析】禁止令是人民法院在对犯罪分子判处管制、宣告缓刑的同时，判令禁止其从事特定活动，进入特定区域、场所，接触特定的人的命令。并非所有判处管制、宣告缓刑的罪犯都适用禁止令，人民法院宣告禁止令，应当充分考虑犯罪分子与所犯罪行的关联程度，具有针对性。例如，对于利用从事特定生产经营活动实施犯罪的，禁止其从事相关生产经营活动；对于犯危险驾驶罪的罪犯，可以禁止其驾驶汽车；对于犯寻衅滋事罪的罪犯，可以禁止其进入夜总会、酒吧、迪厅等娱乐场所。本题表述中，刘某是举报人，刘某当然属于甲禁止接触的人员。可见，选 A 项。禁止令中规定禁止进入的特定区域、场所一般包括夜总会、酒吧、迪厅、网吧，大型群众性场所，中小学校区、幼儿园园区及周边地区等。据此，学校特别是中小学和幼儿园，属于禁止令规定的禁止进入的区域，但适用禁止令的条件之一是罪犯与其所犯罪行应当具有关联性和针对性，而甲利用"地沟油"生产"食用油"的犯罪活动与进入学校并不具有关联性，因而学校并非刘某禁止进入的场所、区域。可见，不选 B 项。甲利用"地沟油"生产"食用油"，这是利用从事特定生产经营活动实施犯罪的行为，根据禁止令应当具有针对性和关联性的适用条件，当然要禁止甲从事食用油生产、经营活动。可见，选 C 项。《最高人民法院、最高人民检察院、公安部、司法部关于对判处管制、宣告缓刑的犯罪分子适用禁止令有关问题的规定（试行）》第 6 条第 3 款规定，禁止令的执行期限，从管制、缓刑执行之日起计算。据此，D 项表述错误。

26. ABCD

【解析】 本题原标准答案为 A、B、D 项，但本书认为，C 项也是正确答案。《民法典》第 27 条规定，父母是未成年子女的监护人。未成年人的父母已经死亡或者没有监护能力的，由下列有监护能力的人按顺序担任监护人：（1）祖父母、外祖父母；（2）兄、姐；（3）其他愿意担任监护人的个人或者组织，但是须经未成年人住所地的居民委员会、村民委员会或者民政部门同意。据此，选 A、B 项。根据上述规定，甲的舅舅只要取得甲住所地的居委会、村委会或者民政部门同意，也可以担任监护人，即法定代理人，且题干表述用词为"可以"，因此 C 项也应选。《民法典》规定的"父母"包括生父母和养父母，继父母只有在与未成年继子女共同生活，具有事实上的抚养、扶养、教育关系时，才能成为继子女的监护人，倘若没有共同生活，不具有事实上的抚养、扶养、教育关系，但经住所地的居委会、村委会或者民政部门同意的，也可以担任监护人。本题题干表述的是"可以"成为法定代理人的，因此，D 项也应选。

27. ABCD

【解析】 《商标法》第 8 条规定，任何能够将自然人、法人或者其他组织的商品与他人的商品区别开的标志，包括文字、图形、字母、数字、三维标志、颜色组合和声音等，以及上述要素的组合，均可以作为商标申请注册。据此，备选项应全选。

28. ABCD

【解析】 《民法典》第 312 条规定，所有权人或者其他权利人有权追回遗失物。该规定中的"其他权利人"主要是指占有人，如承租人（直接占有人）对丢失租赁物的返还请求权、托运人对丢失货物的返还请求权等。本题表述中，乙公司是所有权人，甲公司是直接占有人，它们都有权请求返还丢失的羊，故选 A、B 项。《民法典》第 462 条规定了占有人的损害赔偿请求权：因侵占或者妨害造成损害的，占有人有权依法请求损害赔偿。该规定中的"妨害"，是指行为人妨害了占有人对物的管领，致使占有人的利益遭受损害，如将污水倒入占有人的土地或者房屋，将占有人管领的占有物毁损等。本题表述中，戊将羊撞死，妨害了占有人甲公司和丁对羊的管领，因此，甲公司和丁都有权请求戊赔偿，故选 C、D 项。

29. CD

【解析】 不当得利可因给付而发生，但对于履行期限到来之前清偿债务的，当事人不得依据不当得利主张返还，故不选 A 项。主张不当得利的条件之一是没有法律或合同根据，而 B 项表述的情形是赠与合同，有合同根据，故不得依据不当得利主张返还，不选 B 项。C 项表述的情形属于不法原因的给付，构成不当得利，需要注意的是，对于不法原因的给付，如行贿受贿、赌博之债、用金钱收买杀手等，不得依据不当得利主张返还，但如果不法原因的给付仅存在于受让人一方时，可以适用不当得利返还请求权，如本题 C 项表述的情形，类似的例子还有：为回赎绑票向绑匪交付赎金。可见，选 C 项。不当得利可以非因给付的原因而发生，包括基于受益人本人的行为、受损人的行为、第三人的行为、自然事件等而发生，本题 D 项表述的情形属于基于第三人的行为而发生的不当得利。可见，选 D 项。

30．AC

【解析】《民法典》第 1127 条第 1、2 款规定，遗产按照下列顺序继承：（1）第一顺序：配偶、子女、父母；（2）第二顺序：兄弟姐妹、祖父母、外祖父母。继承开始后，由第一顺序继承人继承，第二顺序继承人不继承；没有第一顺序继承人继承的，由第二顺序继承人继承。据此，甲是丙的配偶，是第一顺序法定继承人，有权继承丙的遗产，至于甲是否再婚，在所不问。可见，选 A 项。甲的儿子与丙不发生继承关系，故不选 B 项。丙的女儿是第一顺序法定继承人，有权继承丙的遗产，故选 C 项。丁是丙的第二顺序法定继承人，在有第一顺序法定继承人的情况下，丁不能继承丙的遗产，故不选 D 项。

三、简答题

31．（1）犯罪分子被判处拘役或者 3 年以下有期徒刑的刑罚。

（2）犯罪分子的犯罪情节较轻，有悔罪表现，没有再犯罪的危险，且宣告缓刑对所居住社区没有重大不良影响。

（3）犯罪分子不是累犯或者犯罪集团的首要分子。

32．（1）国家机关中从事公务的人员，包括在各级国家权力机关、行政机关、司法机关和军事机关中从事公务的人员。在乡（镇）以上中国共产党机关、人民政协机关中从事公务的人员，也应当视为国家机关工作人员。

（2）国有公司、企业、事业单位、人民团体中从事公务的人员。

（3）国家机关、国有公司、企业、事业单位委派到非国有公司、企业、事业单位、社会团体从事公务的人员。

（4）其他依照法律从事公务的人员。

33．（1）产品责任的构成要件：①产品有缺陷。产品缺陷是指产品存在危及人身、他人财产安全的不合理的危险；产品有保障人体健康和人身财产安全的国家标准、行业标准的，产品缺陷是指不符合该标准。②人身、财产受损害。③有因果关系。

（2）产品责任形式包括：①赔偿损失；②停止侵害、排除妨碍、消除危险；③停止销售、警示、召回等补救措施；④惩罚性赔偿。

（本题根据《民法典》规定对原标准答案进行了修正——编者注）

34．（1）自己代理。自己代理即代理人以被代理人名义与自己进行民事活动的行为。从效力上看，自己代理为无效行为，但经被代理人同意或者追认的有效。

（2）双方代理。双方代理是指代理人以被代理人名义与自己代理的其他人进行民事活动的行为。从效力上看，双方代理行为原则上无效，但经被代理人同意或者追认的，应为有效。

（3）代理人与相对人恶意串通。此种行为属于无效民事行为。代理人和相对人恶意串通，损害被代理人合法权益的，代理人和相对人应当承担连带责任。

（本题依据《民法典》第 164、168 条对原标准答案进行了修正——编者注）

四、论述题

35.（1）防卫过当是指防卫行为明显超过必要限度造成重大损害的行为。防卫过当是在正当防卫过程中发生的，它必须满足正当防卫的前提条件，防卫过当和正当防卫的区别在于防卫行为超过了必要限度造成了重大损害。必要限度是指足以制止正在进行的不法侵害所必需的限度。防卫行为明显超过必要限度是指防卫行为的性质、手段、强度及造成的损害明显超过不法侵害的性质、手段、强度及造成的损害。重大损害，是指致人重伤或者死亡的结果。

（2）防卫过当的刑事责任包括两个方面：一是防卫过当的定罪。防卫过当本身不是罪名，应根据行为人造成损害的结果和其主观罪过确定。二是防卫过当的量刑。防卫过当应当负刑事责任，但应当减轻或者免除刑罚。具体适用时，应综合考虑过当程度、权益性质、防卫动机、罪过形式等。

36.（1）物权的保护，是指通过法律规定的方法和程序保障物权人在法律许可的范围内对其财产行使占有、使用、收益和处分权利的制度。物权保护方式主要包括请求确认物权、物权请求权、请求赔偿损失三个方面。

（2）请求确认物权。在财产的归属、内容发生争议而处于不确定状态时，利害关系人可以向法院提起诉讼，请求确认物权。确认物权是保护物权的最初步骤。

（3）物权请求权（物上请求权）。物权请求权是指物权人在其物权受到侵害或有被侵害的危险时，基于物权而请求侵害人为一定行为或不为一定行为，使物权恢复到原有状态或侵害危险产生之前的状态的权利。依妨害形态的不同，物权请求权可分为三种：①原物返还请求权，此种请求权适用于他人无权占有物权人的标的物而致物权被妨害的情形；②妨害排除请求权，此种请求权适用于他人以占有标的物之外的方法妨害物权圆满状态的情形；③妨害防止请求权（消除危险请求权），此种请求权适用于物权在将来有受到妨害危险的情形。

（4）请求赔偿损失。物权受到侵害，造成权利人损害的，权利人可以请求损害赔偿。

五、案例分析题

37.（1）既遂。本案中甲、乙已经实施了对赵某的绑架行为，剥夺其人身自由，并且向第三人提出勒索财物的要求，虽然没有勒索到财物，仍然构成既遂。

（2）构成抢劫罪。甲、乙以非法占有为目的，采用暴力手段，强行取得赵某的银行卡及密码，获得 4 万元，构成抢劫罪。

（3）对甲、乙应以抢劫罪和绑架罪中的一个重罪定罪处罚。绑架过程中又当场劫取被害人随身携带的财物的，同时触犯绑架罪和抢劫罪两个罪名，应择一重罪定罪处罚。

38.（1）无权。因为丙公司与丁公司之间不存在合同关系，同时丙公司也不是货物的所有权人。

（2）无权。因为货物并非乙公司所有。

（3）有权。因为甲公司在将货物交付给丙公司之前仍然是货物的所有权人，故有权以丁公司侵害所有权为由要求丁公司承担损害赔偿责任。

（4）有权。因为乙公司的违约行为致使甲公司不能实现合同目的，所以甲公司有权解除合同。

2015 年全国法律硕士（法学）专业学位研究生入学联考综合课试题

一、单项选择题（第 1～20 小题，每小题 1 分，共 20 分。下列每题给出的四个选项中，只有一个选项是最符合题目要求的）

1. 下列关于法律要素的表述，正确的是（ ）。

A. 不可抗力属于客体法律概念

B. 我国宪法中的"四项基本原则"属于公理性原则

C. 法律原则与法律规则都可以直接成为法官的裁判依据

D. 一个完整的法律规则可以由假定条件与法律后果组成

2. 下列关于法系的表述，正确的是（ ）。

A. 法律移植是法系形成和发展的重要途径

B. 法系是以法律赖以存在的经济基础为划分标准的

C. 英国威尔士和加拿大魁北克省的法律属于大陆法系

D. 当前两大法系之间的差异逐渐缩小，对各国法律进行法系划分已失去意义

3. 法治是与人治相对应的治国方略。关于法治，下列说法错误的是（ ）。

A. 法治以民主政治为基础　　　　　　B. 法治要求"良法"之治

C. 法治排斥和反对德治　　　　　　　D. 法治要求加强对权力的制约和监督

4. 我国《刑法》第 307 条第 1 款规定："以暴力、威胁、贿买等方法阻止证人作证或者指使他人作伪证……情节严重的，处三年以上七年以下有期徒刑。"某人民法院经审理查明，甲通过贿买等方式阻止目击者作证，情节严重，依法判处甲有期徒刑七年。法院在该案中运用的逻辑推理方式是（ ）。

A. 演绎推理　　　B. 辩证推理　　　C. 归纳推理　　　D. 类比推理

5. 某日，交警甲在乙的小饭馆吃午餐，付给乙餐费 100 元。当天下午，乙驾车到超市购物时违章停车，甲依法对乙处以 100 元的罚款并出具罚单。根据法律关系原理，上述"吃饭"与"罚款"两次活动所引发的法律关系分别是（ ）。

A. 基本法律关系与普通法律关系　　　B. 实体法律关系与程序法律关系

C. 绝对法律关系与相对法律关系　　　D. 平权型法律关系与隶属型法律关系

6. 我国《宪法》第 33 条第 2 款规定："中华人民共和国公民在法律面前一律平等。"

我国《立法法》第 2 条第 1 款规定："法律、行政法规、地方性法规、自治条例和单行条例的制定、修改和废止，适用本法。"关于上述两个条文中"法律"一词的理解，下列表述正确的是（　　）。

A. 两个条文中的"法律"含义相同

B. 《立法法》第 2 条中的"法律"专指全国人大常委会制定的法律

C. 《宪法》第 33 条中的"法律"专指全国人大及其常委会制定的法律

D. 《宪法》第 33 条中的"法律"包括《立法法》第 2 条中的"法律"、"行政法规"和"地方性法规"

7. 下列规范性法律文件中，属于我国程序法部门的是（　　）。

A. 《中华人民共和国刑法》　　　　　　B. 《中华人民共和国仲裁法》

C. 《中华人民共和国人民法院组织法》　D. 《中华人民共和国著作权法实施条例》

8. 下列关于法律效力问题的表述，正确的是（　　）。

A. "法不溯及既往"是法治国家通行的法律原则

B. 非规范性法律文件的法律效力属于狭义的法律效力范畴

C. 《中华人民共和国民事诉讼法》在我国驻外使馆内不具有法律效力

D. 折中主义是一种以属人主义为主，与属地和保护主义相结合的法律效力原则

9. 2014 年 11 月 1 日，第十二届全国人民代表大会常务委员会第十一次会议通过《全国人民代表大会常务委员会关于设立国家宪法日的决定》。根据该决定，国家宪法日是（　　）。

A. 12 月 6 日　　　B. 12 月 4 日　　　C. 9 月 29 日　　　D. 9 月 20 日

10. 根据我国现行宪法，有权决定特赦的国家机关是（　　）。

A. 国家主席　　　　　　　　　　　　B. 全国人民代表大会常务委员会

C. 国务院　　　　　　　　　　　　　D. 最高人民法院

11. 下列权利中，我国现行宪法有明确规定的是（　　）。

A. 沉默权　　　　　　　　　　　　　B. 罢工自由

C. 营业自由　　　　　　　　　　　　D. 被告人有权获得辩护

12. 下列关于我国公民选举权的说法，正确的是（　　）。

A. 甲因患有精神病而丧失选举权

B. 乙被拘留，因无人身自由而不享有选举权

C. 丙不识字，因无法填写选票而不享有选举权

D. 丁因被判处死刑缓期二年执行而丧失选举权

13. 全国人大常委会对自治区报请批准的自治条例进行合宪性审查。根据宪法监督方式的分类，该宪法监督是（　　）。

A. 附带性审查　　B. 宪法诉讼　　　C. 事先审查　　　　D. 事后审查

14. 下列关于我国宪法解释机制的表述，不正确的是（　　）。

A. 我国的宪法解释属于立法机关解释

B. 地方各级人民代表大会享有宪法解释权

C. 我国的宪法解释机制在程序方面需要进一步完善

D. 宪法解释机制的目的在于激活宪法，保障宪法的最高效力

15. 西周时期的契约制度比较发达，其中买卖奴隶、牛马等大宗交易使用的契券称为（   ）。

    A. 傅别   B. 白契   C. 质   D. 剂

16. 秦朝的法律形式中，对法律条文、术语作出具有法律效力解释的是（   ）。

    A. 令   B. 法律答问   C. 廷行事   D. 封诊式

17. 唐高宗永徽年间，某地有婢女不堪主人欺凌，将主人毒杀。后该婢女被官府缉归案，判处斩刑。根据唐律关于死刑复奏制度的规定，该案应复奏的次数是（   ）。

    A. 无须复奏   B. 一复奏   C. 三复奏   D. 五复奏

18. 《宋刑统》共十二篇，其首篇的篇名是（   ）。

    A. 具律   B. 刑名   C. 名例   D. 法例

19. 清末司法改革后，全国最高的司法行政机关是（   ）。

    A. 大理院   B. 大理寺   C. 刑部   D. 法部

20. 革命根据地时期制定的宪法性文件中，规定国家的对外政策，宣布中华民族完全自主独立，废除一切不平等条约的是（   ）。

    A.《陕甘宁边区宪法原则》   B.《陕甘宁边区施政纲领》

    C.《华北人民政府施政方针》   D.《中华苏维埃共和国宪法大纲》

二、多项选择题（第 21～30 小题，每小题 2 分，共 20 分。下列每题给出的四个选项中，至少有两个选项是符合题目要求的。多选、少选或错选均不得分）

21. 下列关于法学的认识，能够成立的有（   ）。

    A. 法学以法为研究对象，通常先有法后有法学

    B. 法学作为科学，它与神学、哲学和道德学说之间没有联系

    C. 法学考察法的产生、发展及其规律，具有社会科学的性质

    D. 法学为人们在规则下生活提供精神导向，具有人文科学的性质

22. 不同法学流派对于"法是什么"的认识不一。下列关于法概念的描述，正确的有（   ）。

    A. 社会法学派认为，法是公意的体现

    B. 历史法学派认为，法是主权者的命令

    C. 古典自然法学派认为，法是理性的体现

    D. 马克思主义法学认为，法是统治阶级意志的体现

23. 下列表述中，符合我国司法机关依法独立行使职权原则要求的有（   ）。

    A. 司法权只能由国家审判机关和检察机关行使

    B. 司法机关行使司法权受国家监督，不受社会监督

    C. 司法权的行使不受行政机关、社会团体和个人的干涉

    D. 司法机关行使司法权时必须严格依照法律规定正确适用法律

24. 下列关于立法体制的表述，正确的有（   ）。

    A. 立法体制的核心问题是立法权限的划分

    B. 联邦制国家一般采用二元或多元立法体制

    C. 国家结构形式对立法体制的形成具有重要影响

D. 人民代表大会制度是决定我国一元立法体制的政治因素

25. 港口税务官对船长说："照章缴税！否则警察抓你。"

海盗对船长说："按规矩交钱！不然把你抓走。"

从法的本质与特征的角度来看，对上述两种情形理解正确的有（　　）。

A. 税务官的话体现了法的国家意志性

B. 税务官与海盗的话都体现了法的强制性

C. 海盗的话不能体现船长有交钱的义务

D. 税务官的话意味着船长有纳税的义务

26. 下列关于宪法分类的表述，正确的有（　　）。

A. 1958 年法国宪法属于典型的民定宪法

B. 我国现行宪法既是成文宪法又是刚性宪法

C. 英国宪法是成文宪法，而美国宪法是不成文宪法

D. 资本主义类型宪法与社会主义类型宪法是马克思主义宪法学者对宪法的分类

27. 根据香港特别行政区基本法，下列关于香港特别行政区行政长官的表述，正确的有（　　）。

A. 行政长官任期五年，可连任一次

B. 行政长官可任命香港特别行政区政府主要官员

C. 行政长官是香港特别行政区的首长，代表香港特别行政区

D. 行政长官在当地通过选举或协商产生，由中央人民政府任命

28. 除了谋反、谋叛等重罪外，唐朝法律对其他犯罪的告诉有很多限制。下列情形中，为唐律所禁止的告诉行为有（　　）。

A. 卑幼告尊长　　　　　　　　　　B. 在押犯告狱官虐待

C. 八十岁以上者告子孙不孝　　　　D. 奴婢、部曲告主人

29. 清朝中央政府除制定全国统一的基本法典之外，还制定了一系列适用于少数民族聚居区的专门法规，其中包括（　　）。

A.《回疆则例》　　　　　　　　　　B.《蒙古律例》

C.《理藩院则例》　　　　　　　　　D.《钦定西藏章程》

30. 下列关于《中华民国民法》内容与特点的表述，正确的有（　　）。

A. 采取民商分立的编纂体例

B. 采用个人本位的立法原则

C. 婚姻家庭制度体现浓厚的固有法色彩

D. 吸纳整合德、日等国民法最新学理与立法经验

三、简答题（第 31～33 小题，每小题 10 分，共 30 分）

31. 简述法律与国家的一般关系。

32. 简述我国民族自治机关自治权的主要内容。

33. 简述中国古代法典从《唐律疏议》到《大清律例》篇章体例的发展演变。

四、分析论述题（第 34～38 小题，共 80 分）

34. 赵某涉嫌杀人，一审法院以故意杀人罪判处其无期徒刑；赵某提起上诉，二审维

持原判。多年后，真凶落网。此事经媒体跟踪报道，在社会上引起强烈反响。检察机关继而提起抗诉，经再审，赵某被宣告无罪。

请结合上述材料，运用法理学中法律监督的知识和原理，回答下列问题：

(1) 从监督主体角度看，材料中涉及哪些法律监督？

(2) 法律监督对我国社会主义法治有何意义？

35. 正义是现代法律的核心价值，司法是实现正义的重要途径之一。据统计，2013 年我国各级人民法院受理的案件达到 1 400 多万件。如何"让人民群众在每一个司法案件中都能感受到公平正义"，成为司法机关必须面对和思考的问题。

请根据上述材料，结合我国法治发展的现实，论述通过司法实现正义的途径与措施。

36. 某县人民政府为加快政府职能转变，促进地方经济发展，进行了一系列重大改革：①经县人民代表大会批准，对县人民政府工作部门进行调整，合并了三个部门，增设了两个部门；②在全县公开竞聘县人民政府工作部门中的四个局的局长，并由县长任命；③报省人民政府批准，撤销某乡，改设为镇；④在某乡实行直接选举，由该乡选民直接选举产生了乡长。

请结合上述材料，分析该县人民政府的改革措施是否符合宪法和法律的相关规定，并说明理由。

37. 联系实际，论述宪法上的平等保护与合理差别的内涵。

38. 材料一：《唐律疏议·名例律》：诸年七十以上、十五以下及废疾，犯流罪以下，收赎。八十以上、十岁以下及笃疾，犯反、逆、杀人应死者，上请；盗及伤人者，亦收赎；余皆勿论。九十以上、七岁以下，虽有死罪，不加刑；即有人教令，坐其教令者。若有赃应备（赔），受赃者备之。诸犯罪时虽未老、疾，而事发时老、疾者，依老、疾论。若在徒年限内老、疾，亦如之。犯罪时幼小，事发时长大，依幼小论。

材料二：《唐律疏议·名例律》：德礼为政教之本，刑罚为政教之用，犹昏晓阳秋相须而成者也。

(1) 请运用中国法制史的知识和理论，分析上述材料并回答下列问题：

①材料一体现了唐律的何种刑罚原则？该原则适用的对象有哪些？

②材料一中允许"收赎"的情况有哪些？

(2) 结合材料一，阐述材料二的内涵。

2015 年全国法律硕士（法学）专业学位研究生入学联考综合课试题答案解析

一、单项选择题

1. C

【解析】法律要素包括法律规则、法律原则和法律术语（概念）。不可抗力属于法律概念中的事实概念，而非客体概念，故 A 项表述错误。我国宪法中的"四项基本原则"属于政策性原则，而非公理性原则，故 B 项表述错误。法律原则和法律规则都可以直接成为法官的裁判依据，故 C 项表述正确。一个完整的法律规则是由假定条件、行为模式和法律后果三要素构成的，故 D 项表述错误。

2. A

【解析】法律移植是法系形成和发展的重要途径，例如，普通法和衡平法借助于英国的殖民征服而在世界范围内广泛传播，从而形成英美法系；法国民法典和德国民法典凭借其声望而为他国或地区移植，从而形成大陆法系。可见，A 项表述正确。法系并非是按照法律赖以存在的经济基础为划分标准的，而是按照世界上各个国家和地区法律的源流关系和历史传统以及形式上某些特点对法律所作的分类。法的历史类型才是以法律赖以存在的经济基础为划分标准的。可见，B 项表述错误。加拿大的魁北克省属于大陆法系，英国的苏格兰法律是大陆法系，而威尔士法律则是英美法系。可见，C 项表述错误。当前两大法系之间的差异逐渐缩小，有融合趋势，但因传统不同，两大法系的差异还将长期存在，对各国法律进行法系的划分也仍将产生深远影响。可见，D 项表述错误。

3. C

【解析】法治以民主政治为基础，民主化是实现法治的先决条件，法治必须建立在民主政治的基础之上。可见，A 项表述正确。法治要求"良法"之治，强调法律的至高权威，强调法律的公正性、稳定性、普遍性、公开性和平等性，以及对权力的制约和对人权的保障。可见，B 项表述正确。法治不排斥德治的作用，法治和德治作为社会控制的两种手段，具有各自独特的优势和局限，并且这种优势和局限往往呈现一种互补的关系。可见，C 项表述错误。法治要求加强对权力的制约和监督，权力制约原则正是法治的基本原则之一。可见，D 项表述正确。

170

2015 年全国法律硕士（法学）专业学位研究生入学联考综合课试题答案解析

4. A

【解析】演绎推理是从一般性知识推出特殊性知识的推理形式，例如，在法官审理案件时，将一般的法律规定具体运用到特殊个案中，法官运用的推理形式就是演绎推理。本题题干表述的情形就是演绎推理，选 A 项。

5. D

【解析】甲到乙的小饭馆用餐，甲与乙之间成立服务型合同法律关系，是平权型法律关系。甲依法对乙的违章行为处以罚款，由于甲、乙在地位上是不平等的，且甲是依职权对乙进行处罚的，因此引起的法律关系是隶属型法律关系。可见，选 D 项。

6. D

【解析】《宪法》第 33 条第 2 款规定中的"法律"，不仅包括全国人大及其常委会制定的法律，还包括行政法规、地方性法规、自治条例和单行条例。《立法法》第 2 条规定中的"法律"，专指全国人大及其常委会制定的法律。可见，备选项中，只有 D 项表述正确。

7. B

【解析】备选项中，A 项表述的法律文件属于刑法部门；B 项表述的法律文件属于程序法部门；C 项表述的法律文件属于宪法及其相关法部门；D 项表述的规范性文件属于行政法规，行政法规不属于狭义的法律，因而不属于任何法律部门。可见，选 B 项。

8. A

【解析】法律不溯及既往原则有利于合法权益的保护，因此，该原则是法治国家通行的法律原则。可见，A 项表述正确。非规范性法律文件的法律效力属于广义的法律效力范畴，狭义的法律效力范畴仅限于规范性法律文件的效力。可见，B 项表述错误。我国驻外使馆属于我国领域，《中华人民共和国民事诉讼法》当然在我国驻外使馆内具有法律效力。可见，C 项表述错误。折中主义原则即以属地主义为主，与属人主义、保护主义相结合的原则。可见，D 项表述错误。

9. B

【解析】2014 年 11 月 1 日，第十二届全国人大常委会第十一次会议审议通过了《全国人民代表大会常务委员会关于设立国家宪法日的决定》，明确将 12 月 4 日设立为国家宪法日。可见，选 B 项。

10. B

【解析】《宪法》第 67 条第 18 项规定，全国人大常委会有权决定特赦。据此，选 B 项。

11. D

【解析】《宪法》第 130 条规定，人民法院审理案件，除法律规定的特别情况外，一律公开进行。被告人有权获得辩护。据此，备选项中，只有 D 项表述是我国宪法明确规定的权利。

12. D

【解析】《选举法》第 26 条第 2 款规定，精神病患者不能行使选举权利的，经选举委员会确认，不列入选民名单。据此，精神病患者享有选举权，故 A 项说法错误。根据《全国人民代表大会常务委员会关于县级以下人民代表大会直接选举的若干规定》，正在取保候审、监视居住或者受拘留处罚的人员，只要没有被剥夺政治权利，就享有选举权。据此，B 项说法错误。《选举法》第 39 条第 2 款规定，选民如果是文盲或者因残疾不能写选票的，可以委托他信任的人代写。据此，C 项说法错误。被判处死缓的犯罪分子，应当剥夺政治权利终身，对于被剥夺政治权利的人，没有选举权。可见，D 项说法正确。

13. C

【解析】我国对规范性法律文件的合宪性进行审查的方式包括事先审查和事后审查。全国人大常委会对自治区报请批准的自治条例进行的合宪性审查属于一种事先审查方式，因为根据《宪法》第 116 条规定，自治条例须经报批才能生效，在自治条例没有生效前进行的预防性审查，自然是事先审查。可见，选 C 项。我国《立法法》也规定了规范性法律文件的事后审查方式，例如，《立法法》第 99 条第 1、2 款规定，国务院、中央军事委员会、最高人民法院、最高人民检察院和各省、自治区、直辖市的人民代表大会常务委员会认为行政法规、地方性法规、自治条例和单行条例同宪法或者法律相抵触的，可以向全国人民代表大会常务委员会书面提出进行审查的要求，由常务委员会工作机构分送有关的专门委员会进行审查、提出意见。前款规定以外的其他国家机关和社会团体、企业事业组织以及公民认为行政法规、地方性法规、自治条例和单行条例同宪法或者法律相抵触的，可以向全国人民代表大会常务委员会书面提出进行审查的建议，由常务委员会工作机构进行研究，必要时，送有关的专门委员会进行审查、提出意见。

14. B

【解析】《宪法》第 67 条第 1 项规定，全国人大常委会解释宪法，监督宪法的实施。据此，我国的宪法解释属于立法机关解释，A 项表述正确。全国人大常委会有权对宪法进行解释，地方各级人民代表大会无权解释宪法，B 项表述不正确。我国宪法解释在实际生活中还存在着一定的问题，尤其表现在缺乏具体的规范化程序和具体的解释程序上，因此，我国宪法解释体制在程序方面仍需进一步完善。可见，C 项表述正确。宪法解释机制的目的在于激活宪法，保障宪法的最高效力，并保证宪法的明确性和可预见性。可见，D 项表述正确。

15. C

【解析】西周时期已经出现买卖契约，买卖契约称为"质剂"，其中，凡买卖奴隶、牛马等大宗交易使用的较长的契券称为"质"；凡买卖兵器、珍异等小件物品使用的较短的契券称为"剂"。可见，选 C 项。"傅别"是西周时期借贷契约的称谓。"白契"是指宋代不动产买卖契约中，未缴纳契税、加盖官印的契约。

16. B

【解析】秦朝的法律形式主要包括律、令、封诊式、廷行事和法律答问。其中，法律答问是对法律条文、术语作出具有法律效力解释。可见，选 B 项。

17. B

【解析】依据《唐律疏议·断狱律》规定，对于判死罪的人，实行三复奏，京师地区被判处死罪的人实行五复奏，但犯恶逆以上的罪（谋反、谋大逆、谋叛、恶逆）以及部曲（家仆）、奴婢杀主人罪的，实行一复奏即可。可见，选 B 项。

18. C

【解析】《宋刑统》共 12 篇，其篇目沿袭唐律，而编纂体例沿袭《大中刑统》和《大周刑统》。《宋刑统》首篇的篇名是《名例律》，作为法典总则。可见，选 C 项。需要注意的是，《法经》中的法典总则称为《具法》；商鞅改法为律后，称为《具律》；《曹魏律》将《具律》改为《刑名律》；《晋律》在《刑名律》后面增加《法例律》一篇，共同作为法典总则；《北齐律》将《刑名律》《法例律》合为一篇，称为《名例律》，作为法典总则。自《北齐律》以《名例律》作为法典总则后，后世法典皆以《名例律》作为刑法总则，直至清末修律。

19. D

【解析】清末为配合修律活动，颁布《裁定官制谕》，进行司法改革：将刑部改为法部，作为全国最高司法行政机关；将大理寺改为大理院，作为全国最高审判机关；实行审检合署。可见，选 D 项。

20. D

【解析】《中华苏维埃共和国宪法大纲》规定了苏维埃国家的外交政策，宣布中华民族完全自主独立，不承认帝国主义在中国的一切特权，废除一切不平等条约。可见，选 D 项。

二、多项选择题

21. ACD

【解析】法学是以法或法律现象为研究对象的科学，社会有了法或法律现象，就有了关于这些现象的思想、观点，法学的产生晚于法或法律现象。可见，A 项表述成立。法学作为一门科学，它与神学、哲学和道德之间既有联系，又有区别。可见，B 项表述不成立。法学考察法的产生、发展及其规律，研究各种法律规范、法律制度的性质、特点及其相互关系，研究法的内部联系和调整机制，研究法与其他社会现象的联系、区别及相互作用，因此具有社会科学的性质。可见，C 项表述成立。法学要解决不同民族不同国度人们所面临的问题，要为人们在规则下生活提供精神导向，因此又具有人文科学的性质。可见，D 项表述成立。

22. CD

【解析】社会法学派认为，法是一种社会现象，是社会控制的手段；古典自然法学派认为，法是人类的理性和公意的体现。可见，A 项表述错误，C 项表述正确。历史法学派认为，法是民族精神的体现；分析法学派认为，法是主权者的命令。可见，B 项表述错误。马克思主义法学认为，法并非"公共意志"的体现，而是统治阶级意志的体现，具有阶级性。可见，D 项表述正确。

23. ACD

【解析】司法机关依法独立行使职权原则又称为司法独立原则，司法独立原则表明司法权的专属性，司法权只能由国家审判机关和检察机关行使，其他任何机关、团体和个人都无权行使此项权力。可见，A 项表述符合司法独立原则的要求。司法独立原则并不意味着司法机关行使职权不受监督，司法机关行使职权不仅要受党的领导和监督，还要接受国家权力机关的监督，司法机关之间也存在监督，司法机关还要接受社会监督。可见，B 项表述不符合司法独立原则的要求。司法独立原则表明司法机关行使职权的独立性，即人民法院、人民检察院依法独立行使职权，不受行政机关、社会团体和个人的非法干涉。可见，C 项表述符合司法独立原则的要求。司法独立原则表明司法机关行使职权的合法性，即司法机关审理案件必须严格依照法律规定，正确适用法律，不得滥用职权，枉法裁判。可见，D 项表述符合司法独立原则的要求。

24. ABCD

【解析】立法体制是关于立法权的配置方面的组织制度，其核心是立法权限的划分问题。可见，A 项表述正确。一般而言，国家结构形式对于立法体制的影响非常明显，在实行单一制国家，一般采用一元立法体制；在实行联邦制国家，一般实行二元或多元立法体制。可见，B、C 项表述正确。我国现行的立法体制，存在两种观点：一种观点是，我国现行的立法体制是一元立法体制，我国实行人民代表大会制度，该制度是决定我国一元立法体制的政治因素；我国的单一制国家结构形式及其传统决定了我国实行一元立法体制。另一种观点是，我国实行的是"既统一而又分层次的立法体制"，该立法体制既不同于联邦制国家结构的二元或多元立法体制，也不同于单一制国家所采用的一元立法体制。考试中的标准答案采纳的是上述第一种观点，即 D 项表述正确。

25. ACD

【解析】税务官的话体现了法的国家意志性和法的强制性，也表明船长有依法纳税的义务。可见，A、D 项表述正确。法具有国家意志性和强制性，但海盗的话不能体现国家意志，海盗的话不是法或者法的适用，更谈不上是法的强制性的体现，也不能体现船长有交钱的义务。可见，B 项表述错误，C 项表述正确。

26. ABD

【解析】法国自 1789 年大革命以来，因政权更迭频繁，制定的宪法十分多，有不同的宪法类型，既有钦定宪法，也有民定宪法，还有协定宪法。但就 1958 年宪法而言，是典型的民定宪法，故 A 项表述正确。我国现行宪法是成文宪法、刚性宪法、民定宪法，故 B 项表述正确。英国宪法是不成文宪法，美国宪法是成文宪法，故 C 项表述错误。马克思主义宪法学者依据宪法的阶级本质和赖以建立的经济基础的不同，将宪法分为资本主义类型宪法和社会主义类型宪法。可见，D 项表述正确。

27. ACD

【解析】《香港特别行政区基本法》第 46 条规定，香港特别行政区行政长官任期 5 年，可连任一次。据此，A 项表述正确。《香港特别行政区基本法》第 15 条规定，中央人民政府依照本法第四章的规定任命香港特别行政区行政长官和行政机关的主要官员。据此，B 项表述错误。《香港特别行政区基本法》第 43 条第 1 款规定，香港特别行政区行政长官是香港特别行政区的首长，代表香港特别行政区。据此，C 项表述正确。《香港特别行政区基本法》第 45 条第 1 款规定，香港特别行政区行政长官在当地通过选举或协商产生，由中央人民政府任命。据此，D 项表述正确。

28. AD

【解析】依据《唐律疏议·斗讼律》规定，除了谋反、谋大逆、谋叛等重罪外，唐朝所禁止的告诉行为包括：禁止诬告，诬告者反坐；禁止卑幼告发尊长，但告母杀父、继母杀亲母不在此限；禁止卑贱控告尊贵；在押犯只准告狱官虐待事，但禁止告发他事；禁止投匿名信控告；80 岁以上、10 岁以下以及笃疾者只准告子孙不孝或者同居之内受人侵害之事，其他事不得控告；禁止告发赦前之事。可见，选 A、D 项。

29．ABCD

【解析】 清朝制定了一系列适用于少数民族聚居区的法规，主要包括《蒙古律例》、《理藩院则例》、《回律》（又称为《回疆则例》）、《苗汉杂居章程》、《湘苗事宜》、《西宁番子治罪条例》（又称为《西宁青海番夷成例》《番例条款》）、《钦定西藏章程》、《西藏禁约十二事》、《台湾善后事宜》等。综上所述，备选项应全选。

30．CD

【解析】《中华民国民法》采取民商合一的民事立法体例，A 项表述错误。《中华民国民法》采取社会本位的立法原则，B 项表述错误。《中华民国民法》在婚姻家庭制度方面体现了浓厚的固有法色彩，如民法典肯定包办买卖婚姻及传统习惯，维护夫妻间的不平等和家长制。可见，C 项表述正确。《中华民国民法》将德国、日本、瑞士等国民法的最新学理、最新立法加以吸纳、整合，萃成本国民法，体现了继受法与固有法结合的特点。可见，D 项表述正确。

三、简答题

31．（1）国家是法律存在和发展的基础。法律的产生、制定和实施，法律的性质、内容和表现形式以及法律的发展变化都依赖于国家。这表现为三个方面：法律是由国家制定或认可的；法的实现以国家政权的运行为必要条件；国家政权的组织形式和国家结构形式影响法的形式。

（2）法律保障国家职能的实现，保障和规范国家政权的正常行使。这表现为三个方面：法律确认和宣称国家权力的合法性，组织和完善国家的权力结构体系；法律促进国家职能的实现；法律制约和监督国家权力的运行。

32．（1）制定自治条例和单行条例。

（2）管理地方财政。

（3）自主地安排和管理地方性的经济建设事业。

（4）自主地管理本地方的教育、科学、文化、卫生、体育事业，保护和整理民族的文化遗产，发展和繁荣民族文化。

（5）经批准对上级国家机关的决议、决定等变通或停止执行，组织本地方维护社会治安的公安部队，使用当地通用的一种或几种语言文字等其他职权。

33．（1）《唐律疏议》采用 12 篇体例，以名例律为首篇。

（2）《宋刑统》沿袭《唐律疏议》12 篇体例，但是采用"刑律统类"的形式，在篇内分门。

（3）元代地方政府自行汇编的《元典章》以六部划分法规体例，对后世法典的编纂有直接影响。

（4）《大明律》改变了唐、宋律的传统体例，按六部官制分六律，仍以名例律冠于篇首，共 7 篇。

（5）《大清律例》承用《大明律》的编纂方法，但采用律、例合编的体例。

四、分析论述题

34．（1）第一，司法监督，在本案中体现为二审法院对一审法院的监督、检察院对法院的监督。第二，社会监督，在本案中表现为媒体的跟踪报道。

（2）法律监督是现代法治不可缺少的组成部分，它贯穿于法律运行的全过程，对社会生活和经济生活有着广泛的影响。法律监督是社会主义民主政治的保障和重要组成部分；法律监督是全面推进依法治国的重要保证；法律监督是建立和完善社会主义市场经济的需要。

35.（1）正义是人类追求的共同理想，也是现代法律的核心价值。作为现代社会权威的纠纷解决机制，司法是实现正义的重要途径。司法要实现的正义包括实体正义和程序正义两个方面，实体正义注重结果的公正，程序正义注重过程的公正。

（2）为了让人民群众在司法审判中切实感受到公平正义，必须确保司法机关依法、公正、独立行使职权；切实维护当事人的诉讼权利；加强对司法工作的监督；不断推进司法公开；提高司法人员的业务素质和职业道德。

36.（1）县人民政府对政府工作部门的调整不合法。地方政府工作部门的设立、增加、减少或者合并，由本级人民政府报请上一级人民政府批准，并报本级人大常委会备案。

（2）由县长任命局长的做法不合法。县人民政府工作部门的负责人经县长提名，由县人大常委会决定，并报上一级人民政府备案。

（3）乡调整为镇的改革措施合法。镇的建置由省级人民政府决定。

（4）乡长由选民直接选举产生不合法。乡长由乡人大选举产生。

37.（1）平等保护是指对所有公民采取无差别的待遇，除非存在差别对待的合理理由，不得把种族、性别、家庭出身、宗教信仰等作为法律上差别对待的理由。

（2）平等保护不是绝对的，判断政府措施是合理差别还是歧视性做法的标准如下：第一，差别对待的目的必须是实现正当的而且是重大的公共利益；第二，差别对待必须是实现政府所宣称的目的的合理及必要手段；第三，政府对差别对待的合理性负举证责任。

（3）合理差别主要有以下几种：基于年龄差异的合理差别；基于生理差异的合理差别；基于民族差异的合理差别。

38.（1）①材料一体现了唐律的老幼废疾犯罪减免刑罚原则。该原则的适用对象主要包括三类：一是 70 岁以上、15 岁以下以及废疾者；二是 80 岁以上、10 岁以下以及笃疾者；三是 90 岁以上、7 岁以下者。②材料一中允许"收赎"的情况有：一是 70 岁以上、15 岁以下及废疾，犯流罪以下者；二是 80 岁以上、10 岁以下及笃疾，犯盗及伤人罪者；三是犯罪时虽未老、疾，而事发时老、疾者，依上述老、疾收赎的规定处理；四是罪犯将在服徒刑期限内老、疾者，依上述老、疾收赎的规定处理；五是犯罪时年幼，事发时长大者，依上述幼小收赎的规定处理。

（2）"德礼为政教之本，刑罚为政教之用"既强调治理国家必须兼有德礼和刑罚，如同一天之中有早晚，一年之中有四季，不可或缺，又强调德礼和刑罚在实施政教中的关系是德主刑辅。"德礼为政教之本，刑罚为政教之用"作为唐朝立法的指导思想，集中体现了礼刑并用的特征。材料一中唐律规定的老幼废疾犯罪减免刑罚原则是这一指导思想在立法上的具体体现。

2014 年全国法律硕士（法学）专业学位研究生入学联考专业基础课试题

一、单项选择题（第 1～20 小题，每小题 1 分，共 20 分。下列每题给出的四个选项中，只有一个选项是最符合题目要求的）

1. 在刑法理论中，狭义刑法特指（　　）。

A. 附属刑法　　　　B. 单行刑法　　　　C. 刑法典　　　　D. 刑法修正案

2. 甲国公民比尔等人，在乙国领海劫持了一艘悬挂丙国国旗的货轮后，驾驶该货轮途经我国领海回甲国时，被我国警方抓获。我国参加了惩治海盗行为的国际公约，据此，对于比尔等人的海盗行为，我国司法机关（　　）。

A. 应按国际条约的规定追究其刑事责任

B. 可按照我国刑法的规定追究其刑事责任

C. 应将犯罪嫌疑人引渡给有关国家追究其刑事责任

D. 可适用甲国、乙国或者丙国刑法追究其刑事责任

3. 我国《刑法》第 303 条第 1 款规定："以营利为目的，聚众赌博或者以赌博为业的，处三年以下有期徒刑、拘役或者管制，并处罚金。"甲长期通过网络纠集他人进行赌博，人民法院认定其聚众赌博，对其单独定赌博罪。甲的罪行符合赌博罪的（　　）。

A. 基本的犯罪构成　　　　　　　　B. 修正的犯罪构成

C. 加重的犯罪构成　　　　　　　　D. 派生的犯罪构成

4. 国家机关工作人员甲，因不满父亲再婚，与之断绝往来，在父亲晚年孤身一人、身患重病时拒绝予以照顾，情节恶劣，构成遗弃罪。在本案中，甲违反了（　　）。

A. 法律行为引起的义务　　　　　　B. 职务要求的义务

C. 先前行为引起的义务　　　　　　D. 法律明文规定的义务

5. 下列选项中，成立犯罪既遂的是（　　）。

A. 甲违章驾驶运土车，不慎撞上一辆面包车，造成面包车上 2 人死亡

B. 乙购买货值金额 30 万元的不符合卫生标准的化妆品，销售 3 万余元时被公安机关抓获

C. 丙在茶楼准备将国家秘密提供给境外人员时，被国家安全机关工作人员当场抓获

D. 丁趁为他人搬运行李之机，将他人背包（内有价值 3 万元的相机）放在一隐蔽地

点，当丁回头取包时，背包已不见踪影

6. 医生甲意图杀死患者司某，将毒药给不知情的护士乙。乙粗心大意，未经检查就让司某服下毒药，司某中毒死亡。甲属于故意杀人罪的（　　）。

    A. 教唆犯　　　　　　B. 帮助犯　　　　　　C. 间接实行犯　　　　D. 直接实行犯

7. 甲潜入赵家客厅盗窃财物时，惊醒了在卧室里睡觉的赵某，甲逃跑时与过来查看的赵某相撞，致赵某倒地并受重伤。对甲应（　　）。

    A. 按照盗窃罪与过失致人重伤罪数罪并罚

    B. 按照盗窃罪的转化犯以抢劫罪定罪处罚

    C. 按照抢夺罪与过失致人重伤罪的吸收犯择一重罪处罚

    D. 按照盗窃罪与过失致人重伤罪的想象竞合择一重罪处罚

8. 甲、乙（均为 17 周岁）经常在小学校门外拦截小学生索要玩具，严重扰乱了学校周边的社会秩序。甲、乙的行为构成（　　）。

    A. 抢劫罪　　　　　　B. 寻衅滋事罪　　　　C. 抢夺罪　　　　　　D. 敲诈勒索罪

9. 甲冒充负责征兵工作的军官，向一家长谎称可帮助其子入伍，索要了 5 000 元现金。对甲的行为（　　）。

    A. 应以诈骗罪定罪处罚

    B. 应以招摇撞骗罪定罪处罚

    C. 应以冒充军人招摇撞骗罪定罪处罚

    D. 应以诈骗罪和冒充军人招摇撞骗罪数罪并罚

根据下列材料，回答第 10、11 小题。

甲、乙在街头因琐事斗殴，甲感到自己不是乙的对手，转身逃跑，乙紧追不舍。路人丙见状，跑上前想阻止乙追打甲。甲误认为丙是乙的同伙，挥棍打丙，致其重伤。

10. 在本案中，甲打伤丙的行为在刑法中属于（　　）。

    A. 假想防卫　　　　　B. 防卫过当　　　　　C. 防卫不适时　　　　D. 正当防卫

11. 根据我国民法有关规定，丙的人身损害应由（　　）。

    A. 甲承担全部赔偿责任　　　　　　B. 乙承担全部赔偿责任

    C. 甲、乙承担按份赔偿责任　　　　D. 甲、乙承担连带赔偿责任

12. 甲、乙、丙设立一有限合伙企业，丙为有限合伙人。该合伙企业委托丙与丁公司签订一货物买卖合同。签约时，丙表明自己是该企业合伙人，并出示了单位印章。后合伙企业未清偿到期货款。对该合伙企业所欠丁公司的债务（　　）。

    A. 丙不承担责任　　　　　　　　　B. 丙承担有限责任

    C. 丙承担按份责任　　　　　　　　D. 丙承担无限连带责任

13. 张某借给王某 3 万元，约定 2013 年 5 月 1 日还款。因王某到期未还，张某于 2013 年 5 月 8 日邮寄催款信件，王某于 2013 年 5 月 10 日收到此信，但直到 2013 年 5 月 12 日才拆阅此信。该债权诉讼时效中断的日期是（　　）。

    A. 2013 年 5 月 1 日　　　　　　　B. 2013 年 5 月 8 日

    C. 2013 年 5 月 10 日　　　　　　D. 2013 年 5 月 12 日

14. 在合同履行期限届满前，当事人一方以自己的行为表明不履行主要债务的，该行

为（   ）。

    A. 构成预期违约   B. 构成实际违约

    C. 不构成违约   D. 只在履行期限届满后才构成违约

15. 甲的母牛走失，被乙拾得。在乙饲养期间，母牛生下一头小牛。乙为饲养这两头牛共支付草料费 200 元，并造成误工损失 300 元。根据我国民法相关规定（   ）。

    A. 小牛归甲，乙有权要求甲支付 200 元

    B. 小牛归乙，乙有权要求甲支付 200 元

    C. 小牛归甲，乙有权要求甲支付 500 元

    D. 小牛归乙，乙有权要求甲支付 500 元

16. 对债务人实施的下列行为，债权人可以行使撤销权的是（   ）。

    A. 收养子女导致其偿还债务困难

    B. 放弃继承权导致其财产未增加

    C. 以市场交易价 72% 的价格转让财产对债权人造成损害，且受让人知道该情形

    D. 以市场交易价 135% 的价格购入财产对债权人造成损害，且出让人知道该情形

17. 下列选项中，属于实践性合同的是（   ）。

    A. 融资租赁合同   B. 建设工程合同

    C. 自然人之间的借款合同   D. 技术开发合同

18. 下列权利中，著作权人可以转让的是（   ）。

    A. 署名权   B. 发行权

    C. 修改权   D. 保护作品完整权

19. 甲借钱给乙，乙为此将其电动车出质于甲。后甲向丙借款，未经乙同意将电动车出质于丙，在丙占有期间该车因不可抗力灭失。根据物权法规定，乙的损失应由（   ）。

    A. 甲承担全部赔偿责任   B. 乙自己承担

    C. 丙承担全部赔偿责任   D. 甲和丙承担连带赔偿责任

20. 甲向乙求婚，遭拒绝，甲恼羞成怒剪掉了乙飘逸的长发，乙因此忧郁成疾。甲侵害了乙的（   ）。

    A. 名誉权   B. 健康权   C. 身体权   D. 肖像权

二、多项选择题（第 21～30 小题，每小题 2 分，共 20 分。下列每题给出的四个选项中，至少有两个选项是符合题目要求的。多选、少选或错选均不得分）

21. 下列选项中，属于挪用公款"归个人使用"的有（   ）。

    A. 将公款供本人、亲友或者其他自然人使用

    B. 以个人名义将公款供国有公司、企业使用

    C. 以单位名义将公款供具有法人资格的私有公司、企业使用

    D. 个人决定以单位名义将公款供国有公司、企业使用，谋取个人利益

22. 下列选项中，危害行为和死亡结果之间存在刑法上的因果关系的有（   ）。

    A. 甲为索取债务，将邹某关押在一居民楼里，邹某在逃跑时不慎摔死

    B. 乙在菜场卖菜时辱骂顾客王某，致王某情绪激动，心脏病突发而猝死

    C. 丙违章驾车，将行人赵某撞成重伤后逃跑，赵某因未得到及时救助而死亡

D. 丁将陶某打晕后以为其已经死亡，就将陶某抛掷到水库中，陶某溺水死亡

23. 甲在长途汽车站窃得他人挎包一个，事后发现包内有现金2 000元、海洛因200克、手枪一把，遂将海洛因和手枪藏在家中。甲的行为构成（　　）。

A. 盗窃罪　　　　　　　　　　　　　B. 盗窃枪支罪
C. 非法持有枪支罪　　　　　　　　　D. 非法持有毒品罪

24. 下列关于犯罪地点在刑法中的作用的表述中，正确的有（　　）。

A. 犯罪地点是犯罪的共同构成要件
B. 犯罪地点是犯罪的选择构成要件
C. 犯罪地点是某些犯罪的法定量刑情节
D. 犯罪地点是某些犯罪的酌定量刑情节

25. 下列选项中，构成医疗事故罪的有（　　）。

A. 医生甲在诊疗时未对患者认真检查，致其病情恶化，不治身亡
B. 护士乙在监护重症病人时，玩手机游戏，致该病人因缺氧成为植物人
C. 药剂师丙在配药时心不在焉，错发药品，幸被护士发现，未造成严重后果
D. 家庭接生员丁给同村村民做阑尾炎手术，致患者并发感染，丧失劳动能力

26. 下列选项中，构成不当得利之债的有（　　）。

A. 甲在自动取款机上取款，机器因故障多吐出500元
B. 甲所订报纸被送报员放入邻居乙的报箱，乙取而弃之
C. 甲订购乙公司商品并已付款，在乙公司送货上门时甲妻不知情再次付款
D. 甲被乙撞伤，乙支付甲医疗费，同时甲获得了保险公司给付的意外伤害保险金

27. 王某的小说《漂在都市》发表后，甲公司经王某同意将该小说改编成剧本，并拍摄成同名电视剧，后该剧在乙电视台播出。丙剧团经王某授权后，将该小说改编成同名话剧，在投入资金排练后公开演出。根据著作权法规定（　　）。

A. 王某对小说享有著作权　　　　　　B. 甲公司对电视剧剧本享有著作权
C. 乙电视台作为播放者享有著作权　　D. 丙剧团作为表演者享有邻接权

28. 根据合同法规定，当事人对合同是否成立存在争议，除法律另有规定或者当事人另有约定外，人民法院能够确定必备条款的，一般应当认定合同成立。这些必备条款包括（　　）。

A. 标的　　　　　　　　　　　　　　B. 质量
C. 数量　　　　　　　　　　　　　　D. 当事人名称或姓名

29. 根据侵权责任法规定，患者在诊疗活动中遭受损害，医疗机构不承担赔偿责任的情形有（　　）。

A. 限于当时的医疗水平难以诊疗
B. 医务人员在抢救生命垂危的患者时已尽到合理诊疗义务
C. 医务人员在诊疗活动中未尽到与当时的医疗水平相应的诊疗义务
D. 患者不配合医疗机构进行符合诊疗规范的诊疗，且医疗机构及其医务人员无过错

30. 肖某育有二子一女，长子甲拒绝对肖某尽赡养义务，次子乙患脑瘫且无生活来源，女儿丙婚前、婚后均与肖某共同生活。2004年肖某捡到一弃婴丁并予以抚养，但未

办理收养手续。2012 年 7 月，肖某死亡。分配遗产时（   ）。

    A. 甲应当不分或少分   B. 对乙应当予以照顾

    C. 丙可以多分   D. 可以分给丁适当的遗产

三、简答题（第 31～34 小题，每小题 10 分，共 40 分）

31. 简述刑法中危害结果的分类。

32. 简述污染环境罪的构成要件。

33. 简述共同侵权行为的概念和构成要件。

34. 简述离婚与撤销婚姻的区别。

四、论述题（第 35～36 小题，每小题 15 分，共 30 分）

35. 试论刑法中紧急避险的成立条件。

36. 试论民法的性质。

五、案例分析题（第 37～38 小题，每小题 20 分，共 40 分）

37. 甲、乙、丙共同出资设立了一家有限责任公司，分别任董事长、总经理和财务总监。

    事实一：2010 年底，该公司因资金紧张面临经营危机。为此，甲、乙、丙专门就如何融资维持经营进行商议。依据商议，公司以丙伪造的虚假产权证明作担保，与一家银行签订借款合同，取得了 500 万元的贷款。2011 年春节之后，公司将其中的 400 万元资金投入经营，但经营状况依然没有好转。

    事实二：2011 年 5 月，丙见公司经营状况难以好转，将剩余 100 万元资金提现后潜逃。该公司因缺乏经营资金而倒闭，银行因此无法追回 500 万元贷款的本息。

    结合上述材料，请回答下列问题并说明理由：

    （1）事实一所述行为构成何罪？

    （2）事实二中丙携款潜逃的行为构成何罪？

38. 2012 年春节过后，甲外出打工，将一祖传瓷瓶交由邻居乙保管。乙因结婚用钱，谎称瓷瓶为自己所有，将其按照市价卖给了丙，得款 1 万元。2012 年 7 月，乙见甲的房屋有倒塌危险，可能危及自己的房屋，遂以自己的名义请施工队加固甲的房屋。施工结束后，经结算需要支付工程款 2 万元。2012 年底甲回村，因瓷瓶处分和工程款支付问题与乙发生纠纷。

    结合上述材料，请回答下列问题：

    （1）丙能否取得瓷瓶的所有权？为什么？

    （2）乙出售瓷瓶是否属于侵权行为？为什么？

    （3）施工队应向谁请求支付工程款？为什么？

    （4）乙聘请施工队为甲加固房屋的行为是否构成无因管理？为什么？

2014年全国法律硕士（法学）专业学位研究生入学联考专业基础课试题答案解析

一、单项选择题

1. C

【解析】刑法有广义和狭义之分。狭义刑法特指刑法典（含刑法修正案），广义刑法包含刑法典、单行刑法和附属刑法。可见，选C项。

2. B

【解析】《刑法》第9条规定，对于中华人民共和国缔结或者参加的国际条约所规定的罪行，中华人民共和国在所承担条约义务的范围内行使刑事管辖权的，适用本法。据此普遍管辖权之规定，我国司法机关可按照我国刑法的规定追究比尔等人的刑事责任。可见，选B项。

3. A

【解析】犯罪构成有基本的犯罪构成和修正的犯罪构成之分。基本的犯罪构成是刑法分则条文就某一犯罪的基本形态所规定的犯罪构成；修正的犯罪构成是以基本的犯罪构成为基础并对之进行补充、扩展而形成的犯罪构成，包括犯罪预备、未遂、中止等各类停止形态和共同犯罪等犯罪形态。本题表述中，人民法院对甲单独定赌博罪，并没有认定存在赌博罪的各类停止形态，也没有对甲是否属于赌博罪的共犯作出认定，因此，甲的罪行符合赌博罪的基本的犯罪构成，选A项，不选B项。犯罪构成还有标准的犯罪构成和派生的犯罪构成之分。标准的犯罪构成是刑法条文对具有通常社会危害程度的行为所规定的犯罪构成；派生的犯罪构成是以标准的犯罪构成为基础，因为具有较轻或较重的法益侵害程度而从标准的犯罪构成中派生出来的犯罪构成，包括加重的犯罪构成和减轻的犯罪构成。《刑法》第303条第1款规定的是赌博罪的标准的犯罪构成，并没有规定赌博罪的加重和减轻的犯罪构成等派生的犯罪构成。人民法院只能依据该标准的犯罪构成规定对甲定罪。可见，不选C、D项。

4. D

【解析】遗弃罪为典型的纯正不作为犯。行为人负有某种特定义务是构成不作为犯罪的前提条件，而这种特定义务的来源包括法律明文规定的义务、行为人职务或业务上要求的义务、行为人的法律地位或法律行为所引起的义务和因先行行为引起的义务。本题表述中，甲负有赡养老人的义务，这是我国婚姻家庭法明确规定的义务，属于法律明文规定的义务，而甲违反赡养义务，情节恶劣，构成遗弃罪。可见，选 D 项。

5. D

【解析】A 项表述中，甲违章驾驶，造成 2 人死亡的重大事故，其行为构成交通肇事罪。犯罪既遂存在于故意犯罪中，过失犯罪不存在犯罪既遂，只存在罪与非罪的问题。交通肇事罪属于过失犯罪，无所谓是否成立犯罪既遂的问题，故不选 A 项。《刑法》第 148 条、第 150 条规定了生产、销售不符合卫生标准的化妆品罪及单位犯该罪的处罚。生产、销售不符合卫生标准的化妆品罪以造成严重后果作为构成要件，所谓"造成严重后果"，是指对人身造成严重伤害如烧伤、毁容等。B 项表述中，乙的行为并未造成严重后果，因而不构成生产、销售不符合卫生标准的化妆品罪，且销售金额在 3 万余元时被抓获，未达到 5 万元，因而也不构成生产、销售伪劣产品罪。可见，乙的行为不成立犯罪既遂，故不选 B 项。C 项表述中，丙向境外人员非法提供国家秘密，但还未来得及提供而被抓获，因而不成立为境外非法提供国家秘密罪的犯罪既遂，故不选 C 项。关于盗窃罪既遂和未遂的认定，如果行为人所盗窃的财物属于一般财物，采取失控加控制说，即财物的所有人、管理人、保护人、持有人失去对财物的控制并为盗窃行为人所控制的状态为既遂；如果行为人所盗窃的财物属于无形财物，采取控制说，即盗窃行为人已经实际控制该无形财物的状态为既遂。D 项表述中，丁将他人背包转移，使背包主人失去对背包的控制，因而丁的行为构成盗窃罪既遂，故选 D 项。

6. C

【解析】护士乙没有故意犯罪的主观心态，因而不构成故意杀人罪。乙仅仅是甲实施故意杀人罪的犯罪工具，对于把他人当作工具而利用的不构成共同犯罪，乙是无辜的被利用者，而甲则是间接实施故意犯罪，是间接实行犯，故选 C 项。

7. A

【解析】甲潜入赵家客厅行窃，构成盗窃罪。甲在逃跑时将赵某撞成重伤，因甲没有伤害赵某的故意，只是在逃跑时致使赵某身受重伤，其主观心态表现为过失，因而构成过失致人重伤罪。甲的行为属于独立的两个行为，对甲应以盗窃罪和过失致人重伤罪数罪并罚。可见，选 A 项。盗窃罪转化成抢劫罪须具备如下条件：（1）行为人必须实施了盗窃的犯罪行为。（2）行为人的目的是窝藏赃物、抗拒抓捕或者毁灭罪证。（3）行为人必须当场使用暴力或者以暴力相威胁。此外，过失犯罪不存在转化的问题。由于甲的行为不符合上述转化型抢劫罪的条件，因而甲的行为不能以抢劫罪定罪处罚。可见，不选 B 项。甲的盗窃行为和过失致人重伤行为属于独立的两个行为，这两个行为并不存在一个行为是另一行为的必经阶段、组成部分或者当然结果的情形，因而不是吸收犯。可见，不选 C 项。甲的盗窃行为和过失致人重伤行为属于独立的两个行为，而想象竞合犯是行为人实施一个犯罪行为同时触犯数个罪名的情况。可见，不选 D 项。

8. B

【解析】《刑法》第 293 条第 1 款规定，有下列寻衅滋事行为之一，破坏社会秩序的，构成寻衅滋事罪：（1）随意殴打他人，情节恶劣的；（2）追逐、拦截、辱骂、恐吓他人，情节恶劣的；（3）强拿硬要或者任意损毁、占用公私财物，情节严重的；（4）在公共场所起哄闹事，造成公共场所秩序严重混乱的。根据上述规定第 3 项，甲、乙的行为构成寻衅滋事罪，故选 B 项。甲、乙在校门外拦截小学生索要玩具，二人的行为并不在乎玩具的价值，也不顾忌是否告发，其索要玩具的行为仅仅是为了耍威风、占便宜，二人的行为方式和抢劫罪的行为方式有本质的区别，因而不构成抢劫罪，故不选 A 项。抢夺罪的本质特征是"公然夺取"，而甲、乙二人在校门外拦截小学生采取的行为方式是"强行索要"，故不构成抢夺罪，不选 C 项。敲诈勒索罪侵犯的客体是公私财物所有权、公民的人身利益和其他权益，但并未妨害社会公共秩序，而寻衅滋事罪侵犯的客体是社会公共秩序。甲、乙二人的行为侵犯的客体是社会公共秩序，因而构成寻衅滋事罪，而非敲诈勒索罪，故不选 D 项。

9. C

【解析】甲冒充军人招摇撞骗，构成冒充军人招摇撞骗罪，故选 C 项。诈骗罪不同于冒充军人招摇撞骗罪，从侵犯的客体分析，冒充军人招摇撞骗罪侵犯的客体是军队的良好威信、信誉和正常活动，而诈骗罪侵犯的客体仅限于公私财物，侵犯客体的不同是诈骗罪和冒充军人招摇撞骗罪的重要区别。本题表述中，甲的行为既符合诈骗罪的构成要件，又符合冒充军人招摇撞骗罪的构成要件，构成二罪的竞合，通常情形下，在这两个罪竞合时，如果甲的诈骗数额达到巨大标准，宜定诈骗罪，数额达不到巨大标准的，宜定冒充军人招摇撞骗罪，因甲诈骗数额为 5 000 元，不构成数额巨大，因而应定冒充军人招摇撞骗罪，故不选 A、D 项。冒充军人招摇撞骗罪和招摇撞骗罪的重要区别在于冒充的对象不同，冒充军人招摇撞骗罪中，行为人冒充的是军人这一特定对象，而招摇撞骗罪中，行为人冒充的对象是国家机关工作人员。本题表述中，甲冒充的是军人，因而不定招摇撞骗罪，故不选 B 项。

10. A

【解析】甲打伤丙的行为在刑法中属于假想防卫。假想防卫即行为人在没有不法侵害情形下误以为存在不法侵害人而实施的防卫，丙本不是不法侵害人，而甲误以为是侵害人而实施防卫，导致丙重伤，甲的行为符合假想防卫的特征。可见，选 A 项。甲打伤丙的行为并非防卫过当，因为成立防卫过当的条件之一是防卫过当行为只能针对不法侵害人本人实行，而丙并非不法侵害人。可见，不选 B 项。甲打伤丙的行为并非防卫不适时，防卫不适时即不法侵害尚未开始或者已经结束而实施的防卫，包括事先防卫和事后防卫，成立防卫不适时的条件之一是防卫行为针对的是不法侵害人，对于主观臆想的不法侵害人，不适用防卫不适时。丙并非不法侵害人，不适用防卫不适时。可见，不选 C 项。甲打伤丙的行为不构成正当防卫，因为正当防卫成立的对象条件是防卫必须针对不法侵害者本人实施，而丙并非不法侵害者。可见，不选 D 项。

11. A

【解析】《民法典》第 183 条规定，因保护他人民事权益使自己受到损害的，由侵权人承担民事责任，受益人可以给予适当补偿。没有侵权人、侵权人逃逸或者无力承担民事责任，受害人请求补偿的，受益人应当给予适当补偿。据此，甲作为侵权责任人，应当承担全额赔偿。可见，选 A 项。乙不是侵权责任人，不承担侵权损害赔偿责任，故不选 B、C、D 项。

12. D

【解析】《合伙企业法》第 68 条第 1 款规定，有限合伙人不执行合伙事务，不得对外代表有限合伙企业。《合伙企业法》第 76 条规定，第三人有理由相信有限合伙人为普通合伙人并与其交易的，该有限合伙人对该笔交易承担与普通合伙人同样的责任。有限合伙人未经授权以有限合伙企业名义与他人进行交易，给有限合伙企业或者其他合伙人造成损失的，该有限合伙人应当承担赔偿责任。根据上述规定，丙作为有限合伙人，不得对外代表有限合伙企业，但丙在与丁公司签订买卖合同时声称是该企业合伙人，并未表明自己的有限合伙人身份，还出示了单位印章，使丁公司有理由相信丙是普通合伙人，丁公司是善意的。后该合伙企业未清偿到期货款，则丙应与其他合伙人承担同样的责任，即无限连带责任。可见，选 D 项。

13. C

【解析】具有下列情形之一的，应当认定为"当事人一方提出要求"，产生诉讼时效中断的效力：（1）当事人一方直接向对方当事人送交主张权利文书，对方当事人在文书上签字、盖章或者虽未签字、盖章但能够以其他方式证明该文书到达对方当事人的；（2）当事人一方以发送信件或者数据电文方式主张权利，信件或者数据电文到达或者应当到达对方当事人的；（3）当事人一方为金融机构，依照法律规定或者当事人约定从对方当事人账户中扣收欠款本息的；（4）当事人一方下落不明，对方当事人在国家级或者下落不明的当事人一方住所地的省级有影响的媒体上刊登具有主张权利内容的公告的，但法律和司法解释另有特别规定的，适用其规定。根据上述规定第 2 项，选 C 项。

14. A

【解析】《民法典》第 578 条规定了预期违约：当事人一方明确表示或者以自己的行为表明不履行合同义务的，对方可以在履行期限届满前请求其承担违约责任。预期违约作为违约责任的一种特殊形态，是指在合同履行期限届满前，当事人一方无正当理由明确表示或者以自己的行为表明不履行合同约定的主要债务。预期违约和一般违约形态的关键区别在于，该违约行为发生于合同履行期限届满前，包括明示毁约和默示毁约。预期违约发生于合同履行期限届满前，在此情形下，守约方可以在合同履行期限届满前要求违约方承担违约责任。可见，选 A 项，不选 C、D 项。如上所述，预期违约不同于一般违约形态即实际违约，具体而言，实际违约常常会造成非违约方实际损失，而预期违约有可能造成实际损失，但往往尚未造成实际损失，且预期违约发生于实际履行之前。可见，不选 B 项。

15. C

【解析】《民法典》第 979 条第 1 款规定，管理人没有法定的或者约定的义务，为避免他人利益受损失而管理他人事务的，可以请求受益人偿还因管理事务而支出的必要费用；管理人因管理事务受到损失的，可以请求受益人给予适当补偿。据此，乙的行为构成无因管理。为此，乙有权要求甲支付因无因管理行为而支出的必要费用，包括在管理或服务活动中直接支出的费用和在无因管理行为中受到的实际损失。本题表述中，乙为饲养牛支付的费用包括直接支付的草料费 200 元和误工损失 300 元，共计 500 元，这是无因管理活动中支出的必要费用。《民法典》第 314 条规定，拾得遗失物，应当返还权利人。拾得人应当及时通知权利人领取，或者送交公安等有关部门。据此，遗失物的所有权仍归原主，因此，甲对母牛享有所有权。《民法典》第 321 条第 1 款规定，天然孳息，由所有权人取得；既有所有权人又有用益物权人的，由用益物权人取得。当事人另有约定的，按照其约定。据此，小牛作为天然孳息，应由甲享有所有权。综上分析，选 C 项。

16. D

【解析】《民法典》第 538 条、第 539 条规定了债权人的撤销权。《民法典》第 538 条规定，债务人以放弃其债权、放弃债权担保、无偿转让财产等方式无偿处分财产权益，或者恶意延长其到期债权的履行期限，影响债权人的债权实现的，债权人可以请求人民法院撤销债务人的行为。《民法典》第 539 条规定，债务人以明显不合理的低价转让财产、以明显不合理的高价受让他人财产或者为他人的债务提供担保，影响债权人的债权实现，债务人的相对人知道或者应当知道该情形的，债权人可以请求人民法院撤销债务人的行为。据此，债权人行使撤销权的客观条件之一就是债务人实施了一定的财产处分行为。A 项表述中，收养子女的行为并非财产处分行为，因收养子女导致履行债务困难的，并非基于财产处分行为而对债权人的债权造成损害，因此，A 项表述的情形不符合撤销权的行使条件，故不选 A 项。债权人实施的财产处分行为包括放弃其债权、放弃债权担保、无偿转让财产、恶意延长其到期债权的履行期限，以明显不合理的低价转让财产、以明显不合理的高价受让他人财产或者为他人的债务提供担保等行为。B 项表述中，债权人放弃的是继承权，而不是债权，故不符合债务人实施财产处分行为的情形。可见，不选 B 项。《民法典》第 539 条规定的"以明显不合理的低价转让财产"，是指转让价格达不到交易时交易地的指导价或者市场交易价 70%转让财产；"以明显不合理的高价受让他人财产"，是指受让价格高于当地指导价或者市场交易价 30%受让财产。C 项表述中，转让价格为市场交易价 72%，超过了 70%，不能视为明显不合理的低价，债权人不能行使撤销权，故不选 C 项。D 项表述中，受让价格为市场交易价 135%，超过了 30%，为明显不合理的高价，债权人可以行使撤销权。可见，选 D 项。

17. C

【解析】《民法典》第 679 条规定，自然人之间的借款合同，自贷款人提供借款时成立。据此，自然人之间的借款合同为实践性合同。可见，选 C 项。融资租赁合同、建设工程合同和技术开发合同都是诺成性合同，故不选 A、B、D 项。

18. B

【解析】《著作权法》第 10 条规定了各类著作财产权和人身权。著作财产权可以依法转让，但著作人身权不得转让，著作人身权包括署名权、发表权、修改权和保护作品完整权，故不选 A、C、D 项。发行权属于著作财产权，可以依法转让，故选 B 项。

19. A

【解析】《民法典》第 311 条规定了善意取得制度，其中第 3 款规定，当事人善意取得其他物权的，参照前两款规定。据此，丙可以依据善意取得制度取得电动车的质权，丙系善意占有人。《民法典》第 459 条规定，占有人因使用占有的不动产或者动产，致使该不动产或者动产受到损害的，恶意占有人应当承担赔偿责任。据此，善意占有人丙占有电动车期间因不可抗力致使电动车灭失的，丙不负赔偿责任。可见，不选 C、D 项。《民法典》

第 434 条规定，质权人在质权存续期间，未经出质人同意转质，造成质押财产毁损、灭失的，应当承担赔偿责任。据此，质权人甲应当对电动车的损失负全部赔偿责任。可见，选 A 项，不选 B 项。

20. C

【解析】甲剪掉乙的长发，致使乙的身体安全与完满的状态遭到破坏，构成了对乙身体权的侵害，故选 C 项。甲的行为没有侵犯乙的名誉权，因为名誉权的客体是名誉即客观公正的社会评价，甲剪掉乙的长发不可能导致乙的社会评价降低，不可能侵犯乙的名誉权，故不选 A 项。甲的行为不构成对乙健康权的侵害，因为甲剪掉乙的长发并没有影响乙的生理机能的正常运作，没有对其健康造成损害，故不选 B 项。肖像权的客体是肖像，是公民外貌所再现的视觉形象，该视觉形象不仅主要着眼于面部形象，而且是通过艺术手段固定在物质载体上再现的公民形象。人的外貌形象只有固定在物质载体上，才能成为法律意义上的肖像，而本题表述中，并不存在载有肖像的物质载体，因而不存在侵犯肖像权的问题，故不选 D 项。

二、多项选择题

21. ABD

【解析】根据全国人大常委会 2002 年 4 月 28 日的立法解释，挪用公款"归个人使用"是指下列情形：（1）将公款供本人、亲友或者其他自然人使用的；（2）以个人名义将公款供其他单位使用的；（3）个人决定以单位名义将公款供其他单位使用，谋取个人利益的。根据上述立法解释，选 A、B、D 项。C 项表述的情形缺乏"个人决定"和"谋取个人利益"的认定条件，不符合上述立法解释第 3 项规定表述的情形，故不选 C 项。

22. ABCD

【解析】刑法上的因果关系是指危害行为与危害结果之间的一种引起与被引起的联系。A 项表述中，邹某的死亡是因甲的非法拘禁行为所致，如果没有甲的非法拘禁行为，则不会出现邹某不慎摔死的结果，因此邹某的死亡结果与甲的非法拘禁行为之间存在因果关系，故选 A 项。B 项表述中，王某心脏病突发而猝死是因乙的辱骂行为所致，如果没有乙的辱骂行为，则不会引起王某死亡的结果，因此王某的死亡结果与乙的辱骂行为之间存在因果关系，故选 B 项。需要说明的是，王某确实患有心脏病，乙未必能够认识到这一点，但这并不影响因果关系的认定，不过乙是否承担刑事责任，关键在于乙是否对王某患有心脏病有所认识或应当认识，如果有所认识或应当认识，则应当承担刑事责任，如果没有认识，则按照意外事件处理，因此，危害行为与危害结果之间存在因果关系是行为人负刑事责任的基础，但有因果关系未必承担刑事责任。C 项表述中，丙交通肇事后逃逸，致使赵某得不到救助而死亡，赵某的死亡是因丙的交通肇事行为引起的，因此赵某的死亡与丙的交通肇事行为之间存在因果关系，故选 C 项。虽然赵某死亡是因得不到救助所致，但这并不影响因果关系的认定。D 项表述中，丁将陶某打晕，误以为陶某死亡，这属于认识错误中的因果关系认识错误，对于因果关系认识错误的，不影响因果关系的认定和刑事责任的承担，故选 D 项。

23. ACD

【解析】甲在长途汽车站窃得他人挎包一个，挎包内装有数额较大财物，甲的行为符合盗窃罪的构成特征，构成盗窃罪，故选 A 项。甲有盗窃的故意，但并没有盗窃枪支和毒品的故意，因此根据事实认识错误中的"法定符合说"，甲的行为不构成盗窃枪支罪和窝藏毒品罪，故不选 B 项。但甲事后非法持有该枪支和毒品，则构成非法持有枪支罪和非法持有毒品罪，故选 C、D 项。

24. BCD

【解析】犯罪客观方面的要素包括危害行为、行为对象、危害结果以及犯罪的时间、地点和方法等，其中，危害行为是客观方面的必要构成要素，而危害结果、犯罪地点等其他要素则不是必要或共同构成要素，而是选择构成要素。可见，A 项表述错误，B 项表述正确。犯罪地点可以成为某些犯罪的法定量刑情节，例如"入户"抢劫可以成为抢劫罪加重处罚的法定量刑情节。可见，C 项表述正确。犯罪地点可以成为某些犯罪的酌定量刑情节，例如，犯罪地点特殊，反映社会危害程度较轻的，可以酌定从轻处罚；反之，犯罪地点特殊，反映社会危害程度较重的，可以酌定从重处罚。可见，D 项表述正确。

25. AB

【解析】医疗事故罪是指医务人员由于严重不负责任，造成就诊人死亡或者严重损害就诊人身体健康的行为。医疗事故罪的主观方面表现为过失，即行为人对造成就诊人死亡或者严重损害就诊人身体健康的后果存在疏忽大意的过失或过于自信的过失。A、B 项表述中，医生甲和护士乙都存在过失的主观心态，造成患者死亡或者成为植物人，构成医疗事故罪，故选 A、B 项。从客观方面分析，认定医疗事故罪须具备两点：（1）行为人在医务工作中严重不负责任；（2）造成了就诊人死亡或者严重损害了就诊人的身体健康。上述两点必须同时具备，才能成立医疗事故罪。C 项表述中，由于没有造成严重后果，因而不构成医疗事故罪，故不选 C 项。医疗事故罪的犯罪主体是特殊主体，即医务人员，而 D 项表述中的家庭接生员不是医务人员，因而丁的行为不构成医疗事故罪，故不选 D 项。

26. ABC

【解析】不当得利是指没有合法根据取得利益而使他人财产受损的事实。A 项表述中，甲获利 500 元没有合法根据，甲获利的情形是基于受损人自己的行为而发生的不当得利，符合不当得利的构成条件。可见，选 A 项。B 项表述中，乙获得报纸没有合法根据，乙获利的情形是基于第三人的行为而发生的不当得利，符合不当得利的构成条件，虽然乙事后将报纸扔掉，但此行为并不影响不当得利的认定。可见，选 B 项。C 项表述中，乙公司获得甲妻的再次支付款项没有合法根据，乙公司获利的情形是基于受损人自己的行为而发生的不当得利，符合不当得利的构成条件。可见，选 C 项。D 项表述中，不存在适用不当得利的情形：首先，乙支付甲的医疗费是因乙的侵权行为所致，有合法根据；其次，甲获得的意外伤害保险是基于人身保险合同的给付，有合法根据。上述两笔利益都有合法根据，不能认定为不当得利。在有合同、无因管理、侵权行为、委托代理等合法根据时，受损人不得主张不当得利。可见，不选 D 项。

27. ABD

【解析】王某是小说《漂在都市》的原创人，自然享有该作品的著作权，故选 A 项。《著作权法》第 12 条规定，改编、翻译、注释、整理已有作品而产生的作品，其著作权由改编、翻译、注释、整理人享有，但行使著作权时不得侵犯原作品的著作权。据此，甲公司经王某同意将《漂在都市》改编成剧本，甲公司作为改编人享有对电视剧剧本的著作权，故选 B 项。乙电视台作为播放者，享有播放权而不是著作权，故不选 C 项。乙电视台作为播放者，即便享有播放权，也应当向著作权人支付报酬。丙剧团经王某授权将小说改编成同名话剧并演出，系表演者，享有著作权法规定的表演者的权利，即表演者权，而表演者权属于邻接权的一种，故选 D 项。

28. ACD

【解析】参照相关司法解释规定，当事人对合同是否成立存在争议，人民法院能够确定当事人名称或者姓名、标的和数量的，一般应当认定合同成立。但法律另有规定或者当事人另有约定的除外。据此，选 A、C、D 项。

29. ABD

【解析】《民法典》第 1224 条规定，患者在诊疗活动中受到损害，有下列情形之一的，医疗机构不承担赔偿责任：（1）患者或者其近亲属不配合医疗机构进行符合诊疗规范的诊疗；（2）医务人员在抢救生命垂危的患者等紧急情况下已经尽到合理诊疗义务；（3）限于当时的医疗水平难以诊疗。前款第 1 项情形中，医疗机构或者其医务人员也有过错的，应当承担相应的赔偿责任。据此，选 A、B、D 项。《民法典》第 1221 条规定，医务人员在诊疗活动中未尽到与当时的医疗水平相应的诊疗义务，造成患者损害的，医疗机构应当承担赔偿责任。据此，不选 C 项。

30. ABCD

【解析】本题考查的是法定继承的遗产分配原则。《民法典》第 1130 条第 4 款规定，有扶养能力和有扶养条件的继承人，不尽扶养义务的，分配遗产时，应当不分或者少分。据此，长子甲拒绝履行赡养义务，分配遗产时，对甲应当不分或者少分。可见，选 A 项。《民法典》第 1130 条第 2 款规定，对生活有特殊困难又缺乏劳动能力的继承人，分配遗产时，应当予以照顾。据此，次子乙缺乏劳动能力又无生活来源，分配遗产时，对于乙应当予以照顾。可见，选 B 项。《民法典》第 1130 条第 3 款规定，对被继承人尽了主要扶养义务或者与被继承人共同生活的继承人，分配遗产时，可以多分。据此，继承人丙婚前、婚后均与肖某共同生活，分配遗产时，可以多分。可见，选 C 项。《民法典》第 1105 条第 1 款规定，收养应当向县级以上人民政府民政部门登记。收养关系自登记之日起成立。据此，本题中收养关系并未办理登记，因此收养关系不成立，丁不能作为肖某的继承人。《民法典》第 1131 条规定，对继承人以外的依靠被继承人扶养的人，或者继承人以外的对被继承人扶养较多的人，可以分给适当的遗产。据此，丁是继承人以外的依靠被继承人扶养的人，分配遗产时，可以分给丁适当的遗产。可见，选 D 项。

三、简答题

31. 根据不同的标准，刑法中危害结果可分为：

（1）以危害结果是否是犯罪的构成要件为标准，分为构成要件的结果和非构成要件的结果。

（2）以危害结果的现象形态为标准，分为物质性结果和非物质性结果。

（3）以危害行为和危害结果之间的关联方式为标准，分为直接结果和间接结果。

（4）以危害结果的表现形式为标准，分为实害结果和危险结果。

（5）以危害结果的严重程度及其意义为标准，分为标准的犯罪构成结果和派生的犯罪构成结果。

（每个要点 3 分，答对 3 个以上给 10 分——编者注）

32. 污染环境罪的构成要件包括：

（1）客体是国家环境保护制度与公民生命健康、财产安全。

（2）客观方面表现为违反国家规定，实施了严重污染环境的行为。客观方面要求具备三个条件：①违反了国家环境保护方面的法律、法规；②实施了排放、倾倒或者处置有放射性的废物、含传染病病原体的废物、有毒物质或者其他有害物质的行为；③严重污染环境。

（3）本罪的主体是一般主体，包括自然人和单位。

（4）本罪的主观方面为过失，包括过于自信的过失和疏忽大意的过失。（考生回答主观方面为故意的，也可给分——编者注）

33. 共同侵权行为是指二人以上共同故意或者共同过失侵害他人民事权益的行为。

共同侵权行为的构成要件有：

（1）主体的复数性。是指侵权人为二人或者二人以上。

（2）意思上的联络性。是指数个行为人对加害行为具有共同故意、共同过失或者故意和过失的混合。

（3）损害结果的单一性。是指共同侵权行为所导致的损害结果是一个不可分割的整体。

34. 离婚与撤销婚姻的区别包括：

（1）对象与目的不同。离婚以合法婚姻为对象，目的是解除合法婚姻；撤销婚姻以违法婚姻为对象，目的是否认婚姻的效力。

（2）法定事由不同。离婚的法定事由为夫妻感情确已破裂；撤销婚姻的法定事由为受胁迫或者隐瞒重大疾病而结婚。

（3）请求权人不同。离婚的请求权人可以是婚姻当事人的任何一方；撤销婚姻的请求权人仅限于婚姻当事人中受胁迫一方或者隐瞒重大疾病而结婚的另一方当事人。

（4）请求权行使时间不同。在婚姻关系存续期间的任何时候均可请求离婚；请求撤销婚姻应当自胁迫行为终止之日起 1 年内提出。被非法限制人身自由的当事人请求撤销婚姻的，应当自恢复人身自由之日起 1 年内提出。因一方隐瞒重大疾病而结婚，另一方请求撤销婚姻的，应当自知道或者应当知道撤销事由之日起 1 年内提出。

（5）溯及力不同。离婚没有溯及力；撤销婚姻具有溯及力。

（本题根据《民法典》规定对原标准答案进行了修正——编者注）

四、论述题

35. 紧急避险是指为了使国家、公共利益、本人或者他人的人身、财产和其他权利免受正在发生的危险，不得已采取的损害另一较小合法权益的行为。

紧急避险的成立条件是：

（1）行为人有避险的认识和目的。行为人应认识到危险正在发生，且只能用紧急避险的方法排除该危险；行为人避险的目的是使国家、公共利益、本人或者他人的人身、财产和其他权利免受正在发生的危险。

（2）合法权益遭受危险。危险是指某种有可能立即对合法权益造成危害的紧迫事实状态，其来源包括自然的力量、动物侵袭、非法侵害和人的生理、病理过程。该危险是客观存在的，而非主观假想的。

（3）危险正在发生或迫在眉睫，对合法权益形成了紧急的、直接的危险。如果危险尚未出现或者已经结束，行为人实施所谓的避险行为，则属于避险不适时。

（4）紧急避险的对象是第三人的合法权益，这是紧急避险的对象条件。紧急避险是为了保全一方的较大合法权益而不得不损害另一方较小的合法权益。

（5）紧急避险不能超过必要限度，这是紧急避险的限度条件。紧急避险造成的损害必须小于所避免的损害，而不能等于或者大于所避免的损害。

（6）紧急避险只能在不得已的情况下实施，这是紧急避险的限制条件。不得已是指找不到其他合法方法可以排除危险。紧急避险是以牺牲较小权益的方式保全较大权益，只要有其他办法能避免危险，就不必采取牺牲某种权益的方法。

（7）紧急避险不适用于职务上或者业务上负有特定责任的人，这是紧急避险的特别例外限制条件。关于避免本人危险的规定，不适用于职务上、业务上负有特定责任的人。

36. 民法具有如下性质：

（1）民法是私法。民法的调整对象决定了民法是私法。（考生从意思说、利益说、主体说角度论证民法是私法的，均可——编者注）将民法归入私法范畴，有助于提倡当事人意思自治，尽可能减少国家干预；有助于培育和发展公民的权利意识和平等观念。

（2）民法是调整市场经济关系的基本法。从历史发展看，民法始终与商品经济或市场经济的发展相联系；从内容来看，民法调整的财产关系主要是财产归属关系和财产流通关系。与此相适应，形成了由民事主体、物权、债权等制度组成的民法体系。

（3）民法是调整市民社会关系的基本法。民法调整市民社会关系，重在保护市民的私权，协调市民利益，以构建和谐的市民社会秩序。

（4）民法是权利法。民法最基本的职能在于对民事权利的确认和保护。从起源来看，民法就是为了对抗公权力的干预、保障公民权利不受侵犯而产生的。民法体系的构建以权利为基本的逻辑起点，民法总则和民法分则都是围绕权利展开的。

（5）民法是实体法。民法规定民事主体相互间权利义务的实体内容。民法作为实体法，既是行为规则，又是裁判规则。民法作为行为规则具有确立交易规则和生活规则的功能，民法作为裁判规则是司法机关正确处理民事纠纷所要依循的基本准则。

五、案例分析题

37.（1）事实一所述行为构成骗取贷款罪。理由是：①该行为妨害了金融管理秩序，侵犯了银行的合法权益；②甲、乙、丙以伪造的虚假产权证明作担保，骗取银行500万元贷款，用于公司经营，造成银行500万元贷款的本息无法追回，损失重大，符合骗取贷款罪的客观要件；③甲、乙、丙实施的行为，不是为了非法占有，而是为了单位的经营，因此主观上缺乏非法占有的目的，符合骗取贷款罪的主观要件；④事实一表明，甲、乙、丙谋议后骗取贷款的行为，体现单位意志，且是为了公司利益，刑法也规定了单位犯骗取贷款罪的刑事责任，因此应将事实一的行为主体认定为单位，而甲、乙、丙是单位犯罪的直接责任人。

（2）事实二中丙携款潜逃的行为构成职务侵占罪。理由是：①该行为侵犯了公司的财产所有权；②丙利用了职务上的便利，窃取公司财产，数额特别巨大；③丙是具有责任能力的自然人主体，同时是非国有企业的管理人员；④丙的行为表现出主观上的故意和非法占有公司财产的目的。

38.（1）丙能取得瓷瓶的所有权。因为丙的行为符合善意取得的条件。

（2）乙出售瓷瓶属于侵权行为。因为乙出售瓷瓶是无权处分，侵害了甲的所有权，属于侵权行为。

（3）施工队应向乙请求支付工程款。因为施工队与乙之间存在合同关系。

（4）乙的行为构成无因管理。因为乙没有对甲的事务进行管理的义务，但为避免甲的利益受损，对甲的事务进行了管理即聘请施工队加固甲的房屋，符合无因管理的构成要件，构成无因管理。

2014年全国法律硕士（法学）专业学位研究生入学联考综合课试题

一、**单项选择题**（第1～20小题，每小题1分，共20分。下列每题给出的四个选项中，只有一个选项是最符合题目要求的）

1. 下列选项中，体现程序正当性法律原则的是（　　）。

   A. 诚实信用　　　　B. 婚姻自由　　　　C. 无罪推定　　　　D. 公序良俗

2. 在引起法律关系的法律事实中，法律事件与法律行为的区分标准是（　　）。

   A. 是否具有合法性　　　　　　　　B. 是否具有社会性

   C. 是否由法律调整　　　　　　　　D. 是否以当事人的意志为转移

3. 下列关于法制与法治的说法，不能成立的是（　　）。

   A. 法制完备表明法律体系已经形成　　B. 法制完备意味着法治的实现

   C. 法治要求宪法和法律具有权威性　　D. 法治的关键就在于依法治权

4. 下列选项中，属于应用法学的是（　　）。

   A. 法社会学　　　　B. 法政治学　　　　C. 法伦理学　　　　D. 行政法学

5. 贾某与甄某酒后斗殴，分别被科以200元罚款和5天拘留。这类处罚属于（　　）。

   A. 行政处分　　　　B. 行政制裁　　　　C. 刑事制裁　　　　D. 民事制裁

6. 李某是税务局干部，他向县检察院举报了税务局领导张某在干部调整中收受钱物的行为，但长期未见回应。李某几经努力才弄清是检察院的王某把举报信私下扣住并给了张某。于是他又向县人大、市检察院举报王某的行为。李某的举报行为属于（　　）。

   A. 法的适用　　　　B. 法的执行　　　　C. 法的监督　　　　D. 法的解释

7. 在当代中国司法活动中，法官运用的法律推理方式主要是（　　）。

   A. 归纳推理　　　　B. 演绎推理　　　　C. 辩证推理　　　　D. 类比推理

8. 刘女士在餐厅就餐时，左脸不幸被火锅烫伤。刘女士向餐厅索赔无果，遂提起民事诉讼。除要求餐厅赔偿治疗费外，她还主张精神损害赔偿。关于本案，下列说法正确的是（　　）。

   A. 刘女士主张精神损害赔偿的权利属于法定权利

   B. 刘女士、餐厅和法院之间不存在多向法律关系

C. 刘女士与餐厅之间不存在产生法律关系的法律事实

D. 如果餐厅赔偿治疗费，那么这种赔偿是绝对义务的承担方式

9. 我国宪法规定的公民通信自由和通信秘密属于（　　）。

A. 政治权利　　　　　B. 人身自由　　　　　C. 文化权利　　　　　D. 平等权

10. 下列选项中，不属于我国选举制度基本原则的是（　　）。

A. 选举权的普遍性原则　　　　　　　　B. 选举权的平等性原则

C. 差额选举原则　　　　　　　　　　　D. 公开投票原则

11. 下列关于宪法解释体制的表述，正确的是（　　）。

A. 我国实行的是立法机关解释宪法的体制

B. 德国创设了由立法机关解释宪法的体制

C. 日本是最早采用宪法法院进行宪法解释的国家

D. 美国经由马伯里诉麦迪逊案确立了专门机关解释宪法的体制

12. 根据我国现行宪法，国民经济的主导力量是（　　）。

A. 个体经济　　　　　　　　　　　　　B. 私营经济

C. 国有经济　　　　　　　　　　　　　D. 劳动群众集体所有制经济

13. 某选区应选人大代表 2 人，超过半数选民参加了投票，代表候选人按得票多少的排序为：张某、王某、李某、赵某，其中仅张某获得过半数选票。对此情形，下列做法符合法律规定的是（　　）。

A. 宣布张某、王某当选

B. 宣布张某当选，同时以王某为候选人另行选举

C. 宣布张某当选，同时以王某、李某为候选人另行选举

D. 宣布无人当选，以张某、王某、李某为候选人另行选举

14. 下列关于基层群众性自治组织的表述，正确的是（　　）。

A. 基层群众性自治组织是我国的基层政权机关

B. 基层群众性自治组织首次规定于 1954 年宪法

C. 基层群众性自治组织的表现形式仅限于村民委员会

D. 基层群众性自治组织实行自我管理、自我教育、自我服务

15. 《尚书·康诰》中说："人有小罪，非眚，乃惟终……有厥罪小，乃不可不杀。"这里的"惟终"是指（　　）。

A. 惯犯　　　　B. 偶犯　　　　C. 故意　　　　D. 过失

16. 下列关于察举制度的表述，不正确的是（　　）。

A. 察举制度首创于魏晋时期

B. 察举是中国古代的一种官员选拔制度

C. 察举在科举制度产生以后，退居次要地位

D. 察举的科目包括贤良方正、孝廉、明经、明法等

17. 依照唐律的规定，殴打或者谋杀祖父母的行为属于"十恶"罪中的（　　）。

A. 恶逆　　　　B. 不孝　　　　C. 大不敬　　　　D. 谋大逆

18. 较之于唐律，明律中处罚有所减轻的罪名是（　　）。

A. 谋反   B. 强盗   C. 官吏受财   D. 子孙违犯教令

19. 北洋政府时期审判行政诉讼案件的机构是（   ）。

A. 大理院   B. 参政院   C. 行政院   D. 平政院

20. 中国历史上首部确认罪刑法定原则的刑法典是（   ）。

A. 《大清律例》   B. 《暂行新刑律》

C. 《大清新刑律》   D. 《大清现行刑律》

二、多项选择题（第 21～30 小题，每小题 2 分，共 20 分。下列每题给出的四个选项中，至少有两个选项是符合题目要求的。多选、少选或错选均不得分）

21. 法律继承体现时间上的先后关系，法律移植反映一国对同时代其他国家法律的吸收与借鉴。下列关于这两个概念的理解，正确的有（   ）。

A. 法律移植不反映时间关系，只体现空间联系

B. 市场经济的客观规律决定了法律移植的必要性

C. 1896 年《德国民法典》体现了对罗马法的继承

D. 法律继承要求新法对旧法作适当改造，而法律移植因其同时代性可直接将被移植的法律用于本国法当中

22. 下列选项中，属于我国法的正式解释的有（   ）。

A. 立法解释   B. 行政解释   C. 司法解释   D. 学理解释

23. 下列关于成文法和不成文法的表述，正确的有（   ）。

A. 不成文法从来就不是法律的正式渊源

B. 我国是实行成文法的国家，没有不成文法

C. 判例法尽管以文字表述，但不能视为成文法

D. 习惯法是具有法律效力的习惯，属于不成文法

24. 《中华人民共和国民法通则》第七条规定："民事活动应当尊重社会公德，不得损害社会公共利益，扰乱社会经济秩序。"对此，下列说法中正确的有（   ）。

A. 该条文是一条法律规则

B. 该条文并无具体的法律后果

C. 该条文可以为法官理解其他法律规则提供指导

D. 法官在适用该条文时，无须根据案件的具体情况进行权衡

25. 下列选项中，属于一般法律责任构成要件的有（   ）。

A. 责任主体   B. 违法行为   C. 因果关系   D. 证据材料

26. 杨某多次盗取某公司网络游戏充值账户内的虚拟货币，并用虚拟货币向他人的游戏账户内充值，获利数万元人民币。在法院合议庭讨论此案的过程中，法官甲认为，依据我国《刑法》第 264 条的规定，杨某的行为符合盗窃罪的构成要件，构成盗窃罪；法官乙认为，虚拟货币不属于法律意义上的财物，因此杨某的行为不构成盗窃罪。对此，下列观点中正确的有（   ）。

A. 法官甲的推理属于实质推理

B. 法官乙的解释属于非正式解释

C. 虚拟货币不应当成为法律关系的客体

D. 法官审理本案时需要进行必要的法律论证

27. 根据我国代表法的规定，人民代表大会代表享有的权利有（   ）。

A. 参加本级人民代表大会的各项选举

B. 提出对各方面工作的建议、批评和意见

C. 依法联名提出议案、质询案、罢免案等

D. 出席本级人民代表大会会议，参加审议各项议案、报告和其他议题，发表意见

28. 下列政府行为中，属于侵害公民基本权利的有（   ）。

A. 某县政府以年龄、性别和身高为标准发布公务员招录公告

B. 某市制定地方性规章，限制不具有当地户籍的人员在当地就业

C. 赵某发布微博，批评县政府征收基本农田建设开发区，当地警方以侮辱诽谤罪将其刑拘

D. 钱某出版纪实小说，反映拆迁过程中的腐败问题，当地警方以非法经营罪对其采取强制措施

29. 秦朝主要的法律形式有（   ）。

A. 格　　　　　B. 律　　　　　C. 封诊式　　　　　D. 法律答问

30. 根据宋朝的法律规定，享有继承家庭财产权利的民事主体包括（   ）。

A. 庶子　　　　B. 命继子　　　　C. 在室女　　　　D. 出嫁女

三、简答题（第 31～33 小题，每小题 10 分，共 30 分）

31. 简述法的作用的局限性。

32. 简述我国现行宪法规定的土地制度。

33. 简述《中华民国训政时期约法》的主要内容。

四、分析论述题（第 34～38 小题，共 80 分）

34. 孟德斯鸠：《论法的精神》（上）：自由是做法律所许可的一切事情的权利……在一个有法律的社会里，自由仅仅是：一个人能够做他应该做的事情，而不被强迫去做他不应该做的事情。

洛克：《政府论》（下）：自由意味着不受他人的束缚和强暴，而哪里没有法律，哪里就没有自由。

请结合上述材料，回答以下问题：

（1）除了材料中出现的自由价值外，现代法律还有哪些主要价值？

（2）什么是法律的自由价值？

（3）自由与法律的关系主要体现在哪些方面？

35. 结合有关法的理论与实际，论述法律权利与法律义务之间的关系。

36. 某市城东区进行旧城改造，王某的房屋在改造区域内。政府与王某就补偿问题一直未能达成一致意见。之后，王某的房屋被强行拆除。王某为此多次上访，反映旧城改造过程中存在的问题。城东区政府拆迁办遂委托某保安公司对王某进行截访。保安公司在王某上访途中将其拦下，并关押其近一个月。此事经媒体曝光后，该保安公司被当地警方立案查处，王某获得了人身自由。

请根据上述材料，分析王某的哪些宪法权利受到了侵犯，并回答这些宪法权利在我国

现行宪法中是如何规定的。

37. 试述我国的单一制国家结构形式。

38.《唐律疏议·杂律》："诸买奴婢、马牛驼骡驴，已过价……立券之后，有旧病者三日内听悔，无病欺者市如法。"

《疏议》曰："若立券之后，有旧病，而买时不知，立券后始知者，三日内听悔。三日外无疾病，故相欺罔而欲悔者，市如法，违者笞四十；若有病欺，不受悔者，亦笞四十。"

请运用中国法制史的知识，分析上述文字并回答下列问题：

（1）上述所引唐律条文规定了买卖契约中规范反悔行为的何种制度？

（2）《疏议》是如何对律文作进一步阐释的？

（3）唐律的这一规定有何意义和作用？

2014 年全国法律硕士（法学）专业学位研究生入学联考综合课试题答案解析

一、单项选择题

1. C

【解析】正当程序即国家机关在行使公权力时，应当按照公正的程序采取公正的方法进行。正当程序原则是一项公法原则，针对的是国家公权力。无罪推定，即任何人在未经依法判决有罪之前，应视其无罪。我国刑事诉讼法有关"未经人民法院依法判决，对任何人都不得确定有罪"的规定体现了无罪推定的精神。无罪推定属于公法范畴确立的原则，故选 C 项。诚实信用、婚姻自由和公序良俗都属于私法范畴确立的原则，不体现国家公权力行使程序正当的要求，故不选 A、B、D 项。

2. D

【解析】法律事实有法律事件和法律行为之分，法律事件和法律行为的区分标准是是否与当事人的意志有关。法律事件是法律规范规定的、与当事人意志无关的，且能够引起法律关系产生、变更或消灭的法律事实；法律行为是与当事人意志有关的，能够引起法律关系产生、变更或消灭的法律事实。可见，选 D 项。

3. B

【解析】法治要求有完备而良善的法律体系，即法律体系结构严谨、内部和谐、内容完备，各部门法之间、各种不同渊源的规范性法律文件之间彼此衔接、和谐一致。可见，法制完备表明法律体系已经形成，故 A 项表述成立。法治要求有完备而良善的法律体系，但法制完备并不意味着法治的实现，法治的实现不仅要求法制完备，还要求有健全高效的法律运行体制、高素质的法律职业队伍、较高的全民法律意识和良好的法律秩序，上述条件缺一不可。可见，B 项表述不能成立。法治要求宪法和法律具有权威性，宪法和法律至上原则是法治的基本原则，也是实现法治的首要条件。可见，C 项表述成立。法治的所有价值目标都可以归结为充分尊重和保障人权，只有对国家权力进行法律上的限制才能有力保障人权，且依法治国的关键在于治吏而不是治民，因此，法治的关键在于依法治权。可见，D 项表述成立。

4. D

【解析】从认识论的角度出发，法学可以分为理论法学和应用法学。理论法学研究有关法的基本概念、原理和规律，包括法理学、法哲学、法社会学、法政治学、法经济学（并非经济法学——编者注）、比较法学、立法学、实证法学、法伦理学、法律思想史等。应用法学研究有关现实的国际和国内法律制度，包括宪法学、民法学、刑法学、行政法学、诉讼法学、国际法学等。可见，备选项中，只有行政法学属于应用法学，故选 D 项。

5. B

【解析】 法律制裁有刑事制裁、民事制裁、行政制裁和违宪制裁之分。从制裁方式上分析，上述制裁方式有别。刑事制裁的主要方式是刑罚；民事制裁的主要方式包括停止侵害，排除妨碍，消除危险，返还财产，恢复原状，修理、重作、更换，继续履行，赔偿损失，支付违约金，消除影响，恢复名誉，赔礼道歉等；行政制裁的主要方式包括行政处分和行政处罚，行政处分的主要方式包括警告、记过、记大过、降级、降职、开除等，行政处罚的主要方式包括警告、罚款、没收财产、责令停产停业、吊销营业执照、停发许可证、拘留等；在我国，违宪制裁的主要方式有撤销或改变同宪法相抵触的法律、行政法规、地方性法规，罢免违宪的国家机关领导成员等。综上分析，题干表述的情形属于行政制裁，故选 B 项。作答此题要注意两点：（1）行政处罚措施中的罚款不同于罚金，罚金属于刑事制裁措施；（2）随着劳动教养制度的废除，劳动教养、收容教育等已不属于行政制裁措施。

6. C

【解析】 广义上的法的监督或法律监督是指所有的国家机关、社会组织和公民对各种法律活动的合法性进行的监督。本题表述中，李某对张某收受钱物的行为予以举报，属于公民个人进行法律监督的表现，属于人民群众监督的法律监督形式，这种形式的法律监督可以通过直接督促监督客体纠正错误、改进工作的方式进行（如以信件方式要求某行政机关改进执法方式），也可以通过启动诉讼程序（如通过向检察院举报来启动诉讼程序）或者启动国家权力机关进行监督（如提出违宪审查建议）的方式进行。可见，李某的举报行为属于法律监督，故选 C 项。法的适用或法律适用通常是指国家司法机关依照法定职权和程序具体应用法律处理各种案件的专门活动，法律适用的主体是国家司法机关。李某作为公民个人，并非国家司法机关，不能进行法律适用，故不选 A 项。狭义上的法的执行或执法是指国家行政机关和法律法规授权、行政主体委托的组织及其公职人员依照法定职权和程序行使行政管理职权、履行职责、实施法律的活动，执法的主体只能是国家行政机关和法律法规授权、行政主体委托的组织及其公职人员。李某虽为公职人员，但其举报的行为并非履行其职责的行为，而是以公民个人的身份实施的举报，因而不是执法，故不选 B 项。法的解释或法律解释是指一定的人或组织对法律规定含义的说明。李某的举报行为并非解释法律，因而不是法律解释，故不选 D 项。

7. B

【解析】 在当代中国司法活动中，法官运用的法律推理方式主要是演绎推理，演绎推理即从一般知识推出特殊知识的必然性推理活动。在当代中国司法活动中，法官在已有的法律规则或原则可以适用的前提下，通过审理活动将该法律规则或原则运用到具体案件，从而得出一个确定的判决，这正是演绎推理形式在司法活动中的具体运用。可见，选 B 项。归纳推理是从特殊知识推出一般知识的或然性推理活动，是在没有已有法律规则或原则的前提下，从以往判例中（所谓"遵循先例"）总结出法律规则或原则的活动，该推理形式主要被判例法国家采用。鉴于当代中国司法活动中，法官必须依据已有法律规则或原则进行判决，因此，该推理形式并非当代中国法官采用的主要推理形式，故不选 A 项。辩证推理是指两个或两个以上的相互矛盾的法律命题同时出现时，借助于辩证思维，从中选择最佳命题，以解决法律问题的推理形式。当代中国司法活动中，法官也运用辩证推理形式，但运用该推理形式必须具备一定的条件，其中最关键的条件是出现了两个或两个以上相互矛盾的命题，或者法律规则之间存在冲突，运用已有法律规则无法解决疑难案件。因此，辩证推理与演绎推理相比，它并非当代中国法官运用的主要推理形式，故不选 C 项。类比推理是根据两类对象的某些属性的相似性推出它们在另一些属性方面也具有相似性的或然性推理活动，它是一种个别到个别的推理形式，该推理形式也主要被判例法国家采用。鉴于当代中国法官在司法活动中有可以遵循的一般性法律规则或原则，因而该推理形式并非主要运用的推理形式，故不选 D 项。

8. A

【解析】根据权利的存在形态，权利可以分为应有权利、法定权利和现实权利。法定权利作为权利的最主要形式，是指法律明文规定的主体所享有的权利的总和。A 项表述中，精神损害赔偿是《民法典》明文规定的权利主体所享有的权利，该损害赔偿属于一种请求权，是法定权利。可见，A 项表述正确。根据法律关系主体的数量多少以及权利、义务主体是否一致，可以将法律关系分为单向（单边）法律关系、双向（双边）法律关系和多向（多边、复合）法律关系。多向法律关系是三个或三个以上法律主体之间形成的法律关系。B 项表述中，刘女士、餐厅和法院之间存在诉讼法律关系，在诉讼法律关系中，存在原告、被告和法院三方主体，因而诉讼法律关系是典型的多向法律关系。可见，B 项表述错误。法律事实是能够引起法律关系变动的各种事实的总称，包括事件和行为。C 项表述中，刘女士向餐厅提出索赔，其依据是餐厅的侵权行为，而侵权行为属于行为的范畴。可见，C 项表述错误。按照权利行使范围的不同，法律权利有绝对权利和相对权利之分，与此相对应，法律义务也有绝对义务和相对义务之分。D 项表述中，餐厅赔偿治疗费，从性质上看，该赔偿属于损害赔偿之债，而债权是相对权利，因而支付治疗费的损害赔偿属于相对义务的承担方式，而不是绝对义务的承担方式。可见，D 项表述错误。需要注意的是，D 项表述中，刘女士受到人身伤害，这属于餐厅对其绝对权利的侵害，但支付治疗费是因侵权行为所致的损害赔偿之债，这是相对权利，二者不能混淆。

9. B

【解析】我国宪法规定的公民通信自由和通信秘密属于人身自由权的范畴，故选 B 项。此外，我国宪法规定的属于人身自由权范畴的基本权利还有人身自由不受侵犯和住宅不受侵犯。

10. D

【解析】我国选举法规定的选举制度基本原则包括选举权的普遍性原则、选举权的平等性原则、直接选举与间接选举并用原则、差额选举原则和秘密投票原则。故选 D 项。

11. A

【解析】我国在宪法解释体制上实行立法机关解释宪法的体制，即由全国人大常委会解释宪法，该解释体制确立于 1978 年宪法。可见，A 项表述正确。英国创设了由立法机关解释宪法的体制。可见，B 项表述错误。奥地利是最早采用宪法法院进行宪法解释的国家。可见，C 项表述错误。美国于 1803 年经由马伯里诉麦迪逊案确立了司法机关解释宪法的体制。可见，D 项表述错误。

12. C

【解析】《宪法》第 7 条规定，国有经济，即社会主义全民所有制经济，是国民经济中的主导力量。国家保障国有经济的巩固和发展。据此，选 C 项。考生应当注意我国宪法规定的各种经济成分的不同地位：对于个体经济、私营经济，《宪法》第 11 条第 1 款规定，在法律规定范围内的个体经济、私营经济等非公有制经济，是社会主义市场经济的"重要组成部分"；对于劳动群众集体所有制经济，则是公有制经济中的"重要组成部分"。

13. C

【解析】《选举法》第 44 条第 1 款规定，在选民直接选举人民代表大会代表时，选区全体选民的过半数参加投票，选举有效。代表候选人获得参加投票的选民过半数的选票时，始得当选。据此，张某因获得过半数选票而当选。《选举法》第 44 条第 4 款规定，获得过半数选票的当选代表的人数少于应选代表的名额时，不足的名额另行选举。另行选举时，根据在第一次投票时得票多少的顺序，按照本法第 30 条规定的差额比例，确定候选人名单。如果只选 1 人，候选人应为 2 人。据此，选区应选代表名额为 2 人，可只有张某 1 人获得过半数选票，名额不足，因此不足的名额应当另行选举，由于只选 1 人，候选人应为 2 人，即宣布张某当选，王某、李某为候选人另行选举。可见，选 C 项。

14. D

【解析】根据我国宪法规定，基层群众性自治组织是实行自我管理、自我教育、自我服务的社会组织，而不是基层政权机关。可见，A 项表述错误，D 项表述正确。基层群众性自治组织首次规定于 1982 年宪法。可见，B 项表述错误。基层群众性自治组织包括居民委员会和村民委员会。可见，C 项表述错误。

15. A

【解析】《尚书·康诰》记载："人有小罪，非眚，乃惟终，自作不典，式尔，有厥罪小，乃不可不杀。乃有大罪，非终，乃惟眚灾，适尔，既道极厥辜，时乃不可杀。"在这段文字中，过失被称为"眚"，故意被称为"非眚"，偶犯被称为"非终"（不是一贯犯罪），惯犯被称为"惟终"（一贯犯罪）。可见，选 A 项。

16. A

【解析】察举制度始于西汉而盛于东汉，是由皇帝下诏责成中央和地方各级长官每年向朝廷推荐贤能之人为官的选拔和任用官吏的制度。魏晋南北朝时期，因门阀士族势力的发展，九品中正制的选官制度占主导地位，高门权贵子弟可通过九品中正的选官制度入仕，通过察举任官的仅限于普通士人，察举选官制度虽然也属于入仕的基本途径之一，但地位下降。为了弥补察举较为缺乏客观性的弊端，隋唐兴起以考试为主的科举选官制度，察举退居次要地位，并最终为科举制度所取代。可见，A 项表述错误，B、C 项表述正确。察举的科目包括"孝廉"（又称为"举孝廉"，即孝子、廉吏，是察举最主要的科目）、"秀才"（又称为"茂才"，即奇才异能之人）、"贤良方正"（德才兼备之人）、"孝悌力田"（孝敬父母、尊重兄长，努力务农之人）、"明经"（通晓儒家经学之人）、"明法"（明习法律之人）、"文学"（精通经典之人）、"童子"（年龄在12～16岁的博通经典之人）等。可见，D项表述正确。

17. A

【解析】唐律规定的"十恶"重罪包括谋反、谋大逆、谋叛、恶逆、大不敬、不道、不孝、不睦、不义和内乱十罪。依照唐律规定，对于殴打和谋杀祖父母、父母，伯叔父母等尊长、姑、兄姊、外祖父母、夫、夫之祖父母、父母的犯罪，以"恶逆"论罪。可见，选A项。依照唐律规定，下列情形构成"十恶"罪中的"不孝"：告发、咒骂祖父母、父母，祖父母、父母在而别籍异财，供养有阙；居父母丧，身自嫁娶，作乐，释服从吉；闻祖父母、父母丧，匿不举哀；诈称祖父母、父母死。依照唐律规定，下列情形构成"十恶"罪中的"大不敬"：盗大祀神御之物、乘舆服御物；盗及伪造御宝；合和御药，误不如本方及封题误；若造御膳，误犯食禁；御幸舟船，误不牢固；指斥乘舆，情理切害及对捍制使，而无人臣之礼。依照唐律规定，下列情形构成"十恶"罪中的"谋大逆"：图谋毁坏宗庙、陵寝以及宫阙。

18. D

【解析】和唐朝相比，明朝在刑法适用原则上实行"轻其所轻，重其所重"。所谓"重其所重"，即明律对犯有谋反、大逆性的政治性犯罪，不仅凌迟处死，而且扩大了株连范围。此外，对于强盗、窃盗、抢夺等侵犯财产以及官吏贪墨受贿等犯罪的处罚，明律都比唐律明显加重。所谓"轻其所轻"，即明律对一些轻微触犯礼教、典礼的犯罪，比唐律处罚有所减轻。明朝对于违反礼教的犯罪，如不孝罪、不义罪，以及子孙违犯教令等，处罚较唐朝要轻。可见，选D项。

19. D

【解析】北洋政府时期在中央设置平政院作为受理行政诉讼案件的机构，而在地方则不设置受理行政诉讼案件的机构。可见，选D项。大理院为清末、北洋政府时期的中央最高审判机关，但不受理行政诉讼案件。可见，不选A项。参政院是北洋政府袁世凯统治时期设置的取代国会而代行立法院职权的总统咨询机关。可见，不选B项。行政院是南京国民政府时期根据"五院制"的组织模式而设置的最高行政机关。可见，不选C项。

20. C

【解析】1911年颁布的《大清新刑律》首次从西方引进了罪刑法定原则，并删除比附断罪。可见，选C项。

二、多项选择题

21. BC

【解析】法律移植反映一国对同时代其他国家法律的吸收与借鉴，而"同时代"本身就具有时间关系。可见，A项表述错误。市场经济的客观规律和根本特征决定了法律移植的必要性：法律移植有助于减少不同国家之间的法律抵触和冲突，降低法律适用上的成本，为长期、稳定、高效的经济技术合作，进而推进国际经济一体化创造良好的法律环境。可见，B项表述正确。1896年《德国民法典》继承了罗马法的传统，结合日耳曼法的一些习惯，并根据19世纪资本主义经济发展的新情况而制定，因而在内容上超出了自由竞争资本主义时期法律原则的范围，在一定程度上适应了垄断资本主义时期的需要。可见，C项表述正确。法律继承体现了不同历史类型的法律制度之间的延续和继受，一般表现为旧法对新法的影响和新法对旧法的承接和继受，因而法律继承的继承特性表明法律继承是新事物对旧事物的扬弃。法律移植的方式包括鉴别、引进、吸收、采纳、摄取、同化外国法，因而法律移植的方式的多样性决定了法律移植不是简单的照搬。可见，D项表述错误。

22．ABC

【解析】根据解释主体和解释效力的不同，法的解释有正式解释和非正式解释之分。我国法的正式解释包括立法解释、司法解释和行政解释三种。可见，选A、B、C项。学理解释是非正式解释，故不选D项。

23．CD

【解析】不成文法是英美法系法律的正式渊源。可见，A项表述错误。我国是实行成文法的国家，但我国也有不成文法，如习惯，经过国家认可也具有法律效力。可见，B项表述错误。判例法是不成文法的最主要表现形式，判例法和成文法对立。可见，C项表述正确。习惯经过国家立法机关的认可，具有法律效力，成为习惯法，习惯法是不成文法的一种表现形式。可见，D项表述正确。

24．BC

【解析】《民法通则》第7条相当于公序良俗原则的规定，该规定是法律原则的规定，而不是法律规则的规定，因为该规定没有具体的法律后果，缺乏法律规则的内在逻辑结构，其要求也比较笼统。可见，A项表述错误，B项表述正确。法律原则是理解法律规则的基础和出发点，对理解法律规则具有指导意义。可见，C项表述正确。由于法律原则具有宏观指导性，无法以"全有或全无的方式"应用于个案当中，因此，如果将某一法律原则适用于个案当中，法官必须根据案件的具体情况作出权衡，以决定是否适用该法律原则。可见，D项表述错误。

25．ABC

【解析】一般法律责任是由责任主体、违法行为、损害后果、因果关系和主观过错五要件构成的。可见，选A、B、C项。证据材料不能作为法律责任的构成要件，仅在认定是否存在法律责任方面具有重要意义。可见，不选D项。

26．BD

【解析】法官甲是根据我国《刑法》第264条的规定认定杨某的行为构成盗窃罪的，从法律推理的角度分析，法官甲是将法律规则的一般规定运用到具体案件的一种推理形式，是从一般到特殊的推理，因而是演绎推理，而非实质推理。可见，A项表述错误。法官乙根据本人的理解对虚拟货币是否属于法律意义上的财物进行了解释，这是非正式解释。可见，B项表述正确。虚拟货币可以成为法律意义上的物，而物可以成为法律关系的客体。可见，C项表述错误。由于出现了虚拟货币是否属于法律意义上的财物的争论，因此，法官在审理案件时，有必要通过价值判断来对此争论予以论证，使裁判具有说服力。可见，D项表述正确。

27．ABCD

【解析】《全国人民代表大会和地方各级人民代表大会代表法》第3条规定，代表享有下列权利：（1）出席本级人民代表大会会议，参加审议各项议案、报告和其他议题，发表意见；（2）依法联名提出议案、质询案、罢免案等；（3）提出对各方面工作的建议、批评和意见；（4）参加本级人民代表大会的各项选举；（5）参加本级人民代表大会的各项表决；（6）获得依法执行代表职务所需的信息和各项保障；（7）法律规定的其他权利。根据上述规定第 1、2、3、4 项，本题备选项应全选。

28．ABCD

【解析】A 项表述中，县政府发布的招录公告属于违反平等保护的歧视性做法，侵犯了公民享有的平等权，故选 A 项。B 项表述中，地方性规章的规定违反了我国宪法关于平等就业的规定，构成了就业歧视，而平等就业权属于平等权的具体表现形式之一，故选 B 项。C 项表述中，赵某批评县政府的做法属于依法行使宪法赋予的批评权，而警方将赵某拘留，侵犯了赵某的该项公民基本权利，故选 C 项。D 项表述中，钱某出版纪实小说，警方以非法经营罪对其采取强制措施，侵犯了钱某享有的出版自由，使其政治权利受到侵害，故选 D 项。

29．BCD

【解析】秦朝主要的法律形式包括律、令、封诊式、廷行事和法律答问五种，此外还有课、程等。可见，选 B、C、D 项。格最早起源于南北朝北魏时期，秦朝没有这一法律形式，故不选 A 项。

30．ABCD

【解析】宋朝在财产继承方面实行由诸子和在室女（未嫁女）继承的制度。诸子包括嫡子（正妻所生之子）、庶子（非正妻所生之子）和养子，而在室女仅享有诸子所继承财产的一半。可见，选 A、C 项。根据宋朝继承制度的规定，立继子和命继子也享有财产继承权。立继子即夫妇双方或一方在世时所收养的同宗子辈，立继子享有同养子、亲生子相同的继承权。命继子即夫妇皆亡后由近亲尊长所指定的同宗子辈，命继子仅享有对死者的部分财产继承权。可见，选 B 项。根据宋朝的法律规定，出嫁女在户绝时可以继承部分遗产（1/3）。可见，选 D 项。

三、简答题

31．（1）法只是调整社会关系的手段之一。法律是调整社会关系的重要手段，在社会调整中占据主导地位，但法律不是调整社会关系的唯一手段。

（2）法的调整范围不是无限的，并非任何问题都适合法律调整。法律调整的范围是有限的，并非所有的社会关系都需要或者都适宜运用法律手段进行调整。

（3）法自身特点的有限性，如法的稳定性与灵活性之间的矛盾等。法自身具有抽象性、稳定性和保守性的特点，立法者在认识上也存在局限，法自身特点的有限性决定了法律与社会生活的现实之间存在矛盾。

（4）法的作用的发挥受到执法主体、配套措施及社会条件等因素的限制。法发挥作用需要法律得到正确的执行，执法主体执行法律的状况决定着法的作用的发挥；法的作用的发挥有赖于整体配套措施的完善；法律能否发挥作用还容易受到政治、经济、文化等社会条件的制约。

（5）在认识法的作用的局限性时，应该反对法律虚无主义和法律万能主义。

（从其他角度回答法的作用的局限性，言之成理的，也可给分——编者注）

32.（1）城市的土地属于国家所有。

（2）农村和城市郊区的土地，除由法律规定属于国家所有的以外，属于集体所有；宅基地和自留地、自留山，也属于集体所有。

（3）国家为了公共利益的需要，可以依照法律规定对土地实行征收或者征用并给予补偿。

（4）任何组织或者个人不得侵占、买卖或者以其他形式非法转让土地。土地的使用权可以依照法律的规定转让。

33.（1）以根本法的形式确认了"党治"原则，建立了国民党一党专政的体制。《训政时期约法》从政权和治权上确立了党治原则，并以根本法的形式确认了国民党一党专政的政治体制。

（2）规定了五院制的政府组织形式。《训政时期约法》规定，行政、立法、司法、考试、监察五种治权由国民政府行使。

（3）规定了一系列公民权利与自由，同时多加限制。《训政时期约法》规定了国民在法律面前一律平等；自治县享有选举、罢免、创制、复决权；国民有信教、居住、迁徙、通信自由和政治权利等，但在规定上述权利的同时，基本上都加上"依法律"予以限制的条款。

（4）规定了以国家资本主义为核心的基本经济制度。《训政时期约法》规定了诸多发展国计民生的条款，但这些条款本质上是维护以国家资本主义为核心的经济制度，实质是利用国家名义发展官僚资本。

四、分析论述题

34.（1）现代法律的主要价值还有：秩序、效率、正义等。

（2）法律的自由价值包含两方面内容：一是依法保护主体的意志自由；二是依法保护主体的行为自由。

（3）法律与自由具有密切的关系：①自由是现代法律精神的基本内容，自由不仅表现为主体有在法律规定的范围内进行活动的权利，也表现为主体有在法律规定之外不被强迫的权利。②自由的实现很大程度上要依赖于社会的法律环境，法律通过约束义务主体的自由保障权利主体自由的顺利实现是现代社会自由实现的最主要形式。在受法律支配的社会中，没有法律也就没有自由的实现。

（对以上三问，能够从其他方面分析论述，且言之成理，也可给分：如第1问，考生可以从平等、人权、公平或公正、利益等角度分析论述；如第3问，考生可从法律的目的是实现人的自由和法律上的自由是法律容许范围内的自由两方面阐述，从其他方面阐述法律与自由关系的，也可酌情给分——编者注）

35.法律权利是指法律主体依法享有的某种资格、主张、能力和自由。法律义务是指法律主体应承受的某种限制、约束、负担或责任。

法律上的权利与义务关系在法学理论界存在三种主要观点：权利本位论；义务重心论；权利义务一致论。

（本题答案具有开放性，考生从以下三种理论观点中任一角度进行论述或对三种理论

进行辨析的，只要能联系实际、言之成理，均可给分——编者注）

答案一：权利本位论。（1）在权利义务关系中，权利是第一性的，是义务存在的前提。相对于义务而言，权利是目的，义务是手段，是权利的派生物。法律设定义务的目的是保障权利的实现，义务应当来源于、服从于权利。（2）从历史角度看，权利本位是商品经济发展的产物，是商品经济的要求在法律上的反映。权利本位的现实意义在于把人们从义务束缚、身份制约和专制传统的影响下解放出来，从而有可能创造一个自由、平等、宽容和富有活力的法治社会。（3）从现实角度看，权利与义务之间存在价值上的主次性，权利本位论就是这种主次性的表现，它比其他理论更具合理性。

答案二：义务重心论。（1）作为权利本位论的对立面，强调义务在实效上更为重要，法律的重心在于约束。法律首先在于稳定秩序，义务为人们遵守和执行法律提供了比权利更多的信息条件。法律作为社会控制的手段，主要通过义务性规范来实现自己的目的。（2）从历史角度看，大多数国家或地区的法律，通常首先以义务性规范来约束人们的行为，以保障社会秩序，因此，义务具有先定性，其重要性也由此可以体现出来。（3）从现实角度看，义务重心论比权利本位论等理论更具有合理性。

答案三：权利义务一致论。（1）其主要特征在于主张权利义务并重，权利与义务都是法的核心内容，二者同时产生、存在、相互依存、不可分割，因此它们之间不存在何为本位或重心的问题。（2）权利本位论与义务重心论在思维方法上有着明显的失误，这种绝对性的思维方法必然导致认识上的僵化。在人民当家作主的社会主义制度下，只有强调权利义务的一致性，才符合时代精神。（3）权利义务一致性还体现为：权利义务之间的对称性；权利义务之间的互补性；权利义务之间的对立统一性。

36.（1）王某受到侵害的宪法权利有：私有财产权；人身自由；申诉、控告、检举权；获得权利救济的权利。（答言论自由的，也可给2分——编者注）

（2）我国宪法规定：①公民的合法的私有财产不受侵犯。国家依照法律规定保护公民的私有财产权。国家为了公共利益的需要，可以依照法律规定对公民的私有财产实行征收或者征用并给予补偿。②公民的人身自由不受侵犯。禁止非法拘禁和以其他方法非法剥夺或者限制公民的人身自由。③公民对于任何国家机关和国家工作人员，有提出批评和建议的权利；对于任何国家机关和国家工作人员的违法失职行为，有向有关国家机关提出申诉、控告或者检举的权利。④由于国家机关和国家工作人员侵犯公民权利而受到损失的人，有依照法律规定取得赔偿的权利。

37.（1）现代国家的国家结构形式主要分为单一制和复合制。单一制是指由若干不具有独立性的行政单位或自治单位组成的国家结构形式。

（2）根据现行宪法，我国是"统一的多民族国家"，国家结构形式属于单一制。这是由我国的政治、经济、历史、民族等因素决定的。

（3）中央和地方国家机构职权的划分，遵循在中央统一领导下，充分发挥地方的主动性、积极性的原则。

（4）我国目前存在三种行政单元：普通行政地方、民族自治地方和特别行政区。各少数民族聚居的地方实行区域自治，设立自治机关，行使自治权。国家在必要时得设立特别行政区，特别行政区是享有高度自治权的地方行政区域。各民族自治地方和特别行政区都是我国不可分离的部分。

38．（1）该条规定的是关于奴婢和畜产买卖中的标的物瑕疵担保责任制度。

（2）《疏议》对律文规定的适用条件作了进一步的阐释，同时对买卖双方的法律责任作出补充规定。律文规定，自买卖成交后三日内，买主可以标的物有瑕疵为由解除契约，并一般性地规定了适用条件。《疏议》则进一步补充了准予反悔、买方借他故反悔、卖方应受悔而不受悔三种具体情形的法律处置。

（3）唐律的这一规定的意义和作用体现在：①该规定有利于规范买卖行为，明确法律责任，保障交易秩序；②该规定还有利于维护契约公平、合法、合理。

2013年全国法律硕士（法学）专业学位研究生入学联考专业基础课试题

一、单项选择题（第1～20小题，每小题1分，共20分。下列每题给出的四个选项中，只有一个选项是最符合题目要求的）

1. 甲误将苏打当毒药投入赵某的水杯中，赵某饮用后安然无恙。这一情形属于（　　）。
   A. 意外事件　　　　B. 过失犯罪　　　　C. 对象错误　　　　D. 手段错误

2. 甲在被羁押期间，得知同监舍的乙（因聚众斗殴被刑事拘留）掌握乙的同案犯丙曾经入室抢劫杀人的情况，就将这一线索报告给看守所警察，并设法说服乙揭发了丙抢劫杀人的事实。公安机关据此侦破了丙的抢劫杀人案件。此案中（　　）。
   A. 甲和乙均成立重大立功　　　　　　　B. 甲不成立立功，乙成立重大立功
   C. 甲和乙均成立立功　　　　　　　　　D. 甲成立立功，乙成立重大立功

3. 甲将一名3岁男孩从幼儿园骗走，向其家长勒索钱财。因未收到该男孩家长的回信，甲便将该男孩以8 000元卖给他人。对甲的行为（　　）。
   A. 应以绑架罪定罪处罚
   B. 应以拐卖儿童罪定罪处罚
   C. 应以绑架罪和拐卖儿童罪数罪并罚
   D. 应以非法拘禁罪和拐卖儿童罪数罪并罚

4. 甲伪造人民币100万元，后运输至外地出售，获赃款10万元。对甲的行为（　　）。
   A. 应以伪造货币罪定罪处罚
   B. 应以出售、运输假币罪定罪处罚
   C. 应以伪造货币罪和出售、运输假币罪数罪并罚
   D. 应以伪造货币罪和出售、运输假币罪的想象竞合择一重罪定罪处罚

5. 某日深夜，甲从乙身后突然用仿真手枪顶住其头部，大喊一声："交出钱来！"乙慌忙将钱包交给了甲。这时，甲、乙都发现彼此是熟人，甲随即将钱包还给乙，并道歉说："对不起，没认出你来！"甲的行为（　　）。
   A. 不构成犯罪　　　　　　　　　　　B. 构成抢劫罪中止
   C. 构成抢劫罪未遂　　　　　　　　　D. 构成抢劫罪既遂

6. 一乘客将一部价值2万元的照相机遗忘在出租车上，司机甲将其私藏起来。第二

天，乘客根据出租车发票，通过出租车公司找到甲索要照相机，甲拒不承认。甲的行为（　　　）。

A. 构成侵占罪

B. 构成职务侵占罪

C. 属于不当得利，不由刑法调整

D. 情节显著轻微危害不大，不认为是犯罪

7. 甲因伪证罪被判处有期徒刑 3 年，缓刑 4 年。缓刑期满后，司法机关发现甲在缓刑考验开始后满 2 年时犯传授犯罪方法罪，判处其 5 年有期徒刑。对甲（　　　）。

A. 应在 5 年以上 9 年以下决定应执行的刑期

B. 应在 5 年以上 8 年以下决定应执行的刑期

C. 应在 5 年以上 6 年以下决定应执行的刑期

D. 应直接决定执行 5 年有期徒刑

8. 下列选项中，应当从轻或者减轻处罚的情形是（　　　）。

A. 犯罪后自首

B. 教唆他人犯罪，被他人拒绝

C. 已满 14 周岁不满 18 周岁的人犯罪

D. 尚未完全丧失责任能力的精神病人犯罪

9. 甲为逃避处罚，私刻交警部门公章，伪造了取车单，将其因违章被暂扣的电动三轮车骗回。甲的行为（　　　）。

A. 构成诈骗罪

B. 构成盗窃罪

C. 构成伪造国家机关印章罪

D. 不构成犯罪

10. 甲的同事乙放在办公室内的 1 万元现金被丙窃取。为了报复丙，乙向公安机关谎称被盗现金数额为 5 万元。甲在接受公安机关询问时，按照乙的唆使证明被盗数额为 5 万元。甲的行为应认定为（　　　）。

A. 伪证罪

B. 诬告陷害罪

C. 包庇罪

D. 报复陷害罪

11. 甲、乙签订了一份买卖合同，双方未约定先后履行顺序。现甲未履行债务而请求乙履行，遭乙拒绝。乙行使的权利属于（　　　）。

A. 请求权　　　B. 支配权　　　C. 抗辩权　　　D. 形成权

12. 小文系儿童影星，片酬颇丰。其父甲的弟弟乙生活困难。甲征得小文同意后，不顾小文母亲的反对，将小文的 5 000 元片酬以小文的名义赠与乙。甲处分小文财产的行为（　　　）。

A. 有效，因为甲已征得小文同意

B. 有效，因为甲为小文的法定代理人

C. 无效，因为小文母亲反对

D. 无效，因为甲处分财产不是为了小文的利益

13. 在婚姻关系存续期间所得的下列财产，归夫或妻一方所有的是（　　　）。

A. 参加体育比赛所获奖金

B. 因身体受到伤害获得的医疗费

C. 通过法定继承分得的遗产

D. 以婚前个人存款炒股所得的收益

14. 债务人或者第三人有权处分的下列权利中，不能出质的是（　　　）。

A. 建设用地使用权   B. 债券、存款单

C. 仓单、提单   D. 汇票、支票、本票

15. 甲公司委托魏某、董某购买药品，魏某背着董某与卖方乙公司串通，购回一批假药。甲公司的损失应由（   ）。

A. 魏某承担全部赔偿责任   B. 魏某与乙公司承担连带赔偿责任

C. 乙公司承担全部赔偿责任   D. 魏某与董某承担连带赔偿责任

16. 下列各组请求权，均适用诉讼时效制度的是（   ）。

A. 定金返还请求权、不当得利返还请求权、缴付出资请求权

B. 定金返还请求权、人身损害赔偿请求权、不当得利返还请求权

C. 所有物返还请求权、存本金返还请求权、人身损害赔偿请求权

D. 占有物返还请求权、存款利息返还请求权、不当得利返还请求权

17. 甲将电脑交给乙保管。丙得知后，诱使乙将电脑低价卖给了自己。后电脑被丙遗失，为丁拾得。该电脑的所有权人是（   ）。

A. 甲   B. 乙   C. 丙   D. 丁

18. 甲、乙、丙三人共同出资设立一合伙企业，甲被推举为合伙事务执行人。根据我国合伙企业法规定，甲在任职期间有权单独实施的行为是（   ）。

A. 与 A 公司签订货物买卖合同

B. 转让合伙企业拥有的一间商铺

C. 以合伙企业名义为 B 公司提供担保

D. 聘任丁担任合伙企业的经营管理人员

19. 甲未经乙许可，将乙的摄影作品《晚年》临摹成一幅相同主题的油画。甲在临摹时，对背景作了细微改动，以之参加比赛并获奖。甲以该油画参赛的行为（   ）。

A. 属于合法行为，其油画具有独创性，受著作权法保护

B. 属于合法行为，但其油画与他人作品实质相似，不受著作权法保护

C. 构成侵权行为，但其油画具有独创性，受著作权法保护

D. 构成侵权行为，其油画不具有独创性，不受著作权法保护

20. 根据专利法规定，专利权转让合同履行完毕后，专利权被宣告无效的，该专利权转让合同（   ）。

A. 效力待定，由双方当事人重新协商确定效力

B. 无效，转让人应当向受让人返还专利权转让费

C. 有效，转让人一般无须向受让人返还专利权转让费

D. 可撤销，受让人享有撤销该转让合同的权利

二、多项选择题 （第 21～30 小题，每小题 2 分，共 20 分。下列每题给出的四个选项中，至少有两个选项是符合题目要求的。多选、少选或错选均不得分）

21. 我国《刑法》第 6 条规定："凡在中华人民共和国领域内犯罪的，除法律有特别规定的以外，都适用本法。"这里的"特别规定"包括（   ）。

A. 民族自治地方的变通规定

B. 香港特别行政区基本法作出的例外规定

C. 关于我国军人在国外犯罪的刑事责任的规定

D. 关于享有外交特权和豁免权的外国人的刑事责任的规定

22. 下列关于过失犯罪的说法，符合我国刑法规定的有（　　　）。

A. 过失犯罪可以成立未遂犯

B. 过失犯罪不能成立共同犯罪

C. 过失犯罪法律有规定的才负刑事责任

D. 不满 16 周岁的人对过失犯罪不负刑事责任

23. 下列选项中，属于洗钱罪上游犯罪的有（　　　）。

A. 利用影响力受贿罪　　　　　　　　B. 妨害信用卡管理罪

C. 职务侵占罪　　　　　　　　　　　D. 集资诈骗罪

24. 下列选项中，应当实行数罪并罚的有（　　　）。

A. 甲因遗弃罪被判处有期徒刑 3 年，刑罚执行完毕后，虐待妻子致其重伤

B. 乙在某小区窃得人民币 3 万元，1 个月之后，又在某商场窃得手机 4 部，价值人民币 1 万元

C. 丙因窃取本单位财物被判处有期徒刑 3 年，刑罚执行期间，又发现其在判决前曾在某小区盗窃人民币 3 万元

D. 丁因贪污罪被判处有期徒刑 2 年，缓刑 3 年，在缓刑考验期内，又发现其在判决前有 2 次数额较大的贪污行为

25. 下列行为应认定为抢劫罪一罪的有（　　　）。

A. 甲持刀拦路抢劫，杀死被害人后取走其财物

B. 乙将仇人杀死后，顺手拿走其身上的 3 000 元现金

C. 丙在抢劫财物之后，为防止被害人报案，将其杀死

D. 丁在抢劫过程中，为压制被害人的反抗，杀死被害人后取走其财物

26. 甲乘坐公交公司司机乙驾驶的公交车时，公交车与一私家车相撞，甲受伤致残。经认定，该起交通事故应由乙负全部责任。对此，下列选项中，不正确的有（　　　）。

A. 甲的损失应由乙承担责任

B. 甲的损失应由公交公司承担责任

C. 甲的损失应由乙与公交公司承担按份责任

D. 甲的损失应由乙与公交公司承担连带责任

27. 根据物权法规定，业主的建筑物区分所有权的内容包括（　　　）。

A. 专有部分的所有权　　　　　　　　B. 业主的相邻权

C. 共有部分的共有权　　　　　　　　D. 业主的管理权

28. 下列情形中，当事人可以提存的有（　　　）。

A. 货运合同中，收货人无正当理由拒绝受领货物

B. 仓储合同中，经催告存货人逾期仍不提取仓储物

C. 承揽合同中，定作人因定作物质量不合格逾期拒不受领

D. 行纪合同中，委托物不能卖出，经催告委托人仍不取回该物

29. 下列选项中，属于物权优先于债权之例外情形的有（　　　）。

A．"一物二卖"时，买受人因交付或登记而取得标的物的所有权

B．房屋预售时，经过预告登记的买受人的债权具有排他效力

C．租赁房屋抵押时，原租赁关系不受该抵押权的影响

D．租赁房屋出卖时，承租人的租赁权不因租赁物所有权的变动而受影响

30．根据法律规定，认定驰名商标应当考虑的因素有（　　）。

A．商标使用的持续时间　　　　　　　B．商标使用人的生产、经营规模

C．商标宣传的持续时间　　　　　　　D．商标在相关公众中的知晓程度

三、简答题（第 31～34 小题，每小题 10 分，共 40 分）

31．简述刑法中法条竞合的概念及其处理原则。

32．简述食品监管渎职罪的构成要件。

33．简述共同危险行为的构成要件。

34．简述遗赠和遗赠扶养协议的区别。

四、论述题（第 35～36 小题，每小题 15 分，共 30 分）

35．试论累犯的构成条件。

36．试论民事权利的私力救济。

五、案例分析题（第 37～38 小题，每小题 20 分，共 40 分）

37．甲午夜开车送朋友乙回家，因超速驾驶，刹车不及时，将经过人行横道的周某撞倒。乙对甲说："没有人看到，快走。"甲加速离去。周某随即被他人送往医院，但因抢救无效，于当晚死亡。甲将乙送回家后，心里不安，便返回肇事地点，并向在事故现场取证的警察交代了上述事实。

请根据上述材料回答下列问题并说明理由：

（1）甲的行为构成何罪？

（2）对甲进行量刑时应注意哪些情节？

（3）乙的行为是否构成犯罪？

38．甲公司向 A 银行借款 1 000 万元。乙公司受甲公司委托，与该银行签订保证合同，约定为甲公司的借款提供连带责任保证。为保障乙公司的追偿权，甲公司以自己的一处房产为乙公司提供抵押担保，双方签订抵押合同并办理了抵押登记。同时，丙公司受甲公司委托，与乙公司签订保证合同，约定"保证方式为连带责任保证，丙公司按照我国《担保法》第 17 条第 1 款规定承担保证责任"。借款到期后，甲公司只偿还了部分借款，剩余部分由乙公司承担了保证责任。

（附：《中华人民共和国担保法》第 17 条第 1 款："当事人在保证合同中约定，债务人不能履行债务时，由保证人承担保证责任的，为一般保证。"）

根据上述案情，请回答：

（1）本案涉及的相对法律关系有哪些？

（2）丙公司应按照何种保证方式承担保证责任？为什么？

（3）本案中有哪些反担保合同？

（4）乙公司承担保证责任后，为实现自己的追偿权，应先行使对甲公司房产的抵押权还是先要求丙公司承担保证责任？为什么？

一、单项选择题

1. D

【解析】甲误将苏打当作毒药投入赵某的水杯中，这在刑法理论上属于认识错误中的手段认识错误，即甲本想使用毒药杀害赵某，但因为误认而错用了无毒的物质——苏打，从而造成手段不能犯未遂。可见，选 D 项。甲的认识错误不影响其罪过性质，其主观心态属于故意，而不是过失，故不选 B 项。认定意外事件要求行为人主观上既无故意，也无过失，而甲的主观心态明显是故意，故不选 A 项。对象错误是指行为人预想侵犯的对象与行为人实际侵犯的对象在法律性质上是相同的，只不过搞错了对象，如行为人杀错了人。本题表述中，甲谋害赵某，并没有发生对象错误，故不选 C 项。

2. A

【解析】立功有一般立功和重大立功。一般立功是指犯罪分子检举、揭发他人的犯罪行为，包括共同犯罪案件中的犯罪分子揭发同案犯共同犯罪以外的其他犯罪，经查证属实；提供侦破其他案件的重要线索，经查证属实；阻止他人犯罪活动；协助司法机关抓捕犯罪嫌疑人（包括同案犯）；具有其他有利于国家和社会的突出表现的行为。重大立功是指犯罪分子检举、揭发他人重大犯罪行为，经查证属实；提供侦破其他重大案件的重要线索，经查证属实；阻止他人重大犯罪活动；协助司法机关抓捕其他重大犯罪嫌疑人（包括同案犯）；对国家和社会有其他重大贡献等表现的行为。此外，根据《最高人民法院关于处理自首和立功具体应用法律若干问题的解释》之规定，犯罪分子检举、揭发的他人犯罪，提供侦破其他案件的重要线索，阻止他人的犯罪活动，或者协助司法机关抓捕的其他犯罪嫌疑人，犯罪嫌疑人、被告人依法可能被判处无期徒刑以上刑罚的，应当认定为有重大立功表现。本题表述中，丙实施的抢劫杀人案，属于重大犯罪行为，可能被判处无期徒刑以上刑罚。甲在被羁押期间提供侦破其他重大案件的重要线索，经查证属实，构成重大立功；乙揭发了他人重大犯罪行为，经查证属实，也构成重大立功。可见，选 A 项。

3. C

【解析】《刑法》第 239 条第 3 款规定，以勒索财物为目的偷盗婴幼儿的，依照绑架罪定罪处罚。据此，甲的行为构成绑架罪。甲绑架 3 岁男孩后，因没有收到男孩家长回信，将男孩出卖，又构成拐卖儿童罪。可见，甲构成绑架罪和拐卖儿童罪，应当数罪并罚，故选 C 项。

4．A

【解析】甲伪造人民币 100 万元，构成伪造货币罪，后甲又运输伪造的货币并出售，属于窝赃、销赃的事后不可罚的行为，只定一个伪造货币罪即可，不另定运输、出售假币罪。《刑法》第 171 条第 3 款规定，伪造货币并出售或者运输伪造的货币的，依照伪造货币罪定罪从重处罚。据此，选 A 项。

5．D

【解析】行为人的行为只要具备劫取财物或者造成他人轻伤以上两种后果之一的，就构成抢劫罪既遂；既未劫取到财物，又未造成他人人身伤害后果的，属于抢劫罪未遂。本题表述中，甲的行为构成抢劫罪，而且乙将钱包交给了甲，即甲已经劫取到财物，构成犯罪既遂，故选 D 项。

6．A

【解析】侵占罪是指将代为保管的他人财物或者他人的遗忘物、埋藏物非法占为己有，数额较大，拒不退还或者拒不交出的行为。侵占罪的典型特征可以概括为：合法占有＋非法侵吞。本题表述中，甲的行为符合侵占罪的典型特征，故选 A 项。职务侵占罪不同于侵占罪：从客观行为方式上看，职务侵占罪是行为人利用职务上的便利，将本单位财物非法占有，而侵占罪表现为将他人财物据为己有，其占有财物与职务无关；从行为对象上看，职务侵占罪的对象是行为人所在单位的财物，而侵占罪的对象是代为保管的他人财物、遗忘物或埋藏物等；从犯罪主体上看，职务侵占罪的主体是特殊主体，即公司、企业或者其他单位的人员，而侵占罪的主体是一般主体。可见，甲的行为不构成职务侵占罪，故不选 B 项。甲的行为并非不当得利，因为甲在事后存在非法侵吞财产的主观心态，故不选 C 项。当然，如果甲在事后不存在非法侵吞的主观心态，乘客也不能依据不当得利主张返还，而是应当依据所有物返还请求权要求甲返还相机，除非相机灭失。不选 D 项，因为相机价值达 2 万元，并非"情节显著轻微危害不大行为"。

7．B

【解析】《刑法》第 77 条第 1 款规定，被宣告缓刑的犯罪分子，在缓刑考验期限内犯新罪或者发现判决宣告以前还有其他罪没有判决的，应当撤销缓刑，对新犯的罪或者新发现的罪作出判决，把前罪和后罪所判处的刑罚，依照《刑法》第 69 条的规定，决定执行的刑罚。据此，被宣告缓刑的犯罪分子，在缓刑考验期限内发现漏罪或犯有新罪，应当撤销缓刑并实行数罪并罚。《刑法》第 69 条第 1 款规定，判决宣告以前一人犯数罪的，除判处死刑和无期徒刑的以外，应当在总和刑期以下、数刑中最高刑期以上，酌情决定执行的刑期，但是管制最高不能超过 3 年，拘役最高不能超过 1 年，有期徒刑总和刑期不满 35 年的，最高不能超过 20 年，总和刑期在 35 年以上的，最高不能超过 25 年。根据上述规定，对甲在缓刑考验期限内犯有新罪的，应当撤销缓刑，并在总和刑期（3 年＋5 年＝8 年）以下、数刑中最高刑期（5 年）以上，决定执行的刑罚。可见，选 B 项。

8. C

【解析】《刑法》第 17 条第 3 款规定，已满 14 周岁不满 18 周岁的人犯罪，应当从轻或者减轻处罚。据此，选 C 项。《刑法》第 67 条第 1 款规定，犯罪以后自动投案，如实供述自己的罪行的，是自首。对于自首的犯罪分子，可以从轻或者减轻处罚。其中，犯罪较轻的，可以免除处罚。据此，不选 A 项。《刑法》第 29 条第 2 款规定，如果被教唆的人没有犯被教唆的罪，对于教唆犯，可以从轻或者减轻处罚。据此，不选 B 项。《刑法》第 18 条第 3 款规定，尚未完全丧失辨认或者控制自己行为能力的精神病人犯罪的，应当负刑事责任，但是可以从轻或者减轻处罚。据此，不选 D 项。

9. C

【解析】甲为了逃避处罚，私刻交警部门公章，符合伪造国家机关印章罪的构成特征，构成伪造国家机关印章罪，故选 C 项，不选 D 项。甲的行为不构成诈骗罪，因为诈骗罪的犯罪客体是公私财物的所有权，犯罪对象仅限于财物，而本题表述中，甲的电动三轮车是被暂扣的，甲并未丧失电动三轮车的所有权，故不选 A 项。甲的行为不构成盗窃罪，因为自己的财物不能成为盗窃罪的犯罪对象，故不选 B 项。

10. A

【解析】伪证罪是指在刑事诉讼中，证人、鉴定人、记录人、翻译人对与案件有重要关系的情节，故意作虚假证明、鉴定、记录、翻译，意图陷害他人或者隐匿罪证的行为。本题表述中，甲按照乙的唆使作伪证，甲的行为构成伪证罪，而乙构成妨害作证罪，故选 A 项。甲的行为不构成诬告陷害罪，因为本题表述中，甲是以证人的身份出现的，而并非一般犯罪主体，故不选 B 项。甲的行为不构成包庇罪，因为包庇罪的犯罪主体是一般主体，包庇的目的是使犯罪分子逃避法律制裁，而甲是证人，不是一般主体，且甲夸大犯罪事实，并非意图使犯罪分子逃避法律制裁，故不选 C 项。甲的行为不构成报复陷害罪，因为报复陷害罪是指国家机关工作人员滥用职权，假公济私，对控告人、申诉人、批评人、举报人实行报复陷害的行为。本题表述中，甲并非国家机关工作人员，丙也并非是控告人、申诉人、批评人或举报人，故不选 D 项。

11. C

【解析】抗辩权是指对抗请求权或者否认对方权利的权利。本题表述中，乙拒绝了甲履行债务的请求权，故乙行使的权利为抗辩权，选 C 项。其余选项都与题意不符。

12. D

【解析】《民法典》第 35 条第 1 款规定，监护人应当按照最有利于被监护人的原则履行监护职责。监护人除为维护被监护人利益外，不得处分被监护人的财产。据此，监护人处分被监护人财产的条件是处分财产的行为必须为维护被监护人的利益。本题表述中，小文的监护人其父亲甲将小文的 5 000 元片酬无偿赠给乙，这并非为了小文的利益，因而该处分行为无效。可见，选 D 项。

13. B

【解析】《民法典》第 1062 条第 1 款规定，夫妻在婚姻关系存续期间所得的下列财产，为夫妻的共同财产，归夫妻共同所有：（1）工资、奖金、劳务报酬；（2）生产、经营、投资的收益；（3）知识产权的收益；（4）继承或者受赠的财产，但是本法第 1063 条第 3 项规定的除外；（5）其他应当归共同所有的财产。据此规定第1项，参加体育比赛获得的奖金属于夫妻共同财产，不选A项。根据上述规定第4项，通过法定继承分得的遗产属于夫妻共同财产，不选C项。根据上述规定第2项，婚前个人存款虽然属于个人财产，但是利用婚前个人存款炒股所得的收益（投资收益）发生于婚姻关系存续期间，因而属于夫妻共同财产。可见，不选D项。《民法典》第1063条规定，下列财产为夫妻一方的个人财产：（1）一方的婚前财产；（2）一方因受到人身损害获得的赔偿或者补偿；（3）遗嘱或者赠与合同中确定只归一方的财产；（4）一方专用的生活用品；（5）其他应当归一方的财产。据此规定第2项，因身体受到伤害获得的医疗费属于夫或妻一方所有。可见，选B项。

14. A

【解析】《民法典》第440条规定，债务人或者第三人有权处分的下列权利可以出质：（1）汇票、本票、支票；（2）债券、存款单；（3）仓单、提单；（4）可以转让的基金份额、股权；（5）可以转让的注册商标专用权、专利权、著作权等知识产权中的财产权；（6）现有的以及将有的应收账款；（7）法律、行政法规规定可以出质的其他财产权利。据此，B、C、D项表述的权利都可以出质，故不选B、C、D项。建设用地使用权为不动产用益物权，而不动产用益物权是不能出质的。可见，选A项。

15. B

【解析】《民法典》第164条第2款规定，代理人和相对人恶意串通，损害被代理人合法权益的，代理人和相对人应当承担连带责任。据此，本题表述中，甲公司的代理人魏某和第三人乙公司恶意串通，损害被代理人甲公司的利益，故魏某和乙公司应当对甲公司承担连带赔偿责任。可见，选B项，不选A、C项。魏某和董某为甲公司的共同代理人，但董某对魏某与乙公司恶意串通之事并不知情，因而董某不承担任何责任。可见，不选D项。

16. B

【解析】诉讼时效仅适用于债权请求权，包括合同债权请求权、单方允诺请求权、定金返还请求权、不当得利返还请求权、无因管理费用支付请求权和人身伤害损害赔偿请求权等。但是物权请求权、人格权请求权等，不适用诉讼时效。综上所述，只有B项表述的请求权均适用诉讼时效，故选B项。债权请求权适用诉讼时效，但是，下列债权请求权不适用诉讼时效：（1）支付存款本金及利息请求权；（2）兑付国债、金融债券以及向不特定对象发行的企业债券本息请求权；（3）基于投资关系产生的缴付出资请求权；（4）其他依法不适用诉讼时效规定的债权请求权。据此，A项表述中的缴付出资请求权、C项表述中的存款本金返还请求权不适用诉讼时效，故不选A、C项。占有物返还请求权是基于物权请求权而派生的一种请求权，因而占有物返还请求权不适用诉讼时效之规定，但是，行使占有物返还请求权要受到1年除斥期间的限制。《民法典》第462条第2款规定，占有人返还原物的请求权，自侵占发生之日起1年内未行使的，该请求权消灭。可见，不选D项。

17. A

【解析】甲将电脑交给乙保管，则甲享有电脑的所有权。丙诱使乙将电脑卖给自己，这表明丙取得该电脑时并非善意，不能依据善意取得制度取得电脑的所有权。《民法典》

第 314 条规定，拾得遗失物，应当返还权利人。拾得人应当及时通知权利人领取，或者送交公安等有关部门。据此，我国民法典排斥拾得人将拾得物归为已有的可能性，因而电脑的所有权仍然属于甲，故选 A 项。

18．A

【解析】《合伙企业法》第 31 条规定，除合伙协议另有约定外，合伙企业的下列事项应当经全体合伙人一致同意：（1）改变合伙企业的名称；（2）改变合伙企业的经营范围、主要经营场所的地点；（3）处分合伙企业的不动产；（4）转让或者处分合伙企业的知识产权和其他财产权利；（5）以合伙企业名义为他人提供担保；（6）聘任合伙人以外的人担任合伙企业的经营管理人员。据上述规定第 4 项，不选 B 项。据上述规定第 5 项，不选 C 项。据上述规定第 6 项，不选 D 项。只有 A 项表述的情形，甲在任职期间可以单独实施，故选 A 项。

19．D

【解析】著作权法所保护的作品应当具备 3 个条件：（1）作品应当是思想或感情的表现，分别属于主客观两个范畴。（2）作品应当具有独创性或原创性。换句话说，一件作品的完成是该作者自己的选择、取舍、安排、设计、综合的结果，既不是依据已有的形式复制而来，也不是依据既定的程序和手法推演而来。因此，对于"临摹"而形成的"作品"，该临摹"作品"并非是自己的设计和安排，其实质仅是复制，而并非创作。理解该条件时应注意两点：①独创性不同于创造性，著作权法所保护的作品具有独创性即可，并不要求具有创造性。②凡是"临摹"作品都不具有独创性，这不同于演绎作品，因为演绎作品中，作者注入了自己的取舍和安排，具有独创性。（3）作品的表现形式应当符合法律的规定。综上分析，"临摹"作品仅仅是复制品，不具有独创性，不能成为著作权法所保护的作品。本题表述中，甲未经乙许可而"临摹"乙的作品，构成侵权，且甲的"临摹"行为不具有独创性，不受著作权法保护，故选 D 项。

20．C

【解析】《专利法》第 47 条规定，宣告无效的专利权视为自始即不存在。宣告专利权无效的决定，对在宣告专利权无效前人民法院作出并已执行的专利侵权的判决、调解书，已经履行或者强制执行的专利侵权纠纷处理决定，以及已经履行的专利实施许可合同和专利权转让合同，不具有追溯力。但是因专利权人的恶意给他人造成的损失，应当给予赔偿。依照上述规定不返还专利侵权赔偿金、专利使用费、专利权转让费，明显违反公平原则的，应当全部或者部分返还。据此，选 C 项。

二、多项选择题

21．ABD

【解析】我国《刑法》第 6 条规定了属地原则：凡在中华人民共和国领域内犯罪的，除法律有特别规定的以外，都适用本法。这里的"特别规定"就是属地原则的例外性规定，即属地原则的例外情形包括如下 3 种情况：（1）享有外交特权和外交豁免权的外国人在我国领域内犯罪的，通过外交途径解决；（2）香港、澳门特别行政区发生的犯罪由当地的司法机构适用当地的刑法；（3）民族自治地方制定的变通或补充规定。可见，选 A、B、D 项。

22. BCD

【解析】犯罪未完成形态包括犯罪预备、犯罪未遂和犯罪中止，犯罪的未完成形态仅存在于故意犯罪中，即只有故意犯罪才存在犯罪预备、犯罪未遂和犯罪中止的问题，过失犯罪不存在犯罪预备、犯罪未遂和犯罪中止的问题。可见，A 项说法不符合我国刑法规定，不选 A 项。一般而言，过失犯罪不能成立共同犯罪。可见，B 项表述符合我国刑法规定，选 B 项。注意：《最高人民法院关于审理交通肇事刑事案件具体应用法律若干问题的解释》第 5 条第 2 款规定，交通肇事后，单位主管人员、机动车辆所有人、承包人或者乘车人指使肇事人逃逸，致使被害人因得不到救助而死亡的，以交通肇事罪的共犯论处。此为过失共犯之特例。《刑法》第 15 条第 2 款规定，过失犯罪，法律有规定的才负刑事责任。据此，C 项表述符合我国刑法规定，选 C 项。《刑法》第 17 条第 1、2 款规定，已满16 周岁的人犯罪，应当负刑事责任。已满 14 周岁不满 16 周岁的人，犯故意杀人、故意伤害致人重伤或者死亡、强奸、抢劫、贩卖毒品、放火、爆炸、投放危险物质罪的，应当负刑事责任。据此，对于不满 14 周岁的人犯罪，无论行为人主观上是出于故意还是出于过失，都不负刑事责任；对于已满 14 周岁不满 16 周岁的人，仅对故意杀人、故意伤害致人重伤或者死亡、强奸、抢劫、贩卖毒品、放火、爆炸、投放危险物质罪这 8 种犯罪负刑事责任，而这 8 种犯罪都是故意犯罪，没有过失犯罪。可见，不满 16 周岁的人对过失犯罪不负刑事责任，故选 D 项。

23. ABD

【解析】根据《刑法》第 191 条规定，洗钱罪的上游犯罪仅限定在毒品犯罪、黑社会性质的组织犯罪、恐怖活动犯罪、走私犯罪、贪污贿赂犯罪、破坏金融管理秩序犯罪、金融诈骗犯罪这 7 类犯罪上。据此，利用影响力受贿罪属于贪污贿赂犯罪，选 A 项。妨害信用卡管理罪属于破坏金融管理秩序犯罪，选 B 项。集资诈骗罪属于金融诈骗犯罪，选 D 项。职务侵占罪属于侵犯财产罪，而侵犯财产罪并非属于洗钱罪的上游犯罪，故不选 C 项。

24. CD

【解析】数罪并罚适用于判决宣告以前一人犯数罪的情形，而 A 项表述中，甲所犯遗弃罪作为前罪已经论决，而甲虐待妻子致其重伤作为后罪（过失导致重伤的，仍定虐待罪；故意导致重伤的，定故意伤害罪）是在遗弃罪刑罚执行完毕后才实施的，因此不能实行数罪并罚，故不选 A 项。数罪并罚适用于判决宣告以前一人犯数罪的情形，而且数罪为实质上的数罪或独立的数罪，而继续犯、想象竞合犯、结果加重犯、集合犯、结合犯、连续犯、牵连犯、吸收犯等实质的一罪、法定的一罪、处断的一罪等非实质数罪，不适用数罪并罚；此外，对于同种数罪，一般也不适用数罪并罚。可见，B 项表述的情形为同种数罪，故不选 B 项。《刑法》第 70 条规定，判决宣告以后，刑罚执行完毕以前，发现被判刑的犯罪分子在判决宣告以前还有其他罪没有判决的，应当对新发现的罪作出判决，把前后两个判决所判处的刑罚，依照《刑法》第 69 条的规定，决定执行的刑罚。已经执行的刑期，应当计算在新判决决定的刑期以内。据此，C 项表述属于对"漏罪"实行数罪并罚的情形，即对于"漏罪"，采取"先并后减"的方法实行数罪并罚，故选 C 项。《刑法》第 77 条第 1 款规定，被宣告缓刑的犯罪分子，在缓刑考验期限内犯新罪或者发现判决宣告以前还有其他罪没有判决的，应当撤销缓刑，对新犯的罪或者新发现的罪作出判决，把前罪和后罪所判处的刑罚，依照本法第 69 条的规定，决定执行的刑罚。据此，对于在缓刑考验期限内发现漏罪或犯有新罪的，应当撤销缓刑并实行数罪并罚，而 D 项表述的情形属于在缓刑考验期限内发现漏罪的情形，应当撤销缓刑并实行数罪并罚，故选 D 项。

25．AD

【解析】抢劫罪是指以暴力、胁迫或其他方法抢劫公私财物的行为。可见，暴力是抢劫罪的方法行为。A 项表述中，甲持刀拦路抢劫，在抢劫过程中杀死被害人，在这种情形下，杀人作为暴力的具体体现，属于抢劫罪的方法行为，不实行抢劫罪和故意杀人罪数罪并罚，而只定抢劫罪一罪，死亡作为抢劫罪的结果加重犯处理情节。可见，选 A 项。B 项表述中，乙的行为是出于复仇目的将仇人杀死，构成故意杀人罪，乙杀死仇人后，顺手拿走其身上的 3 000 元现金，此行为应当认定为盗窃罪，而不是抢劫罪。可见，B 项表述的情形应以故意杀人罪和盗窃罪实行数罪并罚，故不选 B 项。C 项表述中，丙的行为明显构成抢劫罪和故意杀人罪，应当实行数罪并罚，故不选 C 项。D 项表述中，丁在抢劫过程中为压制被害人反抗而杀死被害人，这属于抢劫罪的加重构成，只定抢劫罪一罪，故选 D 项。

26．ACD

【解析】本题为选非题。《民法典》第 1191 条第 1 款规定，用人单位的工作人员因执行工作任务造成他人损害的，由用人单位承担侵权责任。用人单位承担侵权责任后，可以向有故意或者重大过失的工作人员追偿。据此，本题表述中，乙作为公交公司工作人员，其侵权责任应由公交公司承担，此所谓替代责任。可见，选 A 项，不选 B 项。既然由公交公司承担责任，就不存在承担连带责任或者按份责任的情形，故选 C、D 项。

27．ACD

【解析】业主的建筑物区分所有权的内容包括所有权（专有部分的所有权、空间所有权）、共有部分的共有权和成员权（社员权、共同管理权）。可见，选 A、C、D 项。

28．ABD

【解析】《民法典》第 570 条第 1 款规定，有下列情形之一，难以履行债务的，债务人可以将标的物提存：（1）债权人无正当理由拒绝受领；（2）债权人下落不明；（3）债权人死亡未确定继承人、遗产管理人，或者丧失民事行为能力未确定监护人；（4）法律规定的其他情形。据此规定第 1 项，选 A 项。《民法典》第 916 条规定，储存期限届满，存货人或者仓单持有人不提取仓储物的，保管人可以催告其在合理期限内提取；逾期不提取的，保管人可以提存仓储物。据此，选 B 项。《民法典》第 957 条规定，行纪人按照约定买入委托物，委托人应当及时受领。经行纪人催告，委托人无正当理由拒绝受领的，行纪人依法可以提存委托物。委托物不能卖出或者委托人撤回出卖，经行纪人催告，委托人不取回或者不处分该物的，行纪人依法可以提存委托物。据此，选 D 项。适用提存的条件之一是因债权人的原因导致债务人无法交付标的物，而 C 项表述中，定作物质量不合格是因债务人的原因所致，在此情形下，即使债权人拒绝受领，债务人也不能将定作物提存。基于上述原因，《民法典》第 781 条规定，承揽人交付的工作成果不符合质量要求的，定作人可以合理选择请求承揽人承担修理、重作、减少报酬、赔偿损失等违约责任。可见，不选

C 项。

29. BCD

【解析】在权利的效力上，物权具有优先于债权的效力，这是一般规定，但是在特定情形下也有例外，这些例外情形主要包括：（1）《民法典》第 221 条规定，当事人签订买卖房屋的协议或者签订其他不动产物权的协议，为保障将来实现物权，按照约定可以向登记机构申请预告登记。预告登记后，未经预告登记的权利人同意，处分该不动产的，不发生物权效力。预告登记后，债权消灭或者自能够进行不动产登记之日起 90 日内未申请登记的，预告登记失效。据此，预告登记具有排他性效力，以保障债权人将来实现其债权，经预告登记后，即便发生"一房二卖"的情形，买受人的债权也受到法律保护。可见，选 B 项。（2）《民法典》第 405 条规定，抵押权设立前，抵押财产已经出租并转移占有的，原租赁关系不受该抵押权的影响。据此，虽然租赁权在本质上是债权，但是，租赁权设定在先并移转租赁物的占有，则租赁权可以对抗抵押权，此为"租赁权物权化"。可见，选 C 项。（3）《民法典》第 725 条规定，租赁物在承租人按照租赁合同占有期限内发生所有权变动的，不影响租赁合同的效力。此为"买卖不破租赁"。可见，选 D 项。（4）法律规定的其他情形。例如税法、企业破产法等法律、法规中有关特种债权（如税款）优先于担保物权受偿的情形。综上分析，选 B、C、D 项。不选 A 项，因为在"一物二卖"时，买受人因交付或登记取得标的物的所有权，即谁进行了物权的变动公示，就取得标的物的所有权，而没有进行物权变动公示的买受人，则不能取得标的物的所有权，这正是物权优先效力的体现。

30. ACD

【解析】《商标法》第 14 条第 1 款规定，认定驰名商标应当考虑下列因素：（1）相关公众对该商标的知晓程度；（2）该商标使用的持续时间；（3）该商标的任何宣传工作的持续时间、程度和地理范围；（4）该商标作为驰名商标受保护的记录；（5）该商标驰名的其他因素。据此规定，选 A、C、D 项；B 项表述的情形并非认定驰名商标所要考虑的因素，故不选 B 项。

三、简答题

31.（1）刑法中的法条竞合，是指行为人实施一个犯罪行为，同时触犯数个在犯罪构成上具有包容关系的刑法规范，只适用其中一个刑法规范的情况。（如果回答法条竞合是指刑法中有一些条文之间在内容上存在重复或交叉的情况，也可给分——编者注）

（2）对法条竞合的处理原则是：①特别法优于普通法，适用特别法条排斥普通法条；②在法律有特别规定的情形下，依法律规定。（如果回答重法优于轻法的，也可给分——编者注）

32. 食品监管渎职罪应当具备如下构成要件：

（1）客体为国家食品安全监督管理制度。

（2）客观方面表现为实施了滥用职权或者玩忽职守的行为，导致发生重大食品安全事故或者造成其他严重后果。

（3）犯罪主体为特殊主体，即负有食品安全监管职能的国家机关工作人员。

（4）主观方面为故意或过失。对于滥用职权的，表现为故意；对于玩忽职守的，表现为过失。

33. 共同危险行为的构成要件有：

（1）主体的复数性。是指危险行为人为二人或者二人以上。

（2）行为的同一性。数个危险行为人实施的侵权行为是相同的。

（3）时间上的同时性或相继性。如果数个危险行为人所实施的行为不是同时发生或相继发生，则不会成立共同危险行为。

（4）行为的危险性。这种危险性表现为，每个人的行为都有可能侵害他人的民事权益，且这种可能性是现实存在的。

（5）行为的独立性。每个人都单独实施了危险行为，彼此之间无关联或者结合关系。

（6）实际侵权人的不确定性。

（7）损害结果的单一性。

34. （1）遗赠是单方法律行为，而遗赠扶养协议是双方法律行为。

（2）遗赠是单务、无偿的法律行为，而遗赠扶养协议是双务、有偿的法律行为。

（3）遗赠是死因行为，而遗赠扶养协议是生前行为与死因行为的结合。

（4）遗赠扶养协议中的扶养人必须是继承人以外的具有完全民事行为能力的个人或者组织，而遗赠中的受遗赠人不受此限。

（5）遗赠中的受遗赠人必须在法定期限内作出接受遗赠的明确意思表示，否则视为放弃受遗赠，而遗赠扶养协议中的扶养人无须在遗嘱人死亡后作出接受遗赠的意思表示，即可以直接依协议取得遗产。

（本题根据《民法典》规定对原标准答案进行了修正——编者注）

四、论述题

35. （1）累犯是指因犯罪受过一定刑罚处罚，刑罚执行完毕或者赦免以后，在法定期限内再犯一定之罪的犯罪人。我国刑法规定的累犯可分为一般累犯和特别累犯。

（2）一般累犯的构成条件是：①犯罪发生时，犯罪人已满18周岁；②前罪和后罪都是故意犯罪；③前罪被判处有期徒刑以上刑罚，后罪也应被判处有期徒刑以上刑罚；④后罪发生在前罪的刑罚执行完毕或者赦免以后5年以内。

（3）特别累犯的构成条件是：①前罪和后罪都是危害国家安全犯罪、恐怖活动犯罪或者黑社会性质的组织犯罪；②前罪被判处的刑罚和后罪应当被判处的刑罚种类及其轻重不受限制；③因危害国家安全犯罪、恐怖活动犯罪或黑社会性质的组织犯罪被判处刑罚，在刑罚执行完毕或者赦免以后，任何时候再犯上述犯罪。

36. （1）民事权利的私力救济，是指民事权利受到侵害时，权利人在法律规定的限度内，自己采取必要的措施保护其权利的行为。民事权利的私力救济措施包括自卫行为和自助行为两类。

（2）自卫行为。1）自卫行为是指当民事权利受到侵害或者有受到侵害的现实危险时，权利人采取必要的措施，以防止损害的发生或者扩大的行为。2）自卫行为有正当防卫和紧急避险两种形式。①正当防卫是指为了保护本人或者他人的民事权益或者公共利益，对于现实的不法侵害采取的防卫行为。其成立条件包括：有现实的不法侵害发生、防卫对象只能是不法侵害人、防卫目的是保护本人或他人的合法民事权益或公共利益、不得超过必要的限度。②紧急避险是指为了避免本人或者他人的民事权益或者公共利益受到急迫的危险所造成的损失而采取的避险行为。其成立条件包括：有急迫现实的危险存在、该危险关系到本人或他人的民事权益或公共利益、方法适当、不得超过必要的限度。

（3）自助行为。自助行为是指权利人为保护自己的权利，在来不及请求公力救济的情况下，对义务人的财产予以扣押或者对其人身自由予以约束的行为。自助行为的成立条件包括：目的是保护自身权利、情势急迫来不及请求公力救济、方法适当、不得超过必要的限度。

五、案例分析题

37.（1）甲的行为构成交通肇事罪。甲在驾驶途中，因超速驾驶，刹车不及时，发生重大交通事故，致行人死亡，其行为符合交通肇事罪的构成要件。

（2）在对甲量刑时，应注意的情节有：①交通肇事后逃逸。甲在撞倒行人后，为了逃避法律追究而驾车离去，其行为属于交通肇事后逃逸，具有适用较重档次法定刑的情节。但甲的行为不应被认定为"因逃逸致人死亡"。②自首。甲在逃跑后，基于个人意愿，自动回到事故现场，向警察主动交代犯罪事实，应认定为自首。

（3）乙的行为不构成犯罪。乙作为乘车人虽然指使肇事者甲逃逸，但因受害人的死亡与甲的逃逸行为之间没有因果关系，故对乙不应以交通肇事罪的共犯论处。

38.（1）本案涉及的相对法律关系有：①甲公司与A银行之间的借款合同关系；②甲公司与乙公司之间的委托合同关系；③乙公司与A银行之间的保证合同关系；④甲公司与乙公司之间的抵押合同关系；⑤甲公司与丙公司之间的委托合同关系；⑥乙公司与丙公司之间的保证合同关系；⑦乙公司与甲公司之间因乙公司履行保证责任而产生的债权债务关系。（答对4个即可——编者注）

（2）丙公司应按一般保证方式承担保证责任。本案中，丙公司与乙公司在保证合同中约定保证方式为连带责任保证，同时又约定丙公司按照《担保法》第17条第1款规定承担保证责任，而《担保法》第17条第1款是关于一般保证方式的规定，双方对保证方式的约定存在矛盾，应当视为保证方式的约定不明确。根据《民法典》规定，当事人对保证方式约定不明确的，按照一般保证承担保证责任。（鉴于《民法典》生效后，《担保法》废止，本题对原标准答案依据《民法典》的规定进行了修正——编者注）

（3）本案中的反担保合同有两个：一个是乙公司与甲公司签订的抵押合同，另一个是乙公司与丙公司签订的保证合同。

（4）乙公司应先就甲公司抵押的房产行使抵押权，行使抵押权后仍不能实现追偿权的，可请求丙公司承担保证责任。根据《民法典》规定，被担保的债权既有物的担保又有人的担保，没有约定或者约定不明确，物的担保由债务人自己提供的，债权人应当先就该物的担保实现债权。

2013 年全国法律硕士（法学）专业学位研究生入学联考综合课试题

一、**单项选择题**（第 1～20 小题，每小题 1 分，共 20 分。下列每题给出的四个选项中，只有一个选项是最符合题目要求的）

1. 下列法学流派中，主要强调对法进行规范分析的是（　　）。

A. 自然法学派　　　　　　　　　B. 分析法学派

C. 历史法学派　　　　　　　　　D. 社会法学派

2. 下列法的分类中，专属于英美法系的是（　　）。

A. 公法和私法　　　　　　　　　B. 普通法和衡平法

C. 联邦法和联邦成员法　　　　　D. 成文法和不成文法

3. 下列关于法的效力的表述，正确的是（　　）。

A. 法的效力是指法的适用范围　　B. 非规范性法律文件不具有法律效力

C. 法的效力是法的实效的必要条件　D. 现代法律都不具有溯及既往的效力

4. 在我国，下列规范性法律文件系统化的活动中，不具有立法性质的是（　　）。

A. 法律编纂　　　B. 法律清理　　　C. 法律汇编　　　D. 法典编纂

5. 从法律部门角度看，《中华人民共和国国籍法》属于（　　）。

A. 宪法部门　　　　　　　　　　B. 行政法部门

C. 刑法部门　　　　　　　　　　D. 社会法部门

6. 从法系角度看，近代以来我国香港地区的法律属于（　　）。

A. 普通法法系　　　　　　　　　B. 大陆法系

C. 中华法系　　　　　　　　　　D. 社会主义法系

7. 尽管一些国家的经济发展水平大体相同，但它们的法律形式却差别很大。这一现象表明（　　）。

A. 法律与经济发展水平无关

B. 经济不是影响法律的唯一因素

C. 经济以外的因素对法律起着决定性作用

D. 不同国家之间，法律是不能相互借鉴的

8. 关于司法的表述，下列选项能够成立的是（　　）。

A. 司法权可以依法委托行使　　　B. 司法的首要原则是讲求效率

C. 司法在多数情况下具有主动性　　D. 相较于执法而言，司法具有终局性

9. 下列关于"宪法"的表述，正确的是（　　）。

A. 中国历史典籍中的"宪法"特指根本法

B. 近代意义上的"宪法"泛指典章法度，是"法律的法律"

C. 古代意义上的"宪法"与近代意义上的"宪法"没有本质区别

D. 近代意义上的"宪法"不仅是法的表现形式，而且是一国法律体系的核心

10. 2012 年 6 月，我国设立地级三沙市，管辖西沙群岛、中沙群岛、南沙群岛的岛礁及其海域。根据我国宪法，设立三沙市的权力属于（　　）。

A. 全国人大　　　　　　　　　　B. 国务院

C. 海南省政府　　　　　　　　　D. 民政部

11. 世界上最早确立以宪法法院模式实施宪法监督的国家是（　　）。

A. 美国　　　　B. 法国　　　　C. 德国　　　　D. 奥地利

12. 根据宪法和法律规定，下列关于村民委员会的表述，不正确的是（　　）。

A. 村民委员会实行村务公开制度

B. 村民委员会的选举由乡选举委员会主持

C. 村民委员会可以按照居住状况分设若干村民小组

D. 村民委员会根据需要设立人民调解、治安保卫等委员会

13. 根据我国现行宪法规定，负责主持全国人民代表大会会议的是（　　）。

A. 国家主席

B. 全国人民代表大会主席团

C. 全国人民代表大会常务委员会委员长

D. 全国人民代表大会常务委员会秘书长

14. 根据我国现行宪法规定，人民法院、人民检察院和公安机关在办理刑事案件过程中的相互关系是（　　）。

A. 各自独立办案　　　　　　　　B. 联合办案

C. 分工负责，互相制衡　　　　　D. 分工负责，互相配合，互相制约

15. 从《仪礼》中婚姻"六礼"的内容看，中国古代的婚姻是（　　）。

A. 登记婚　　　B. 仪式婚　　　C. 宗教婚　　　D. 共食婚

16. 《中华苏维埃共和国宪法大纲》规定的政治制度是（　　）。

A. 人民代表会议制　　　　　　　B. 参议会制

C. 人民委员会制　　　　　　　　D. 工农兵代表大会制

17. 唐开元年间，某县令收受在押人亲属绢二十四，为该在押人开脱罪责。依照唐律规定，该县令的行为构成（　　）。

A. 坐赃罪　　　　　　　　　　　B. 受财枉法罪

C. 受所监临财物罪　　　　　　　D. 受财不枉法罪

18. 下列关于《法经》篇目的表述，正确的是（　　）。

A. "杂法"规定定罪量刑的基本原则

B. 篇目总共为七篇，至汉代增加为九篇

C. "捕法"是关于囚禁、审判及实施刑罚方面的法律规定

D. "王者之政莫急于盗贼"，故其律之篇目始于"盗法"与"贼法"

19. 下列关于北洋政府时期立法活动特点的表述，不正确的是（   ）。

A. 颁布众多单行法规

B. 判例和解释例成为重要的法律渊源

C. 采用西方资本主义国家的某些立法原则

D. 废止清末新订法律，以新颁法典取而代之

20. 明朝独有的由皇帝委派宦官会同三法司官员定期录囚的制度是（   ）。

A. 大审　　　　　　B. 朝审　　　　　　C. 圆审　　　　　　D. 热审

二、多项选择题（第 21～30 小题，每小题 2 分，共 20 分。下列每题给出的四个选项中，至少有两个选项是符合题目要求的。多选、少选或错选均不得分）

21. 下列关于法理学的表述，能够成立的有（   ）。

A. 法理学研究的是法学的一般理论、基础理论

B. 法理学与部门法学之间是一般与特殊的关系

C. 法理学从总体上阐释法和法律现象的一般规律

D. 当代中国法理学的研究起点与归宿是建设中国特色社会主义法治国家

22. 下列关于法的价值的表述，能够成立的有（   ）。

A. 法的价值影响人们的法律实践活动

B. 法律的各种主要价值之间存在一定的冲突

C. 与法律原则相比，法律规则更能体现法的价值

D. 除了正义、自由与秩序外，不存在其他法的价值

23. 小王购买了一套价值 105 万元的商品房，向银行贷款 60 万元，贷款年限为 20 年，银行每月从小王的银行账户划扣 4 500 元用于还贷。小王与银行之间的法律关系属于（   ）。

A. 普通法律关系　　　　　　　　　B. 基本法律关系

C. 隶属型法律关系　　　　　　　　D. 相对法律关系

24. 下列关于法律解释的表述，能够成立的有（   ）。

A. 法律解释都具有法律效力

B. 法律解释实质上是一种类比推理

C. 法律解释随时代发展而发展，并非一成不变

D. 法律解释应当考虑社会需要，有时不限于立法原意

25. 下列关于法的产生和发展的表述，能够成立的有（   ）。

A. 法是人类社会发展到一定历史阶段的产物

B. 法的产生先于私有制的产生和国家的产生

C. 法的产生的根本原因是社会生产力的发展

D. 法的产生未受到宗教、道德等因素的影响

26. 下列选项中，主要形成于自由竞争资本主义时期的法律原则有（   ）。

A. 私有财产神圣不可侵犯   B. 契约自由

C. 法律面前人人平等   D. 严格责任

27. 根据我国现行宪法，民族自治地方的人民代表大会均有权制定的规范性法律文件包括（   ）。

A. 自治条例   B. 单行条例

C. 地方性法规   D. 行政法规

28. 下列关于在全国人民代表大会会议期间提出质询案的表述，正确的有（   ）。

A. 一个代表团可以提出质询案

B. 质询案可以书面或口头形式提出

C. 质询案必须明确质询对象、质询的问题和内容

D. 三十名以上全国人民代表大会代表联名可以提出质询案

29. 晋律确立了"准五服以制罪"的原则。下列选项中属于"五服"之亲的有（   ）。

A. 斩衰   B. 大功   C. 小功   D. 缌麻

30. 下列关于南京国民政府诉讼审判制度特点的表述，正确的有（   ）。

A. 废除秘密审判和陪审制度

B. 实行"自由心证"的诉讼原则

C. 强化军事审判，扩大军法机关的审判范围

D. 采用近代西方国家的公开审判、律师辩护等诉讼原则

三、简答题（第 31～33 小题，每小题 10 分，共 30 分）

31. 简述法律责任的构成要件。

32. 简述我国中央对特别行政区行使的权力。

33. 简述《中华民国临时约法》的主要内容。

四、分析论述题（第 34～38 小题，共 80 分）

34. 某夫妇婚后多年未育，盼子心切，遂与保姆达成"借腹生子"协议。医院提取夫妇双方的精子和卵子培育受精卵后，植入保姆子宫。保姆成功妊娠生育后，该夫妇按协议付给保姆 10 万元。此事件在社会上引起热议。赞同者认为，"试管婴儿"技术实现了那些不能生育者的生育梦想，法律应予肯定；反对者认为，通过此项技术"借腹生子"，容易引发社会伦理紊乱，法律应予以干预。

根据法律与科技关系的基本原理，结合上述材料分析并阐述：

（1）科技发展对立法有何影响？

（2）立法应如何规范科技成果的应用？

35. 联系我国实际，论述法治国家的主要标志。

36. 2011 年 10 月中旬，某市香湖区举行人民代表大会代表换届选举。该区某高校作为一个选区公布了 7 260 人的选民名单。该选区居民甲曾因刑事犯罪被剥夺政治权利两年，至 2011 年 9 月 23 日期满。甲在选民名单中发现没有自己的名字。11 月 15 日，该选区共有 3 630 人参加了投票。在投票过程中，教师乙接受了另外 4 名教师选民的委托代为投票。选举委员会最终确认并宣布丙以 3 203 张选票当选人大代表。

请结合我国宪法和选举法相关规定，指出本次选举中的不合法之处，并说明理由。

37. 论述我国国家机构的组织和活动原则。

38. 《后汉书·列女传》：酒泉庞淯母者，赵氏之女也，字娥。父为同县人所杀，而娥兄弟三人，时俱病物故，仇乃喜而自贺，以为莫己报也。娥阴怀感愤，乃潜备刀兵，常帷车以候仇家。十余年不能得。后遇于都亭，刺杀之。因诣县自首。曰："父仇已报，请就刑戮。"禄福长尹嘉义之，解印绶欲与俱亡。娥不肯去。曰："怨塞身死，妾之明分；结罪理狱，君之常理。何敢苟生，以枉公法！"后遇赦得免。州郡表其闾。太常张奂嘉叹，以束帛礼之。

请运用中国法制史的知识和理论，分析上述材料并回答下列问题：

（1）赵娥的行为是何性质？依汉律，对此行为应当如何处理？

（2）赵娥报仇后到县衙自首。汉承秦制，秦朝关于自首的规定如何？唐朝又是如何对自首加以完善的？

（3）该案反映出中国古代怎样的礼法关系？

2013 年全国法律硕士（法学）专业学位研究生入学联考综合课试题答案解析

一、单项选择题

1. B

【解析】分析法学派特别强调对法的规范性分析，揭示了法的技术性、工具性、规范性和独立性。可见，选 B 项。自然法学派特别强调自然、正义、理性和公意，强调法与道德存在天然的联系。可见，不选 A 项。历史法学派反对古典自然法理论，否定自然法的存在，特别强调法律是民族共同意识在历史发展过程中的体现，各个民族在不同的历史发展时期有不同的法律；法律源于习惯，因而重视习惯法的作用。可见，不选 C 项。社会法学派特别强调法对社会生活的作用和各种社会因素对法的影响，以及强调社会利益和"法的社会化"。可见，不选 D 项。

2. B

【解析】英美法系对法最基本的分类是普通法和衡平法。普通法是指 11 世纪诺曼征服之后在英格兰逐步形成的以判例形式出现的一种法律。衡平法是指 14 世纪由英国大法官在审判实践中发展起来的一套法律规则，因其号称以"公平"与"正义"为基础，故而称为"衡平法"。普通法和衡平法是专属于英美法系的法律分类，故选 B 项。公法和私法是大陆法系对法的基本分类，英美法系没有这种分类，故不选 A 项。联邦法和联邦成员法是联邦制国家对法的分类，对于这种分类，考试大纲并没有列明。大陆法系国家和英美法系国家都有联邦制国家，大陆法系国家中实行联邦制的国家如德国、瑞士、巴西等，英美法系国家中实行联邦制的国家如美国、加拿大、澳大利亚等。可见，联邦法和联邦成员法这种分类并非英美法系国家专属分类，故不选 C 项。无论是大陆法系国家，还是英美法系国家，都有成文法和不成文法这种分类，如英国虽然以判例法为主，但也有成文法；法国虽是成文法国家，但在行政法领域却主要承认并适用判例法，这些都体现了大陆法系和英美法系的相互借鉴和融合。可见，不选 D 项。

3. C

【解析】本题答案有争议，本题标准答案是 C 项，实际上 A 项表述也是正确的。法的效力即法的适用范围，是指法对哪些人，在什么空间、时间范围内有效。可见，A 项表述正确。非规范性法律文件，如判决书、调解书、仲裁裁决书等，也具有法律效力。可见，

B 项表述错误。法的实效是指人们在实际生活中按照法律规定的行为模式去行为，法律从而被实际遵守、执行和适用。法的效力和法的实效相互区别：法的效力是法的约束力，属于"应然"的范畴，而法的实效则属于"实然"的范畴。法的效力和法的实效相互联系：法的效力是法的实效的前提之一，没有这个前提，法就不可能取得实效。可见，C 项表述正确。一般情况下，现代法律遵循"法律不溯及既往"的原则，但也有例外，例如在刑法领域坚持"从旧兼从轻"原则。可见，D 项表述错误。

4. C

【解析】规范性法律文件系统化的方式包括法律编纂（含法典编纂）、法律清理（或称为法规清理）和法律汇编三种方式，此外还有制定法律全书（法律大全）这种特殊方式。在上述方式中，法律编纂和法律清理能够产生新的法律规范，因而属于立法活动，而法律汇编，无论是官方的，还是非官方的，都不可能产生新的法律规范，因而不是立法活动，故选 C 项。

5. A

【解析】国籍是一个宪法上的概念，在宪法上，国籍是指一个人隶属于某个国家的法律上的身份，因此，从法律部门角度看，《中华人民共和国国籍法》属于宪法部门，故选 A 项。

6. A

【解析】我国香港地区曾受英国殖民统治，因而近代以来我国香港地区的法律属于普通法法系，故选 A 项。

7. B

【解析】法与经济密切相关，法与经济的关系表现在经济对法具有决定作用，但经济对法的决定作用是从终极意义上来讲的，经济不是影响法律的唯一因素，除了经济以外，政治、思想、道德、文化、历史传统、民族、宗教、习惯、地理环境等对法律也有影响，上述因素是在经济因素起决定作用的条件下对法发生影响。因此，尽管一些国家的经济发展水平大体相同，但它们的法律形式却差别很大。可见，B 项表述正确，A、C 项表述错误。不同国家之间，法律可以相互吸收和借鉴。可见，D 项表述错误。

8. D

【解析】司法权具有专属性，因此司法权只能由司法机关行使，而不能委托行使，这不同于行政权，因为行政权可以依法委托行使。可见，A 项表述不能成立。司法原则包括司法法治原则、司法平等原则、司法独立原则、司法责任原则和司法公正原则，其中，司法法治原则是司法的首要原则。讲求效率原则是行政执法原则，而不是司法原则。可见，B 项表述不能成立。司法具有被动性，采取"不告不理"原则，这不同于行政执法，因为行政执法在多数情况下具有主动性。可见，C 项表述不能成立。相较于执法而言，司法具有终局性（终极性），即司法权是最终的判断权，这不同于执法，因为执法具有非终局性，行政执法是否合理，还须司法进行判断。可见，D 项表述能够成立。

9. D

【解析】中国历史典籍中的"宪法"与近代意义上特指根本法的宪法有本质区别，中国历史典籍中的"宪法"有两重含义：一是泛指典章制度；二是法令的公布。可见，A、

C 项表述错误。近代意义上的"宪法"是"法律的法律"，但并非泛指典章法度，而是国家的根本法、最高法。可见，B 项表述错误。近代意义上的"宪法"不仅是法的表现形式，而且是一国法律体系的核心，具有最高法律效力。可见，D 项表述正确。

10. B

【解析】《宪法》第 89 条第 15 项规定，国务院批准省、自治区、直辖市的区域划分，批准自治州、县、自治县、市的建置和区域划分。据此，选 B 项。

11. D

【解析】世界上最早确立以宪法法院模式实施宪法监督的国家是奥地利。奥地利于 1920 年设立了宪法法院实施宪法监督，之后，德国、波兰、西班牙等国纷纷效法。可见，选 D 项。

12. B

【解析】《村民委员会组织法》第 30 条第 1 款规定，村民委员会实行村务公开制度。据此，A 项表述正确。《村民委员会组织法》第 12 条第 1 款规定，村民委员会的选举，由村民选举委员会主持。据此，B 项表述不正确，选 B 项。《村民委员会组织法》第 3 条第 3 款规定，村民委员会可以根据村民居住状况、集体土地所有权关系等分设若干村民小组。据此，C 项表述正确。《村民委员会组织法》第 7 条规定，村民委员会根据需要设人民调解、治安保卫、公共卫生与计划生育等委员会。村民委员会成员可以兼任下属委员会的成员。人口少的村的村民委员会可以不设下属委员会，由村民委员会成员分工负责人民调解、治安保卫、公共卫生与计划生育等工作。据此，D 项表述正确。

13. B

【解析】《宪法》第 61 条第 2 款规定，全国人民代表大会举行会议的时候，选举主席团主持会议。据此，选 B 项。

14. D

【解析】《宪法》第 140 条规定，人民法院、人民检察院和公安机关办理刑事案件，应当分工负责，互相配合，互相制约，以保证准确有效地执行法律。据此，选 D 项。

15. B

【解析】《礼记·昏义》中记载了订婚和结婚必须按照先后顺序经过的六道烦琐的程序，被称为"六礼"：纳采、问名、纳吉、纳征、请期、亲迎。《仪礼·士昏礼》还记载了上述六礼的含义。东汉学者郑玄还对六礼作了进一步的解释。从上述记载可以看出，从"六礼"的内容上看，中国古代的婚姻是仪式婚，故选 B 项。中华人民共和国成立后，我国婚姻立法采取登记婚，从而结束了仪式婚的历史（台湾于 1997 年才废除仪式婚，单纯适用登记婚）。不过，仪式婚在世界范围内仍然存在，例如美国目前就采取仪式婚和登记婚相结合的制度。宗教婚主要盛行于古代以宗教立国的国家。共食婚则属于宗教婚的一种，共食婚盛行于古罗马。可见，A、C、D 项都与题意不符，不选 A、C、D 项。

16. D

【解析】1931 年通过的《中华苏维埃共和国宪法大纲》规定的政治制度是工农兵代表大会制，故选 D 项。1941 年颁布的《陕甘宁边区施政纲领》规定的政治制度是参议会制，并实行"三三制"。可见，不选 B 项。1946 年通过的《陕甘宁边区宪法原则》规定实行的政治制度是人民代表会议制。可见，不选 A 项。《中华苏维埃共和国宪法大纲》中规定的人民委员会是工农兵代表大会的执行机关——中央执行委员会下设的处理日常政务、发布法令和决议案的机构，而我国 1954 年《宪法》规定的人民委员会特指我国地方各级国家行政机关。可见，不选 C 项。

17. B

【解析】唐律首次将六种非法攫取公私财物的行为归纳到一起，称为"六赃"。《唐律疏议·杂律》将"六赃"归纳为受财枉法、受财不枉法、受所监临财物、强盗、窃盗和坐赃。《唐律疏议·职制律》对"六赃"的情形和处罚作了具体规定。除了强盗罪和窃盗罪外，其余四种赃罪都属于各级官吏所犯的赃罪。受财枉法是指各级官吏收受当事人贿赂而利用职权曲法枉断，为其牟取不正当利益，或为其开脱罪责。从本题题干表述的情形看，县令所犯的赃罪符合受财枉法的特征，故选 B 项。受财不枉法是指各级官吏虽然收受财物，但并没有曲法枉断的行为。受所监临财物是指主管官员非因公事而私下接受所辖范围内百姓或下属财物的行为。坐赃是指主管官员以外的其他一般官员利用不正当手段获取本不应当取得的财物的行为。A、C、D 项表述的赃罪与题意不符，故不选 A、C、D 项。

18. D

【解析】战国时期制定的《法经》共有 6 篇："盗法"、"贼法"、"网法"（"囚法"）、"捕法"、"杂法"和"具法"。汉代《九章律》在《法经》6 篇的基础上增加户、兴、厩三篇，合计 9 篇。可见，B 项表述错误。《法经》中的"杂法"是有关"盗贼"以外的其他犯罪与刑罚的规定，主要规定了"六禁"，即"淫禁"、"狡禁"、"城禁"、"嬉禁"、"徒禁"和"金禁"；"具法"是有关定罪量刑的基本原则的法律规定，类似于近代刑法典的总则篇。可见，A 项表述错误。《法经》中的"捕法"是有关追捕盗、贼及其他罪犯的法律规定；"囚法"是有关囚禁、审判及实施刑罚方面的法律规定。可见，C 项表述错误。《法经》的制定者李悝认为"王者之政莫急于盗贼"，所以将"盗法"和"贼法"列在法典之首。可见，D 项表述正确。

19. D

【解析】北洋政府时期立法活动的主要特点包括：采用、删改清末新订之法律；采用西方资本主义国家的某些立法原则；制定颁布众多单行法规；判例和解释例成为重要的法律渊源。可见，A、B、C 项表述都是正确的。D 项表述错在：北洋政府采用了清末制定的法律，并根据时局予以删改，而不是废止清末新订法律。

20. A

【解析】明朝会审的类型包括三司会审、九卿会审（圆审）、朝审、大审和热审等。其中，大审是一种定期由皇帝委派宦官会同三法司官员审录囚徒的制度。大审始于明英宗正统年间，明宪宗成化年间成为定制，每 5 年举行一次。大审为明朝独有的会审制度。可见，选 A 项。朝审是对已决的在押犯予以会审的制度。朝审始于明太祖洪武年间，明英宗天顺年间成为定制。圆审是皇帝任命六部尚书、大理寺卿、通政使司和左都御史对于特别重大案件或已经判决但囚犯仍翻供不服的案件进行的会审，因而又称为"九卿圆审"。热审是每年暑天小满后十余日，由宦官、锦衣卫会同三法司会审囚犯的制度。热审始创于明成祖永乐年间。

二、多项选择题

21. ABCD

【解析】法理学研究的是法学的一般理论、基础理论和方法论。可见，A 项表述能够成立。法理学与部门法学之间是"一般"与"特殊"的关系。法理学的材料来源是通过对所有部门法材料进行高度抽象概括获得的，所以法理学既提供了研究部门法学的立场、观点和方法，同时它所阐述的基本概念、基本原理和基本知识，对部门法的研究又具有指导意义。可见，B 项表述能够成立。法理学的研究对象是一般法，并从总体上阐释法和法律现象的一般规律。可见，C 项表述能够成立。法理学要概括出各个部门法及其运行的共同规律、共同特征、共同范畴，从而为部门法学提供指南，为法治建设提供理论服务。我国的法理学是以研究我国的法律问题和法治建设为主，其研究起点、重心和归宿都是建设有中国特色社会主义法治国家。可见，D 项表述能够成立。

22. AB

【解析】法的价值是在人们对于法律的需要和法律实践活动中体现出来的法的积极意义和有用性，直接决定着社会法律主体的法律思维方式与法律实践活动。因此，法的价值影响人们的法律实践活动，故 A 项表述能够成立。法律的各种主要价值之间，如平等与自由之间、秩序与自由之间、平等和效率之间等都存在一定的冲突，协调好这些基本价值之间的冲突，是一项重要课题。可见，B 项表述能够成立。无论是法律原则，还是法律规则，都能体现法的价值，不存在谁体现价值多少的问题。可见，C 项表述不能成立。除了正义、自由与秩序外，还存在平等、人权、效率等其他法的价值。可见，D 项表述不能成立。

23. AD

【解析】按照法律关系所体现的社会内容的性质，可以将法律关系分为基本法律关系、普通法律关系和诉讼法律关系。基本法律关系是由宪法或宪法性文件所确立的法律关系，普通法律关系是依据宪法以外的实体法律而形成的法律关系，诉讼法律关系是指依据诉讼法律规范而形成的、存在于诉讼程序之中的法律关系。从本题表述的情形看，小王和银行之间形成的是民事法律关系，民事法律关系属于普通法律关系。可见，选 A 项，不选 B 项。按照法律关系主体的法律地位是否平等，法律关系可以分为平权型法律关系和隶属型法律关系。平权型法律关系是存在于法律地位平等的当事人之间的法律关系，隶属型法律关系是一方当事人可依据职权而直接要求他方当事人为或不为一定行为的法律关系。本题表述中，小王和银行之间形成的法律关系是民事法律关系，民事法律关系属于典型的平权型法律关系，而不是隶属型法律关系，故不选 C 项。按照法律关系主体是否完全特定化，可以将法律关系分为绝对法律关系和相对法律关系。绝对法律关系是权利主体特定而义务主体不特定的法律关系，相对法律关系是存在于特定的义务主体之间的法律关系。本题表述中，小王和银行之间形成的是借款合同的债权关系，而债权关系是相对法律关系，故选 D 项。

24. CD

【解析】法律解释有有权解释（正式解释）和无权解释（非正式解释）之分，有权解释具有法律效力，而无权解释则不具有法律效力。可见，A 项表述不能成立。法律解释和法律推理都是法律方法的范畴，但法律解释不同于法律推理，法律解释和法律推理的区别是多方面的，就法律解释和类比推理而言，法律解释存在于立法、行政和司法领域，还存在于法学教育、法学研究、法制宣传等领域，而类比推理主要存在于司法领域，因此，法律解释并不是一种类比推理。当然，法律解释中存在一种类推解释，但法律解释还有当然解释等其他类型的法律解释。总之，B 项表述不能成立。由于社会生活是千变万化的，因而法律解释也不是一成不变的，法律解释要随着时代的发展而发展，法律解释是克服制定法趋于僵化的有效途径。可见，C 项表述能够成立。法律解释应当考虑社会需要，这是因为社会生活是不断发展变化的；法律解释有限制解释、扩充解释与字面解释三种，对于字面解释，要限于立法原意，既不扩大也不缩小，但对于扩充解释，其字面含义显然比立法原意要广，因此，法律解释有时不限于立法原意。可见，D 项表述能够成立。

25. AC

【解析】法是人类社会发展到一定历史阶段的产物，在原始社会漫长的历史中，没有法律，到了原始社会后期，在经济因素最终起决定作用的条件下，政治、人文、地理等因素相互作用，原始社会习惯才逐渐转变为法。可见，A 项表述能够成立。法是与私有制和国家同时产生的。可见，B 项表述不能成立。在原始社会后期，生产力水平有了很大的提高，产生了私有财产，出现了三次社会大分工，社会分工的发展使经常性交换成为可能，这就需要一个共同规则来约束生产和交换的条件，该规则就是法。可见，法的产生的根本原因是社会生产力的发展，故 C 项表述能够成立。在经济因素起根本作用的前提下，法的产生受到宗教、道德、人文、地理等因素的影响，法是上述因素相互作用的产物。可见，D 项表述不能成立。

26. ABC

【解析】自由竞争资本主义时期形成的法律原则主要包括私有财产神圣不可侵犯原则、契约自由和法律面前人人平等原则等，此外，在法律归责原则领域，奉行过错责任原则。可见，选 A、B、C 项。严格责任（又称为无过错责任）原则与过错责任原则相对，在自由竞争资本主义时期，奉行过错责任原则而不是严格责任原则，故不选 D 项。

27. AB

【解析】《宪法》第 116 条规定，民族自治地方的人民代表大会有权依照当地民族的政治、经济和文化的特点，制定自治条例和单行条例。自治区的自治条例和单行条例，报全国人民代表大会常务委员会批准后生效。自治州、自治县的自治条例和单行条例，报省或者自治区的人民代表大会常务委员会批准后生效，并报全国人民代表大会常务委员会备案。据此，选 A、B 项。《立法法》第 72 条第 1、2、5 款规定，省、自治区、直辖市的人民代表大会及其常务委员会根据本行政区域的具体情况和实际需要，在不同宪法、法律、行政法规相抵触的前提下，可以制定地方性法规。设区的市的人民代表大会及其常务委员会根据本市的具体情况和实际需要，在不同宪法、法律、行政法规和本省、自治区的地方性法规相抵触的前提下，可以对城乡建设与管理、环境保护、历史文化保护等方面的事项制定地方性法规，法律对设区的市制定地方性法规的事项另有规定的，从其规定。设区的市的地方性法规须报省、自治区的人民代表大会常务委员会批准后施行。省、自治区的人民代表大会常务委员会对报请批准的地方性法规，应当对其合法性进行审查，同宪法、法律、行政法规和本省、自治区的地方性法规不抵触的，应当在 4 个月内予以批准。自治州的人民代表大会及其常务委员会可以依照本条第 2 款规定行使设区的市制定地方性法规的职权。自治州开始制定地方性法规的具体步骤和时间，依照前款规定确定。据此，有权制定地方性法规的机关包括：（1）省、自治区、直辖市的人民代表大会及其常务委员会；（2）设区的市的人民代表大会及其常务委员会；（3）自治州的人民代表大会及其常务委员会。民族自治地方包括自治区、自治州和自治县，但自治县无权制定地方性法规。可见，不选 C 项。《宪法》第 89 条第 1 项规定，国务院有权制定行政法规。据此，不选 D 项。

28. ACD

【解析】《全国人民代表大会组织法》第 16 条规定，在全国人民代表大会会议期间，1 个代表团或者 30 名以上的代表，可以书面提出对国务院和国务院各部、各委员会的质询案，由主席团决定交受质询机关书面答复，或者由受质询机关的领导人在主席团会议上或者有关的专门委员会会议上或者有关的代表团会议上口头答复。在主席团会议或者专门委员会会议上答复的，提质询案的代表团团长或者提质询案的代表可以列席会议，发表意见。据此，A、D 项表述正确，B 项表述不正确。《全国人民代表大会和地方各级人民代表大会代表法》第 14 条第 4 款规定，质询案应当写明质询对象、质询的问题和内容。据此，C 项表述正确。

29. ABCD

【解析】《晋律》确立了"准五服以制罪"制度，所谓"五服"，即根据血缘亲属关系远近规定的五种丧服的服制。中国传统父系家族血缘亲属的长幼范围，通常包括上至高祖、下至玄孙的九代世系，统称九族。在此范围内的直系血亲与旁系姻亲均为有服亲属，按服制规定应为死者服表。依据服丧期限的长短、丧服质地的粗细及其制作的不同，服制分为斩衰（3 年）、齐衰（1 年）、大功（9 个月）、小功（5 个月）、缌麻（3 个月）五等，故称"五服"。在刑罚适用上，凡以尊犯卑，服制愈近，处罚愈轻，服制愈远，处罚愈重；凡以卑犯尊，服制愈近，处罚愈重，服制愈远，处罚愈轻。对于家庭内的财产侵犯，则服制愈近，处罚愈轻，服制愈远，处罚愈重。可见，备选项应全选。

30. BCD

【解析】南京国民政府诉讼审判制度在一定程度上采纳了西方国家的诉讼原则，如公开审判原则、律师辩护原则、合议审判原则等。可见，D 项表述正确。此外，南京国民政府诉讼审判制度具有如下特点：（1）采取严密侦查制度。（2）实行"自由心证"的诉讼原则。（3）实行秘密审判和陪审制度。（4）扩大并强化军事和军法机关的审判。（5）维护帝国主义侵华军队的特权。可见，B、C 项表述正确，A 项表述错误。

三、简答题

31. 法律责任是指行为人由于违法行为、违约行为或者由于法律规定而应承受的某种不利的法律后果。法律责任的构成要件如下：

（1）责任主体。责任主体是指承担法律责任的主体，这是构成法律责任的主体条件。责任主体必须是具有法定责任能力的自然人或法人或组织。

（2）违法行为。违法行为是指违反法律规定的义务、超越权利的界限行使权利以及侵权行为的总称，包括一般违法行为和犯罪行为。多数情形下，违法行为是法律责任产生的前提；特殊情形下，法律责任的承担不以违法行为为构成要件，而是以法律规定为构成要件。

（3）损害结果。损害结果是指由于违法行为所导致的损失和伤害的事实，包括人身、财产和精神方面的损失和伤害。一般情形下，法律责任的承担必须要有实际损害结果；特殊情形下，法律责任的承担不以实际损害结果为条件。

（4）因果关系。因果关系即违法行为与损害结果之间存在因果关系。法律归责原则上要证明违法行为与损害结果之间存在因果关系。

（5）主观过错。主观过错是构成法律责任的主观条件，包括故意和过失。

（对每个要点应简要阐述，否则酌情扣分；正确答出法律责任概念的，酌情给分——编者注）

32. 根据我国香港、澳门特别行政区基本法的规定，中央对特别行政区行使下列权力：

（1）中央人民政府负责管理与特别行政区有关的外交事务，负责管理特别行政区的防务；任命特别行政区行政长官和行政机关的主要官员。

（2）全国人民代表大会常务委员会有权决定特别行政区进入紧急状态；特别行政区基本法的解释权属于全国人民代表大会常务委员会。

（3）特别行政区基本法的修改权属于全国人民代表大会。

33.《中华民国临时约法》的主要内容有：

（1）明确宣示中华民国为统一的民主共和国。《临时约法》明确宣布中华民国的主权属于全体国民。

（2）确立了资产阶级民主共和国的政治体制和国家制度。《临时约法》规定实行三权分立的政府组织原则，采用责任内阁制，规定临时大总统、副总统和国务员行使行政权力，参议院是立法机关，法院是司法机关，并规定了其他相应的组织与制度。

（3）规定了人民享有广泛的权利及应尽的义务。《临时约法》规定人民享有人身、财产、居住、迁徙、言论、出版、集会等项自由和选举、被选举等权利。

（4）确认了保护私有财产的原则。《临时约法》以法律形式破除清王朝束缚私人资本主义发展的各种桎梏。

（其他表述符合题意的，可酌情给分——编者注）

四、分析论述题

34.（1）科技发展对立法有如下影响：①科技发展影响立法调整的范围。当前在医学科技领域还存在许多法律空白，如试管婴儿技术的应用等问题，亟须法律调整。②科技对法律内容与原理产生影响。材料中试管婴儿等医学技术的进步引发"借腹生子"等事件，冲击着传统的婚姻家庭关系、父母子女关系及相关的法律法规。③科技进步对法律的评价标准产生影响。如人们会根据医学技术的进步，确立新的法律评价标准，并要求法律不断完善。

（2）科技成果的应用具有双重性，立法应使其向积极方面发展，并控制其消极方面。立法对科技成果的应用要合理规范，使其符合社会基本伦理和社会发展的需要。具体措施包括：通过立法规定科技成果的主体、条件和适用范围；通过立法规范相关程序；通过立法规定相应的法律责任及制裁措施。

（其他表述符合题意的，可酌情给分——编者注）

35.（1）完备而良善的法律体系。1）形式要求。①重要的社会关系必须由法律调整。②法律规范必须明确、肯定、具体，具有可诉性和可操作性。③法律体系应当结构严谨、内部和谐、内容完备，各部门法之间、各种不同渊源的规范性法律文件之间要彼此衔接、和谐一致。2）内容要求。在内容上，立法必须体现民主政治、权利保障和权力制约原则。

（2）健全高效的法律运行体制。法律运行包括执法、司法和法律监督等活动，健全高效的法律运行体制是法治国家的重要标志之一。严格的执法体制和公正的司法体制要求：①健全高效的行政执法体制。在行政执法体制建设上，应当建立行政权力分工和制约制度，包括行政权力的具体分工及职责的制度、规范行政行为的制度、公务员制度、行政程序制度、行政赔偿制度等。②健全高效的司法体制。在司法体制方面，必须健全和完善保障司法独立和公正的各项制度，如司法人事和经费独立制度、独立审判的相关制度等。③完善的法律监督制度。法律监督是实现法治的必要保障，离开有效的监督，国家权力很容易日益膨胀而摆脱法律的约束，为此必须进一步完善各种法律监督机制，并为监督活动的实施提供可靠的途径和保障条件。

（3）高素质的法律职业队伍。法律终究要靠人来执行，高素质的法律职业队伍是法治国家的组织保证。培养大批忠于法律和人民利益，高度的知识化、专业化的公务员队伍和法律职业群体是建设社会主义法治国家的当务之急。

（4）较高的全民法律意识。法治社会的基础归根结底在于民众。广大公民自觉行使权利、履行义务的动机和行为是依法治国最根本的动力所在。因此，必须提高全民族素质，包括民主、自由、人权和宪政理念、法律至上观念、权力制约观念、权利和义务观念等，并努力在全体公民中普及法律知识。

（5）良好的法律秩序。法治最终表现为一种良好的法律秩序，实现良好的法律秩序既是法治的目标和结果，是检验是否厉行法治的一个重要的指标，也是建设法治国家的稳定性条件，是法治国家的基本要求。良好的法律秩序具体表现为：①社会生活的基本方面已经法律化和制度化。②社会成员和社会组织都有明确的权利和义务。③每个法律主体都忠实地履行法律义务，积极而正确地行使和维护法定权利。④有条不紊、充满生机的社会秩序建立在法律秩序基础之上。

（要求考生联系我国实际对上述各要点展开论述，否则酌情扣分；如能从其他角度合理论述的，可酌情给分——编者注）

36.（1）甲未被列入选民名单的做法是不合法的。根据宪法规定，我国公民凡年满18周岁，未被剥夺政治权利的，都有选举权和被选举权。在公布选民名单前，甲被剥夺政治权利的期限已满，依法应享有选举权，有权参加本次选举。

（2）乙接受4名教师的委托代为投票的行为是不合法的。根据选举法规定，选民可以书面委托其他选民代为投票，每一选民接受的委托不得超过3人。

（3）选举委员会确认丙在本次选举中当选是不合法的。根据选举法规定，在选民直接选举人民代表大会代表时，选区全体选民的过半数参加投票，选举有效。代表候选人获得参加投票的选民过半数的选票，始得当选。该选区共有选民7 260人，实际参加投票的选民为3 630人，未超过全体选民的半数，故本次选举当属无效。尽管丙获得参加投票的选民过半数的选票，但因本次选举无效，所以选举委员会不应确认丙的当选。

37．（1）民主集中制原则是我国国家机构组织和活动的基本原则。全国人大和地方各级人大由民主选举产生，对人民负责，受人民监督。行政机关、审判机关、检察机关由人大产生，向它负责，受它监督。中央与地方国家机构职权的划分，遵循在中央统一领导下，充分发挥地方主动性、积极性的原则。

（2）责任制原则指国家机关及工作人员对其决定、履职所产生的结果，必须承担责任。按照国家机关的不同性质，分为集体负责制和个人负责制两种。人大及其常委会、人民法院、人民检察院实行集体负责制。行政机关、军事机关实行个人负责的领导体制。

（3）法治原则要求国家机关在其组织和活动中都要依法行使职权。国家机关的设立和活动必须符合宪法和法律规定；国家机关作出决定、命令、裁判等工作的程序必须符合法律要求；任何违反宪法和法律的国家机关行为，必须予以追究。

（从效率原则、联系群众原则等角度进行合理论述的，可酌情给分——编者注）

38．（1）赵娥的行为是为报父仇的故意杀人行为。此行为在汉代应以杀人罪判处死刑。

（2）秦朝称自首为"自出"，对自首者处刑从轻。唐律对自首制度的完善主要体现在：①明确了关于自首构成的法定条件，并区分自首和自新；②对"自首不实"和"自首不尽"作了详细规定；③规定对某些后果无法挽回的犯罪，不适用自首减免刑罚；④规定自首者虽可免罪，但赃物须按法律规定如数偿还。

（3）礼法结合是中国传统法律的典型特征。①所谓"出礼而入刑"，体现了礼法之间的互补关系。②儒家伦理主张孝道，杀父之仇不共戴天。③本案中，围绕赵娥的杀人行为，伦理认同而法律严惩，体现了在处理为报父仇杀人的问题上情、理、法之间的冲突。④在以后各朝中，此类行为往往因统治者提倡孝道而受到宽宥。

（其他表述符合题意的，可酌情给分——编者注）

2012 年全国法律硕士（法学）专业学位研究生入学联考专业基础课试题

一、单项选择题（第 1～20 小题，每小题 1 分，共 20 分。下列每题给出的四个选项中，只有一个选项是最符合题目要求的）

1. 刑罚的特殊预防是指（　　）。
   A. 预防犯罪人再次犯罪
   B. 预防特殊人群犯罪
   C. 预防犯罪人再犯特定之罪
   D. 预防犯罪人再犯同种之罪

2. 张某等五人劫持了甲与乙，然后命令甲杀死乙，否则将杀死甲。甲被逼无奈用绳子勒死了乙。根据刑法规定，甲的行为属于（　　）。
   A. 正当防卫
   B. 紧急避险
   C. 故意杀人罪
   D. 过失致人死亡罪

3. 甲与妻子感情不和，一直找机会毒死妻子。一天，家中饮水机无水，甲打电话叫人送水，然后在水里放了毒药，结果将其岳父毒死。甲对其岳父死亡的心理态度是（　　）。
   A. 直接故意
   B. 过于自信的过失
   C. 间接故意
   D. 疏忽大意的过失

4. 下列选项中，符合我国刑法关于假释规定的是（　　）。
   A. 对累犯不得假释
   B. 犯罪分子被减刑以后不得再假释
   C. 对犯危害国家安全罪的犯罪分子不得假释
   D. 对犯故意杀人、强奸、抢劫、爆炸罪的犯罪分子不得假释

5. 某国女间谍结识我国某官员甲后，谎称自己是留学生，需要一些资料写作毕业论文。甲为博取其芳心，便将自己掌握的国家秘密文件复印给她。甲的行为构成（　　）。
   A. 间谍罪
   B. 为境外非法提供国家秘密罪
   C. 故意泄露国家秘密罪
   D. 过失泄露国家秘密罪

6. 甲因债务纠纷故意将张某打成重伤（法定刑为 3 年以上 10 年以下有期徒刑），张某到派出所报案，派出所以属于民事纠纷为由，不予立案。对甲的故意伤害犯罪（　　）。
   A. 追诉期限为 10 年
   B. 追诉期限为 15 年
   C. 追诉期限为 20 年
   D. 不受追诉期限限制

7. 甲与走私普通货物、物品罪的犯罪人事前通谋，为其提供账户转移走私所得。对甲的行为应认定为（　　）。

    A. 掩饰、隐瞒犯罪所得罪　　　　　　　B. 洗钱罪

    C. 走私普通货物、物品罪　　　　　　　D. 包庇罪

8. 下列情形中，构成诈骗罪的是（　　）。

    A. 甲将自己仿造的唐三彩冒充文物高价卖给他人

    B. 乙盗窃他人信用卡后使用该卡从 ATM 机上取走 1 万元现金

    C. 丙到柜台选购黄金戒指，乘机用事先准备好的假戒指调换了真戒指

    D. 丁在酒店大堂借用李某价值 5 000 元的手机后，边打边走，趁李某不备溜走

9. 下列犯罪分子中，应当认定为主犯的是（　　）。

    A. 教唆犯　　　　　　　　　　　　　　B. 实行犯

    C. 犯罪集团的首要分子　　　　　　　　D. 聚众犯罪的首要分子

10. 下列情形中，应当数罪并罚的是（　　）。

    A. 甲为迫使不满 18 周岁的未成年女子卖淫而对其实施强奸

    B. 乙非法拘禁债务人张某 10 天，其间多次毒打张某，致张某伤残

    C. 丙无证驾车，在被交警查处时使用暴力抗拒执法，失手将交警打死

    D. 丁开地下卷烟厂，制售劣质卷烟数量巨大，在县联合执法队前来查处时，组织数十村民围攻执法人员，迫使执法队暂时撤离

11. 下列选项中，属于单方法律行为的是（　　）。

    A. 遗赠　　　　　　B. 租赁　　　　　　C. 宽恕表示　　　　D. 侵权行为

12. 根据合伙企业法规定，新入伙的合伙人对入伙前有限合伙企业的债务（　　）。

    A. 不承担责任　　　　　　　　　　　　B. 应承担按份责任

    C. 应承担无限连带责任　　　　　　　　D. 应以其认缴的出资额为限承担责任

13. 下列情形中，构成侵犯著作权的是（　　）。

    A. 某博物馆为保存版本的需要，复制本馆收藏的作品

    B. 某法院为办案需要，将某学者的论文复印供办案人员参考

    C. 某公司已知待售的油画系假冒某名画家的作品，仍予以出售

    D. 某研究员未经同事徐某同意，在其所著著作上将徐某署名为合作作者

14. 某小学课间休息期间，校外人员马某翻墙进入校内，将在操场上玩耍的八岁小学生高某打伤。高某的人身损害应当（　　）。

    A. 由学校承担赔偿责任　　　　　　　　B. 由马某承担赔偿责任

    C. 由学校和马某承担连带责任　　　　　D. 由学校和马某承担按份责任

15. 刘某对与其分手的前女友史某怀恨在心，便在某网站论坛上发帖公布了史某详细的个人信息，并附上了史某的若干张裸照。史某得知后，精神受到严重损害，立即要求网站删除该帖。但该网站因疏忽并未采取必要措施，致史某精神恍惚无法正常上班。根据侵权责任法规定，史某损害的扩大部分应由（　　）。

    A. 刘某承担责任　　　　　　　　　　　B. 网站运营商承担责任

    C. 刘某和网站运营商承担连带责任　　　D. 刘某和网站运营商承担按份责任

16. 戴某委托置业公司将其一套公寓出售，为此双方签订了合同。置业公司将戴某委托的内容登记在本公司房屋买卖的信息网上。王某看到该信息后，通过置业公司与戴某签订了买卖合同。根据合同法规定，戴某与置业公司签订的合同为（　　）。

A. 居间合同　　　　B. 委托合同　　　　C. 行纪合同　　　　D. 无名合同

17. 根据物权法规定，自登记时设立的用益物权是（　　）。

A. 地役权　　　　　　　　　　　　B. 宅基地使用权

C. 建设用地使用权　　　　　　　　D. 土地承包经营权

18. 2010年8月，邹某向甲借款5万元，以自己的汽车做抵押，但未办理登记手续。同年9月，邹某又以该车做抵押向乙借款5万元，并办理了登记手续。同年11月，邹某向丙借款3万元，将该车质押给丙。丙在占有该车期间，将车交给丁修理，因拖欠修理费该车被丁留置。本案中，对该车享有第一顺位优先受偿权的是（　　）。

A. 甲　　　　　　B. 乙　　　　　　C. 丙　　　　　　D. 丁

19. 根据物权法规定，占有人返还原物的请求权，自侵占发生之日起法定期间内未行使的，该请求权消灭。该法定期间为（　　）。

A. 6个月　　　　B. 1年　　　　　C. 2年　　　　　D. 4年

20. 下列选项中，属于侵害肖像权的是（　　）。

A. 甲殴打耿某致其面部受伤

B. 乙以营利为目的擅自使用已故著名运动员蒋某的相片

C. 丙整容成知名歌星商某的外形参加营利性模仿秀表演

D. 丁将偶然在辛某博客上看到的辛某自画像用于某杂志封面

二、多项选择题（第21～30小题，每小题2分，共20分。下列每题给出的四个选项中，至少有两个选项是符合题目要求的。多选、少选或错选均不得分）

21. 外国人在中华人民共和国领域外对中国公民犯罪，适用中国刑法的必要条件有（　　）。

A. 按照犯罪地的法律也应受处罚

B. 犯罪地国家与我国订有引渡条约

C. 该外国人在外国没有为此受过审判

D. 我国刑法规定该罪的最低刑为3年以上有期徒刑

22. 下列行为中，已满14周岁不满16周岁的人应当负刑事责任的有（　　）。

A. 聚众斗殴致人死亡

B. 盗窃病人财物致病人无钱治病死亡

C. 非法拘禁他人过程中使用暴力致被害人重伤

D. 抢夺他人财物，为抗拒抓捕而当场使用暴力把被害人打死

23. 下列选项中，属于事实认识错误的情形有（　　）。

A. 甲欲杀张三，却误将李四当作张三杀死

B. 乙认为嫖娼不为罪，有意嫖宿了不满14周岁的幼女

C. 丙以为他人电脑背包里有电脑，偷回家后发现里面装的是假币

D. 丁用木棍猛击陈某头部，以为陈某已经死亡而离开，后陈某获救

24. 我国《刑法》第 385 条第 1 款规定："国家工作人员利用职务上的便利，索取他人财物的，或者非法收受他人财物，为他人谋取利益的，是受贿罪。"对该规定中"为他人谋取利益"的正确理解有（　　）。

   A. "为他人谋取利益"包括承诺为他人谋取利益

   B. "为他人谋取利益"必须发生在得到他人财物之后

   C. "为他人谋取利益"中的利益既包括正当利益，也包括不正当利益

   D. "为他人谋取利益"既是收受型受贿罪的要件，也是索取型受贿罪的要件

25. 下列选项中，属于缓刑适用实质条件的有（　　）。

   A. 有悔罪表现

   B. 犯罪情节较轻

   C. 没有再犯罪的危险

   D. 宣告缓刑对所居住社区没有重大不良影响

26. 根据民法通则规定，在期间的计算上，民法所称的包括"本数"在内的术语有（　　）。

   A. 以上　　　　　　B. 以下　　　　　　C. 以内　　　　　　D. 以外

27. 张某在人行道上被违章驾驶的李某撞伤，被送到某医院进行急救手术，因输血染上丙肝病毒。后查明所输血液是某血站提供的。对因感染丙肝病毒所导致的损害，张某可请求（　　）。

   A. 李某承担赔偿责任　　　　　　　　B. 医院承担赔偿责任

   C. 血站承担赔偿责任　　　　　　　　D. 医院和李某承担连带责任

28. 金鑫公司与某银行签订一借款合同，双方约定，银行为金鑫公司提供 150 万元贷款，分两批发放；金鑫公司应按照约定的用途使用贷款。第一批贷款发放后，金鑫公司未按照约定使用贷款。银行有权（　　）。

   A. 解除借款合同　　　　　　　　　　B. 提高贷款利率

   C. 提前收回贷款　　　　　　　　　　D. 停止发放第二批贷款

29. 下列选项中，专利权人有权请求停止侵害的有（　　）。

   A. 甲公司购入侵犯专利权的产品后在电视台做销售广告

   B. 乙公司将自己生产的侵犯专利权的产品在展销会上展出

   C. 丙公司购入不知是侵犯专利权的产品后将其作为福利发放给职工

   D. 丁公司获得专利权人的排他许可后将该专利技术再许可给第三人使用

30. 根据物权法规定，下列由建筑物区分所有权的业主共同决定的事项中，应当经专有部分占建筑物面积三分之二以上的业主且占总人数三分之二以上的业主同意的有（　　）。

   A. 制定和修改业主大会议事规则

   B. 改建、重建建筑物及其附属设施

   C. 选聘和解聘物业服务企业或者其他管理人

   D. 筹集和使用建筑物及其附属设施的维修资金

三、简答题（第 31～34 小题，每小题 10 分，共 40 分）

31. 简述犯罪未遂的特征与类型。

32. 简述逃税罪的构成要件。

33. 简述民事法律行为的含义和特征。

34. 简述用益物权和担保物权的区别。

四、论述题（第 35～36 小题，每小题 15 分，共 30 分）

35. 试论我国刑法对死刑适用的限制。

36. 试论合同的相对性。

五、案例分析题（第 37～38 小题，每小题 20 分，共 40 分）

37. 甲是某国有公司财务部会计，乙是社会无业人员。甲得知保管现金的出纳张某经常将保险柜钥匙放在办公桌抽屉里，于是与乙商量搞到单位资金的办法。一天，甲将乙悄悄带进单位财务部套间，藏在办公室的大壁柜内。中午时分，财务部的其他工作人员外出就餐，甲趁机打开壁柜放出乙，然后自己也去就餐。乙迅速撬开张某的办公桌抽屉，取出保险柜的钥匙，打开保险柜，拿走了 40 万元现金。事后，二人将 40 万元现金平分。

公安机关根据案情判断应有内部人员参与了该犯罪行为，于是找每个职工谈话，在与甲谈话时，甲交代了上述犯罪事实。

乙得知甲被公安机关叫去谈话，立即给妻子丙打电话，告知其真实情况，让其赶紧为自己购买逃往外地的火车票。丙按照乙的要求购买了火车票，乙随即逃往外地。

丙被逮捕后，经公安机关教育，打电话给乙，劝其回来投案。乙在丙的反复劝说下，在逃亡地向当地公安局投案，并供述了上述犯罪事实。

请根据上述事实回答以下问题，并说明理由：

（1）如何认定甲与乙的行为的性质？

（2）如何认定丙的行为性质？

（3）甲、乙是否具有自首情节，丙是否具有立功情节？

38. 孙某与江某于 2004 年 8 月 8 日登记结婚。婚后二人签订了一份夫妻忠诚协议，约定：婚后各方应以家庭为重，互相忠实；任何一方背叛对方，背叛方必须同意离婚，且夫妻共同财产全部归无过错方所有。随着女儿的降生，2006 年初，二人又补充了忠诚协议的内容：如一方违反忠诚协议，离婚后女儿归无过错方抚养，过错方必须放弃对女儿的监护权。

2009 年 9 月，江某得知孙某与其大学时期的恋人邹某重温旧情，气愤不已，但因孙某一再保证以后不再与邹某联系，故江某原谅了孙某。

2010 年 4 月，江某发现孙某仍然与邹某保持着联系，且经常互发暧昧短信，接触频繁，孙、江二人感情因此出现危机。同年 7 月起，孙某与邹某在外租房同居。江某对孙某的出轨行为忍无可忍，提出离婚，并要求孙某履行夫妻忠诚协议。

请根据上述事实回答以下问题：

（1）孙某与江某的夫妻忠诚协议是否适用我国合同法？为什么？

（2）对本案中的夫妻忠诚协议，法官甲认为全部无效，而法官乙认为部分无效。请选择您较为认同的观点（只能选择一种观点），并阐释理由。

一、单项选择题

1. A

【解析】特殊预防就是通过刑罚适用，预防犯罪人再次犯罪。预防犯罪人再次犯罪，主要是通过刑罚的适用与执行，把绝大多数犯罪人改造成守法的公民。可见，选A项。

2. C

【解析】《刑法》第21条第2款规定，紧急避险超过必要限度造成不应有的损害的，应当负刑事责任，但是应当减轻或者免除处罚。据此，紧急避险不能超过必要限度，超过了必要限度，则构成避险过当。什么是紧急避险的必要限度，刑法对此没有规定。但是刑法理论界和司法实务界对紧急避险的必要限度的认识是一致的，那就是：紧急避险造成的损害必须小于所避免的损害。换言之，为了保护一个合法权益而损害的另一合法权益，既不能等于、更不能大于所保护的权益。本题表述中，甲为了保护自己的生命权利，而去损害第三者的生命权利，其行为所保护的权益超过了必要限度，应当负刑事责任。另外，由于避险过当不是独立的罪名，在追究避险过当行为时，应当按照刑法分则中的相应条款定罪量刑。综上分析，甲的行为构成故意杀人罪，但是应当减轻或者免除处罚。故选C项。

3. C

【解析】甲为了毒死妻子在饮水机中投毒，而放任另一危害结果——其岳父被毒死的发生，甲对其岳父被毒死的心理态度是间接故意。故选C项。

4. A

【解析】《刑法》第81条第2款规定，对累犯以及因故意杀人、强奸、抢劫、绑架、放火、爆炸、投放危险物质或者有组织的暴力性犯罪被判处10年以上有期徒刑、无期徒刑的犯罪分子，不得假释。据此，选A项。犯罪分子被减刑后，如果符合假释条件的，仍然可以假释，故不选B项。对犯危害国家安全罪的犯罪分子，符合假释条件的，也可以适用假释，故不选C项。对犯故意杀人、强奸、抢劫、爆炸罪的犯罪分子，如果没有被判处10年以上有期徒刑的，也可以假释，故不选D项。

5. B

【解析】甲明知是国家秘密文件而故意将其提供给某国女间谍，构成为境外非法提供国家秘密罪，选 B 项。甲的行为不构成间谍罪，因为甲并不知道女间谍具有间谍身份，故不选 A 项。甲的行为不构成故意泄露国家秘密罪，因为甲的行为侵犯的客体是国家安全，对出于危害国家安全的目的，而将国家秘密提供给境外的机构、组织或人员的，应按为境外非法提供国家秘密罪定罪处罚，而不定故意泄露国家秘密罪，故不选 C 项。甲的行为不构成过失泄露国家秘密罪，因为甲的行为不仅危害国家安全，而且主观上是出于故意，故不选 D 项。

6. D

【解析】《刑法》第 88 条第 2 款规定，被害人在追诉期限内提出控告，人民法院、人民检察院、公安机关应当立案而不予立案的，不受追诉期限的限制。据此，选 D 项。

7. C

【解析】《刑法》第 156 条规定，与走私罪犯通谋，为其提供贷款、资金、账号、发票、证明，或者为其提供运输、保管、邮寄或者其他方便的，以走私罪的共犯论处。据此，选 C 项。甲的行为是否构成掩饰、隐瞒犯罪所得罪，关键看事前有无通谋，如果事前有通谋，在犯罪分子犯罪后又加以掩饰、隐瞒的，应以走私罪的共犯论处；如果事前无通谋，应以掩饰、隐瞒犯罪所得罪论处。本题表述中，甲与走私罪犯事前通谋，则应以走私罪的共犯论处，而不定掩饰、隐瞒犯罪所得罪，故不选 A 项。洗钱罪的上游犯罪包括走私罪，但如果行为人事先与走私罪犯通谋，对其违法所得及其产生的收益进行清洗使之"合法化"的，则洗钱者与走私罪犯构成走私罪的共犯，不单独成立洗钱罪，故不选 B 项。包庇罪的犯罪对象是犯罪的人，而不是财物，故不选 D 项。

8. A

【解析】A 项表述中，甲使用虚构事实的欺骗手段，骗取数额较大财物，甲的行为符合诈骗罪的构成特征，故选 A 项。根据《刑法》第 196 条第 3 款规定，盗窃信用卡并使用的，以盗窃罪定罪处罚，故 B 项表述情形构成盗窃罪，不选 B 项。C 项表述中，丙为了达到非法占有黄金戒指的目的，采取了盗窃与诈骗并用的手段，该行为虽有诈骗行为，但该诈骗行为是为盗窃创造条件的行为，应当以盗窃罪论处，而不应当认定为诈骗罪，故不选 C 项。D 项表述的情形和 C 项表述的情形类似，唯一不同的是 D 项表述中，丁是当着被害人的面将手机拿走，似乎不符合盗窃罪有关"秘密窃取"的本质特征，但其本质仍为"秘密窃取"，因为被害人已经失去对手机的控制，故应认定为盗窃罪，不选 D 项。

9. C

【解析】教唆犯如果在共同犯罪中起主要作用，就是主犯；如果起次要作用，就是从犯。因此，教唆犯一般是主犯，但不排除是从犯的可能，如教唆他人帮助别人犯罪，这种情况就应当作为从犯处罚。可见，不选 A 项。实行犯的行为在共同犯罪中具有重要作用，但实行犯也有次要的实行犯，而次要的实行犯不是主犯。可见，不选 B 项。首要分子包括犯罪集团的首要分子和聚众犯罪的首要分子，犯罪集团的首要分子都是主犯，而聚众犯罪的首要分子未必是主犯。在只有聚众者构成犯罪，其他参与者不构成犯罪的聚众犯罪中，当聚众者的作用有主次之分时，则起主要作用的是主犯，起次要作用的是从犯。可见，选 C 项，不选 D 项。

10. AD

【解析】本题标准答案为 D 项，《刑法修正案（九）》通过后，本题答案应为 A、D 项。根据《刑法》第 358 条第 3 款规定，犯组织卖淫罪、强迫卖淫罪，并有杀害、伤害、强奸、绑架等犯罪行为的，依照数罪并罚的规定处罚。据此，选 A 项。根据《刑法》第 238 条第 2 款规定，非法拘禁他人并使用暴力致其重伤的，以故意伤害罪论处，不定非法拘禁罪，也不实行数罪并罚，故不选 B 项。妨害公务过程中致使公务人员重伤、死亡的，以故意伤害罪、故意杀人罪论处，不实行数罪并罚，故不选 C 项。根据《最高人民法院、最高人民检察院关于办理生产、销售伪劣商品刑事案件具体应用法律若干问题的解释》第 11 条规定，行为人实施生产、销售伪劣产品或者生产、销售假药犯罪，同时又以暴力、威胁方法抗拒有关国家机关查处的，应当按照生产、销售伪劣产品罪或者生产、销售假药罪与妨害公务罪实行数罪并罚。据此，选 D 项。

11. A

【解析】遗赠只需要遗嘱人一方意思表示即可成立，而不论受遗赠人是否接受遗赠，故遗赠是单方法律行为，选 A 项。租赁是双方法律行为，不选 B 项。宽恕表示是准民事法律行为，而不是民事法律行为，更谈不上是单方法律行为，不选 C 项。侵权行为是事实行为，而不是民事法律行为，也谈不上是单方法律行为，不选 D 项。

12. D

【解析】《合伙企业法》第 77 条规定，新入伙的有限合伙人对入伙前有限合伙企业的债务，以其认缴的出资额为限承担责任。据此，选 D 项。

13. C

【解析】《著作权法》第 22 条规定了著作权合理使用制度，对于符合著作权合理使用制度要求的，不构成侵犯著作权。根据《著作权法》第 22 条第 1 款第 8 项规定，图书馆、档案馆、纪念馆、博物馆、美术馆等为陈列或者保存版本的需要，复制本馆收藏的作品，属于著作权的合理使用。故 A 项表述不构成侵权。根据《著作权法》第 22 条第 1 款第 7 项规定，国家机关为执行公务在合理范围内使用已经发表的作品，属于著作权的合理使用。故 B 项表述不构成侵权。《著作权法》第 47、48 条具体规定了侵犯著作权的侵权行为，其中，《著作权法》第 48 条第 8 项规定，制作、出售假冒他人署名的作品的，属于侵犯著作权的侵权行为。据此，选 C 项。根据《著作权法》第 47 条第 2 项规定，未经合作作者许可，将与他人合作创作的作品当作自己单独创作的作品发表的，属于侵犯著作权的行为。但对于将单独创作作品署名为合作作品的情形，则不属于侵犯著作权的行为。故 D 项表述不构成侵权。

14. B

【解析】《民法典》第 1201 条规定，无民事行为能力人或者限制民事行为能力人在幼儿园、学校或者其他教育机构学习、生活期间，受到幼儿园、学校或者其他教育机构以外的第三人人身损害的，由第三人承担侵权责任；幼儿园、学校或者其他教育机构未尽到管理职责的，承担相应的补充责任。幼儿园、学校或者其他教育机构承担补充责任后，可以向第三人追偿。据此，马某承担侵权责任自不待言，但是学校仅承担未尽到管理职责的"相应的补充责任"。可见，只有B项符合题意，选B项。

15. C

【解析】《民法典》第1195条第1、2款规定，网络用户利用网络服务实施侵权行为的，权利人有权通知网络服务提供者采取删除、屏蔽、断开链接等必要措施。通知应当包括构成侵权的初步证据及权利人的真实身份信息。网络服务提供者接到通知后，应当及时将该通知转送相关网络用户，并根据构成侵权的初步证据和服务类型采取必要措施；未及时采取必要措施的，对损害的扩大部分与该网络用户承担连带责任。据此，史某损害扩大的部分应由网络用户即直接侵权人刘某和网站运营商承担连带责任。可见，选C项。

16. A

【解析】《民法典》第961条规定，中介合同是中介人向委托人报告订立合同的机会或者提供订立合同的媒介服务，委托人支付报酬的合同。据此，本题表述的情形符合中介合同（居间合同）的特征，故选A项。

17. C

【解析】我国民法典对不动产物权的变动采取以登记生效（要件）主义为原则，以登记对抗主义为补充的立法模式：对于所有权、建设用地使用权、海域使用权、居住权、以不动产设定的抵押权等物权的变动采取登记生效主义，未经登记，不发生物权效力；对于土地承包经营权、地役权、动产抵押权等物权的变动采取登记对抗主义，即登记不是生效要件，而是对抗性要件，未经登记，不得对抗善意第三人。关于宅基地使用权的物权变动，我国民法典并未明确。《民法典》第365条规定，已经登记的宅基地使用权转让或者消灭的，应当及时办理变更登记或者注销登记。至于该变更登记和注销登记究竟具有什么效力，并不清楚。不仅如此，民法典对于宅基地使用权的取得究竟是以登记为生效要件还是对抗性要件，也不明确。综上分析，本题只能选C项。

18. D

【解析】《民法典》第456条规定，同一动产上已经设立抵押权或者质权，该动产又被留置的，留置权人优先受偿。据此，选D项。

19. B

【解析】《民法典》第462条第2款规定，占有人返还原物的请求权，自侵占发生之日起1年内未行使的，该请求权消灭。据此，选B项。

20. D

【解析】侵犯肖像权的责任构成，须具备以下3个要件：（1）须有肖像使用行为。（2）须未经肖像权人同意而使用。（3）须无阻却违法事由而使用。A项表述的情形不存在肖像使用行为，因而甲的行为应当认定为侵犯健康权的行为，而不是侵犯肖像权的行为，故不选A项。B项表述的情形虽存在使用行为，但享有肖像权的主体是生者，而不是死者，因而乙的行为应认定为侵犯死者人格利益的侵权行为，而不应认定为侵犯肖像权的行为，故不选B项。C项表述的情形也不存在使用肖像的行为，故不选C项。D项表述中，自画像也属于肖像，丁未经辛某同意而使用其自画像，构成侵犯肖像权的行为，故选D项。

二、多项选择题

21. AD

【解析】《刑法》第 8 条规定，外国人在中华人民共和国领域外对中华人民共和国国家或者公民犯罪，而按本法规定的最低刑为 3 年以上有期徒刑的，可以适用本法，但是按照犯罪地的法律不受处罚的除外。据此，外国人在我国领域外对我国国家或者公民犯罪，我国刑法有权实行管辖，但这种保护管辖权是有一定限制的：一是这种犯罪按我国刑法规定的最低刑必须是 3 年以上有期徒刑；二是按照犯罪地的法律也应受刑罚处罚。可见，选 A、D 项。

22. ACD

【解析】《刑法》第 17 条第 2 款规定，已满 14 周岁不满 16 周岁的人，犯故意杀人、故意伤害致人重伤或者死亡、强奸、抢劫、贩卖毒品、放火、爆炸、投放危险物质罪的，应当负刑事责任。该规定所规定的 8 种应当负刑事责任的情形指的是 8 种犯罪行为，而不是具体罪名。A 项表述中，聚众斗殴致人死亡中含故意伤害致人死亡的犯罪行为，故选 A 项。C 项表述中，虽然已满 14 周岁不满 16 周岁的人对非法拘禁罪不负刑事责任，但非法拘禁他人过程中使用暴力致被害人重伤，已满 14 周岁不满 16 周岁的人应对故意伤害罪（重伤）负刑事责任，故选 C 项。《最高人民法院关于审理未成年人刑事案件具体应用法律若干问题的解释》第 10 条第 1 款规定，已满 14 周岁不满 16 周岁的人盗窃、诈骗、抢夺他人财物，为窝藏赃物、抗拒抓捕或者毁灭罪证，当场使用暴力，故意伤害致人重伤或者死亡，或者故意杀人的，应当分别以故意伤害罪或者故意杀人罪定罪处罚。据此，选 D 项。已满 14 周岁不满 16 周岁的人对盗窃罪不负刑事责任，且被害人因财物被盗而无钱治病死亡的，行为人的行为与被害人死亡结果之间不存在直接因果关系，故不选 B 项。

23. ACD

【解析】刑法上的认识错误包括法律上的认识错误和事实上的认识错误。法律上的认识错误包括假想犯罪、假想非罪和行为人对自己犯罪行为的罪名和罪行轻重发生误解 3 种情形。事实上的认识错误包括客体认识错误、对象认识错误、手段认识错误、目标打击错误（行为偏差）和因果关系认识错误 5 种情形。A 项表述的杀错人的情形属于事实认识错误中的对象认识错误，故选 A 项。B 项表述的情形为法律上的认识错误中的假想非罪，故不选 B 项。C 项表述的情形为事实认识错误中的客体认识错误，故选 C 项。D 项表述的情形为事实认识错误中的因果关系认识错误，故选 D 项。

24. AC

【解析】"为他人谋取利益"，是指行为人意图为他人谋取利益，或者承诺为他人谋取利益，或者实际上已经为他人谋取到了利益。至于行为人是为他人谋取正当利益还是不正当利益，是合法利益还是非法利益，都不影响受贿罪的成立。可见，选 A、C 项，不选 B 项。不选 D 项，因为对于索贿的，并不以为他人谋取利益为必要条件，只要索贿，就构成受贿罪。

25. ABCD

【解析】《刑法》第 72 条规定，对于被判处拘役、3 年以下有期徒刑的犯罪分子，同时符合下列条件的，可以宣告缓刑，对其中不满 18 周岁的人、怀孕的妇女和已满 75 周岁的人，应当宣告缓刑：（1）犯罪情节较轻；（2）有悔罪表现；（3）没有再犯罪的危险；（4）宣告缓刑对所居住社区没有重大不良影响。宣告缓刑，可以根据犯罪情况，同时禁止犯罪分子在缓刑考验期限内从事特定活动，进入特定区域、场所，接触特定的人。被宣告缓刑的犯罪分子，如果被判处附加刑，附加刑仍须执行。根据上述规定，备选项应全选。

26. ABC

【解析】《民法典》第 1259 条规定，民法所称的"以上""以下""以内""届满"，包括本数；所称的"不满""超过""以外"，不包括本数。据此，选 A、B、C 项。

27. BC

【解析】《民法典》第 1223 条规定，因药品、消毒产品、医疗器械的缺陷，或者输入不合格的血液造成患者损害的，患者可以向药品上市许可持有人、生产者、血液提供机构请求赔偿，也可以向医疗机构请求赔偿。患者向医疗机构请求赔偿的，医疗机构赔偿后，有权向负有责任的药品上市许可持有人、生产者、血液提供机构追偿。据此，对张某因感染丙肝病毒造成的损害，应由医院和血站承担赔偿责任。可见，选 B、C 项。李某仅对其违章造成张某的伤害承担赔偿责任，但是对于张某因感染丙肝病毒造成的损害，不承担责任。可见，不选 A、D 项。

28. ACD

【解析】《民法典》第 673 条规定，借款人未按照约定的借款用途使用借款的，贷款人可以停止发放借款、提前收回借款或者解除合同。据此，选 A、C、D 项。

29. ABD

【解析】对于专利侵权行为，专利权人有权要求被侵权人停止侵害。《专利法》第 11 条规定，发明和实用新型专利权被授予后，除本法另有规定的以外，任何单位或者个人未经专利权人许可，都不得实施其专利，即不得为生产经营目的制造、使用、许诺销售、销售、进口其专利产品，或者使用其专利方法以及使用、许诺销售、销售、进口依照该专利方法直接获得的产品。外观设计专利权被授予后，任何单位或者个人未经专利权人许可，都不得实施其专利，即不得为生产经营目的制造、许诺销售、销售、进口其外观设计专利产品。据此，A 项表述的情形属于销售侵犯专利权产品的行为，B 项表述的情形属于为生产经营目的而使用、销售侵犯专利权产品的行为，故选 A、B 项。《专利法》第 77 条规定，为生产经营目的的使用、许诺销售或者销售不知道是未经专利权人许可而制造并售出的专利侵权产品，能证明该产品合法来源的，不承担赔偿责任。据此，C 项表述的情形属于善意侵权，尽管也属于侵权行为，但行为人并不承担赔偿责任，专利权人也不能要求停止侵害，故不选 C 项。（当然，如果被侵权人在得到专利权人通知后知晓其使用、销售行为为侵权行为之后仍然使用、销售侵权产品的，则应当承担赔偿责任，但本题题干表述并未揭示这一点——编者注）专利权人可以许可他人使用其专利产品，该使用可以通过签订专利许可使用合同的方式进行，专利许可使用包括独占实施许可、排他实施许可和普通实施许可。对于独占实施许可，被许可人以外的任何人，包括专利权人本人，都不能实施该专利；对于排他实施许可，专利权人不得再度许可任何第三人实施该专利，但专利权人本人仍保留实施权；对于普通实施许可，被许可人不享有任何意义上的独占实施权。对于排他实施许可，被许可人也不能将该项专利再许可第三人使用，否则构成侵权，毕竟专利权人仍享有专利权，故 D 项表述也构成侵权，选 D 项。

30. 无

【解析】本题原标准答案为 B、D 项，但是，《民法典》通过后，本题无答案。根据原《物权法》第 76 条规定，选 B、D 项。但是，《民法典》第 278 条规定，下列事项由业主共同决定：（1）制定和修改业主大会议事规则；（2）制定和修改管理规约；（3）选举业主委员会或者更换业主委员会成员；（4）选聘和解聘物业服务企业或者其他管理人；（5）使用建筑物及其附属设施的维修资金；（6）筹集建筑物及其附属设施的维修资金；（7）改建、重建建筑物及其附属设施；（8）改变共有部分的用途或者利用共有部分从事经营活动；（9）有关共有和共同管理权利的其他重大事项。业主共同决定事项，应当由专有部分面积占比 2/3 以上的业主且人数占比 2/3 以上的业主参与表决。决定前款第 6 项至第 8 项规定的事项，应当经参与表决专有部分面积 3/4 以上的业主且参与表决人数 3/4 以上的业主同意。决定前款其他事项，应当经参与表决专有部分面积过半数的业主且参与表决人数过半数的业主同意。据此，本题表述已不符合《民法典》规定，因此本书将答案设置为"无"。

三、简答题

31.（1）犯罪未遂具有三个特征：①行为人已经着手实行犯罪。所谓已经着手实行犯罪，是指犯罪分子已经开始实行刑法分则条文所规定的某种犯罪的基本构成要件的行为。②犯罪未得逞。所谓犯罪未得逞，是指犯罪行为尚未完整地满足刑法分则规定的全部犯罪构成事实。犯罪未得逞是犯罪未遂与既遂区别的标志。倘若犯罪已得逞，即已完成，不复有成立该犯罪未完成形态的可能性。③犯罪未得逞是由于犯罪分子意志以外的原因造成的。所谓犯罪分子意志以外的原因，是指违背犯罪分子本意的原因。

（2）犯罪未遂形态可以划分为两类：①以犯罪实行行为是否完成为标准，分为实行终了的未遂与未实行终了的未遂。实行终了的未遂是行为人把实现犯罪意图必要的行为实施完毕的未遂，未实行终了的未遂是行为人没有把实现犯罪意图必要的行为实施完毕的未遂。②以实行行为能否达到犯罪既遂为标准，分为能犯未遂与不能犯未遂。能犯未遂是有可能达到既遂的未遂，不能犯未遂是因事实认识错误而不可能达到既遂的未遂。

32. 逃税罪的构成要件有：

（1）逃税罪的客体是国家的税收征管制度。

（2）逃税罪的客观方面表现有两种：一是纳税人采取欺骗、隐瞒手段进行虚假纳税申报或者不申报，逃避缴纳税款数额较大并且占应纳税额 10% 以上。二是扣缴义务人采取欺骗、隐瞒手段，不缴或者少缴已扣、已收税款，数额较大。

（3）逃税罪的主体是纳税人和扣缴义务人，既可以是自然人，也可以是单位。

（4）逃税罪的主观方面是故意。

33. 民事法律行为是民事主体通过意思表示设立、变更、终止民事法律关系的行为。

民事法律行为具有如下特征：

（1）民事法律行为以意思表示为基本要素。

（2）民事法律行为是以设立、变更、终止民事权利和民事义务为目的的行为。

（本题依据《民法典》第 133 条规定对原标准答案进行了修正——编者注）

34. 用益物权和担保物权的区别表现在：

（1）目的不同。用益物权以使用收益为目的，即其目的在于实现物的使用价值；担保物权以确保债权实现为目的，即其目的在于实现物的交换价值。

（2）权利性质不同。用益物权一般是独立的主权利，多具有独立性，其存在并不以其他权利的存在为前提条件；担保物权属于从权利，具有从属性，其存在以权利人对物之所有人或其关系人享有的债权为前提。此外，用益物权不具有物上代位性，而担保物权具有物上代位性。

（3）权利客体不同。用益物权的客体为有体物，包括动产和不动产，但多为不动产；担保物权的客体除了有体物外，还包括权利，即担保物权的客体既包括动产和不动产，还包括权利。

（4）客体价值形态的变化对权利人利益的影响不同。用益物权客体的价值形态发生变化，就会对权利人的使用收益权产生直接的影响，甚至导致该权利的消灭；担保物权客体价值形态的变化，并不影响担保物权的存在。

（5）权利实现方式不同。用益物权人取得用益物权时即可实现其权利；担保物权人取得担保物权后，只有在所担保的债权未获清偿时才可以行使变价受偿权。

（6）设立条件不同。用益物权的设立以占有标的物为条件；担保物权的设立，除了质权和留置权外，其他担保物权不以占有标的物为条件。

四、论述题

35.（1）限制死刑适用条件。死刑只适用于罪行极其严重的犯罪分子。所谓罪行极其严重，是指犯罪的性质极其严重、犯罪的情节极其恶劣和犯罪分子的人身危险性极其严重，罪行极其严重是上述三方面的统一。罪行极其严重的犯罪分子所实施的犯罪行为对国家和人民利益危害特别巨大，社会危害性也极为巨大。（或者回答：罪行极其严重是犯罪行为的客观危害性与犯罪人的主观恶性极其严重两方面的统一——编者注）

（2）限制死刑适用对象。犯罪的时候不满 18 周岁的人和审判的时候怀孕的妇女，不适用死刑；审判的时候已满 75 周岁的人，不适用死刑，但以特别残忍手段致人死亡的除外。

（3）限制死刑适用程序。判处死刑立即执行的，除依法由最高人民法院判决的以外，都应当报请最高人民法院核准。

（4）限制死刑执行制度。如果不是必须立即执行的，可以判处死刑同时宣告缓期 2 年执行。被判处死缓的犯罪分子，只有在死刑缓期执行期间故意犯罪才执行死刑，从而减少了实际执行死刑的数量。

36.（1）合同的相对性是指合同关系只存在于特定的当事人之间，合同对第三人没有约束力。具体而言，合同作为一种民事法律关系，其不同于其他民事法律关系的重要特点，在于合同的相对性。合同的相对性是指合同关系只能发生在特定的合同当事人之间，只有合同当事人一方能够向另一方基于合同提出请求或提起诉讼；与合同当事人没有发生合同上权利义务关系的第三人，不能依据合同向合同当事人提出请求或提起诉讼，也不应承担合同的义务或责任；非依法律规定或合同约定，第三人不能主张合同上的权利。

（2）合同的相对性具体体现在主体、内容和责任的相对性 3 个方面，这 3 个方面的相对性相辅相成，缺一不可。1）主体的相对性。合同主体的相对性是指合同关系只能发生在特定的主体之间，只有合同当事人一方能够向合同的另一方当事人基于合同提出请求或提起诉讼。具体地说，首先，由于合同关系仅是在特定人之间发生的法律关系，因此，只有合同关系当事人彼此之间才能相互提出请求，与合同关系当事人没有发生合同上的权利义务关系的人，不能依据合同向合同的当事人提出请求或提起诉讼。其次，合同一方当事人只能向另一方当事人提出合同上的请求及诉讼，而不能向与其没有合同关系的第三人提出合同上的请求或诉讼。2）内容的相对性。合同内容的相对性是指除法律另有规定或合同另有约定外，只有合同当事人才能享有某个合同所规定的权利，并承担合同所规定的义务。合同当事人以外的任何第三人不能主张合同上的权利。在双务合同中，合同内容的相对性还表现在一方的权利就是另一方的义务，另一方承担义务才使一方享有权利，权利义务是相对应的，因此，权利人的权利必须依赖于义务人履行义务的行为才能实现。合同内容的相对性还表明：合同规定由当事人享有的权利，原则上不及于第三人，合同规定由当事人承担的义务，一般也不能对第三人产生约束力；合同当事人无权为他人设定合同上的义务。3）责任的相对性。合同责任只存在于特定的当事人之间，合同关系以外的人不负刑事责任。违约方也无须对合同关系以外的人承担违约责任。合同责任的相对性具体体现在：①违约当事人应对自己的过错造成的违约后果承担责任，而不能将责任推卸给他人。②在因第三人的行为造成债务不能履行的情况下，债务人仍应向债权人承担违约责任。③债务人只能向债权人承担违约责任，而不能向第三人承担违约责任。

（3）合同的相对性是一个原则，不能任意突破，但是法律为了防止因相对性产生的不利影响，对于合同的相对性应当有所突破，包括租赁权的物权化（"买卖不破租赁"）、合同保全（债权的代位权和撤销权）、为第三人利益订立的合同、经过登记的债权具有物权效力和第三人侵害债权制度。（我国没有规定第三人侵害债权制度——编者注）

五、案例分析题

37. （1）甲与乙构成盗窃罪的共同犯罪。理由是：①甲与乙密谋窃取公司的财物，形成了共同犯罪的故意。②甲与乙分工，实施了窃取公司财物的行为，数额巨大。③甲虽然是国家工作人员，但是在本案中，甲与乙共同窃取公司财物的行为，仅仅利用了甲工作上的方便条件，而没有利用其职务上的便利，所以应认定为盗窃罪，而不是贪污罪。

（2）丙的行为构成窝藏罪。丙明知乙是犯罪的人而帮助其逃匿，构成窝藏罪。

（3）①甲具有自首情节。因为甲在司法机关还没有确定犯罪嫌疑人，而是进行一般性排查询问时，就主动交代了自己的罪行。②乙具有自首情节。因为其在逃跑过程中向公安机关自动投案，并如实供述了自己的罪行。③丙不具有立功情节。丙打电话给乙促使乙到公安机关自首，不属于提供重要线索从而得以侦破其他案件的立功表现，不应认定为协助司法机关抓捕犯罪嫌疑人。（如果考生认为丙协助了司法机关抓捕到犯罪嫌疑人，从而具有立功情节，且言之成理的，也可给分——编者注）

38. （1）孙某与江某的夫妻忠诚协议不适用我国合同法（民法典合同编）。我国合同法（民法典合同编）所规范的合同，是平等主体之间设立、变更、终止民事权利义务关系的协议。这里的民事权利义务关系均为财产关系，而夫妻关系主要是人身关系，夫妻财产关系从属于夫妻人身关系。我国民法典规定，婚姻、收养、监护等有关身份关系的协议，适用有关该身份关系的法律规定；没有规定的，可以根据其性质参照适用合同编规定。

（2）如果同意法官甲的观点，参考答案如下：人身是法定的。法律不允许通过协议来设立、变更、终止人身关系，即不能通过合同来调整人身关系。我国民法典规定，夫妻应当互相忠实，互相尊重，互相关爱。这一规定具有明显的倡导性，并且民法典婚姻家庭编中也没有规定违反该规定所应承担的法律责任。可见，夫妻相互忠实是一种道德义务，并非强制性的法定义务。夫妻一方以此道德义务作为对价与另一方进行交换而订立的协议，不能确立具体的民事权利义务关系。对此，相关司法解释规定，当事人仅以违反"夫妻相互忠实"的规定提起诉讼的，法院不予受理；已经受理的，裁定驳回起诉。本案中，孙某与江某的夫妻忠诚协议属于人身关系的约定，并且以道德作为对价，故该协议无效。

如果同意法官乙的观点，参考答案如下：①协议中有关人身关系的约定，如"背叛方必须同意离婚""过错方必须放弃对女儿的监护权"等，因违反法律强制性规定而无效。根据民法典规定，是否主张离婚是婚姻当事人的权利，任何人不得干涉。本案中，孙某与江某之间"背叛方必须同意离婚"的约定是违反婚姻自由原则的，故无效。根据民法典规定，父母对未成年子女的监护既是法定权利，也是法定义务，父母对未成年子女的监护不得取消或放弃。本案中，孙某与江某通过忠诚协议请求过错方必须放弃对女儿的监护权，违反民法典的规定，故该协议无效。②孙某与江某之间"夫妻共同财产全部归无过错方所有"的约定，属于财产关系的约定，民法典允许夫妻双方以协议方式处分财产，故该约定有效。

2012 年全国法律硕士（法学）专业学位研究生入学联考综合课试题

一、**单项选择题**（第 1~20 小题，每小题 1 分，共 20 分。下列每题给出的四个选项中，只有一个选项是最符合题目要求的）

1. 不同国家或地区具有共同历史传统和相似表现形式的法律制度的总称，称为（   ）。

A. 法的历史类型　　　　　　　　　B. 法制系统

C. 法律体系　　　　　　　　　　　D. 法系

2. 关于法律的基本特征，下列表述不正确的是（   ）。

A. 法律有严格的程序规定，具有程序性

B. 法律由国家制定或认可，具有国家意志性

C. 法律由原始社会的习惯演变而来，具有历史性

D. 法律由国家强制力保障实施，具有强制性

3. 一般认为，划分法律部门的主要标准是（   ）。

A. 法律调整的范围　　　　　　　　B. 法律规范的数量

C. 法律制定的主体　　　　　　　　D. 法律调整的对象与方法

4. 按照规则对人们行为限定的范围或程度的不同，可以将法律规则划分为（   ）。

A. 授权性规则和义务性规则　　　　B. 强制性规则和任意性规则

C. 确定性规则和准用性规则　　　　D. 调整性规则和构成性规则

5. 法律关系主体能够通过自己的行为实际取得权利和履行义务的能力，称为（   ）。

A. 行为能力　　B. 权利能力　　C. 权力能力　　D. 责任能力

6. 下列选项中，不属于自然法学派观点的是（   ）。

A. 法与道德之间有必然联系　　　　B. 真正的法律应与自然相吻合

C. 法律的存在与法律的善恶无关　　D. 政府的正当权力来自人民的同意

7. 下列有关法律责任与法律制裁的表述，正确的是（   ）。

A. 民事责任主要是一种惩罚性责任　　B. 刑事责任可以是一种连带责任

C. 拘留是一种刑事制裁　　　　　　　D. 开除公职是一种行政制裁

8. 社会主义法治理念要求司法机关必须"严格公正司法"。下列选项中，不符合社会主义法治理念的精神和要求的是（　　　）。

A. 司法机关必须进一步提高办案效率，坚持公正与效率兼顾

B. 司法机关应在庭审前对证据的真实性进行认定，以保证司法的实质合理性

C. 司法机关可以邀请人大代表、政协委员和新闻媒体旁听重大疑难案件审判

D. 司法机关应结合实体公正和程序公正，实现法律效果和社会效果的统一

9. 根据是否具有统一法典形式，可以把宪法分为（　　　）。

A. 成文宪法和不成文宪法　　　　　　B. 刚性宪法和柔性宪法

C. 钦定宪法、协定宪法和民定宪法　　D. 社会主义宪法和资本主义宪法

10. 下列选项中，不属于我国现行宪法明确规定的公民基本权利的是（　　　）。

A. 言论自由　　　　　　　　　　　　B. 迁徙自由

C. 人格尊严　　　　　　　　　　　　D. 宗教信仰自由

11. 下列关于我国宪法修正案的表述，正确的是（　　　）。

A. 我国采用宪法修正案的方式对宪法进行修改始于 1982 年

B. 1988 年宪法修正案确立了"按劳分配为主体、多种分配方式并存的分配制度"

C. "国家尊重和保障人权"是 1999 年宪法修正案确立的原则

D. 2004 年宪法修正案规定"国家建立健全同经济发展水平相适应的社会保障制度"

12. 某直辖市拟将所辖的两个区合并成一个区。根据我国法律规定，有权批准这一行政区划变更的机关是（　　　）。

A. 全国人民代表大会　　　　　　　　B. 全国人民代表大会常务委员会

C. 国务院　　　　　　　　　　　　　D. 民政部

13. 根据我国宪法和法律规定，下列关于行政法规、地方性法规以及规章备案的表述，不正确的是（　　　）。

A. 行政法规报全国人大常委会备案

B. 省级人大及其常委会制定的地方性法规，报全国人大常委会和国务院备案

C. 较大的市的人大及其常委会制定的地方性法规，报省、自治区人大常委会备案

D. 部门规章报国务院备案

14. 根据我国宪法规定，下列自然资源中只能属于国家所有的是（　　　）。

A. 矿藏、水流　　　　　　　　　　　B. 山岭、戈壁

C. 森林、草原　　　　　　　　　　　D. 荒地、滩涂

15. 春秋时期，最早打破"不预设刑""临事议制"法律传统的诸侯国是（　　　）。

A. 郑国　　　　　B. 齐国　　　　　C. 楚国　　　　　D. 秦国

16. 唐朝集中设立罪名与刑罚的法律形式是（　　　）。

A. 律　　　　　　B. 令　　　　　　C. 格　　　　　　D. 式

17. 首次按中央六部分设篇目的中国古代法典是（　　　）。

A.《宋刑统》　　　　　　　　　　　　B.《大元通制》

C.《大明律》　　　　　　　　　　　　D.《大清律例》

18. 为了强化中央司法机关的控制，宋初增设的机构是（　　　）。

A. 大理院　　　　B. 审刑院　　　　C. 都察院　　　　D. 枢密院

19. 下列关于《中华民国民法》特征的表述，正确的是（　　）。

A. 确立所有权神圣原则　　　　　　B. 规定了宗祧继承制度

C. 采用民商合一的编纂体例　　　　D. 采取个人本位的立法原则

20. 按照唐律的规定，下列情形的婚姻不为法律所禁止的是（　　）。

A. 县令甲娶其部属之女为妻　　　　B. 士绅乙娶部曲之女为妻

C. 刺史丙娶其原籍民女为妻　　　　D. 民人丁娶同姓民女为妻

二、多项选择题（第21～30小题，每小题2分，共20分。下列每题给出的四个选项中，至少有两个选项是符合题目要求的。多选、少选或错选均不得分）

21. 当不同的规范性法律文件在同一事项上有不同规定时，法官通常遵循的原则有（　　）。

A. 新法优于旧法　　　　　　　　　B. 实体法优于程序法

C. 上位法优于下位法　　　　　　　D. 特别法优于一般法

22. 近年来，我国各地出台了一系列关于老年人权益保障的具体规定，比如，对老年人搭乘公共交通工具，应当给予便利和优惠；老年人持有效证件可以免费乘坐市内公共交通工具。对此，下列说法中正确的有（　　）。

A. 这些规定的主要目的在于实现法的自由价值

B. 这些规定对于有关企业、政府及老年人均具有指引作用

C. 这些在交通方面给予老年人优待的规定有悖于法律面前人人平等原则

D. 这些规定体现了立法在老年人搭乘公共交通工具问题上的价值判断和价值取向

23. 下列选项中，具有填补法律空白和漏洞作用的法律方法包括（　　）。

A. 法律论证　　　B. 法律解释　　　C. 演绎推理　　　D. 归纳推理

24. 下列关于现代法治的表述，正确的有（　　）。

A. 公平与正义都是法治的基本价值

B. 法治可分为形式法治与实质法治

C. 法治要求遵循民主、科学的立法原则

D. 法治意味着法律是治理国家的唯一依据

25. 下列选项中，属于法律论证的正当性标准的有（　　）。

A. 内容的融贯性　　　　　　　　　B. 程序的合理性

C. 逻辑的有效性　　　　　　　　　D. 结论的可接受性

26. 某国政府决定在实验室进行人体器官克隆研究，用于攻克某种疑难疾病。由于该国并无相关法律规定，该决定引发了社会各界广泛争论。对此，下列表述能够成立的有（　　）。

A. 目前人体器官克隆问题在法律上尚未规定，这正是法律滞后性的体现

B. 克隆人体器官所引发的法律问题，是科技、伦理与法律紧张关系的表现

C. 由此项研究引发的民事纠纷，法院可以依据道德、习惯或正义标准等裁决

D. 如该国民众对此问题在道德上无法形成共识，则应立法禁止此项研究

27. 根据我国宪法规定，下列选项中，属于民族自治地方自治机关的有（　　）。

A. 自治区、自治州和自治县的人民代表大会

B. 自治区、自治州和自治县的人民政府

C. 自治区、自治州和自治县的人民法院

D. 自治区、自治州和自治县的人民检察院

28. 根据我国宪法规定，有权提议修改宪法的主体有（　　）。

A. 全国人民代表大会主席团　　　　　B. 全国人民代表大会常务委员会

C. 全国人民代表大会的一个代表团　　D. 五分之一以上的全国人民代表大会代表

29. 下列关于晚清修律的表述，正确的有（　　）。

A. 晚清修律确立了四级三审制的司法审级制度

B. 《大清现行刑律》是中国第一部近代意义上的刑法典

C. 《大清民律草案》的编纂体例主要效法《法国民法典》

D. 晚清修律改变了中国"诸法合体"的立法传统，初步形成了近代法律体系

30. 中国法制史上出现的下列法律形式中，具有判例性质的有（　　）。

A. 教民榜文　　　B. 廷行事　　　C. 决事比　　　D. 则例

三、简答题（第 31～33 小题，每小题 10 分，共 30 分）

31. 简述我国法律责任的归责原则。

32. 简述我国人民法院的审判工作原则。

33. 简述《中华民国临时政府组织大纲》的特点和历史意义。

四、分析论述题（第 34～38 小题，共 80 分）

34. 某高校新生小张在自学法理学知识后，对我国《物权法》进行了分析，并写了如下四点学习体会：

①物权法是由全国人大制定的法律文件，从法律渊源角度分析，该法应属于我国的根本法。

②物权法所调整的对象是平等主体的财产关系，因此物权法属于民商法部门。

③《物权法》第 10 条规定："国家对不动产实行统一登记制度。统一登记的范围、登记机构和登记办法，由法律、行政法规规定。"从法律规则的角度理解，该条规定属于准用性法律规则（规范）。

④原建设部在物权法生效后制定和出台的《房屋登记办法》是行政法规。

请指出小张观点中不正确之处，并运用法理学知识和原理阐述理由，对不正确的观点进行改正。

35. 请结合实际，论述影响法律实现的主要因素。

36. 2011 年 10 月，某市 F 区人大进行换届选举。5 月初，高校教师王某通过微博公开其参选该区人大代表的意愿，并公布了个人身份和简历等基本情况。该条微博发布后，引起了社会广泛关注。

请结合上述材料，运用宪法学知识和选举法相关规定，回答以下问题：

（1）王某参选行为的法律依据是什么？

（2）王某要成为正式代表候选人，需要经过哪些程序？

37. 有人认为，言论自由只有那些喜欢舞文弄墨的人才需要，对其他人没有意义，也

不利于社会的稳定。请结合宪法学原理对此看法进行评价。

38. 材料1：《法律答问》："甲盗，赃值千钱，乙知其盗，受分赃不盈一钱。问乙何论？同论。"

材料2：《法律答问》："甲盗钱以买丝，寄乙，乙受，弗知盗，乙论何也？毋论。"

请结合中国法制史的相关知识回答以下问题：

(1)《法律答问》的性质是什么？效力如何？

(2) 材料1中的乙有无法律责任？原因何在？

(3) 材料2中的乙有无法律责任？原因何在？

(4) 结合上述材料，试析秦代法律中盗罪共犯的成立要件。

2012 年全国法律硕士（法学）专业学位研究生入学联考综合课试题答案解析

一、单项选择题

1. D

【解析】法系是按照世界上各个国家和地区法律的源流关系和历史传统以及形式上某些特点对法律所作的分类。可见，选 D 项。法的历史类型是依据法所赖以存在的经济基础及体现的国家意志的性质的不同而对社会的法律制度所作的分类。可见，A 项表述与题意不符，不选。法制系统即法律制度系统，是法律作为制度化构成物而形成的统一体。可见，B 项表述与题意不符，不选。法律体系是将一国现行的全部法律规范根据一定的标准和原则划分成不同的法律部门，并由这些法律部门所构成的具有内在联系的统一体。可见，C 项表述与题意不符，不选。

2. C

【解析】法律的基本特征包括规范性、国家意志性、普遍性、权利和义务的一致性、程序性和强制性，而历史性并非法律的基本特征，故选 C 项。

3. D

【解析】一般认为，划分法律部门的主要标准有二：法律调整对象和法律调整方法，其中，法律调整的对象（法律调整的社会关系）是划分法律部门的首要标准和第一位标准，法律调整的方法是辅助标准和从属标准。可见，选 D 项。

4. B

【解析】按照规则的内容规定不同（规定的行为模式的不同），法律规则可以分为授权性规则、义务性规则和禁止性规则；按照规则对人们行为规定和限定的范围或程度不同，可以把法律规则分为强行性（强制性）规则和任意性规则；按照法律规则内容的确定性程度不同，可以将法律规则分为确定性规则、委任性规则和准用性规则；依据法律规则功能的不同，可将法律规则分为调整性规则和构成性规则。可见，选 B 项。

5. A

【解析】法律关系主体参加法律关系在资格上的限制被称为权利能力和行为能力。权利能力是权利主体享有权利和承担义务的能力，而行为能力则是法律关系主体能够通过自己的行为实际取得权利和履行义务的能力。可见，选 A 项。

6. C

【解析】自然法学派是以昭示着宇宙和谐秩序的自然法为正义的标准，坚持正义的绝对性，认为真正的法是体现正义的自然法，而非由人们的协议产生的规则本身的法学学派。其主要观点有：（1）法本质上是一种客观规律，立法者所制定的法律必须以客观规律为基础，这种客观规律是宇宙、自然、事物以及人的本性，是理性的反映。（2）法来源于永恒不变的本性、自然性、社会性、理性。真正的法应当与之相符合，特别是与理性相符合，或以理性为基础。（3）法的功能和目的是实现公意和正义。（4）法与道德存在天然的联系，法律及其观念应当与人们的道德观念相一致。（5）善法是法，恶法不是法。可见，只有 C 项表述不是自然法学派的观点，而是分析法学派的观点，故选 C 项。

7. D

【解析】民事责任主要是一种救济性责任，其功能主要在于救济当事人的权利，赔偿或补偿当事人的损失。民事责任虽然也具有惩罚功能，但不是主要功能。可见，A 项表述错误。刑事责任是一种惩罚性责任，该责任通常由个人或单位承担，即所谓"罪责自负"。可见，B 项表述错误。拘留有刑事拘留和行政拘留之分，行政拘留明显不是一种刑事制裁，而刑事拘留也不是刑事制裁，而是刑事诉讼的强制措施。可见，C 项表述错误。开除公职属于行政处分的一种，而行政处分属于行政制裁。可见，D 项表述正确。

8. B

【解析】社会主义法治理念要求司法机关必须"严格公正司法"，公平正义是社会主义法治理念的价值追求。公正司法要求司法机关要提高办案效率，坚持公正与效率兼顾，故 A 项表述符合社会主义法治理念的精神和要求。公正司法意味着司法机关在庭审过程中不仅要体现实质正义，也要体现程序正义，二者都不能偏废，要保证二者在司法公正中都得到全面实现，实现法律效果和社会效果的统一。可见，B 项表述仅强调实质公正，而忽略了程序公正，因而不符合社会主义法治理念的精神和要求，而 D 项表述则符合社会主义法治理念的精神和要求。司法机关接受法律监督是公正司法的必然要求，故 C 项表述符合社会主义法治理念的精神和要求。

9. A

【解析】根据宪法是否具有统一的法典形式，可以将宪法分为成文宪法和不成文宪法；根据宪法效力和修改程序是否与普通法律相同和以宪法有无严格的制定和修改机关以及程序为标准，可以将宪法分为刚性宪法和柔性宪法；以宪法制定机关为标准，可以将宪法分为钦定宪法、协定宪法和民定宪法；马克思主义宪法以国家的类型和宪法的阶级本质为标准，把宪法分为资本主义类型的宪法和社会主义类型的宪法。综上分析，选 A 项。

10. B

【解析】本题为选非题。我国宪法没有明确规定的公民基本权利有迁徙自由、罢工自由等，故选 B 项。

11. D

【解析】我国采用宪法修正案的方式对宪法进行修改始于 1988 年，故 A 项表述错误。1999 年宪法修正案确立了"按劳分配为主体、多种分配方式并存的分配制度"，故 B 项表述错误。"国家尊重和保障人权"是 2004 年宪法修正案确立的原则，故 C 项表述错误。2004 年宪法修正案规定"国家建立健全同经济发展水平相适应的社会保障制度"，故 D 项表述正确。

12. C

【解析】《宪法》第 89 条第 15 项规定，国务院有权批准省、自治区、直辖市的区域划分，批准自治州、县、自治县、市的建置和区域划分。据此，选 C 项。注意《宪法》第 62 条第 13 项、第 89 条第 15 项和第 107 条第 3 款在规定上的差异。

13. C

【解析】本题为选非题。《立法法》第 98 条规定，行政法规、地方性法规、自治条例和单行条例、规章应当在公布后的 30 日内依照下列规定报有关机关备案：（1）行政法规报全国人民代表大会常务委员会备案。（2）省、自治区、直辖市的人民代表大会及其常务委员会制定的地方性法规，报全国人民代表大会常务委员会和国务院备案；设区的市、自治州的人民代表大会及其常务委员会制定的地方性法规，由省、自治区的人民代表大会常务委员会报全国人民代表大会常务委员会和国务院备案。（3）自治州、自治县的人民代表大会制定的自治条例和单行条例，由省、自治区、直辖市的人民代表大会常务委员会报全国人民代表大会常务委员会和国务院备案；自治条例、单行条例报送备案时，应当说明对法律、行政法规、地方性法规作出变通的情况。（4）部门规章和地方政府规章报国务院备案；地方政府规章应当同时报本级人民代表大会常务委员会备案；设区的市、自治州的人民政府制定的规章应当同时报省、自治区的人民代表大会常务委员会和人民政府备案。（5）根据授权制定的法规应当报授权决定规定的机关备案；经济特区法规报送备案时，应当说明对法律、行政法规、地方性法规作出变通的情况。根据上述规定第 1 项，A 项表述正确。根据上述规定第 2 项，B 项表述正确。根据上述规定第 4 项，D 项表述正确。本题需要说明 2 点：（1）本题是按照《立法法》修订之前设置的题目，按照修订后的《立法法》规定，设区的市有权制定地方性法规，但所制定的地方性法规，限于城乡建设与管理、环境保护、历史文化保护等方面的事项。较大的市属于设区的市的范畴，但较大的市已经制定的地方性法规，涉及城乡建设与管理、环境保护、历史文化保护等方面事项范围以外的，继续有效。（2）修订后《立法法》第 98 条第 2 项将原《立法法》第 89 条第 2 项中规定的"较大的市的人民代表大会及其常务委员会制定的地方性法规，由省、自治区的人民代表大会常务委员会报全国人民代表大会常务委员会和国务院备案"修改为"设区的市、自治州的人民代表大会及其常务委员会制定的地方性法规，由省、自治区的人民代表大会常务委员会报全国人民代表大会常务委员会和国务院备案"。依据原《立法法》第 89 条第 2 项规定，C 项表述错误。

14. A

【解析】《宪法》第 9 条第 1 款规定，矿藏、水流、森林、山岭、草原、荒地、滩涂等自然资源，都属于国家所有，即全民所有；由法律规定属于集体所有的森林和山岭、草原、荒地、滩涂除外。据此，选 A 项。

15. A

【解析】春秋时期，各诸侯国公布成文法的活动打破了奴隶主贵族奉行的"议事以制，不为刑辟""临事制刑，不预设法"（《左传·昭公六年》）的法律传统，颠覆了奴隶主贵族利用"刑不可知，则威不可测"（《左传·昭公六年》）的神秘力量垄断控制法律的局面。公元前 536 年，郑国执政子产"铸刑书于鼎，以为国之常法"（《左传·昭公六年》），这是中国历史上第一次公布成文法的活动，故选 A 项。

16. A

【解析】唐朝的法律形式有律、令、格、式：律是关于定罪量刑的基本法典，集中规定了罪名与各类刑罚；令是国家政权组织制度与行政管理活动的法规；格是用以"禁违止邪"的"永为法则"，即皇帝针对"百官有司之所常行之事"，临时颁发的各种敕令，经过汇编编录之后上升为法律；式是国家机关的公文程式和活动细则，具有行政法规性质。可见，选 A 项。

17. C

【解析】《大明律》的篇章结构是：以"名例律"为统率，以吏、户、礼、兵、刑、工中央六部作为分篇，《大明律》是首次按中央六部分设篇目的中国古代法典，清朝沿用。可见，选 C 项。《宋刑统》的篇章结构是：以"名例律"为统率，采用"刑律统类"的篇章结构，律下分门，律后附有性质相同的敕、令、格、式。《大元通制》的篇目是仿照唐宋旧律编纂而成的，分为名例、卫禁等 20 篇。《大清律例》的篇章结构是仿照《大明律》编纂而成的。

18. B

【解析】淳化二年（公元 991 年），宋太宗在皇宫中设立审刑院，由皇帝指派亲信大臣或高级官员出任长官知院事，职责是复核大理寺所裁断的案件，并侵夺了刑部原有的权力。这样，全国各地上奏中央的案件，先送审刑院备案，再交大理寺审理、刑部复核后，再返回审刑院，由知院事或其下属的详议官写出书面意见，奏请皇帝作出最终裁决。审刑院的设立，削弱了三法司应有的权力，有利于皇帝的司法专权。宋神宗元丰变法时裁撤审刑院，三法司的职权即行恢复。可见，选 B 项。大理院是清末司法改革时由大理寺改名而来的机构，是清末最高审判机关，不选 A 项。都察院是明清时期出现的中央最高监察机关，宋朝没有此机构，不选 C 项。枢密院是宋元时期出现的最高军事御用机构，而不是司法机构，宋元时期的枢密院有一点不同，即宋朝的枢密院与宋朝中央最高行政机关中书门下平级，而元朝枢密院的级别低于中央最高行政机关中书省，不选 D 项。

19. C

【解析】《中华民国民法》的特点有：（1）采用社会本位的立法原则。（2）将外国民法之最新学理、最新立法例加以吸纳、整合，萃成本国民法。（3）采取民商合一的编纂体例。（4）重在维护私有财产所有权及地主土地经营权。（5）婚姻家庭和继承制度体现出浓厚的封建色彩。可见，C 项表述正确。A 项表述错误，因为《中华民国民法》重在维护私有财产所有权，而不是确立所有权神圣原则。B 项表述错误，因为《中华民国民法》废除了清朝实行的和旧民律草案保留的宗祧继承制度。D 项表述错误，因为《中华民国民法》采用社会本位的立法原则。

20. C

【解析】本题为选非题。《唐律疏议·户婚律》（卷十四）规定："诸同姓为婚者，各徒二年。缌麻以上，以奸论……诸娶逃亡妇女为妻妾，知情者与同罪，至死者减一等。离之。即无夫，会恩免罪者，不离……诸监临之官，娶所监临女为妾者，杖一百；若为亲属娶者，亦如之。其在官非监临者，减一等。女家不坐……诸杂户不得与良人为婚，违者，杖一百。官户娶良人女者，亦如之。良人娶官户女者，加二等。"可见，唐朝对于婚姻缔结的限制体现在：（1）同姓不得为婚，否则徒二年。缌麻以上以奸论。据此，不选 D 项。（2）严禁与逃亡女子为婚，至死者减一等处刑，并婚姻无效；如果无夫，遇恩赦免罪的，可以不离婚。（3）监临官不得娶监临之女为妾，否则杖一百；如果监临官为亲属而娶监临女的，杖一百。非监临官与所辖部属、百姓缔结婚姻的，减一等处刑，但女家不处刑。据此，不选 A 项。（4）良贱不得为婚（有贱籍身份者如官户、杂户等部曲）。据此，不选 B 项。可见，只有 C 项表述的通婚情形不为唐律禁止，故选 C 项。

二、多项选择题

21．ACD

【解析】当不同的规范性法律文件在同一事项上有不同规定时，法官通常遵循的原则包括新法优于旧法、上位法优于下位法、特别法优于一般法和根本法优于普通法原则等，故选 A、C、D 项。

22．BD

【解析】实现法的自由价值就是使主体从束缚状态摆脱出来，而本题表述的情形并非使老年人这一主体从束缚中摆脱出来，从而自主选择和从事具体的法律行为，因而不选 A 项。法的指引作用是指法律规范对本人行为起到的导向和引导作用，本题表述中，有关老年人权益保障的规定通过配置老年人享有的权利来指引社会主体的活动，因而对于有关企业、政府及老年人均具有指引作用，故 B 项表述符合题意，选 B 项。平等并不意味着不存在差别，平等与差别对待是有条件共存的，因而对具有各种差别的人们给予权利、义务方面的差别对待具有其合理性，但这是相对的，是实质平等的体现。可见，C 项表述错误，不选。有关老年人权益保障的规定体现了实质平等，而实质平等一般是通过立法、执法和司法活动来确认和保障平等的实现，因此，有关老年人权益保障的规定体现了立法在老年人搭乘公共交通工具问题上的价值判断和价值取向。可见，D 项表述正确，选 D 项。

23．AB

【解析】法律方法包括法律解释、法律推理、法律论证、法律发现和法律价值衡量等，在上述法律方法中，最主要的法律方法是法律解释、法律推理和法律论证，其中，具有填补法律空白和漏洞作用的法律方法包括法律解释和法律论证，故选 A、B 项。而法律推理、法律发现和法律价值衡量等法律方法，基本上是价值判断或推理的法律思维活动，不可能具有填补法律漏洞或法律空白的作用，故不选 C、D 项。不过，在法律推理方式中，辩证推理具有填补法律漏洞和法律空白的作用，但备选项中没有辩证推理。

24．ABC

【解析】法治的基本价值包括公平、正义、自由、平等、秩序、效率等，因而 A 项表述正确。法治有形式法治和实质法治之分，形式上的法治即法律制度及其实施，实质上的法治即以法律至上、权利保障为内涵的法治，因而 B 项表述正确。实现真正意义上的法治要求在立法上遵循民主、科学、合法的立法原则，因而 C 项表述正确。法治并不意味着法律是治理国家的唯一依据，因为法律不是调整社会的唯一手段，因而 D 项表述错误。

25．ABCD

【解析】 法律论证的正当性标准包括内容的融贯性、程序的合理性、依据的客观性和逻辑的有效性以及结论的可接受性，故备选项应全选。

26．ABC

【解析】 法具有滞后性和保守性，它总是落后于现实生活的变化，人体器官克隆技术在法律上尚无规定，这正是法律滞后性的表现，故 A 项表述能够成立。法律对科学技术发展进行调整有其必要性，但也引起了法律与道德、伦理、科技之间的紧张，从而引起一系列问题，因而，法律在调整科学技术发展时，必须处理好与道德、伦理之间的关系，避免引发伦理性灾难。如果因此项研究导致民事纠纷的，法院可以依据道德、习惯或正义标准等进行裁决。可见，B、C 项表述能够成立。法律对科学技术发展进行调整并非要通过立法形式禁止科学技术的发展，甚至阻碍科技进步，因此 D 项表述不能成立。

27．AB

【解析】《宪法》第 112 条规定，民族自治地方的自治机关是自治区、自治州、自治县的人民代表大会和人民政府。据此，民族自治地方的自治机关包括自治区、自治州和自治县的人民代表大会和人民政府，而司法机关不是自治机关，故选 A、B 项。

28．BD

【解析】《宪法》第 64 条第 1 款规定，宪法的修改，由全国人民代表大会常务委员会或者 1/5 以上的全国人民代表大会代表提议，并由全国人民代表大会以全体代表的 2/3 以上的多数通过。据此，选 B、D 项。

29．AD

【解析】 晚清修律确立了四级三审制的司法审级制度，大理院为全国最高审判机关，在地方设立高级审判厅、地方审判厅和初级审判厅，形成四级三审制的新的司法系统，故 A 项表述正确。《大清新刑律》是中国第一部近代意义上的专门刑法典，故 B 项表述错误。《大清民律草案》的编纂体例主要效法《德国民法典》，故 C 项表述错误。晚清修律改变了中国"诸法合体"的立法传统，初步形成了近代法律体系，故 D 项表述正确。

30．BC

【解析】 备选项中，类似判例性质的法律形式是廷行事和决事比。廷行事是秦代司法机关断案所形成的成例，决事比是汉代在律无正条时比照援引典型判例作为裁判案件依据所形成的单行法规。故选 B、C 项。1372 年，明太祖朱元璋为"申明教化"，设立申明亭，亭内树立板榜，定期张贴榜文，该榜文称为"教民榜文"，可见，教民榜文不具有判例性质，故不选 A 项。则例是清朝制定的类似于现代行政法规性质的法律，不具有判例性质，故不选 D 项。

三、简答题

31．（1）责任法定原则。责任法定原则即法律责任应当由法律规范预先规定，反对没有法律依据追究行为人法律责任的做法。责任法定原则的内容包括：刑事法律是追究刑事责任的唯一法律依据，罪刑法定；由特定的国家机关或国家授权的机构归责；反对责任擅断；反对有害追溯；允许人民法院行使自由裁量权，准确认定和归结行为人的法律责任。

（2）因果联系原则。因果联系原则即在追究法律责任时应确定行为人的行为与损害结果之间存在因果关系。在认定行为人违法责任之前，应当确认行为与危害或损害结果之间的因果联系，意志、思想等主观方面因素与外部行为之间的因果联系，并区分这种因果联系是必然的还是偶然的、直接的还是间接的。

（3）责任与处罚相称原则。责任与处罚相称原则即责任与处罚相适应，包括法律责任的性质与违法行为的性质应当相适应，法律责任的轻重和种类应当与违法行为的危害或者损害相适应，法律责任的轻重和种类应当与行为人的主观恶性相适应。

（4）责任自负原则。责任自负原则即行为人独立对其行为承担法律责任。责任自负原则要求违法行为人应当对自己的违法行为负责；要保证责任人受到法律追究，也要保证无责任者不受法律追究。

（5）责任公平原则。责任公平原则即在追究法律责任时要公正、平等地依法追究法律责任。

（从其他方面，比如责任合理、效率等方面作答的，也可酌情给分——编者注）

32.（1）依法独立审判原则。人民法院依照法律规定独立行使审判权，不受行政机关、社会团体和个人的干涉。

（2）审判案件在适用法律上一律平等原则。人民法院审判案件在适用法律上一律平等，禁止任何形式的歧视。

（3）被告人有权获得辩护原则。被告人有权获得辩护，是宪法和有关法律规定的一项重要的司法原则和制度，是国家赋予被告人保护自己合法权益的一种重要诉讼权利。

（4）使用本民族语言文字进行诉讼原则。各民族公民都有用本民族语言文字进行诉讼的权利，这是确保各民族公民平等地享有诉讼的权利和地位，反对民族歧视，维护民族平等和加强民族团结，这也是民族平等原则在诉讼制度上的体现。

33.（1）特点：①《中华民国临时政府组织大纲》确立了国家基本的政治体制，实行三权分立，确立了总统制的共和政体。②《中华民国临时政府组织大纲》实行一院制的议会制度，由参议院独立行使立法权。③《中华民国临时政府组织大纲》确立的最高审判机关是临时中央裁判所。

（2）历史意义：①《中华民国临时政府组织大纲》是筹建中华民国临时政府的纲领性文件，它第一次以法律的形式宣告帝制在中国的终结，第一次以法律的形式确认共和政体的诞生。②《中华民国临时政府组织大纲》是中国资产阶级共和国的宪法性文件。③《中华民国临时政府组织大纲》为南京临时政府的成立提供了法律依据。

四、分析论述题

34. 小张的观点①③④不正确。

（1）观点①认为"物权法属于我国的根本法"是不正确的。物权法是我国全国人民代表大会制定的基本法律，其法律地位和效力都低于宪法。根本法即宪法，在我国享有最高法律地位和最高法律效力。该观点应当改为"物权法属于我国的基本法律"。

（2）观点③认为《物权法》第 10 条的规定属于"准用性法律规则"是不正确的。准用性法律规则是指内容本身没有规定人们具体的行为模式，而是可以援引或参照其他相应内容规定的规则。委任性规则是指内容尚未确定，只规定某种概括性指示，由相应国家机关通过相应途径或程序加以确定的法律规则。该观点应当改为"《物权法》第10条的规定属于委任性法律规则"。

（3）观点④认为《房屋登记办法》是"行政法规"是不正确的。行政法规是指国家最高行政机关即国务院制定的规范性法律文件。原建设部为国务院所属部委，而国务院所属部委制定的规范性法律文件属于"部门规章"。该观点应当改为"《房屋登记办法》是部门规章"。

35.（1）法律实现是指法律的要求在社会生活中转化为现实；法律权利得到保护；法律义务得到履行；法的价值目标得到实现。

（2）影响法律实现的主要因素包括：①国家的阶级本质，以及法律反映统治阶级（在社会主义国家是工人阶级领导的广大人民）意志的程度。②现行法律与社会生活、归根到底是与经济发展相适应的程度。③国家机关活动中贯彻法治原则的程度。④社会成员的法律意识、法律文化水平。

（以上各点应联系实际充分论述。从其他角度正确论述的，亦可酌情给分——编者注）

36.（1）我国宪法和选举法规定，中华人民共和国年满18周岁的公民，不分民族、种族、性别、职业、家庭出身、宗教信仰、教育程度、财产状况、居住期限，都有选举权和被选举权；但是依照法律被剥夺政治权利的人除外。据此，王某可以行使其选举权和被选举权。

（2）我国选举法对人大代表的选举程序作出了明确规定。公民参选人大代表以及一切选举活动，都必须在法律规定的范围内，按照法律规定的程序进行。根据选举法，王某要成为正式代表候选人，需经过以下程序：首先，王某要在选区进行选民登记，由选举委员会审查和确认其选民资格。其次，王某需被推荐为代表候选人，其途径可由各政党、各人民团体联合或单独提出，也可由选民10人以上联名提出。最后，王某被提名为代表候选人后，要成为正式代表候选人，还需由选举委员会将代表候选人名单交选区选民小组协商、讨论后确定；如代表候选人超过法定最高差额比例，则需在选民小组协商、讨论后由选举委员会根据较多数选民意见加以确定或者由预选确定。

37.（1）言论自由是指用口头、文字或者行为表达思想、观点、主张的自由；言论自由是我国宪法保障的公民基本政治权利。

（2）言论自由有助于提供信息、传播思想、发现真理。它不仅为"舞文弄墨的人"所需要，对其他人也具有重要意义。

（3）言论自由是公民参与国家管理、监督政府的必要手段，能够规范公共权力，缓解社会矛盾，有利于社会的稳定。

（4）公民在行使言论自由时，不得损害国家的、社会的、集体的利益和其他公民的合法的自由和权利。

（从其他角度回答，观点鲜明、说理充分的，可酌情给分——编者注）

38.（1）《法律答问》在性质上属于法律解释，与秦律具有同等法律效力。

（2）材料1中的乙有法律责任。乙既然知道甲犯盗窃罪，又参与分赃，故应与甲承担同样的法律责任。

（3）材料 2 中的乙没有法律责任。乙虽然接受赃物，但对于甲犯盗窃罪并不知情，故不应承担法律责任。

（4）秦律规定的盗窃罪成立共犯的要件：①有无犯意（是否知情）；②是否分赃。

（未结合材料进行分析的，酌情扣分——编者注）

2011年全国法律硕士（法学）专业学位研究生入学联考专业基础课试题

一、**单项选择题**（第 1～20 小题，每小题 1 分，共 20 分。下列每题给出的四个选项中，只有一个选项是最符合题目要求的）

1. 下列选项中，属于单行刑法的是（　　）。

A. 《中华人民共和国刑法修正案（七）》

B. 全国人大常委会关于我国刑法第 313 条的解释

C. 我国《票据法》第 102 条关于票据欺诈行为刑事责任的规定

D. 全国人大常委会《关于惩治骗购外汇、逃汇和非法买卖外汇犯罪的决定》

2. 对于中华人民共和国缔结或者参加的国际条约所规定的罪行，中华人民共和国在所承担条约义务的范围内行使刑事管辖权的，适用（　　）。

A. 犯罪地国家的刑法　　　　　　　　B. 犯罪人国籍国的刑法

C. 中华人民共和国刑法　　　　　　　D. 国际条约缔结地国家的刑法

3. 甲冒充治安联防队员到某赌场"抓赌"，在赌徒慑于其联防队员身份而不敢反抗的情况下，"没收"赌资 5 万元。甲的行为构成（　　）。

A. 抢劫罪　　　　　　　　　　　　　B. 敲诈勒索罪

C. 诈骗罪　　　　　　　　　　　　　D. 抢夺罪

4. 下列有关犯罪行为方式与罪过关系的表述，正确的是（　　）。

A. 作为是故意的，不作为是过失的

B. 作为是故意的或过失的，不作为是过失的

C. 作为是直接故意的，不作为是间接故意的或过失的

D. 作为、不作为与故意、过失之间没有绝对的对应关系

5. 我国刑法理论一般认为，结合犯的典型情形是（　　）。

A. 甲罪＋乙罪＝丙罪　　　　　　　　B. 甲罪＋乙罪＝甲罪

C. 甲罪＋乙罪＝乙罪　　　　　　　　D. 甲罪＋甲罪＝甲罪

6. 对共同犯罪的停止形态起决定作用的是（　　）。

A. 实行犯的行为　　　　　　　　　　B. 教唆犯的行为

C. 组织犯的行为　　　　　　　　　　D. 主犯的行为

7. 依法被指定的枪支制造企业，在境内非法销售本企业制造的、射击精度不合格的枪支。该行为构成（　　）。

A. 非法制造、买卖枪支罪　　　　　B. 违规制造、销售枪支罪

C. 以危险方法危害公共安全罪　　　D. 生产、销售伪劣产品罪

8. 下列行为中，应按伪证罪定罪处罚的是（　　）。

A. 甲捏造事实，向公安机关检举余某奸淫幼女

B. 乙担任被告人文某的辩护人，伪造证据，意图使文某逃避刑事处罚

C. 丙在进行遗嘱真伪鉴定时，故意作出虚假鉴定结论，造成法院错判

D. 丁在为犯罪嫌疑人申某作哑语翻译时，故意进行错误翻译，致申某无罪释放

9. 甲公司用伪造的产权证明作担保，向某商业银行借款 3 000 万元用于生产经营。后因经营不善，导致该笔款项无法归还。甲公司的行为（　　）。

A. 不构成犯罪　　　　　　　　　　B. 构成贷款诈骗罪

C. 构成骗取贷款罪　　　　　　　　D. 构成合同诈骗罪

10. 普通公民甲采用暴力方法阻碍军官周某依法执行军事职务。甲的行为应定为（　　）。

A. 阻碍军人执行职务罪　　　　　　B. 阻碍执行军事职务罪

C. 妨害公务罪　　　　　　　　　　D. 寻衅滋事罪

11. 下列行为中，属于事实行为的是（　　）。

A. 立遗嘱　　　　　　　　　　　　B. 修缮邻居的房屋

C. 喂养自家耕牛　　　　　　　　　D. 招待朋友的客人

12. 根据《物权法》的规定，以下列财产设定抵押，抵押权自登记时成立的是（　　）。

A. 正在建造的船舶　　　　　　　　B. 正在制造的设备

C. 正在建造的建筑物　　　　　　　D. 正在建造的航空器

13. 甲将自有的已达到报废标准的小汽车卖给乙，乙在驾驶该车时不慎将丙撞伤。根据《侵权责任法》的规定，丙的损失应当（　　）。

A. 由甲承担　　　　　　　　　　　B. 由乙承担

C. 由甲、乙承担连带责任　　　　　D. 由甲、乙承担按份责任

14. 甲在其宅基地上建造房屋。现房屋已建成，并办理了登记手续。甲取得房屋所有权的时间是（　　）。

A. 房屋开始建造时　　　　　　　　B. 房屋建造完成时

C. 申请房屋登记时　　　　　　　　D. 登记手续完成时

15. 2007 年 5 月，甲向乙借款 10 万元。同年 10 月，乙要求甲在 2008 年 10 月 1 日前还款，甲同意。后甲未按期还款。2008 年 11 月 1 日，甲请求乙将还款期限延长 1 年，乙未同意。因甲迟迟未还款，乙拟提起诉讼。本案诉讼时效期间的起算点是（　　）。

A. 2008 年 10 月 1 日　　　　　　　B. 2008 年 10 月 2 日

C. 2008 年 11 月 1 日　　　　　　　D. 2008 年 11 月 2 日

16. 抵押期间，抵押财产毁损、灭失或者被征收等，抵押权人可以就获得的保险金、

赔偿金或者补偿金等优先受偿。这体现了担保物权的（   ）。

   A. 物上代位性   B. 追及性

   C. 排他性   D. 不可分性

17. 甲不慎丢失贵重首饰后，在媒体上发布悬赏广告，称"若有归还者，给付酬金1 000 元"。乙拾得首饰并归还给甲。几天后，乙看到甲此前发布的悬赏广告，遂要求甲支付酬金1 000 元，甲拒绝。根据法律规定（   ）。

   A. 甲没有义务支付承诺的酬金，因为归还遗失物是乙的法定义务

   B. 甲没有义务支付承诺的酬金，因为乙归还首饰时未提出此项要求

   C. 甲有义务支付乙的保管费用，但没有义务支付承诺的酬金

   D. 甲有义务支付承诺的酬金，因为悬赏广告对甲具有法律约束力

18. 甲受乙委托为乙画了一幅肖像，双方未约定该画著作权的归属。乙去世后，其继承人丙将该画卖给丁，丁未经任何人同意将该画复制出售。丁的行为（   ）。

   A. 侵犯了甲的著作权   B. 侵犯了乙的著作权

   C. 侵犯了丙的著作权   D. 属于合法行使权利

19. 根据法律规定，保证人不承担保证责任的情形是（   ）。

   A. 主债权未经保证人书面同意而转让

   B. 主债务未经保证人书面同意而转让

   C. 债权人与债务人协议变更主合同的履行期

   D. 债权人与债务人协议变更主合同的标的额

20. 下列事实中，能够形成不当得利之债的是（   ）。

   A. 提前偿还所欠他人债务   B. 养子女给付生父母赡养费

   C. 明知不欠他人钱款而为给付   D. 依合同支付货款后合同被撤销

二、多项选择题（第21～30 小题，每小题2 分，共20 分。下列每题给出的四个选项中，至少有两个选项是符合题目要求的。多选、少选或错选均不得分）

21. 2000 年最高人民法院《关于审理抢劫案件具体应用法律若干问题的解释》中规定："抢劫正在使用中的银行或者其他金融机构的运钞车的，视为'抢劫银行或者其他金融机构'。"该解释属于（   ）。

   A. 扩张解释   B. 有权解释   C. 文理解释   D. 当然解释

22. 下列选项中，属于犯罪构成必要要素的有（   ）。

   A. 罪过   B. 犯罪动机   C. 危害结果   D. 危害行为

23. 下列情形中，构成非国家工作人员受贿罪的有（   ）。

   A. 医务人员甲收受某药品生产企业数额较大的财物后，在开处方时大量使用该企业的药品

   B. 教师乙收受某出版社数额较大的财物后，在教学中指定学生购买该出版社的教学辅导书

   C. 村民委员会主任丙收受自己表弟数额较大的财物后，在生育指标管理工作中帮其办理超指标生育证

   D. 评标委员会中的特邀专家丁收受某竞标人数额较大的财物后，在评标活动中为其

成功竞标创造条件

24．下列情形中，应当认定为立功的有（　　　）。

A．甲因拐卖儿童被捕后，协助公安机关抓获其他同案犯

B．派出所所长乙因受贿被捕后，主动提供被其隐瞒下来的夏某抢劫犯罪线索，使该抢劫案得以侦破

C．丙因共同盗窃被捕后，主动提供同案犯陈某强奸犯罪线索，使该强奸案得以侦破

D．丁因贪污被取保候审后，向缉毒警察刘某购买他人贩毒犯罪线索，并提供给司法机关，该线索经查证属实

25．下列犯罪中，应按数罪并罚原则处理的有（　　　）。

A．参加恐怖活动组织又杀人的

B．拐卖妇女的过程中奸淫被拐卖的妇女的

C．杀害被保险人，骗取保险金数额巨大的

D．在走私犯罪过程中采用暴力方法抗拒缉私人员缉私的

26．根据《侵权责任法》的规定，患者在诊疗活动中受到损害，推定医疗机构有过错的情形包括（　　　）。

A．医疗机构销毁病历资料

B．医疗机构伪造、篡改病历资料

C．医疗机构隐匿与纠纷有关的病历资料

D．医疗机构拒绝提供与纠纷有关的病历资料

27．甲购买乙的房屋一套。签约当天，甲支付了全部房款，乙将房屋交付给甲。几天后，甲开始装修房屋。在装修过程中，乙通知甲立即停止装修，因房屋已卖给丙并办理了过户登记手续。根据法律规定，乙向甲承担违约责任的方式包括（　　　）。

A．返还房款　　　　　　　　　　B．继续履行

C．赔偿装修费用　　　　　　　　D．赔偿因房价上涨造成的损失

28．甲公司在床单、被罩等床上用品上注册了"栀子花"商标。下列未经许可的行为中，构成侵权的有（　　　）。

A．某企业将"栀子花"注册为童装的商标并予以使用

B．某公司将"栀子花"商标用在其生产的床单的外包装上

C．某商场将假冒"栀子花"商标的枕套用作促销活动的赠品

D．某公司购买甲公司的"栀子花"牌床罩后，将"栀子花"改为"玉兰花"并重新包装销售

29．赵某死亡，遗产由其父甲、其母乙、其妻丙和其子丁继承，当时丙已怀孕。上述继承人在继承时为胎儿保留了必要的继承份额。丙分娩时，胎儿死于母体内。有权继承为该胎儿所保留份额的人包括（　　　）。

A．甲　　　　　　　B．乙　　　　　　　C．丙　　　　　　　D．丁

30．甲与某影楼约定：影楼免费为甲拍摄艺术照，同时有权选择其中的一套照片用于制作影楼的宣传画册。后甲发现自己的照片出现在某整容医院的广告中。经查，该照片系整容医院从影楼购得。根据法律规定（　　　）。

A. 影楼的行为构成违约
B. 影楼的行为侵犯了甲的肖像权
C. 整容医院的行为侵犯了甲的隐私权
D. 整容医院的行为侵犯了甲的肖像权

三、简答题（第 31～34 小题，每小题 10 分，共 40 分）

31. 简述刑事责任的解决方式。

32. 简述生产、销售伪劣产品罪的行为方式。

33. 简述非法人组织的概念及应具备的要件。

34. 简述地役权与相邻关系的区别。

四、论述题（第 35～36 小题，每小题 15 分，共 30 分）

35. 试论犯罪既遂的认定。

36. 试论情势变更原则。

五、案例分析题（第 37～38 小题，每小题 20 分，共 40 分）

37. 甲承包经营某国有企业内部招待所。由于招待所生意不好，甲找来乙协商，由甲负责提供场所和管理，乙负责物色卖淫女。乙找来 6 名女性后，甲随即安排这些女性从事卖淫活动，并抽取 50％的嫖资作为"管理费"。甲、乙平分非法所得。公安机关接到举报后，拘留了甲和乙，同时抓获了正在招待所内嫖娼的丙和卖淫女丁。

另查明：丙先后 3 次到此嫖娼（其中一次，丙明知对方为 13 周岁的初中女生而与之进行了性交易）；丙和丁均患有梅毒。

请根据刑法的规定和理论，结合上述案情分析：

（1）甲、乙行为的性质，并请说明理由。

（2）丙、丁行为的性质，并请说明理由。

38. 王某与张某原系夫妻关系。2007 年 1 月 16 日，为给王某治病，张某以自己的名义向赵某借款 3 万元，约定于 2007 年 5 月 16 日偿还，并出具借条一张。孙某以保证人的身份在借条上签字，但未与赵某约定保证方式、保证期间和保证范围。债务到期后，张某未偿还借款。2007 年 7 月 5 日，王某与张某协议离婚，双方约定由张某负责偿还欠赵某的 3 万元借款。因张某一直未偿还欠款，赵某遂于 2007 年 12 月 19 日诉至法院，请求张某、王某和孙某共同偿还此笔欠款。

根据上述案情，请回答：

（1）张某以自己的名义向赵某所借款项是否属于夫妻共同债务？为什么？

（2）本案保证合同的保证方式和保证范围如何确定？请说明理由。

（3）王某与张某离婚协议中关于偿还欠款的约定的法律效力如何？

（4）孙某是否应当承担保证责任？为什么？

2011 年全国法律硕士（法学）专业学位研究生入学联考专业基础课试题答案解析

一、单项选择题

1. D

【解析】单行刑法是最高国家权力机关制定的有关某一类犯罪及其后果或者刑法某一事项的法律，现行有效的单行刑法仅仅有一部：1998 年全国人大常委会颁布的《关于惩治骗购外汇、逃汇和非法买卖外汇犯罪的决定》。可见，选 D 项。《刑法修正案》属于刑法典的组成部分，而不是单行刑法，故不选 A 项。全国人大常委会关于我国《刑法》第 313 条的解释是立法解释，而不是单行刑法，故不选 B 项。附属刑法是指在经济、行政等非专门刑事法中附带规定的一些关于犯罪与刑罚或追究刑事责任的条款，我国《票据法》第 102 条关于票据欺诈行为刑事责任的规定属于附属刑法，而不是单行刑法，故不选 C 项。

2. C

【解析】《刑法》第 9 条规定，对于中华人民共和国缔结或者参加的国际条约所规定的罪行，中华人民共和国在所承担条约义务的范围内行使刑事管辖权的，适用本法。据此，选 C 项。

3. B

【解析】甲冒充治安联防队员"抓赌"，赌徒慑于甲联防队员身份而不敢反抗，被甲"没收"了 5 万元赌资，甲的行为构成敲诈勒索罪，选 B 项。甲的行为不构成抢劫罪，虽然甲具有非法占有的目的，但甲能够"没收"赌资是因为甲的联防队员的身份，赌徒害怕他们的把柄被甲抓住，这和抢劫罪中行为人当场使用胁迫方法不同，故不选 A 项。甲的行为不构成诈骗罪，因为诈骗罪的客观表现是采取虚构事实和隐瞒真相的方法，使被害人受蒙蔽而"心甘情愿"地交出财物，而本题中赌徒并非"心甘情愿"地交出财物，故不选 C 项。甲的行为不构成抢夺罪，因为抢夺罪是"乘其不备"而劫取财物，本题表述的情形不符合抢夺罪的构成特征，故不选 D 项。

4. D

【解析】作为与不作为是危害行为在客观上的两种基本形式，故意与过失是行为人实施危害行为时主观态度的两种基本形式，不能把作为与不作为的划分同故意与过失的划分相混淆，实际上，作为和不作为都是既有故意，也有过失，例如，故意杀人与过失致人死亡，都可以由作为方式构成，也都可以由不作为方式构成。故 D 项表述正确。

5. A

【解析】结合犯是指两个以上各自独立的犯罪行为，根据刑法的明文规定，结合成另一个独立新罪的犯罪形态。数个独立的犯罪结合成一个新罪的方式是：甲罪＋乙罪＝丙罪（或甲乙罪），丙罪就是结合犯。可见，选 A 项。对于甲罪＋乙罪＝甲罪（或乙罪）是否属于结合犯，考试分析一书持否定态度，因为该书认为，结合犯的结果是必须结合成一个"新罪"，而甲罪或乙罪并非新罪。可见，不选 B、C 项。结合犯的特点之一是数个独立的犯罪结合成一个新罪，数个独立的犯罪是指各自具有自己罪名的犯罪，数个独立犯罪的罪名是不相同的，相同罪名无法成为结合犯。可见，不选 D 项。需要注意的是：（1）"甲罪＋乙罪＝丙罪"构成结合犯，对此学界并无争议，争议较多的在于结合成的一罪是否构成新罪。此外，有的学者认为，绑架杀人属于结合犯，《刑法》第240 条规定的"奸淫被拐卖的妇女"可以理解为结合犯，但考试大纲认为我国目前尚无结合犯的规定。（2）对于"甲罪＋乙罪＝甲乙罪"是否构成结合犯，有的观点认为这种结构形式不构成结合犯，但考试分析一书认为这种结构形式也是结合犯。

6. A

【解析】对共同犯罪的停止形态起决定作用的是实行犯的行为，在共同实行犯罪的场合，实行犯的作用自不待言，在复杂共同犯罪场合，通常整个共同犯罪的进程也就是"从属于实行犯"的进程。可见，选 A 项。

7. B

【解析】《刑法》第126 条规定，依法被指定、确定的枪支制造企业、销售企业，违反枪支管理规定，有下列行为之一的，构成违规制造、销售枪支罪：（1）以非法销售为目的，超过限额或者不按照规定的品种制造、配售枪支的；（2）以非法销售为目的，制造无号、重号、假号的枪支的；（3）非法销售枪支或者在境内销售为出口制造的枪支的。本题中，依法被指定的枪支制造企业在境内非法销售本企业制造的、射击精度不合格的枪支，构成违规制造、销售枪支罪，选 B 项。非法制造、买卖枪支罪中的"非法制造"是指未经国家有关部门批准，私自制造枪支的行为；"非法买卖"是指未经国家有关部门批准，以金钱或实物作价，私自购买或者销售枪支的行为。本题中，犯罪主体是"依法被指定的枪支制造企业"，而不是未经国家有关部门批准而私自制造、买卖的一般主体，故不构成非法制造、买卖枪支罪，不选 A 项。违规制造、销售枪支罪的犯罪对象是枪支，而生产、销售伪劣产品罪的"产品"不包括枪支，故不选 D 项。

8. D

【解析】本题 A 项表述中，甲的行为构成诬告陷害罪，故不选 A 项。《刑法》第305 条规定，伪证罪是指在刑事诉讼中，证人、鉴定人、记录人、翻译人对与案件有重要关系的情节，故意作虚假证明、鉴定、记录、翻译，意图陷害他人或者隐匿罪证的行为。可见，只有刑事诉讼中的证人、鉴定人、记录人和翻译人才能成为伪证罪的主体，不包括辩护人，故选 D 项，不选 B 项。本题 C 项表述中，丙对遗嘱的真伪进行鉴定，发生于民事诉讼中，而不是刑事诉讼中，故不选 C 项。

9. C

　　【解析】《刑法》第 175 条之一规定，以欺骗手段取得银行或者其他金融机构贷款，给银行或者其他金融机构造成重大损失或者有其他严重情节的，构成骗取贷款罪。据此，本题中，甲公司用伪造的产权证明作担保骗取商业银行贷款 3 000 万元，构成骗取贷款罪，故选 C 项，不选 A 项。甲公司的行为不构成贷款诈骗罪，因为贷款诈骗罪的犯罪主体是自然人，单位不能成为贷款诈骗罪的犯罪主体，故不选 B 项。合同诈骗罪须以"非法占有为目的"，而骗取贷款罪行为人在骗取贷款时并不具有非法占有目的，故甲公司的行为不构成合同诈骗罪，不选 D 项。

10. A

　　【解析】《刑法》第 368 条规定，阻碍军人执行职务罪是指以暴力、威胁方法对依法执行军事职务的军人进行妨碍、阻挠的行为。据此，选 A 项。《刑法》第 426 条规定，阻碍执行军事职务罪是指以暴力、威胁方法阻碍指挥人员或者值班、值勤人员执行职务的行为。阻碍执行军事职务罪属于军职犯罪，犯罪主体应当是军人，而本题表述的甲是普通公民，因此其行为不构成阻碍执行军事职务罪，故不选 B 项。

11. B

　　【解析】事实行为是指行为人主观上不一定具有发生、变更或消灭民事法律关系的意思，但客观上能够引起这种法律后果的行为。事实行为不以意思表示为构成要件，以区别于民事法律行为。立遗嘱的行为属于民事法律行为，而不是事实行为，不选 A 项。修缮邻居房屋的行为，行为人主观上不一定具有发生、变更或消灭民事法律关系的意思，但客观上能够导致无因管理的法律后果，故 B 项表述为事实行为，选 B 项。事实行为虽然行为人主观上不具有发生、变更或消灭民事法律关系的意思，但毕竟在客观上能够引起法律后果，可是 C、D 项的表述根本不能产生任何法律后果，故不选 C、D 项。

12. C

　　【解析】抵押权的设立有登记生效主义和登记对抗主义两种立法模式。对于以不动产和不动产权利设定抵押权的，采取登记生效主义，未经登记，不发生抵押权效力。对于以动产设定抵押权的，采取登记对抗主义，未经登记，不得对抗善意第三人。《民法典》第 402 条规定，以本法第 395 条第 1 款第 1 项至第 3 项规定的财产或者第 5 项规定的正在建造的建筑物抵押的，应当办理抵押登记。抵押权自登记时设立。据此，备选项中，只有 C 项表述的财产是不动产，以其设定的抵押权自登记时成立，故选 C 项。

13. C

　　【解析】《民法典》第 1214 条规定，以买卖或者其他方式转让拼装或者已经达到报废标准的机动车，发生交通事故造成损害的，由转让人和受让人承担连带责任。据此，本题表述中，甲是已达到报废标准的小汽车的出卖人（转让人），乙是受让人，乙在驾驶该小汽车时将丙撞伤，甲、乙应当承担连带责任。可见，选 C 项。

14. B

　　【解析】《民法典》第 231 条规定，因合法建造、拆除房屋等事实行为设立或者消灭物权的，自事实行为成就时发生效力。本题中，甲在其宅基地上建造房屋的行为属于事实行为，并办理了登记，系合法建造，对于建造房屋这一事实行为应自事实行为成就时发生效力，即房屋建造完成时，甲就可以取得房屋所有权。故选 B 项。

15．D

【解析】《民法典》第 195 条规定，有下列情形之一的，诉讼时效中断，从中断、有关程序终结时起，诉讼时效期间重新计算：（1）权利人向义务人提出履行请求；（2）义务人同意履行义务；（3）权利人提起诉讼或者申请仲裁；（4）与提起诉讼或者申请仲裁具有同等效力的其他情形。义务人作出分期履行、部分履行、提供担保、请求延期履行、制定清偿债务计划等承诺或者行为的，应当认定为《民法典》第 195 条第 2 项规定的"义务人同意履行义务"。据此，本题表述中，甲在 2008 年 11 月 1 日请求乙延长还款期限，则诉讼时效中断，诉讼时效应当从 2008 年 11 月 1 日的次日起算。可见，选 D 项。

16．A

【解析】担保物权具有从属性、不可分性、物上代位性和优先受偿性四个特征。《民法典》第 390 条规定，担保期间，担保财产毁损、灭失或者被征收等，担保物权人可以就获得的保险金、赔偿金或者补偿金等优先受偿。被担保债权的履行期限未届满的，也可以提存该保险金、赔偿金或者补偿金等。此为担保物权之物上代位性之规定，选 A 项。

17．D

【解析】《民法典》第 317 条第 2 款规定，权利人悬赏寻找遗失物的，领取遗失物时应当按照承诺履行义务。据此，甲有义务支付承诺的 1 000 元酬金。可见，选 D 项。虽然归还遗失物是乙的法定义务，但是根据《民法典》第 317 条第 2 款规定，甲有义务支付承诺的酬金。可见，A、B、C 项表述错误。

18．A

【解析】《著作权法》第 17 条规定，受委托创作的作品，著作权的归属由委托人和受托人通过合同约定。合同未作明确约定或者没有订立合同的，著作权属于受托人。据此，本题中，甲、乙未就肖像画的归属作出约定，则肖像画的著作权应归受托人甲，乙去世后，其继承人将画卖给丁，丁未经著作权人甲同意便予以复制，侵犯了甲的著作权。可见，选 A 项。

19．B

【解析】《民法典》第 696 条第 1 款规定，债权人转让全部或者部分债权，未通知保证人的，该转让对保证人不发生效力。据此，债权人转让债权不必取得保证人书面同意，但须通知保证人。可见，A 项表述已不符合《民法典》规定，因而无法判断保证人是否承担保证责任。《民法典》第 697 条第 1 款规定，债权人未经保证人书面同意，允许债务人转移全部或者部分债务，保证人对未经其同意转移的债务不再承担保证责任，但是债权人和保证人另有约定的除外。据此，债务人未经保证人书面同意而转让债务的，保证人不再承担保证责任。可见，选 B 项。《民法典》第 695 条规定，债权人和债务人未经保证人书面同意，协商变更主债权债务合同内容，减轻债务的，保证人仍对变更后的债务承担保证责任；加重债务的，保证人对加重的部分不承担保证责任。债权人和债务人变更主债权债务合同的履行期限，未经保证人书面同意的，保证期间不受影响。据此，不选 C、D 项。

20．D

【解析】对于给付的目的嗣后不存在的，即当事人一方给付原来是有法律上或者合同上的根据的，但由于给付后该法律根据丧失或者目的不存在了，因给付而取得的财产利益也就成为无法律原因的受益。D 项表述就属于给付目的不存在而产生的不当得利，故选 D 项。不当得利可因给付而发生，但下列给付不能依据不当得利主张返还：（1）期前清偿，即履行期限到来之前清偿债务。可见，A 项表述不能形成不当得利，故不选 A 项。（2）对于履行道德义务而为的给付。如对无扶养义务的亲属误以为有扶养义务而予以扶养（养子女给付生父母赡养费最为典型）；亲朋好友的婚丧庆吊；对超过诉讼时效的债务进行清偿；对于救助其生命的无因管理行为给付的报酬等。可见，B 项表述不能形成不当得利，故不选 B 项。（3）明知不欠债而清偿。可见，C 项表述不能形成不当得利，故不选 C 项。（4）基于不法原因的给付。如行贿受贿；夫妻一方与他人通奸，向发现者支付金钱；用金钱收买杀手；赌博之债等。

二、多项选择题

21. AB

【解析】对于抢劫银行或其他金融机构的，以抢劫罪加重处罚，这里的"银行或其他金融机构"，包括国有银行、民营银行、外国在我国设立的银行以及证券公司、保险公司、信托投资公司、信用社等。2000 年《最高人民法院关于审理抢劫案件具体应用法律若干问题的解释》又对"银行或其他金融机构"作了扩张性解释，即将"抢劫正在使用中的银行或者其他金融机构的运钞车的，视为'抢劫银行或者其他金融机构'"。可见，选 A 项。刑法上的有权解释包括立法解释和司法解释，2000 年《最高人民法院关于审理抢劫案件具体应用法律若干问题的解释》属于司法解释。可见，选 B 项。根据解释的方法，刑法解释可以分为文理解释和论理解释，文理解释是根据条文的字面含义进行的说明，该解释是既不扩大也不缩小范围的解释。本题表述的司法解释为扩大解释，明显与文理解释相反，故不选 C 项。当然解释属于论理解释的一种，是指刑法规定虽未明示某一事项，但依规范目的、事物属性和形式逻辑，将该事项当然包括在该规范适用范围之内的解释。题干表述的司法解释是扩大解释，该解释超出了刑法规范适用范围，明显不是当然解释，故不选 D 项。

22. AD

【解析】犯罪是由犯罪客体、犯罪客观方面、犯罪主体、犯罪主观方面四要件构成的，其中，犯罪客体、犯罪客观方面的危害行为、犯罪主体、犯罪主观方面的故意和过失（统称为"罪过"）属于犯罪构成的必要要素，而行为对象、行为的危害结果以及犯罪的时间、地点和方法，犯罪主观方面的相关的犯罪动机、犯罪目的则是构成犯罪的选择性要素。可见，选 A、D 项。

23. ABD

【解析】非国家工作人员受贿罪是指公司、企业或者其他单位的工作人员利用职务上的便利，索取他人财物或者非法收受他人财物，为他人谋取利益，数额较大的行为。根据《最高人民法院、最高人民检察院关于办理商业贿赂刑事案件适用法律若干问题的意见》规定，下列情形以非国家工作人员受贿罪定罪处罚：（1）医疗机构中的医务人员，利用开处方的职务便利，以各种名义非法收受药品、医疗器械、医用卫生材料等医药产品销售方财物数额较大，为医药产品销售方谋取利益的；（2）学校及其他教育机构中的非国家工作人员，在教材、教具、校服或者其他物品的采购等活动中，利用职务上的便利，索取销售方财物，或者非法收受销售方数额较大财物，为销售方谋取利益的；（3）学校及其他教育机构中的教师，利用教学活动的职务便利，以各种名义非法收受教材、教具、校服或者其他物品销售方财物数额较大，为教材、教具、校服或者其他物品销售方谋取利益的；（4）依法组建的评标委员会、竞争性谈判采购中谈判小组、询价采购中询价小组的组成人员，在招标、政府采购等事项的评标或者采购活动中，索取他人财物或者非法收受他人财物数额较大，为他人谋取利益的。根据上述规定，选 A、B、D 项。全国人大常委会《关于〈中华人民共和国刑法〉第九十三条第二款的解释》规定，村民委员会等基层组织人员协助人民政府从事有关计划生育、户籍、征兵工作等公务，利用职务上的便利索取他人财物或者非法收受他人财物，以受贿罪定罪处罚。据此，C 项表述中丙的行为构成受贿罪，不选 C 项。

24. AC

【解析】《刑法》第 68 条规定，犯罪分子有揭发他人犯罪行为，查证属实的，或者提供重要线索，从而得以侦破其他案件等立功表现的，可以从轻或者减轻处罚；有重大立功表现的，可以减轻或者免除处罚。《最高人民法院关于处理自首和立功具体应用法律若干问题的解释》第 5 条规定，根据《刑法》第 68 条的规定，犯罪分子到案后有检举、揭发他人犯罪行为，包括共同犯罪案件中的犯罪分子揭发同案犯共同犯罪以外的其他犯罪，经查证属实；提供侦破其他案件的重要线索，经查证属实；阻止他人犯罪活动；协助司法机关抓捕其他犯罪嫌疑人（包括同案犯）；具有其他有利于国家和社会的突出表现的，应当认定为有立功表现。据此，A 项表述中，甲协助公安机关抓获同案犯，构成立功，选 A 项。B 项表述中，派出所所长乙提供被其隐瞒下来的夏某抢劫犯罪线索，不构成立功，因为乙具有派出所所长这一特定的身份，抓捕或协助抓捕犯罪嫌疑人是其法定应尽的职责，其不作为便是违法甚至可能构成犯罪，应受相应的处罚。因此，乙在因其他案件被审查归案后提供以前所隐瞒的线索，只是其主动如实交代其以前不作为的违法或犯罪行为，可作为对其不作为的违法或犯罪行为从轻处罚的情节，而不能在另外案件中认定为立功。故不选 B 项。C 项表述中，丙在共同犯罪案件中揭发同案犯共同犯罪以外的强奸案，构成立功，选 C 项。D 项表述中，丁通过非法手段获取证据提供给司法机关并得以侦破案件的行为不构成立功，不选 D 项。

25. ACD

【解析】《刑法》第 120 条第 2 款规定，犯组织、领导、参加恐怖组织罪并实施杀人、爆炸、绑架等犯罪的，依照数罪并罚的规定处罚。据此，选 A 项。《刑法》第 240 条第 1 款第 3 项规定，在拐卖妇女的过程中奸淫被拐卖的妇女的，以拐卖妇女罪加重处罚，即仍定拐卖妇女罪，不另定强奸罪，也不数罪并罚，故不选 B 项。《刑法》第 198 条第 2 款规定，有第 1 款第 4 项（投保人、被保险人故意造成财产损失的保险事故，骗取保险金的）、第 5 项（投保人、受益人故意造成被保险人死亡、伤残或者疾病，骗取保险金的）规定的情形，同时构成其他犯罪的，依照数罪并罚的规定处罚。据此，杀害被保险人骗取数额巨大保险金的，应当以故意杀人罪和保险诈骗罪数罪并罚，选 C 项。《刑法》第 157 条第 2 款规定，以暴力、威胁方法抗拒缉私的，以走私罪和本法第 277 条规定的阻碍国家机关工作人员依法执行职务罪，依照数罪并罚的规定处罚。据此，选 D 项。

26. ABCD

【解析】《民法典》第 1222 条规定，患者在诊疗活动中受到损害，有下列情形之一的，推定医疗机构有过错：（1）违反法律、行政法规、规章以及其他有关诊疗规范的规定；（2）隐匿或者拒绝提供与纠纷有关的病历资料；（3）遗失、伪造、篡改或者违法销毁病历资料。据此，备选项应全选。值得注意的是，本题标准答案为 A、B、C、D 项，但是，根据《民法典》规定，只有"违法"销毁病历资料的，才推定医疗机构有过错。

27. ACD

【解析】本题涉及"一房二卖"的问题，在"一房二卖"案件中，两个买卖合同都是有效的，谁办理了房产过户登记手续，谁就取得了房屋的所有权，但是没有取得房屋所有权的买受人有权请求出卖人承担违约责任。《民法典》第 577 条规定，当事人一方不履行合同义务或者履行合同义务不符合约定的，应当承担继续履行、采取补救措施或者赔偿损失等违约责任。这里的"等"，包括返还房款，选 A 项。本题中，丙取得了房屋的所有权，甲请求乙继续履行合同显然不可能，不选 B 项。《民法典》第 583 条规定，当事人一方不履行合同义务或者履行合同义务不符合约定的，在履行义务或者采取补救措施后，对方还有其他损失的，应当赔偿损失。据此，乙还要赔偿甲的装修费用，选 C 项。《民法典》第 584 条规定，当事人一方不履行合同义务或者履行合同义务不符合约定，造成对方损失的，损失赔偿额应当相当于因违约所造成的损失，包括合同履行后可以获得的利益；但是，不得超过违约一方订立合同时预见到或者应当预见到的因违约可能造成的损失。据此，可预见性的损失也属于违约赔偿的范围，本题中，因房价上涨造成的损失属于可预见范围内的损失，故选 D 项。

28. BCD

【解析】《商标法》第 57 条规定，有下列行为之一的，均属侵犯注册商标专用权：（1）未经商标注册人的许可，在同一种商品上使用与其注册商标相同的商标的；（2）未经商标注册人的许可，在同一种商品上使用与其注册商标近似的商标，或者在类似商品上使用与其注册商标相同或者近似的商标，容易导致混淆的；（3）销售侵犯注册商标专用权的商品的；（4）伪造、擅自制造他人注册商标标识或者销售伪造、擅自制造的注册商标标识的；（5）未经商标注册人同意，更换其注册商标并将该更换商标的商品又投入市场的；（6）故意为侵犯他人商标专用权行为提供便利条件，帮助他人实施侵犯商标专用权行为的；（7）给他人的注册商标专用权造成其他损害的。根据上述规定（1），B 项表述构成商标侵权。根据上述规定（4），C 项表述构成商标侵权。根据上述规定（5），D 项表述构成商标侵权。可见，选 B、C、D 项。不选 A 项，因为构成侵害商标专用权的行为的表现之一就是在"同一种"商品或"类似"商品上使用与注册商标相同的商标，但 A 项表述中，某企业将"栀子花"商标注册在童装上，而非床单或被罩上，故不构成商标侵权。

29. ABCD

【解析】《民法典》第 1155 条规定，遗产分割时，应当保留胎儿的继承份额。胎儿娩出时是死体的，保留的份额按照法定继承办理。据此，为胎儿保留的遗产份额，如胎儿娩出后死亡的，由其继承人继承；如胎儿娩出时就是死体的，由被继承人的继承人继承。因此，本题中，由于胎儿死于母体内，为胎儿保留的份额应由被继承人赵某的继承人继承，即由其父甲、其母乙、其妻丙和其子丁继承。可见，备选项应全选。

30. ABD

【解析】本题中，甲与影楼约定，影楼有权选择一套照片用于制作影楼的宣传画册，但影楼却将照片出售，影楼的做法违反了约定，构成违约。可见，选A项。影楼将照片出售给某整容医院以谋利，侵犯了甲的肖像权，而整容医院用甲的照片做广告，也侵犯了甲的肖像权。可见，选B、D项。整容医院的行为并未侵犯甲的隐私权，不选C项。

三、简答题

31. 刑事责任的解决方式主要有以下几种：

（1）定罪判刑方式。人民法院对行为人判决有罪，同时处以某种刑罚。这是解决刑事责任的主要方式。

（2）定罪免刑方式。人民法院对行为人作出有罪判决，同时宣告免除刑罚。

（3）消灭处理方式。行为人的行为已经构成犯罪，应负刑事责任，但由于法定事由的存在，使刑事责任归于消灭，如行为人死亡、超过追诉时效等。

（4）转移处理方式。即具备特定身份的外国人，依据我国《刑法》规定，其刑事责任通过外交途径解决。

32. 生产、销售伪劣产品罪的行为方式包括：

（1）在产品中掺杂、掺假，即在产品中掺入杂质或异物，使产品质量达不到相关标准规定的质量要求，降低或者失去应有的使用功能。

（2）以假充真，即以不具有某种使用性能的产品冒充具有该使用性能的产品。

（3）以次充好，即以低等级、低档次产品冒充高等级、高档次产品，或以残次、废旧零配件拼装后冒充正品、新产品。

（4）以不合格产品冒充合格产品，即以不符合产品质量标准的产品冒充符合产品质量标准的产品。"不合格产品"指不符合我国产品质量法规定的产品质量要求的产品。

33. 非法人组织是不具有法人资格，但是能够依法以自己的名义从事民事活动的组织。

非法人组织应具备的要件包括：（1）须为有自己目的的社会组织。（2）须有自己的名称。（3）须有自己能支配的财产或者经费。（4）应设有代表人或者管理人。

（本答案依据《民法典》第102条规定对"非法人组织"的概念作出了修正——编者注）

34. 地役权和相邻关系的区别是：

（1）法律性质不同。地役权是一种独立的用益物权；相邻关系不是一种独立的物权类型，体现的是所有权的扩张和限制。

（2）发生依据不同。地役权是基于合同的约定产生的；相邻关系是基于法律的直接规定产生的。

（3）调整范围不同。地役权调整的是不动产所有人或使用人之间的关系，不以不动产相邻为必要；相邻关系调整的是相邻的不动产所有人或使用人之间的关系。

（4）调节限度不同。相邻关系是对不动产利用的最低限度的调节；与相邻关系相比，地役权制度赋予了当事人在相邻关系之外的自治空间。

（5）有无对价不同。相邻关系通常是无偿的；地役权的设立既可以是有偿的，也可以是无偿的，取决于当事人的合意。

（6）存续期间不同。相邻关系具有永久性和一时性相结合的特征；地役权的存续期间可由当事人约定，并可设定永久地役权。

四、论述题

35. 犯罪既遂是指行为人的行为完整地实现了刑法分则条文所规定的某一具体犯罪的全部构成事实。

（1）犯罪既遂的认定标准。关于犯罪既遂的认定标准，在理论上有如下三种主张：①结果说（或客观说）。该说认为犯罪既遂是指故意实施犯罪行为并造成了法律规定的犯罪结果的形态。因此，既遂与未遂的区分标准就在于是否出现了法律规定的犯罪结果，出现犯罪结果的是犯罪既遂。②目的说（或主观说）。该说认为犯罪既遂是指行为人故意实施犯罪行为并实现其犯罪目的的形态。因此，既遂与未遂的区分标准在于行为人是否实现了其犯罪目的。③构成要件说（构成要件齐备或符合说）。该说认为犯罪既遂是指行为人故意实施的犯罪行为，具备了犯罪构成的全部要件的形态。因此，犯罪既遂与否的标准在于犯罪行为是否具备了犯罪构成的全部要件。

（2）犯罪既遂构成标准采用犯罪构成要件说。犯罪类型分为举动犯、行为犯、危险犯和结果犯。结果说、目的说不能判断举动犯、行为犯、危险犯的犯罪既遂。构成要件说以行为是否符合刑法分则的具体犯罪的全部构成要件为标准，能够适用于全部故意犯罪既遂的认定，比较可取。

（3）具体认定标准。依据构成要件说：①举动犯，只要行为人实施了法定的举动，就构成犯罪既遂；②行为犯，只要行为人将法定行为实施完毕，就构成犯罪既遂；③危险犯，要求行为人的行为造成了法定危险，构成犯罪既遂；④结果犯，要求行为人的行为造成了法定结果，构成犯罪既遂。

36. （1）情势变更原则是指合同依法成立后，因不可归责于当事人的原因，合同的基础条件发生了当事人在订立合同时无法预见的、不属于商业风险的重大变化，致使合同的基础丧失或动摇，继续履行合同对于当事人一方明显不公平，允许受不利影响的当事人变更或解除合同的原则。

（2）情势变更原则的适用条件有：①须有情势变更的事实。所谓情势，泛指作为合同成立基础或环境的客观情况。这里的变更，指上述客观情况发生了异常变动。具体判断是否构成情势变更，应以是否导致合同基础丧失、是否致使合同目的落空、是否造成对价关系障碍为判断标准。②情势变更发生在合同成立生效以后，履行完毕以前。一方面，如果情势变更发生在合同订立时，应认为当事人已经认识到发生的事实，则合同的成立是以已变更的事实为基础的，不发生合同成立后的情势变更问题。在订约时，已变更的情势对当事人不利，而当事人仍以其为合同的内容，则表明当事人自愿承担了风险，所以事后没有表示的必要。另一方面，情势变更必须发生在合同履行完毕以前，如果在履行完毕之后才发生情势变更，因合同关系已经解除，则不适用情势变更原则。③情势变更非当事人所能预见。如果当事人在订约时能够预见，则表明他承担了该事件发生的风险，因此不适用情势变更原则。如果当事人对情势变更事实上没有预见，但是根据诚实信用原则当事人可以预见，则当事人仍然不能主张情势变更。④情势变更不可归责于双方当事人，即双方当事人没有过错。不可归责于双方当事人的事由为当事人在订立合同时无法预见、不属于商业风险的重大变化，这意味着情势变更不同于固有的商业风险。商业风险是商业活动固有的风险，一般的市场供求变化、价格涨落均属于商业风险，当事人不得依据商业风险变更或者解除合同；对商业风险，法律一般推定当事人有预见，而情势变更是当事人未预见到，也不能预见；商业风险带给当事人的损失，从法律的观点看可归责于当事人，而情势变更则不可归责于当事人。此外，情势变更的事实和不可抗力并非对立。换言之，不可抗力造成的后果，也可能适用情势变更原则。民法典中的不可抗力产生何种效力，关键看它对合同义务履行的影响程度。如果导致无法履行或者不能履行时，可免除违约责任，此时不可抗力属于免责事由；如果可以履行，但履行结果导致显失公平，可以向人民法院或者仲裁机构申请变更或者解除合同，此时不可抗力属于情势变更的事由。⑤因情势变更而使原合同的履行显失公平。情势变更发生以后，通常造成了当事人之间的利益失衡，如果继续按合同规定履行义务，将会对当事人明显有失公平，从而违背诚实信用原则和公平原则。当然，显失公平后果的出现必须是因情势变更产生的，而不是其他原因造成的。适用情势变更原则时，必须把握好一个"度"，即只有在情势变更造成当事人的利益极不均衡时，假如情势变更对当事人之间的利益影响轻微，则不能适用之。

（3）情势变更原则的法律效力体现在，发生情势变更后，受不利影响的当事人可以与对方重新协商；在合理期限内协商不成的，当事人可以请求人民法院或者仲裁机构变更或者解除合同。人民法院或者仲裁机构应当结合案件的实际情况，根据公平原则变更或者解除合同。可见，变更合同或解除合同是情势变更原则的两大法律效果。变更合同，使合同的履行公平合理。变更合同表现为增减标的数额、延期或分期履行、拒绝先为履行、变更标的物等。如果变更合同仍不能消除显失公平的结果的，允许解除合同。

（本题依据《民法典》的规定对原标准答案进行了修正——编者注）

五、案例分析题

37.（1）甲与乙的行为构成组织卖淫罪的共同犯罪。①甲、乙的行为构成组织卖淫罪。在本案中，甲、乙招募、雇用、容留多名具有卖淫意愿的女性卖淫，从中抽取嫖资，是组织他人卖淫的行为，这种行为严重危害了社会的道德风尚，符合组织卖淫罪的犯罪构成。②甲、乙的行为构成组织卖淫罪的共同犯罪。首先，两人均为具有刑事责任能力的自然人；其次，两人具有共同组织他人卖淫的认识和意愿；最后，两人共同实施了组织女性卖淫的行为，符合共同犯罪的构成条件。③在本案中，两人分工虽然有所不同，但是在共同犯罪中都起主要作用，均应认定为主犯。甲作为国有企业内部招待所的承包人，利用单位的条件组织他人卖淫，应当从重处罚。

（2）①丙与初中女生进行性交易的行为构成强奸罪。丙明知初中女生是不满14周岁的幼女而与之性交，不论是否违背幼女意志，对丙应以强奸罪定罪处罚（鉴于嫖宿幼女罪的废除，本书对原标准答案进行了修正——编者注）。②丙与丁在身患梅毒的情形下进行嫖娼、卖淫活动，是否构成传播性病罪，要看他们在嫖娼或者卖淫时是否明知自己患有梅毒。如果丙或丁在进行嫖娼、卖淫时，明知自己患有梅毒，则构成传播性病罪，对丙的行为要按照强奸罪和传播性病罪分别定罪，数罪并罚，对丁按照传播性病罪定罪处罚；如果丙或丁事先不知道自己患有梅毒，则不构成传播性病罪。

38. （1）张某以自己的名义向赵某所借款项属于夫妻共同债务。因为该债务发生在夫妻关系存续期间，且借款用于夫妻共同生活。

（2）①依据《民法典》规定，当事人对保证方式没有约定或者约定不明确的，按照一般保证承担保证责任。在本案中，孙某与赵某没有对保证方式作出约定，故保证方式为一般保证。②依据《民法典》规定，当事人对保证担保的范围没有约定的，保证人应当对全部债务承担责任。在本案中，孙某与赵某没有对保证范围作出约定，故保证范围为全部债务，即包括 3 万元主债权及其利息、违约金、损害赔偿金和实现债权的费用。

（3）王某与张某在离婚协议中所作的关于偿还欠款的约定在内部具有法律效力，即对王某与张某有效，但是对不知情的第三人不具有法律约束力。

（4）孙某不应当承担保证责任。依据《民法典》规定，债权人与保证人可以约定保证期间，没有约定或者约定不明确的，保证期间为主债务履行期限届满之日起 6 个月。一般保证的债权人未在保证期间对债务人提起诉讼或者申请仲裁的，保证人不再承担保证责任。据此，在本案中，孙某与赵某对保证期间没有约定，孙某仅在 6 个月内（即 2007 年 11 月 17 日之前）承担保证责任，而赵某请求孙某承担保证责任时已经超过 6 个月的保证期间。

（本题依据《民法典》的规定对原标准答案进行了修正——编者注）

2011年全国法律硕士（法学）专业学位研究生入学联考综合课试题

一、单项选择题（第1～20小题，每小题1分，共20分。下列每题给出的四个选项中，只有一个选项是最符合题目要求的）

1. 下列选项中，不属于法的要素的是（　　）。

A. 法律概念　　　　B. 法律事实　　　　C. 法律规则　　　　D. 法律原则

2. 下列关于大陆法系和英美法系的表述，能够成立的是（　　）。

A. 两者法律渊源相同　　　　　　　　B. 两者法律本质相同

C. 两者诉讼程序相同　　　　　　　　D. 两者法律结构相同

3. 根据法的适用范围的不同，可以将法划分为（　　）。

A. 根本法与普通法　　　　　　　　　B. 国内法与国际法

C. 一般法与特别法　　　　　　　　　D. 实体法与程序法

4. 按照马克思主义学说，下列关于法律与道德起源的表述，能够成立的是（　　）。

A. 法律先于道德产生　　　　　　　　B. 道德先于法律产生

C. 法律与道德同时产生　　　　　　　D. 法律与道德相伴而生

5. 下列关于法律效力等级的表述，正确的是（　　）。

A. 新法优于旧法　　　　　　　　　　B. 一般法优于特别法

C. 普通法优于根本法　　　　　　　　D. 下位法优于上位法

6. 在法律关系中，权利和义务所指向的对象是（　　）。

A. 法律事实　　　　　　　　　　　　B. 法律关系的主体

C. 法律关系的客体　　　　　　　　　D. 法律关系的内容

7. 依据解释的主体和效力的不同，法律解释可以分为（　　）。

A. 目的解释和文义解释　　　　　　　B. 限制解释和扩充解释

C. 系统解释和历史解释　　　　　　　D. 有权解释和无权解释

8. 《中华人民共和国刑法》第252条规定："隐匿、毁弃或者非法开拆他人信件，侵犯公民通信自由权利，情节严重的，处一年以下有期徒刑或者拘役。"法院审理查明，甲实施了隐匿、毁弃他人信件的行为，且情节严重，因此依法判处甲有期徒刑10个月。法院在本案中运用的法律推理是（　　）。

    A. 演绎推理　　　　B. 归纳推理　　　　C. 类比推理　　　　D. 实质推理

9. 根据我国现行宪法，中国人民政治协商会议的性质是（　　）。

    A. 爱国统一战线组织　　　　　　　　B. 国家权力机关

    C. 一般人民团体　　　　　　　　　　D. 群众自治组织

10. 根据我国宪法规定，现阶段我国社会主义分配制度的基本原则是（　　）。

    A. 平均分配为主，多种分配方式并存

    B. 按需分配为主，多种分配方式并存

    C. 按资分配为主，多种分配方式并存

    D. 按劳分配为主，多种分配方式并存

11. 根据我国选举法规定，人民代表大会的选举经费来源于（　　）。

    A. 选民捐资　　　　　　　　　　　　B. 候选人所在单位资助

    C. 国库开支　　　　　　　　　　　　D. 候选人自筹

12. 根据我国现行宪法规定，下列选项中属于国务院职权的是（　　）。

    A. 决定特赦　　　　　　　　　　　　B. 批准直辖市的建置

    C. 制定行政法规　　　　　　　　　　D. 宣布全国进入紧急状态

13. 下列选项中，须报全国人民代表大会常务委员会批准后生效的法律文件是（　　）。

    A. 省人民代表大会制定的地方性法规

    B. 自治区人民代表大会制定的自治条例

    C. 自治州人民代表大会制定的单行条例

    D. 特别行政区立法机关制定的法律

14. 下列国家机关中，实行首长负责制的是（　　）。

    A. 国务院　　　　　　　　　　　　　B. 国家主席

    C. 全国人民代表大会　　　　　　　　D. 最高人民法院

15. 秦朝的中央司法审判机关是（　　）。

    A. 大理寺　　　　B. 刑部　　　　C. 廷尉　　　　D. 大司寇

16. 《中华民国临时约法》确立的政体是（　　）。

    A. 总统制　　　　　　　　　　　　　B. 责任内阁制

    C. 君主立宪制　　　　　　　　　　　D. 人民代表会议制

17. 颁布《盗贼重法》的朝代是（　　）。

    A. 宋朝　　　　B. 元朝　　　　C. 明朝　　　　D. 清朝

18. 中国古代最早规定"准五服以制罪"的法典是（　　）。

    A. 北魏律　　　　B. 曹魏律　　　　C. 晋律　　　　D. 唐律

19. 依照唐律规定，对家长参与的家庭成员共同犯罪的处理原则是（　　）。

    A. 以造意者为首犯，随从者减一等　　B. 以尊长为首犯，他人减一等

    C. 只坐尊长，卑幼无罪　　　　　　　D. 不分首从，一体论罪

20. 采用社会防卫主义理论，增设"保安处分"为专门一章的刑法典是（　　）。

    A. 大清新刑律　　　　　　　　　　　B. 中华民国暂行新刑律

C. 1928年《中华民国刑法》　　　　　D. 1935年《中华民国刑法》

二、多项选择题（第21～30小题，每小题2分，共20分。下列每题给出的四个选项中，至少有两个选项是符合题目要求的。多选、少选或错选均不得分）

21. "法是统治阶级意志的体现"是马克思主义法学的核心命题之一。该命题的含义包括（　　　）。

A. 统治阶级的意志就是法　　　　　B. 法是统治阶级的阶级意志

C. 法是统治阶级的共同意志　　　　D. 法是上升为国家意志的统治阶级意志

22. 下列关于义务性法律规则的表述，能够成立的有（　　　）。

A. 义务性规则具有国家强制性

B. 义务性规则可分为授权性规则和禁止性规则

C. 义务性规则要求人们从事或不从事某种行为

D. 义务性规则规定的内容不允许随意变更或违反

23. 下列法律渊源中，属于不成文法的有（　　　）。

A. 习惯法　　　　B. 判例法　　　　C. 国际条约　　　　D. 国际惯例

24. 下列关于法律责任的表述，能够成立的有（　　　）。

A. 法律责任的种类由法律加以明确规定

B. 法律责任的认定必须以行为人的主观过错为前提

C. 法律责任具有惩罚、救济和预防等功能

D. 法律责任可以通过责任主体自觉履行而实现

25. 下列选项中，属于法治基本原则的有（　　　）。

A. 法律至上原则　　　　　　　　　B. 权利保障原则

C. 权力制约原则　　　　　　　　　D. 正当程序原则

26. 我国社会主义法律的社会作用主要是（　　　）。

A. 确立和维护人民民主专政的国家制度

B. 确立和维护社会主义的经济制度

C. 确立和维护和谐稳定的社会秩序

D. 通过法的创制和实施，推动社会变革与进步

27. 下列关于集会、游行、示威自由的共同特征的表述，能够成立的有（　　　）。

A. 源于公民的请愿权　　　　　　　B. 属于公民表达意愿的自由

C. 主要在公共场所行使　　　　　　D. 由多个公民共同行使

28. 下列选项中，属于人民检察院职权的有（　　　）。

A. 核准死刑案件　　　　　　　　　B. 对刑事案件行使公诉权

C. 受理公民的控告、检举和申诉　　D. 对诉讼活动进行监督

29. 清政府颁布的专门适用于少数民族地区的法律包括（　　　）。

A. 蒙古律例　　　　　　　　　　　B. 西宁青海番夷成例

C. 钦定西藏章程　　　　　　　　　D. 回疆则例

30. 依照唐律规定，下列行为中属于"不孝"罪的有（　　　）。

A. 祖父母父母在，别籍异财　　　　B. 居父母丧，身自嫁娶

C. 殴及谋杀祖父母父母 　　　　　　D. 闻祖父母父母丧，匿不举哀

三、简答题（第 31～33 小题，每小题 10 分，共 30 分）

31. 简述法的基本特征。

32. 简述我国宪法作为根本法的特征。

33. 简述清末司法组织体制改革的主要内容。

四、分析论述题（第 34～38 小题，共 80 分）

34. 近年来，国内发生佘祥林案、赵作海案等一系列冤案，在社会上引起广泛关注和热烈讨论。某法学院学生也自发组织了"冤案与法治"专题讨论。讨论中，学生甲认为，冤案的形成主要是由于科技不够发达，缺乏 DNA 鉴定等先进技术手段；学生乙认为，冤案的形成主要是因为办案人员素质偏低，缺乏人权意识，滥用权力，违反法律程序；学生丙认为，冤案形成的主要原因在于刑事诉讼制度不够完善，已有的法律制度未得到有效施行，司法权缺乏有效监督。

结合上述材料，试指出并分析上述三种观点分别涉及的法理学知识和原理。

35. 联系我国实际，论述社会主义民主是社会主义法治的前提和基础。

36. 某县规划建设一座大型化工厂，当地居民担心污染问题，多次联系本选区的县人民代表大会代表刘某，希望向其反映问题。刘某均以工作忙为由予以推脱，居民对此深为不满。事后，55 位选民（其中有 4 人不属于刘某所在选区）联名向县人民代表大会常务委员会递交了罢免刘某代表职务的书面申请。县人民代表大会常务委员会未联系刘某即召开了县人民代表大会常务委员会会议，并以全体委员的过半数通过了对刘某的罢免案。刘某对该罢免结果提出异议。

请结合上述材料，运用宪法学知识和选举法相关规定，回答以下问题：

（1）联名提出罢免请求的选民人数是否合法？为什么？

（2）县人民代表大会常务委员会罢免刘某代表职务的做法存在哪些错误？理由是什么？

37. 试析我国现行宪法规定的"公民在法律面前一律平等"的内涵。

38. 《唐律疏议·名例律》卷六：诸化外人，同类自相犯者，各依本俗法；异类相犯者，以法律论。

《疏议》曰："化外人"，谓蕃夷之国，别立君长者，各有风俗，制法不同。其有同类自相犯者，须问本国之制，依其俗法断之。异类相犯者，若高丽之与百济相犯之类，皆以国家法律，论定刑名。

（1）分析上述材料并回答下列问题：

①何谓"化外人"？唐律关于"化外人"相犯规定的主要内容是什么？

②如何评价唐律的上述规定？

（2）请结合上述材料，说明"疏议"与律文之间的关系。

2011年全国法律硕士（法学）专业学位研究生入学联考综合课试题答案解析

一、单项选择题

1. B

【解析】法的要素包括法律概念、法律规则和法律原则，合称法的三要素，法律事实不是法的要素，故选 B 项。

2. B

【解析】大陆法系和英美法系在赖以存在的经济基础、阶级本质、总的指导思想和基本原则等方面都是一致的，但两大法系又是有区别的，这些区别表现在法律渊源不同、法律分类不同、法典编纂不同、诉讼程序与判决程式不同、法律结构和哲学倾向不同。可见，只有 B 项表述能够成立。

3. C

【解析】根据法的适用范围的不同，可以将法分为一般法和特别法，故选 C 项。根据法的地位、效力、内容和制定主体、程序的不同可以将法分为根本法和普通法；根据法的创制主体和适用主体的不同，可以将法分为国内法和国际法；根据法规定内容的不同，可以将法分为实体法和程序法。

4. B

【解析】道德的产生具有先在性，即道德的产生早于法律。可见，B 项表述能够成立。

5. A

【解析】在法律效力等级排序问题上，应当遵循新法优于旧法、特别法优于一般法、根本法优于普通法和上位法优于下位法的原则来处理。可见，只有 A 项表述正确。

6. C

【解析】法律关系由法律关系主体、内容和客体三要素组成，其中，法律关系主体是指法律关系的参加者，法律关系内容即法律上的权利和义务，法律关系客体是法律关系主体之间权利和义务所指向的对象。可见，选 C 项。

7. D

【解析】根据法律解释的主体和效力的不同，法律解释可以分为有权解释和无权解释，故选 D 项。根据法律解释尺度的不同，可以将法律解释分为限制解释、扩充解释与字面解释。

文义解释、历史解释、系统解释和目的解释属于法律解释的方法，而不是法律解释的分类。

8．A

【解析】法律推理的形式可以分为形式推理和实质推理（辩证推理），其中，形式推理又分为演绎推理（三段论推理）、归纳推理和类比推理。演绎推理是从一般到特殊的法律推理形式；归纳推理是从特殊（个别）到一般的法律推理形式；类比推理是从个别到个别的法律推理形式；实质推理是指这样一种情况：当作为推理前提的是两个或两个以上的相互矛盾的法律命题时，借助于辩证思维，从中选择出最佳命题，以解决法律问题，实质推理主要是为了解决疑难问题所采用的推理形式。从本题题干表述情形看，是将一般法律规定用于特殊案件，运用的推理形式是演绎推理。故选A项。

9．A

【解析】中国人民政治协商会议是爱国统一战线组织，它不是国家机关，也不同于一般的人民团体，更不是群众性组织。故选A项。

10．D

【解析】《宪法》第6条第2款规定，国家在社会主义初级阶段，坚持公有制为主体、多种所有制经济共同发展的基本经济制度，坚持按劳分配为主体、多种分配方式并存的分配制度。据此，选D项。

11．C

【解析】《选举法》第7条规定，全国人民代表大会和地方各级人民代表大会的选举经费，列入财政预算，由国库开支。据此，选C项。

12．C

【解析】《宪法》第89条第1项规定，国务院有权根据宪法和法律，规定行政措施，制定行政法规，发布决定和命令。据此，选C项。《宪法》第67条第18项规定，决定特赦是全国人大常委会的职权。《宪法》第62条第13项规定，批准直辖市的建置是全国人大的职权。《宪法》第80条规定，宣布全国进入紧急状态是国家主席的职权。

13．B

【解析】《宪法》第116条规定，自治区的自治条例和单行条例，报全国人大常委会批准后生效。自治州、自治县的自治条例和单行条例，报省或者自治区的人大常委会批准后生效，并报全国人大常委会备案。据此，选B项，不选C项。《宪法》第100条规定，省、直辖市的人大及其常委会制定的地方性法规，报全国人大常委会备案。据此，不选A项。《香港特别行政区基本法》第17条第2款、《澳门特别行政区基本法》第17条第2款规定，香港（澳门）特别行政区的立法机关制定的法律须报全国人大常委会备案。备案不影响该法律的生效。据此，不选D项。

14．A

【解析】《宪法》第86条第2款、第93条第3款规定，国务院和中央军事委员会实行首长负责制。据此，选A项。国家主席须与全国人大常委会结合才能行使职权，无所谓首长负责制，而全国人大、最高人民法院和最高人民检察院则实行集体负责制。

15．C

【解析】秦朝至南北朝北齐以前，中央司法审判机关都是廷尉，故选C项。大理寺是南北朝北齐、隋、唐、宋的中央司法审判机关；刑部是元、明、清的中央司法审判机关；大司寇是商、西周、春秋时期的中央司法审判机关。

16. B

【解析】为了限制袁世凯的权力，《中华民国临时约法》一改《临时政府组织大纲》实行的总统制，实行责任内阁制，故选B项。

17. A

【解析】宋朝的盗贼问题十分严重，为此，宋朝颁布重法地法，严惩盗贼，北宋神宗熙宁四年（1071年）颁布《重法地法》（也称为《盗贼重法》），对适用重法的地区范围加以扩大。可见，选A项。

18. C

【解析】《晋律》首次规定了"准五服以制罪"制度，以亲等"五服"的远近来确定亲属相犯时刑罚的轻重，该制度一直沿用至清末沈家本修律。可见，选C项。

19. C

【解析】《唐律疏议·名例律》规定："诸共犯罪者，以造意为首，随从者减一等。若家人共犯，止坐尊长……"可见，共同犯罪中，以造意犯为首犯，随从者为从犯，比照主犯减一等处刑，但在家庭成员共同犯罪中，不论谁造意，只坐男性尊长，卑幼无罪，故选C项。

20. D

【解析】我国最早从西方引进"保安处分"制度的刑法典是1935年《中华民国刑法》（"新刑法"），故选D项。

二、多项选择题

21. BCD

【解析】法是统治阶级意志的体现包含如下内容：法是掌握国家政权的统治阶级的阶级意志；法是统治阶级的共同意志，而不是统治阶级内部成员的个别意志或个别意志的简单相加；法是上升为国家意志的统治阶级意志。可见，选B、C、D项。法是统治阶级意志的体现并不意味着统治阶级的意志就是法，因为统治阶级的意志还可以通过其他形式体现出来，如政策。故不选A项。

22. ACD

【解析】义务性规则是指在内容上规定人们的法律义务，即有关人们应当做或不做某种行为的规则。义务性规则具有国家强制性，要求人们做或不做某种行为，义务性规则规定的内容不允许随意变更或违反。可见，A、C、D项表述能够成立。义务性规则是与授权性规则相对应的一类法律规则，义务性规则分为命令性规则和禁止性规则两种。可见，B项表述不能成立。

23. ABD

【解析】不成文法主要表现形式有两种，即判例法和习惯法，此外，国际惯例也属于不成文法的表现形式。可见，选A、B、D项。国际条约属于成文法，故不选C项。

24. ACD

【解析】由于法律责任是行为人应当承担的某种不利的法律后果，因此，法律责任的种类必须由法律加以规定。可见，A 项表述能够成立。认定法律责任一般要以行为人的主观过错为前提，但也有不以过错作为认定法律责任的前提的，例如，民事责任领域存在的无过错责任原则。可见，B 项表述不能成立。法律责任的目的是通过其惩罚、救济和预防三个功能来实现的。可见，C 项表述能够成立。法律责任可以通过责任主体自觉履行而实现，例如，民事责任中的违约责任，当事人可以自觉承担违约责任使违约责任得以实现。可见，D 项表述能够成立。

25．ABCD

【解析】法治的基本原则包括法律至上原则、权利保障原则、权力制约原则和正当程序原则四个，故备选项应全选。

26．ABCD

【解析】我国社会主义法律的社会作用主要体现为备选项所列的四项社会作用，故备选项应全选。

27．ABCD

【解析】集会、游行、示威是公民的政治权利，最初源于请愿权。可见，A 项表述正确。集会、游行、示威是公民表达某种意愿的行为，是言论自由的扩展形式。可见，B 项表述正确。集会、游行、示威是在露天公共场所举行的活动。可见，C 项表述正确。集会、游行、示威是由公民举行的活动，该活动须由多个公民共同参与。可见，D 项表述正确。

28．BD

【解析】本题原标准答案为 B、C、D 项，《人民检察院组织法》修订后，本题答案应为 B、D 项。根据《人民检察院组织法》的规定，人民检察院行使下列职权：（1）依照法律规定对有关刑事案件行使侦查权。（2）对刑事案件进行审查，批准或者决定是否逮捕犯罪嫌疑人。（3）对刑事案件进行审查，决定是否提起公诉，对决定提起公诉的案件支持公诉。（4）依照法律规定提起公益诉讼。（5）对诉讼活动实行法律监督。（6）对判决、裁定等生效法律文书的执行工作实行法律监督。（7）对监狱、看守所的执法活动实行法律监督。人民检察院行使法律监督职权，可以进行调查核实，并依法提出抗诉、纠正意见、检察建议。有关单位应当予以配合，并及时将采纳纠正意见、检察建议的情况书面回复人民检察院。（8）法律规定的其他职权。根据上述规定，选 B、D 项。

29．ABCD

【解析】清朝制定了一系列适用于少数民族的法规，主要包括《蒙古律例》、《理藩院则例》、《回律》（又称为《回疆则例》）、《苗汉杂居章程》、《湘苗事宜》、《西宁番子治罪条例》（又称为《西宁青海番夷成例》《番例条款》）、《钦定西藏章程》、《西藏禁约十二事》、《台湾善后事宜》等。可见，备选项应全选。

30．ABD

【解析】《唐律疏议·名例律》规定的"十恶"中的"不孝"，包括告发和咒骂祖父母、父母，祖父母、父母在而别籍异财（分家析财，另立门户），供养有阙（能供养的不供养）；居父母丧，身自嫁娶，若作乐，释服从吉（服丧期间自主娶妻或出嫁，或者奏乐，脱下丧服改着吉服）；闻祖父母、父母丧，匿不举哀（秘不发丧）；诈称祖父母、父母死。

可见，选A、B、D项。C项表述构成"十恶"中的"恶逆"，而不是"不孝"。

三、简答题

31. （1）法是调整人们行为的规范，具有规范性和普遍性。

（2）法是由国家制定或认可的社会规范，具有国家意志性和权威性。

（3）法是以权利和义务为内容的社会规范，具有权利和义务的一致性。

（4）法是由国家强制力保证实施的社会规范，具有国家强制性和正当程序性。

（本题依据新考试大纲的要求对原标准答案进行了修正——编者注）

32. 我国宪法作为根本法具有如下特征：

（1）宪法具有内容的根本性。宪法的主要内容包括国家制度和社会制度、公民的基本权利和义务。

（2）宪法具有最高的法律效力。宪法是其他法律的立法依据或立法基础；任何法律都不得与宪法相抵触，否则无效；宪法是一切国家机关、社会团体和公民的最高行为准则。

（3）宪法的制定、修改程序与普通法律不同。宪法的制定和修改程序更为复杂和严格。

33. （1）改刑部为法部，掌管全国司法行政事务，以使行政与司法分立；改省按察使司为提法使司，负责地方司法行政及司法监督。

（2）改大理寺为大理院，作为全国最高审判机关。在地方设立高级审判厅、地方审判厅和初级审判厅，形成新的司法系统。

（3）实行审检合署，在各级审判厅内设置相应的检察厅。

四、分析论述题

34. （1）甲的观点主要涉及科技发展对法的影响问题。科技成果的运用为执法、司法和法律监督工作提供新的装备和手段，能够提高法律实施的效率和精准度，保障法律的正确运用。

（2）乙的观点主要涉及法治和人权保障问题。法治和人权保障要求坚持权利保障原则、权力制约原则、正当程序原则。

（3）丙的观点主要涉及法律制定、法律实施和法律监督问题。只有形成完备而良善的法律体系、健全高效的法律运行机制和良好的法律秩序，才能有效地避免冤案的发生。

35. （1）社会主义民主是社会主义法治的前提和基础，社会主义法治是社会主义民主的确认和保障。

（2）社会主义民主是社会主义法治的政治基础。人民民主专政的国家性质和国家制度，决定了社会主义法治建设的基本框架和发展模式。

（3）社会主义民主决定社会主义法治的基本价值取向和基本要求。我国是人民当家作主的社会主义国家，扩大人民的民主权利，确认和保障民主制度，规范民主政治运行，是社会主义法治的基本目标和落脚点。

（4）社会主义民主是社会主义法治的权威性与合法性的来源。社会主义法治权威性与合法性的确立，需要以人民的广泛认同和参与为基础。

（5）社会主义民主是社会主义法治的力量源泉。加强民主立法有助于提高法律质量，人民群众的支持有助于宪法和法律的贯彻实施，也有助于全面提升法治的社会公信力。

36.（1）联名提出罢免请求的选民人数合法。根据《选举法》规定，对县级人大代表，原选区选民50人以上联名，可以向县级人大常委会书面提出罢免要求。本案联名选民中51人属于刘某所在选区，人数已达法定要求。

（2）县人大常委会罢免刘某代表职务的做法存在两个错误：①根据《选举法》规定，罢免县级人大代表，须经原选区过半数的选民通过。本案中，县人大常委会未经刘某所在选区过半数的选民通过即罢免刘某代表职务，是错误的。②根据《选举法》规定，被提出罢免的代表有权在选民会议上提出申辩意见，也可以书面提出申辩意见。本案中，县人大常委会未给予刘某申辩机会，是错误的。

37. 人民法院审判案件在适用法律上一律平等，禁止任何形式的歧视。

（1）适用法律一律平等原则，要求人民法院对一切公民都必须一律平等对待，一切公民的合法权益，都要依法予以保护，任何公民的违法犯罪行为，都要依法予以追究。

（2）适用法律一律平等原则，还要求在适用法律上不能有任何歧视，对公民一律平等对待，不能因公民的家庭出身、地位高低、政治倾向等非法定条件而对公民有不公正的待遇。

（3）适用法律一律平等原则，也应当表现在对待法人或其他组织方面，不论组织规模大小、企业性质、何人经营、主办单位等情况如何，都应平等地保护其合法权益、追究其法律责任。

38.（1）①"化外人"是指"蕃夷之国"的人，即外国人。依照唐律关于"化外人"相犯条的规定，同属一国的侨民之间的犯罪，按其本国法律处断；不同国家侨民相犯，则依据唐律处断。②唐律的这一规定体现了属人主义与属地主义相结合的原则，既反映了对外国法律和习俗的尊重，以便于公平、妥善地解决外国人犯罪问题，又体现了维护国家主权的意识。

（2）"疏议"是对律文的解释，与律文具有同等的法律效力。唐律的本条"疏议"既具体解释了"化外人"的概念，明确了律文适用的对象，又对律条所规定的"化外人"相犯的两种情形作了详细说明，其目的在于阐明律意，以便于准确地适用律文。

2010年全国法律硕士（法学）专业学位研究生入学联考专业基础课试题

刑法学

一、单项选择题（第1～10小题，每小题1分，共10分。下列每题给出的四个选项中，只有一个选项是最符合题目要求的）

1. 下列选项中，根据属人管辖原则应当适用我国刑法的是（　　）。

A. 中国公民甲在行驶于公海的中国船舶上失手致另一中国公民落水身亡的

B. 外国公民乙在行驶于公海的中国船舶中向中国船员兜售毒品的

C. 外国公民丙在其本国境内实施爆炸致两名中国公民身亡的

D. 中国公民丁被某国有公司派往国外工作，因严重失职给国家利益造成重大损失的

2. 最高人民法院1998年《关于审理非法出版物刑事案件具体应用法律若干问题的解释》中规定，以营利为目的实施侵犯著作权行为，个人违法所得数额在5万元以上的，构成犯罪。2004年12月22日施行的最高人民法院和最高人民检察院《关于办理侵犯知识产权刑事案件具体应用法律若干问题的解释》中规定，以营利为目的侵犯著作权违法所得数额在3万元以上的，构成侵犯著作权罪。对这两个司法解释的适用，正确的是（　　）。

A. 2004年12月22日以后审理侵犯著作权刑事案件，一律适用2004年司法解释

B. 司法机关可以根据打击相关犯罪的需要，择一适用

C. 上述司法解释都只有参考价值，司法机关可以不受其约束

D. 上述2004年司法解释关于侵犯著作权犯罪的规定，不溯及既往

3. 甲（17周岁）因盗窃他人价值3万元财物被起诉，经审理查明，甲在15周岁时还曾盗窃他人财物，数额达到5万元。对甲的行为应（　　）。

A. 按盗窃8万元从轻或减轻处罚　　　　B. 按盗窃3万元从轻或减轻处罚

C. 按盗窃8万元减轻或免除处罚　　　　D. 按盗窃3万元减轻或免除处罚

4. 甲因家庭纠纷杀死了自己的父亲。甲所犯之罪（　　）。

A. 是纯正身份犯　　　　　　　　　　　B. 是不纯正身份犯

C. 不属于身份犯　　　　　　　　　　　D. 属于亲告罪

5. 精神病人在不能辨认或者不能控制自己行为的时候造成严重危害结果的，对其应（　　）。

A. 认为构成犯罪，但不予刑事处罚

B. 不予刑事处罚，也不认为构成犯罪

C. 认为构成犯罪，由政府予以强制治疗

D. 认为构成犯罪，但不追究刑事责任

6. 罪过是指（　　）。

A. 犯罪的故意

B. 犯罪的过失

C. 犯罪的故意、过失

D. 犯罪的故意、过失、目的和动机

7. 《刑法》第 24 条第 2 款规定："对于中止犯，没有造成损害的，应当免除处罚；造成损害的，应当减轻处罚。"对该条款的理解，正确的是（　　）。

A. "没有造成损害的"犯罪中止，不构成犯罪

B. "应当免除处罚"是指不追究刑事责任

C. "造成损害"是指造成犯罪既遂结果以外的损害

D. "应当减轻处罚"是指应当在所触犯罪名的最低刑以下判处刑罚

8. 甲避开海关从境外偷运一批淫秽光盘到境内无偿散发。甲的行为应定为（　　）。

A. 走私淫秽物品罪

B. 传播淫秽物品罪

C. 传播淫秽物品牟利罪

D. 侵犯著作权罪

9. 现役军人甲盗窃所在部队军用子弹 100 发，藏在家中。其行为应（　　）。

A. 以盗窃武器装备罪定罪处罚

B. 以盗窃弹药罪定罪处罚

C. 以盗窃弹药罪和非法持有弹药罪数罪并罚

D. 以盗窃弹药罪和私藏弹药罪数罪并罚

10. 甲得知乙在贩卖毒品，于是冒充缉毒警察，用手铐将乙铐在水管上，拿走毒品。之后，甲将这批毒品贩卖出去。甲的行为应（　　）。

A. 以抢劫罪定罪处罚

B. 以招摇撞骗罪和贩卖毒品罪数罪并罚

C. 以贩卖毒品罪定罪处罚

D. 以抢劫罪和贩卖毒品罪数罪并罚

二、多项选择题（第 11～15 小题，每小题 2 分，共 10 分。下列每题给出的四个选项中，至少有两个选项是符合题目要求的。多选、少选或错选均不得分）

11. 下列法律法规中，属于我国刑法渊源的有（　　）。

A. 《中华人民共和国刑法》

B. 《关于惩治骗购外汇、逃汇和非法买卖外汇犯罪的决定》

C. 票据法中关于票据诈骗的刑事责任的规定

D. 国务院行政法规中关于"构成犯罪的，依法追究刑事责任"的规定

12. 下列犯罪中，不可能存在犯罪未完成形态的有（　　）。

A. 疏忽大意的过失犯罪

B. 过于自信的过失犯罪

C. 直接故意犯罪

D. 间接故意犯罪

13. 如果行为人与他人有共同犯罪故意，且在共同故意支配下实施了共同犯罪行为（　　）。

A. 均应适用刑法总则关于共同犯罪的规定

B. 可能不适用刑法总则关于共同犯罪的规定

C. 均应按同一罪名追究刑事责任

D. 可能不按同一罪名追究刑事责任

14. 下列情形中，行为人被追究了刑事责任的有（　　）。

A. 甲被判犯盗窃罪，处 5 年有期徒刑

B. 乙被判犯侵犯通信自由罪，责令赔礼道歉

C. 丙被判犯重婚罪，免予刑事处罚

D. 丁被判犯诈骗罪，责令具结悔过

15. 下列情形中，应认定为自首的有（　　）。

A. 犯罪分子没有自动投案，但如实交代办案机关未掌握的罪行，与办案机关已掌握的罪行属不同种罪行的

B. 犯罪分子没有自动投案，办案机关所掌握线索针对的犯罪事实不成立，在此范围外犯罪分子交代同种罪行的

C. 单位犯罪案件中，单位集体决定或单位负责人决定自动投案，如实交代单位犯罪事实的

D. 单位直接负责的主管人员自动投案，如实交代单位犯罪事实的

三、简答题（第 16～17 小题，每小题 10 分，共 20 分）

16. 简述结果加重犯的概念和构成特征。

17. 简述交通肇事罪的概念和构成要件。

四、论述题（第 18 小题，15 分）

18. 试论共同犯罪中主犯的认定。

五、案例分析题（第 19 小题，20 分）

19. 甲系某国有公司总经理。乙见甲掌管巨额资金，就主动接近甲，并送给甲 5 万元，以做生意需要资金为由，恳请甲出借公款，保证半年内归还。甲与乙商定由乙与甲所在的公司签订一份产品购销合同，甲以支付合同预付款名义将公司 200 万元资金借给乙。乙得到巨款以后，随即用这笔资金贩卖毒品。

出借公款 2 个月后，审计部门对该公司财务进行审计。甲见事情即将败露，于是向审计组交代了上述事实，并提供线索协助司法机关将乙提拿归案。乙归案后，在侦查机关讯问其资金去向时，交代了送钱给甲和司法机关并不知道的贩卖毒品的事实。

阅读上述材料后，根据相关刑法理论知识和我国刑法规定分析：

（1）甲的行为的性质及其处罚。

（2）乙的行为的性质及其处罚。

民法学

六、单项选择题（第 20～29 小题，每小题 1 分，共 10 分。下列每题给出的四个选项中，只有一个选项是最符合题目要求的）

20. 下列行为中，属于民事法律行为的是（　　）。

A. 通知　　　　　B. 追认　　　　　C. 要约　　　　　D. 催告

21. 甲离开自己的住所下落不明已满 6 年。根据法律规定，其配偶（　　）。

A. 只能申请宣告甲失踪

B. 只能申请宣告甲死亡

C. 只能先申请宣告甲失踪，再申请宣告甲死亡

D. 既可以申请宣告甲失踪，也可以申请宣告甲死亡

22. 甲无票乘坐公交车被发现，司乘人员将其控制在车内至终点站，令甲在调度室反省 4 小时。司乘人员的此种行为属于（　　）。

A. 侵权行为　　　　B. 自助行为　　　　C. 正当防卫　　　　D. 紧急避险

23. 某 6 岁女童的父母因意外双双遇难。根据收养法规定，下列有抚养能力的人中，有资格收养该女童的是（　　）。

A. 甲，女，29 周岁，未婚，无子女　　　B. 乙，男，45 周岁，离婚，无子女

C. 丙，女，38 周岁，丧偶，无子女　　　D. 丁，女，46 周岁，已婚，有一子已成年

24. 下列选项中，属于孳息的是（　　）。

A. 树上的果实　　　　　　　　　B. 银行存款的利息

C. 未收割的庄稼　　　　　　　　D. 太阳能发电产生的电力

25. 某单位职工餐厅购买若干正版音乐光盘后，将光盘中的作品作为背景音乐播放。该餐厅的行为属于（　　）。

A. 侵害著作权的行为　　　　　　B. 著作权的合理使用

C. 著作权的法定许可使用　　　　D. 著作权的强制许可使用

26. 甲公司在报纸上发布广告，称其有某品牌汽车待售。每辆价格 10 万元，广告有效期为 7 日。广告发布的第 5 天，乙公司派人带上支票前往甲公司购车，但车已全部售完，未能成交。乙公司遂诉至法院要求甲公司承担民事责任。下列判断符合法律规定的是（　　）。

A. 甲公司发布广告的行为属于要约邀请，乙公司的行为属于要约，甲公司无须对乙公司承担民事责任

B. 甲公司发布广告的行为属于要约，乙公司的行为属于反要约，甲公司无须对乙公司承担民事责任

C. 甲公司发布广告的行为属于要约，乙公司的行为属于承诺，甲公司应当对乙公司承担缔约过失责任

D. 甲公司发布广告的行为属于要约，乙公司的行为属于承诺，甲公司应当对乙公司承担违约责任

27. 根据专利法规定，下列情形可以授予专利权的是（　　）。

A. 甲发明了提高伪钞仿真度的新方法　　B. 乙发明了提高计算速度的新方法

C. 丙发明了治疗糖尿病的新方法　　　　D. 丁发明了某植物新品种的生产方法

28. 一方当事人向另一方当事人报告订立合同的机会或者提供订立合同的媒介服务，另一方当事人为此支付报酬的合同是（　　）。

A. 委托合同　　　B. 行纪合同　　　C. 居间合同　　　D. 信托合同

29. 甲和乙于 2007 年 11 月 11 日办理了协议离婚登记手续。2008 年 4 月 29 日，甲发现乙在离婚时有隐藏夫妻共同财产的行为。甲欲请求人民法院分割乙所隐藏的夫妻共同财

产。该请求权诉讼时效的终止日为（   ）。

A. 2008 年 11 月 11 日   B. 2009 年 11 月 11 日

C. 2009 年 4 月 29 日   D. 2010 年 4 月 29 日

七、多项选择题（第 30~34 小题，每小题 2 分，共 10 分。下列每题给出的四个选项中，至少有两个选项是符合题目要求的。多选、少选或错选均不得分）

30. 普通合伙人的出资方式有（   ）。

A. 实物   B. 知识产权   C. 继承权   D. 劳务

31. 如果当事人没有约定，则人民法院在确定合作作者署名顺序时可以参考的因素有（   ）。

A. 作者年龄的长幼   B. 作者付出劳动的多少

C. 作者专业职称的高低   D. 各合作者创作部分的排列顺序

32. 被代理人死亡后，委托代理人实施的代理行为仍然有效的有（   ）。

A. 代理人不知道被代理人死亡的

B. 被代理人的多数继承人承认代理行为的

C. 被代理人与代理人约定到代理事项完成时代理权终止的

D. 被代理人死亡前已经进行，在被代理人死亡后为了被代理人继承人的利益继续进行代理的

33. 根据合同法规定，货物运输合同的免责事由有（   ）。

A. 货物的合理损耗   B. 不可抗力导致的货物灭失

C. 货物因自然性质形成的损耗   D. 收货人过错造成的货物毁损

34. 下列财产抵押权的设立，未经登记不得对抗善意第三人的有（   ）。

A. 正在建造的船舶   B. 正在使用的机床

C. 正在建造的航空器   D. 正在生产的半成品

八、简答题（第 35~36 小题，每小题 10 分，共 20 分）

35. 简述婚姻的效力。

36. 简述一般人格权的功能。

九、论述题（第 37 小题，15 分）

37. 试论狭义无权代理中各方当事人的权利义务。

十、案例分析题（第 38 小题，20 分）

38. 甲和乙于 2007 年 2 月 1 日签订房屋买卖合同，约定：甲将自有房屋一套卖给乙，价款 120 万元。合同订立后，乙依约交付全部房款，并搬入该房屋居住。由于房价不断上涨，甲迟迟不与乙去房地产交易中心办理房屋过户登记手续。2007 年 10 月 10 日，甲又与丙签订房屋买卖合同，将该房屋出售给丙，并在房地产交易中心办理了房屋过户登记手续，将房屋登记在丙的名下。随后丙要求乙腾出房屋。乙遂诉至法院，请求确认自己与甲之间的房屋买卖合同有效，撤销甲与丙之间的房屋买卖合同，并将房屋登记在自己的名下。

根据上述案情，请回答：

（1）甲、乙之间的房屋买卖合同是否有效？为什么？

（2）甲、丙之间的房屋买卖合同是否有效？为什么？

（3）乙是否有权要求法院撤销甲、丙之间的房屋买卖合同？为什么？

（4）丙是否有权请求乙腾出房屋？为什么？

（5）甲应当对谁承担何种民事责任？

刑法学

一、单项选择题

1. D

【解析】刑法管辖原则有属地管辖、属人管辖、保护管辖和普遍管辖，除了属地管辖适用于我国领域内犯罪外，其余管辖原则适用于域外犯罪。《刑法》第 7 条规定了属人管辖原则：中华人民共和国公民在中华人民共和国领域外犯本法规定之罪的，适用本法，但是按本法规定的最高刑为 3 年以下有期徒刑的，可以不予追究。据此规定，D 项表述中，我国公民丁在我国领域外犯渎职罪，适用属人管辖原则，即适用我国刑法，可见，选 D 项。《刑法》第 6 条规定了属地管辖原则，根据第 6 条第 1、2 款规定，凡在中华人民共和国领域内犯罪的，除法律有特别规定的以外，都适用我国刑法。凡在中华人民共和国船舶或者航空器内犯罪的，也适用我国刑法。据此，A 项表述中，我国公民甲在我国船舶上犯过失致人死亡罪，B 项表述中，外国公民乙在我国船舶上犯贩卖毒品罪，适用的都是属地管辖，而不是属人管辖，故不选 A、B 项。《刑法》第 8 条规定了保护管辖原则：外国人在中华人民共和国领域外对中华人民共和国国家或者公民犯罪，而按本法规定的最低刑为 3 年以上有期徒刑的，可以适用本法，但是按照犯罪地的法律不受处罚的除外。据此规定，保护管辖原则适用于外国人在我国领域外对我国国家和国民的犯罪。可见，C 项表述适用保护管辖原则，而不是属人管辖原则，故不选 C 项。

2. D

【解析】我国在刑法溯及力问题上，采取从旧兼从轻原则，即新法原则上没有溯及力，但新法不认为是犯罪或者处刑较轻的，则按照新法处理。就本题题干中提到的两个司法解释看，2004 年的司法解释在起刑点上明显重于 1998 年的司法解释，因此，2004 年的司法解释关于侵犯著作权的规定，只能根据从轻原则，即不溯及既往的原则处理。故只有 D 项表述是正确的。A 项表述错误：刑法溯及力是依据"行为"发生时来确定溯及力，即如果行为发生在 2004 年 12 月 22 日以前的，适用 1998 年司法解释的规定，而不是以审理案件的时间作为确定溯及力的标志。B、C 项表述错误是显而易见的。

3. B

【解析】《刑法》第 17 条第 1、2 款规定，已满 16 周岁的人犯罪，应当负刑事责任。已满 14 周岁不满 16 周岁的人，犯故意杀人、故意伤害致人重伤或者死亡、强奸、抢劫、贩卖毒品、放火、爆炸、投放危险物质罪的，应当负刑事责任。据此规定，甲对 17 周岁时盗窃 3 万元的行为负刑事责任，但对 15 周岁时盗窃 5 万元的行为不负刑事责任。《刑法》第 17 条第 3 款规定，已满 14 周岁不满 18 周岁的人犯罪，应当从轻或者减轻处罚。据此，选 B 项。

4. C

【解析】自然人犯罪主体分为一般主体与特殊主体，在刑法理论上，通常将以特殊身份作为主体构成要件或者刑罚加减根据的犯罪称为身份犯。身份犯可以分为纯正身份犯和不纯正身份犯。纯正身份犯是指以特殊身份作为主体条件，无此特殊条件该犯罪则不能成立。如贪污罪的主体必须具有国家工作人员身份。不纯正身份犯是指特殊身份不影响定罪但影响量刑的犯罪。如诬告陷害罪的主体不要求以特殊身份为要件，但如果具备国家机关工作人员身份，则应以诬告陷害罪从重处罚。从本题表述的情形看，甲构成故意杀人罪，而故意杀人罪的主体是一般主体，不要求行为人具有特殊身份，因此不是身份犯，更谈不上是纯正身份犯还是不纯正身份犯。可见，选 C 项，不选 A、B 项。亲告罪是指告诉才处理的犯罪，这类犯罪包括侵占罪、侮辱罪、诽谤罪、虐待罪和暴力干涉婚姻自由罪，故意杀人罪不是亲告罪，不选 D 项。

5. B

【解析】《刑法》第 18 条第 1 款规定，精神病人在不能辨认或者不能控制自己行为的时候造成危害结果，经法定程序鉴定确认的，不负刑事责任，但是应当责令他的家属或者监护人严加看管和医疗；在必要的时候，由政府强制医疗。据此，选 B 项。

6. C

【解析】罪过是指犯罪行为人对自己的行为所造成的危害后果所持的故意或者过失的心理态度，是犯罪主观方面最主要的内容。罪过形态包括故意和过失两种主观心态。可见，选 C 项。

7. C

【解析】"没有造成损害的"犯罪中止，构成犯罪，但应当免除处罚，这属于一种定罪免责方式。可见，A 项表述错误。"应当免除处罚"，即应当负刑事责任，但免除处罚。可见，B 项表述错误。"造成损害"不得是犯罪既遂结果，如果发生了犯罪既遂的结果，认为犯罪已然完成，不成立犯罪中止。可见，C 项表述正确。"应当减轻处罚"是指应当在法定刑以下判处刑罚，如果有数个量刑幅度的，应当在法定量刑幅度的下一个量刑幅度内判处刑罚。可见，D 项表述错误。

8. A

【解析】《刑法》第 152 条规定，以牟利或者传播为目的，走私淫秽的影片、录像带、录音带、图片、书刊或者其他淫秽物品的，构成走私淫秽物品罪。据此，选 A 项。甲将淫秽物品走私入境散发，有传播淫秽物品的行为，但走私淫秽物品罪的法定刑明显重于传播淫秽物品罪的法定刑，系重行为吸收轻行为，不再定传播淫秽物品罪，故不选 B 项。传播淫秽物品牟利罪必须以牟利为目的，由于甲是入境无偿散发淫秽光盘，不构成传播淫秽物品牟利罪，故不选 C 项。侵犯著作权罪也应以营利为目的，甲散发光盘的行为不构成侵犯著作权罪，故不选 D 项。

9. B

【解析】《刑法》第 438 条规定，盗窃、抢夺武器装备或者军用物资的，构成盗窃、抢夺武器装备、军用物资罪，但盗窃、抢夺枪支、弹药、爆炸物的，依照《刑法》第 127 条的规定处罚，即依照盗窃、抢夺枪支、弹药、爆炸物罪论处。据此，选 B 项，不选 A 项。在盗窃弹药过程中经常有持有、私藏行为，但持有、私藏行为属于盗窃行为的延续，不能独立评价，仍定盗窃弹药罪。故不选 C、D 项。

10. D

【解析】本题中，甲冒充缉毒警察将毒品抢走，虽然毒品属于违禁品，但不影响抢劫罪的认定，甲的行为构成抢劫罪；甲将抢来的毒品贩卖出去，又构成贩卖毒品罪，因此应对甲以抢劫罪和贩卖毒品罪数罪并罚。可见，选 D 项。甲的行为不构成招摇撞骗罪，虽然甲有冒充缉毒警察的行为，但甲将乙铐在水管上，使被害人处于不能反抗的状态，符合抢劫罪的客观表现，不能定招摇撞骗罪，故不选 B 项。

二、多项选择题

11. ABC

【解析】我国刑法的渊源包括刑法典（含刑法修正案）、单行刑法和附属刑法，以及民族自治地方的人大根据当地民族的政治、经济、文化的特点和刑法典的基本原则制定的变通或补充规定。A 项表述为刑法典，B 项表述为单行刑法，C 项表述为附属刑法，故选 A、B、C 项。不选 D 项，因为 D 项表述并非附属刑法，附属刑法是指最高国家权力机关在制定经济、行政等非刑事法律中附加制定的对特定社会关系加以特别调整的罪刑规范，而 D 项表述的规范为行政法规，行政法规的制定机关是国务院，而非最高国家权力机关。

12. ABD

【解析】本题为选非题。犯罪的未完成形态只存在于直接故意犯罪中，故不选 C 项。对于过失犯罪而言，由于行为人主观上具备的不是故意危害社会而是过失的心理，客观上我国刑法又限定只有发生危害结果且刑法分则条文有明文规定的才构成犯罪，因而过失犯罪不可能存在犯罪预备、未遂和中止这些未完成形态。可见，选 A、B 项。对于间接故意犯罪而言，由于行为人主观上的放任心理不符合未完成形态的主观特征，因而间接故意犯罪也不可能存在犯罪预备、未遂和中止这些未完成形态。可见，选 D 项。

13. BD

【解析】如果行为人与他人有共同犯罪故意，且在共同故意支配下实施了共同犯罪行为，可能不适用刑法总则关于共同犯罪的规定，例如，在必要共同犯罪中，由于刑法分则对必要共同犯罪作了直接规定，因此，对犯罪人定罪量刑，应直接依照刑法分则的有关条款处理，不再适用刑法总则关于共同犯罪的规定。可见，选 B 项，不选 A 项。此外，如果行为人与他人有共同犯罪故意，且在共同故意支配下实施了共同犯罪行为，有可能存在不按同一罪名追究刑事责任的情形，例如，教唆他人吸食毒品的教唆犯。可见，选 D 项，不选 C 项。

14. ABCD

【解析】刑事责任的解决方式包括定罪判刑方式、定罪免责方式、消灭处理方式和转移处理方式四种。定罪判刑方式，即法院对犯罪人认定有罪作出定罪判刑的同时宣告适用相应的刑罚。A 项表述的刑事责任解决方式是定罪判刑方式，故选 A 项。定罪免责方式，即法院对犯罪人认定有罪作出定罪判决而免除刑罚。《刑法》第 37 条规定，对于犯罪情节轻微不需要判处刑罚的，可以免予刑事处罚，但是可以根据案件的不同情况，予以训诫或者责令具结悔过、赔礼道歉、赔偿损失，或者由主管部门予以行政处罚或者行政处分。据此，B、C、D 项表述的情形属于定罪免责方式，故 B、C、D 项表述也属于被追究了刑事责任的情形。

15. ABCD

【解析】《最高人民法院、最高人民检察院关于办理职务犯罪案件认定自首、立功等量刑情节若干问题的意见》规定，没有自动投案，但具有以下情形之一的，以自首论：（1）犯罪分子如实交代办案机关未掌握的罪行，与办案机关已掌握的罪行属不同种罪行的；（2）办案机关所掌握线索针对的犯罪事实不成立，在此范围外犯罪分子交代同种罪行的。据此，选 A、B 项。根据上述司法解释的规定，单位犯罪案件中，单位集体决定或者单位负责人决定而自动投案，如实交代单位犯罪事实的，或者单位直接负责的主管人员自动投案，如实交代单位犯罪事实的，应当认定为单位自首。单位自首的，直接负责的主管人员和直接责任人员未自动投案，但如实交代自己知道的犯罪事实的，可以视为自首；拒不交代自己知道的犯罪事实或者逃避法律追究的，不应当认定为自首。单位没有自首，直接责任人员自动投案并如实交代自己知道的犯罪事实的，对该直接责任人员应当认定为自首。据此，选 C、D 项。

三、简答题

16.（1）结果加重犯是指实施基本犯罪构成的行为，同时又造成基本犯罪构成以外的结果，刑法对其规定较重法定刑的情形。

（2）结果加重犯的构成特征包括：①行为人实施了基本犯罪构成的行为。②行为产生了基本构成以外的重结果。③行为人对加重结果有过错。④刑法规定了比基本犯罪较重的法定刑。

17.（1）交通肇事罪是指违反交通运输管理法规，因而发生重大事故，致人重伤、死亡或者使公私财产遭受重大损失的行为。

（2）交通肇事罪的构成要件是：①客体是交通运输安全。②客观方面表现为违反交通运输管理法规，因而发生重大事故，致人重伤、死亡或者使公私财产遭受重大损失的行为。③主体是一般主体，包括从事交通运输的人员和非交通运输人员。④主观方面是过失。

四、论述题

18. 主犯是指组织、领导犯罪集团进行犯罪活动或者在共同犯罪中起主要作用的犯罪分子。主犯分为：

（1）犯罪集团的首要分子，即组织、领导犯罪集团进行犯罪活动的犯罪分子。犯罪集团是指三人以上为共同实施犯罪而组成的较为固定的犯罪组织。只有在认定犯罪集团的前提下才能认定这种类型的主犯。组织、领导犯罪集团进行犯罪活动，通常表现为：负责组建犯罪集团；召集、网罗犯罪成员；策划、制订犯罪活动计划；布置犯罪任务；指挥犯罪集团成员进行具体犯罪活动；等等。

（2）在共同犯罪中起主要作用的犯罪分子，包括如下三类：①犯罪集团的骨干分子，即在犯罪集团中虽然不起组织、领导作用，但积极参与犯罪集团的犯罪活动的骨干成员。②某些聚众犯罪中的首要分子及骨干成员。根据刑法规定，聚众犯罪可以分为三类：一是参与违法活动的人都构成犯罪的聚众犯罪；二是聚众进行违法活动的首要分子和积极参加者构成犯罪，而一般参与者不构成犯罪的聚众犯罪；三是只有聚众进行违法活动的首要分子才构成犯罪，而其他参与者不构成犯罪的聚众犯罪。第一种聚众犯罪中起组织、指挥作用的首要分子，以及虽然不起主要作用但在聚众犯罪中起重要作用的犯罪分子是主犯；第二种聚众犯罪中起组织、指挥作用的首要分子是主犯；在第三种聚众犯罪中，首要分子是犯罪成立的必要条件，如果只有一个首要分子，就不存在主犯的问题。③在一般共同犯罪中起主要作用的犯罪分子。

五、案例分析题

19.（1）①甲利用国家机关工作人员职务上的便利，将 200 万元国有资金借给个人使用的行为，构成挪用公款罪；甲收受乙 5 万元的行为构成受贿罪。②甲的上述行为应分别定罪，实行数罪并罚。甲主动投案，如实交代挪用公款、受贿的犯罪事实，属于自首，依法可以从轻或者减轻处罚。甲提供线索协助公安机关抓获乙，属于立功，依法可以从轻或者减轻处罚。

（2）①乙与甲共同策划了挪用公款的行为方式，构成挪用公款罪的共犯；乙为了获得200 万元资金，给予甲 5 万元，构成行贿罪；乙用所得资金贩卖毒品，构成贩卖毒品罪。②乙的上述行为应分别定罪，实行数罪并罚。乙主动交代司法机关没有掌握的贩毒事实，成立自首，依法可以从轻或者减轻处罚。

民法学

六、单项选择题

20. B

【解析】通知是准民事法律行为，而不是典型的民事法律行为，故不选 A 项。民事法律行为是以意思表示为构成要素的以发生民事法律后果为目的的行为。追认的意思表示能够引起一定的民事法律后果，如被代理人对无权代理人实施的无权代理行为的追认，便会产生有权代理的法律后果，因而追认是民事法律行为，故选 B 项。要约是否属于民事法律行为，目前争议较多，但通说认为要约仅是一种意思表示，而不是民事法律行为，故不选 C 项。催告也是准民事法律行为，而不是典型的民事法律行为，故不选 D 项。

21. D

【解析】宣告失踪不是宣告死亡的必经程序，本题中，甲离开自己的住所下落不明已满 6 年，既符合宣告失踪的条件，也符合宣告死亡的条件，至于申请宣告失踪还是申请宣告死亡，完全取决于利害关系人的意思。可见，选 D 项。

22. A

【解析】《民法典》第 109 条规定，自然人的人身自由、人格尊严受法律保护。《民法典》第 990 条规定，人格权是民事主体享有的生命权、身体权、健康权、姓名权、名称权、肖像权、名誉权、荣誉权、隐私权等权利。除前款规定的人格权外，自然人享有基于人身自由、人格尊严产生的其他人格权益。《民法典》第 1164 条规定，本编调整因侵害民事权益产生的民事关系。根据上述规定，司乘人员将无票乘车的甲关在调度室反省 4 小时，侵犯了甲的人身自由权，构成侵权，选 A 项。《民法典》第 1177 条规定，合法权益受到侵害，情况紧迫且不能及时获得国家机关保护，不立即采取措施将使其合法权益受到难以弥补的损害的，受害人可以在保护自己合法权益的必要范围内采取扣留侵权人的财物等合理措施；但是，应当立即请求有关国家机关处理。受害人采取的措施不当造成他人损害的，应当承担侵权责任。据此，司乘人员的行为不属于自助行为，因为司乘人员采取的控制行为明显超过了自助行为的必要限度，而且采取的方法也不适当，故不选 B 项。《民法典》第 181 条规定，因正当防卫造成损害的，不承担民事责任。正当防卫超过必要的限度，造成不应有的损害的，正当防卫人应当承担适当的民事责任。据此，司乘人员的行为不属于正当防卫，因为甲的无票乘车行为并非正在实施的不法侵害，而仅仅是"无票乘车"，故不选 C 项。《民法典》第 182 条规定，因紧急避险造成损害的，由引起险情发生的人承担民事责任。危险由自然原因引起的，紧急避险人不承担民事责任，可以给予适当补偿。紧急避险采取措施不当或者超过必要的限度，造成不应有的损害的，紧急避险人应当承担适当的民事责任。据此，司乘人员的行为不是紧急避险，因为甲"无票乘车"的行为并非具有紧迫性的危险，故不选 D 项。

23. CD

【解析】本题原标准答案为 C 项，《民法典》通过后，C、D 项都是正确答案。《民法典》第 1098 条规定，收养人应当同时具备下列条件：（1）无子女或者只有 1 名子女；（2）有抚养、教育和保护被收养人的能力；（3）未患有在医学上认为不应当收养子女的疾病；（4）无不利于被收养人健康成长的违法犯罪记录；（5）年满 30 周岁。据此，A 项表述中，甲女不满 30 周岁，不符合收养条件，不选 A 项。《民法典》第 1102 条规定，无配偶者收养异性子女的，收养人与被收养人的年龄应当相差 40 周岁以上。据此，B 项表述中，乙男 45 周岁，和 6 岁女童年龄相差 39 周岁，不符合收养条件，故不选 B 项。《民法典》第 1100 条规定，无子女的收养人可以收养 2 名子女；有子女的收养人只能收养 1 名子女。据此，D 项表述中，丁女有 1 名子女，符合收养条件，选 D 项。此外，根据《民法典》第 1098 条、第 1100 条规定，C 项表述也符合收养条件，选 C 项。

24. B

【解析】孳息分为天然孳息和法定孳息，就天然孳息而言，原物和孳息都必须是独立的物，树上的果实、尚未收割的庄稼等都不能认定为孳息，不选 A、C 项。银行存款的利息为法定孳息，选 B 项。利用现代技术产生的煤气、热力、电力等都不能认定为孳息，不选 D 项。

25. A

【解析】广播权属于著作财产权的类型之一，根据《著作权法》第 48 条第 1 项规定，未经著作权人许可，复制、发行、表演、放映、广播、汇编、通过信息网络向公众传播其作品的，构成著作权侵权，著作权法另有规定的除外。据此规定，选A项。著作权合理使用是指自然人、法人或者其他组织为了个人欣赏、评论、新闻报道、教学与艺术研究以及公益事业等目的，根据著作权法规定，可以不经过作者同意而使用其已发表的作品，不需要向其支付报酬的制度。《著作权法》第22条规定了12项著作权合理使用制度，据此规定，本题表述的情形不符合著作权合理使用的条件，故不选B项。著作权法定许可使用是指根据法律的直接规定，以某些方式使用他人已经发表的作品可以不经著作权人的许可，但应当向著作权人支付使用费（报酬），并尊重著作权人的其他各项人身权利和财产权利的制度。《著作权法》第23条、第33条第2款、第40条第3款、第43条第2款、第44条规定了著作权法定许可使用制度。根据上述规定，本题表述的情形不符合著作权法定许可使用的条件，故不选C项。我国《著作权法》并没有规定著作权强制许可使用制度，故不选D项。

26. C

【解析】《民法典》第473条规定，要约邀请是希望他人向自己发出要约的表示。拍卖公告、招标公告、招股说明书、债券募集办法、基金招募说明书、商业广告和宣传、寄送的价目表等为要约邀请。商业广告和宣传的内容符合要约条件的，构成要约。据此，甲公司发布的商业广告内容具体明确，具备了订立合同的主要条款，因此是要约而不是要约邀请，故不选A项。本题表述中，乙公司得知甲公司发布的商业广告的内容后，在要约的有效期限内购车，而且也未对要约的内容进行任何变更，因此，乙公司的行为属于承诺，而不是反要约，故不选B项。缔约过失责任和违约责任的区别之一是，缔约过失责任发生于缔约之际，而违约责任发生于合同生效之后。本题表述中，甲公司在乙公司前往承诺时已经将车售完，因而买卖合同并未成立，甲公司、乙公司之间不存在合同关系，自然不存在承担违约责任问题，但是，甲公司未按广告发布的信息履行，造成乙公司信赖利益的损失，因此乙公司有权请求甲公司承担缔约过失责任。可见，选C项，不选D项。

27. D

【解析】《专利法》第5条第1款规定，对违反法律、社会公德或者妨害公共利益的发明创造，不授予专利权。据此规定，不选A项。《专利法》第25条规定，对下列各项，不授予专利权：（1）科学发现；（2）智力活动的规则和方法；（3）疾病的诊断和治疗方法；（4）动物和植物品种；（5）原子核变换方法以及用原子核变换方法获得的物质；（6）对平面印刷品的图案、色彩或者二者的结合作出的主要起标识作用的设计。对动物和植物品种的生产方法，可以依照专利法的规定授予专利权。据此规定，选D项。根据上述规定第2项，不选B项；根据上述规定第3项，不选C项。

28. C

【解析】《民法典》第961条规定，中介合同（居间合同）是中介人向委托人报告订立合同的机会或者提供订立合同的媒介服务，委托人支付报酬的合同。据此，选C项。

29. 无

【解析】本题原标准答案为D项，《民法典》通过后，本题无答案。《民法典》第1092条规定，夫妻一方隐藏、转移、变卖、毁损、挥霍夫妻共同财产，或者伪造夫妻共同债务企图侵占另一方财产的，在离婚分割夫妻共同财产时，对该方可以少分或者不分。离婚后，另一方发现有上述行为的，可以向人民法院提起诉讼，请求再次分割夫妻共同财产。《民法典》第188条第1款规定，向人民法院请求保护民事权利的诉讼时效期间为3年。法律另有规定的，依照其规定。当事人依据《民法典》第1092条的规定向人民法院提起诉讼，请求再次分割夫妻共同财产的诉讼时效为3年，从当事人发现之次日起计算。据此，甲于2008年4月29日发现乙在离婚时有隐藏夫妻共同财产的行为，则甲请求分割隐匿财产的诉讼时效应当从2008年4月30日起算，诉讼时效持续期间为3年，该诉讼时效应终止于2011年4月29日。可见，本题已无答案。

七、多项选择题

30. ABD

【解析】普通合伙人的出资形式包括货币、实物、工业产权、土地使用权或者其他财产权利出资，也可以用劳务出资，故选A、B、D项。鉴于合伙组织具有人合性质，因此继承权不得作为合伙组织的出资形式，故不选C项。

31. BD

【解析】《最高人民法院关于审理著作权民事纠纷案件适用法律若干问题的解释》第11条规定，因作品署名顺序发生的纠纷，人民法院按照下列原则处理：有约定的按约定确定署名顺序；没有约定的，可以按照创作作品付出的劳动、作品排列、作者姓氏笔画等确定署名顺序。据此，选B、D项。

32. ACD

【解析】《民法典》第174条第1款规定，被代理人死亡后，有下列情形之一的，委托代理人实施的代理行为有效：（1）代理人不知道且不应当知道被代理人死亡；（2）被代理人的继承人予以承认；（3）授权中明确代理权在代理事务完成时终止；（4）被代理人死亡前已经实施，为了被代理人的继承人的利益继续代理。据此，选A、C、D项。不选B项，因为根据上述规定第2项，被代理人死亡后，被代理人的继承人"都应予以承认"，而不是"多数人承认"，委托代理人实施的代理行为才能认定为有效。

33. ABCD

【解析】《民法典》第832条规定，承运人对运输过程中货物的毁损、灭失承担赔偿责任。但是，承运人证明货物的毁损、灭失是因不可抗力、货物本身的自然性质或者合理损耗以及托运人、收货人的过错造成的，不承担赔偿责任。据此，备选项应全选。

34. ABCD

【解析】《民法典》第403条规定，以动产抵押的，抵押权自抵押合同生效时设立；未经登记，不得对抗善意第三人。《民法典》第395条第1款规定，债务人或者第三人有权处分的下列财产可以抵押：（1）建筑物和其他土地附着物；（2）建设用地使用权；（3）海域使用权；（4）生产设备、原材料、半成品、产品；（5）正在建造的建筑物、船舶、航空器；（6）交通运输工具；（7）法律、行政法规未禁止抵押的其他财产。根据上述规定，以备选项所列的动产设定抵押的，未经登记，不得对抗善意第三人。可见，备选项应全选。

八、简答题

35. 婚姻的效力是指男女因结婚而产生的法律后果。婚姻的效力可分为直接效力和间接效力。婚姻的直接效力是指因婚姻而产生的夫妻间的权利义务关系，包括身份法上的效力和财产法上的效力。婚姻的间接效力是指因婚姻而产生的其他亲属之间的权利义务关系。

36．一般人格权是指公民和法人享有的，概括人格独立、人格自由、人格尊严、人格平等全部内容的一般人格利益，并由此产生和规定具体人格权的基本权利。

一般人格权包括人格独立、人格自由、人格尊严、人格平等四项权利。一般人格权因其保护的人格利益的不确定性而具有一般条款的功能。其功能具体包括：（1）产生具体人格权。（2）解释具体人格权。（3）补充具体人格权。

九、论述题

37．狭义无权代理是指行为人既没有代理权，也没有使第三人相信其有代理权的事实或理由，而以被代理人名义所为的代理。

狭义无权代理涉及三方当事人：本人（被代理人）、无权代理人（行为人）和相对人（第三人）。三方的权利义务分别是：

（1）本人享有追认权，即本人对狭义无权代理可以选择是否追认。如果追认则应当承担行为人所为行为的后果；否则，原则上无须承担任何责任。

（2）无权代理人的义务是对因无权代理行为给本人或相对人造成的损失承担损害赔偿责任。

（3）相对人享有催告权，即相对人可以催告本人在法定期限内追认；同时，善意相对人还享有撤销权，撤销权应当在本人追认前行使。

十、案例分析题

38．（1）甲、乙之间的房屋买卖合同有效。根据《民法典》的规定，当事人之间订立有关设立、变更、转让和消灭不动产物权的合同，除法律另有规定或者合同另有约定外，自合同成立时生效；未办理物权登记的，不影响合同效力。

（2）甲、丙之间的房屋买卖合同有效，因为房屋的所有权属于甲，甲有权处分属于自己的房屋。

（3）乙无权要求法院撤销甲、丙之间的房屋买卖合同，因为乙并非该合同的一方当事人。

（4）丙有权请求乙腾出房屋，因为房屋已经登记在丙的名下，丙已经取得房屋的所有权。

（5）甲应当对乙承担违约责任。

2010 年全国法律硕士（法学）专业学位 研究生入学联考综合课试题

一、单项选择题（第 1~20 小题，每小题 1 分，共 20 分。下列每题给出的四个选项中，只有一个选项是最符合题目要求的）

1. 以法的创制主体和适用范围为标准，可以将法划分为（   ）。

   A. 国内法和国际法   B. 根本法和普通法

   C. 一般法和特别法   D. 实体法和程序法

2. 下列关于法学的表述，能够成立的是（   ）。

   A. 法学在我国先秦时期被称为"律学"

   B. 所有法律现象都在法学研究范围之内

   C. 马克思主义产生之后，法学才成为一门独立学科

   D. 法学随着法的出现而出现，因此有了法就有了法学

3. 法的普遍性是指（   ）。

   A. 法律面前人人平等   B. 法律的效力都是相同的

   C. 法律可以多次、反复适用   D. 法律在一国主权管辖范围内普遍有效

4. 下列原则中，属于程序性法律原则的是（   ）。

   A. 诚实信用原则   B. "谁主张谁举证"原则

   C. 罪刑法定原则   D. 物权法定原则

5. 下列选项中，属于法的历史类型划分标准的是（   ）。

   A. 法的历史渊源   B. 法的外部特征

   C. 社会生产力水平   D. 法的阶级本质

6. 从法系角度看，我国澳门地区近代以来的法律属于（   ）。

   A. 普通法法系   B. 大陆法系

   C. 中华法系   D. 社会主义法系

7. 在同一国家或地区，不同历史类型之间新法对旧法的借鉴和吸收，在法学理论上称为（   ）。

   A. 法律继承   B. 法律移植   C. 法制改革   D. 法律发展

8. 下列关于行政法规的表述，能够成立的是（   ）。

A. 行政法规由行政规章和地方性法规组成

B. 行政法规的效力高于地方性法规和规章

C. 行政法规是国务院及其所属部委制定的规范性法律文件

D. 行政法规是调整有关国家行政管理活动的法律规范的总称

9. 根据西耶斯的观点，制宪权归属于（　　　）。

A. 国民　　　　　B. 立法机关　　　　C. 执政党　　　　D. 制宪机关

10. 被马克思誉为世界上"第一部人权宣言"的宪法性文件是（　　　）。

A. 1679 年英国《人身保护法》　　　　B. 1689 年英国《权利法案》

C. 1776 年美国《独立宣言》　　　　　D. 1789 年法国《人权宣言》

11. 有权接受省人民代表大会代表辞职申请的机关是（　　　）。

A. 该省人民代表大会

B. 该省人民代表大会常务委员会

C. 选举该代表的人民代表大会

D. 选举该代表的人民代表大会的常务委员会

12. 下列情形中，侵犯了公民宪法权利的是（　　　）。

A. 公民甲因精神病发作而未被选举委员会列入选民名单

B. 某报报道了副市长乙因嫖娼而被公安机关当场抓获的新闻

C. 公安机关就某刑事案件要求电信部门提供公民丙的通讯记录

D. 某高校毕业生丁因身高不符合中国人民银行某分行的招聘条件而未被录用

13. 在民族自治机关组成人员中，必须由实行区域自治民族的公民担任的职务是（　　　）。

A. 自治区主席、自治州州长、自治县县长

B. 自治区副主席、自治州副州长、自治县副县长

C. 民族自治地方的人民代表大会常务委员会主任

D. 民族自治地方的人民代表大会常务委员会秘书长

14. 稻香河流经甲村，邻近的乙村村民为生产和生活需要一直从稻香河取水。为了争夺水源，两村经常发生争执，甚至械斗。该河流的所有权属于（　　　）。

A. 甲村和乙村　　B. 甲村　　　　　C. 乙村　　　　　D. 国家

15. 中国古代首次设置律博士的政权是（　　　）。

A. 北魏　　　　　B. 曹魏　　　　　C. 西晋　　　　　D. 北齐

16. 元代管理少数民族事务的中央机构为（　　　）。

A. 宗人府　　　　B. 宣政院　　　　C. 理藩院　　　　D. 内务府

17. 史称"贿选宪法"的是（　　　）。

A. 1913 年《中华民国宪法》（草案）　　B. 1914 年《中华民国约法》

C. 1923 年《中华民国宪法》　　　　　　D. 1947 年《中华民国宪法》

18. 秦朝作为司法官吏断案依据的成例称为（　　　）。

A. 决事比　　　　B. 封诊式　　　　C. 廷行事　　　　D. 断例

19. "八议"中保护前朝皇室宗亲及其后裔的制度是（　　　）。

A. 议亲　　　　　B. 议宾　　　　　C. 议贵　　　　　D. 议故

20. 根据《中华民国临时约法》的规定，通过约法修正案的赞成票应占出席议员的比例是（　　）。

A. 二分之一以上　　　　　　　　　B. 三分之二以上

C. 四分之三以上　　　　　　　　　D. 五分之四以上

二、多项选择题（第 21～30 小题，每小题 2 分，共 20 分。下列每题给出的四个选项中，至少有两个选项是符合题目要求的。多选、少选或错选均不得分）

21. 从性质上看，法律关系是（　　）。

A. 物质关系　　　　　　　　　　　B. 意志（思想）关系

C. 社会关系　　　　　　　　　　　D. 事实关系

22. 在我国，司法机关独立行使职权原则的含义包括（　　）。

A. 司法权的专属性　　　　　　　　B. 行使职权的独立性

C. 司法机构的独立性　　　　　　　D. 行使职权的合法性

23. 在我国法律监督体系中，属于社会监督的有（　　）。

A. 中国共产党的监督　　　　　　　B. 民主党派的监督

C. 新闻媒体的监督　　　　　　　　D. 全国人民代表大会的监督

24. 下列关于守法的表述，能够成立的有（　　）。

A. 守法的最低限度是不违法

B. 守法的范围与一个国家的正式法律渊源密切相关

C. 守法不仅指依法履行法律义务，而且包括依法行使法律权利

D. 守法仅指对规范性法律文件的遵守，不包括对非规范性法律文件的遵守

25. 下列关于法律责任的表述，能够成立的有（　　）。

A. 任何人都可以成为法律责任的主体

B. 追究民事法律责任时均不需要考虑主观过错

C. 违法行为或违约行为是法律责任的构成要件

D. 有些法律责任的承担不需要以实际损害结果为前提

26. 下列关于法律推理的表述，能够成立的有（　　）。

A. 法律推理有助于限制法官的主观任意性

B. 法律推理可以为法院判决提供正当理由

C. 归纳推理具有或然性，无法得出有效的法律结论

D. 演绎推理以法律规定为大前提，以案件事实为小前提，以判决为结论

27. 在我国人民代表大会代表的间接选举中，可以推荐代表候选人的主体有（　　）。

A. 各政党　　　　　　　　　　　　B. 各人民团体

C. 选民十人以上联名　　　　　　　D. 代表十人以上联名

28. 根据我国现行宪法的规定，国家主席可以行使的职权有（　　）。

A. 决定特赦

B. 批准和废除我国同外国缔结的条约

C. 代表中华人民共和国接受外国使节

D. 根据全国人民代表大会的决定，公布法律

29. 下列关于《大清新刑律》特点的表述，正确的有（　　　）。

A. 采用罪刑法定主义原则

B. 在体例上抛弃了旧律"诸法合体"的编纂形式

C. 采用西方国家通用的缓刑、假释、正当防卫等制度和术语

D. 确立了新的刑罚制度，规定的主刑包括死刑、遣刑、流刑、徒刑和罚金

30. 革命根据地时期，人民调解制度的主要原则包括（　　　）。

A. 双方自愿　　　　　　　　　　　　B. 尊重群众意见

C. 以法律为准绳，照顾善良风俗　　　D. 调解不是诉讼必经程序

三、简答题（第 31～33 小题，每小题 10 分，共 30 分）

31. 简述科学技术对法律的影响。

32. 简述我国基层群众性自治组织的概念和特点。

33. 简述《中华民国民法》的主要内容和特点。

四、分析论述题（第 34～38 小题，共 80 分）

34. 陈某夫妇靠捡拾垃圾为生，几年中"捡回"5 名残疾弃婴，并筹钱为孩子们治病。当地民政部门认为，陈某夫妇不具备法定收养条件，且未依法办理收养手续，属非法收养。该事件经媒体报道后，在社会上引起强烈反响。很多人对相关法律规定表示无法理解，认为陈某夫妇的行为体现了中华民族的传统美德，法律应予充分肯定。

结合上述材料，回答下列问题：

（1）请根据法与道德关系的原理，对陈某夫妇收养弃婴的行为进行分析。

（2）针对人们的态度和观点，阐述道德是法律的评价标准。

35. 联系我国法治现状，论述立法民主原则的内容、要求及意义。

36. 某市著名民营企业家、全国人大代表李某，在全国人大代表小组讨论会上，论及政府有关民营经济的一些政策和管理措施时，对其所在市领导的某些做法大加批评，言辞颇为激烈。该市领导获悉后极为不满，并安排其秘书对李某的通讯往来密切监控。1 个月后，该市公安机关以涉嫌诽谤罪，宣布将李某逮捕。

请结合宪法学知识，分析李某的哪些权利受到侵犯，并说明依据。

37. 试述我国宪法监督制度的内容及其完善。

38. 《汉书·张释之传》：上行出中渭桥，有人从桥下走，乘舆马惊。于是使骑捕之，属廷尉。释之治问。曰："县人来，闻跸，匿桥下。久，以为行过，既出，见车骑，即走耳。"释之奏当："此人犯跸，当罚金。"上怒曰："此人亲惊吾马，马赖和柔，令他马，固不败伤我乎？而廷尉乃当之罚金！"释之曰："法者，天子所与天下公共也。今法如是，更重之，是法不信于民也。且方其时，上使使诛之则已。今已下廷尉，廷尉，天下之平也，壹倾，天下用法皆为之轻重，民安所措其手足？唯陛下察之。"上良久曰："廷尉当是也。"

（1）分析上述材料并回答下列问题：

①何谓犯跸？汉朝对于犯跸给予何种处罚？

②廷尉在汉代司法机关体系中的地位及职责如何？

（2）运用中国法制史的知识和理论，阐述这段史料提供的历史借鉴意义。

2010年全国法律硕士（法学）专业学位研究生入学联考综合课试题答案解析

一、单项选择题

1. A

【解析】根据法的创制主体和适用范围为标准，可以将法划分为国内法和国际法，故选A项。根据法的地位、效力、内容和制定主体、程序的不同，可以将法分为根本法和普通法；根据法律适用范围的不同，可以将法分为一般法和特别法；根据法规定的内容的不同，可以将法分为实体法和程序法。

2. B

【解析】法学在我国先秦时期被称为"刑名法术之学"或"法术"，汉代才被称为"律学"，故A项表述不能成立。法学以法律现象为研究对象，所有法律现象都在法学的研究范围之内，故B项表述能够成立。在古罗马共和国时期，法学就已经发展成为一门独立的学科，故C项表述不能成立。法学是以法或法律现象为研究对象的，但不是一有了法就有了法学，法学是在法发展到一定阶段才产生的，故D项表述不能成立。

3. D

【解析】法的普遍性即法的普遍适用性，是指法在其效力所及的时间与空间范围内普遍适用。可见，选D项。

4. B

【解析】法律原则可分为实体性原则和程序性原则，实体性原则如诚实信用原则、物权法定原则、合同自由原则、罪刑法定原则、一事不再罚原则、依法行政原则等，程序性原则如"谁主张谁举证"原则、无罪推定原则等。可见，选B项。

5. D

【解析】法的历史类型是按照法律制度赖以产生的生产关系的类型和反映的阶级意志的不同对历史和现实的不同国家和地区的法律制度进行的分类。可见，选D项。A、B项表述是法系的划分标准。C项与法的历史类型划分无关，为干扰项。

6. B

【解析】从法系角度看，我国澳门地区曾受葡萄牙殖民统治，而葡萄牙属于大陆法系国家，因而我国澳门地区近代以来的法律属于大陆法系。可见，选B项。

7. A

【解析】在同一国家或地区，不同历史类型之间新法对旧法的借鉴和吸收，在法学理论上称为法律继承，选 A 项。法律移植是指一个国家的法律制度的某些因素是从另一个国家的法律制度或许多国家的"法律集团"中输入的。输出国是这些国家法律因素的母国。法制改革是指一个国家或社会在其社会的本质属性与基本的社会制度结构保持相对稳定、其现行法律制度的基本属性也没有根本性变化的前提下，整体意义上的法律制度在法律的时代精神、法律的运作体制与框架、具体的法律制度等方面的自我创造、自我更新、自我完善和自我发展。

8. B

【解析】行政法规专指最高国家行政机关，即国务院在法定职权范围内为实施宪法和法律制定的有关国家行政管理的规范性文件。地方性法规是指省、自治区、直辖市和设区的市、自治州的人民代表大会及其常务委员会根据本地区的具体情况和实际需要，在法定权限范围内制定发布的适用于本地区的规范性文件。国务院所属部委制定的规范性文件称为部委规章或行政规章。可见，A、C 项表述错误。《立法法》第 88 条规定，法律的效力高于行政法规、地方性法规、规章。行政法规的效力高于地方性法规、规章。据此，B 项表述正确。行政法是有关国家行政管理活动的法律规范的总称，D 项表述混淆了行政法和行政法规，因此表述不能成立。

9. A

【解析】法国大革命时期的政治活动家西耶斯认为，只有国民才可以成为制宪权的主体。可见，选 A 项。

10. C

【解析】1776 年北美发布的《独立宣言》被马克思誉为世界上"第一部人权宣言"。可见，选 C 项。

11. D

【解析】《选举法》第 54 条规定，全国人民代表大会代表，省、自治区、直辖市、设区的市、自治州的人民代表大会代表，可以向选举他的人民代表大会的常务委员会书面提出辞职。常务委员会接受辞职，须经常务委员会组成人员的过半数通过。接受辞职的决议，须报送上一级人民代表大会常务委员会备案、公告。县级的人民代表大会代表可以向本级人民代表大会常务委员会书面提出辞职，乡级的人民代表大会代表可以向本级人民代表大会书面提出辞职。县级的人民代表大会常务委员会接受辞职，须经常务委员会组成人员的过半数通过。乡级的人民代表大会接受辞职，须经人民代表大会过半数的代表通过。接受辞职的，应当予以公告。据此，选 D 项。

12. D

【解析】《选举法》第 26 条第 2 款规定，精神病患者不能行使选举权利的，经选举委员会确认，不列入选民名单。据此，A 项表述的情形没有侵犯公民选举权。《宪法》第 38 条规定，中华人民共和国公民的人格尊严不受侵犯。禁止用任何方法对公民进行侮辱、诽谤和诬告陷害。B 项表述的情形并未侵犯乙的隐私权，因为隐私权的保护受公共利益的限制，例如，当个人的性关系涉嫌犯罪的，必须接受调查，新闻对此事进行报道当然也就无所谓对人格尊严的侵犯了。故 B 项表述没有侵犯宪法权利。《宪法》第 37 条规定，中华人民共和国公民的人身自由不受侵犯。任何公民，非经人民检察院批准或者决定或者人民法院决定，并由公安机关执行，不受逮捕。禁止非法拘禁和以其他方法非法剥夺或者限制公民的人身自由，禁止非法搜查公民的身体。据此规定，C 项表述不构成对宪法权利的侵犯。D 项表述的情形构成对平等就业权的侵犯，故选 D 项。

13. A

【解析】《宪法》第 114 条规定，自治区主席、自治州州长、自治县县长由实行区域自治的民族的公民担任。据此，选 A 项。

14. D

【解析】《宪法》第 9 条第 1 款规定，矿藏、水流、森林、山岭、草原、荒地、滩涂等自然资源，都属于国家所有，即全民所有；由法律规定属于集体所有的森林和山岭、草原、荒地、滩涂除外。据此，选 D 项。

15. B

【解析】三国曹魏政权在廷尉之下首次设置律博士，以教授法律、培养司法官吏为职责。可见，选 B 项。

16. B

【解析】元朝管理少数民族事务的中央机构是宣政院，故选 B 项。元朝没有宗人府这个机构，宗人府为明朝首创，清朝的宗人府是管理皇室宗族的谱牒、爵禄、赏罚、祭祀等项事务的机构，宗人府还受理皇室诉讼。元朝没有理藩院这个机构，清朝的理藩院是管理少数民族事务的中央机构。内务府为清朝特有的管理宫廷事务的机构，元朝没有这个机构。

17. C

【解析】1923 年《中华民国宪法》是由直系军阀曹锟、吴佩孚等操纵制定的，该部宪法因曹锟"贿选"而得名，故又称为"贿选宪法"，选 C 项。

18. C

【解析】秦朝将司法机关断案所形成的成例称为廷行事，故选 C 项。决事比作为汉朝法律形式的一种，是指在律无正条时比照援引典型判例作为裁判案件依据的单行法规；封诊式作为秦朝法律形式的一种，是司法机关有关审判原则、治狱程式以及对案件进行调查、勘验、审讯、查封等方面的法律规定和文书程式；断例为元朝的刑事法律形式。

19. B

【解析】所谓"八议"是指法律规定的以下八种人犯罪，一般司法机关无权审判，必须奏请皇帝裁决，由皇帝根据其身份及具体情况减免刑罚的制度。这八种人是：亲、故、贤、能、功、贵、勤、宾。亲，即皇亲国戚；故，即皇帝的故旧；贤，即德行出众的人；能，即有大才干的人；功，即对国家有大功劳的人；贵，即三品以上的官员和有一品爵位的人；勤，即特别勤于政务的人；宾，即前朝国君的后代。可见，选 B 项。

20. C

【解析】《中华民国临时约法》规定，约法的增删修改，须由参议院议员 2/3 以上或临时大总统提议，经参议员 4/5 以上出席，出席议员 3/4 以上赞成方可进行，以防止袁世凯擅自修改变更约法。可见，选 C 项。

二、多项选择题

21. BC

【解析】从性质上看，法律关系是一种社会关系，但这种社会关系是依法建立的、体现一种意志性的特殊的思想社会关系，而不是物质社会关系。故选 B、C 项，不选 A 项。法律关系不是事实关系，因为法律关系是以法律规范为前提而产生的，没有法律规范就没有法律关系。故不选 D 项。

22. ABD

【解析】司法机关依法独立行使职权原则有三层含义：首先，司法权的专属性，即国家的司法权只能由国家各级审判机关和检察机关统一行使，其他任何机关、团体和个人都无权行使此项权力；其次，行使职权的独立性，即人民法院、人民检察院依照法律独立行使自己的职权，不受行政机关、社会团体和个人的非法干涉；最后，行使职权的合法性，即司法机关审理案件必须严格依照法律规定，正确适用法律，不得滥用职权，枉法裁判。可见，选 A、B、D 项。

23. ABC

【解析】法律监督分为国家监督与社会监督。国家监督包括国家权力机关的监督、国家司法机关的监督和国家行政机关的监督；社会监督包括政党的监督、社会组织的监督、社会舆论的监督和人民群众的监督。备选项中，中国共产党的监督属于政党的监督，民主党派的监督属于社会组织的监督，新闻媒体的监督属于社会舆论的监督，它们都属于社会监督，故选 A、B、C 项。D 项属于国家权力机关的监督，为国家监督，故不选 D 项。

24. ABC

【解析】守法的最低状态是不违法犯罪。可见，A 项表述能够成立。守法范围直接决定于一个国家法的渊源，在我国，守法的范围并不限于各种制定法，还包括有法律效力的非规范性法律文件。可见，B 项表述能够成立，D 项表述不能成立。守法内容包括履行法律义务和行使法律权利。可见，C 项表述能够成立。

25. CD

【解析】法律责任的主体必须具有法定责任能力，因此并非任何人都能够成为法律责任的主体。可见，A 项表述不能成立。在民事责任，尤其在实行过错责任原则的侵权责任领域，必须要考虑行为人的主观过错。可见，B 项表述不能成立。法律责任的构成要件包括责任主体、违法行为（含违约行为）、因果关系和主观过错。可见，C 项表述能够成立。有些法律责任的承担不以实际损害结果的存在为条件，比如刑法中的行为犯、危险犯等。可见，D 项表述能够成立。

26. ABD

【解析】法律推理是指以法律和事实两个已知的判断为前提，运用科学的方法和规则，为法律适用提供正当理由的一种逻辑思维活动，因此，法律推理有助于限制法官的主观任意性。可见，A、B 项表述能够成立。归纳推理是从特殊到一般的推理，是一种或然性推理，但不能说归纳推理无法得出有效的法律结论。可见，C 项表述不能成立。演绎推理是从一般到特殊的推理，演绎推理的特点是，法院有可以适用的法律规则和原则（大前提），也有通过审理确定的、可以归入该规则或原则的案件事实（小前提），由此法院可以作出一个确定的判断（结论）。可见，D项表述能够成立。

27. ABD

【解析】《选举法》第29条第1、2款规定，全国和地方各级人民代表大会的代表候选人，按选区或者选举单位提名产生。各政党、各人民团体，可以联合或者单独推荐代表候选人。选民或者代表，10人以上联名，也可以推荐代表候选人。推荐者应向选举委员会或者大会主席团介绍代表候选人的情况。接受推荐的代表候选人应当向选举委员会或者大会主席团如实提供个人身份、简历等基本情况。提供的基本情况不实的，选举委员会或者大会主席团应当向选民或者代表通报。据此，选A、B、D项。

28. CD

【解析】《宪法》第80条规定，中华人民共和国主席根据全国人民代表大会的决定和全国人民代表大会常务委员会的决定，公布法律，任免国务院总理、副总理、国务委员、各部部长、各委员会主任、审计长、秘书长，授予国家的勋章和荣誉称号，发布特赦令，宣布进入紧急状态，宣布战争状态，发布动员令。第81条规定，中华人民共和国主席代表中华人民共和国，进行国事活动，接受外国使节；根据全国人民代表大会常务委员会的决定，派遣和召回驻外全权代表，批准和废除同外国缔结的条约和重要协定。根据上述规定，选C、D项。根据《宪法》第67条第15、18项规定，批准和废除我国同外国缔结的条约和决定特赦为全国人大常委会的职权，故不选A、B项。

29. ABC

【解析】《大清新刑律》的内容特点包括：（1）在体例上抛弃了以往旧律"诸法合体"的编纂形式，采用近代西方刑法典的体例，将法典分为总则和分则两篇；（2）采用近代刑罚体系，规定刑罚分为主刑和从刑两种，主刑包括死刑（仅绞刑一种）、无期徒刑、有期徒刑、拘役、罚金，从刑包括褫夺公权和没收；（3）引进西方的刑法原则和刑法学通用的术语，如引进罪刑法定主义原则、法律面前人人平等原则，采用西方国家通用的既遂、未遂、缓刑、假释、时效、正当防卫等制度和术语。可见，A、B、C项表述正确。D项表述为《大清现行刑律》确立的刑罚体系，故不选D项。

30. ACD

【解析】革命根据地时期，人民调解制度的主要原则包括三项：双方自愿；以法律为准绳，照顾善良风俗；调解不是诉讼必经程序。可见，选A、C、D项。

三、简答题

31. 科技对法律的影响具体表现在：

（1）拓宽了法律的调整范围，产生了新的法律部门（如科技法）。

（2）一定程度上影响和改变了法的内容和原理（如禁止近亲结婚）。

（3）影响了法律技术和法律调整机制（如现代刑侦手段）。

（4）影响了立法方法和立法体制（如立法技术和委托立法）。

（5）提出了许多新问题和新挑战（如克隆技术和安乐死）。

32. 基层群众性自治组织是指依照有关法律规定，以城乡居（村）民一定的居住地为纽带和范围设立，并由居（村）民选举产生的成员组成，实行自我管理、自我教育、自我服务的社会组织。

基层群众性自治组织具有以下特点：（1）基层性：基层群众性自治组织在组织的构成、组织系统和自治的内容上都具有基层性。（2）独立性：基层群众性自治组织具有独立性，例如，依据居民委员会组织法的规定，居民委员会管理本居民委员会的财产，任何部门和单位不得侵犯居民委员会的财产所有权。（3）自治性：基层群众性自治组织在活动上具有自治性，是自我管理、自我教育、自我服务的自治性组织。

33.（1）采用社会本位的立法原则。在民法的基本价值方面摒弃了个人主义，转而注重社会公共利益。

（2）在具体制度上，将外国民法最新学理、最新立法例加以吸纳、整合成本国民法，表现出新的历史条件下继受法与固有法结合的特点。

（3）采取民商合一的民事立法编纂体例，只编纂民法典，不编纂商法典。

（4）重在维护私有财产所有权及地主土地经营权。对所有权的取得、保护，土地所有权及经营权均有详细规定，主旨在于保护地主官僚和买办资产阶级的利益。

（5）婚姻家庭制度体现出浓厚的固有法色彩。民法典肯定包办买卖婚姻及传统习惯，维护夫妻间的不平等制和家长制。

四、分析论述题

34.（1）法律与道德不同，两者之间往往会有冲突，这主要体现在情理与法理的冲突，即合法不合理、合理不合法。陈某夫妇收养多名弃婴的行为就属于合理不合法。一方面，陈某夫妇的行为确实是一种符合道德的行为，应当在道德上予以肯定；另一方面，他们的收养行为不符合收养法的相关规定，因此是违法的。

（2）①道德是法律的评价标准，法律的主要目的在于维护和保障道德。道德的评价作用具体体现在立法、执法、司法、守法及监督等环节中。②材料中，人们之所以对法律不理解，对民政部门的做法持有异议，恰恰是在依据道德原则对法律进行评价。陈某夫妇收养弃婴的行为从道德角度看，是符合人的善良本性与保障人的生命权的一般道德准则的，因此获得人们的好评。③道德作为法的评价标准，具有引导立法完善的作用。在上述意义上，收养法的相关规定需要进一步完善。

35.（1）立法民主原则的概念。应当包括：①贯彻人民民主思想；②集中反映和体现人民意志、利益和要求；③保障、发展和发扬社会主义民主；④立法机关与人民群众参与相结合。

（2）立法民主原则的内容。具体包括：①立法主体具有广泛性。在立法中要广泛听取各方面的意见，反复进行比较、论证和协调。②立法内容具有人民性。立法要从最大多数人最根本的利益出发，要以民意为依托，要深入群众征求意见，这是由我国社会主义的性质决定的。③立法过程和立法程序具有民主性。在立法过程中，要把民主精神贯彻到立法的每一个环节中去。立法过程和立法程序的民主性要求立法主体的组成要民主、立法主体的活动要民主、立法过程要公开。

（3）立法民主原则的要求。具体包括：①树立民主观念。②完善民主制度。③注意民主和集中相结合。④扩大公民参与。

（4）立法民主原则的意义。具体包括：①人民主权的要求。②客观规律的要求。③有效监督的要求。

（注：考生论述上述要点时，应当联系我国法治的现状）

36.（1）李某作为全国人大代表的言论免责权受到了侵犯。我国《宪法》规定，全国人民代表大会代表在全国人民代表大会各种会议上的发言和表决，不受法律追究。

（2）李某作为全国人大代表的人身特别保障权受到了侵犯。我国《宪法》规定，全国人民代表大会代表，非经全国人民代表大会会议主席团许可，在全国人民代表大会闭会期间非经全国人民代表大会常务委员会许可，不受逮捕或者刑事审判。

（3）李某作为公民的通信自由和通信秘密受到了侵犯。我国《宪法》规定，中华人民共和国公民的通信自由和通信秘密受法律的保护。除因国家安全或者追查刑事犯罪的需要，由公安机关或者检察机关依照法律规定的程序对通信进行检查外，任何组织或者个人不得以任何理由侵犯公民的通信自由和通信秘密。

37.（1）我国宪法监督制度的内容包括：①监督的依据。我国《宪法》规定，宪法是国家的根本法，具有最高的法律效力。全国各族人民、一切国家机关和武装力量、各政党和各社会团体、各企业事业组织，都必须以宪法为根本的活动准则，并且负有维护宪法尊严、保证宪法实施的职责。国家维护社会主义法制的统一和尊严。一切法律、行政法规和地方性法规都不得同宪法相抵触。中华人民共和国公民必须遵守宪法和法律。一切国家机关和武装力量、各政党和各社会团体、各企业事业组织都必须遵守宪法和法律。一切违反宪法和法律的行为，必须予以追究。任何组织或者个人都不得有超越宪法和法律的特权。②监督的主体。我国实施违宪审查的机关是全国人大及其常委会。③监督的方式。我国采取事先审查和事后审查相结合的监督方式。④监督的体系。我国《宪法》规定，全国人大有权改变和撤销全国人大常委会的不适当的决定；全国人大常委会有权撤销国务院制定的同宪法、法律相抵触的行政法规、决定和命令；全国人大常委会有权撤销省、自治区、直辖市国家权力机关制定的同宪法、法律、行政法规相抵触的地方性法规和决议。

（2）我国宪法监督制度的完善。我国的违宪审查制度在具体的运作中还存在着一些问题，因而有必要完善我国的违宪审查制度：①设立专门违宪审查机关。我国宪法虽然授权给一定的机关行使违宪审查的权力，但不具有专门性，这导致主体不清、责任不明、效果不明显。因而，应该根据我国的实际设立专门的违宪审查机关。②扩大监督范围，建立具体的监督程序。我国违宪审查的依据主要是宪法和其他的有关法律，但这些法律对于违宪审查的规定过于原则，还要依赖于一些具体法律的进一步贯彻，特别是在程序的建设方面。③运用多种监督方式，增强制裁措施的力度，加强宪法的适用，制止违宪问题的出现，保障公民权利。

38.（1）①犯跸是冒犯皇帝出行车驾仪仗的行为，在汉代应处以罚金。②廷尉是汉代中央最高司法机关，负责审理地方上诉案件以及郡县不能决断的疑狱，同时负责审理皇帝交办的案件。

（2）汉代廷尉张释之依法审理案件的事例，可以提供的历史借鉴有：①法律是人人都必须遵守的行为规则；②案件应当由专门的司法机关进行审理，司法机关在审理案件过程中必须做到公平、公正；③公正的法律只有得到公正的执行，才能够取信于民。

第 二 部分

考前 5 套题

专业基础课模拟试题（一）

一、单项选择题（第 1～20 小题，每小题 1 分，共 20 分。下列每题给出的四个选项中，只有一个选项是最符合题目要求的）

1. 下列选项中，根据属人管辖原则应当适用我国刑法的是（ ）。
   A. 德国公民甲在悬挂我国国旗的客轮上用刀将法国乘客刺死
   B. 法国公民乙在法国境内将我国某公民杀死
   C. 缅甸籍毒枭丙因贩毒而被国际刑警组织在全球范围内通缉，虽然丙并未在我国境内从事过任何犯罪行为，但在丙来我国探亲之际被我国警方抓获
   D. 我国公民丁在美国旅游时，抢劫了我国公民乙的一部价值 2 万元的电脑

2. 患者甲在住院治疗期间，当班药剂师乙发药时只看包装盒，未核对药品名称，错将氯化琥珀胆碱作为乙酰胺发给治疗医生丙，丙以为氯化琥珀胆碱是乙酰胺的别名，没有核查便将药配好给患者打肌肉注射，导致甲死亡。乙、丙对甲的死亡所持的心理态度是（ ）。
   A. 直接故意
   B. 间接故意
   C. 疏忽大意过失
   D. 过于自信过失

3. 下列犯罪行为中，不以受贿罪论处的是（ ）。
   A. 吴某自幼出家，后成为某佛教协会的一名工作人员，曾经长期帮助信众杨某、胡某等人反映、解决一些实际问题，后接受杨某、胡某等人送给的字画价值 3 万元
   B. 卫某系一地税局干部，多次帮助私营企业主李某偷漏税款，并接受李某送的 5 万元现金。后李某被查处，卫某为掩饰自己的行为而将 5 万元退还给李某的家人
   C. 陈某系某县工商局的一名干部，受其小学同学潘某所托为其开办公司等提供方便，并与潘某以"合办"公司的名义获取"利润"，实际上陈某并未出资也未参加经营管理
   D. 王某为某小学校长，连续三年收受熟人巩某的节日费等 6 万元，并从巩某口中得知其儿子小童欲在 4 年后择校上该小学之事，但小童 5 岁时却因车祸身亡

4. 下列情形构成不作为犯罪的是（ ）。

A. 甲男与乙女系恋人，后来乙女提出分手，甲男声称如果分手就自杀，但乙女执意分手，甲男便跳河自杀身亡。乙女构成不作为故意杀人罪

B. 赵男与梁女系夫妻，梁女明知赵男受贿数额巨大而不加制止，梁女构成不作为受贿罪

C. 游泳教练丙带着初学游泳的学员丁到河流游泳，当丁游入深水区时，丙不加制止导致丁被淹死

D. 武某正在河中游泳，突然发现何某在深水中挣扎，但武某并未及时救助，导致何某溺水死亡

5. 已满 75 周岁的人故意犯罪的，对其（　　）。

A. 应当从轻或者减轻处罚　　　　　　B. 可以从轻或者减轻处罚

C. 应当减轻或者免除处罚　　　　　　D. 可以减轻或者免除处罚

6. 下列关于罪过形态的表述，正确的是（　　）。

A. 罪过形态包括故意、过失、目的、动机

B. 无罪过就无犯罪，无罪过就无刑罚

C. 正当防卫和紧急避险属于无罪过事件

D. 罪过形态不仅包括犯罪主观方面的必要要素，也包括选择性要素

7. 下列关于刑事责任能力的认定，说法正确的是（　　）。

A. 甲欲强奸乙（女）而大量饮酒，甲在无意识状态下将乙强奸，甲的行为构成强奸罪

B. 甲偷偷在乙的水杯中放入致幻剂，乙丧失意识后将丙杀死，乙的行为构成故意杀人罪

C. 甲教唆精神病人乙杀死丙，但乙将丙打成重伤，甲、乙构成故意杀人未遂的共同犯罪

D. 甲第一次吸毒后产生幻觉，误以为乙在追杀自己，便用木棍将乙打死。甲的行为构成故意杀人罪

8. 孙某制作、复制大量淫秽光盘，除出卖外，还多次将淫秽光盘借给许多人观看。对孙某的行为（　　）。

A. 以制作、复制、贩卖、传播淫秽物品牟利罪定罪处罚

B. 以侵犯著作权罪定罪处罚

C. 以制作、复制、贩卖淫秽物品牟利罪和传播淫秽物品罪数罪并罚

D. 以传播淫秽物品罪从重处罚

9. 某市邮政局局长张某利用职务便利，未经批准擅自设立邮政储蓄网上银行。张某利用该网上银行揽储并按照承诺支付利息，揽储金额高达 180 万元，支付利息累计 15 万元。甲的行为（　　）。

A. 构成擅自设立金融机构罪和非法吸收公众存款罪，应当从一重罪处罚

B. 构成擅自设立金融机构罪和集资诈骗罪，应当从一重罪处罚

C. 构成擅自设立金融机构罪和非法吸收公众存款罪，应当数罪并罚

D. 构成擅自设立金融机构罪和集资诈骗罪，应当数罪并罚

10. 下列行为中，应以贪污罪定罪处罚的是（　　）。

A. 某村委会主任甲利用职务便利，将国家下拨的扶贫款 10 万元用于购买彩票，后因亏损而无法归还

B. 乙将救济款项 50 万元用于本单位购买高级轿车

C. 丙是政府工作人员，其利用办公地点靠近财务处的条件，从财务处窃取现金 3 万元

D. 丁是某国有保险公司委派到其他保险公司从事公务的人员，其利用职务之便伪造保险事故，骗取保险理赔金 30 万元

11. 下列行为中，属于民事法律行为的是（　　）。

A. 创作作品　　　　　　　　　　B. 设立遗嘱

C. 转让债权的通知　　　　　　　D. 交付货物

12. 甲借用乙的名义购买房屋后，将房屋登记在乙的名下。双方约定该房屋归甲所有，房屋由甲使用，产权证由甲保存。后甲、乙因房屋所有权归属发生争议。关于甲的权利主张，下列表述不正确的是（　　）。

A. 甲可以向登记机构申请异议登记

B. 甲可以向法院请求确认其为所有权人

C. 甲可以依据法院确认其为所有权人的判决请求登记机关变更登记

D. 甲可以直接向登记机构申请更正登记

13. 下列情形中，应当办理登记才能设立的物权是（　　）。

A. 甲将汽车抵押给银行

B. 承包户甲将其土地经营权租给乙经营，经营期限为 8 年

C. 甲将其一套住宅给乙居住，二人签订居住权合同约定，乙对此住宅享有永久居住权

D. 甲为观瞻海景，请求乙不得在甲房屋前面修建 5 层以上建筑，甲为此每年向乙支付 1 万元费用作为补偿

14. 甲、乙、丙系好友。甲有电脑一部，借给乙使用，乙使用期间忘记丢在何处，实际上乙到丙家喝酒时落在丙家被丙拾得。甲得知后，碍于情面一直未主张返还，4 年后，甲、丙因琐事断交，甲提出丙的电脑为甲所有，要求丙返还。对此，下列表述正确的是（　　）。

A. 甲的返还原物请求权不受诉讼时效的限制

B. 丙可以提出诉讼时效已经经过而拒绝返还电脑

C. 甲可基于占有物返还请求权要求丙返还电脑

D. 丙可以提出除斥期间已经经过而拒绝返还电脑

15. 甲男与乙女系夫妻。下列婚后所得财产，属于甲与乙夫妻共同财产的是（　　）。

A. 甲用婚前的 50 万元投资期货，获利 10 万元

B. 乙婚前购置房屋一套，婚后该套房屋升值 100 万元

C. 甲婚前承包的果园，婚后果树上结的果实

D. 乙婚前获得的稿酬 10 万元

16. 某电视台乙未经著作权人甲的许可，便将甲已经出版的录音制品予以播放。如果甲、乙之间对于该录音制品的使用没有任何约定，则下列说法正确的是（　　）。

A. 乙的行为构成侵权

B. 乙的行为不构成侵权，但应向甲支付报酬

C. 乙的行为属于合理使用，不必向甲支付报酬

D. 乙的行为属于著作权的强制许可使用，不必向甲支付报酬

17. 下列选项中，不构成侵犯民事主体人格权益的行为是（　　）。

A. 甲网游公司未经影星乙同意，利用信息技术手段将其肖像动漫化

B. 甲的妻子依照其遗嘱将甲的人体器官捐献给某器官获取组织

C. 甲以言语挑逗和肢体碰触方式对其女同事进行性骚扰

D. 记者甲在实施新闻报道时捏造乙受贿的事实

18. 根据专利法规定，下列情形可以授予专利权的是（　　）。

A. 甲发明了可以刺探他人身体隐私部位的针孔摄像机

B. 乙发明了一种演示新计算方法的教学模具

C. 丙发明了诊断病症的新疗法

D. 丁发明了转基因大豆的生产方法

19. 甲公司以一块地的建设用地使用权作抵押向乙银行借款 1 亿元，办理了抵押登记。其后，甲公司在该地块上开发建设高层住宅，由丙公司承建。甲公司在取得预售许可后与丁订立了商品房买卖合同，丁交付了 90％购房款。现住宅楼已竣工验收，但甲公司未能按期偿还乙银行借款，并欠付丙公司工程款 5 000 万元。关于本案，下列说法正确的是（　　）。

A. 乙银行对建设用地使用权的抵押权优先于丙公司对工程价款的优先受偿权

B. 乙银行对住宅楼拍卖所得价款享有优先受偿权

C. 丙公司对工程价款享有的优先受偿权可以对抗买受人丁

D. 乙银行对建设用地使用权拍卖所得价款享有优先受偿权

20. 某小区物业服务公司疏于管理，小区内经常发生高空抛物事件。某日，A 栋高层住宅楼某房间突然抛出一菜板将过路人甲的头部砸伤，但经调查难以确定侵权人。对于甲的损害（　　）。

A. 由 A 楼全体住户和物业服务公司承担连带责任

B. 由 A 楼全体住户承担侵权责任，物业服务公司承担相应的责任

C. 由住户中可能加害的 A 楼使用人给予补偿，物业服务公司承担未履行安全保障义务的侵权责任

D. 由住户中可能加害的 A 楼使用人给予补偿，物业服务公司承担相应的补充责任

二、多项选择题（第 21～30 小题，每小题 2 分，共 20 分。下列每题给出的四个选项中，至少有两个选项是符合题目要求的。多选、少选或错选均不得分）

21. 下列法律法规中，属于我国附属刑法的表现形式的有（　　）。

A. 全国人大常委会《关于惩治骗购外汇、逃汇和非法买卖外汇犯罪的决定》

B. 《中华人民共和国公司法》中有关追究刑事责任的规定

C.《中华人民共和国海关法》中关于刑事法律条款的规定

D. 中国人民银行《信用卡业务管理办法》中有关追究刑事责任的条款

22. 下列犯罪行为中，应当按照数罪并罚的规定处理的是（　　）。

A. 甲拐卖妇女张某并将其强奸后又出卖的

B. 法官乙收受陈某的贿赂后作出枉法裁判的

C. 丙组织多人偷越国境又将被组织者中的吴某强奸的

D. 丁从韩某手中抢劫毒品后将毒品出卖的

23. 下列刑事责任解决方式中，属于消灭处理方式的是（　　）。

A. 享有外交特权的外国人的刑事责任通过外交途径解决

B. 犯罪人经特赦予以释放

C. 犯罪人因犯罪情节轻微而免予刑事处罚

D. 犯罪已过追诉时效

24. 甲多次从事盗窃和贩卖毒品的犯罪活动。下列选项中，属于甲故意的认识内容的是（　　）。

A. 成立盗窃罪，要求甲认识到自己实施了"多次"盗窃活动

B. 成立盗窃罪，要求甲认识到自己实施的盗窃行为具有社会危害性

C. 成立贩卖毒品罪，要求甲认识到自己贩卖的是毒品

D. 成立贩卖毒品罪，要求甲认识到贩卖毒品是违法的

25. 下列情形，应以盗窃罪定罪处罚的是（　　）。

A. 甲窃得一张信用卡并予以使用

B. 乙盗窃某公司大量的商业秘密并转卖给其他公司

C. 军官丙秘密窃取军营储备库内保存的大量军用器材

D. 邮政工作人员丁私自开拆邮件而从中获取财物

26. 2012 年 3 月，甲、乙、丙合伙开了一间咖啡馆，甲以 50 万元出资，乙以其所有的房屋出资，丙以设备和劳务出资。合伙组织推举乙作为负责人。2012 年 8 月，乙在煮咖啡时被烫伤，花去医疗费 1 万元。2012 年 11 月，咖啡馆欠债 8 万元。2013 年 3 月，甲因与乙、丙发生矛盾而退伙。如果甲、乙、丙对上述债务的处理在合伙协议中并未约定，则（　　）。

A. 咖啡馆所欠 8 万元债务应由甲、乙、丙承担连带责任

B. 乙所花的医药费应由甲、乙、丙共同承担

C. 乙所花的医疗费应由其本人独自承担

D. 丙不能以劳务出资

27. 下列情形中，可以经过有关权利人追认生效的是（　　）。

A. 甲以被代理人的名义与自己签订房屋买卖合同

B. 乙以被代理人的名义与乙代理的赵某签订房屋租赁合同

C. 丙超越代理权限与 A 公司签订购买木料的合同

D. 丁（15 岁）与 B 商场签订购买摩托车的合同

28. 下列选项中，被侵权人有权请求相应的惩罚性赔偿的有（　　）。

A. 甲未经刘某同意，在其生产的商品上使用与刘某注册商标相同的商标，获利巨大

B. 乙核电站发生核材料运出泄漏事故，核辐射造成多人健康严重受损

C. 汽车销售商丙明知汽车存在产品缺陷仍然销售，致使消费者王某健康严重受损

D. 丁厂违反国家规定超标排污，导致鱼类大量灭绝，且水源污染严重，居民饮水困难

29. 甲公司向乙银行借款 100 万元，甲公司将房产抵押给乙银行作为借款合同的担保并办理了抵押登记。丙公司作为保证人对借款合同承担全额连带责任保证。当事人就担保的实现方式没有约定。后甲公司将该笔借款连同抵押的房产转让给丁公司。对此，下列表述正确的是（　　）。

A. 甲公司将借款转让给丁公司须取得乙银行的同意

B. 甲公司将借款转让给丁公司后，丙公司应当继续承担保证责任

C. 甲公司将房产转让给丁公司须取得乙银行的同意

D. 在担保的实现方式上，乙银行应先就甲公司提供的房产实现债权

30. 处理个人信息的，应当遵循合法、正当、必要原则，不得过度处理，并且应当符合的条件有（　　）。

A. 征得该自然人或者其监护人同意，但是法律、行政法规另有规定的除外

B. 公开处理信息的规则

C. 明示处理信息的目的、方式和范围

D. 不违反法律、行政法规的规定和双方的约定

三、简答题（第 31～34 小题，每小题 10 分，共 40 分）

31. 简述集合犯的概念、构成要件和处罚原则。

32. 简述挪用公款罪的客观要件和挪用公款归个人使用的情形。

33. 简述留置权的含义和成立条件。

34. 简述所有权保留契约中出卖人行使标的物取回权的条件。

四、论述题（第 35～36 小题，每小题 15 分，共 30 分）

35. 试论犯罪中止的认定及其处罚。

36. 试论违约责任与侵权责任的竞合。

五、案例分析题（第 37～38 小题，每小题 20 分，共 40 分）

37. 2010 年 3 月，乙以做生意为由劝诱某国有公司经理甲出借公款，并与甲共同策划了挪用的方式，乙为此送给甲好处费 10 万元。甲未经董事会决定就将资金 200 万元借给乙。乙得到巨款以后，告知银行职员丙该款的真实来源，丙为乙提供资金账户，乙随时提款用于贩毒。在甲的催促下，2011 年 5 月，乙归还了 70 万元，后来就拒绝和甲见面。甲见追回剩余款项无望，便携带乙归还的 70 万元潜逃。2011 年 11 月，甲将 70 万元挥霍一空后，因走投无路向司法机关投案，并交代了借款给乙、接受乙好处费 10 万元和携款潜逃的事实，并提供线索协助司法机关将乙捉拿归案。乙归案后主动交代了给甲好处费和贩毒的事实。

阅读上述材料后，根据相关刑法理论知识和我国刑法规定分析：

（1）甲的行为性质及其处罚。

（2）乙的行为性质及其处罚。

（3）丙的行为性质。

38. 甲在回家路上将一提包遗失，提包内装有价值 10 万元的钻石一枚。乙拾得该提包后在原地等待失主认领，但因未能等到失主，乙于是将提包带回家中。乙第二天刊登了招领启事，甲看到招领启事后，便找到乙向乙索要钻石，乙答应在甲支付报酬 1 万元和因保管钻石支出的费用 1 000 元后才归还钻石，而甲只愿付 1 000 元保管费，乙为此拒绝归还钻石。2 日后，乙因经商急需而向丙借款，丙要求提供担保，乙于是将钻石出质给丙并将钻石交给了丙，但未告知该钻石是遗失物的事实。又过了 10 日后，甲凑齐 1 万元酬金后来取钻石，乙不得已要求丙返还钻石，但遭到丙的拒绝。

根据上述案情，请回答：

（1）乙要求甲支付报酬 1 万元的请求和拒绝返还钻石的行为能否成立？为什么？

（2）甲找到乙要求其归还钻石时，乙是否有权要求甲支付保管费？为什么？

（3）对于本案，A 法院和 B 法院在判决结果上存在差异。A 法院认为，丙有权取得钻石的质权；在质权设定期间，甲无权对钻石进行追索。B 法院认为，丙无权取得钻石的质权；甲享有对丙占有钻石的追索权。请选择您较为认同的观点（只能选择一种观点），并阐述理由（阐述理由时要言之成理，否则酌情扣分）。

专业基础课模拟试题（一）答案解析

一、单项选择题

1. D

【解析】《刑法》第7条第1款规定，中华人民共和国公民在中华人民共和国领域外犯本法规定之罪的，适用本法，但是按本法规定的最高刑为3年以下有期徒刑的，可以不予追究。据此规定，凡是我国公民犯罪，不论是在我国领域还是外国领域，都适用我国刑法，这就是我国刑法关于属人管辖原则的规定。D项表述中，我国公民丁在美国（我国领域外）犯我国刑法规定的抢劫罪，原则上应适用我国刑法。可见，D项表述的情形适用属人管辖原则，选D项。《刑法》第6条规定了属地管辖原则：凡在中华人民共和国领域内犯罪的，除法律有特别规定的以外，都适用本法。凡在中华人民共和国船舶或者航空器内犯罪的，也适用本法。犯罪的行为或者结果有一项发生在中华人民共和国领域内的，就认为是在中华人民共和国领域内犯罪。据此规定，A项表述中，尽管甲和被害人都是外国人，但在我国船舶内犯罪，因此对甲适用我国刑法的依据是属地管辖原则，而不是属人管辖原则。可见，不选A项。《刑法》第8条规定了保护管辖原则：外国人在中华人民共和国领域外对中华人民共和国国家或者公民犯罪，而按本法规定的最低刑为3年以上有期徒刑的，可以适用本法，但是按照犯罪地的法律不受处罚的除外。据此规定，B项表述中，法国公民乙（外国人）在法国境内（我国领域外）对我国公民犯罪，对该案适用我国刑法的依据是保护管辖原则，而不是属人管辖原则。可见，不选B项。《刑法》第9条规定了普遍管辖原则：对于中华人民共和国缔结或者参加的国际条约所规定的罪行，中华人民共和国在所承担条约义务的范围内行使刑事管辖权的，适用本法。据此规定，C项表述中，对于丙的贩毒行为，适用我国刑法的依据是普遍管辖原则，而不是属人管辖原则。可见，不选C项。

2. C

【解析】本案中，乙发错药，丙用错药，乙、丙分别构成医疗事故罪。乙和丙属于从事诊疗业务的医务人员，其违反的是诊疗护理规范中特别加以规定的注意义务，属于业务过失。一般而言，如果过失发生在职务、业务工作中，行为人是特种职务、业务从业者，行为人的行为违反了职务、业务方面的规范、规章、管理，则存在疏忽大意过失，选C项。

3. A

【解析】受贿罪是指国家工作人员利用职务上的便利，索取他人财物，或者非法收受他人财物，为他人谋取利益的行为。A项：吴某接受价值3万元字画的行为不构成受贿罪，因为收受贿赂者构成犯罪，必须要具备收受他人财物和为他人谋取利益的要素，只收受他人财物而没有为他人谋取利益的，不构成受贿罪。A项表述中，吴某帮助信众的行为并非谋取利益的行为，不构成受贿罪，选A项。B项：卫某是地税局干部，是国家工作人员，符合受贿罪的主体要件，且卫某非法收受李某财物5万元为其谋取利益，构成受贿罪，至于事后将收受的财物退还的，因收受贿赂的行为已经完成，构成受贿罪的既遂，事后退还行为不影响受贿罪的认定，不选B项。C项：陈某是国家工作人员，符合受贿罪的主体要件，其所收受的"利润"就是非法收受的他人财物，并为其小学同学提供开办公司等便利条件，其行为符合受贿罪的构成特征，构成受贿罪，不选C项。D项：王某为小学校长，是国家工作人员，王某明知巩某的儿子4年后想上其所在的小学而收受贿赂即节日费等利益，符合受贿罪的构成要件，构成受贿罪，至于巩某的儿子因车祸身亡，因王某收受节日费等费用的行为已经完成，故不影响受贿罪的认定，不选D项。

4. C

【解析】A项：甲男的自杀风险并非乙女本人创设，也不存在乙女引起的先前行为，因而乙女不构成不作为故意杀人罪。B项：基于法律地位或法律行为所产生的义务属于不作为构成犯罪的义务来源，这种地位或行为存在于父母与子女、监护人与被监护人、保姆与婴儿等之间，但夫妻之间、成年兄弟姐妹之间，因系平等主体，并不存在这种法律地位或者法律行为所产生的不作为的义务来源，因而也就不存在不作为犯罪。C项：C项表述的情形属于因先前行为产生的不作为犯罪。D项：何某陷于危险，非武某造成，不存在先前行为引起的义务；何某与武某也不存在法律地位上的特殊关系，我国刑法又没有规定"见危不救"罪，武某亦无法律规定的救助义务，因而武某不构成不作为犯罪。

5. B

【解析】《刑法》第17条之一规定，已满75周岁的人故意犯罪的，可以从轻或者减轻处罚；过失犯罪的，应当从轻或者减轻处罚。据此，选B项。

6. B

【解析】犯罪主观方面包括必要要素和选择性要素，故意和过失是必要要素，目的、动机是选择性要素，而罪过形态只包括故意和过失，不包括目的和动机。可见，A、D项表述错误。行为人主观上有罪过才承担刑事责任，我国刑法坚持主客观相统一原则，确立了"无罪过就无犯罪，无罪过就无刑罚"原则，即任何犯罪的成立都必须是主观要件与客观要件的统一。可见，B项表述正确。无罪过事件包括意外事件和不可抗力，而正当防卫和紧急避险属于法定正当化事由，不是无罪过事件。可见，C项表述错误。

7. A

【解析】A项：《刑法》第18条第4款规定，醉酒的人犯罪，应当负刑事责任。据此，甲的行为构成强奸罪。甲承担强奸罪责的理论根据是原因自由行为，即甲作为具有辨认、控制能力的人，故意使自己陷入丧失或者尚未丧失辨认、控制能力的状态，并在该状态下实施了符合构成要件的行为。由于甲是故意使自己陷入无责任能力状态的，因而成立故意犯罪，A 项表述正确，选 A 项。B 项：乙丧失意识并非是自己陷入无责任能力状态的，而是甲的行为所致，因此，乙对自己丧失责任能力、对损害结果的发生都不存在过错，因而乙的行为不构成犯罪，B 项表述错误。C 项：甲教唆精神病人乙杀死丙，但乙将丙打成重伤，乙是无刑事责任能力人，不构成犯罪，甲是间接正犯，单独构成故意伤害罪，C 项表述错误。D 项：对于原因自由行为，其责任形式可能是故意，也可能是过失，甲客观上实施杀人行为，但"第一次吸毒"提示甲清醒时对于致人死亡的结果没有预见而应当预见，只具有过失，故而甲的行为应当成立过失致人死亡罪，而不是故意杀人罪，D 项表述错误。不过，倘若题干表述的不是"第一次吸毒"，而是"多次吸毒"，那么就意味着甲通过吸毒使自己陷入无意识状态，那么对于杀人行为应当承担故意罪责。

8. C

【解析】《刑法》第 363 条第 1 款规定，以牟利为目的，制作、复制、出版、贩卖、传播淫秽物品的，构成制作、复制、出版、贩卖、传播淫秽物品牟利罪。制作、复制、出版、贩卖、传播淫秽物品牟利罪必须以牟利为目的。本题表述中，孙某有"出卖"行为，这表明孙某"制作、复制大量的淫秽光盘"是为了牟利，孙某的行为符合制作、复制、贩卖淫秽物品牟利罪的"以牟利为目的"这一构成要件，孙某构成制作、复制、贩卖淫秽物品牟利罪。《刑法》第 364 条第 1 款规定，传播淫秽的书刊、影片、音像、图片或者其他淫秽物品，情节严重的，构成传播淫秽物品罪。传播淫秽物品罪虽然不以牟利为目的，但本题表述中，孙某"多次将淫秽光盘借给许多人观看"，属于"情节严重"，因此，孙某的行为构成传播淫秽物品罪。一人犯数罪，应当数罪并罚，故选 C 项，不选 A、D 项。《刑法》第 217 条规定，以营利为目的，有下列侵犯著作权情形之一，违法所得数额较大或者有其他严重情节的，构成侵犯著作权罪：（1）未经著作权人许可，复制发行其文字作品、音乐、电影、电视、录像作品、计算机软件及其他作品的；（2）出版他人享有专有出版权的图书的；（3）未经录音录像制作者许可，复制发行其制作的录音录像的；（4）制作、出售假冒他人署名的美术作品的。据此，本题表述中，孙某的行为对象是淫秽物品，而淫秽物品是不受著作权法保护的，孙某的行为也不符合《刑法》第 217 条规定的侵犯著作权罪的客观表现，因此不构成侵犯著作权罪，故不选 B 项。

9. C

【解析】擅自设立金融机构罪是指未经国家主管部门批准，擅自设立商业银行、证券交易所、期货交易所、证券公司、期货经纪公司、保险公司或者其他金融机构的行为。张某未经批准擅自设立邮政储蓄网上银行，构成擅自设立金融机构罪。非法吸收公众存款罪是指违反国家金融管理法规非法吸收公众存款或者变相吸收公众存款，扰乱金融秩序的行为。张某利用非法设立的邮政储蓄网上银行吸收存款，金额达 180 万元，并承诺还本和支付了付息，张某的行为构成非法吸收公众存款罪。张某的行为不构成集资诈骗罪，因为集资诈骗罪须以非法占有集资款为目的，但张某并没有非法占有集资款的目的。行为人擅自设立金融机构后，又非法吸收公众存款的，或者非法吸收公众存款后，又擅自设立金融机构的，原则上实行数罪并罚。可见，选 C 项。

10. D

【解析】根据全国人大常委会《关于〈中华人民共和国刑法〉第九十三条第二款的解

释》规定，村民委员会等村基层组织人员协助人民政府从事救灾、抢险、防汛、优抚、扶贫、移民、救济款物的管理和发放等行政管理工作时，属于其他依照法律从事公务的人员；村民委员会等村基层组织人员从事上述规定的公务，利用职务上的便利，非法占有公共财物、挪用公款、索取他人财物或者非法收受他人财物，构成犯罪的，适用贪污罪、挪用公款罪、受贿罪的规定。挪用公款罪是指国家工作人员利用职务上的便利，挪用公款归个人使用，进行非法活动的，或者挪用公款数额较大、进行营利活动的，或者挪用公款数额较大、超过3个月未还的行为。可见，A项表述中，甲将国家下拨的扶贫款10万元用于购买彩票，构成挪用公款罪，而不是贪污罪。至于"后因亏损而无法归还"，是因客观原因不能返还，不转化为贪污罪。如果挪用公款拒绝归还的，或者携带挪用的公款潜逃的，才转化为贪污罪，故不选A项。《刑法》第273条规定，挪用用于救灾、抢险、防汛、优抚、扶贫、移民、救济款物，情节严重，致使国家和人民群众利益遭受重大损害的，构成挪用特定款物罪。据此，B项表述中，乙将救济款物挪作他用，构成挪用特定款物罪，而不是贪污罪，故不选B项。C项表述中，乙虽为国家工作人员，但乙窃取单位现金的行为并没有利用职务上的便利，所以不构成贪污罪，而是盗窃罪，故不选C项。根据《最高人民检察院关于人民检察院直接受理立案侦查案件立案标准的规定（试行）》规定，国有保险公司的工作人员和国有保险公司委派到非国有保险公司从事公务的人员利用职务上的便利，故意编造未曾发生的保险事故进行虚假理赔，骗取保险金的，以贪污罪论处。据此，D项表述中，丁的行为构成贪污罪，故选D项。

11. B

【解析】创作作品和交付货物都是事实行为而不是民事法律行为，故不选A、D项。民事法律行为是以意思表示为构成要素的以发生民事法律后果为目的的行为，设立遗嘱的意思表示能够引起一定的民事法律后果，因此是民事法律行为，故选B项。转让债权的通知是准民事法律行为，而不是民事法律行为，故不选C项。

12. D

【解析】《民法典》第234条规定，因物权的归属、内容发生争议的，利害关系人可以请求确认权利。可以请求确认物权的"利害关系人"，既包括物权人及其争议相对人，还包括其债权人等有利害关系的人。本题中，甲、乙因房屋所有权归属发生争议，当事人可以向法院请求确认其为所有权人。可见，B项表述正确。《民法典》第220条规定，权利人、利害关系人认为不动产登记簿记载的事项错误的，可以申请更正登记。不动产登记簿记载的权利人书面同意更正或者有证据证明登记确有错误的，登记机构应当予以更正。不动产登记簿记载的权利人不同意更正的，利害关系人可以申请异议登记。登记机构予以异议登记，申请人自异议登记之日起15日内不提起诉讼的，异议登记失效。异议登记不当，造成权利人损害的，权利人可以向申请人请求损害赔偿。据此，本题表述中，因登记权利人并不承认登记错误，双方对所有权归属存在争议，因此甲无权直接申请更正登记，但是可以申请异议登记。可见，A项表述正确，D项表述不正确，选D项。根据上述规定，如果有证据证明登记确有错误的，登记机构应当予以更正。法院判决确认甲为所有权人，即足以证明将该房登记于乙名下确实存在错误，甲有权请求变更登记。可见，C项表述正确。

13. C

【解析】《民法典》第 403 条规定，以动产抵押的，抵押权自抵押合同生效时设立；未经登记，不得对抗善意第三人。据此，以动产抵押的，登记是对抗性要件，而不是生效要件。因此，甲将汽车抵押给银行，不必办理登记，故不选 A 项。《民法典》第 341 条规定，流转期限为 5 年以上的土地经营权，自流转合同生效时设立。当事人可以向登记机构申请土地经营权登记；未经登记，不得对抗善意第三人。据此，设立土地经营权的，登记为对抗性要件，而不是生效要件，因此不必办理登记，故不选 B 项。《民法典》第 368 条规定，居住权无偿设立，但是当事人另有约定的除外。设立居住权的，应当向登记机构申请居住权登记。居住权自登记时设立。据此，居住权的设立需办理登记，否则不发生物权效力。可见，选 C 项。《民法典》第 374 条规定，地役权自地役权合同生效时设立。当事人要求登记的，可以向登记机构申请地役权登记；未经登记，不得对抗善意第三人。据此，地役权的设立采取登记对抗主义，登记为对抗性要件，而不是生效要件。D 项表述中，甲、乙设立的是眺望地役权，该地役权可以不办理登记，故不选 D 项。

14. B

【解析】《民法典》第 196 条规定，下列请求权不适用诉讼时效的规定：（1）请求停止侵害、排除妨碍、消除危险；（2）不动产物权和登记的动产物权的权利人请求返还财产；（3）请求支付抚养费、赡养费或者扶养费；（4）依法不适用诉讼时效的其他请求权。据此规定第 2 项，登记的动产物权的权利人请求返还财产不适用诉讼时效，反之可以这样理解：未登记动产的返还原物请求权受诉讼时效限制。此为诉讼时效适用于物权请求权的特别规定。可见，甲的返还原物请求权受到 3 年诉讼时效的限制，丙可以提出诉讼时效已经经过而拒绝返还电脑。可见，A 项表述错误，B 项表述正确，选 B 项。《民法典》第 462 条第 2 款规定，占有人返还原物的请求权，自侵占发生之日起 1 年内未行使的，该请求权消灭。据此，甲是所有权人，乙是占有权人。甲提起的是所有物返还请求权，而非占有物返还请求权，因此与除斥期间无关。可见，C、D 项表述都是错误的。

15. A

【解析】《民法典》第 1062 条第 1 款规定，夫妻在婚姻关系存续期间所得的下列财产，为夫妻的共同财产，归夫妻共同所有：（1）工资、奖金、劳务报酬；（2）生产、经营、投资的收益；（3）知识产权的收益；（4）继承或者受赠的财产，但是本法第 1063 条第 3 项规定的除外；（5）其他应当归共同所有的财产。据此规定第 1 项，甲用婚前的 50 万元婚后投资期货获利 10 万元，这属于甲投资取得的收益，应当认定为夫妻共同财产。可见，选 A 项。《民法典》第 1063 条规定，下列财产为夫妻一方的个人财产：（1）一方的婚前财产；（2）一方因受到人身损害获得的赔偿或者补偿；（3）遗嘱或者赠与合同中确定只归一方的财产；（4）一方专用的生活用品；（5）其他应当归一方的财产。据此规定第 1 项，一方的婚前财产属于个人财产。需要注意的是，投资收益不同于孳息和自然增值，对于婚前财产所生孳息或者自然增值，仍然属于个人财产。据此，乙婚前购买的房屋婚后升值属于婚前财产的自然增值，应当认定为乙的个人财产，故不选 B 项。甲婚前承包的果园，婚后果树上长出的果实属于孳息，也属于甲的个人财产，故不选 C 项。由于一方的婚前财产属于个人财产，因此乙婚前获得的稿酬 10 万元仍然属于个人财产，故不选 D 项。

16．B

【解析】《著作权法》第 44 条规定，广播电台、电视台播放已经出版的录音制品，可以不经著作权人许可，但应当支付报酬。当事人另有约定的除外。具体办法由国务院规定。据此，乙的行为不构成侵权，但应当向甲支付报酬，故选 B 项，不选 A 项。著作权的合理使用是指自然人、法人或其他组织为了个人欣赏、评论、新闻报道、教学与艺术研究以及公益事业等目的，根据著作权法的规定，可以不经过著作权人许可而使用其已经发表的作品，不需要向其支付报酬的制度。《著作权法》第 22 条具体规定了合理使用的具体情形。由于本题表述的情形不符合《著作权法》第 22 条规定的合理使用情形，故不选 C 项。《伯尔尼公约》规定了著作权的强制许可使用制度，尽管我国加入了《伯尔尼公约》，但我国《著作权法》并没有规定著作权的强制许可使用制度，因此不选 D 项。

17．B

【解析】《民法典》第 1019 条规定，任何组织或者个人不得以丑化、污损，或者利用信息技术手段伪造等方式侵害他人的肖像权。未经肖像权人同意，不得制作、使用、公开肖像权人的肖像，但是法律另有规定的除外。未经肖像权人同意，肖像作品权利人不得以发表、复制、发行、出租、展览等方式使用或者公开肖像权人的肖像。据此，甲网游公司未经乙同意，将其肖像动漫化，这是利用信息技术手段伪造方式侵害乙的肖像权，并非合理使用，而是肖像侵权。可见，不选 A 项。《民法典》第 1006 条规定，完全民事行为能力人有权依法自主决定无偿捐献其人体细胞、人体组织、人体器官、遗体。任何组织或者个人不得强迫、欺骗、利诱其捐献。完全民事行为能力人依据前款规定同意捐献的，应当采用书面形式，也可以订立遗嘱。自然人生前未表示不同意捐献的，该自然人死亡后，其配偶、成年子女、父母可以共同决定捐献，决定捐献应当采用书面形式。据此，甲可以遗嘱形式捐献其人体细胞、人体组织、人体器官、遗体。甲的妻子依照甲的遗嘱进行人体捐献，也符合上述规定。可见，B 项表述属于合理处分民事主体的人格权益，选 B 项。《民法典》第 1010 条规定，违背他人意愿，以言语、文字、图像、肢体行为等方式对他人实施性骚扰的，受害人有权依法请求行为人承担民事责任。机关、企业、学校等单位应当采取合理的预防、受理投诉、调查处置等措施，防止和制止利用职权、从属关系等实施性骚扰。据此，甲的行为属于性骚扰，侵犯了女同事合法的民事权益。可见，不选 C 项。《民法典》第 1025 条规定，行为人为公共利益实施新闻报道、舆论监督等行为，影响他人名誉的，不承担民事责任，但是有下列情形之一的除外：（1）捏造、歪曲事实；（2）对他人提供的严重失实内容未尽到合理核实义务；（3）使用侮辱性言辞等贬损他人名誉。据此，甲捏造乙受贿的事实，甲的行为侵犯了乙的名誉权，故不选 D 项。

18．D

【解析】《专利法》第 25 条规定，对下列各项，不授予专利权：（1）科学发现；（2）智力活动的规则和方法；（3）疾病的诊断和治疗方法；（4）动物和植物品种；（5）原子核变换方法以及用原子核变换方法获得的物质；（6）对平面印刷品的图案、色彩或者二者的结合作出的主要起标识作用的设计。对前款第 4 项所列产品的生产方法，可以依照本法规定授予专利权。据此规定第 2 款，选 D 项。据上述规定第 1 款第 2、3 项，不选 B、C 项。《专利法》第 5 条第 1 款规定，对违反法律、社会公德或者妨害公共利益的发明创造，不授予专利权。据此，A 项表述中的针孔摄像机为不合法发明创造，不能授予专利权，故不选 A 项。

19. D

【解析】建筑工程的承包人的优先受偿权在性质上属于特种债权，其效力优先于抵押权和其他债权。因此，承包人丙公司就其工程价款对建设用地使用权的优先受偿权优先于乙银行的抵押权。可见，A 项表述错误。《民法典》第 417 条规定，建设用地使用权抵押后，该土地上新增的建筑物不属于抵押财产。该建设用地使用权实现抵押权时，应当将该土地上新增的建筑物与建设用地使用权一并处分。但是，新增建筑物所得的价款，抵押权人无权优先受偿。据此，甲公司以建设用地使用权设定抵押，新增的建筑物即住宅楼并非抵押财产，故乙银行只能就建设用地使用权拍卖所得价款优先受偿。可见，B 项表述错误，D 项表述正确。参照相关司法解释规定，消费者交付购买商品房的全部或者大部分款项后，承包人就该商品房享有的工程价款优先受偿权不得对抗买受人。据此，丁订立商品房买卖合同，并交付了 90% 购房款，承包人就该商品房享有的工程价款优先受偿权不得对抗买受人丁。可见，C 项表述错误。

20. C

【解析】《民法典》第 1254 条第 1、2 款规定，禁止从建筑物中抛掷物品。从建筑物中抛掷物品或者从建筑物上坠落的物品造成他人损害的，由侵权人依法承担侵权责任；经调查难以确定具体侵权人的，除能够证明自己不是侵权人的外，由可能加害的建筑物使用人给予补偿。可能加害的建筑物使用人补偿后，有权向侵权人追偿。物业服务企业等建筑物管理人应当采取必要的安全保障措施防止前款规定情形的发生；未采取必要的安全保障措施的，应当依法承担未履行安全保障义务的侵权责任。据此，本题表述中，对于甲的损害，当然应由居住于 A 楼中扔菜板的人承担侵权责任。但是，经调查难以确定侵权人，因此，应由可能加害的建筑物使用人给予补偿。由于小区物业服务公司疏于管理，致使小区内经常有高空抛物现象，这表明物业服务公司也有过错，因此应当依法承担未履行安全保障义务的侵权责任。可见，只有 C 项表述符合题意，故选 C 项。

二、多项选择题

21. BC

【解析】刑法的渊源（表现形式）包括刑法典（含刑法修正案）、单行刑法和附属刑法。附属刑法是指在经济、行政等非专门刑事法中附带规定的一些关于犯罪与刑罚或追究刑事责任的条款。可见，选 B、C 项。全国人大常委会《关于惩治骗购外汇、逃汇和非法买卖外汇犯罪的决定》是单行刑法，而不是附属刑法，故不选 A 项。行政法规、规章中有关追究刑事责任的条款不属于附属刑法的表现形式，因此，D 项表述的中国人民银行《信用卡业务管理办法》从性质上看属于规章，而规章中有关追究刑事责任的条款不是附属刑法，故不选 D 项。

22. CD

【解析】不选 A 项：对于收买被拐卖的妇女并将其强奸的，以收买被拐卖的妇女罪和强奸罪实行数罪并罚，但收买被拐卖的妇女又出卖的，收买行为被吸收，只定拐卖妇女罪一罪。同时，在拐卖妇女罪中有强奸行为的，强奸行为也被吸收，此时不能数罪并罚。注意：是否数罪并罚，关键要看与收买被拐卖的妇女罪并罚的数罪是否能够被拐卖妇女的行为吸收，如果能吸收，只定拐卖妇女罪，如果不能吸收，则还得数罪并罚。不选 B 项：司法工作人员枉法裁判又受贿的，从一重罪处罚。选 C 项：《刑法》第 318 条规定，组织他人偷越国（边）境的，处 2 年以上 7 年以下有期徒刑，并处罚金；有下列情形之一的，处 7 年以上有期徒刑或者无期徒刑，并处罚金或者没收财产：（1）组织他人偷越国（边）境集团的首要分子；（2）多次组织他人偷越国（边）境或者组织他人偷越国（边）境人数众多的；（3）造成被组织人重伤、死亡的；（4）剥夺或者限制被组织人人身自由的；（5）以暴力、威胁方法抗拒检查的；（6）违法所得数额巨大的；（7）有其他特别严重情节的。犯前款罪，对被组织人有杀害、伤害、强奸、拐卖等犯罪行为，或者对检查人员有杀害、伤害等犯罪行为的，依照数罪并罚的规定处罚。选 D 项：对于抢劫违禁品后又以违禁品实施其他犯罪的，应以抢劫罪与具体实施的其他犯罪实行数罪并罚。

23. BD

【解析】刑事责任的解决方式包括定罪判刑方式、定罪免责方式、消灭处理方式和转移处理方式四种。其中，消灭处理方式是指行为人的行为已经构成犯罪，应负刑事责任，但由于法律规定的阻却刑事责任事由的存在，使刑事责任归于消灭。消灭处理方式包括犯罪已过追诉时效、犯罪人死亡或经特赦释放等情形。可见，选 B、D 项。A 项表述的情形属于转移处理方式，C 项表述的情形属于定罪免责方式，故不选 A、C 项。

24. BC

【解析】故意认识的内容包括行为、结果、行为与结果的因果关系、行为对象、社会危害性等，但数额、犯罪次数、犯罪对象的种类（如毒品的种类）、违法性认识等，不能成为故意认识的内容。主观目的和动机也不能成为故意认识的内容。可见，选 B、C 项。

25. AD

【解析】《刑法》第 196 条第 3 款规定，盗窃信用卡并使用的，以盗窃罪定罪处罚。据此，选 A 项。《刑法》第 219 条规定，窃取商业秘密的，以侵犯商业秘密罪论处，至于窃取商业秘密后的转卖行为，则属于事后不可罚行为。可见，不选 B 项。《刑法》第 438 条规定，军人盗窃军用物资的，以盗窃军用物资罪论处。盗窃罪和盗窃军用物资罪存在竞合关系，此时应以盗窃军用物资罪论处，而不能定盗窃罪，故不选 C 项。《刑法》第 253 条第 2 款规定，邮政工作人员私自开拆邮件而窃取财物的，依照盗窃罪从重处罚。据此，选 D 项。

26. AB

【解析】甲、乙、丙合伙开设咖啡馆，从这一表述可以推知该合伙形式应为普通合伙企业。《合伙企业法》第 39 条规定，合伙企业不能清偿到期债务的，合伙人承担无限连带责任。据此，甲、乙、丙应当对 8 万元债务承担无限连带责任。《合伙企业法》第 53 条规定，退伙人对基于其退伙前的原因发生的合伙企业债务，承担无限连带责任。据此，尽管甲退伙，但咖啡馆所欠 8 万元债务是甲退伙前发生的债务，甲对该笔债务应当与乙、丙共同承担无限连带责任。可见，A 项表述正确。《合伙企业法》第 33 条第 2 款规定，合伙协议不得约定将全部利润分配给部分合伙人或者由部分合伙人承担全部亏损。据此，对于合伙企业在经营期间的亏损或者所受损失，均由全体合伙人一并承担，因此，乙因烫伤而花去的医疗费作为合伙企业在经营期间所受损失应由全体合伙人承担。可见，选 B 项，不选

C 项。《合伙企业法》第 16 条第 1 款规定，合伙人可以用货币、实物、知识产权、土地使用权或者其他财产权利出资，也可以用劳务出资。据此，D 项表述错误。

27. ABCD

【解析】A 项表述中，甲的行为属于自己代理，构成代理权的滥用。B 项表述中，乙的行为属于双方代理，也构成代理权的滥用。《民法典》第 168 条规定，代理人不得以被代理人的名义与自己实施民事法律行为，但是被代理人同意或者追认的除外。代理人不得以被代理人的名义与自己同时代理的其他人实施民事法律行为，但是被代理的双方同意或者追认的除外。据此，对于自己代理和双方代理的，可以经过被代理人追认生效，选 A、B 项。C 项表述中，丙的行为构成无权代理。《民法典》第 171 条规定，行为人没有代理权、超越代理权或者代理权终止后，仍然实施代理行为，未经被代理人追认的，对被代理人不发生效力。相对人可以催告被代理人自收到通知之日起 30 日内予以追认。被代理人未作表示的，视为拒绝追认。行为人实施的行为被追认前，善意相对人有撤销的权利。撤销应当以通知的方式作出。行为人实施的行为未被追认的，善意相对人有权请求行为人履行债务或者就其受到的损害请求行为人赔偿。但是，赔偿的范围不得超过被代理人追认时相对人所能获得的利益。相对人知道或者应当知道行为人无权代理的，相对人和行为人按照各自的过错承担责任。据此，对于无权代理行为，可以经过权利人追认生效，选 C 项。D 项表述中，丁为限制民事行为能力人，其实施的民事法律行为效力待定。《民法典》第 145 条规定，限制民事行为能力人实施的纯获利益的民事法律行为或者与其年龄、智力、精神健康状况相适应的民事法律行为有效；实施的其他民事法律行为经法定代理人同意或者追认后有效。相对人可以催告法定代理人自收到通知之日起 30 日内予以追认。法定代理人未作表示的，视为拒绝追认。民事法律行为被追认前，善意相对人有撤销的权利。撤销应当以通知的方式作出。据此，丁的行为须经法定代理人追认才能生效，选 D 项。此外，对于转委托或复代理的，也可经追认生效。《民法典》第 169 条规定，代理人需要转委托第三人代理的，应当取得被代理人的同意或者追认。转委托代理经被代理人同意或者追认的，被代理人可以就代理事务直接指示转委托的第三人，代理人仅就第三人的选任以及对第三人的指示承担责任。转委托代理未经被代理人同意或者追认的，代理人应当对转委托的第三人的行为承担责任；但是，在紧急情况下代理人为了维护被代理人的利益需要转委托第三人代理的除外。

28. ACD

【解析】适用惩罚性赔偿应有相应的法律规定。根据《商标法》第 57 条第 1 项规定，未经商标注册人的许可，在同一种商品上使用与其注册商标相同的商标的，属于侵犯他人商标专用权的侵权行为。《民法典》第 1185 条规定，故意侵害他人知识产权，情节严重的，被侵权人有权请求相应的惩罚性赔偿。据此，甲未经刘某同意，在其生产的商品上使用与刘某注册商标相同的商标，获利巨大，此为严重商标侵权行为，刘某有权请求惩罚性赔偿。可见，选 A 项。《民法典》第 1237 条规定，民用核设施或者运入运出核设施的核材料发生核事故造成他人损害的，民用核设施的营运单位应当承担侵权责任；但是，能够证明损害是因战争、武装冲突、暴乱等情形或者受害人故意造成的，不承担责任。据此，乙核电站应当因核泄漏事故造成多人损害承担侵权责任，但是，本条并未规定惩罚性赔偿，故不选 B 项。《民法典》第 1207 条规定，明知产品存在缺陷仍然生产、销售，或者没有依据前条规定采取有效补救措施，造成他人死亡或者健康严重损害的，被侵权人有权请求相应的惩罚性赔偿。据此，汽车销售商丙明知汽车存在产品缺陷仍然销售，致使消费者王某健康严重受损，王某有权请求相应的惩罚性赔偿。可见，选 C 项。《民法典》第 1232 条规定，侵权人违反法律规定故意污染环境、破坏生态造成严重后果的，被侵权人有权请求相应的惩罚性赔偿。据此，丁厂违反规定超标排污行为导致环境污染严重，应当承担相应的惩罚性赔偿。可见，选 D 项。

29. AD

【解析】《民法典》第 551 条第 1 款规定，债务人将债务的全部或者部分转移给第三人的，应当经债权人同意。据此，债务人甲公司将债务转移给丁公司，须经债权人乙银行同意。可见，A 项表述正确，选 A 项。《民法典》第 697 条第 1 款规定，债权人未经保证人书面同意，允许债务人转移全部或者部分债务，保证人对未经其同意转移的债务不再承担保证责任，但是债权人和保证人另有约定的除外。据此，在乙银行同意甲公司移转债务的情况下，丙公司是否继续承担保证责任，取决于保证人是否书面同意。可见，B 项表述错误，不选 B 项。《民法典》第 406 条第 1 款规定，抵押期间，抵押人可以转让抵押财产。当事人另有约定的，按照其约定。抵押财产转让的，抵押权不受影响。据此，甲公司转让房产无须经抵押权人乙银行同意。可见，C 项表述错误，不选 C 项。《民法典》第 392 条规定，被担保的债权既有物的担保又有人的担保的，债务人不履行到期债务或者发生当事人约定的实现担保物权的情形，债权人应当按照约定实现债权；没有约定或者约定不明确，债务人自己提供物的担保的，债权人应当先就该物的担保实现债权；第三人提供物的担保的，债权人可以就物的担保实现债权，也可以请求保证人承担保证责任。提供担保的第三人承担担保责任后，有权向债务人追偿。据此，在担保的实现方式上，债权人乙银行应先就债务人甲公司提供的房产抵押实现其债权。可见，D 项表述正确，选 D 项。

30. ABCD

【解析】《民法典》第 1035 条第 1 款规定，处理个人信息的，应当遵循合法、正当、必要原则，不得过度处理，并符合下列条件：（1）征得该自然人或者其监护人同意，但是法律、行政法规另有规定的除外；（2）公开处理信息的规则；（3）明示处理信息的目的、方式和范围；（4）不违反法律、行政法规的规定和双方的约定。据此，备选项应全选。

三、简答题

31. 集合犯是指行为人以实施不定次数的同种犯罪行为为目的，实施了数个同种犯罪行为，刑法规定作为一罪论处的犯罪形态。（2 分）

集合犯的构成条件有：

（1）行为人以实施不定次数的同种犯罪行为为目的。行为人不是意图实施一次犯罪行为即行结束，而是预计实施不定次数的同种犯罪行为，这是集合犯主观方面的特征。（2 分）

（2）行为人实施了数个同种犯罪行为，即刑法要求行为人具有多次实施同种犯罪行为的意图，并且行为人一般也是实施了数个同种犯罪行为。（2 分）

（3）刑法将数个同种犯罪行为规定为一罪。集合犯是刑法规定同种的数行为为一罪，

是法定的一罪；集合犯是由数个同种的犯罪行为组成，并且行为之间存在时间的间隔。（2分）

对于集合犯，以法律规定的一罪论处，不实行数罪并罚。（2分）

32. （1）挪用公款罪的客观要件是国家工作人员利用职务上的便利，挪用公款归个人使用，进行非法活动，或者挪用公款数额较大、进行营利活动，或者挪用公款数额较大、超过3个月未还的行为。（4分）

（2）有下列情形之一的，属于挪用公款"归个人使用"：①将公款供本人、亲友或者其他自然人使用的；②以个人名义将公款供其他单位使用的；③个人决定以单位名义将公款供其他单位使用，谋取个人利益的。（6分）

33. 留置权是指合法占有债务人动产的债权人，于债务人不履行债务时，得留置该动产并以其价值优先受偿的权利。（2分）

成立留置权须具备如下条件：

（1）债权人根据特定合同合法占有属于债务人所有的动产。占有合法动产是留置权成立的基础要件，占有丧失，留置权消灭。（2分）

（2）债权人对该动产的占有与其债权的发生具有牵连关系，即出自同一法律关系，但企业之间留置的除外。（2分）

（3）债务已届清偿期而债务人仍未履行债务。债务到了履行期限，留置权才能成立。在没有约定或者约定不明确的情况下，留置权人应当给债务人60日以上的履行期限。（2分）

（4）符合法律规定并且当事人的约定不违反公序良俗。法律规定或者当事人约定不得留置的动产，不得留置。（2分）

34. 买受人有下列情形之一，造成出卖人损害的，除当事人另有约定外，出卖人有权取回标的物：

（1）未按照约定支付价款，经催告后在合理期限内仍未支付。（4分）

（2）未按照约定完成特定条件。（3分）

（3）将标的物出卖、出质或者作出其他不当处分。（3分）

四、论述题

35. （1）犯罪中止是指在犯罪过程中，自动放弃犯罪或者自动有效地防止犯罪结果发生的形态。（1分）

（2）犯罪中止的认定。①时间性：在犯罪过程中。所谓犯罪过程，就是从犯罪预备开始到犯罪既遂以前的全过程，这是犯罪中止的时间条件。如果犯罪已经既遂，则不存在犯罪中止问题。犯罪人在既遂后返还原物、赔偿损失的，不能成立犯罪中止；犯罪明显告一段落归于未遂后，有某种补救行为的，不成立中止；在犯罪过程中，自动放弃可重复加害行为的，可以成立中止。（3分）②自动性：自动放弃犯罪或者自动有效地防止犯罪结果发生。所谓自动放弃犯罪，是指犯罪分子在自认为能够完成犯罪的情况下，由本人自主地决定放弃犯罪。所谓自动有效地防止犯罪结果发生，是指在犯罪行为实行终了、犯罪结果尚未发生的特定场合，行为人自动采取积极行动实际有效地阻止了犯罪结果的发生。自动放弃犯罪意味着行为人彻底放弃继续实施该犯罪的意图。如果行为人仅仅考虑犯罪的时机、条件不成熟而暂时停止犯罪，待条件成熟后再实施犯罪的，是犯罪的撤退，不能成立犯罪中止。自动中止的原因有：出于真诚的悔悟，基于对被害人的怜悯，受到别人的规劝，害怕受到刑罚的惩罚等。但是，不管出于何种原因，只要是犯罪分子认为自己能够把犯罪进行到底而自动停止犯罪行为，或者自动有效地防止犯罪结果发生，都认为具备自动性。在犯罪实际上不可能进行到底而犯罪人自认为能够把犯罪进行到底的情况下，犯罪人自动停止犯罪，或者自动有效地防止犯罪结果发生的，可以成立犯罪中止。（3分）③客观有效性：中止不仅仅是良好的愿望，还应当有客观的放弃犯罪或阻止犯罪结果发生的实际行动，并有效地阻止犯罪结果发生。在通常情况下，行为人自动放弃正在预备或实行的犯罪就具备客观有效性，在犯罪实行终了、犯罪结果将要发生的特定场合，行为人采取积极行动实际阻止犯罪结果发生，才能具备客观有效性。（3分）

（3）对中止犯的处罚，我国刑事立法对中止犯采取必减免制原则。我国《刑法》规定：对于中止犯，没有造成损害的，应当免除处罚；造成损害的，应当减轻处罚。据此规定，是否造成损害，是对中止犯予以免除处罚或减轻处罚的依据。（1分）正确适用这一处罚原则，应当注意：①我国刑法对中止犯的处罚原则是"应当"即必须免除或减轻处罚，而且对中止犯处理时要先考虑损害结果。这一处罚原则不但轻于未遂犯，也轻于预备犯，这体现了主客观相统一的刑事责任原则和罪责刑相适应原则的要求，也在一定程度上有助于对已经开始的犯罪活动的积极制止。（1分）②对中止犯的处罚，应同时引用刑法总则关于中止犯处罚的规定和刑法分则有关具体条文的规定，在罪名上应对中止形态有所体现。（1分）③对中止犯的从宽处罚应根据不同情况分别掌握：对于造成损害结果的，应当减轻处罚，并综合考察中止犯罪的各种主客观情况来决定减轻处罚的程度；对于未造成损害结果的，应当免除处罚。（1分）④中止者所拟实施或刚着手实施的犯罪危害较轻，符合刑法但书即"情节显著轻微危害不大"的，应当依法不认为是犯罪。（1分）

36.（1）违约责任和侵权责任竞合是指行为人实施的某一违法行为，同时违反了合同规范和侵权规范，并符合违约责任和侵权责任的构成要件，导致违约责任和侵权责任同时产生，又互相排斥、彼此不能包容的法律现象。（1分）

（2）违约责任与侵权责任发生竞合须具备如下条件：①违约责任与侵权责任竞合，当事人之间必须有合同关系存在。没有合同关系存在，就不会产生违约责任。没有违约责任，也就不会发生竞合的问题。除此之外，还要有侵权的事实和结果。合同中的侵权可以是对财产的侵犯，也可以是对人身的侵犯。（2分）②违约责任与侵权责任竞合，当事人一般有过错。违约责任在严格责任之下，一般不以故意或过失作为构成条件，但在合同关系中，成立侵权责任一般需要过错这个主观要件，而且违约责任的过错与侵权责任的过错是同一的。由于违约行为不以过错为必要条件，因而导致违约行为和侵权行为在举证方面存在差异。（2分）③违约责任与侵权责任竞合，表现为受损害人请求权的竞合。同一法律事实符合两种法律构成要件，就会产生两种请求权。受害方可以根据自己利益的需要，选择最有利于自己的方式请求侵害人承担责任。（2分）④违约责任与侵权责任竞合，要求有损害结果。构成违约责任，不一定有损害结果；构成侵权责任，要有损害结果。在两者发生竞合的情况下，则必须存在损害结果，否则不发生竞合。（2分）⑤违约责任与侵权责任的赔偿范围不同。违约责任只赔偿财产损失，对人身伤害不予赔偿，赔偿范围可由当事人约定，如果没有约定，则对被违约人的全部损失予以赔偿，但不能超过当事人的合理预见，赔偿范围有时还受到法定赔偿范围的限制。侵权责任的赔偿，不受当事人对违约赔偿约定或可得利益的限制，侵权责任也不限于财产损失，如果人格权遭受侵害，还可以要求精神损害赔偿。（2分）

（3）违约责任和侵权责任竞合的原因主要有：①当事人实施了侵权性的违约行为，即侵权行为直接构成了违约的原因。如保管合同中的保管人非法使用保管物而导致保管物毁损、灭失就属于此。②当事人实施了违约性的侵权行为，即违约行为造成了侵权的后果。如卖方交付的货物有瑕疵并因此导致买方财产或人身受损。（2分）

（4）违约责任和侵权责任竞合的处理方式。在违约责任与侵权责任发生竞合时，受损害方有权选择其中一种责任要求对方承担，而不能同时主张违约责任和侵权责任。由于违约责任与侵权责任存在诸多不同，故受害方选择不同的责任，对其权益的保护有着重大影响。（2分）

五、案例分析题

37.（1）①甲将公款200万元借给乙做生意使用，属于挪用公款归个人使用，进行营利活动，甲的行为构成挪用公款罪；甲作为国家工作人员，携带70万元潜逃，并将70万元挥霍一空，属于利用职务便利非法占有国家财物的行为，构成贪污罪；（2分）甲作为国家工作人员，利用职务便利，收受乙好处费10万元，为乙谋取利益，构成受贿罪。（2分）②甲在走投无路的情况下被迫投案，向司法机关交代了借款给乙、收受贿赂和携款潜逃的事实，这属于如实供述自己罪行的行为，构成自首，因此对甲可以从轻或减轻处罚；（2分）甲提供线索致使乙被抓获，构成立功，因此对甲可以从轻或减轻处罚；（1分）对甲应以挪用公款罪、贪污罪和受贿罪实行数罪并罚。（1分）

（2）①乙将挪用的公款用于贩毒，属于挪用公款进行非法活动，乙虽然不是国家工作人员，但乙与甲共谋，对乙应以挪用公款罪的共犯论处；（2分）乙为了达到利用国家工作人员的职务便利挪用公款的非法目的，送给甲10万元好处费，构成行贿罪；（1分）乙将挪用的公款用于贩毒，构成贩卖毒品罪。（1分）②乙归案后如实供述了贩卖毒品的犯罪事实，对乙贩卖毒品的行为成立自首，对此自首行为可以从轻或减轻处罚；（2分）乙归案后交代了行贿的事实，但该行贿事实已被司法机关掌握，因此乙交代的行贿事实构成坦白，对乙的坦白行为，可以从轻处罚；（2分）对乙应当以挪用公款罪、行贿罪和贩卖毒品罪实行数罪并罚。（1分）

（3）丙明知乙提供的款项属于挪用的公款而仍然为乙提供资金账户，掩饰、隐瞒犯罪违法所得的性质和来源，构成洗钱罪。（3分）

38.（1）①乙要求甲支付报酬1万元的请求和拒绝返还钻石的行为不能成立。因为乙是拾得人，拾得人返还遗失物是其法定义务，乙无权要求甲支付拾得报酬。（3分）②乙无权拒绝返还钻石，因为甲对钻石享有所有权。（3分）

（2）甲找到乙要求其归还钻石时，乙有权要求甲支付保管费。因为乙虽然无权要求甲支付拾得报酬，但乙有权依据无因管理请求甲支付因保管钻石所支出的保管费。（4分）

（3）如果同意A法院的判决，参考答案如下：①丙有权取得钻石的质权，因为出质人乙虽然是无处分权人，但质权人丙并不知道乙为无处分权人，只要乙、丙达成合意，且将钻石移交于丙占有，丙即可依据善意取得制度取得质权。（5分）②因为丙善意取得质权，因此，甲无权行使对钻石的追索权。只有在质权人丙将钻石归还给乙后，甲才能行使对钻石的追索权；如果质权人丙实现质权，则甲只能要求乙赔偿损失。（5分）

如果同意B法院的判决，参考答案如下：①丙无权取得钻石的质权，因为出质财产必须是依法可以转让的财产，而遗失物不是依法可以转让的财产，不能成为质权的标的，因此，乙、丙之间设定质权的行为无效。（质权善意取得的前提是出质人对该财产为合法占有，而拾得人乙对遗失物的占有起初虽是合法占有，但因遗失人甲没有满足其支付报酬的请求而拒绝归还钻石，此时合法占有转变为不合法占有，则此时无法适用善意取得，从上述角度回答，且言之成理者，也可给分——编者注）（5分）②甲享有对钻石的追索权，因为甲是钻石的所有权人，且乙、丙之间设定质权的行为无效，则甲有权对钻石进行追索，对于因追索钻石所支出的费用以及所造成的损失，都应由乙承担。（5分）

专业基础课模拟试题（二）

一、单项选择题（第 1~20 小题，每小题 1 分，共 20 分。下列每题给出的四个选项中，只有一个选项是最符合题目要求的）

1. 甲实施的下列行为中，构成正当防卫的是（　　）。

A. 甲在家中保险柜上设置电击装置，将盗窃的小偷击成轻伤

B. 甲为了防止自己经营的果园被盗而在院墙上私设电网，电网将过路人击伤

C. 甲在家中设置电击装置误伤了串门来玩的邻居小孩

D. 甲在自己汽车外围套上高压电网，将夜间行窃的偷车贼击成重伤

2. 甲欲杀害其妻，某日饭前在妻的饭碗中放了毒药，其妻吃完饭后，甲感到后悔，即将其妻送往医院抢救，但因抢救无效而死亡。甲的行为属于（　　）。

A. 犯罪中止　　　　B. 犯罪既遂　　　　C. 犯罪未遂　　　　D. 犯罪预备

3. 下列关于没收、没收财产或者因犯罪违法所得的处理，正确的是（　　）。

A. 甲受贿 100 万元，巨额财产来源不明 200 万元，甲被判处死刑并处没收财产。甲被没收财产的总额至少应为 300 万元

B. 乙挪用公款炒股获利 500 万元用于购买房产，但案发时贬值为 300 万元，对乙应责令其退赔 500 万元

C. 丙因犯贪污罪被判处有期徒刑 10 年并处没收财产 100 万元，因犯走私毒品罪被判处有期徒刑 3 年并处罚金 5 万元。没收财产和罚金应当合并执行 105 万元

D. 丁与戊共同窃取他人财物 50 万元，因二人均应对 50 万元负责，故应向二人各追缴 50 万元

4. 下列关于自首中"如实供述"的表述，正确的是（　　）。

A. 甲自动投案后，如实交代了自己的杀人行为，但拒绝说明凶器藏匿地点的，不成立自首

B. 乙犯有抢劫罪和强奸罪，自动投案后，仅如实供述抢劫行为，对强奸行为一直主张女方是情人，发生性关系出于对方自愿。乙的行为不具有自首情节

C. 丙虽未自动投案，但公安机关所掌握线索针对的受贿事实不成立，在此范围外丙交代受贿罪行的，不成立自首

D. 丁自动投案并如实供述自己的罪行后又翻供，但在一审判决前又如实供述的，应当认定为自首

5. 下列选项中，构成非法吸收公众存款罪的是（　　）。

A. 甲以转让林权并代为管护为名，向社会募集资金 1 000 万元，实被其用于炒股，案发之前归还了大部分集资款

B. 乙在其单位内部同事间拉资金入伙，欲图合伙炒房，募集 20 人共资金 1 500 万元

C. 丙未经批准以办厂为名，向该县数千名群众集资 5 000 余万元，被其用于购买高档轿车、旅游、吃喝，致使集资款不能返还

D. 丁以工程建设急需资金，承诺高额利息，在县里募集资金，在募集 3 000 万元资金后携带集资款跑路

6. 甲因犯盗窃罪被判处缓刑，在缓刑考验期内离开所居住的市到外地贩毒，考察机关得知后多次催促其即刻返回所居住的市，但甲以各种理由拒不返回。对甲应当（　　）。

A. 撤销缓刑，并以盗窃罪和贩卖毒品罪实行数罪并罚

B. 撤销缓刑，执行原判刑罚

C. 重新确定缓刑考验期

D. 撤销缓刑，并依累犯从重处罚

7. 甲公司利用购买的加工贸易登记手册、特定减免税批文等涉税单证进口货物，偷逃应缴税款总额达 200 万元。甲公司的行为构成（　　）。

A. 逃税罪　　　　　　　　　　　B. 骗取出口退税罪

C. 骗取金融票证罪　　　　　　　D. 走私普通货物、物品罪

8. 下列行为中，以抢劫罪一罪定罪处罚的是（　　）。

A. 吴某乘夜黑之际，使用暴力从一刑警身上抢劫一把公务用枪，并私藏家中

B. 何某冒充公安协管人员，进入吸毒人员聚集赌博的地点，以抓毒、抓赌为名，采用罚款等形式索要钱财，并当场收走赌资

C. 冯某抢劫一重病患者的治疗费用后，该患者因无钱治病而自杀身亡

D. 袁某为了奸淫而将某女子击昏后实施奸淫行为，事后发现该女子身上有 3 000 元钱，袁某乘机将钱拿走

9. 下列情形构成共同犯罪的是（　　）。

A. 甲、乙互不相识，共同在一仓库内行窃

B. 甲、乙商议共同强奸妇女，并准备刀具和面罩

C. 甲教唆 13 岁的乙投毒毒杀自己的仇人丙

D. 仓库保管员甲为了帮助乙盗窃仓库物资，便故意将仓库门打开，使乙顺利盗走大批物资，但乙对甲的帮助并不知情

10. 下列情形构成掩饰、隐瞒犯罪所得、犯罪所得收益罪的是（　　）。

A. 刘某将其朋友通过贩毒获得的 20 万元现金予以窝藏、转移

B. 段某盗窃了程某的一台电脑，以 1 万元的价格转卖给秦某

C. 甲公司明知乙通过贷款方式骗得 300 万元，仍通过转账方式协助乙将该笔资金转移

D. 丁请求其朋友丙储存并销售一批货物，尽管丙事后得知该批货物是丁抢劫所得，但仍予以窝藏、转卖

11. 甲公司取得某无居民海岛的开发利用权和与该海岛毗邻的海域的使用权。甲公司提供的下列财产中，不能设定抵押的是（　　　）。

A. 无居民海岛 　　　　　　　　　B. 海域使用权

C. 捕捞的水产品 　　　　　　　　D. 一套机械设备

12. 农户甲获取为期 30 年的家庭土地承包经营权。甲实施的下列行为中，符合民法典规定的是（　　　）。

A. 甲将土地承包经营权抵押

B. 甲将土地承包经营权转让给北京居民乙

C. 甲将土地经营权投资入股

D. 甲用其土地承包经营权与另一村的村民乙的土地承包经营权互换

13. 甲隐瞒自己患有严重乙肝的事实而与乙结婚。结婚 6 个月后，乙才知道甲患有该病。对此，下列表述正确的是（　　　）。

A. 甲、乙之间的婚姻为无效婚姻

B. 乙可以向婚姻登记机关申请撤销该婚姻

C. 乙自婚姻成立之日起 1 年内有权请求撤销婚姻

D. 乙请求撤销婚姻的，有权请求损害赔偿

14. 甲公司主营家电和电脑销售业务。甲公司章程规定，法定代表人处理公司资产或对外签订标的额为 100 万元以上的合同，须经董事会决定。甲公司董事长为解决公司财政拮据状况，将公司资产售卖给不知情的乙公司。甲公司、乙公司之间买卖合同的效力为（　　　）。

A. 有效 　　　B. 无效 　　　C. 可撤销 　　　D. 效力待定

15. 甲企业是由自然人乙和私营独资企业丙各出资 50 万元设立的普通合伙企业，由于经营亏损，甲企业仅有剩余资产 40 万元。对于甲企业欠丁公司的 100 万元债务，下列说法正确的是（　　　）。

A. 丁公司只能要求乙和丙按照剩余资产的比例各自承担 20 万元债务

B. 丁公司只能要求甲企业以其剩余资产 40 万元承担债务

C. 丁公司应当先要求甲企业以 40 万元剩余资产清偿债务，不足部分由乙、丙按照各自的出资比例承担债务

D. 丁公司可要求甲企业以 40 万元剩余资产清偿债务，不足部分由乙、丙承担连带责任

16. 甲、乙系夫妻。在甲、乙婚姻关系存续期间，属于甲或乙的个人债务的是（　　　）。

A. 甲以个人名义向朋友借款 50 万元购置住房

B. 甲、乙共同签名向甲的同事借款 10 万元

C. 甲欠丙公司货款 20 万元，乙事后对该笔债务予以追认

D. 乙瞒着甲以个人名义借款 10 万元购置美容卡

17. 根据我国商标法规定，下列选项中，可以作为商标注册的是（　　　）。

A. "永久"牌自行车 　　　　　　　B. "娃啥啥"牌矿泉水

C. "燕麦"牌糕点
D. "苹果"牌爽口饮料

18. 某唱片公司乙将甲的一部已经发表的作品改编成一部录音制品，某酒吧丙对该录音制品进行商业性使用。则下列表述不正确的是（　　）。

A. 乙将甲的作品改编成录音制品不必经甲的同意，但应当向甲支付报酬

B. 乙享有对该录音制品的邻接权

C. 乙将甲的作品改编成录音制品，应当取得甲的同意并向甲支付报酬

D. 丙将录音制品进行商业性使用，应当取得甲、乙的同意并向甲、乙支付报酬

19. 当事人就有关合同内容的约定不明确，不能达成补充协议，按照合同相关条款或者交易习惯不能确定，则（　　）。

A. 质量要求不明确的，按照行业标准履行

B. 履行费用的负担不明确的，由履行义务一方和债权人分担

C. 履行方式不明确的，按照有利于实现合同目的的方式履行

D. 履行期限不明确的，债权人有权请求债务人即时履行债务

20. 下列事实中，不能形成不当得利之债的是（　　）。

A. 甲经营的鱼塘里的多条草鱼跃入乙的鱼塘中

B. 对于超过诉讼时效的债务进行清偿

C. 法院在执行债务人丙的财产时，因地址记载错误而执行了丙的邻居丁的财产

D. 当事人根据买卖合同支付货款后，该合同事后被仲裁机构宣布无效

二、多项选择题（第21~30小题，每小题2分，共20分。下列每题给出的四个选项中，至少有两个选项是符合题目要求的。多选、少选或错选均不得分）

21. 《最高人民法院、最高人民检察院关于办理组织和利用邪教组织犯罪案件具体应用法律若干问题的解释》第1条规定，《刑法》第300条中的"邪教组织"，是指冒用宗教、气功或者其他名义建立，神化首要分子，利用制造、散布迷信邪说等手段盅惑、蒙骗他人，发展、控制成员，危害社会的非法组织。该解释属于（　　）。

A. 文理解释　　　　B. 有权解释　　　　C. 司法解释　　　　D. 扩张解释

22. 下列情形中，构成累犯的有（　　）。

A. 甲因犯故意泄露国家秘密罪被判处有期徒刑5年，执行3年后被假释，被假释后的第6年又犯叛逃罪，应被判处有期徒刑2年

B. 医生乙因犯诽谤罪被判处1年有期徒刑，刑满释放后第3年又犯医疗事故罪，应被判处有期徒刑2年

C. 丙17周岁时因犯为境外窃取国家秘密罪被判处有期徒刑5年，于2017年2月1日刑满释放，2018年5月10日其又犯间谍罪，并于2018年6月12日被审判

D. 丁于2002年12月12日因犯参加恐怖组织罪被判处有期徒刑3年，于2005年12月11日刑满释放，2018年6月11日又犯组织、领导黑社会性质组织罪，应被判处有期徒刑

23. 下列情形应当认定为立功的是（　　）。

A. 甲犯盗窃罪被捕后，主动提供同案犯李某的盗窃事实，使李某得以顺利归案

B. 乙犯洗钱罪被捕后，主动为侦查机关提供其为刘某提供资金账户洗钱和刘某受贿

的事实，使刘某受贿案得以侦破

C. 丙犯贪污罪被捕后，丙的配偶孙某向司法机关揭发丙的上司受贿的事实，经查证属实

D. 丁在服刑期间制止了一在押人员的脱逃行为

24. 下列情形应以非法经营罪论处的是（　　）。

A. 未经许可经营法律、行政法规规定的专营、专卖物品的

B. 非法从事资金支付结算业务的

C. 违反国家有关盐业管理规定，非法生产、储运、销售食盐，扰乱市场秩序，情节严重的

D. 买卖进出口许可证的

25. 下列犯罪中，应当按照数罪并罚原则处理的有（　　）。

A. 因挪用公款而索取、收受贿赂的

B. 为了实施抢劫而将被害人杀死的

C. 参加黑社会性质组织又绑架他人的

D. 生产、销售假药，并以暴力方法抗拒查处的

26. 甲使用手机号码注册登录乙短视频社交平台 APP 后，被推荐一些"可能认识的人"，其中包括多年未联系的同学、朋友。乙平台还收集甲的姓名、手机号码、社交关系、地理位置等信息并存储。对此，下列表述不正确的是（　　）。

A. 乙平台推荐"可能认识的人"对甲的生活安宁构成侵扰

B. 乙平台收集甲的社交关系信息侵犯了甲的隐私权

C. 乙平台收集并存储甲的地理位置信息侵犯了甲的个人信息权益

D. 乙平台收集并存储甲的有关信息不构成侵权

27. 甲、乙系亲兄弟，乙早逝，留有一子丙。丙自幼深得甲喜爱，甲立遗嘱指定由丙继承其全部家产。丙成家后生子丁。某日，丙意外遭遇车祸不幸去世。甲悲伤过度突发脑出血随后去世，留有遗产。甲之子戊与丁就遗产分割发生纠纷。关于甲的遗产，下列说法错误的是（　　）。

　　A. 由丁代位继承甲的全部遗产　　　　B. 由戊继承全部遗产

　　C. 由丁、戊各继承一半遗产　　　　　D. 丙的应继份转由丁继承

28. 下列情形属于无效民事法律行为的是（　　）。

A. 甲与开发商签订商品房买卖合同，为了逃避缴纳税款，将部分价款抵作装修款

B. 乙将青花梅瓶的单价 15 万元错标为 10 万元，卖给了一位古文物收藏家

C. 丙花大价钱购置一批手枪

D. 丁超越代理权限购买蔗糖 1 吨

29. 甲有一子乙和一女丙，乙有一子丁。甲立有遗嘱，其内容为自己死后房产和古字画由儿子乙继承，但对存款、货车和其他生活必需品在遗嘱中并没有涉及。不久，乙在一次车祸中丧生，甲悲伤过度，不久也死亡。则（　　）。

　　A. 丙可以依据法定继承的方式继承甲的遗产

　　B. 丁可以依据遗嘱继承的方式继承甲的遗产

C. 丁可以依据代位继承方式继承甲的遗产

D. 丙、丁都可以继承甲所留的全部遗产

30. 下列情形构成侵犯人格权的是（　　　）。

A. 某照相馆为甲拍照后，私自将照片卖给某商场做橱窗广告

B. 某医院将性病患者乙的照片刊登在预防性病传播的宣传栏上

C. 某超市怀疑丙盗窃了超市的商品而对其进行搜身检查

D. 某诊所在给丁拔牙时，错将槽牙拔错一颗

三、简答题（第31～34小题，每小题10分，共40分）

31. 简述正当防卫的成立条件。

32. 简述非法吸收公众存款罪的概念和构成要件。

33. 简述知识产权的概念和我国民法典规定的知识产权客体的类型。

34. 简述代位继承和转继承的区别。

四、论述题（第35～36小题，每小题15分，共30分）

35. 试论我国刑法上的不作为及其义务的来源。

36. 试论缔约过失责任。

五、案例分析题（第37～38小题，每小题20分，共40分）

37. 甲找到在某国有公司任会计的朋友乙，提出向该公司借款10万元用于购买毒品并出售，并许诺出售毒品获利后给乙好处费。在利益的诱惑下，乙应甲的要求擅自从自己管理的公款中借给甲10万元。甲拿到10万元后，亲自从外地购得毒品，然后在本地出售。出售一部分后，甲分给乙赃款3万元。后甲在出售毒品的过程中被公安机关抓获。甲如实交代自己出售毒品的行为，但未能如实说明购买毒品的10万元资金的来源。乙得知甲被抓，担心自己受到处罚，便携带20万元公款潜逃外地。后乙在家属的带领下到公安机关投案并如实供述了自己的上述行为，并积极退赃，通过向他人借款方式将20万元归还。

阅读分析上述案例后，请回答以下问题：

(1) 甲、乙构成何罪？

(2) 甲和乙是否构成共同犯罪？为什么？

(3) 甲、乙有哪些主要量刑情节？

38. 甲和乙银行签订借款合同，双方约定：借款金额为200万元，借款期限自2010年5月至2011年5月止。甲同时提供自己的一幢别墅作为抵押，双方另行于6月签订了书面抵押合同，并于7月办理了抵押登记。同时，甲的朋友丙为甲的借款提供全额连带保证责任。8月，甲将已经办理抵押登记的别墅出卖给丁，丁支付了价款210万元，但甲并未告知丁该别墅已经抵押的情况，该别墅出卖后也未办理登记过户手续。后甲到期没有清偿银行借款，乙银行诉至法院。

根据上述案情，请回答：

(1) 如何认定甲和乙银行签订的借款合同和抵押合同的效力？为什么？

(2) 如果乙银行欲实现抵押权并要求保证人丙承担连带保证责任，乙银行应当如何行使上述权利？为什么？

(3) 甲、丁之间签订的别墅买卖合同是否有效？丁支付的价款如何处理？为什么？

专业基础课模拟试题（二）答案解析

一、单项选择题

1. A

【解析】本题考查的是预先设置防卫装置的问题。预先设置防卫装置，是指不法侵害开始前即设定防卫性装置，待不法侵害开始后发生作用造成损失的情况。A项表述中，甲的行为本身不违法，针对正在进行的不法侵害发挥了作用，并且没有超出必要限度，应当认定为正当防卫，选A项。B项表述中，甲将电网设置于院墙，其行为本身违法，会危害公共安全，侵害更大的法益，是不被允许的，甲的行为构成以危险方法危害公共安全罪，而非正当防卫，不选B项。C项表述中，甲的行为本身不违法，但损害了无辜者的合法权益，不是正当防卫，不选C项。D项表述中，甲的行为本身违法，甲在自己的汽车外围私设高压电网，会危害公共安全，不能认定为正当防卫，不选D项。

2. B

【解析】犯罪中止的有效条件之一就是行为人的行为具备客观有效性，即中止不仅仅是良好的愿望，还应当有客观的放弃犯罪或阻止犯罪结果发生的实际行动，并有效地阻止犯罪结果的发生。甲的行为构成犯罪既遂而不是犯罪中止，因为甲虽然有中止的意图，但并不具备客观有效性，未能阻止其妻的死亡，因而甲的行为构成故意杀人罪（既遂）。可见，选B项，不选A项。甲已经着手实施犯罪，故不成立犯罪预备；甲的行为已经造成其妻死亡，因而不成立犯罪未遂。可见，不选C、D项。

3. B

【解析】我国刑法规定了两种"没收"，一种是《刑法》第59条规定的"没收财产"刑罚，亦即没收犯罪分子个人所有财产的一部或者全部。另一种是《刑法》第64条规定的"没收犯罪物品"，系对犯罪物品处理的一种方式，犯罪分子违法所得的一切财物，应当予以追缴或者责令退赔；对被害人的合法财产，应当及时返还；违禁品和供犯罪所用的本人财物，应当予以没收。没收的财物和罚金，一律上缴国库，不得挪用和自行处理。只有第一种亦即没收财产才是刑法所规定的作为刑罚种类的没收，是没收属于犯罪分子个人合法所有的财物；后一种没收犯罪物品只是行政和刑事强制措施。A项表述中，甲受贿所得的贿赂款、巨额财产来源不明涉案款共计300万元，均为犯罪所得，应当予以追缴，而不是刑罚中的没收财产刑。对甲判处没收财产刑时，应当依照《刑法》第 385 条、第 383 条、第 59 条以及《最高人民法院关于适用财产刑若干问题的规定》，根据犯罪性质、情节裁量，没收一部或者全部，与 300 万元无关。可见，A 项表述错误。"违法所得的财物"不仅包括违法直接所得的财物本身，也包括违法所得的财物产生的收益。B 项表述中，挪用公款炒股获利所得，属于犯罪产生的收益，系"违法所得的财物"，数额为 500 万元。因违法所得的财物已不存在，被消费用于购买房产，故而应当责令退赔。可见，B 项表述正确，选 B 项。《刑法》第 69 条第 3 款规定，数罪中有判处附加刑的，附加刑仍须执行，其中附加刑种类相同的，合并执行，种类不同的，分别执行。据此，C 项表述错误。"违法所得"指的是实际所得，对于 D 项表述中，窃取他人财物 50 万元，系"违法所得的财物"，应当追缴；并且属于被害人的合法财产，追缴后应当及时返还。二人"违法所得的财物"，指整体共同犯罪所得财物，不是指各共犯人的"犯罪数额"，对于各共犯人而言，是指各共犯人的"分赃所得财物"。可见，D 项表述错误。

4. D

【解析】如实供述是指犯罪嫌疑人自动投案后，如实交代自己的"主要犯罪事实"，"凶器藏匿地点"不是"犯罪事实"，因而甲成立自首。可见，A 项表述错误，不选 A 项。乙如实供述抢劫罪行，成立自首。可见，B 项表述错误，不选 B 项。根据《最高人民法院、最高人民检察院关于办理职务犯罪案件认定自首、立功等量刑情节若干问题的意见》第 1 条第 4 款第 2 项的规定，犯罪分子没有自动投案，办案机关所掌握线索针对的犯罪事实不成立，在此范围外犯罪分子交代同种罪行的，以自首论。可见，C 项表述错误，不选 C 项。犯罪嫌疑人自动投案并如实供述自己罪行后又翻供的，不能认定为自首；但在一审判决前又能如实供述，应当认定为自首。可见，D 项表述正确，选 D 项。

5. A

【解析】非法吸收公众存款罪并不以非法占有公众存款为目的。A 项表述中，甲没有非法占有目的，构成非法吸收公众存款罪，选 A 项。B 项表述中，单位内部同事间的集资行为，不符合非法集资的"不特定对象"条件，因而不构成犯罪，不选 B 项。C 项表述中，对于肆意挥霍集资款，致使集资款不能返还的，属于以非法占有为目的，构成集资诈骗罪，不选 C 项。D 项表述中，对于携带集资款逃匿的，属于以非法占有为目的，构成集资诈骗罪，不选 D 项。

6. A

【解析】《刑法》第 77 条第 1 款规定，被宣告缓刑的犯罪分子，在缓刑考验期限内犯新罪或者发现判决宣告以前还有其他罪没有判决的，应当撤销缓刑，对新犯的罪或者新发现的罪作出判决，把前罪和后罪所判处的刑罚，依照《刑法》第 69 条的规定，决定执行的刑罚。据此，甲在缓刑考验期内又犯贩卖毒品罪，对甲应当撤销缓刑，以盗窃罪和贩卖毒品罪实行数罪并罚。可见，选 A 项。

7. D

【解析】加工贸易登记手册、特定减免税批文等涉税单证是海关根据国家法律法规以及有关政策性规定，给予特定企业用于保税货物经营管理和减免税优惠待遇的凭证。利用购买的加工贸易登记手册、特定减免税批文等涉税单证进口货物，实质是将一般贸易货物伪报为加工贸易保税货物或者特定减免税货物进口，以达到偷逃应缴税款的目的，应当以走私普通货物、物品罪定罪处罚，选D项。

8. C

【解析】 A项表述中，吴某的行为构成抢劫枪支罪，不另定抢劫罪，故不选A项。B项表述中，何某冒充公安协管人员进行抓赌、抓毒，由于其并未采用暴力方式进行威胁，因而不构成抢劫罪，何某的行为构成敲诈勒索罪，故不选B项。C项表述中，冯某的行为只构成抢劫罪一罪，而患者的死亡并非"另起犯意"造成的，故选C项。D项表述中，袁某实施奸淫行为，构成强奸罪，至于事后"另起犯意"而将3 000元钱取走，构成盗窃罪，因此对袁某应以强奸罪和盗窃罪实行数罪并罚，故不选D项。

9. B

【解析】 共同犯罪是指二人以上共同故意犯罪。A项表述的情形属于"同时犯"，对于"同时犯"，因缺乏共同犯罪的故意而不能成立共同犯罪，故不选A项。B项表述的情形中，甲、乙有共同犯罪的故意，成立共同犯罪（预备），故选B项。C项表述的情形中，因乙是不满14周岁的未成年人，因而甲属于间接正犯，对于间接正犯，只对教唆人一人定罪处罚，故不选C项。D项表述的情形属于"片面共犯"，"片面共犯"是指他人暗中帮助的行为，对于片面共犯，因缺乏共同犯罪的故意而不能成立共同犯罪，故不选D项。

10. D

【解析】 掩饰、隐瞒犯罪所得、犯罪所得收益罪是指明知是犯罪所得及其产生的收益而予以窝藏、转移、收购、代为销售或者以其他方法掩饰、隐瞒的行为。可见，D项表述符合掩饰、隐瞒犯罪所得、犯罪所得收益罪，故选D项。行为人掩饰、隐瞒的犯罪所得及其收益不能是走私、贩卖、运输、制造毒品犯罪分子的赃物，否则应以《刑法》规定的特殊条款——第349条规定的窝藏、转移毒赃罪论处。可见，不选A项。行为人掩饰、隐瞒犯罪所得、犯罪所得收益是代为销售他人犯罪所得赃物，而销售本人犯罪或自己参与共犯所得赃物不成立掩饰、隐瞒犯罪所得、犯罪所得收益罪。可见，不选B项。行为人明知是毒品犯罪、黑社会性质的组织犯罪、恐怖活动犯罪、走私犯罪、贪污贿赂犯罪、破坏金融管理秩序犯罪、金融诈骗犯罪的违法所得及其产生的收益，而采用掩饰、隐瞒其性质的方法，从而使其"合法化"的，构成洗钱罪。对于上述7种犯罪以外所得及其产生的收益予以掩饰、隐瞒的，构成掩饰、隐瞒犯罪所得、犯罪所得收益罪。可见，C项表述构成洗钱罪，不选C项。

11. A

【解析】 《民法典》第248条规定，无居民海岛属于国家所有，国务院代表国家行使无居民海岛所有权。据此，无居民海岛属于国家所有，不能设定抵押。可见，选A项。《民法典》第395条第1款规定，债务人或者第三人有权处分的下列财产可以抵押：（1）建筑物和其他土地附着物；（2）建设用地使用权；（3）海域使用权；（4）生产设备、原材料、半成品、产品；（5）正在建造的建筑物、船舶、航空器；（6）交通运输工具；（7）法律、行政法规未禁止抵押的其他财产。据此，B、C、D项表述的财产都可以设定抵押，故不选B、C、D项。

12. C

【解析】《民法典》第 334 条规定，土地承包经营权人依照法律规定，有权将土地承包经营权互换、转让。未经依法批准，不得将承包地用于非农建设。据此，土地承包经营权的流转方式限于互换和转让，不包括抵押。可见，A 项表述不符合民法典规定，不选 A 项。家庭土地承包经营权可以转让，但是转让行为只能发生于本集体经济组织内的成员之间，或者只能发生于土地承包经营权人和本集体经济组织以外的其他集体经济组织成员，土地承包经营权不能转让给城市居民。可见，B 项表述不符合民法典规定，不选 B 项。《民法典》第 339 条规定，土地承包经营权人可以自主决定依法采取出租、入股或者其他方式向他人流转土地经营权。据此，甲可以将土地经营权通过投资入股方式流转。可见，C 项表述符合民法典规定，选 C 项。家庭土地承包经营权可以互换，但是，互换只能发生于同一集体经济组织成员之间，因此甲不能用其土地承包经营权与另一村的村民乙的土地承包经营权互换。可见，D 项表述不符合民法典规定，不选 D 项。

13. D

【解析】《民法典》第 1053 条规定，一方患有重大疾病的，应当在结婚登记前如实告知另一方；不如实告知的，另一方可以向人民法院请求撤销婚姻。请求撤销婚姻的，应当自知道或者应当知道撤销事由之日起 1 年内提出。据此，甲、乙之间的婚姻为可撤销婚姻，而不是无效婚姻。撤销婚姻应通过诉讼方式进行，换言之，乙应当向人民法院申请撤销婚姻，而不能向婚姻登记机关申请撤销婚姻。乙应当自知道甲患有严重乙肝的事实之日起 1 年内向人民法院申请撤销婚姻，而不是自婚姻成立之日起 1 年内申请撤销婚姻。可见，A、B、C 项表述都是错误的。《民法典》第 1054 条第 2 款规定，婚姻无效或者被撤销的，无过错方有权请求损害赔偿。据此，D 项表述正确，选 D 项。

14. A

【解析】《民法典》第 61 条第 3 款规定，法人章程或者法人权力机构对法定代表人代表权的限制，不得对抗善意相对人。据此，甲公司章程的有关规定不能对抗善意第三人乙公司。《民法典》第 505 条规定，当事人超越经营范围订立的合同的效力，应当依照本法第一编第六章第三节和本编的有关规定确定，不得仅以超越经营范围确认合同无效。据此，甲公司和乙公司签订的合同虽然超越经营范围，但是并未违反国家特许经营和限制经营，因而甲公司和乙公司签订的买卖合同为有效合同。可见，选 A 项。

15. D

【解析】《民法典》第 104 条规定，非法人组织的财产不足以清偿债务的，其出资人或者设立人承担无限责任。法律另有规定的，依照其规定。《合伙企业法》第 38、39、40 条规定，合伙企业对其债务，应先以其全部财产进行清偿。合伙企业不能清偿到期债务的，合伙人承担无限连带责任。合伙人由于承担无限连带责任，清偿数额超过其亏损分担比例的，有权向其他合伙人追偿。根据上述规定，选 D 项。

16. D

【解析】《民法典》第 1064 条规定，夫妻双方共同签名或者夫妻一方事后追认等共同意思表示所负的债务，以及夫妻一方在婚姻关系存续期间以个人名义为家庭日常生活需要所负的债务，属于夫妻共同债务。夫妻一方在婚姻关系存续期间以个人名义超出家庭日常生活需要所负的债务，不属于夫妻共同债务；但是，债权人能够证明该债务用于夫妻共同生活、共同生产经营或者基于夫妻双方共同意思表示的除外。据此，A项表述中，甲以个人名义所欠的债务用于夫妻共同生活，应当认定为夫妻共同债务，不选A项。B项表述中，甲、乙为借债共同签名，这是典型的夫妻共同债务，不选B项。C项表述中，甲欠债20万元，但是乙事后对该笔债务予以追认，故属于夫妻共同债务，不选C项。D项表述中，乙瞒着甲以个人名义举债购置美容卡，该笔债务并未用于家庭日常生活或者夫妻共同生活，而是用于自己美容，应当认定为乙的个人债务，故选D项。

17. A

【解析】《商标法》第57条第2项规定，未经商标注册人的许可，在同一种商品上使用与其注册商标近似的商标，或者在类似商品上使用与其注册商标相同或者近似的商标，容易导致混淆的，构成商标侵权。据此，申请注册的商标不能与他人注册的商标相混淆，否则不予注册。B项表述的"娃啥啥"与"娃哈哈"两商标虽然文字和读音都不同，但字形极为相似，这足以导致消费者误认、误购，因而不能作为商标注册，故不选B项。《商标法》第11条第1款规定，下列标志不得作为商标注册：（1）仅有本商品的通用名称、图形、型号的；（2）仅直接表示商品的质量、主要原料、功能、用途、重量、数量及其他特点的；（3）其他缺乏显著特征的。据此，C项表述中的"燕麦"作为糕点的主要原料，不得作为商标注册，故不选C项。D项表述与C项表述的情形类似，故不选D项。只有A项表述符合商标注册的条件，故选A项。

18. A

【解析】《著作权法》第40条第1款规定，录音录像制作者使用他人作品制作录音录像制品，应当取得著作权人许可，并支付报酬。据此，不论作品是否已经发表，录音制作者都应当取得著作权人同意并支付报酬。可见，A项表述不正确，选A项；C项表述正确，不选C项。关于A、C项涉及的知识，考生应当注意《著作权法》第40条第1款和第3款在规定上的差异。邻接权包括出版者权、表演者权、录音制作者权和播放者权。可见，B项表述正确，不选B项。《著作权法》第42条规定，录音录像制作者对其制作的录音录像制品，享有许可他人复制、发行、出租、通过信息网络向公众传播并获得报酬的权利；权利的保护期为50年，截止于该制品首次制作完成后第50年的12月31日。被许可人复制、发行、通过信息网络向公众传播录音录像制品，还应当取得著作权人、表演者许可，并支付报酬。对此规定的理解，应当作相应的扩大性解释，即商业性使用人使用录音制品的，除了要向著作权人、表演者支付费用外，还应向录音制作人支付报酬。可见，D项表述正确，不选D项。

19. C

【解析】《民法典》第510条规定，合同生效后，当事人就质量、价款或者报酬、履行地点等内容没有约定或者约定不明确的，可以协议补充；不能达成补充协议的，按照合同相关条款或者交易习惯确定。《民法典》第511条规定，当事人就有关合同内容约定不明确，依据前条规定仍不能确定的，适用下列规定：（1）质量要求不明确的，按照强制性国家标准履行；没有强制性国家标准的，按照推荐性国家标准履行；没有推荐性国家标准的，按照行业标准履行；没有国家标准、行业标准的，按照通常标准或者符合合同目的的特定标准履行。（2）价款或者报酬不明确的，按照订立合同时履行地的市场价格履行；依法应当执行政府定价或者政府指导价的，依照规定履行。（3）履行地点不明确，给付货币的，在接受货币一方所在地履行；交付不动产的，在不动产所在地履行；其他标的，在履行义务一方所在地履行。（4）履行期限不明确的，债务人可以随时履行，债权人也可以随时请求履行，但是应当给对方必要的准备时间。（5）履行方式不明确的，按照有利于实现合同目的的方式履行。（6）履行费用的负担不明确的，由履行义务一方负担；因债权人原因增加的履行费用，由债权人负担。据此，只有 C 项表述符合合同内容的履行要求，选 C 项。A、B、D 项表述都不符合合同内容的履行要求，故不选 A、B、D 项。

20. B

【解析】A 项表述的情形属于因事件而发生的不当得利，故不选 A 项。不当得利可因给付而发生，但对于履行道德义务而为的给付，如对超过诉讼时效的债务进行清偿、养子女给付生父母赡养费等情形，受损人不得依据不当得利主张返还。可见，选 B 项。错误的强制执行可以产生不当得利，故不选 C 项。对于给付的目的嗣后不存在的，即当事人一方的给付原来是有法律或合同上的根据，但由于给付后该法律根据丧失或者目的不复存在，因该给付而取得的财产利益就会成为无法律原因的受益，如合同被宣布为无效或者被撤销，则给付的目的消失，因而所取得的利益成为不当利益，构成不当得利，D 项表述即属此情形，故不选 D 项。

二、多项选择题

21. ABC

【解析】文理解释是根据条文的字面含义进行的说明，该解释是既不扩大也不缩小范围的解释。一般而言，对法律条文中的单词、概念、术语所作的解释都是文理解释。最高人民法院和最高人民检察院对"邪教组织"的解释就是文理解释。可见，选 A 项，不选 D 项。最高人民法院和最高人民检察院所作的解释是有权解释、司法解释，故选 B、C 项。

22. AD

【解析】《刑法》第 65 条第 1 款规定，被判处有期徒刑以上刑罚的犯罪分子，刑罚执行完毕或者赦免以后，在 5 年以内再犯应当判处有期徒刑以上刑罚之罪的，是累犯，应当从重处罚，但是过失犯罪和不满 18 周岁的人犯罪的除外。据此，A 项表述中，甲被判处有期徒刑 5 年，执行 3 年后被假释，即甲还有 2 年刑满释放。《刑法》第 83 条第 1 款规定，有期徒刑的假释考验期限，为没有执行完毕的刑期；无期徒刑的假释考验期限为 10 年。据此，甲的假释考验期为 2 年。甲被假释后第 6 年又犯叛逃罪，即扣除 2 年的考验期，甲假释期满后 4 年内又犯新罪，是在刑罚执行完毕后 5 年内犯罪，构成累犯。甲所犯前罪为滥用职权类犯罪，后罪为危害国家安全类犯罪，甲的行为构成一般累犯。可见，选 A 项。B 项表述中，医疗事故罪为过失犯罪，不构成累犯。可见，不选 B 项。无论是一般累犯，还是特别累犯，都要求行为人年满 18 周岁，否则，不构成累犯，因此，丙 17 周岁时犯为境外窃取国家秘密罪，不符合构成累犯的主体条件，不选 C 项。《刑法》第 66 条规定，危害国家安全犯罪、恐怖活动犯罪、黑社会性质的组织犯罪的犯罪分子，在刑罚执行完毕或者赦免以后，在任何时候再犯上述任一类罪的，都以累犯论处。据此，丁所犯前后两罪分别为恐怖活动犯罪和黑社会性质的组织犯罪。此外，D 项表述为跨法犯罪。根据《最高人民法院关于〈中华人民共和国刑法修正案（八）〉时间效力问题的解释》（2011 年 5 月 1 日起施行），对于是否构成累犯，从新法，丁的行为构成特别累犯。可见，选 D 项。

23. BD

【解析】在共同犯罪中，犯罪分子如果交代的是同案犯的共犯行为，是自首；如果交代的是同案犯的非共犯行为即共犯之外的其他行为，是立功。据此，A 项表述中，甲的行为构成自首，而不是立功，故不选 A 项。立功是指犯罪分子揭发他人犯罪行为，经查证属实，或者提供重要线索，从而得以侦破其他案件等行为。据此，B 项表述中，乙揭发刘某受贿的事实，构成立功，故选 B 项。根据《最高人民法院、最高人民检察院关于办理职务犯罪案件认定自首、立功等量刑情节若干问题的意见》规定，立功必须是本人的行为，因此，为使犯罪分子得到从轻处理，犯罪分子家属直接向有关机关揭发他人犯罪行为，提供侦破其他案件的重要线索，或者协助司法机关抓捕犯罪嫌疑人的，不应当认定为立功。据此，不选 C 项。根据《最高人民法院关于处理自首和立功具体应用法律若干问题的解释》第 5 条规定，犯罪分子到案后有检举、揭发他人犯罪行为，包括共同犯罪案件中的犯罪分子揭发同案犯共同犯罪以外的其他犯罪，经查证属实；提供侦破其他案件的重要线索，经查证属实；阻止他人犯罪活动；协助司法机关抓捕其他犯罪嫌疑人（包括同案犯）；具有其他有利于国家和社会的突出表现的，应当认定为有立功表现。据此，D 项表述中，丁在服刑期间阻止一起脱逃罪的发生，应当认定为立功，故选 D 项。

24. ABCD

【解析】根据《刑法》第 225 条规定，非法经营是指以下四类行为：（1）未经许可经营法律、行政法规规定的专营、专卖物品或者其他限制买卖的物品。（2）买卖进出口许可证、进出口原产地证明以及其他法律、行政法规规定的经营许可证或者批准文件。（3）未经国家有关主管部门批准，非法经营证券、期货、保险业务，或者非法从事资金支付结算业务。（4）其他严重扰乱市场秩序的非法经营行为。根据相关司法解释的规定，下列情形属于"其他严重扰乱市场秩序的非法经营行为"，应以非法经营罪论处：①在国家规定的交易所外非法买卖外汇、扰乱市场秩序，情节严重的，以非法经营罪论处。②违反国家规定，出版、印刷、复制、发行严重危害社会秩序和扰乱市场秩序的非法出版物（构成其他较重的犯罪的除外），或者非法从事出版物的出版、印刷、复制、发行业务，该非法出版物虽然不侵犯他人著作权，不具有侮辱、诽谤等内容，但是严重扰乱社会秩序，情节严重的，以非法经营罪论处。出版单位与他人事前通谋，向其出售、出租或者以其他形式转让该出版单位的名称、书号、刊号、版号，为他人非法经营提供便利的，对该出版单位以非法经营罪的共犯论处。③违反国家规定，采取租用国际专线、私设转接设备或者其他方法，擅自经营国际电信业务或者涉港澳台电信业务进行营利活动，扰乱电信市场管理秩序的，以非法经营罪论处。对于未取得国际电信业务（含涉港澳台电信业务）经营许可证而经营，或被终止国际电信业务经营资格后继续经营，应认定为"擅自经营国际电信业务或者涉港澳台电信业务"；情节严重的，应按上述规定以非法经营罪追究刑事责任。"其他方法"是指在边境地区私自架设跨境通信线路；利用互联网跨境传送 IP 话音并设立转接设备，将国际话务转接至我国境内公用电话网或转接至其他国家或地区；在境内以租用、托管、代维等方式设立转接平台；私自设置国际通信出入口等方法。另外，获得国际电信业务经营许可的经营者（含涉港澳台电信业务经营者）明知他人非法从事国际电信业务，仍违反国家规定，采取出租、合作、授权等手段，为他人提供经营和技术条件，利用现有设备或另设国际话务转接设备并从中营利，情节严重的，应以非法经营罪的共犯追究刑事责任。④未取得药品生产、经营许可证件和批准文号，非法生产、销售盐酸克仑特罗（瘦肉精）等禁止在饲料和动物饮用水中使用的药品，扰乱药品市场秩序，情节严重的，以非法经营罪论处。在生产、销售的饲料中添加盐酸克仑特罗（瘦肉精）等禁止在饲料和动物饮用水中使用的药品，或者销售明知是添加有该类药品的饲料，情节严重的，以非法经营罪论处。⑤违反国家有关盐业管理规定，非法生产、储运、销售食盐，扰乱市场秩序，情节严重的，以非法经营罪论处。非法经营食盐行为未经处理的，其非法经营的数量累计计算；行为人非法经营行为是否盈利，不影响犯罪的构成。⑥违反国家在预防、控制突发传染病疫情等灾害期间有关市场经营、价格管理等规定，哄抬物价、牟取暴利，严重扰乱市场秩序，违法所得数额较大或者有其他严重情节的，以非法经营罪定罪，依法从重处罚。⑦违反国家规定，擅自设立互联网上网服务营业场所，或者擅自从事互联网上网服务经营活动，情节严重，构成犯罪的，以非法经营罪论处。⑧未经国家批准，擅自发行、销售彩票，构成犯罪的，以非法经营罪论处。⑨对于中介机构非法代理买卖非上市公司股票，涉嫌犯罪的，应以非法经营罪论处。⑩违反国家规定，使用销售点终端机具（POS机）等方法，以虚构交易、虚开价格、现金退货等方式向信用卡持卡人直接支付现金，情节严重的，以非法经营罪定罪处罚（不过目前还没有相关国家规定，这属于超前规定——编者注）。持卡人以非法占有为目的，采用上述方式恶意透支，应当追究刑事责任的，以信用卡诈骗罪定罪处罚。⑪未经烟草专卖行政主管部门许可，无生产许可证、批发许可证、零售许可证，而生产、批发、零售烟草制品，情节严重的，以非法经营罪定罪处罚。⑫违反国家规定，未经依法核准擅自发行基金份额募集基金，情节严重的，以非法经营罪论处。⑬以提供给他人生产、销售食品为目的，违反国家规定，生产、销售国家禁止用于食品生产、销售的非食品原料，情节严重的，以非法经营罪定罪处罚。违反国家规定，生产、销售国家禁止生产、销售、使用的农药、兽药，饲料、饲料添加剂，或者饲料原料、饲料添加剂原料，情节严重的，以非法经营罪定罪处罚。实施上述行为，同时又构成生产、销售伪劣产品罪，生产、销售伪劣农药、兽药罪等其他犯罪的，属于想象竞合犯，从一重罪处罚。⑭违反国家规定，私设生猪屠宰厂（场），从事生猪屠宰、销售等经营活动，情节严重的，以非法经营罪定罪处罚。行为同时构成生产、销售不符合安全标准的食品罪，生产、销售有毒、有害食品罪等其他犯罪的，属于想象竞合犯，从一重罪处罚。⑮违反国家规定采挖、销售、收购麻黄草，没有证据证明以制造毒品或者走私、非法买卖制毒物品为目的，构成犯罪的，以非法经营罪定罪处罚。⑯违反国家规定，以营利为目的，通过信息网络有偿提供删除信息服务，或者明知是虚假信息，通过信息网络有偿提供发布信息等服务，扰乱市场秩序，情节严重的，以非法经营罪定罪处罚。⑰非法生产、销售"伪基站"设备，情节严重的，以非法经营罪论处。⑱以提供给他人开设赌场为目的，违反国家规定，非法生产、销售具有退币、退分、退钢珠等赌博功能的电子游戏设施设备或者其专用软件，情节严重的，以非法经营罪论处。⑲违反国家药品管理法律法规，未取得或者使用伪造、变造的药品经营许可证，非法经营药品，情节严重的，以非法经营罪论处。以提供给他人生产、销售为目的，违反国家规定，生产、销售不符合药用要求的非药品原料、辅料，情节严重的，以非法经营罪论处。行为同时构成生产、销售伪劣产品罪，以危险方法危害公共安全罪等犯罪的，属于想象竞合犯，从一重罪处罚。⑳行为人出于医疗目的，违反有关药品管理的国家规定，非法贩卖麻醉药品或者精神药品，扰乱市场秩序，情节严重的，以非法经营罪论处。如果行为人并不是出于医疗目的，向走私、贩卖毒品的犯罪分子或者吸食、注射毒品的人员贩卖国家规定管制的能够使人形成瘾癖的麻醉药品或者精神药品的，以贩卖毒品罪定罪处罚。㉑违反国家规定，未经监管部门批准，或者超越经营范围，以营利为目的，经常性地向社会不特定对象发放贷款，扰乱金融市场秩序，情节严重的，以非法经营罪定罪处罚。㉒在疫情防控期间，违反国家有关市场经营、价格管理等规定，囤积居奇，哄抬疫情防控急需的口罩、护目镜、防护服、消毒液等防护用品、药品或者其他涉及民生的物品价格，牟取暴利，违法所得数额较大或者有其他严重情节，严重扰乱市场秩序的，以非法经营罪定罪处罚。违反国家规定，非法经营非国家重点保护野生动物及其制品（包括开办交易场所、进行网络销售、加工食品出售等），扰乱市场秩序，情节严重的，以非法经营罪定罪处罚。根据上述情形，备选项表述的情形都构成非法经营罪，备选项应全选。

25. ACD

【解析】《最高人民法院关于审理挪用公款案件具体应用法律若干问题的解释》第 7 条第 1 款规定，因挪用公款索取、收受贿赂构成犯罪的，依照数罪并罚的规定处罚。据此，选 A 项。为了抢劫而杀人的，构成牵连犯，只定抢劫罪，故不选 B 项。《刑法》第 294 条第 4 款规定，犯组织、领导、参加黑社会性质组织罪又有其他犯罪行为的，依照数罪并罚的规定处罚。据此，选 C 项。《最高人民法院、最高人民检察院关于办理生产、销售伪劣商品刑事案件具体应用法律若干问题的解释》第 11 条规定，实施《刑法》第 140 条至第 148 条规定的犯罪，又以暴力、威胁方法抗拒查处，构成其他犯罪的，依照数罪并罚的规定处罚。据此，选 D 项。

26. ABD

【解析】《民法典》第 1032 条第 2 款规定，隐私是自然人的私人生活安宁和不愿为他人知晓的私密空间、私密活动、私密信息。据此，私人生活安宁属于隐私范畴，乙平台推荐有限的"可能认识的人"，这或许会造成一定的滋扰，但是还不构成对甲的生活安宁的侵扰，故 A 项表述错误，选 A 项。《民法典》第 1034 条第 2 款规定，个人信息是以电子或者其他方式记录的能够单独或者与其他信息结合识别特定自然人的各种信息，包括自然人的姓名、出生日期、身份证件号码、生物识别信息、住址、电话号码、电子邮箱、健康信息、行踪信息等。据此，乙平台收集甲的姓名、手机号码、社交关系、地理位置等信息并存储，这侵犯了甲的个人信息权益，但因不具有私密性，不构成对隐私权的侵害。可见，B 项表述错误，选 B 项，而 C 项表述是正确的。由于乙平台的行为构成侵权，故 D 项表述错误，选 D 项。

27. ACD

【解析】《民法典》第 1154 条规定，有下列情形之一的，遗产中的有关部分按照法定继承办理：（1）遗嘱继承人放弃继承或者受遗赠人放弃受遗赠；（2）遗嘱继承人丧失继承权或者受遗赠人丧失受遗赠权；（3）遗嘱继承人、受遗赠人先于遗嘱人死亡或者终止；（4）遗嘱无效部分所涉及的遗产；（5）遗嘱未处分的遗产。据此规定第3项，丙意外遭遇车祸不幸去世，此为遗嘱继承人先于遗嘱人死亡，甲的遗产应按法定继承办理，因此应由甲的继承人戊继承甲的全部遗产，故B项表述正确，A、C、D项表述错误，选A、C、D项。

28. AC

【解析】《民法典》第146条规定，行为人与相对人以虚假的意思表示实施的民事法律行为无效。以虚假的意思表示隐藏的民事法律行为的效力，依照有关法律规定处理。据此，选A项。B项表述中，乙存在重大误解，属于可撤销的民事法律行为，不选B项。《民法典》第153条规定，违反法律、行政法规的强制性规定的民事法律行为无效。但是，该强制性规定不导致该民事法律行为无效的除外。违背公序良俗的民事法律行为无效。据此，选C项。D项表述中，丁超越代理权限购买蔗糖，为无权代理，其行为属于效力待定的民事法律行为，不选D项。

29. ACD

【解析】由于乙先于甲死亡，因此甲所立遗嘱无效，甲所留遗产应当按照法定继承处理。可见，甲的继承人丙可以依据法定继承方式继承甲的遗产，故选A项。由于甲的继承人乙先于被继承人甲死亡，乙的儿子丁继承甲的遗产，并非基于甲的遗嘱，因此，丁只能依据代位继承方式继承甲的遗产。可见，选C项，不选B项。综上分析，丙和丁都是甲的合法继承人，都有权继承甲的遗产，故选D项。

30. ABCD

【解析】A项表述中，照相馆的行为侵犯了甲的肖像权，故选A项。B项表述中，医院的行为侵犯了乙的隐私权，故选B项。C项表述中，超市的行为侵犯了丙的人格尊严权，故选C项。D项表述中，诊所的行为侵犯了丁的健康权，故选D项。

三、简答题

31.（1）起因条件：有不法侵害行为发生。（2分）

（2）时间条件：只能对正在进行的不法侵害进行防卫。（2分）

（3）对象条件：防卫行为必须是针对不法侵害者本人实行。（2分）

（4）主观条件：防卫必须是基于保护合法权利免受不法侵害的目的。（2分）

（5）限度条件：正当防卫不能明显超过必要限度造成重大损害。（2分）

32. 非法吸收公众存款罪是指违反国家金融管理法规非法吸收公众存款或者变相吸收公众存款，扰乱金融秩序的行为。（2分）

非法吸收公众存款罪的构成要件有：

（1）本罪的客体是国家对吸收公众存款的金融管理秩序。（2分）

（2）客观方面表现为非法吸收公众存款或者变相吸收公众存款，扰乱金融秩序的行为。（2分）

（3）犯罪主体是一般主体，包括自然人和单位。（2分）

（4）主观方面表现为故意，且不要求具有将吸收的存款用于信贷的目的，但必须没有

非法占有的目的。（2分）

33. 知识产权是指民事主体对创造性智力成果依法享有的权利的总称。（2分）

知识产权是权利人依法就下列客体享有的专有的权利：（1）作品；（2）发明、实用新型、外观设计；（3）商标；（4）地理标志；（5）商业秘密；（6）集成电路布图设计；（7）植物新品种；（8）法律规定的其他客体。（8分）

34. 代位继承和转继承的区别表现在：

（1）继承人死亡的时间不同。代位继承中的继承人（被代位继承人）先于被继承人死亡；转继承中的继承人（被转继承人）后于被继承人死亡。（2分）

（2）继承的主体不同。代位继承人只限于被继承人的子女的直系晚辈血亲或者被继承人的兄弟姐妹的子女；转继承则没有这种限制，可以是被转继承人的所有法定继承人。（3分）

（3）性质不同。代位继承是替补继承，代位继承人基于代位继承而直接取得被继承人的遗产；转继承是连续发生的二次继承，即由继承人直接继承后又转由转继承人继承被继承人的遗产。（3分）

（4）适用范围不同。代位继承只适用于法定继承，不适用于遗嘱继承；转继承既适用于法定继承，也适用于遗嘱继承和遗赠。（2分）

四、论述题

35.（1）行为人负有某种特定义务。行为人有实施一定行为的义务，这种义务是由法律直接规定，或者基于职务或业务上的要求，或者是行为人的法律地位或法律行为产生的义务，或者是由于行为人自己的行为而使法律所保护的某种利益处于危险状态所发生的救助义务。（3分）

（2）行为人能够履行义务。行为人有可能和能力履行其实施一定行为的义务，行为人负有某种法律义务是不作为构成犯罪的前提。如果行为人虽有防止结果发生的义务，但是由于缺乏必要的能力或其他原因而不可能防止危害结果发生的，也不成立不作为犯罪。（3分）

（3）行为人不履行特定义务，造成或可能造成危害结果。行为人确实没有实施他有义务实行的行为，并且是出于故意或者过失，而非不可抗力或紧急避险情况下的不作为，只要造成或可能造成危害结果，可成立不作为犯罪。（3分）

（4）在不作为犯罪中，行为人负有特定义务的来源包括：①法律上的明文规定。其中的法律，不仅指刑法，还包括宪法、法律、行政法规、规章等，此外还需要有刑法的认可。当法律明文规定的义务成为刑法规范所要求履行的义务时，违反该义务就可能构成不作为犯罪。②行为人职务、业务上的要求。这一特定义务以行为人具有某种职务身份或从事某种业务并且正在执行该业务为前提，如果行为人没有某种职务身份或没有从事某种业务，或者有某种职务身份或某种业务，但并没有执行该业务，则不可能构成不作为犯罪。③行为人的法律地位或法律行为所产生的义务。基于行为人的法律地位或法律行为上的要求，行为人负有防止侵害法益的危险发生的义务。基于一定的法律地位或法律行为产生某种特定的积极义务，行为人不履行该义务，致使刑法所保护的社会关系受到侵害或威胁，就可以成立不作为形式的危害行为。④因先行行为引起的义务。行为人自己的先前行为具

有一定危害结果发生的危险的，负有防止其发生的义务。如果行为人不履行这种义务，就是以不作为形式实施的危害行为。（6分）

36.（1）缔约过失责任是指在订立合同的过程中，当事人一方因违反其依据诚实信用原则产生的先合同义务，而致另一方信赖利益损失时所应承担的损害赔偿责任。（1分）

（2）构成缔约过失责任须具备如下条件：①一方违背依诚实信用原则应负的先合同义务。当事人在缔约之际负有一定的先合同义务，包括无正当理由不得撤销要约的义务、使用方法的告知义务、合同订立前重要事项的告知义务、协作和照顾义务、忠实义务、保密义务、不得滥用谈判自由的义务等。只要当事人违背了其负有的依据诚实信用原则产生的先合同义务并破坏了缔约关系，就构成缔约上的过失。（2分）②他方受有信赖利益的损失。缔约过失行为所侵害的对象是基于合理的信赖所产生的信赖利益，因此，只有在信赖人遭受信赖利益的损失时，才存在缔约过失责任适用的可能。（2分）③一方违反先合同义务与他方所受损失之间有因果关系。缔约过失行为所造成的信赖利益的损失应当与缔约过失行为存在直接的因果关系，只有存在这种直接因果关系的情况下，信赖人才能基于缔约过失而请求损害赔偿。（2分）④违反先合同义务的一方具有过失。行为人在缔约之际存在过失，包括故意和过失两种形态，这是构成缔约过失责任的主观条件，如果行为人在缔约之际不存在过失，即便存在损害，也不能成立缔约过失责任。（2分）

（3）适用缔约过失责任的情形包括如下4种：①假借订立合同，恶意进行磋商。"假借"就是根本没有与对方订立合同的目的，与对方进行谈判只是个借口，目的在于损害他方利益，行为人要负此种缔约过失责任，必须在主观上存在恶意。（1分）②故意隐瞒与订立合同有关的重要事实和提供虚假情况。这些重要情况包括财产状况、履约能力、瑕疵、性能和使用方法等的告知义务，如果违背上述告知义务或者提供虚假情况，就构成欺诈，应当承担缔约过失责任。（1分）③泄露或者不正当地使用商业秘密。无论以何种方式泄露或者不正当使用商业秘密，只要发生于缔约之际，就应当承担缔约过失责任。（1分）④其他有违诚实信用原则的行为。该行为包括诸如违反有效的要约、因一方当事人的过错导致合同的无效或者被撤销以及违反照顾、保护、通知、如实告知、拒绝签字等附随义务。此外，合同被宣布为无效或被撤销的，如果一方当事人有过错并给另一方当事人造成信赖利益损失的，也可以按照缔约过失责任要求承担赔偿责任。（1分）

（4）缔约过失责任的法律后果体现在：有过错的一方应当赔偿他方所受的损失，双方都有过错的，各自对他方承担责任。缔约过失责任的赔偿范围是信赖利益的损失，即因信赖合同成立和生效所支出的各种费用，一般包括：缔约费用；准备履行合同所支出的费用；丧失与第三人另定合同的机会所造成的损失。（2分）

五、案例分析题

37.（1）甲构成挪用公款罪和贩卖毒品罪。甲挪用公款进行贩毒活动，对甲应以挪用公款罪和贩卖毒品罪实行数罪并罚。乙构成挪用公款罪、贩卖毒品罪、贪污罪。乙携带挪用的公款潜逃，属于国家工作人员利用职务上的便利侵吞公共财物的行为，构成贪污罪，对乙应以挪用公款罪、贩卖毒品罪和贪污罪实行数罪并罚。（7分）

（2）甲、乙的行为构成挪用公款罪和贩卖毒品罪的共犯。乙挪用公款，并与甲共谋取得挪用的公款，甲、乙二人构成挪用公款罪的共犯。甲、乙在贩卖毒品上存在犯意联络，即乙明知甲借款用于贩卖毒品，从事违法活动，而挪用公款 10 万元给甲，其为贩卖毒品的行为提供了帮助，并且事后获得赃款 3 万元，具有共同的犯罪行为，所以，甲、乙二人构成贩卖毒品罪的共同犯罪。（7 分）

（3）甲归案后如实交代出售毒品的事实，构成坦白，可以从轻处罚。乙在家属的带领下向公安机关投案并如实供述自己罪行，构成自首，可以从轻或者减轻处罚。乙归案后如实供述自己罪行并积极退赃，避免、减少损害结果的发生，可以从轻、减轻或者免除处罚。（6 分）

38.（1）①甲和乙银行签订的借款合同有效，因为行为人主体合格、意思表示真实、合同内容和形式都不违反法律规定，因而该借款合同有效。（2 分）②甲和乙银行签订的抵押合同有效，因为行为人主体合格、意思表示真实、合同内容包括抵押标的合法有效、行为形式符合法律规定，因此抵押合同有效。（2 分）

（2）根据民法典规定，在抵押权和保证担保存在竞合的情况下，如果当事人对提供担保有约定的按约定，没有约定的，债权人应当先就债务人提供的抵押物行使权利，然后要求第三人承担保证责任。（3 分）本案中，当事人之间对于如何承担担保责任并没有约定，故应当由乙银行先就别墅行使抵押权，如果别墅的价值不足以弥补乙银行损失的，乙银行有权要求丙承担连带保证责任。（3 分）

（3）甲、丁之间签订的别墅买卖合同有效，因为买卖合同主体合格、意思表示真实，且不违反法律、行政法规的强制性规定，也不违背公序良俗，因而有效。甲没有告知丁有关别墅抵押的情况不影响买卖合同的效力。（5 分）但是，由于甲将房产转让给丁并没有办理过户登记手续，丁不能取得房屋的所有权；丁有权请求甲返还支付的价款和利息，并请求甲承担相应的违约责任。（5 分）

专业基础课模拟试题（三）

一、单项选择题（第1~20小题，每小题1分，共20分。下列每题给出的四个选项中，只有一个选项是最符合题目要求的）

1. 下列关于死刑的说法，正确的是（　　）。
   A. 甲女因贩毒被刑事拘留，其间自然流产，后因证据不足而被释放，半年后公安机关又发现了新证据将其逮捕，法院经审理认定构成贩卖毒品罪数量特别巨大，对甲可判处死刑
   B. 乙74周岁时，以特别残忍的手段将被害人虐杀致死，法院审理此案时，乙已满76周岁，对乙不能判处死刑
   C. 丙因故意杀人罪被判处死刑缓期二年执行，在缓期执行期间半年后有重大立功，在缓期执行一年后却又故意伤害同监舍犯人致其轻伤，情节并不恶劣，则对丙应当报请最高人民法院核准死刑
   D. 丁在闹市区以开车乱撞的方式撞死1人，重伤3人，因以危险方法危害公共安全罪被判处死刑缓期二年执行，对丁可以同时决定限制减刑

2. 甲乘夜埋伏在路边，等待女青年乙经过时行奸淫之事。待乙经过时，甲将乙击昏，当甲正将乙拖至路边的树林时，突然一声枪响，甲被打死。原来丙和甲有仇，一直在寻找机会杀死甲，恰逢夜黑之际和甲相遇，丙认为机会难得，便将甲打死，但丙对甲欲行奸淫之事并不知情。则丙的行为构成（　　）。
   A. 正当防卫
   B. 紧急避险
   C. 故意杀人罪
   D. 防卫过当

3. 甲准备了一把枪以便找机会杀死仇人乙。某日，甲跟踪乙至公园僻静处，虽然甲发现乙身边有一男孩在玩耍，但甲报仇心切，便罔顾一切向乙开枪。枪响之后，男孩被打死。对男孩的死亡，甲所持的心理态度是（　　）。
   A. 直接故意
   B. 疏忽大意过失
   C. 间接故意
   D. 过于自信过失

4. 下列选项中，符合我国刑法关于假释规定的是（　　）。
   A. 对犯故意伤害（重伤）致人死亡的犯罪分子不得假释

B. 对被判处死缓的犯罪分子可以适用假释

C. 对犯绑架罪而被判处有期徒刑 12 年的犯罪分子不得假释

D. 对被判处有期徒刑的犯罪集团的首要分子不适用假释

5. 2000 年，甲犯诈骗罪，法定刑为 3 年以上 10 年以下有期徒刑；2006 年，甲又犯盗窃罪，法定刑为 3 年以下有期徒刑、拘役或者管制。则甲犯诈骗罪的追诉期限的届满期限为（   ）。

    A. 2010 年   B. 2015 年   C. 2016 年   D. 2021 年

6. 甲、乙二人经预谋后，将丙劫持至甲的暂住处后从丙身上劫走手机一部和现金 3 000 元，甲、乙还用刀、铁棍对丙实施毒打，并要求丙联系家人，让家人将 10 万元现金送至指定地点，否则将杀死丙。甲、乙二人的行为构成（   ）。

    A. 抢劫罪

    B. 抢劫罪和绑架罪，应择一重罪处罚

    C. 抢劫罪和绑架罪，应数罪并罚

    D. 抢劫罪和非法拘禁罪，应数罪并罚

7. 何某因炒股亏损而泄愤报复某证券交易所，向该证券交易所投递一封含有苏打粉的信件，信件中谎称该苏打粉为炭疽病毒。证券交易所查看信件后误以为该苏打粉为炭疽病毒而导致严重恐慌，其正常的工作秩序被严重扰乱。何某的行为构成（   ）。

    A. 投放危险物质罪

    B. 投放虚假危险物质罪

    C. 编造、故意传播虚假恐怖信息罪

    D. 以危险方法危害公共安全罪

8. 下列情形中，构成诈骗罪的是（   ）。

A. 甲冒用他人身份证办理入网手续并使用移动电话，使机主损失电信资费 1 万余元

B. 乙拾得刘某的信用卡并以刘某的名义使用该信用卡

C. 丙在签订合同后，携带对方当事人的 3 000 元定金逃匿

D. 丁利用计算机知识获取某公司上网账号和密码后将该账号和密码多次卖给他人，获利 1 万元

9. 下列犯罪分子中，应当认定为教唆犯的是（   ）。

A. 甲教唆不满 16 岁的秦某盗窃手提电脑一部

B. 乙教唆其表弟吸食毒品

C. 女子丙教唆其丈夫对女子范某实施奸淫

D. 丁煽动多人实施破坏国家统一的行为

10. 下列情形中，应当数罪并罚的是（   ）。

A. 甲因寻衅滋事致人死亡的

B. 乙因收受他人巨额贿赂而徇私枉法的

C. 丙用罂粟制造大量毒品后予以贩卖的

D. 丁从人贩子手中收买被拐卖的 1 名妇女后，强行与该妇女发生性关系的

11. 甲、乙以婚后感情不和为由诉讼离婚，法院判决二人不准离婚。2 年后，乙又向法院起诉离婚，乙提出的下列理由中，受诉法院应当采纳并可以据此判决甲、乙离婚的是（   ）。

    A. 甲有伪造夫妻共同债务的行为   B. 甲、乙分居满 1 年

    C. 甲拒不赡养老人   D. 甲有猥亵儿童的行为

12. 下列关于有限合伙企业中有限合伙人权利和义务的说法，正确的是（　　）。

A. 有限合伙人可以用货币、实物、知识产权、土地使用权和劳务出资

B. 有限合伙人有执行合伙企业事务的权利

C. 新入伙的有限合伙人对入伙前有限合伙企业的债务不承担责任

D. 有限合伙人未按协议约定缴纳出资的，应当补缴出资并向其他合伙人承担违约责任

13. 下列情形中，构成侵犯著作权的是（　　）。

A. 某出版社将已经发表的作品改成盲文出版

B. 某教师为教学需要，少量复制了某学者已经发表的学术论文，供教学使用

C. 某电视台未经某演员许可而录制其表演

D. 某图书出版社通知某专著作者并支付报酬后，对该专著予以再版

14. 甲出差入住乙宾馆，并于入住当晚到一公司洽谈业务。甲回到宾馆后发现照相机和现金1万元被盗。经查，乙宾馆在给甲入住的房间提供热水时忘记锁门，致使窃贼丙乘虚而入，将财物窃走。对于甲的损失（　　）。

A. 由乙宾馆和丙承担连带侵权责任

B. 由丙承担侵权责任，如果丙没有承担侵权责任，则乙宾馆承担相应的补充责任

C. 由乙宾馆和丙承担按份侵权责任

D. 由丙承担侵权责任，如果丙没有承担侵权责任，则乙宾馆承担侵权责任

15. A公司为其生产的绿茶饮料申请注册了"枫丹"商标，但在使用商标时没有在商标标识上加注"注册商标"字样或注册标记。下列行为中，没有侵犯A公司商标权的是（　　）。

A. 甲公司误认为该商标属于未注册商标，故在自己生产的绿茶饮料上也使用"枫丹"商标

B. 乙公司不知某公司假冒"枫丹"绿茶饮料而予以运输

C. 丙餐饮店将购买的A公司"枫丹"绿茶饮料倒入自制绿茶饮料桶，自制"白鹭"牌散装绿茶饮料出售

D. 丁公司明知某企业生产假冒"枫丹"绿茶饮料而向其出租仓库

16. 景某有甲、乙、丙、丁四子女。2019年1月，景某立有录像遗嘱，指定将其财产全部由甲继承，有其三位朋友在场见证。3月，景某又立公证遗嘱，指定乙继承其全部遗产。5月，景某病危之际在医院立口头遗嘱，指定其财产全部由丙继承，有护士三人在场见证。景某出院后立自书遗嘱，指定其财产全部由丁继承。2020年5月，景某去世。有权继承景某遗产的是（　　）。

A. 甲　　　　　B. 乙　　　　　C. 丙　　　　　D. 丁

17. 甲、乙为夫妻，共有一套房屋登记在甲名下。乙瞒着甲向丙借款100万元供个人使用，并将房屋抵押给丙。在签订抵押合同和办理抵押登记时乙冒用甲的名字签字。现甲主张借款和抵押均无效。对此，下列表述正确的是（　　）。

A. 抵押合同无效　　　　　　　　B. 借款合同无效

C. 甲对100万元借款应负连带还款义务　　D. 甲可向法院请求撤销丙的抵押权

18. 下列选项中，属于我国民法典规定的特别法人的是（　　）。

A. 捐助法人　　　　　　　　　　　B. 社会团体法人

C. 公司法人　　　　　　　　　　　D. 基层群众自治组织法人

19. 留置权人与债务人应当约定留置财产后的债务履行期限；没有约定或者约定不明确的，留置权人应当给债务人履行债务的宽限期限是（　　）。

A. 15 日　　　　　B. 30 日　　　　　C. 45 日　　　　　D. 60 日

20. 下列选项中，属于侵害肖像权的是（　　）。

A. 某酒吧以甲女相貌丑陋为由禁止入内

B. 乙将叶某祖先画像当作废品卖掉

C. 某医院在为丙女进行整容手术时因诊疗失误造成丙女面部走形

D. 丁将某知名影星的画像印在推销饮料的宣传册上

二、多项选择题（第 21～30 小题，每小题 2 分，共 20 分。下列每题给出的四个选项中，至少有两个选项是符合题目要求的。多选、少选或错选均不得分）

21. 下列犯罪行为中，甲的行为与乙的死亡结果之间存在刑法上的因果关系的是（　　）。

A. 甲将乙砍成重伤，乙认为香灰能够治愈刀伤，便在伤口上敷撒香灰，导致伤口感染而死亡

B. 甲女得知男友乙移情别恋，怨恨中送乙一双滚轴旱冰鞋，企盼其在运动时摔死。乙在穿此鞋运动时摔死

C. 甲出于杀人的故意而追杀乙，乙不得不跳入河中躲避，乙溺水死亡

D. 甲出于杀人的故意将乙打成重伤，乙在医院救治期间因突发火灾被烧死

22. 下列行为中，已满 14 周岁不满 16 周岁的人应当负刑事责任的有（　　）。

A. 寻衅滋事致人死亡的

B. 骗取病人财物致使病人自杀身亡的

C. 抢夺他人财物后为抗拒抓捕而当场使用暴力致抓捕人轻伤的

D. 对不满 14 周岁的幼女实施奸淫的

23. 下列选项中，属于法律认识错误的是（　　）。

A. 甲杀死了作恶多端的儿子，认为自己的行为是大义灭亲，不构成犯罪

B. 军人乙以窃取方法非法获取军事秘密，案发后乙认为自己的行为构成非法获取国家秘密罪

C. 丙（13 岁）将同班的学生打成重伤，丙认为自己的行为构成犯罪而离家出逃

D. 丁试图毒死仇人而向仇人的水杯中投毒，但误将白糖当作砒霜，其仇人并未死亡

24. 下列关于非法行医罪的定性，正确的是（　　）。

A. 非法行医必须达到情节严重才能认定为犯罪

B. 非法行医罪的犯罪主体是没有取得医生执业资格的人

C. 非法行医罪的主观方面表现为故意，并具有牟利的目的

D. 行为人以行医为名而诈骗他人钱财的，应以非法行医罪和诈骗罪实行数罪并罚

25. 某市甲肉食加工厂将 10 头病猪屠宰后进行销售，案发后，虽然并没有引起食物

中毒和其他严重后果，但还是在当地引起了社会反响，舆论的矛头也直接指向负有食品监督管理职责的该市生猪屠宰管理稽查队工作人员王某、钱某和张某。对王某、钱某和张某的处理，下列表述不正确的是（　　　）。

A. 王某、钱某和张某不负刑事责任

B. 对王某、钱某和张某应以食品监管渎职罪定罪处罚

C. 对王某、钱某和张某应以放纵制售伪劣商品犯罪行为罪定罪处罚

D. 对王某、钱某和张某应以玩忽职守罪定罪处罚

26. 下列情形中，可以引起诉讼时效中止的是（　　　）。

A. 不可抗力

B. 义务人同意履行义务

C. 继承开始后未确定继承人或者遗产管理人

D. 权利人被义务人或者其他人控制

27. 下列关于收养关系的成立和解除的判断，不正确的有（　　　）。

A. 甲（女，48 岁，单身）可以收养 1 名 15 岁的男孩

B. 乙（男，35 岁）可以收养其年满 10 岁的外甥女

C. 甲、乙成立收养关系后，收养人甲不得解除收养关系

D. 甲、乙成立收养关系后，养父甲与养子乙的关系恶化、无法共同生活的，可以协议解除收养关系

28. 甲公司从乙公司采购 10 袋菊花茶，约定："在乙公司交付菊花茶后，甲公司应付货款 10 万元。"丙公司提供担保函："若甲公司不依约付款，则由丙公司代为支付。"乙公司交付的菊花茶中有 2 袋经过硫黄熏蒸，无法饮用，价值 2 万元。乙公司请求甲公司付款未果，便要求丙公司付款 10 万元。对此，下列表述正确的是（　　　）。

A. 丙公司提供的保证为一般保证

B. 如果丙公司知情并向乙公司付款 10 万元，则丙公司只能向甲公司追偿 8 万元

C. 如果丙公司付款债务诉讼时效已过，丙公司仍向乙公司付款 8 万元，则丙公司不得向甲公司追偿

D. 如果丙公司放弃对乙公司享有的先诉抗辩权，仍向乙公司付款 8 万元，则丙公司不得向甲公司追偿

29. 甲公司在纸手帕等纸质产品上注册了"茉莉花"文字及图形商标。下列未经许可的行为构成侵权的有（　　　）。

A. 乙公司在其制造的纸手帕包装上突出使用"茉莉花"图形

B. 丙商场将假冒"茉莉花"牌纸手帕作为赠品进行促销活动

C. 丁公司长期制造茉莉花香型的纸手帕，并在包装上标注"茉莉花香型"

D. 戊公司购买甲公司的"茉莉花"纸手帕后，将"茉莉花"改为"山茶花"重新包装后销售

30. 甲向乙银行借款，以其住房作为抵押。之后，甲依法在该房屋上加盖了一层楼，并在住房所属院内盖了一个车库。乙银行享有优先受偿权的财产有（　　　）。

A. 住房　　　　　　B. 加盖的楼层　　　C. 车库　　　　　　　D. 建设用地使用权

三、简答题（第 31～34 小题，每小题 10 分，共 40 分）

31. 简述避险过当的构成特征及刑事责任。

32. 简述贪污贿赂罪的共同特征。

33. 简述债权的特征。

34. 简述侵犯肖像权的禁止行为。

四、论述题（第 35～36 小题，每小题 15 分，共 30 分）

35. 试论自首的成立条件。

36. 试论物权的效力。

五、案例分析题（第 37～38 小题，每小题 20 分，共 40 分）

37. 甲、乙二人相约去某个体户商店盗窃，并约定由乙望风，甲进入店内盗窃。甲在盗窃过程中，发现只有妇女丙一人在店内睡觉，于是就起意强奸丙。丙被惊醒，极力反抗，甲未能得逞。甲担心被丙以后认出自己，欲杀人灭口，就掏出随身携带的刀子，扎向丙胸部致其重伤昏迷，随后甲顺手拿走店内现金 1 万元和 10 条中华香烟。甲在店外分给乙香烟 5 条，二人准备离开之际，被联防队员丁发现，二人分开逃跑。丁追赶乙，乙见丁穷追不舍，就拿出随身携带的匕首进行威胁，后被赶来的警察抓获，而甲乘机得以逃脱。乙被抓后，如实交代了自己和甲的盗窃事实以及 1 年前抢劫 5 000 元的犯罪事实（后经查证属实），并告发甲在 2 年前有一起绑架行为，后经查证纯属捏造。

请根据上述事实回答以下问题，并说明理由：

（1）如何认定甲、乙二人实施的犯罪行为？

（2）甲、乙有哪些量刑情节？

38. "时尚家园"的开发商乙房地产公司，在其售楼广告中明确具体地说明了"时尚家园"的规划布局、各类型现房的建筑面积、每平方米价格及相关的配套设施等内容，并强调凡购买"时尚家园"内现房一套的业主，都可以同时获得停车位一个。由于其他的开发商都没有停车位提供，购房人甲遂与乙公司于 2011 年 3 月 8 日签订了购房合同。合同约定：从合同签订之日起一个月内，由乙公司办理房屋产权转移手续，甲支付 300 万元的购房款。但当甲 3 月 10 日准备入住时发现，所谓的车位根本不存在，涉及的停车位按照市规划局的要求已经成为一家大型超市，乙公司无法实现提供车位的承诺。甲便决定不再支付购房款，待乙公司提供车位后再行支付。4 月 1 日，乙公司办理好了有关的产权手续后，于 4 月 10 日发出通知，要求甲付款，付款期可以延长至 8 月 10 日。8 月 14 日，甲仍没有支付房款，乙公司遂向法院起诉，要求解除购房合同，而甲则以乙公司没有提供车位为由进行抗辩，并反诉要求乙公司提供车位并继续履行合同。

对于本案有不同处理意见，第一种意见认为，如果法院判决继续履行合同，乙公司将不得不关闭大型超市，整个规划格局将不得不作出重新调整，甚至会导致乙公司破产，这是乙公司所无法承受的，因此应当解除合同，但应赔偿甲所受损失。第二种意见认为，尽管继续履行合同会使乙公司关闭大型超市并调整规划布局，给乙公司造成重大损失，但甲仍有权要求乙公司赔偿损失并继续履行合同，如果提供车位致使履行费用过高的，可以通过赔偿损失的方式进行。

请根据上述案情回答下列问题：

（1）如何认定乙公司售房广告的性质？为什么？

（2）法院能否以合同存在欺诈为由撤销房屋买卖合同？为什么？

（3）关于本案的两种处理意见，您较为认同哪一种意见？请阐述理由。（只能选择一种观点）

（4）假如乙公司不提供车位构成根本违约的情形下，如果您是甲，您认为解除合同和撤销合同哪一个对您更为有利？请说明理由。

专业基础课模拟试题（三）答案解析

一、单项选择题

1. D

【解析】A项表述中，怀孕妇女因涉嫌犯罪在羁押期间流产，又因同一事实被起诉、交付审判的，应当视为"审判的时候怀孕的妇女"，不适用死刑。可见，A项表述错误。B项表述中，对于审判的时候已满75周岁的人，不适用死刑，但以特别残忍手段致人死亡的除外。乙审判时已满75周岁，可以适用死刑。可见，B项表述错误。《刑法》第50条第1款规定，判处死刑缓期执行的，在死刑缓期执行期间，如果没有故意犯罪，2年期满以后，减为无期徒刑；如果确有重大立功表现，2年期满以后，减为25年有期徒刑；如果故意犯罪，情节恶劣的，报请最高人民法院核准后执行死刑；对于故意犯罪未执行死刑的，死刑缓期执行的期间重新计算，并报最高人民法院备案。据此，C项表述中，按照有利于被告人处理的原则，先死缓期满减为25年，再与故意伤害罪实行数罪并罚（至于故意伤害行为"情节并不恶劣"不适用死刑的规定，不影响本题的判断）。可见，C项表述错误。《刑法》第50条第2款规定，对被判处死刑缓期执行的累犯以及因故意杀人、强奸、抢劫、绑架、放火、爆炸、投放危险物质或者有组织的暴力性犯罪被判处死刑缓期执行的犯罪分子，人民法院根据犯罪情节等情况可以同时决定对其限制减刑。据此，D项表述中，限制减刑的对象虽不包括以危险方法危害公共安全行为，但包括杀人行为，在实施以危险方法危害公共安全中杀人行为的，可以限制减刑。可见，D项表述正确，选D项。

2. C

【解析】正当防卫必须出于保护合法权利免受不法侵害的目的，而本题表述中，丙看似出于保护他人合法权利免受不法侵害的目的，但实际上丙对甲试图奸淫乙的事实并不知情，只不过在偶然机会将甲杀死，从而阻止了甲犯强奸罪的事实，因此，丙的行为实际上是偶然防卫，偶然防卫虽然表面上符合正当防卫的特征，但实际上并无防卫意图，不能成立正当防卫，更谈不上防卫过当。对丙应当按照故意杀人罪论处，故选C项，不选A、D项。丙的行为不构成紧急避险，因为丙在主观上缺乏使他人免受正在发生危险的目的，故不选B项。

3．C

【解析】甲为了杀死自己的仇人乙，而放任另一危害结果——乙身边的男孩被枪击而死，可见，甲对男孩被打死的心理态度是间接故意，故选 C 项。

4．C

【解析】《刑法》第 81 条第 2 款规定，对累犯以及因故意杀人、强奸、抢劫、绑架、放火、爆炸、投放危险物质或者有组织的暴力性犯罪被判处 10 年以上有期徒刑、无期徒刑的犯罪分子，不得假释。据此，对犯故意伤害罪的犯罪分子，符合假释条件的，可以假释，故不选 A 项。《刑法》第 81 条第 1 款规定，被判处有期徒刑的犯罪分子，执行原判刑期 1/2 以上，被判处无期徒刑的犯罪分子，实际执行 13 年以上，如果认真遵守监规，接受教育改造，确有悔改表现，没有再犯罪的危险的，可以假释。如果有特殊情况，经最高人民法院核准，可以不受上述执行刑期的限制。据此，假释仅适用于被判处有期徒刑、无期徒刑的犯罪分子，而不适用于死缓犯，对于死缓犯，只有将死缓减为无期徒刑或者有期徒刑后，具备适用假释条件的，才可以假释，故不选 B 项。根据《刑法》第 81 条第 2 款规定，选 C 项。对被判处有期徒刑的犯罪集团的首要分子，符合假释条件的，可以适用假释，故不选 D 项。

5．D

【解析】《刑法》第 87 条规定，犯罪经过下列期限不再追诉：（1）法定最高刑为不满 5 年有期徒刑的，经过 5 年；（2）法定最高刑为 5 年以上不满 10 年有期徒刑的，经过 10 年；（3）法定最高刑为 10 年以上有期徒刑的，经过 15 年；（4）法定最高刑为无期徒刑、死刑的，经过 20 年。如果 20 年以后认为必须追诉的，须报请最高人民检察院核准。《刑法》第 99 条规定，本法所称以上、以下、以内，包括本数。根据上述规定，甲犯诈骗罪的法定最高刑是 10 年有期徒刑，因此追诉期限为 15 年，而非 10 年。《刑法》第 89 条第 2 款规定，在追诉期限以内又犯罪的，前罪追诉的期限从犯后罪之日起计算。据此，甲犯诈骗罪的追诉期限从 2006 年起算。甲的追诉期限为 15 年，故选 D 项。

6．B

【解析】2001 年《最高人民法院关于对在绑架过程中以暴力、胁迫等手段当场劫取被害人财物的行为如何适用法律问题的答复》明确指出，行为人在绑架过程中，又以暴力、胁迫等手段当场劫取被害人财物，构成犯罪的，择一重罪处罚。据此，选 B 项。

7．B

【解析】《刑法》第 291 条之一第 1 款规定，投放虚假的爆炸性、毒害性、放射性、传染病病原体等物质，严重扰乱社会秩序的，构成投放虚假危险物质罪。据此，本题表述中，何某为泄愤报复而谎称信件中的苏打粉为炭疽病毒，严重扰乱了证券交易所的工作秩序，其行为构成投放虚假危险物质罪，选 B 项。投放危险物质罪和投放虚假危险物质罪的关键区别是：投放危险物质罪行为人所投放的物质为真实的危险物质，而投放虚假危险物质罪所投放的物质为虚假的危险物质。可见，本题表述中，何某的行为不构成投放危险物质罪，因为何某所寄信件中并不含有炭疽病毒，故不选 A 项。本题表述中，何某投放的是虚假危险物质，而并非编造、散布虚假恐怖信息，因此何某的行为不构成编造、故意传播虚假恐怖信息罪，不选 C 项。以危险方法危害公共安全罪在认定上存在限制，即只有行为人实施危害公共安全的行为所采用的危险方法与放火、决水、爆炸以及投放毒害性、放射性、传染病病原体等物质的危险性相当且行为的社会危害性达到相当严重的程度，才能以以危险方法危害公共安全罪定罪。本题表述中，何某实施的行为明显与以危险方法危害公共安全罪中所采用的危险方法不相当，故不应认定为以危险方法危害公共安全罪，不选 D 项。

8. A

【解析】《最高人民法院关于审理扰乱电信市场管理秩序案件具体应用法律若干问题的解释》第 9 条规定，以虚假、冒用的身份证件办理入网手续并使用移动电话，造成电信资费损失数额较大的，依照诈骗罪定罪处罚。据此，选 A 项。《刑法》第 196 条第 1 款规定，有下列情形之一，进行信用卡诈骗活动，数额较大的，构成信用卡诈骗罪：（1）使用伪造的信用卡，或者使用以虚假的身份证明骗领的信用卡的；（2）使用作废的信用卡的；（3）冒用他人信用卡的；（4）恶意透支的。据此，B 项表述中，乙拾得刘某的信用卡并以刘某的名义使用属于"冒用他人信用卡"，构成信用卡诈骗罪，而不是诈骗罪，故不选 B 项。《刑法》第 224 条规定，有下列情形之一，以非法占有为目的，在签订、履行合同过程中，骗取对方当事人财物，数额较大的，构成合同诈骗罪：（1）以虚构的单位或者冒用他人名义签订合同的；（2）以伪造、变造、作废的票据或者其他虚假的产权证明作担保的；（3）没有实际履行能力，以先履行小额合同或者部分履行合同的方法，诱骗对方当事人继续签订和履行合同的；（4）收受对方当事人给付的货物、货款、预付款或者担保财产后逃匿的；（5）以其他方法骗取对方当事人财物的。据此规定第 4 项，C 项表述中，丙的行为构成合同诈骗罪，而不是诈骗罪，故不选 C 项。《最高人民法院关于审理扰乱电信市场管理秩序案件具体应用法律若干问题的解释》第 8 条规定，盗用他人公共信息网络上网账号、密码上网，造成他人电信资费损失数额较大的，依照盗窃罪定罪处罚。据此，D 项表述中，丁的行为构成盗窃罪，而不是诈骗罪，故不选 D 项。

9. C

【解析】A 项表述中，秦某不满 16 周岁，对盗窃行为不负刑事责任，因此甲与秦某不构成共同犯罪，也无所谓教唆犯，甲实际上是间接正犯。可见，不选 A 项。B 项表述中，乙教唆其表弟吸食毒品，构成教唆他人吸毒罪，乙不成立教唆犯。在刑法明确规定某教唆行为独立构成犯罪的情形下，对教唆人不定教唆犯，此为"教唆行为实行化"。可见，不选 B 项。C 项表述中，女子丙教唆其丈夫奸淫女子范某，构成强奸罪的教唆犯，故选 C 项。D 项表述中，丁煽动多人实施破坏国家统一的行为，丁独立构成煽动分裂国家罪，不构成教唆犯。可见，不选 D 项。

10. D

【解析】因寻衅滋事致人轻伤的，仍定寻衅滋事罪，因寻衅滋事致人重伤、死亡的，以故意伤害罪、故意杀人罪论处。可见，A 项表述只定故意杀人罪一罪，故不选 A 项。《刑法》第 399 条规定，司法工作人员贪赃枉法，有徇私枉法和民事、行政枉法裁判行为，同时又构成受贿罪的，依照处罚较重的规定定罪处罚。据此，B 项表述的情形构成一罪，故不选 B 项。C 项表述的情形构成制造毒品罪，至于丙制造完毒品后又贩卖的，只定制造、贩卖毒品罪一罪，故不选 C 项。《刑法》第 241 条第 2 款规定，收买被拐卖的妇女，强行与其发生性关系的，依照强奸罪定罪处罚。第 4 款规定，收买被拐卖的妇女、儿童，并有强奸、伤害、侮辱行为的，依照数罪并罚的规定处罚。可见，D项表述的情形构成收买被拐卖的妇女罪和强奸罪，应当数罪并罚，故选D项。

11．B

【解析】《民法典》第1079条第3、5款规定，有下列情形之一，调解无效的，应当准予离婚：（1）重婚或者与他人同居；（2）实施家庭暴力或者虐待、遗弃家庭成员；（3）有赌博、吸毒等恶习屡教不改；（4）因感情不和分居满2年；（5）其他导致夫妻感情破裂的情形。经人民法院判决不准离婚后，双方又分居满1年，一方再次提起离婚诉讼的，应当准予离婚。据此，甲、乙经人民法院判决不准离婚后，双方又分居满1年，一方再次提起离婚诉讼的，应当准予离婚。可见，选B项。

12．D

【解析】《合伙企业法》第64条规定，有限合伙人可以用货币、实物、知识产权、土地使用权或者其他财产权利作价出资。有限合伙人不得以劳务出资。据此，A项表述错误。《合伙企业法》第67条规定，有限合伙企业由普通合伙人执行合伙事务。执行事务合伙人可以要求在合伙协议中确定执行事务的报酬及报酬提取方式。据此，B项表述错误。《合伙企业法》第77条规定，新入伙的有限合伙人对入伙前有限合伙企业的债务，以其认缴的出资额为限承担责任。据此，C项表述错误。《合伙企业法》第65条规定，有限合伙人应当按照合伙协议的约定按期足额缴纳出资；未按期足额缴纳的，应当承担补缴义务，并对其他合伙人承担违约责任。据此，D项表述正确。

13．C

【解析】《著作权法》第22条规定了著作权合理使用制度，对于符合著作权合理使用情形的，不构成侵权。其中第1款第12项规定，将已经发表的作品改成盲文出版的，构成合理使用。据此，不选A项。第6项规定，为学校课堂教学或者科学研究，翻译或者少量复制已经发表的作品，供教学或者科研人员使用的，构成合理使用，但不得出版发行。据此，不选B项。《著作权法》第47条第10项规定，未经表演者许可，从现场直播或者公开传送其现场表演，或者录制其表演的，构成著作权侵权行为。据此，选C项。《著作权法》第32条第3款规定，图书出版者重印、再版作品的，应当通知著作权人，并支付报酬。图书脱销后，图书出版者拒绝重印、再版的，著作权人有权终止合同。据此，D项表述不构成著作权侵权，故不选D项。

14．B

【解析】《民法典》第1198条规定，宾馆、商场、银行、车站、机场、体育场馆、娱乐场所等经营场所、公共场所的经营者、管理者或者群众性活动的组织者，未尽到安全保障义务，造成他人损害的，应当承担侵权责任。因第三人的行为造成他人损害的，由第三人承担侵权责任；经营者、管理者或者组织者未尽到安全保障义务的，承担相应的补充责任。经营者、管理者或者组织者承担补充责任后，可以向第三人追偿。据此，窃贼丙作为直接侵权人，应当承担侵权责任；乙宾馆因过错致使甲的财物被窃贼偷走，应当承担违反安全保障义务的侵权责任。可见，B项表述符合题意，选B项。

15．B

【解析】《商标法》第3条第1款规定，经商标局核准注册的商标为注册商标，包括商品商标、服务商标和集体商标、证明商标；商标注册人享有商标专用权，受法律保护。第9条规定，申请注册的商标，应当有显著特征，便于识别，并不得与他人在先取得的合法权利相冲突。商标注册人有权标明"注册商标"或者注册标记。据此，在商品上标注"注册商标"是商标专用权人的权利而非义务，不影响其商标专用权受到法律保护。《商标法》第57条规定，有下列行为之一的，均属侵犯注册商标专用权：（1）未经商标注册人的许可，在同一种商品上使用与其注册商标相同的商标的；（2）未经商标注册人的许可，在同一种商品上使用与其注册商标近似的商标，或者在类似商品上使用与其注册商标相同或者近似的商标，容易导致混淆的；（3）销售侵犯注册商标专用权的商品的；（4）伪造、擅自制造他人注册商标标识或者销售伪造、擅自制造的注册商标标识的；（5）未经商标注册人同意，更换其注册商标并将该更换商标的商品又投入市场的；（6）故意为侵犯他人商标专用权行为提供便利条件，帮助他人实施侵犯商标专用权行为的；（7）给他人的注册商标专用权造成其他损害的。A项表述中，甲公司在自己生产的绿茶饮料产品上使用"枫丹"商标，属于《商标法》第57条第（1）项规定的情形，无论是否知道该商标已经注册，均构成侵权，不当选。根据《商标法》第57条第（6）项规定，为侵权行为提供便利或者帮助构成侵犯商标专用权的，需要主观上存在"故意"为前提。B项表述中，乙公司不知某公司假冒"枫丹"绿茶饮料而予以运输，虽为侵权行为提供了帮助和便利，但因欠缺主观故意，不构成侵权。可见，选B项。而D项表述中，丁公司明知某企业生产假冒"枫丹"绿茶饮料而向其出租仓库，构成侵权，不选D项。C项表述中，丙餐饮店将购买的A公司"枫丹"绿茶饮料倒入自制绿茶饮料桶，自制"白鹭"牌散装饮料出售，属于《商标法》第57条第（5）项规定的"反向假冒"行为，构成侵权，不选C项。

16. D

【解析】《民法典》第1137条规定，以录音录像形式立的遗嘱，应当有两个以上见证人在场见证。遗嘱人和见证人应当在录音录像中记录其姓名或者肖像，以及年、月、日。据此，录像遗嘱合法有效。《民法典》第1139条规定，公证遗嘱由遗嘱人经公证机构办理。据此，公证遗嘱合法有效。《民法典》第1138条规定，遗嘱人在危急情况下，可以立口头遗嘱。口头遗嘱应当有两个以上见证人在场见证。危急情况消除后，遗嘱人能够以书面或者录音录像形式立遗嘱的，所立的口头遗嘱无效。据此，景某在病危之际所立口头遗嘱有效；但是，危急情况解除后，其所立的口头遗嘱无效。《民法典》第1134条规定，自书遗嘱由遗嘱人亲笔书写，签名，注明年、月、日。据此，自书遗嘱有效。《民法典》第1142条规定，遗嘱人可以撤回、变更自己所立的遗嘱。立遗嘱后，遗嘱人实施与遗嘱内容相反的民事法律行为的，视为对遗嘱相关内容的撤回。立有数份遗嘱，内容相抵触的，以最后的遗嘱为准。据此，景某先后立录像遗嘱、公证遗嘱、口头遗嘱和自书遗嘱，其中口头遗嘱已经归于无效，而自书遗嘱为最后所立遗嘱，所以，应当以最后所立的自书遗嘱为准。因此，景某的遗产应由丁全部继承，选D项。

17. D

【解析】《民法典》第143条规定，具备下列条件的民事法律行为有效：（1）行为人具有相应的民事行为能力；（2）意思表示真实；（3）不违反法律、行政法规的强制性规定，不违背公序良俗。据此，乙与丙签订的借款合同为其真实意思表示，且不违反法律、行政法规的强制性规定，应当认定为有效。可见，B 项表述错误。《民法典》第 301 条规定，处分共有的不动产或者动产以及对共有的不动产或者动产作重大修缮、变更性质或者用途的，应当经占份额 2/3 以上的按份共有人或者全体共同共有人同意，但是共有人之间另有约定的除外。据此，涉案房屋属于夫妻共同财产，以该房屋设定抵押的行为属于处分行为，需要经过夫妻双方一致同意。乙擅自将该房屋设定抵押权，构成无权处分。《民法典》第 597 条第 1 款规定，因出卖人未取得处分权致使标的物所有权不能转移的，买受人可以解除合同并请求出卖人承担违约责任。据此可推知，无权处分的抵押合同是有效合同。可见，A 项表述错误。《民法典》第 1064 条规定，夫妻双方共同签名或者夫妻一方事后追认等共同意思表示所负的债务，以及夫妻一方在婚姻关系存续期间以个人名义为家庭日常生活需要所负的债务，属于夫妻共同债务。夫妻一方在婚姻关系存续期间以个人名义超出家庭日常生活需要所负的债务，不属于夫妻共同债务；但是，债权人能够证明该债务用于夫妻共同生活、共同生产经营或者基于夫妻双方共同意思表示的除外。据此，乙以个人名义向丙借款 100 万元，但乙将借款用于个人使用，而不是夫妻共同生活或者家庭生活，因此应当认定为乙个人所欠债务，甲无须对该 100 万元债务承担连带责任。可见，C 项表述错误。因抵押登记为乙冒用甲的名义所为，签字均为伪造，甲有权请求撤销该抵押登记。可见，D 项表述正确，选 D 项。

18. D

【解析】我国民法典将法人分为营利法人、非营利法人和特别法人。营利法人包括有限责任公司、股份有限公司和其他企业法人等。非营利法人包括事业单位、社会团体、基金会、社会服务机构等。特别法人包括机关法人、农村集体经济组织法人、城镇农村的合作经济组织法人、基层群众性自治组织法人。可见，选 D 项。

19. D

【解析】《民法典》第 453 条规定，留置权人与债务人应当约定留置财产后的债务履行期限；没有约定或者约定不明确的，留置权人应当给债务人 60 日以上履行债务的期限，但是鲜活易腐等不易保管的动产除外。债务人逾期未履行的，留置权人可以与债务人协议以留置财产折价，也可以就拍卖、变卖留置财产所得的价款优先受偿。留置财产折价或者变卖的，应当参照市场价格。据此，选 D 项。

20. D

【解析】《民法典》第 1019 条规定，任何组织或者个人不得以丑化、污损，或者利用信息技术手段伪造等方式侵害他人的肖像权。未经肖像权人同意，不得制作、使用、公开肖像权人的肖像，但是法律另有规定的除外。未经肖像权人同意，肖像作品权利人不得以发表、复制、发行、出租、展览等方式使用或者公开肖像权人的肖像。据此，D 项表述中，丁未经某知名影星同意，将该影星的画像印在宣传册上推销饮料，实质是未经肖像权人同意使用、公开其肖像的侵权行为。可见，丁的行为侵犯了影星的肖像权，选 D 项。《民法典》第 1018 条第 2 款规定，肖像是通过影像、雕塑、绘画等方式在一定载体上所反映的特定自然人可以被识别的外部形象。据此，肖像须通过载体再现，否则不能称之为肖像，A 项表述不存在通过载体再现肖像的情形，因而不构成肖像侵权，不选 A 项。B 项表述中，乙将叶某祖先画像当作废品卖掉，这充其量构成对死者人格利益的侵犯，而不能认定为侵犯肖像权，故不选 B 项。C 项表述中也不存在通过载体再现肖像的情形，不构成对丙女肖像权的侵犯，但是侵犯了丙女的健康权，故不选 C 项。

二、多项选择题

21. AC

【解析】介入因素会导致因果关系中断，但这种介入并非被害人本人行为的介入，如果属于被害人本人行为的介入导致重伤或者死亡，应当认定为危害行为与危害结果之间存在因果关系，选 A、C 项。危害行为与危害结果之间的因果关系中的危害行为必须是实行行为，即必须是刑法分则所规定的符合构成要件的行为。B 项表述中，甲女送给乙男一双滚轴旱冰鞋，这并不是刑法分则所描述的故意杀人罪的实行行为，不能认定为行为与结果之间存在因果关系，不选 B 项。D 项表述中，乙被烧死是由于医院火灾这一介入因素所致，导致因果关系阻断，因而不能认定为具有因果关系，不选 D 项。

22. AD

【解析】《刑法》第 17 条第 2 款规定，已满 14 周岁不满 16 周岁的人，犯故意杀人、故意伤害致人重伤或者死亡、强奸、抢劫、贩卖毒品、放火、爆炸、投放危险物质罪的，应当负刑事责任。据此，D 项表述的情形构成强奸罪，选 D 项。B 项表述的情形属于诈骗，而已满 14 周岁不满 16 周岁的人对诈骗罪不负刑事责任，故不选 B 项。因寻衅滋事致人重伤或死亡的，系转化犯，寻衅滋事罪转化为故意伤害罪、故意杀人罪。可见，选 A 项。《最高人民法院关于审理未成年人刑事案件具体应用法律若干问题的解释》第 10 条第 1 款规定，已满 14 周岁不满 16 周岁的人盗窃、诈骗、抢夺他人财物，为窝藏赃物、抗拒抓捕或者毁灭罪证，当场使用暴力，故意伤害致人重伤或者死亡，或者故意杀人的，应当分别以故意伤害罪或者故意杀人罪定罪处罚。据此，如果已满 14 周岁不满 16 周岁的人实施抢夺行为致人重伤的，抢夺行为不转化为抢劫罪，而定故意伤害罪。C 项表述中，行为人抢夺过程中抗拒抓捕，但致人轻伤，而非重伤，则行为人既对抢夺行为不负刑事责任，也不构成故意伤害罪，因而也就没有承担刑事责任的问题。可见，不选 C 项。

23. ABC

【解析】刑法上的认识错误包括法律上的认识错误和事实上的认识错误。法律上的认识错误包括假想犯罪、假想非罪和行为人对自己犯罪行为的罪名和罪行轻重发生误解三种情形。A 项表述中，甲的行为构成故意杀人罪，但甲误以为不构成犯罪，这属于假想非罪，选 A 项。B 项表述中，军人乙构成非法获取军事秘密罪，但乙误以为构成非法获取国家秘密罪，这属于行为人对罪名发生误解，选 B 项。C 项表述中，丙处于不负刑事责任年龄阶段，但丙误以为自己的伤害行为构成犯罪，这属于假想犯罪，选 C 项。D 项表述属于事实认识错误中的手段认识错误，而不是法律认识错误，在犯罪形态上属于工具不能犯未遂，故不选 D 项。

24. ABC

【解析】非法行医罪属于情节犯，即只有行为人的行为达到"情节严重"的，才构成犯罪。可见，A 项表述正确。非法行医罪的犯罪主体是一般主体，但限于没有取得医生执业资格的人，这是非法行医罪和医疗事故罪在犯罪主体方面的差别。可见，B 项表述正确。非法行医罪的主观方面表现为故意，并具有牟利的目的，但行为人对非法行医所造成的危害结果则出于过失。可见，C项表述正确。行为人以行医为名诈骗他人钱财的，应以诈骗罪定罪处罚。可见，D项表述错误。

25．BCD

【解析】食品监管渎职罪必须以"导致重大食品安全事故或者发生严重后果"为必要构成要件，而本案并未发生重大食品安全事故，也不存在其他严重后果，因此对王某、钱某和张某不能以食品监管渎职罪定罪处罚，故选B项。对于放纵制售伪劣商品犯罪行为罪，只有在行为人徇私舞弊，不履行法律规定的追究职责，情节严重的，才能以本罪论处，因此对王某、钱某和张某不能以放纵制售伪劣商品犯罪行为罪定罪处罚，故选C项。从本题表述的情形看，如果王某、钱某和张某严重不负责任，不履行或不认真履行职责导致病猪肉流入市场，则可能存在玩忽职守的情形，但玩忽职守罪必须以"给公共财产、国家和人民利益造成重大损失"为构成要件，而本案表述中，虽然病猪肉流入市场，但并未造成重大损失，因而对王某、钱某和张某不能以玩忽职守罪定罪处罚，故选D项。本案中，王某、钱某和张某不应负刑事责任，故不选A项。

26．ACD

【解析】《民法典》第194条第1款规定，在诉讼时效期间的最后6个月内，因下列障碍，不能行使请求权的，诉讼时效中止：（1）不可抗力；（2）无民事行为能力人或者限制民事行为能力人没有法定代理人，或者法定代理人死亡、丧失民事行为能力、丧失代理权；（3）继承开始后未确定继承人或者遗产管理人；（4）权利人被义务人或者其他人控制；（5）其他导致权利人不能行使请求权的障碍。据此，选A、C、D项。B项表述引起诉讼时效中断。

27．ACD

【解析】《民法典》第1102条规定，无配偶者收养异性子女的，收养人与被收养人的年龄应当相差40周岁以上。据此，甲与其收养的15岁的男孩相差33岁，不符合收养条件，故A项表述错误，选A项。《民法典》第1099条第1款规定，收养三代以内旁系同辈血亲的子女，可以不受本法第1093条第3项（生父母有特殊困难无力抚养的子女可以被收养）、第1094条第3项（有特殊困难无力抚养子女的生父母可以作送养人）和第1102条（无配偶者收养异性子女的，收养人与被收养人的年龄应当相差40周岁以上）规定的限制。据此，B项表述符合收养条件，故不选B项。《民法典》第1114条第1款规定，收养人在被收养人成年以前，不得解除收养关系，但是收养人、送养人双方协议解除的除外。养子女8周岁以上的，应当征得本人同意。据此，收养人在被收养人"成年"以前不得解除收养关系，故C项表述错误，选C项。《民法典》第1115条规定，养父母与成年养子女关系恶化、无法共同生活的，可以协议解除收养关系。不能达成协议的，可以向人民法院提起诉讼。据此，只有养父母与"成年"养子女关系恶化、无法共同生活的，才可以协议解除收养关系，故D项表述错误，选D项。

28．ABC

【解析】《民法典》第687条规定，当事人在保证合同中约定，债务人不能履行债务时，由保证人承担保证责任的，为一般保证。一般保证的保证人在主合同纠纷未经审判或者仲裁，并就债务人财产依法强制执行仍不能履行债务前，有权拒绝向债权人承担保证责任，但是有下列情形之一的除外：（1）债务人下落不明，且无财产可供执行；（2）人民法院已经受理债务人破产案件；（3）债权人有证据证明债务人的财产不足以履行全部债务或者丧失履行债务能力；（4）保证人书面表示放弃本款规定的权利。据此，丙公司提供的保证为一般保证，丙公司享有先诉抗辩权。可见，A项表述正确，选A项。《民法典》第526条规定，当事人互负债务，有先后履行顺序，应当先履行债务一方未履行的，后履行一方有权拒绝其履行请求。先履行一方履行债务不符合约定的，后履行一方有权拒绝其相应的履行请求。据此，本案中，因先履行一方乙公司交付的菊花茶中有2袋（价值为2万元）存在质量瑕疵，为不完全履行，后履行一方甲公司有权在不完全履行范围内（2万元）行使先履行抗辩权而拒绝支付货款。相应地，其应付价款（主债权）为8万元。《民法典》第700条规定，保证人承担保证责任后，除当事人另有约定外，有权在其承担保证责任的范围内向债务人追偿，享有债权人对债务人的权利，但是不得损害债权人的利益。据此，丙公司在知情的情况下未行使先履行抗辩权而向乙公司付款10万元的，只能向甲公司追偿8万元；倘若按照10万元追偿，必然损害债权人的利益，这为《民法典》第700条规定所不许。可见，B项表述正确，选B项。《民法典》第701条规定，保证人可以主张债务人对债权人的抗辩。债务人放弃抗辩的，保证人仍有权向债权人主张抗辩。本条规定的抗辩权包括诉讼时效抗辩权。不过，参照相关司法解释规定，保证人应当积极主张对债务人的抗辩权，否则保证人将在相应范围内丧失对债务人的追偿权。本案中，若主债务诉讼时效已过，丙公司仍然向乙公司履行的，这意味着丙公司放弃了诉讼时效经过的抗辩权，则丙公司不得向甲公司追偿。可见，C项表述正确，选C项。先诉抗辩权为一般保证人享有的抗辩权，一般保证人既可以行使先诉抗辩权，也可以放弃。一般保证人选择放弃先诉抗辩权的，对债务人并无影响，其追偿权也不受影响。可见，D项表述错误，不选D项。

29. ABD

【解析】《商标法》第57条规定，有下列行为之一的，均属侵犯注册商标专用权：（1）未经商标注册人的许可，在同一种商品上使用与其注册商标相同的商标的；（2）未经商标注册人的许可，在同一种商品上使用与其注册商标近似的商标，或者在类似商品上使用与其注册商标相同或者近似的商标，容易导致混淆的；（3）销售侵犯注册商标专用权的商品的；（4）伪造、擅自制造他人注册商标标识或者销售伪造、擅自制造的注册商标标识的；（5）未经商标注册人同意，更换其注册商标并将该更换商标的商品又投入市场的；（6）故意为侵犯他人商标专用权行为提供便利条件，帮助他人实施侵犯商标专用权行为的；（7）给他人的注册商标专用权造成其他损害的。根据上述规定第1项，A项表述构成商标侵权，选A项。根据上述规定第4项，B项表述构成商标侵权，选B项。根据上述规定第5项，D项表述构成商标侵权，选D项。C项表述不构成商标侵权，因为"茉莉花香型"和"茉莉花"并非同一含义，反映的产品性能也有差异，故不选C项。

30. ABD

【解析】《民法典》第356条规定，建设用地使用权转让、互换、出资或者赠与的，附着于该土地上的建筑物、构筑物及其附属设施一并处分。《民法典》第357条规定，建筑物、构筑物及其附属设施转让、互换、出资或者赠与的，该建筑物、构筑物及其附属设施占用范围内的建设用地使用权一并处分。这两条规定体现了我国民法典坚持的"房屋所有权主体与房屋占用范围内的土地使用权的主体一致"的原则，亦即"房随地走，地随房走"。与此规定相呼应，《民法典》还规定了建筑物与建筑物占用范围内的土地使用权一并抵押。《民法典》第397条规定，以建筑物抵押的，该建筑物占用范围内的建设用地使用权一并抵押。以建设用地使用权抵押的，该土地上的建筑物一并抵押。抵押人未依据前款规定一并抵押的，未抵押的财产视为一并抵押。据此，选A、B、D项。之所以选B项，就是因为加盖的楼层虽然属于新增建筑物，但是属于附合物，抵押权的效力及于附合物，因此选B项。《民法典》第417条规定，建设用地使用权抵押后，该土地上新增的建筑物不属于抵押财产。该建设用地使用权实现抵押权时，应当将该土地上新增的建筑物与建设用地使用权一并处分。但是，新增建筑物所得的价款，抵押权人无权优先受偿。据此，车库属于新增建筑物，不属于抵押财产，乙银行对车库不享有优先受偿权。可见，不选C项。

三、简答题

31.（1）避险过当是指避险行为超过必要限度造成不应有的危害的行为。（2分）避险过当的构成特征有：①在客观上造成了不应有的损害，即避险行为造成的损害大于或等于所保全的利益。②主观上对造成的不应有损害存在过失，应受到责备。（4分）

（2）避险过当的刑事责任包括两个方面：①避险过当的量刑。避险过当超过必要限度造成不应有损害的，应当负刑事责任，但是应当酌情减轻或者免除处罚。②避险过当的定罪。避险过当不是独立的罪名，避险过当意味着不能排除行为人对造成的不应有损害的非法性，在追究刑事责任时应当根据具体情况确定触犯的罪名，依法减轻或者免除处罚。（4分）

32. 贪污贿赂罪是指国家工作人员（行贿类的犯罪除外）利用职务上的便利，非法占有、使用公共财物，索取、收受贿赂或者取得其他非法利益，破坏职务廉洁性的行为。（2分）

贪污贿赂罪具有如下共同特征：

（1）侵犯客体是公务活动的廉洁性。（2分）

（2）客观方面表现为实施贪污、挪用公款、受贿等行为。（2分）

（3）犯罪主体为特殊主体，多为国家工作人员，但少数犯罪由一般主体构成。（2分）

（4）主观方面表现为故意。（2分）

33.（1）债权为请求权。债权是债权人得请求债务人为特定行为的权利，在债务人作出给付前，债权人不能直接支配债务人应给付的标的物，也不能以支配债务人的人身来强制债务人作出给付，只能请求债务人履行债务来实现利益。（2分）

（2）债权为相对权。债权人只能向债务人主张权利，请求债务人履行债务，除法律有明确规定外，即使因第三人的原因致使债权不能实现，债权人也只能以债之关系为基础向债务人主张权利。（2分）

（3）债权具有任意性。当事人在不违反强行法规定的情况下可以任意设定债的关系，法律并不加以限制；即使是法定之债，当事人也可以通过协商确定债的内容。（2分）

（4）债权具有非排他性。债权人仅能够向债务人提出给付的请求，不能对债务人应交付的标的物或者债务人的行为予以直接支配，而且，以同一给付为标的而成立的数个内容相同的债权相互之间不发生权利上的冲突，尽管此种情形下可能只有一个债权最终得以实现，但其他债权仍然有效，债权人可以债务不履行为由向债务人主张违约责任。（2分）

（5）债权具有平等性。对于同一债务人先后成立的数个债权，效力一律平等。在该债务人陷入破产时，数个债权人则根据债权数额的比例接受清偿。（2分）

34.（1）任何组织或者个人不得以丑化、污损，或者利用信息技术手段伪造等方式侵害他人的肖像权。未经肖像权人同意，不得制作、使用、公开肖像权人的肖像，但是法律另有规定的除外。（6分）

（2）未经肖像权人同意，肖像作品权利人不得以发表、复制、发行、出租、展览等方式使用或者公开肖像权人的肖像。（4分）

四、论述题

35.（1）自首是指犯罪分子犯罪以后自动投案，如实供述自己的罪行的行为，或者被采取强制措施的犯罪嫌疑人、被告人和正在服刑的罪犯，如实供述司法机关还未掌握的本人其他罪行的行为。自首有一般自首和特别自首之分。（1分）

（2）一般自首应当具备如下条件：①自动投案。自动投案是认定自首的前提条件。自动投案即在犯罪事实或者犯罪嫌疑人未被司法机关发觉，或者虽被发觉，但犯罪嫌疑人尚未受到讯问、未被采取强制措施时，主动、直接向公安机关、人民检察院或者人民法院投案。认定自动投案，应当具备如下条件：第一，投案行为必须发生在犯罪人尚未归案之前，这是对自动投案时间限定。第二，自动投案一般应是基于犯罪分子本人的意志，自动投案并不违背其本人的意愿。第三，最终必须自愿置于司法机关控制之下，等待进一步交代犯罪事实。此为自动投案成立的必要条件，也是如实供述自己的罪行，成立自首的前提。（5分）②如实供述自己的罪行。如实供述自己的罪行即供述自己实施并应由本人承担刑事责任的罪行。只有如实供述自己的罪行，才足以证明其自首的诚意，也才能作为司法机关追诉其所犯罪行并予以从宽处理的客观依据。因此，如实供述自己的罪行是自首成立的核心条件。（3分）

（3）特别自首应当具备如下条件：①成立特别自首的主体必须是被采取强制措施的犯罪嫌疑人、被告人和正在服刑的罪犯。其中，强制措施是指我国刑事诉讼法规定的强制措施；正在服刑的罪犯是指已经人民法院判决，正在执行所判刑罚的罪犯。上述三种人以外的犯罪分子，不能成立特别自首。（3分）②必须如实供述司法机关还未掌握的本人其他罪行。这是成立特别自首的关键性条件。对此：首先，所供述的罪行必须是本人实施的罪行；其次，必须是司法机关还没有掌握的罪行，即司法机关不了解、未掌握的，与被采取强制措施、服刑所涉及的罪行，在性质上或者罪名上不同的一定罪行。（3分）

36.（1）物权的效力是指物权产生之后，为实现其内容，法律上所赋予的法律效果及其权能。物权具有追及力、优先效力和排他效力。（1分）

（2）物权的优先效力。物权的优先效力包括两个方面：一是物权对于债权的优先效力；二是物权相互之间的优先效力。（1分）物权对于债权的优先效力体现在当物权与债权可能发生权利冲突时，物权原则上具有优先于债权的效力。如同一物上既有物权，又有以其为给付标的物的债权时，物权优先于债权。典型者为在一物数卖的场合，已经取得物之所有权的买受人，其所有权优先于未取得所有权的买受人之债权。物权优先于债权也有例外，个别情形下法律赋予某些债权以优先于物权的效力，如"买卖不破租赁"规则，租赁物的买受人不得以其所有权对抗承租人的债权。（3分）物权相互之间的优先效力要解决的是能够并存且可能发生权利冲突的若干个物权之间何者优先的问题。该问题的解决规则是原则上成立在先则效力优先，但法律另有规定的除外。（2分）

（3）物权的排他效力。物权是一种支配权，因此物权属于排他性权利，权利人依法对特定的物享有直接支配和排他的权利，以保障权利人能够独自享有标的物的利益。（1分）物权的排他效力主要体现在：①在同一标的物上，只能存在一个所有权。②在第三人因善意取得而取得物的所有权时，该物上原先存在的所有权消灭，物的原所有权人不能再基于其所有权请求返还原物。③在同一物上，不能同时存在两个或两个以上性质互不相容的他物权。④物权的排他效力具有强弱之分。一般而言，所有权排他效力最强，以占有标的物为内容的他物权效力次之，以不占有标的物为内容的他物权效力再次之。（4分）物权的排他效力还体现在，当权利人行使权利遇到不法妨害时，可以凭借物权的排他效力直接请求排除妨碍。（1分）

（4）物权的追及力。物权的追及力即物权无论辗转于何人之手，权利人都有权追及物的所在以行使其权利。但物权的追及力不是绝对的，物权的追及效力要受到第三人依善意取得制度取得物的所有权的阻却。（2分）

五、案例分析题

37.（1）对甲、乙二人的行为应作如下认定：①甲、乙二人具有共同盗窃的故意，且在共同故意支配下实施了盗窃行为，因而，甲、乙二人构成盗窃罪的共犯。（3分）②甲在盗窃过程中超出共同盗窃的故意实施的强奸行为和杀人行为，由于超出了共同故意犯罪的范围，属于实行过限行为，应由甲单独承担刑事责任，而乙对甲实施的强奸行为和故意杀人行为，不承担刑事责任。（3分）③乙为抗拒抓捕而当场对丁实施暴力，其行为转化为抢劫，对乙应以转化型抢劫罪定罪处罚。由于甲对乙的此行为缺乏共同的犯罪故意和犯罪行为，甲对此行为不承担刑事责任。（3分）④乙归案后，故意捏造甲犯有绑架犯罪行为，并向司法机关告发，对乙应以诬告陷害罪定罪处罚。（3分）

（2）甲、乙存在如下量刑情节：①甲在盗窃商店过程中实施强奸行为和杀人行为，但由于甲的强奸行为和杀人行为都属于犯罪未遂形态，因此对甲的强奸行为和杀人行为，可以比照既遂犯从轻或者减轻处罚。（3分）②乙归案后，主动交代了自己和甲的共同犯罪事实，属于坦白，对于乙的坦白行为，可以从轻处罚。（2分）③乙归案后交代自己1年前抢劫的犯罪事实，该犯罪事实与司法机关掌握的盗窃罪不属于同种罪行，因而成立自首，对乙可以从轻或者减轻处罚。（3分）

38.（1）乙公司售房广告在性质上属于要约。根据相关规定，商品房的销售广告和宣传资料为要约邀请，但是出卖人就商品房开发规划范围内的房屋及相关设施所作的说明和允诺具体确定，并对商品房买卖合同的订立以及房屋价格的确定有重大影响的，应当视为要约。本案中，"时尚家园"的广告明确具体地说明了其规划布图、各类型现房的建筑面积、每平方米价格及相关配套设施等内容，并且还强调"凡购买'时尚家园'内现房一套的业主，都可以同时获得停车位一个"这样一个吸引人的条件，使得甲决定购房，可见，

该销售广告对购房合同的订立有重大影响，应当视为要约。（4分）

（2）法院不能以合同存在欺诈为由撤销该合同。在订立合同过程中，乙公司声称购房者可以获得停车位的承诺是虚假的，应当认定为存在欺诈，因此该合同在性质上属于可撤销合同，但撤销权属于合同当事人，法院没有主动撤销权，只有在当事人提出撤销该合同的主张时，法院才能撤销该合同，但本案任何一方当事人都没有提出撤销该合同的主张，因而法院不能撤销该合同。（4分）

（3）如同意第一种意见，参考答案如下：①乙公司有权解除合同。本案中，乙公司在合同订立后，没有按照约定交付停车位，成为违约方。但如果继续履行合同，乙公司将不得不关闭大型超市，将为此支付巨额赔偿；而调整规划格局，不但造成巨大浪费，甚至使乙公司走向破产，这些都是乙公司无法承受的。因此，这种结果对于甲和乙公司而言都是不利益，如果继续履行原合同将会显失公平。此外，所涉及停车位的规划位置按照市规划局的要求已经成为一家大型超市，这是双方在3月份签订合同时都无法预见的重大变化，这致使合同成立的基础丧失或动摇。因此，乙公司可以依据情势变更原则请求法院解除合同。（6分）②乙公司应赔偿甲所受损失。一般而言，违约方没有法定解除合同的权利，乙公司作为违约方依据情势变更原则解除合同致使甲遭受损失的，应当赔偿甲所遭受的损失。（2分）

如同意第二种意见，参考答案如下：①乙公司无权解除合同。合同成立后，当事人应当按照合同的约定依据诚实信用原则全面、实际地履行合同，如果合同当事人违反合同约定，应当承担继续履行、赔偿损失等违约责任。本案中，乙公司作为违约方无权解除合同，尽管不解除合同会给乙公司造成巨额损失，但乙公司既没有法定解除合同的权利，甲与乙公司之间也不存在约定解除的情形，因此，乙公司无权解除合同。（3分）②如果甲要求乙公司提供车位并继续履行合同的，乙公司应当提供车位并继续履行合同。根据民法典规定，当事人一方不履行合同义务或者履行合同义务不符合约定的，在履行义务或者采取补救措施后，对方还有其他损失的，应当赔偿损失。可见，继续履行和赔偿损失是可以并存的，甲有权请求乙公司赔偿损失并继续履行合同。（2分）③乙公司可以履行费用过高为由不再提供车位。根据民法典规定，当事人一方不履行非金钱债务或者履行非金钱债务不符合约定的，对方可以请求履行，但履行费用过高的除外。可见，乙公司可以此为由不再向甲提供车位，但应赔偿由此给甲造成的损失。（3分）

（4）如果本人是甲，则主张解除合同对本人更为有利。理由在于：本人若以合同存在欺诈为由主张撤销该合同，致使合同被撤销的，乙公司应当承担缔约过失责任，乙公司不仅要返还购房款，还要赔偿信赖利益的损失。本人若以当事人根本违约为理由解除合同，当事人不仅要返还购房款，还要承担违约责任，有其他损失的，还要赔偿损失。可见，主张解除合同对保护本人的利益更为有利。（4分）

专业基础课模拟试题（四）

一、单项选择题（第 1～20 小题，每小题 1 分，共 20 分。下列每题给出的四个选项中，只有一个选项是最符合题目要求的）

1. 甲欲杀乙，便持棒将乙击昏，甲误以为乙已经死亡而离去，后乙遇救未死，但因甲的击打而身受重伤。甲的行为属于（　　）。

    A. 意外事件
    B. 故意伤害罪（既遂）
    C. 打击错误
    D. 因果关系错误

2. 甲在其同事的劝说下向司法机关投案，交代了自己受贿 5 万元的犯罪事实，并提供本单位领导乙受贿的线索。经反贪局侦查，侦破了乙受贿 500 万元的特大案件。甲的行为（　　）。

    A. 构成自首和立功
    B. 构成自首和重大立功
    C. 构成自首，但不构成立功
    D. 不构成自首，但构成重大立功

3. 甲、乙经常参与赌博，乙曾输给甲 1 万元。甲在多次索要 1 万元无果的情况下，纠集好友将乙劫持到郊区一住处，并给乙家打电话，声称如果再不还钱，就砍掉乙的一条腿。甲的行为构成（　　）。

    A. 绑架罪
    B. 敲诈勒索罪
    C. 非法拘禁罪
    D. 抢劫罪

4. 甲使用麻醉方法绑架 1 名妇女并将该妇女卖往外地，在拐卖过程中，甲将该妇女奸淫。甲的行为构成（　　）。

    A. 拐卖妇女罪
    B. 拐卖妇女罪和强奸罪数罪
    C. 绑架罪和拐卖妇女罪数罪
    D. 绑架罪、拐卖妇女罪和强奸罪数罪

5. 甲乘夜进入乙家盗窃，正在翻箱倒柜之时，在屋里睡觉的乙听到外屋有动静，大喊"抓贼"，甲只好仓皇逃走。甲的行为属于（　　）。

    A. 犯罪预备
    B. 犯罪未遂
    C. 犯罪中止
    D. 犯罪既遂

6. 甲基于杀人故意实施的下列行为，与乙的死亡之间具有刑法上因果关系的是（　　）。

    A. 甲劝乙乘坐轮船去公海旅行，乙旅行时不慎坠入海中死亡

B. 甲在家中诅咒与其有矛盾的乙出门被车撞死，后乙出门被车撞死

C. 甲试图杀死乙，乙身受重伤，乙被人救下后在送往医院的途中发生交通肇事车毁人亡

D. 甲持木棍对乙穷追不舍，乙迫不得已跳入冰冷的河中因痉挛而溺水死亡

7. 甲因犯抢劫罪被判处有期徒刑 8 年，在执行到 6 年时主动交代曾经利用职务之便侵占公司 12 万元的事实，被以职务侵占罪判处有期徒刑 12 年。对甲应当执行的刑期是（   ）。

A. 20 年以下 12 年以上决定执行的刑期

B. 12 年以下 6 年以上决定执行的刑期

C. 18 年以下 6 年以上决定执行的刑期

D. 直接决定执行 18 年刑期

8. 甲在火车站跟随一提包男青年乙，乘隙偷得该提包，不料回家打开一看，除了有数千元现金以外，还有一把手枪和持枪证。甲将手枪藏在家中，后被警察抓获，手枪被收缴。甲的行为构成（   ）。

A. 盗窃罪   B. 盗窃枪支罪

C. 盗窃罪和非法持有、私藏枪支罪   D. 盗窃枪支罪和非法持有、私藏枪支罪

9. 甲公司因产品出口得到国家出口退税款 600 万元，后因产品质量问题被国外客商退货三分之一。甲公司隐瞒这一事实且未补缴应缴税款 200 万元。甲公司的行为构成（   ）。

A. 骗取出口退税罪

B. 骗取出口退税罪和逃税罪

C. 虚开用于骗取出口退税、抵扣税款发票罪

D. 逃税罪

10. 甲系某村村民委员会主任，在协助镇政府处理土地征用事宜时，利用职务上的便利，采取作废收款收据等手段，套取征地补偿费 9 万元，据为己有。甲的行为构成（   ）。

A. 侵占罪   B. 贪污罪   C. 诈骗罪   D. 职务侵占罪

11. 下列为胎儿从事的行为中，胎儿视为具有民事权利能力的是（   ）。

A. 支付胎儿性别鉴定所支付的医疗费用   B. 接受好友赠与的一台电脑

C. 准父母给胎儿起名字   D. 准妈妈为胎儿购置婴儿用品

12. 某童星甲 12 周岁，因学习优秀获得奖学金 1 000 元，其父用这笔钱为甲的外祖母买了一台空调，由于甲和其外祖母关系融洽，因此对购买空调一事表示同意。甲的父亲处分甲的财产行为（   ）。

A. 有效，因为甲的父亲处分财产的行为征得了甲的同意

B. 有效，因为甲的父亲作为监护人有权处分被监护人的财产

C. 无效，因为甲的父亲处分财产的行为不是为了甲的利益

D. 无效，因为甲的父亲处分财产的行为没有取得其他监护人的同意

13. 甲电器销售公司的安装工人李某在为消费者吕某安装空调的过程中，不慎从高处掉落安装工具，将路人王某砸成重伤。李某是乙公司的劳务派遣人员，此前曾多次发生类似小事故，甲公司曾要求乙公司另派他人，但乙公司未予换人。对王某的损害（   ）。

A. 李某承担赔偿责任，吕某承担补充责任

B. 甲公司承担赔偿责任，乙公司承担相应的补充责任

C. 甲公司承担赔偿责任，乙公司承担相应的责任

D. 甲公司、李某、乙公司、吕某承担连带赔偿责任

14. 甲、乙系夫妻。在婚姻关系存续期间，下列分割夫妻共同财产的请求，不能得到法院支持的是（　　　）。

A. 甲伪造夫妻共同巨额债务，乙请求分割夫妻共同财产

B. 甲将夫妻共同巨额财产变卖，乙请求分割夫妻共同财产

C. 甲免除债务人丙的债务，乙不满甲的债务免除行为而请求分割夫妻共同财产

D. 甲因其父患有重病要求分割夫妻共同财产用于支付医疗费，但乙不同意分割

15. 某月2日，甲公司向乙银行贷款100万元购买精密医疗设备，5日，为了获取更多的融通资金，甲公司将购置的精密医疗设备先后抵押给丙公司、丁公司和戊公司，丙公司和丁公司办理了抵押登记，但是戊公司没有办理抵押登记。8日，甲公司又将该精密医疗设备抵押给乙银行以担保借款。则对精密医疗设备享有价款债权抵押权的超级优先权的是（　　　）。

A. 乙银行　　　　B. 丙公司　　　　C. 丁公司　　　　D. 戊公司

16. 某小区甲业主委员会与乙物业服务公司签订物业服务合同。在合同履行期限届满前，小区业主对乙公司提供的物业服务不满，遂决定解除物业服务合同。对此，下列表述正确的是（　　　）。

A. 小区业主决定解聘乙公司，应当由专有部分面积占比3/4以上的业主且人数占比3/4以上的业主参与表决，并应当经参与表决专有部分面积过半数的业主且参与表决人数过半数的业主同意

B. 合同履行期限未届满，小区业主无权解除物业服务合同，否则承担违约责任

C. 业主决定解聘的，应当提前30日书面通知物业服务人，但是合同对通知期限另有约定的除外

D. 业主解除合同造成物业服务人损失的，除不可归责于业主的事由外，业主应当赔偿损失

17. 2020年3月5日，甲公司与乙公司签订10台重载汽车的买卖合同，甲公司于6月5日交货，乙公司于9月5日付款200万元。7月1日，甲公司与丙银行订立有追索权的保理合同，将200万元应收账款转让给丙银行，丙银行向甲公司提供保理预付款190万元。对此，下列表述正确的是（　　　）。

A. 甲公司将应收账款转让给丙银行，应当取得乙公司的同意

B. 甲公司将应收账款转让给丙银行，应当向征信机构办理登记

C. 甲公司将应收账款转让给丙银行后，甲公司和乙公司不得对买卖合同进行变更

D. 乙公司不履行到期债务，丙银行既可以向甲公司追偿，也可以请求乙公司偿债

18. 下列选项中，不构成专利侵权的是（　　　）。

A. 专为科学研究和实验而使用某专利的

B. 为生产经营目的使用不知道是未经专利权人许可而制造并售出的专利侵权产品，能证明该产品合法来源的

C. 在专利申请日前已经制造相同产品，并且在专利申请日后继续制造、使用的

D. 临时通过中国领陆的外国坦克，使用中国专利改进其操作性能的

19. 甲委托乙为其绘肖像画，但对于肖像画的归属并没有约定。甲去世后，其独生子丙以继承人的名义将该幅画卖给丁，则（　　）。

A. 肖像画的著作权归甲

B. 丙对肖像画不享有继承权

C. 丁购得肖像画后，享有对该幅画的展览权

D. 丙、丁签订的肖像画买卖合同在签订时效力处于待定状态

20. 下列关于人格权和身份权区别的表述，正确的是（　　）。

A. 人格权是专属性权利，而身份权并非专属性权利

B. 人格权的客体是人格利益，而身份权的客体是精神利益

C. 人格权的权利存续期间没有特别限制，而身份权以身份的存续作为权利存续的前提

D. 人格权具有直接的财产内容，而身份权不具有直接的财产内容

二、多项选择题（第 21～30 小题，每小题 2 分，共 20 分。下列每题给出的四个选项中，至少有两个选项是符合题目要求的。多选、少选或错选均不得分）

21. 下列选项中，符合刑法关于未成年人刑事责任规定的有（　　）。

A. 未成年人犯罪符合缓刑条件的应当宣告缓刑

B. 未成年人被判处 5 年有期徒刑以下刑罚的人，免除前科报告义务

C. 对未成年人罪犯不得判处附加剥夺政治权利

D. 未成年人犯罪不适用死缓

22. 下列关于过失犯罪的说法，正确的有（　　）。

A. 过失犯罪都是不作为犯罪　　　　　　B. 未成年人对过失犯罪不负刑事责任

C. 单位也可以成立过失犯罪　　　　　　D. 过失犯罪不存在犯罪目的

23. 甲为骗取保险金，先后两次诱使其妻乙购买人寿保险，金额达 20 万元，受益人为甲。某日，甲开车带乙外出，中途制造事故致乙死亡，然后逃逸。之后甲去保险公司索取乙的人身保险金，保险公司派丙随甲进行事故鉴定。甲在丙发现疑点后将其买通，由丙出具了对甲有利的鉴定结论，最终甲顺利地得到了保险赔偿金。则以下说法正确的是（　　）。

A. 甲和丙构成保险诈骗罪的共犯

B. 甲构成故意杀人罪和保险诈骗罪的牵连犯，应以故意杀人罪论处

C. 丙构成提供虚假证明文件罪

D. 甲构成保险诈骗罪并同时构成故意杀人罪，应当实行数罪并罚

24. 下列犯罪行为中，属于事实认识错误中的对象错误的是（　　）。

A. 甲试图杀死乙，朝乙连开数枪，但因枪法差没有打死乙，但却把名贵宠物鸟打死数只

B. 甲乘夜到军用仓库盗窃枪支，回家将窃得的箱子打开后，发现所窃之物为弹药

C. 甲本以为乙的提包中装满现金，窃得提包后发现提包中有 5 把手枪

D. 甲试图杀死乙，于是乘夜埋伏在乙家门外，当有一人从乙家走出时，甲误以为是乙，便开枪射击，结果将乙的弟弟打死

25. 下列情形应以抢夺罪定罪处罚的是（　　）。

A. 甲乘一女子不备，公然将其背包抢走

B. 军警乙乘地震导致的混乱之际，公然闯入军营夺取军用物资

C. 丙发现一女士佩戴一条金项链，便驾驶摩托车行抢，由于项链没有扯断，该女士被拽倒并摔成重伤

D. 丁乘韩某不备之际将其手机抢走，韩某揪住了丁的衣领，丁顺势将韩某推倒并乘机逃走

26. 甲用竹竿挑逗一条正在睡觉的狗（主人为丙），狗被惊醒后朝甲扑来，甲乘机躲在路过的乙的身后，乙被狗咬伤。则（　　）。

A. 乙既可以请求甲也可以请求丙承担侵权责任

B. 甲、丙应对乙的损失承担连带侵权责任

C. 如果乙请求丙承担侵权责任，丙不能以损失是由甲造成的为由免责

D. 如果乙请求丙承担侵权责任，丙赔偿损失后，有权向甲追偿

27. 2018 年 1 月，相邻地块的建设用地使用权人甲公司、乙公司签订合同，约定甲公司 20 年内不得盖高于 20 米的建筑，乙公司支付补偿款 100 万元，每年 10 万元分 10 年付清。签订合同后，乙公司支付第一年补偿款 10 万元，双方办理了登记。之后乙公司以资金紧张为由拒绝再支付补偿款，甲公司经两次催告后仍无效果。2020 年 2 月，甲公司发函给乙公司，请求解除合同，乙公司则提出异议。对此，下列说法正确的是（　　）。

A. 甲公司、乙公司的地块位置相邻，故双方之间形成的法律关系为相邻关系

B. 因双方已经办理登记，甲公司不能通过发函解除合同

C. 乙公司依据合同取得的权利自合同解除时消灭

D. 乙公司提出异议不影响合同的解除

28. 下列情形中，所有权发生转移的有（　　）。

A. 甲死亡，其子乙继承了甲名下的一栋别墅，但并未办理过户登记

B. 甲、乙离婚，约定双方名下的一套房屋归乙所有，后乙诉至法院，法院依法判令甲协助乙办理变更登记

C. 甲遗失一台相机，被乙拾得

D. 甲将手机赠给乙，但约定甲继续使用一周后再将手机交给乙

29. 甲系某品牌汽车制造商，发现已投入流通的某款车型刹车系统存在技术缺陷，即通过媒体和销售商发布召回该款车进行技术处理的通知。乙购有该车，看到通知后立即驱车前往丙销售公司，途中因刹车系统失灵撞上大树，造成损害。则（　　）。

A. 乙有权请求甲承担赔偿责任　　　　B. 乙有权请求惩罚性赔偿

C. 乙有权请求丙承担赔偿责任　　　　D. 甲的责任是无过错责任

30. 根据商标法规定，下列表述正确的是（　　）。

A. 注册商标专用权的保护期限为 10 年，自核准注册之日起计算

B. 商标权的主体是商标注册人

C. 驰名商标应当是注册商标

D. 商标许可使用合同生效后，许可使用权人之外的人无权使用该商标

三、简答题（第 31～34 小题，每小题 10 分，共 40 分）

31. 简述因缺乏共同故意而不构成共同犯罪的主要情形。

32. 简述抢劫罪和绑架罪的区别。

33. 简述共同危险行为的概念和构成要件。

34. 简述一般保证人不得行使先诉抗辩权的法定情形。

四、论述题（第 35～36 小题，每小题 15 分，共 30 分）

35. 试论犯罪未遂的认定及处罚原则。

36. 试论我国民法典规定的侵权责任的归责原则。

五、案例分析题（第 37～38 小题，每小题 20 分，共 40 分）

37. 甲拖欠乙和丙 2 万元劳动报酬一直不付。乙和丙商定后，将甲 15 岁的女儿丁骗到外地扣留，以迫使甲支付报酬。乙、丙用了一个月时间给甲打电话要求甲支付报酬，但甲仍以种种理由拒不支付。乙、丙遂决定将丁卖给他人。在乙外出寻找买主期间，丙将丁奸淫。乙找到买主戊后，乙、丙二人以 1 万元的价格将丁卖给了戊。戊想要与丁成为夫妻，遭到丁的拒绝。戊为了防止丁逃走，便将丁反锁在房间里一个月有余。戊后来觉得丁年纪小，太可怜，便放丁返回家。戊找到乙要求退回 1 万元，遭到乙拒绝，戊一气之下便于深夜将乙的一辆价值 5 000 元的摩托车骑走。

请根据上述案情分析乙、丙、戊的行为性质及量刑情节。

38. 甲于 2005 年 1 月向乙借款 7 万元，借款期限为 4 个月，利息比照银行同期借款利率，二人签订了借款合同。3 月，甲将自己居住的房屋送给了丙，并办理了房屋登记过户手续。4 月，丙为了从事地板生意向丁银行贷款 10 万元，并以甲送给的住房作为还款抵押担保，并办理了抵押登记。甲、乙签订的借款合同到期后，乙发现甲已经没有财产可供执行，于是，乙向法院起诉，要求甲清偿欠款。

请根据上述案情回答下列问题：

（1）乙应当如何维护自己的权益？为什么？

（2）如果丙到期不能清偿丁银行的债务，丁银行是否有权实现抵押权？为什么？

（3）如果丁银行主张实现抵押权，本案应如何处理？为什么？

专业基础课模拟试题（四）答案解析

一、单项选择题

1. D

【解析】甲欲杀死乙，误以为自己的行为已经达到了预期的犯罪结果，事实上乙并没有死，即并没有发生甲所预想的犯罪结果，这在认识错误上属于因果关系认识错误，故选 D 项。甲存在犯罪故意，因而不是意外事件，因为意外事件要求当事人没有故意和过失犯罪的主观心态，故不选 A 项。甲的行为构成故意杀人罪的犯罪未遂，而非故意伤害罪的既遂，故不选 B 项。打击错误又称为行为偏差，是指行为人预想打击的目标与实际打击的目标不一致，例如甲欲杀乙，但因枪法不准而朝乙射击时并未击中乙，却击中乙身旁的丙。可见，本题表述中，甲的行为在打击目标上没有错误，故不选 C 项。

2. B

【解析】甲在同事的劝说下自动投案，如实供述司法机关尚未掌握的受贿 5 万元的犯罪事实，构成自首。根据《最高人民法院关于处理自首和立功具体应用法律若干问题的解释》第 7 条规定，对于提供侦破其他重大案件的重要线索，经查证属实的，构成重大立功。据此，甲提供重要线索，使侦查机关侦破了乙受贿 500 万元的特大案件，属于重大立功。可见，选 B 项。

3. C

【解析】《最高人民法院关于对为索取法律不予保护的债务，非法拘禁他人行为如何定罪问题的解释》规定：行为人为索取高利贷、赌债等法律不予保护的债务，非法拘禁、扣押他人的，依照非法拘禁罪定罪处罚。据此，选 C 项。

4. A

【解析】拐卖妇女罪是指以出卖为目的拐卖妇女的行为。《刑法》第 240 条第 1 款还规定了如下 8 种拐卖妇女、儿童罪的加重情节：（1）拐卖妇女、儿童集团的首要分子；（2）拐卖妇女、儿童 3 人以上的；（3）奸淫被拐卖的妇女的；（4）诱骗、强迫被拐卖的妇女卖淫或者将被拐卖的妇女卖给他人迫使其卖淫的；（5）以出卖为目的，使用暴力、胁迫或者麻醉方法绑架妇女、儿童的；（6）以出卖为目的，偷盗婴幼儿的；（7）造成被拐卖的妇女、儿童或者其亲属重伤、死亡或者其他严重后果的；（8）将妇女、儿童卖往境外的。根据上述规定第 3、5 项，选 A 项。

5. B

【解析】已经着手实行犯罪，但由于犯罪分子意志以外的原因而未得逞的是犯罪未遂。本题表述中，甲在深夜进入乙家盗窃，正在翻箱倒柜，这表明甲已经着手实行犯罪；由于主人乙发现而仓皇逃走，属于由于犯罪分子意志以外的原因而盗窃未得逞，故甲的行为属于犯罪未遂，选 B 项。

6. D

【解析】刑法上的因果关系是危害行为与危害结果之间的一种引起与被引起的联系。A 项表述中，甲虽有杀乙故意，但乙的死亡（坠海而死）并非甲的行为引起，因而不具有刑法上的因果关系，不选 A 项。B 项表述中，甲是迷信犯，乙被车撞死并非甲的"诅咒"所致，不具有刑法上的因果关系，不选 B 项。C 项表述中，甲试图杀死乙导致乙受伤，甲的行为与乙的受伤结果具有因果关系，但乙在去医院途中因交通肇事而车毁人亡，乙的死亡与甲的行为之间并无因果关系，这也是"不能将因果关系的认定推向极端"的应有之义，不选 C 项。D 项表述中，乙跳河溺死是因甲的穷追不舍所致，乙的死亡是甲的行为引起的，具有因果关系，选 D 项。

7. A

【解析】《刑法》第 70 条规定，判决宣告以后，刑罚执行完毕以前，发现被判刑的犯罪分子在判决宣告以前还有其他罪没有判决的，应当对新发现的罪作出判决，把前后两个判决所判处的刑罚，依照本法第 69 条的规定，决定执行的刑罚。已经执行的刑期，应当计算在新判决决定的刑期以内。《刑法》第 69 条第 1 款规定，判决宣告以前一人犯数罪的，除判处死刑和无期徒刑的以外，应当在总和刑期以下、数刑中最高刑期以上，酌情决定执行的刑期，但是管制最高不能超过 3 年，拘役最高不能超过 1 年，有期徒刑总和刑期不满 35 年的，最高不能超过 20 年，总和刑期在 35 年以上的，最高不能超过 25 年。根据上述规定，选 A 项。

8. C

【解析】甲的行为构成盗窃罪而非盗窃枪支罪，因为甲在主观上并没有盗窃枪支的故意，而仅存在盗窃的故意。可见，不选 B、D 项。甲的行为还构成非法持有、私藏枪支罪，因为甲盗窃后，将枪支非法持有并私藏，因此对甲应以盗窃罪和非法持有、私藏枪支罪数罪并罚。可见，选 C 项，不选 A 项。

9. D

【解析】《刑法》第 204 条规定，以假报出口或者其他欺骗手段，骗取国家出口退税款，数额较大的，构成骗取出口退税罪。纳税人缴纳税款后，采取上述规定的欺骗方法，骗取所缴纳的税款的，依照《刑法》第 201 条的规定以逃税罪定罪处罚；骗取税款超过所缴纳的税款部分，依照骗取出口退税罪定罪处罚。据此，甲公司并不是以假报出口或者其他欺骗手段骗取国家出口退税款，而是由于质量问题被外商退货而未补缴税款，因而不构成骗取出口退税罪，应只定逃税罪，故选 D 项。

10. B

【解析】贪污罪的犯罪主体是国家工作人员。本题中，甲系某村村委会主任，并不具有国家工作人员身份，不能成为贪污罪的犯罪主体。但是，根据《全国人民代表大会常务委员会关于〈中华人民共和国刑法〉第九十三第二款的解释》，村民委员会等村基层组织人员协助人民政府从事下列行政管理工作，属于《刑法》第 93 条第 2 款规定的"其他依照法律从事公务的人员"，以国家工作人员论：（1）救灾、抢险、防汛、优抚、扶贫、移民、救济款物的管理；（2）社会捐助公益事业款物的管理；（3）国有土地的经营和管理；（4）土地征收。征用补偿费用的管理；（5）代征、代缴税款；（6）有关计划生育、户籍、征兵工作；（7）协助人民政府从事的其他行政管理工作。据此，甲协助镇政府处理土地征用事宜，属于从事"国有土地的经营和管理"工作，此时甲属于国家工作人员，对甲利用职务上的便利，采取作废收款收据等手段，套取征地补偿费 9 万元，据为己有的行为，应当以贪污罪定罪处罚，选 B 项。虽然贪污罪的行为方式也包括侵吞、骗取，这与侵占罪中的"侵吞"、诈骗罪中的"骗取"，并无二致，但贪污罪的犯罪主体是国家工作人员，且利用职务便利，而侵占罪和诈骗罪的犯罪主体是一般主体，且谈不上利用职务便利的情形。本题中，甲认定为国家工作人员，利用职务便利侵吞征地补偿费，构成贪污罪，不选 A、C 项。甲是以国家工作人员的身份套取征地补偿款的，而职务侵占罪的犯罪主体是非国家工作人员，因而甲的行为不构成职务侵占罪，不选 D 项。

11. B

【解析】胎儿不具有民事权利能力，但为了保护胎儿的利益，《民法典》第 16 条规定，涉及遗产继承、接受赠与等胎儿利益保护的，胎儿视为具有民事权利能力。但是，胎儿娩出时为死体的，其民事权利能力自始不存在。据此，选 B 项。

12. C

【解析】《民法典》第 35 条第 1 款规定，监护人应当按照最有利于被监护人的原则履行监护职责。监护人除为维护被监护人利益外，不得处分被监护人的财产。据此，监护人处分被监护人财产的条件是为维护被监护人利益，而甲的父亲处分甲的财产不是为了甲的利益，因此处分行为无效，选 C 项。

13. C

【解析】《民法典》第 1191 条第 2 款规定，劳务派遣期间，被派遣的工作人员因执行工作任务造成他人损害的，由接受劳务派遣的用工单位承担侵权责任；劳务派遣单位有过错的，承担相应的责任。据此，甲公司是接受劳务派遣的用工单位，应当承担侵权责任。但是，乙公司的劳务派遣人员李某此前曾多次发生类似小事故，甲公司也曾请求乙公司另派他人，而乙公司未予换人，存在过错，应当承担"相应的责任"，而不是"相应的补充责任"。可见，选 C 项。

14. C

【解析】《民法典》第 1066 条规定，婚姻关系存续期间，有下列情形之一的，夫妻一方可以向人民法院请求分割共同财产：（1）一方有隐藏、转移、变卖、毁损、挥霍夫妻共同财产或者伪造夫妻共同债务等严重损害夫妻共同财产利益的行为；（2）一方负有法定扶养义务的人患重大疾病需要医治，另一方不同意支付相关医疗费用。据此，A 项表述的伪造夫妻共同债务、B 项表述的变卖夫妻共同财产、D 项表述的父亲患病不给医治，基于上述理由分割夫妻共同财产，法院都应支持。而 C 项表述的情形，则不能得到法院的支持，故选 C 项。

15. A

【解析】价款债权抵押权是指动产抵押担保的主债权是抵押物的价款，该价款担保的抵押权人具有优先于买受人的其他担保物权人优先受偿的抵押权。《民法典》第 416 条规定，动产抵押担保的主债权是抵押物的价款，标的物交付后 10 日内办理抵押登记的，该抵押权人优先于抵押物买受人的其他担保物权人受偿，但是留置权人除外。据此，乙银行是价款债权的抵押权人，其享有对精密医疗设备的超级优先权，故选 A 项。

16. D

【解析】《民法典》第 278 条规定，下列事项由业主共同决定：（1）制定和修改业主大会议事规则；（2）制定和修改管理规约；（3）选举业主委员会或者更换业主委员会成员；（4）选聘和解聘物业服务企业或者其他管理人；（5）使用建筑物及其附属设施的维修资金；（6）筹集建筑物及其附属设施的维修资金；（7）改建、重建建筑物及其附属设施；（8）改变共有部分的用途或者利用共有部分从事经营活动；（9）有关共有和共同管理权利的其他重大事项。业主共同决定事项，应当由专有部分面积占比 2/3 以上的业主且人数占比 2/3 以上的业主参与表决。决定前款第 6 项至第 8 项规定的事项，应当经参与表决专有部分面积 3/4 以上的业主且参与表决人数 3/4 以上的业主同意。决定前款其他事项，应当经参与表决专有部分面积过半数的业主且参与表决人数过半数的业主同意。据此，对于小区业主决定解聘乙公司，应当由专有部分面积占比 2/3 以上的业主且人数占比 2/3 以上的业主参与表决，并应当经参与表决专有部分面积过半数的业主且参与表决人数过半数的业主同意。可见，A 项表述错误。《民法典》第 946 条规定，业主依照法定程序共同决定解聘物业服务人的，可以解除物业服务合同。决定解聘的，应当提前 60 日书面通知物业服务人，但是合同对通知期限另有约定的除外。依据前款规定解除合同造成物业服务人损失的，除不可归责于业主的事由外，业主应当赔偿损失。据此，B、C 项表述错误，D 项表述正确，选 D 项。

17. D

【解析】本题考查的是保理合同。由于保理合同的本质是债权转让，因此，《民法典》第 769 条规定，本章（保理合同）没有规定的，适用本编第六章债权转让的有关规定。《民法典》第 546 条第 1 款规定，债权人转让债权，未通知债务人的，该转让对债务人不发生效力。据此，甲公司将应收账款转让给丙银行，应当通知债务人乙公司，而不必取得乙公司的同意。可见，A 项表述错误。《民法典》并未明确规定应收账款债权登记，但是，《民法典》第 768 条规定，应收账款债权人就同一应收账款订立多个保理合同，致使多个保理人主张权利的，已经登记的先于未登记的取得应收账款；均已经登记的，按照登记时间的先后顺序取得应收账款；均未登记的，由最先到达应收账款债务人的转让通知中载明的保理人取得应收账款；既未登记也未通知的，按照保理融资款或者服务报酬的比例取得应收账款。据此可以推知，对于应收账款债权，可以到征信机构办理登记，也可以不办理登记。可见，B 项表述错误。《民法典》第 765 条规定，应收账款债务人接到应收账款转让通知后，应收账款债权人与债务人无正当理由协商变更或者终止基础交易合同，对保理人产生不利影响的，对保理人不发生效力。据此，在应收账款债权转让后，甲公司与乙公司可以变更合同，只不过变更合同对保理人产生不利影响的，对保理人不发生效力。可见，C项表述错误。《民法典》第766条规定，当事人约定有追索权保理的，保理人可以向应收账款债权人主张返还保理融资款本息或者回购应收账款债权，也可以向应收账款债务人主张应收账款债权。保理人向应收账款债务人主张应收账款债权，在扣除保理融资款本息和相关费用后有剩余的，剩余部分应当返还给应收账款债权人。据此，丙银行既可以向甲公司追偿，也可以请求乙公司清偿债务。可见，D项表述正确，选D项。

18．A

【解析】《专利法》第75条规定，有下列情形之一的，不视为侵犯专利权：（1）专利产品或者依照专利方法直接获得的产品，由专利权人或者经其许可的单位、个人售出后，使用、许诺销售、销售、进口该产品的；（2）在专利申请日前已经制造相同产品、使用相同方法或者已经做好制造、使用的必要准备，并且仅在原有范围内继续制造、使用的；（3）临时通过中国领陆、领水、领空的外国运输工具，依照其所属国同中国签订的协议或者共同参加的国际条约，或者依照互惠原则，为运输工具自身需要而在其装置和设备中使用有关专利的；（4）专为科学研究和实验而使用有关专利的；（5）为提供行政审批所需要的信息，制造、使用、进口专利药品或者专利医疗器械的，以及专门为其制造、进口专利药品或者专利医疗器械的。据此规定第4项（非商业利用原则、专为科学研究目的的原则），选A项。根据上述规定第1项（权利用尽原则），C项表述中，因缺乏"在原有范围内继续使用"这一条件而构成专利侵权，故不选C项。根据上述规定第3项（临时过境原则），D项表述的坦克并非运输工具，因而构成专利侵权，故不选D项。《专利法》第77条规定，为生产经营目的使用、许诺销售或者销售不知道是未经专利权人许可而制造并售出的专利侵权产品，能证明该产品合法来源的，不承担赔偿责任。据此，B项表述构成善意侵权，对于善意侵权，要承担专利侵权责任，但不承担赔偿责任，故不选B项。

19．C

【解析】《著作权法》第17条规定，受委托创作的作品，著作权的归属由委托人和受托人通过合同约定。合同未作明确约定或者没有订立合同的，著作权属于受托人。据此，肖像画的著作权应归受托人乙。可见，不选A项。甲享有肖像画的所有权，丙作为甲的唯一合法继承人，有权继承肖像画。可见，不选B项。丙通过继承取得肖像画的所有权，丙有权出售该幅肖像画，因而丙、丁签订的肖像画的买卖合同在签订时是有效合同，而不是效力待定合同。可见，不选D项。《著作权法》第18条规定，美术等作品原件所有权的转移，不视为作品著作权的转移，但美术作品原件的展览权由原件所有人享有。据此，选C项。

20．C

【解析】人格权和身份权都是专属性权利，都是与民事主体的人身利益直接相关，故A项表述错误。人格权的客体是人格利益，而身份权的客体是身份利益，而不是精神利益，无论是人格利益，还是身份利益，都含有精神利益。可见，B项表述错误。人格权和身份权的权利存续期间不同，民事主体具有独立人格期间都享有人格权，人格权没有特别的期限限制；身份权以身份的存续为权利存续的前提。可见，C项表述正确。人格权和身份权都不具有直接的财产内容，故 D 项表述错误。

二、多项选择题

21. ABD

【解析】《刑法》第 72 条第 1 款规定，对于被判处拘役、3 年以下有期徒刑的犯罪分子，同时符合下列条件的，可以宣告缓刑，对其中不满 18 周岁的人、怀孕的妇女和已满 75 周岁的人，应当宣告缓刑：（1）犯罪情节较轻；（2）有悔罪表现；（3）没有再犯罪的危险；（4）宣告缓刑对所居住社区没有重大不良影响。据此，选 A 项。《刑法》第 100 条第 2 款规定，犯罪的时候不满 18 周岁被判处 5 年有期徒刑以下刑罚的人，免除第 1 款规定的报告义务（刑事前科报告义务）。据此，选 B 项。《最高人民法院关于审理未成年人刑事案件具体应用法律若干问题的解释》第 14 条第 1、2 款规定，除刑法规定"应当"附加剥夺政治权利外，对未成年罪犯一般不判处附加剥夺政治权利。如果对未成年罪犯判处附加剥夺政治权利的，应当依法从轻判处。据此，不选 C 项。《刑法》第 49 条第 1 款规定，犯罪的时候不满 18 周岁的人和审判的时候怀孕的妇女，不适用死刑。据此，未成年人犯罪不适用死刑（包括死缓），故选 D 项。

22. CD

【解析】过失犯罪既可以通过作为方式实施，也可以通过不作为方式实施，故 A 项表述错误。只有不满 16 周岁的未成年人对过失犯罪不负刑事责任，而不是所有未成年人对过失犯罪都不负刑事责任，故 B 项表述错误。单位犯罪大多数是故意犯罪，但也有少数是过失犯罪，如商检失职罪、妨害国境卫生检疫罪等，单位构成犯罪的，都是过失犯罪，故 C 项表述正确。犯罪目的仅存在于直接故意犯罪中，在间接故意犯罪和过失犯罪中，不存在犯罪目的，故 D 项表述正确。

23. AD

【解析】甲作为受益人实施保险诈骗，符合保险诈骗罪的构成特征，应以保险诈骗罪论处。根据《刑法》第 198 条第 4 款的规定，保险事故的鉴定人、证明人、财产评估人故意提供虚假的证明文件，为他人诈骗提供条件的，以保险诈骗的共犯论处。据此，丙构成保险诈骗罪共犯，对丙不能另定提供虚假证明文件罪。可见，选 A 项，不选 C 项。犯保险诈骗罪，同时构成其他犯罪的，依照数罪并罚的规定处罚。从理论上讲，保险诈骗罪和故意杀人罪系牵连犯，但刑法明文规定为数罪并罚。可见，B 项表述错误，D 项表述正确，选 D 项。

24. BD

【解析】A 项表述为行为偏差，或者称为目标打击错误。行为偏差有打击一致和不一致之分。属于同一犯罪构成的是打击一致，属于不同犯罪构成的是打击不一致。A 项表述中，甲的行为构成故意杀人未遂和故意毁坏财物罪既遂，分属于不同犯罪构成，是打击不一致，如果甲因枪法不准将乙身边的丙打死，属于打击一致，因为属于同一犯罪构成。不论属于同一犯罪构成还是属于不同犯罪构成，都是因为行为人客观能力不足造成的。可见，A 项表述的是行为偏差，而不是对象错误或者客体错误。因为对象错误属于主观认识错误，并不存在客观能力不足的问题。客体错误虽然也分属于不同犯罪构成，但也是主观认识错误，而不是客观能力不足。可见，不选 A 项。《刑法》第 127 条规定了盗窃、抢夺枪支、弹药、爆炸物、危险物质罪，B项表述的情形构成该罪，属于选择性罪名，即属于同一犯罪构成中的认识错误，而且属于主观认识错误，因此属于对象错误。可见，选B项。C项表述属于客体错误，而不是行为偏差。因为分属于不同犯罪构成（盗窃罪和盗窃枪支罪），且属于主观认识错误，而不是客观能力不足。可见，不选C项。D项表述属于故意杀人罪的同一犯罪构成，且并非客观能力不足，而是由于主观认识错误所致。可见，选D项。

25．AD

【解析】抢夺罪是指以非法占有为目的，公然夺取数额较大的公私财产的行为。A项表述符合抢夺罪的构成特征，故选A项。《刑法》第438条规定，盗窃、抢夺武器装备或者军用物资的，构成盗窃、抢夺武器装备、军用物资罪。该罪属于军职犯罪，犯罪主体限于军职人员。可见，B项表述的情形构成抢夺军用物资罪，不另定抢夺罪，故不选B项。《最高人民法院关于审理抢劫、抢夺刑事案件适用法律若干问题的意见》第11条规定，对于驾驶机动车、非机动车（以下简称"驾驶车辆"）夺取他人财物的，一般以抢夺罪从重处罚。但具有下列情形之一的，应当以抢劫罪定罪处罚：（1）驾驶车辆，逼挤、撞击或强行逼倒他人以排除他人反抗，乘机夺取财物的；（2）驾驶车辆强抢财物时，因被害人不放手而采取强拉硬拽方法劫取财物的；（3）行为人明知其驾驶车辆强行夺取他人财物的手段会造成他人伤亡的后果，仍然强行夺取并放任造成财物持有人轻伤以上后果的。根据上述司法解释第3项规定，C项表述构成抢劫罪，故不选C项。D项表述构成抢夺罪，尽管丁顺势将韩某推倒，但尚未达到"暴力"程度，其抢夺行为不能转化为抢劫罪，故选D项。

26．ACD

【解析】《民法典》第1250条规定，因第三人的过错致使动物造成他人损害的，被侵权人可以向动物饲养人或者管理人请求赔偿，也可以向第三人请求赔偿。动物饲养人或者管理人赔偿后，有权向第三人追偿。据此，可以推导出本题正确答案为A、C、D项。《民法典》第1250条规定的侵权责任承担方式为不真正连带责任，而不是连带责任，故不选B项。

27．CD

【解析】《民法典》第372条规定，地役权人有权按照合同约定，利用他人的不动产，以提高自己的不动产的效益。前款所称他人的不动产为供役地，自己的不动产为需役地。据此，甲公司、乙公司通过合同约定不动产利用方式，并支付报酬，属于地役权关系，而非相邻关系。可见，A项表述错误，不选A项。《民法典》第384条规定，地役权人有下列情形之一的，供役地权利人有权解除地役权合同，地役权消灭：（1）违反法律规定或者合同约定，滥用地役权；（2）有偿利用供役地，约定的付款期限届满后在合理期限内经两次催告未支付费用。《民法典》第385条规定，已经登记的地役权变更、转让或者消灭的，应当及时办理变更登记或者注销登记。《民法典》第565条第1款规定，当事人一方依法主张解除合同的，应当通知对方。合同自通知到达对方时解除；通知载明债务人在一定期限内不履行债务则合同自动解除，债务人在该期限内未履行债务的，合同自通知载明的期限届满时解除。对方对解除合同有异议的，任何一方当事人均可以请求人民法院或者仲裁机构确认解除行为的效力。据此，乙公司在合理期限内经两次催告仍未支付费用，甲公司可以通知解除地役权合同，地役权自地役权合同解除时消灭（而不是地役权办理注销登记时消灭）。地役权合同自甲公司发函通知到达时即为解除，乙公司的异议不影响地役权合同的解除。综上分析，B 项表述错误，C、D 项表述正确，选 C、D 项。

28．AD

【解析】《民法典》第 230 条规定，因继承取得物权的，自继承开始时发生效力。据此，被继承人死亡时，继承人取得遗产所有权或者他物权，无须登记或者交付。因此，A 项表述中，乙已经取得别墅所有权。可见，选 A 项。《民法典》第 229 条规定，因人民法院、仲裁机构的法律文书或者人民政府的征收决定等，导致物权设立、变更、转让或者消灭的，自法律文书或者征收决定等生效时发生效力。这里的"法律文书"，仅限于形成判决和给付判决，且不包括行使形成权产生的判决。B 项表述中，法院作出的要求甲协助乙进行不动产变更登记的判决属于给付判决，因此，甲、乙之间仍需进行房屋变更登记之后所有权才能发生转移。可见，B 项表述不能使房屋所有权发生转移，故不选 B 项。《民法典》第 314 条规定，拾得遗失物，应当返还权利人。拾得人应当及时通知权利人领取，或者送交公安等有关部门。据此，C 项表述中，相机虽然被乙拾得，但是乙不能取得相机所有权，相机所有权仍归甲，并未转移。可见，不选 C 项。《民法典》第 228 条规定，动产物权转让时，当事人又约定由出让人继续占有该动产的，物权自该约定生效时发生效力。据此，D 项表述中，甲、乙通过占有改定方式完成了手机的交付，所有权发生转移，乙取得了手机的所有权。可见，选 D 项。

29．ACD

【解析】《民法典》第 1203 条规定，因产品存在缺陷造成他人损害的，被侵权人可以向产品的生产者请求赔偿，也可以向产品的销售者请求赔偿。产品缺陷由生产者造成的，销售者赔偿后，有权向生产者追偿。因销售者的过错使产品存在缺陷的，生产者赔偿后，有权向销售者追偿。据此，乙因某款车型刹车系统存在技术缺陷而造成损害，被侵权人乙既可以请求生产者甲赔偿，也可以请求销售者丙赔偿。可见，A、C 项表述正确，选 A、C 项。《民法典》第 1207 条规定，明知产品存在缺陷仍然生产、销售，或者没有依据前条规定采取有效补救措施，造成他人死亡或者健康严重损害的，被侵权人有权请求相应的惩罚性赔偿。据此，甲发现已投入流通的某款车型刹车系统存在技术缺陷，即通过媒体和销售商发布召回该款车进行技术处理的通知，可知其在将车辆投入流通时并不知道该缺陷，因而无须承担惩罚性赔偿。可见，B 项表述错误，不选 B 项。产品损害责任在归责原则上适用无过错责任，故 D 项表述正确，选 D 项。

30．AB

【解析】《商标法》第 39 条规定，注册商标的有效期为 10 年，自核准注册之日起计算。据此，A 项表述正确。商标权的主体是商标注册人，对于没有注册的商标，虽然可以使用，但不受商标法保护。可见，B 项表述正确。就世界商标立法看，驰名商标必须是注册商标，但我国商标法并没有将驰名商标界定为必须是注册商标。可见，C 项表述错误。商标权人有权通过签订商标许可使用合同，许可他人使用自己的注册商标。在此情形下，商标权人可以保留自己使用的权利（排他许可使用），也可以放弃自己使用的权利而仅限于使用人独占使用（独占许可使用）。可见，D 项表述错误。

三、简答题

31. 下列情形貌似共同犯罪，但因缺乏共同故意或故意的内容不一致，不认为是共同犯罪：

（1）过失不构成共犯。

（2）把他人当工具利用的不构成共同犯罪。

（3）事前无通谋、事后提供帮助的行为不构成共同犯罪。

（4）过限行为不构成共同犯罪。

（5）"同时犯"不构成共同犯罪。

（6）在共同实行的场合，不存在片面共犯。

（答对 5 点得 10 分——编者注）

32. 抢劫罪和绑架罪的区别表现在：

（1）犯罪客体不尽相同。抢劫罪是复杂客体，同时侵犯了公私财产所有权和公民人身权利，主要侵犯的客体为财产所有权，因而归入侵犯财产罪；绑架罪侵犯的客体是单一客体即人身权利，但以勒索财物为目的的绑架罪也同时侵犯了财产权利和人身权利，其与抢劫罪的不同之处在于，以勒索财物为目的的绑架罪主要侵犯的客体为公民的人身权利，因而绑架罪归入侵犯公民人身权利、民主权利罪。（4 分）

（2）客观行为方式不同。抢劫罪是以暴力、胁迫或其他方法施加于被害人，当场强行劫取财物的行为；绑架罪是将人掳走限制其自由后，以杀害、重伤或长期禁闭被害人，威胁被害人家属或有关人员，迫使其在一定限期内交出索取的财物或提出非法要求。（3 分）

（3）犯罪目的不完全相同。抢劫罪以非法占有他人财物为目的；绑架罪以勒索财物或者劫持他人作人质为目的。（3 分）

33. 共同危险行为，又称准共同侵权行为，是指二人或者二人以上共同实施危及他人人身或财产安全的行为并造成损害后果，但不能确定谁是实际侵权人的情形。（3 分）

共同危险行为的构成要件有：

（1）主体的复数性。是指危险行为人为二人或者二人以上。（1 分）

（2）行为的同一性。数个危险行为人实施的侵权行为是相同的。（1 分）

（3）时间上的同时性或相继性。如果数个危险行为人所实施的行为不是同时发生或相继发生，则不会成立共同危险行为。（1 分）

（4）行为的危险性。这种危险性表现为，每个人的行为都有可能侵害他人的民事权益，且这种可能性是现实存在的。（1 分）

（5）行为的独立性。每个人都单独实施了危险行为，彼此之间无关联或者结合关系。（1 分）

（6）实际侵权人的不确定性。（1 分）

（7）损害结果的单一性。（1 分）

34. 一般保证的保证人在主合同纠纷未经审判或者仲裁，并就债务人财产依法强制执行仍不能履行债务前，有权拒绝向债权人承担保证责任，（2 分）但是有下列情形之一的除外：

（1）债务人下落不明，且无财产可供执行。（2 分）

（2）人民法院已经受理债务人破产案件。（2分）

（3）债权人有证据证明债务人的财产不足以履行全部债务或者丧失履行债务能力。（2分）

（4）保证人书面表示放弃先诉抗辩权。（2分）

四、论述题

35.（1）犯罪未遂是指已经着手实行犯罪，由于犯罪分子意志以外的原因而未得逞的犯罪形态。（1分）

（2）犯罪未遂的构成条件有：①犯罪分子已经着手实行犯罪。已经着手实行犯罪即犯罪分子已经开始实行刑法分则条文所规定的某种犯罪的基本构成要件的行为。只有开始实施符合分则所规定的构成要件的行为，才能认定为"着手"。②犯罪未得逞。犯罪未得逞即犯罪没有既遂，犯罪行为尚未完整地满足刑法分则规定的全部犯罪构成事实。已经着手却又没有既遂的，就是犯罪未得逞，倘若犯罪已得逞，不复有成立犯罪未遂的可能性。③犯罪未得逞是由于犯罪分子意志以外的原因。犯罪分子意志以外的原因即违背犯罪分子本意的原因。犯罪未得逞并不是犯罪分子自愿的，而是由不可克服的障碍造成的。犯罪分子意志以外的原因主要有：被害人的反抗、第三者的阻止、自然力的阻碍、物质的阻碍、犯罪人能力不足、认识发生错误等。（9分）

（3）犯罪未遂的处罚原则。我国《刑法》规定，对于未遂犯，可以比照既遂犯从轻或者减轻处罚。据此，对于未遂犯的处罚，应当坚持的原则有：①对未遂犯的定罪量刑，应当同时引用刑法总则有关未遂犯处罚原则的规定和刑法分则具体条文的规定，在罪名上应对未遂形态有所体现。②在对未遂犯的处罚原则上，应与既遂犯相比，对未遂犯一般要从轻或者减轻处罚。③在对未遂犯采取从宽处罚的基础上，必须正确判断未遂案件与既遂案件危害程度的差别。要考虑的因素包括：未遂形态距离犯罪完成形态的远近程度；犯罪未遂所属的类型；未遂形态所表现出来的行为人犯罪意志的坚决程度。（5分）

36. 我国侵权责任的归责原则体系是由过错责任原则（包括过错推定责任原则）和无过错责任原则构成的。（3分）

（1）过错责任原则。过错责任原则是以行为人的过错作为归责根据的原则，根据该归责原则：①行为人的过错是确定侵权责任的必备要件且是最终要件，行为人具有故意或者过失才能承担侵权责任。②以行为人的过错程度作为确定责任形式、责任范围的依据。过错责任原则要求在确定侵权责任时，要依据主观意思状态来确定，而不是依据行为的客观方面来确定。过错责任原则是我国确立侵权责任的基本归责原则，在法律没有特别规定的情况下，都适用过错责任原则。（4分）

（2）过错推定责任原则。过错推定责任原则是在法律有特别规定的场合，从损害事实本身推定加害人有过错，并据此确定造成他人损害的行为人的赔偿责任的归责原则。过错推定责任原则仍然属于过错责任原则的范畴，但适用过错推定责任原则，采取举证责任倒置，推定加害人有过错，加害人只有在证明自己没有过错时，才不承担侵权责任。适用过错推定责任原则，需要有法律的明确规定。（4分）

（3）无过错责任原则。无过错责任原则即不问行为人是否存在主观过错，只要有行为、损害后果以及二者之间存在因果关系，就应承担民事责任的归责原则。适用无过错责任原则，不考虑行为人是否存在主观过错，而只考虑损害结果和行为之间是否存在因果关系。只有在法律有明确规定时，才能适用无过错责任原则。根据我国民法典规定，适用无过错责任原则的主要情形有高度危险作业致人损害责任、因产品质量不合格致人损害责任、环境污染和生态破坏致人损害责任、饲养的动物致人损害责任以及被监护人致人损害责任等。（4分）

五、案例分析题

37.（1）对于因索债而非法扣押他人的，应以非法拘禁罪而不是绑架罪定罪处罚，因此，乙和丙为了索债而将丁扣押，构成非法拘禁罪。（4分）

（2）以出卖为目的拐卖妇女的，构成拐卖妇女罪。乙、丙以出卖为目的将丁卖给戊，构成拐卖妇女罪。（4分）

（3）乙、丙是非法拘禁罪、拐卖妇女罪的共犯，二人应以拐卖妇女罪和非法拘禁罪实行数罪并罚。（2分）

（4）丙在乙外出寻找买主时将丁奸淫，其行为不构成强奸罪，而应按照拐卖妇女罪的加重情节处理；丙实施的奸淫行为超出了共同犯罪的故意，应由丙单独承担拐卖妇女罪的加重情节，对乙应以拐卖妇女罪的基础法定刑量刑。（4分）

（5）戊构成收买被拐卖的妇女罪、非法拘禁罪和盗窃罪，实行数罪并罚。戊从乙、丙二人手中收买被拐卖的妇女，构成收买被拐卖的妇女罪；戊将丁非法拘禁于房间内达一个月有余，构成非法拘禁罪；戊要求乙退还购买妇女的1万元遭到拒绝，一气之下将乙的摩托车开走，构成盗窃罪。（6分）

38.（1）乙有权行使撤销权，撤销甲将房产无偿转让给丙的赠与行为。（2分）根据民法典规定，债务人以无偿转让财产的方式处分财产权益，影响债权人的债权实现的，债权人可以请求人民法院撤销债务人的行为。本案中，因为债务人甲没有财产可供执行，所以，甲无偿转让房产的行为影响到债权人乙的债权的实现，乙可以撤销甲无偿转让房产的行为。（4分）

（2）如果丙到期不能清偿丁银行的债务，丁银行有权实现抵押权。（2分）根据民法典规定，受让人取得所有权之外的其他物权的，可以依据登记的公示效力和善意取得制度取得该物权。本案中，丙在设立抵押权时，丙为房产证上登记的所有权人，丁银行基于对登记的信赖而设立抵押权，其信赖利益应予保护，因此，丁银行有权实现抵押权。（4分）

（3）如果丁银行主张实现抵押权，甲可以替代丙偿还所欠债务；丁银行拍卖房产后，甲取得对丙的不当得利返还请求权；甲从丙处取得的利益，应当偿还欠乙的借款。（2分）首先，由于乙行使了撤销权，甲转让房屋的行为无效，房屋所有权仍应归甲。甲为了消灭房屋设定的抵押权，可以代替丙清偿丁银行的债务以消灭抵押权。其次，如果丁银行通过拍卖房产实现抵押权，则甲只能依据不当得利要求丙承担房屋被拍卖所受的损失。最后，乙有权要求甲将从丙处获得的利益给乙，以清偿借款。（6分）

专业基础课模拟试题（五）

一、单项选择题（第 1～20 小题，每小题 1 分，共 20 分。下列每题给出的四个选项中，只有一个选项是最符合题目要求的）

1. 下列关于罪刑法定原则及其内容的表述，正确的是（   ）。

A. 罪刑法定原则禁止重法溯及既往   B. 罪刑法定原则禁止适用不定期刑

C. 罪刑法定原则禁止适用扩大解释   D. 罪刑法定原则不排斥习惯法

2. 下列选项中，符合刑法关于没收财产规定的是（   ）。

A. 对于违禁品和供犯罪所用的本人财物，应当适用没收财产刑

B. 对犯罪分子并处没收财产的，则不能并处罚金

C. 没收财产仅限于犯罪分子个人持有的财产

D. 对犯罪分子没收财产的，应对犯罪分子个人及其扶养的家属保留必需的生活费用

3. 下列表述中，不符合我国刑法规定的不溯及既往原则的有（   ）。

A. 对行为时不受处罚的行为，不能适用事后法给予处罚

B. 对行为时受处罚的行为，不能适用比行为时更重的处罚

C. 对行为人定罪量刑应以刑法的明文规定为限

D. 按照审判监督程序重新审判的案件，适用裁判时法律

4. 下列行为中，构成侵占罪的是（   ）。

A. 甲出差时让其同事乙帮忙照看房子，乙在翻看甲家的杂志时发现其中夹有 1 万元现金，即将其拿走，后又伪造被盗现场掩盖罪行

B. 某国有公司司机甲拉该公司出纳乙去银行存款，乙下车去银行时忘拿皮包（内有现金 30 万元），甲趁机将其藏在电瓶盒中，乙回来发现皮包不见问甲是否知情，甲假装不知，并帮乙寻找，之后将皮包拿回家中

C. 甲发现租车只需身份证即可，想借此机会搞钱，遂用捡来的身份证从乙那里租赁来一辆奔驰汽车，当即转手将车卖给他人，得钱 20 万元后逃走

D. 甲受某画院委托为其装裱一幅估价为 300 万元的名画，甲用一张赝品将其调包，在赝品上装裱后冒充真迹归还画院

5. 甲为赖掉欠乙的巨额债务，将乙杀害，并将尸体肢解，用塑料编织袋打包，对丙

谎称是毒品，托其运至某市，并称事成后必有重酬。丙将该塑料编织袋打成包裹运至某市，存放在火车站小件寄存处。以下说法正确的是（　　）。

A. 甲构成故意杀人罪，丙不构成犯罪

B. 甲构成故意杀人罪，丙构成运输毒品罪（未遂）

C. 甲构成故意杀人罪，丙构成运输毒品罪（既遂）

D. 甲构成故意杀人罪，丙构成包庇罪

6. 下列选项中，应当认定为结果加重犯的是（　　）。

A. 甲强制猥亵妇女赵某导致赵某自杀身亡

B. 乙因强奸被害人而致被害人重伤

C. 丙将其父遗弃致使其父得不到救助而死亡

D. 丁组织卖淫并对被组织者有强奸行为

7. 甲系车主乙雇用专拉游客的小车司机，某日甲载 3 名乘客在路途中将横穿马路的丙撞伤。乙为逃避责任，乘客为赶路，纷纷要求离开现场。甲也因害怕而将车开走。丙终因抢救不及时死亡。则（　　）。

A. 甲、乙、乘客构成交通肇事罪的共犯

B. 甲、乙、乘客构成故意杀人罪的共犯

C. 甲、乙、乘客构成危险驾驶罪的共犯

D. 甲、乙、乘客构成以危险方法危害公共安全罪的共犯

8. 甲为铁路派出所民警，一日在执勤时遇到其友乙，乙告知甲因其犯抢劫罪正在被追捕。甲给乙 2 000 元钱，将乙送上火车逃往外地。追捕乙的公安人员赶到时，甲上前搭讪，故意拖延追捕时间，使乙逃脱。甲的行为构成（　　）。

A. 徇私枉法罪 　　　　　　　　　B. 私放在押人员罪

C. 窝藏罪 　　　　　　　　　　　D. 包庇罪

9. 《刑法》第 163 条第 1 款规定："公司、企业或者其他单位的工作人员利用职务上的便利，索取他人财物或者非法收受他人财物，为他人谋取利益，数额较大的，处……"本条的罪状形式是（　　）。

A. 空白罪状 　　　B. 简单罪状 　　　C. 引证罪状 　　　D. 叙明罪状

10. 某公安机关负责人甲，因为邻里矛盾与某工矿企业厂长乙有私仇。为了报复乙，甲以环境污染为由对乙负责的工矿企业处以罚款等处罚，给企业造成直接经济损失 10 万元，间接经济损失 5 万元。甲的行为构成（　　）。

A. 报复陷害罪 　　　　　　　　　B. 滥用职权罪

C. 玩忽职守罪 　　　　　　　　　D. 行政枉法裁判罪

11. 甲、乙二公司签订服装买卖合同，约定甲公司先行提供服装 1 万套，乙公司于收到服装 1 个月后全额付款。签订合同不到半个月，甲公司尚未履行合同便得知乙公司因经营危机导致债台高筑，乙公司为了逃债，将仅存的财产赠给了丙公司。则下列表述正确的是（　　）。

A. 甲公司可以行使合同撤销权 　　B. 甲公司可以行使不安抗辩权

C. 甲公司只能主张预期违约 　　　D. 甲公司可以行使先履行抗辩权

12. 甲因负伤在乙医院接受手术治疗，却因输血染上 HBV 病毒，后查明血液是由丙血站提供的。对于甲因感染 HBV 病毒造成的损害，其（　　）。

　　A. 可以请求丙血站承担赔偿责任

　　B. 只能请求乙医院承担赔偿责任

　　C. 有权请求乙医院和丙血站承担连带赔偿责任

　　D. 只能请求丙血站承担赔偿责任

13. 甲是 A 公司的实际控制人，为逃避债务，甲将 A 公司财产与自己的财产混同，并乘机将混同财产转移至自己名义下，致使 B 公司的债权无法实现。对于所欠 B 公司的债务（　　）。

　　A. 由 A 公司承担清偿责任

　　B. 由甲承担清偿责任

　　C. 由 A 公司承担清偿责任，甲承担相应的补充责任

　　D. 由 A 公司和甲承担连带责任

14. 制片方甲创作的电影《迷雾》是根据真实故事改编的，该电影的女主角原型乙表示，影片虚构的下跪、陪睡等情节遭受社会非议，使其深受打击，正常生活遭到破坏。经查，影片中确实存在上述虚构情节。甲的行为（　　）。

　　A. 侵犯了乙的名誉权　　　　　　　　B. 侵犯了乙的隐私权

　　C. 侵犯了乙的肖像权　　　　　　　　D. 不构成侵权

15. 下列行为中，构成无因管理的是（　　）。

　　A. 误将他人的病牛当作自己的病牛予以救治

　　B. 修缮与邻居共用的承重墙

　　C. 帮助寺院点燃一炷香

　　D. 受朋友之托照顾管理货物

16. 根据商标法规定，下列要素及其组合中，可以作为商标申请注册的有（　　）。

　　A. 商品装潢　　　　　　　　　　　　B. 商务通用标语

　　C. 门铃音响　　　　　　　　　　　　D. 气味

17. 甲、乙共同设立一社会服务机构，该机构不具有法人资格。甲、乙在从事社会服务活动时欠债 20 万元，对于该笔债务的承担，下列表述正确的是（　　）。

　　A. 应由甲清偿该笔债务　　　　　　　B. 应由乙清偿该笔债务

　　C. 应由甲、乙出资额为限承担责任　　D. 应由甲、乙承担无限连带责任

18. 根据专利法规定，下列关于专利权强制许可制度的表述，正确的是（　　）。

　　A. 强制许可制度适用于发明、实用新型和外观设计

　　B. 申请交叉强制许可的民事主体必须提交书面申请

　　C. 为了实施依存专利而给予的强制许可属于普通强制许可

　　D. 如果专利权被授予之日起满 2 年仍未充分实施的，应当给予其强制许可

19. 甲欲向乙购买一批货物，价值为 50 万元。双方在买卖合同中约定，甲于次日交付定金 20 万元，乙于一个月内发货。次日，甲向乙交纳了 12 万元，乙接受，但一个月后一直不曾发货，造成甲严重损失。若甲主张适用定金罚则，则乙应当返还给甲的总金额为（　　）。

A. 40 万元   B. 24 万元   C. 22 万元   D. 12 万元

20. 施工队甲租用学校乙的操场为紧邻学校的丙公司施工盖楼房，由于甲未及时采取安全维护措施，导致小学生丁跌入施工队挖的露天坑道中，摔成重伤。对丁的损害（　　）。

A. 甲承担侵权责任，乙承担相应的补充责任

B. 甲承担侵权责任，乙不承担责任

C. 甲、乙承担连带侵权责任

D. 甲、丙承担连带侵权责任

二、**多项选择题**（第 21～30 小题，每小题 2 分，共 20 分。下列每题给出的四个选项中，至少有两个选项是符合题目要求的。多选、少选或错选均不得分）

21. 甲因犯盗窃罪被判处 3 年有期徒刑，缓刑 4 年。在缓刑考验期限内，甲又犯煽动分裂国家罪，依法被判处 5 年有期徒刑。则下列说法正确的是（　　）。

A. 对甲应当附加剥夺政治权利

B. 甲构成累犯，应当从重处罚

C. 对甲应在 5 年以上 10 年以下酌情决定执行的刑期

D. 对甲应在 5 年以上 8 年以下酌情决定执行的刑期

22. 下列行为中，属于犯罪未遂的有（　　）。

A. 甲试图杀死妻子，便在饭碗中下毒，甲的妻子中毒后被邻居发现送往医院获救

B. 乙为制造火车颠覆事故，试图在铁轨上安放定时炸弹，在安放之际，被巡道员发现制止

C. 丙乘夜抢劫乙，但发现乙是熟人，便以开玩笑为由放弃抢劫

D. 丁入室行窃，听到门外有脚步声，误认为有人回家不能盗窃而逃走，实际上是风吹物落的声音

23. 甲于某日晚持刀拦路劫走女青年乙的手机、项链等物，随后又推倒乙欲图强奸，乙拼命反抗，甲将乙扎成重伤，致乙失血过多而死亡。甲的行为构成（　　）。

A. 故意伤害罪   B. 抢劫罪   C. 强奸罪   D. 过失致人死亡罪

24. 下列行为中，应以故意杀人罪定罪处罚的有（　　）。

A. 行为人在非法拘禁过程中致人死亡的

B. 行为人在寻衅滋事过程中致人死亡的

C. 行为人在暴力抗拒执行人民法院判决过程中造成执行人员死亡的

D. 行为人绑架后因勒索未成将被绑架人杀死的

25. 下列情形属于挪用公款"归个人使用"的有（　　）。

A. 挪用者将挪用的公款归他人使用

B. 挪用者将挪用的公款给私有公司使用

C. 挪用者将挪用的公款给自己使用

D. 挪用者将挪用的公款以所在单位的名义给某股份有限公司使用，但未谋取利益的

26. 甲、乙两村相邻。两村约定甲村占用乙村长 800 米宽 100 米的土地修建引水渠以灌溉甲村的果园，作为补偿甲村每年支付乙村 1 万元，期限为 10 年。双方签订地役权合

同并办理登记。3 年后，甲村将果园承包给村民丙，承包期为 5 年。下列关于本案的表述不正确的是（   ）。

    A. 甲村、乙村签订的合同自办理地役权登记时生效

    B. 甲村将果园承包给丙须经乙村同意

    C. 甲村将果园承包给丙后，丙对乙村享有地役权

    D. 丙应当在承包期限内每年向乙村支付 1 万元补偿费

27. 甲、乙签订借款合同，甲向乙借款 20 万元，借款期限为 1 年，丙为甲提供全额连带保证责任，但未约定保证期限。合同签订不到 1 个月，甲、乙又达成补充协议，将借款期限延长 6 个月，但丙对该补充协议并不知情。则（   ）。

    A. 因履行期限的变动未经丙书面同意，丙不再承担保证责任

    B. 丙应自补充协议约定的还款期限届满之日起开始承担保证责任

    C. 丙应自原合同约定的还款期限届满之日起开始承担保证责任

    D. 乙应自原合同履行期限届满之日起 6 个月内要求丙承担保证责任

28. 甲、乙签订书面合同约定："甲按照乙对出卖人以及设备的选择，订立买卖合同购买设备。设备购买后，甲将设备出租给乙，租期 10 年，总租金为 1 亿元，乙分 10 期支付租金。租期内设备所有权归甲。"在合同履行过程中，甲有权通知乙解除合同的情形有（   ）。

    A. 乙未经甲同意，将租赁设备投资入股

    B. 乙未按照合同约定妥善保管和使用租赁设备

    C. 乙未按照约定支付租金，经甲催告后在合理期限内仍未支付

    D. 租赁设备因不可归责于当事人的原因毁损、灭失，且不能修复或者确定替代物

29. A 公司授权甲采购联想手机，每部价格不得超过 5 000 元。甲看到 B 公司正在促销苹果 6 手机，每部仅 4 000 元，遂以 A 公司名义订购 20 部，另购买 iPad 10 台。回来后发现，购得的苹果手机均非新品，而是返修机。对此，下列说法正确的是（   ）。

    A. A 公司董事长未认真查看订单即指示财务人员付款，可认为其对甲的行为进行了追认

    B. 若 A 公司不追认甲的行为，B 公司有权请求甲履行订购合同交付价款

    C. A 公司追认甲的行为的，仍有权请求法院撤销苹果手机买卖合同

    D. A 公司将手机和 iPad 以福利方式发给员工的，员工有权请求 A 公司承担瑕疵担保责任

30. 下列发明创造应当认定为职务发明创造的是（   ）。

    A. 执行本单位的任务完成的发明创造

    B. 利用本单位的物质技术条件完成的发明创造

    C. 调动工作后作出的发明创造

    D. 在本职工作中作出的发明创造

三、简答题（第 31～34 小题，每小题 10 分，共 40 分）

31. 简述犯罪预备的概念和特征。

32. 简述脱逃罪的概念和构成要件。

33. 简述遗嘱继承和遗赠的区别。

34. 简述一般侵权责任的构成要件。

四、论述题（第35～36小题，每小题15分，共30分）

35. 试论刑罚的目的。

36. 选择1题作答：第一题：试论意思自治原则；第二题：试论效力待定的民事法律行为。

五、案例分析题（第37～38小题，每小题20分，共40分）

37. 2010年6月，甲于某小学放学之际，在校门前拦截了一名一年级学生，将其骗走，随即带该男生到某个体商店，向商店老板购买价值6 000余元的高档烟酒。在交款时，甲声称未带够钱，将男生留在商店，回去拿钱交款后再将男生带走。商店老板以为男生是甲的儿子便同意了。甲携带烟酒逃之夭夭。同年10月，甲见路边一辆面包车没有上锁，即将车开走，前往A市。行驶途中，行人乙拦车要求搭乘，甲同意。甲见乙提包内有巨额现金，遂起意图财。行驶到某偏僻处时，甲谎称发生故障，请乙下车帮助推车。乙将手提包放在面包车座位上，然后下车。甲乘机发动面包车欲逃。乙察觉出甲的意图后，紧抓住车门不放，被面包车拖行10余米。甲见乙仍不松手，便加速疾驶，使乙摔倒在地，造成重伤。乙报警后，公安机关根据汽车牌照将甲抓获。甲被抓获后，认罪态度诚恳，不但如实交代了10月所为的犯罪事实，而且如实供述了司法机关尚未掌握的6月份所为的犯罪事实。

请根据刑法的规定和理论，结合上述案情分析：

（1）甲的行为性质，并请说明理由。

（2）甲的量刑情节，并请说明理由。

38. 甲企业与乙银行签订借款合同，合同中约定，甲企业借款100万元用于新产品的生产，借款期限为6个月，于2009年7月1日返还本息，逾期还款要按规定加收罚息。合同中有保证条款，但未规定保证责任期限，丙公司作为保证人在保证人项下签字盖章。合同签订后，乙银行即将100万元借款贷给甲企业。甲企业利用该款项用于新产品的生产。后甲企业预测该产品的销路会很好，决定扩大生产，于是就与乙银行协商将借款期限延长半年，乙银行研究后同意甲企业的要求，双方达成补充协议，约定期限为1年，于2010年1月1日返款，但丙公司未在补充协议中签字盖章。后因甲企业的新产品销售状况不好，于2010年1月1日前未能还款，此后，乙银行多次催告甲企业还款，甲企业也无力偿还借款。乙银行无奈于2010年4月向法院起诉，要求甲企业偿还本息，并承担2009年7月2日起的逾期罚息，丙公司承担连带责任。甲企业抗辩称，借款期限已变更为1年，不能承担自2009年7月2日起的罚息；丙公司则拒绝承担连带责任。

根据上述案情，请回答：

（1）甲企业是否应当承担违约责任？为什么？

（2）丙公司是否应承担连带保证责任？为什么？

（3）关于逾期罚息的支付，甲企业、乙银行有不同主张，甲企业认为应从2010年1月1日起支付逾期罚息，因为收取罚息应按照补充协议执行；乙银行认为应从2009年7月1日起支付逾期罚息，因为补充协议并没有对逾期罚息问题达成协议，因此应当按照原协议计息。请根据合同解释原则阐述您对"逾期"的理解。

专业基础课模拟试题（五）答案解析

一、单项选择题

1. A

【解析】罪刑法定原则禁止重法溯及既往，禁止法外用刑，在刑法溯及力上采取从旧兼从轻原则。可见，A项表述正确。不定期刑包括绝对不定期刑和相对不定期刑，罪刑法定原则禁止绝对不定期刑，但并不禁止相对不定期刑，故B项表述错误。罪刑法定原则并不排斥扩大解释的适用，因为刑法中的扩大解释要求遵循罪刑法定原则的要求，不能超出词语应有含义的范围，故C项表述错误。罪刑法定原则要求实行成文法，要求明确的刑法规范，从而排斥习惯法的适用，故D项表述错误。

2. D

【解析】《刑法》第64条规定，犯罪分子违法所得的一切财物，应当予以追缴或者责令退赔；对被害人的合法财产，应当及时返还；违禁品和供犯罪所用的本人财物，应当予以没收。没收的财物和罚金，一律上缴国库，不得挪用和自行处理。据此，没收财产和没收、追缴具有不同的适用情形，故A项表述不符合刑法规定。罚金和没收财产可以并用，但只有在没收部分财产时才能并行适用，如果是没收全部财产的，仅适用没收财产刑，罚金刑被吸收。可见，B项表述错误。没收财产仅限于犯罪分子个人"所有的合法"财产，故C项表述错误。《刑法》第59条第1款规定，没收财产是没收犯罪分子个人所有财产的一部或者全部。没收全部财产的，应当对犯罪分子个人及其扶养的家属保留必需的生活费用。据此，D项表述正确。

3. D

【解析】这道题是选非题，因此不选A、B、C项：根据罪刑法定原则的要求，定罪量刑应以行为时有刑法的明文规定为限。因此，对行为时不受处罚的行为，不能适用事后刑法给予处罚；在刑罚法规有变更时，对行为时受处罚的行为，不能适用比行为时更重的刑法；对行为时虽被禁止但法律没有规定法定刑的行为，不能事后科处刑罚。这些内容都可以概括为不溯及既往原则。选D项：按照审判监督程序重新审判的案件，适用行为时法律，而不是裁判时法律，因此D项表述不符合刑法不溯及既往原则。

4. D

【解析】A项表述中，房子里的财物归屋主占有，照看者充其量仅为辅助占有人，因而乙的行为构成盗窃罪，而非侵占罪，不选 A 项。B 项表述中，物主暂时离开，物仍归其占有，司机充其量仅为辅助占有人，因而甲的行为构成盗窃罪，而非侵占罪，不选 B 项。C 项表述中，甲通过隐瞒非法占有的真相，骗取他人转移占有，构成诈骗罪，而非侵占罪，不选 C 项。D 项表述中，甲基于装裱而合法占有，非法所有构成侵占罪，选 D 项。

5. B

【解析】 甲构成故意杀人罪，这一点毫无疑问，关键是要判断丙运输行为的性质。丙不构成故意杀人罪或包庇罪，故意杀人罪和包庇罪都必须以主观故意为构成特征，但丙根本不知道塑料编织袋中是乙的尸体，也没有包庇甲犯罪的故意，不选 A、D 项。丙以为运输的是毒品，但实际上塑料编织袋中根本就不是毒品，因此构成对象不能犯未遂，属于运输毒品罪的犯罪未遂，选 B 项，不选 C 项。

6. B

【解析】 结果加重犯是指行为人实施了基本犯罪构成的行为，同时又在基本犯罪构成之外造成了一个重结果，刑法从而对其加重法定刑的情况。基于罪刑法定原则，结果加重犯必须以刑法分则明文规定为限。选 B 项：《刑法》第 236 条第 3 款规定，强奸妇女、奸淫幼女，有下列情形之一的，处 10 年以上有期徒刑、无期徒刑或者死刑：（1）强奸妇女、奸淫幼女情节恶劣的；（2）强奸妇女、奸淫幼女多人的；（3）在公共场所当众强奸妇女的；（4）2 人以上轮奸的；（5）致使被害人重伤、死亡或者造成其他严重后果的。可见，B 项表述的情形属于结果加重犯。不选 A 项：《刑法》第 237 条规定，以暴力、胁迫或者其他方法强制猥亵他人或者侮辱妇女的，构成强制猥亵、侮辱罪。可见，依照罪刑法定原则，刑法分则并没有规定强制猥亵、侮辱妇女致人死亡属于结果加重犯。更何况，结果加重犯的重结果必须与危害行为之间具有因果关系，可是，A 项表述中赵某的死亡与甲的强制猥亵行为之间并不具有因果关系。不选 C 项：依照罪刑法定原则，是否属于结果加重犯取决于刑法分则的规定，《刑法》第 261 条并没有将 C 项表述的情形规定为结果加重犯（第 261 条规定：对于年老、年幼、患病或者其他没有独立生活能力的人，负有扶养义务而拒绝扶养，情节恶劣的，处 5 年以下有期徒刑、拘役或者管制）。不选 D 项：D 项表述的情形，刑法分则规定的是数罪并罚，而不是结果加重犯。

7. A

【解析】《最高人民法院关于审理交通肇事刑事案件具体应用法律若干问题的解释》第 5 条第 2 款规定，交通肇事后，单位主管人员、机动车辆所有人、承包人或者乘车人指使肇事人逃逸，致使被害人因得不到救助而死亡的，以交通肇事罪的共犯论处。此为过失共犯的规定。据此，选 A 项。本题表述中，发生交通事故时行为人的主观心态明显是过失，而不是故意，因而不构成故意杀人罪和以危险方法危害公共安全罪，故不选 B、D 项。危险驾驶罪的客观表现为在道路上驾驶机动车，有下列情形之一：（1）追逐竞驶，情节恶劣的；（2）醉酒驾驶机动车的；（3）从事校车业务或者旅客运输，严重超过额定乘员载客，或者严重超过规定时速行驶的；（4）违反危险化学品安全管理规定运输危险化学品，危及公共安全的。本题表述明显不符合危险驾驶罪的客观表现，故不选 C 项。

8. C

【解析】《刑法》第 310 条规定，明知是犯罪的人而为其提供隐藏处所、财物，帮助其逃匿的，构成窝藏罪。本题表述中，甲明知乙因犯抢劫罪被追捕，而为其提供财物，并拖延追捕人员的追捕时间，故意帮助乙逃脱，构成窝藏罪，故选 C 项。徇私枉法罪的犯罪主体是司法工作人员，甲并不具有这一身份，故不构成徇私枉法罪，不选 A 项。私放在押人员罪要求帮助的对象是在押人员，而乙并非在押人员，故不选 B 项。包庇罪是作假证明包庇犯罪分子的行为，而甲并没有作假证明包庇的行为，故不选 D 项。

9. D

【解析】《刑法》第 163 条规定的是非国家工作人员受贿罪，该条详尽描述了非国家工作人员受贿罪的主体、客观方面和主观方面，因此是叙明罪状，故选 D 项。

10. B

【解析】甲为公安机关负责人，本没有处理环境污染的行政处罚权，但却超越职权实施行政处罚，给企业造成较大损失，其行为构成滥用职权罪，故选 B 项。报复陷害罪是指国家机关工作人员滥用职权，假公济私，对控告人、申诉人、批评人、举报人实行报复陷害的行为。本题表述中，乙并非控告人、申诉人、举报人、批评人之一，甲的行为无法构成报复陷害罪，故不选 A 项。玩忽职守罪是国家机关工作人员以不作为的方式怠于履行职责，而滥用职权罪是国家机关工作人员以作为方式超越权限处理本不该处理的事务。从上述对比可知，甲的行为不构成玩忽职守罪，故不选 C 项。行政枉法裁判罪的犯罪主体是负有审判职责的司法工作人员，而甲并非司法工作人员，故不选 D 项。

11. B

【解析】《民法典》第 527 条第 1 款规定，应当先履行债务的当事人，有确切证据证明对方有下列情形之一的，可以中止履行：（1）经营状况严重恶化；（2）转移财产、抽逃资金，以逃避债务；（3）丧失商业信誉；（4）有丧失或者可能丧失履行债务能力的其他情形。据此，本题表述中，乙公司作为后履行方，经营状况严重恶化，甲公司作为先履行方可以行使不安抗辩权，选 B 项。享有同时履行抗辩权的主体包括当事人双方且双方应当同时履行，享有先履行抗辩权的主体是后履行方，而享有不安抗辩权的主体仅限于先履行方。本题表述中，甲公司是先履行方，其行使的是不安抗辩权，而不能是先履行抗辩权，故不选 D 项。甲公司"可以"主张预期违约，因为乙公司已经用行为表明不履行债务，但是不能说甲公司"只能"主张预期违约，因为甲公司还可以行使不安抗辩权，不选 C 项。甲公司不能行使合同撤销权，因为甲公司作为先履行方，尚未履行合同，即甲公司还没有提供服装，乙公司处分财产的行为并不涉及甲公司和乙公司之间的债权债务关系，乙公司的行为还不能认定为"影响甲公司债权的实现"，因此，甲公司不能行使撤销权。可见，不选 A 项。

12. A

【解析】《民法典》第 1223 条规定，因药品、消毒产品、医疗器械的缺陷，或者输入不合格的血液造成患者损害的，患者可以向药品上市许可持有人、生产者、血液提供机构请求赔偿，也可以向医疗机构请求赔偿。患者向医疗机构请求赔偿的，医疗机构赔偿后，有权向负有责任的药品上市许可持有人、生产者、血液提供机构追偿。据此，被侵权者既可以请求血站承担侵权责任，也可以请求医院承担侵权责任，被侵权者对此有选择权。可见，选 A 项，不选 B、D 项。对于输入不合格血液造成损害的侵权责任，血站和医院之间不承担（真正）连带责任，故不选 C 项。

13. D

【解析】本题考查的是营利法人出资人的责任。《民法典》第 83 条规定，营利法人的出资人不得滥用出资人权利损害法人或者其他出资人的利益；滥用出资人权利造成法人或者其他出资人损失的，应当依法承担民事责任。营利法人的出资人不得滥用法人独立地位和出资人有限责任损害法人债权人的利益；滥用法人独立地位和出资人有限责任，逃避债务，严重损害法人债权人的利益的，应当对法人债务承担连带责任。据此，甲作为 A 公司的实际控制人，通过财产混同的方式逃避债务，致使 B 公司的债权无法实现，从而损害了债权人 B 公司的利益，对此，甲应和 A 公司对 B 公司的债务承担连带责任，选 D 项。

14. A

【解析】根据《著作权法》规定，电影《迷雾》的著作权归制片方甲所有。《民法典》第 1027 条规定，行为人发表的文学、艺术作品以真人真事或者特定人为描述对象，含有侮辱、诽谤内容，侵害他人名誉权的，受害人有权依法请求该行为人承担民事责任。行为人发表的文学、艺术作品不以特定人为描述对象，仅其中的情节与该特定人的情况相似的，不承担民事责任。据此，电影《迷雾》中采取虚构事实的方式贬损乙的名誉，导致乙社会评价降低，侵犯了乙的名誉权。可见，选 A 项，不选 D 项。甲在影视作品中采取了虚构事实的方式，因而不可能侵犯乙的隐私权，故不选 B 项。甲在电影中并未使用乙的肖像，也没有丑化、污损或者利用信息技术手段伪造乙的肖像，没有侵犯乙的肖像权，故不选 C 项。

15. B

【解析】必须有管理他人事务的行为才能成立无因管理，至于何为他人事务，必须以本人的主观意思作出判断，如果客观上为他人事务，但误认为属于本人事务的，不能成立无因管理，因此 A 项表述不能成立无因管理，故不选 A 项。管理的事务必须有为他人谋利益的意思才能成立无因管理，如果单纯为自己谋利益，不能成立无因管理，但如果管理人在为他人谋利益的同时兼使本人受益的，也可成立无因管理。可见，选 B 项。无因管理所管理的事务不能属于纯道德上的或宗教上的事务，因此 C 项表述不能成立无因管理，故不选 C 项。成立无因管理必须没有法律规定的义务或者合同约定处理的事务，因此 D 项表述的情形属于合同，这是有合同依据的，因而不能成立无因管理，故不选 D 项。

16. C

【解析】《商标法》第 8 条规定，任何能够将自然人、法人或者其他组织的商品与他人的商品区别开的标志，包括文字、图形、字母、数字、三维标志、颜色组合和声音等，以及上述要素的组合，均可以作为商标申请注册。据此，选 C 项。商品装潢和商务通用标语因不具备商标注册的条件，不能作为商标申请注册，故不选 A、B 项。商标应当是可视性标志（声音除外），以便于识别，气味因不具有可视性而不能申请商标注册，故不选 D 项。

17. D

【解析】由于甲、乙设立的社会服务机构不具有法人资格，因而在性质上应当属于非法人组织，对于非法人组织所欠债务，原则上应由设立人承担无限连带责任，除非法律另有规定。可见，选 D 项。

18. B

【解析】专利权的强制许可制度仅适用于发明和实用新型，而不适用于外观设计，故A 项表述错误。《专利法》第 56 条规定，一项取得专利权的发明或者实用新型比前已经取得专利权的发明或者实用新型具有显著经济意义的重大技术进步，其实施又有赖于前一发明或者实用新型的实施的，国务院专利行政部门根据后一专利权人的申请，可以给予实施前一发明或者实用新型的强制许可。在依照前款规定给予实施强制许可的情形下，国务院专利行政部门根据前一专利权人的申请，也可以给予实施后一发明或者实用新型的强制许可。据此，对于交叉强制许可，申请人必须提交书面申请书。可见，B 项表述正确。所谓依存专利是指后一专利的实施以前一专利的实施为前提，如不实行前一专利，则后一专利无法实施。可见，依存专利实施的情形针对的是交叉强制许可，而不是普通强制许可，故 C 项表述错误。《专利法》第 53 条（普通强制许可）规定，有下列情形之一的，国务院专利行政部门根据具备实施条件的单位或者个人的申请，可以给予实施发明专利或者实用新型专利的强制许可：(1) 专利权人自专利权被授予之日起满 3 年，且自提出专利申请之日起满 4 年，无正当理由未实施或者未充分实施其专利的；(2) 专利权人行使专利权的行为被依法认定为垄断行为，为消除或者减少该行为对竞争产生的不利影响的。据此，D 项表述错误。

19. C

【解析】《民法典》第 586 条规定，当事人可以约定一方向对方给付定金作为债权的担保。定金合同自实际交付定金时成立。定金的数额由当事人约定；但是，不得超过主合同标的额的 20%，超过部分不产生定金的效力。实际交付的定金数额多于或者少于约定数额的，视为变更约定的定金数额。据此，定金合同属于实践合同，自实际交付定金时生效。虽然甲、乙约定交付定金 20 万元，但甲实际交付 12 万元，由于约定的定金数额不得超过主合同标的额的 20%（50 万元×20%＝10 万元），因此，甲交付的 12 万元中，只有 10 万元应当认定为定金，而多余的 2 万元不具有定金效力。由于乙造成甲严重损失，乙构成违约，甲可以主张定金罚则，即请求乙双倍返还定金（10 万元×2＝20 万元）。剩余的 2 万元，甲可以依据不当得利请求乙返还。甲请求乙返还的总金额为 20 万元＋2 万元＝22 万元。可见，选 C 项。

20. A

【解析】《民法典》第 1201 条规定，无民事行为能力人或者限制民事行为能力人在幼儿园、学校或者其他教育机构学习、生活期间，受到幼儿园、学校或者其他教育机构以外的第三人人身损害的，由第三人承担侵权责任；幼儿园、学校或者其他教育机构未尽到管理职责的，承担相应的补充责任。幼儿园、学校或者其他教育机构承担补充责任后，可以向第三人追偿。据此，选 A 项。

二、多项选择题

21. AD

【解析】《刑法》第 56 条第 1 款规定，对于危害国家安全的犯罪分子应当附加剥夺政治权利；对于故意杀人、强奸、放火、爆炸、投放危险物质、抢劫等严重破坏社会秩序的犯罪分子，可以附加剥夺政治权利。据此，甲犯煽动分裂国家罪，系危害国家安全罪，应当对甲附加剥夺政治权利，故 A 项表述正确。《刑法》第 77 条第 1 款规定，被宣告缓刑的犯罪分子，在缓刑考验期限内犯新罪或者发现判决宣告以前还有其他罪没有判决的，应当撤销缓刑，对新犯的罪或者新发现的罪作出判决，把前罪和后罪所判处的刑罚，依照本法第 69 条的规定，决定执行的刑罚。据此，甲在缓刑考验期限内犯煽动分裂国家罪，应当撤销缓刑，而不是按照累犯处理，故 B 项表述错误。《刑法》第 69 条第 1 款规定，判决宣告以前一人犯数罪的，除判处死刑和无期徒刑的以外，应当在总和刑期以下、数刑中最高刑期以上，酌情决定执行的刑期，但是管制最高不能超过 3 年，拘役最高不能超过 1 年，有期徒刑总和刑期不满 35 年的，最高不能超过 20 年，总和刑期在 35 年以上的，最高不能超过 25 年。据此，甲的总和刑期为 8 年（犯盗窃罪判处的有期徒刑 3 年加上犯煽动分裂国家罪判处的有期徒刑 5 年），数刑中最高刑为犯煽动分裂国家罪判处的有期徒刑 5 年，因此，法院应当在 5 年以上 8 年以下酌情决定甲应当执行的刑期。可见，C 项表述错误，D 项表述正确。

22．ABCD

【解析】犯罪未遂是因犯罪分子意志以外的原因而未得逞的犯罪形态，意志以外的原因很多。A、B 项表述中，甲、乙的行为都因为第三者的介入致使犯罪未遂，选 A、B 项。C 项表述中，丙的行为由于丙发生认识错误而导致犯罪未遂，选 C 项。D 项表述中，丁的行为由于丁的主观认识错误及自然力的原因导致犯罪未遂，选 D 项。

23．BC

【解析】本题中，甲当场劫取女青年乙的财物，构成抢劫罪，事后甲又意图实施奸淫之事，构成抢劫罪和强奸罪（未遂），选 B、C 项。《刑法》236 条第 3 款规定，强奸妇女、奸淫幼女，有下列情形之一的，处 10 年以上有期徒刑、无期徒刑或者死刑：（1）强奸妇女、奸淫幼女情节恶劣的；（2）强奸妇女、奸淫幼女多人的；（3）在公共场所当众强奸妇女的；（4）2 人以上轮奸的；（5）致使被害人重伤、死亡或者造成其他严重后果的。据此，故意伤害、过失致人死亡等情形属于强奸罪的加重处罚情节，不另行定罪，只定强奸罪，不选 A、D 项。

24．BC

【解析】犯非法拘禁罪致人死亡的，仍以非法拘禁罪论处，但使用暴力致人死亡的，系转化犯，应以故意杀人罪论处。可见，不选 A 项。行为人在寻衅滋事过程中致人死亡的，寻衅滋事罪转化为故意杀人罪，故选 B 项。行为人在暴力抗拒执行人民法院判决、裁定过程中造成执行人员死亡的，拒不执行判决、裁定罪转化为故意杀人罪，故选 C 项。D 项表述涉及包容问题，即对于某些暴力性犯罪的构成要件或者处罚情节中已经包括故意杀人内容的，行为人实施该犯罪并杀害被害人的，杀人行为被包容，应直接按照该种犯罪定罪处罚，例如抢劫罪致人死亡的，定抢劫罪；杀害被绑架人的，定绑架罪；强奸致人死亡的，定强奸罪；拐卖妇女、儿童致人死亡的，定拐卖妇女、儿童罪；等等，都不再单独处罚其杀人的行为。可见，D 项表述构成绑架罪，不选 D 项。

25．ABC

【解析】《最高人民法院关于审理挪用公款案件具体应用法律若干问题的解释》第 1 条

规定，《刑法》第 384 条规定的"挪用公款归个人使用"，包括挪用者本人使用或者给他人使用。挪用公款给私有公司、私有企业使用的，属于挪用公款归个人使用。据此，选 A、B、C 项。全国人大常委会《关于〈中华人民共和国刑法〉第三百八十四条第一款的解释》的规定，挪用公款"归个人使用"包括三种情形：一是将公款供本人、亲友或者其他自然人使用的；二是以个人名义将公款供其他单位使用的；三是个人决定以单位名义将公款供其他单位使用，谋取个人利益的。据此规定第三种情形，由于没有从中谋取利益，故不选 D 项。

26. ABD

【解析】《民法典》第 374 条规定，地役权自地役权合同生效时设立。当事人要求登记的，可以向登记机构申请地役权登记；未经登记，不得对抗善意第三人。据此，A 项表述错误，选 A 项。《民法典》第 378 条规定，土地所有权人享有地役权或者负担地役权的，设立土地承包经营权、宅基地使用权等用益物权时，该用益物权人继续享有或者负担已经设立的地役权。《民法典》第 379 条规定，土地上已经设立土地承包经营权、建设用地使用权、宅基地使用权等用益物权的，未经用益物权人同意，土地所有权人不得设立地役权。对比上述两条规定可知，B 项表述属于《民法典》第 378 条规定的适用情形，因此无须经乙村同意，故 B 项表述错误，选 B 项。根据《民法典》第 378 条规定，C 项表述正确。土地所有权人在负担地役权的土地上设定土地承包经营权等用益物权的，是否支付补偿费应由所有权人和用益物权人通过合同方式约定；如果没有约定，应当由所有权人继续负担补偿费。可见，D 项表述错误，选 D 项。

27. CD

【解析】《民法典》第 695 条第 2 款规定，债权人和债务人变更主债权债务合同的履行期限，未经保证人书面同意的，保证期间不受影响。据此，甲、乙变更借款合同的履行期限，这并未取得保证人丙的书面同意，因此丙承担保证责任的期间仍为原保证合同的期间。《民法典》第 692 条规定，保证期间是确定保证人承担保证责任的期间，不发生中止、中断和延长。债权人与保证人可以约定保证期间，但是约定的保证期间早于主债务履行期限或者与主债务履行期限同时届满的，视为没有约定；没有约定或者约定不明确的，保证期间为主债务履行期限届满之日起 6 个月。债权人与债务人对主债务履行期限没有约定或者约定不明确的，保证期间自债权人请求债务人履行债务的宽限期届满之日起计算。据此，因乙、丙并未约定保证期间，因此，丙承担保证责任的期间自原合同履行期限届满之日起开始计算。保证期为 6 个月。可见，C、D 项表述正确，选 C、D 项。

28. ACD

【解析】《民法典》第 753 条规定，承租人未经出租人同意，将租赁物转让、抵押、质押、投资入股或者以其他方式处分的，出租人可以解除融资租赁合同。据此，选 A 项。《民法典》第 750 条规定，承租人应当妥善保管、使用租赁物。承租人应当履行占有租赁物期间的维修义务。《民法典》第 751 条规定，承租人占有租赁物期间，租赁物毁损、灭失的，出租人有权请求承租人继续支付租金，但是法律另有规定或者当事人另有约定的除外。据此，乙未按照合同约定妥善保管和使用租赁设备，出租人甲不必解除合同。可见，不选 B 项。《民法典》第 752 条规定，承租人应当按照约定支付租金。承租人经催告后在合理期限内仍不支付租金的，出租人可以请求支付全部租金；也可以解除合同，收回租赁物。据此，选 C 项。《民法典》第 754 条规定，有下列情形之一的，出租人或者承租人可以解除融资租赁合同：（1）出租人与出卖人订立的买卖合同解除、被确认无效或者被撤销，且未能重新订立买卖合同；（2）租赁物因不可归责于当事人的原因毁损、灭失，且不能修复或者确定替代物；（3）因出卖人的原因致使融资租赁合同的目的不能实现。据此规定第 2 项，选 D 项。

29. ABC

【解析】本题表述中，甲的代理权限为采购联想手机，但是甲超越代理权限购买苹果手机及 iPad，构成无权代理。A 公司董事长指示财务人员付款，这属于履行合同的行为，可视为其通过默示的方式行使追认权。可见，A 项表述正确，选 A 项。《民法典》第 171 条第 1、3 款规定，行为人没有代理权、超越代理权或者代理权终止后，仍然实施代理行为，未经被代理人追认的，对被代理人不发生效力。行为人实施的行为未被追认的，善意相对人有权请求行为人履行债务或者就其受到的损害请求行为人赔偿。但是，赔偿的范围不得超过被代理人追认时相对人所能获得的利益。据此，若无权代理行为未被追认的，善意相对人有权请求无权代理人履行债务或者赔偿损失。可见，B 项表述正确，选 B 项。《民法典》第 148 条规定，一方以欺诈手段，使对方在违背真实意思的情况下实施的民事法律行为，受欺诈方有权请求人民法院或者仲裁机构予以撤销。这里的"欺诈"，指的是一方故意告知对方虚假情况，或者故意隐瞒真实情况，诱使对方当事人作出错误意思表示的行为。据此，A 公司的追认虽然可以弥补无权代理的瑕疵，但是 B 公司将返修机作为全新手机出卖，构成欺诈，A 公司作为受欺诈方有权起诉请求撤销买卖合同。可见，C 项表述正确，选 C 项。A 公司将手机和 iPad 以福利方式发给员工，属于赠与合同。《民法典》第 662 条第 1 款规定，赠与的财产有瑕疵的，赠与人不承担责任。据此，员工无权请求 A 公司承担瑕疵担保责任，故 D 项表述错误。

30. ABD

【解析】《专利法》第 6 条第 1 款规定，执行本单位的任务或者主要是利用本单位的物质技术条件所完成的发明创造为职务发明创造。职务发明创造申请专利的权利属于该单位，申请被批准后，该单位为专利权人。据此，选 A、B 项。《专利法实施细则》第 12 条第 1 款规定，《专利法》第 6 条所称执行本单位的任务所完成的职务发明创造，是指：（1）在本职工作中作出的发明创造；（2）履行本单位交付的本职工作之外的任务所作出的发明创造；（3）退休、调离原单位后或者劳动、人事关系终止后 1 年内作出的，与其在原单位承担的本职工作或者原单位分配的任务有关的发明创造。据此，选 D 项，不选 C 项。

三、简答题

31. 犯罪预备是指为了犯罪，准备工具、制造条件的行为。（1分）

犯罪预备具有如下特征：

（1）行为人具有为便利实行、完成某种犯罪的主观意图。犯罪预备行为的发动、进行与完成，都是在为便利实行、完成某种犯罪的支配下实施的。（3分）

（2）客观上犯罪人进行了准备工具、制造条件等犯罪的预备活动。准备工具是准备为实行犯罪所使用的各种物品。制造条件是为实行犯罪制造机会或创造条件的行为。（3分）

（3）犯罪的预备行为由于犯罪分子意志以外的原因被阻止在犯罪的准备阶段，未能进展到着手实行犯罪。行为人在着手犯罪实行行为前停止犯罪，是被迫的而不是自愿的，从而显示了犯罪预备的主观恶性。（3分）

32. 脱逃罪是指依法被关押的罪犯、被告人、犯罪嫌疑人逃脱司法机关的羁押和监管的行为。（2分）

脱逃罪的构成要件有：

（1）侵犯客体是国家监管机关的正常监管秩序。（2分）

（2）客观方面表现为从羁押场所脱逃的行为。脱逃即从司法机关的监所逃逸，包括从看守所、监狱、临时关押场所或从被押解的交通工具上逃逸。（2分）

（3）犯罪主体是特殊主体，即限于依法被拘留、逮捕、关押的罪犯、被告人、犯罪嫌疑人。（2分）

（4）主观方面表现为故意，脱逃的目的是逃避羁押和刑罚的执行。（2分）

33. 遗嘱继承和遗赠的区别表现在：

（1）受遗赠人与遗嘱继承人的法律地位不同。受遗赠人不是继承人，没有继承权；遗嘱继承人是继承人，享有继承权。（2分）

（2）受遗赠人与遗嘱继承人的范围不同。受遗赠人必须是法定继承人以外的人，可以是自然人，也可以是组织；遗嘱继承人只能是法定继承人范围以内的人，并且只能是自然人。（2分）

（3）遗赠受领权与遗嘱继承权的标的不同。原则上，受遗赠人只享有受领遗产的权利，不承担清偿遗赠人生前债务的义务；遗嘱继承人不仅享有接受遗产的权利，还负有清偿被继承人生前债务的义务。（3分）

（4）权利行使方式不同。受遗赠人应当在知道受遗赠后 60 日内，作出接受或者放弃受遗赠的表示，到期没有表示的，视为放弃受遗赠；遗嘱继承人在继承开始后遗产处理前，没有表示放弃遗嘱继承的，视为接受继承。（3分）

34. 一般侵权责任的构成要件包括：

（1）加害行为。加害行为是指行为人实施的加害于被侵权人民事权益的不法行为。加害行为是任何侵权责任都必须具备的要件，当然也是一般侵权责任的构成要件之一。

（2）过错。过错是指行为人应受责难的主观状态，包括故意和过失两种形式。故意是指行为人明知自己的行为会发生侵害他人权益的结果，并且希望或者放任这种结果发生的主观状态。过失是指行为人应当预见自己的行为可能发生侵害他人权益的结果，但却因疏忽大意而没有预见，或者已经预见而轻信能够避免的主观状态，包括重大过失和一般过失两种形式。

（3）损害事实。损害事实是指他人财产或者人身利益所遭受的不利影响或后果。损害事实具有可补救性和可确定性等特征。损害包括财产损害和非财产损害，非财产损害又包括人身损害和精神损害。不利后果包括现实已经存在的不利后果和存在现实威胁的不利后果。

（4）因果关系。因果关系是指各种现象之间引起与被引起的关系。侵权责任上的因果关系包括责任成立的因果关系和责任范围的因果关系。责任成立的因果关系是指行为与权益受侵害之间的因果关系，考量的问题是责任的成立。责任范围的因果关系是指权益受侵害与损害之间的因果关系，考量的是责任成立后责任形式以及责任大小的问题。

（答对 3 点得 9 分，答全 4 点得 10 分——编者注）

四、论述题

35.（1）刑罚的目的是国家据以确定刑事政策、制定刑事法律，特别是设计刑罚制度的基本出发点，也是国家适用刑罚同犯罪作斗争的最终归宿。刑罚的目的从根本上制约着刑罚的性质、内容、体系和方向，左右着刑罚的裁量、执行及其功效。刑罚的目的是预防犯罪，由于预防的对象不同，刑罚的目的有特殊预防与一般预防之分。（3 分）

（2）特殊预防就是通过刑罚适用，预防犯罪人重新犯罪。预防犯罪人重新犯罪，主要是通过刑罚的适用与执行，把绝大多数犯罪人改造成守法的公民。特殊预防的对象只能是因实施犯罪而受到刑罚处罚的犯罪人。我国刑法规定的各个刑种，除了死刑是剥夺犯罪人的生命以外，其他大多数刑罚的执行都采取强制劳动改造的方法。特殊预防就是通过发挥刑罚的剥夺、惩罚和教育改造功能，限制或剥夺犯罪分子的再犯能力，使其认罪服法，悔过自新，重新做人。可见，教育改造犯罪人成为守法公民，是我国刑罚特殊预防的主要内容。（4 分）

（3）一般预防就是通过对犯罪人适用刑罚，预防尚未犯罪的人实施犯罪。我国刑罚一般预防的对象仅限于潜在的犯罪人，主要包括：危险分子，即具有犯罪危险的人；不稳定分子，即具有某种犯罪倾向的人；具有私人复仇倾向的被害人及其家属。这些人具有犯罪的思想基础，易于产生犯罪意念，一旦遇到时机，就可能将犯罪意念转化为犯罪行为。因此，国家通过颁布刑法，适用刑罚，不仅直接惩罚了犯罪人，预防其重新犯罪，而且对社会上不稳定分子也起到了警戒和抑制作用，使其不敢轻举妄动，以身试法。这就是用刑罚的威力震慑有可能犯罪的人，促使其及早醒悟，消除犯罪意念，不要重蹈犯罪人的覆辙，从而预防犯罪的发生。（4 分）

（4）特殊预防与一般预防是紧密结合、相辅相成的。对任何一个犯罪人适用刑罚，都包含着特殊预防和一般预防的目的。法律在对犯罪分子判处刑罚时，既要考虑特殊预防的需要，使裁量的刑罚符合惩罚和教育改造罪犯的要求，又要考虑一般预防的需要，使裁量的刑罚足以威慑意图实施犯罪的人。法院判决要符合这两方面的要求，不能强调一方面而忽视另一方面，否则，就会影响特殊预防和一般预防目的的实现。（4 分）

36. **选择第一题作答的，参考答案如下：**（1）意思自治原则是指民事主体在从事民事活动时，在法律允许的范围内自由表达自己的意愿，并按其意愿设立、变更、终止民事法律关系的原则。意思自治原则在民法基本原则中处于核心地位，是私法自治和民法理念的体现，是民法最重要、最具有代表性的原则。民法最重要的使命就是确认并保证民事主体自由的实现。（4 分）

（2）意思自治原则的内容主要体现在如下方面：①民事主体有权自主决定是否参加民事活动以及如何参加民事活动。也就是说，当事人可以对所参与的民事法律关系的内容、相对人、行为方式、形式、补救方式等依据其意志自由选择，他人不得干涉或者作任何形式的强迫。②民事主体应当以平等协商方式从事民事活动，就民事法律关系的设立、变更、终止达成合意。③在法律的允许范围内民事主体有权依其意愿自主作出决定，并认可当事人之间通过自主协商达成的合意具有优先于任意性规范适用的效力，以达到当事人通过法律行为所希望发生的法律效果。④在法律允许的范围内民事主体对其自由表达的真实意愿负责，任何机关、组织和个人不得非法干预。根据私法自治原则，当事人只要不违反法律、行政法规的强制性规定和公序良俗，国家及其机关以及其他组织和个人就不能进行干预，这对于确认行政机关干预私法自治的合理范围、保护当事人的意思自由十分必要。（8分）

（3）意思自治并不意味着绝对自由，意思自治原则应当受到合法、合理的限制，这主要体现在对合同自由的限制。同时应当强调的是，对于私法自治的限制必须具有充分正当的理由，没有充分正当的理由，不得主张限制民事主体的自由。（3分）

选择第二题作答的，参考答案如下：（1）效力待定的民事法律行为是指民事法律行为成立之后，是否能够发生效力尚不能确定，有待享有形成权的第三人作出追认或拒绝的意思表示来使之有效或无效的法律行为。（3分）

（2）效力待定的民事法律行为的特征有：①效力待定的民事法律行为已经成立，但因缺乏处分权或行为能力而使效力并不齐备。②效力待定的民事法律行为的效力既非完全无效，也非完全有效，而是处于一种效力不确定的中间状态。③效力待定的民事法律行为是否发生效力尚不能确定，有待于其他行为或事实使之确定。（4分）

（3）效力待定的民事法律行为包括两类：①限制民事行为能力人从事依法不能从事的法律行为。限制民事行为能力人实施的纯获利益的民事法律行为或者与其年龄、智力、精神健康状况相适应的民事法律行为有效；实施的其他民事法律行为经法定代理人同意或者追认后有效。相对人可以催告法定代理人自收到通知之日起30日内予以追认。法定代理人未作表示的，视为拒绝追认。民事法律行为被追认前，善意相对人有撤销的权利。撤销应当以通知的方式作出。②无权代理行为。行为人没有代理权、超越代理权或者代理权终止后，仍然实施代理行为，未经被代理人追认的，对被代理人不发生效力。相对人可以催告被代理人自收到通知之日起30日内予以追认。被代理人未作表示的，视为拒绝追认。行为人实施的行为被追认前，善意相对人有撤销的权利。撤销应当以通知的方式作出。（4分）

（4）效力待定的民事法律行为的效力确定基于以下不同法律事实：①真正的权利人行使追认权，对效力待定的民事法律行为进行事后追认。效力待定的民事法律行为必须经过追认才能生效。②善意相对人行使撤销权，从而使效力待定的民事法律行为归于无效。在效力待定的民事法律行为中，与限制民事行为能力人、无权代理人从事法律行为的另一方当事人，如果在从事法律行为时出于善意，即对对方无相应民事行为能力、无代理权的事实处于不知或不应知的状态，那么其在法律行为成立以后，依法享有撤销该法律行为的权利。一旦其行使撤销权，该法律行为归于无效。③效力待定的民事法律行为会因特定事实的出现而补正其效力。（4分）

五、案例分析题

37.（1）甲构成拐骗儿童罪、诈骗罪、盗窃罪、抢劫罪，应当数罪并罚：①甲在校门前拦截了一名一年级的小学生，使其脱离家庭或监护人，构成拐骗儿童罪。甲通过儿童换取了商品，但并非出卖儿童，商店老板也没有收买儿童之意，因此甲的行为不构成拐卖儿童罪。（3分）②甲以儿童为幌子，以非法占有为目的，从商店老板处诈骗6 000余元的高档烟酒，构成诈骗罪。（3分）③甲以非法占有为目的，将他人所有的没有上锁的面包车开走，构成盗窃罪。（3分）④甲试图抢夺乙的财物，但因乙抓住车门不放，甲便加速开车，导致乙身受重伤，这是以暴力方法抢劫财物的行为，因此甲的行为构成抢劫罪。（3分）⑤对甲应当以拐骗儿童罪、诈骗罪、盗窃罪、抢劫罪实行数罪并罚。（2分）

（2）甲有如下量刑情节：①甲归案后，主动交代了10月份所为的犯罪事实，认罪态度诚恳，甲的行为构成坦白，对甲所犯盗窃罪和抢劫罪，可以从轻处罚。（3分）②甲归案后，还如实供述了司法机关尚未掌握的6月份所为的拐骗儿童和诈骗的犯罪事实，构成特别自首，对甲所犯拐骗儿童罪和诈骗罪，可以从轻或减轻处罚。（3分）

38. （1）甲企业应当承担违约责任。原因：甲企业、乙银行就借款期限延长达成协议，双方变更了还款期限，因此应当按照变更后的借款期限履行。但变更后的借款期限届至，甲企业仍无法归还借款，因此甲企业应当承担违约责任。（4分）

（2）丙公司不承担连带保证责任。①根据民法典规定，债权人与保证人可以约定保证期间，但是约定的保证期间早于主债务履行期限或者与主债务履行期限同时届满的，视为没有约定；没有约定或者约定不明确的，保证期间为主债务履行期限届满之日起6个月。本案中，当事人在签订合同之初并未约定保证人丙公司的保证期间，因此，乙银行应当自主债务履行期限届满之日起6个月内请求保证人承担保证责任。（4分）②根据民法典规定，债权人和债务人变更主债权债务合同的履行期限，未经保证人书面同意的，保证期间不受影响。本案中，当事人变更主合同内容并未取得保证人丙公司的同意，丙公司承担保证责任的期间仍为原主债务履行期限届满之日起6个月。而原保证责任期间已经届满，因此丙公司不再承担保证责任。（4分）

（3）甲企业、乙银行就借款期限延长达成协议，双方变更了还款期限，因此，应按变更后的借款期限履行，因此，逾期罚息也应从2010年1月1日起执行，对于2009年12月31日前不存在逾期罚息的问题。（4分）从合同解释原则看，应当运用体系解释和历史解释原则来阐释"逾期"的含义。就体系解释而言，应当把甲企业、乙银行签订的借款合同看作一个整体，从各个条款相互关联的程度来解释"逾期"，由于甲企业、乙银行变更了合同履行期限，因此"逾期"应当指的是变更履行期限后的"逾期"，而不是原合同的"逾期"；就历史解释而言，对"逾期"的理解不能掐头去尾，而应斟酌签订合同时的事实来确定。（4分，考生从整体解释原则等回答分析的，也可给分——编者注）

综合课模拟试题（一）

一、单项选择题（第 1~20 小题，每小题 1 分，共 20 分。下列每题给出的四个选项中，只有一个选项是最符合题目要求的）

1. 以法的创制方式和表达形式为标准，可以将法划分为（　　）。

A. 成文法和不成文法

B. 根本法和普通法

C. 一般法和特别法

D. 实体法和程序法

2. 强调法在本质上是实现公意和理性的法学派别是（　　）。

A. 社会法学派　　　B. 自然法学派　　　C. 分析法学派　　　D. 历史法学派

3. 最高人民法院《关于互联网法院审理案件若干问题的规定》于 2018 年 9 月 7 日起施行。互联网法院应当建设互联网诉讼平台，作为法院办理案件和当事人及其他诉讼参与人实施诉讼行为的专用平台。对此，下列表述正确的是（　　）。

A. 互联网法院建设提高了新科技对法律调整和司法运用的实际功效

B. 互联网法院是司法被动适应互联网发展大趋势的一项重大制度创新

C. 互联网法院在审级上相当于中级人民法院

D. 《关于互联网法院审理案件若干问题的规定》属于我国正式法律渊源形式

4. 下列选项中，属于狭义的执法活动的是（　　）。

A. 某市工商局对全局人员进行法律培训

B. 税务人员认为某人有逃税嫌疑而查办该案件

C. 检察机关根据群众检举对某人的受贿行为进行侦查

D. 法官出差办案途中发现两个人发生口角，便依事实和法律对其进行劝解

5. 下列关于法律全球化的表述，能够成立的是（　　）。

A. 法律全球化是全球各类法律规范采取相同的调整方式

B. 法律全球化是整个法律体系在全球范围内的统一

C. 法律全球化使调整相同类型社会关系的法律规范和法律制度趋向一致

D. 不具有涉外性、国际性的地方性法律可以成为世界性法律

6. 下列国家或地区的法律制度属于大陆法系的是（　　）。

A. 中国香港　　　　B. 瑞士　　　　C. 爱尔兰　　　　D. 新西兰

7. 2018 年，最高人民法院印发《关于加强和规范裁判文书释法说理的指导意见》。关于"释法说理"的理解，下列表述正确的是（　　）。

A. 裁判文书释法说理的目的是通过阐明裁判结论的形成过程和正当性理由，提高裁判的可接受性

B. 裁判文书释法说理损害了法律的权威性和公正性

C. 释法说理要求法官在行使自由裁量权时，不必论证运用自由裁量权的依据

D. 释法说理裁判文书可以直接使用"没有事实及法律依据，本院不予支持"之类的表述作为结论性论断

8. 下列关于行政法的表述，能够成立的是（　　）。

A. 行政法是由最高国家行政机关制定的法律规范

B. 行政法是一个法律部门

C. 行政法只能由全国人大常委会制定

D. 行政法属于基本法律

9. 下列关于制宪权和修宪权的表述，能够成立的是（　　）。

A. 最早系统提出制宪权概念及其理论体系的学者是西耶斯

B. 修宪权是高于制宪权的一种权力形态

C. 制宪权和修宪权行使的主体不同

D. 行使修宪权的机关是宪法起草机关

10. 下列关于监察委员会的表述，正确的是（　　）。

A. 国家监察委员会主任、副主任连续任职不得超过两届

B. 国家监察委员会主任、副主任由全国人大选举产生

C. 监察委员会副主任由国家监察委员会主任任命

D. 省级监察委员会对国家监察委员会和本级人大及其常委会负责

11. 下列关于代表辞职的说法，正确的是（　　）。

A. 全国人大代表可以向全国人大常委会提出书面辞职

B. 省人大代表可以向省人大提出书面辞职

C. 县级人大代表可以向上一级人大常委会提出书面辞职

D. 乡人大代表可以向本级人民代表大会书面提出辞职

12. 下列选项中，违反我国宪法平等权要求的情形是（　　）。

A. 国家对高收入群体征收较高的累进税率

B. 不满 18 周岁的公民不享有选举权

C. 女子不得从事高温、井下作业

D. 某国有企业在招录员工时仅招聘 211 大学的男毕业生

13. 下列选项中，有权制定自治条例的机关是（　　）。

A. 自治区人大   B. 自治州人大常委会

C. 自治县政府   D. 民族乡政府

14. 甲村和乙村就临近两村的煤矿归属问题发生争执，为了取得该矿，两村村民经常组织人员相互干扰，致使煤矿无法正常开采。根据我国宪法规定，该煤矿的所有权属于（　　）。

  A. 甲村   B. 乙村   C. 开采单位   D. 国家

15. 关于我国人大代表候选人的产生程序，下列表述正确的是（　　）。

A. 选民或者代表，30 人以上联名，也可以推荐代表候选人

B. 直接选举中，代表候选人提名推荐后，代表候选人名单及代表候选人的基本情况应当在选举日的 20 日以前公布

C. 直接选举中，需要通过预选确定正式代表候选人名单

D. 间接选举中，代表候选人不限于各该级人民代表大会的代表

16. 据《历代判例判牍》记载："李春阳所犯，合依'不应得为而为之事理重者'律，杖八十"，但依律对李春阳处以杖七十的刑罚，并照例纳米折价赎罪。对李春阳减等处刑的依据是（　　）。

  A.《宋刑统》   B.《大元通制》   C.《大诰》   D.《教民榜文》

17. 中国历史上第一部正式颁行的宪法是（　　）。

  A. "袁记约法"   B.《钦定宪法大纲》

  C. "贿选宪法"   D.《训政时期约法》

18. 秦朝掌管司法审判的中央司法机关是（　　）。

  A. 司寇   B. 大理寺   C. 廷尉   D. 刑部

19. 下列表述符合唐律规定的是（　　）。

  A. 同财共居者犯十恶不为相隐   B. 化外人相犯各依本俗法

  C. 老幼废疾犯流罪以下者不加刑   D. 诸二罪以上俱发以重者论

20. 规定实行"三三制"政权组织形式的宪法性文件是（　　）。

  A.《陕甘宁边区施政纲领》   B.《陕甘宁边区宪法原则》

  C.《中华苏维埃共和国宪法大纲》   D.《华北人民政府施政方针》

二、**多项选择题**（第 21～30 小题，每小题 2 分，共 20 分。下列每题给出的四个选项中，至少有两个选项是符合题目要求的。多选、少选或错选均不得分）

21. 下列人员中，不符合取得国家统一法律职业资格条件的是（　　）。

A. 甲，获得全日制法律硕士学历及相应学位，但因交通肇事罪受过刑事处罚

B. 乙，通过国家法律统一资格考试，但因患有间歇性精神病而接受长期治疗

C. 丙，曾是公证员，但已被吊销公证员执业证书

D. 丁，已加入美国国籍

22. 下列关于法律方法的表述，能够成立的是（　　）。

A. 法律解释为法律论证提供了命题

B. 法律推理独立于法律论证

C. 法律论证需要运用一定的法律方法进行

D. 辩证推理是实质推理

23. 下列表述中，符合"以事实为根据，以法律为准绳"原则要求的是（　　）。

A. 司法机关审理一切案件，都只能以与案件有关的事实作为依据

B. 依据法律原则推定的事实不能成为"以事实为根据"中的"事实"

C. 司法机关在查办案件过程中，都要依据法律的有关规定确定案件的性质

D. "以法律为准绳"中的"法律"特指实体法的规定

24. 下列关于"坚持法治国家、法治政府、法治社会一体建设"的表述，正确的是（　　）。

A. 法治政府要求政府是有限政府、责任政府、人民政府、程序政府、阳光政府和诚信政府

B. 法治国家是全面推进依法治国的根本目标

C. 政府依法行政和严格执法是法治的重心

D. 弘扬社会主义法治精神，建设社会主义法治文化有利于推进法治社会建设

25. 根据我国法律的有关规定，下列行为中不适用减轻或免除法律责任的是（　　）。

A. 钱某偷了一件价值 500 元的衣服，11 年后被人查出

B. 船长何某误以为台风将至，在海上风平浪静时把价值 10 万元的仪器扔入海中

C. 小郭遇到对其抢劫的 3 个手拿利刃的歹徒时奋起反抗，夺过刀将其中一个歹徒刺成重伤

D. 火车站寄存室将老张寄存的行李中的一台照相机损坏了，但老张在 3 年后再次出差时才提出索赔

26. 关于规范性法律文件的适用，下列表述正确的是（　　）。

A. 部门规章的效力高于地方政府规章

B. 全国人民代表大会常务委员会有权撤销同宪法和法律相抵触的行政法规

C. 法律之间对同一事项的新的一般规定与旧的特别规定不一致，不能确定如何适用时，由全国人民代表大会常务委员会裁决

D. 地方性法规可以依法对法律、行政法规作变通规定

27. 有权对全国人大常委会组成人员，国家主席、副主席，国务院和中央军委组成人员，最高人民法院院长和最高人民检察院检察长提出罢免案的主体有（　　）。

A. 全国人大 3 个以上代表团　　　　　B. 1/10 以上全国人大代表

C. 30 名全国人大代表联名　　　　　　D. 全国人大主席团

28. 根据宪法规定，下列属于全国人大常委会职权的是（　　）。

A. 制定和修改基本法律　　　　　　　B. 批准省、自治区和直辖市的建置

C. 解释法律　　　　　　　　　　　　D. 决定特赦

29. 下列关于明朝婚姻继承制度的表述，正确的是（　　）。

A. 明律禁止同姓、同宗无服亲通婚

B. 明律规定"男女婚姻，各有其时"

C. 明朝在继承制度上实行诸子均分制

D. 明朝在户绝财产继承上有立继和命继两种方式

30. 《大清民律草案》共五编，其中由修订法律馆起草的是（　　）。

　　A．亲属编　　　　　B．物权编　　　　　C．继承编　　　　　D．总则编

三、简答题（第 31～33 小题，每小题 10 分，共 30 分）

31．简述解决法的价值冲突的原则。

32．简述我国宪法上的政治权利的内容。

33．简述南京国民政府新刑法的主要内容特点。

四、分析论述题（第 34～38 小题，共 80 分）

34．（15 分）退休老人刘某经常早晨乘坐公交车到郊区的公园晨练。某日，刘某晨练完毕后乘公交车回家，恰逢乘坐公交高峰期，刘某上车后站在青年人李某所坐的位子旁，并示意李某让座给他，李某看了刘某一眼后将头转向窗外，没有给刘某让座。刘某和其他乘客对李某都表示不满。刘某一怒之下，强行将李某从座位上揪起，并扇了李某两耳光，致使李某鼻孔流血和脸部浮肿，衣服也被扯坏，刘某还要求李某向他道歉。事后李某向法院起诉，要求刘某赔偿医疗费和衣物损失，并向李某赔礼道歉。法官任某在道德与法律适用问题上再三权衡后，最终判决刘某向李某赔偿损失，但对赔礼道歉请求不予支持。此事在当地引起强烈社会反响，很多人对法院的判决无法理解，认为法官的判决有违尊老爱幼的传统美德。

结合上述材料，回答下列问题：

（1）请根据法与道德关系的原理对李某不给老人让座的行为进行分析。

（2）针对社会强烈反响，阐述避免道德的"法律强制"的原因。

（3）请分析法官任某在审理过程中运用的法律推理形式和法律论证标准。

（4）请根据法与道德关系的原理对法官任某的判决作出评价。

35．（15 分）加强人权司法保障是保证公正司法、提高司法公信力的改革要求之一。请从法官进行法律适用的角度，论述如何加强人权的司法保障。

36．（15 分）材料 1：消费者陈女士给在外地大学读书的女儿快递一封信件，第 3 天陈女士接到女儿电话，问为什么还没有收到信件。陈女士很奇怪，便致电甲快递公司，快递公司承认工作人员开封检查了，但对陈女士及其女儿提出的赔偿要求予以拒绝，理由是快递公司有规定，即"本公司拥有绝对权利对每票快件开封检查是否符合有关政府机关规定或者航空限制，如发现寄件违法、违禁，有权退回或拒收。本公司有权在未事先通知寄件人的情况下开封检查交寄的物品"。陈女士怀疑信件被拆开偷看后丢弃了，于是报了警。

材料 2：近些年，一些街头小广告成为我国现代城市的公害。小广告内容涉及办理证件、刻章、疏通管道、开锁等五花八门的内容，被随处张贴在树木、居民楼、电杆等处。这些小广告的特征还表现在特别留下电话、手机号等通信方式。为有效治理这种"城市牛皮癣"，近年来全国有近二十个城市通过地方立法来治理乱贴、乱写并公布其通信方式的行为，利用 24 小时不间断呼叫、暂停或终止其通讯工具的使用。对此，有人认为这一地方立法行为已经侵害到了公民所享有的通信自由的基本权利。

请结合我国宪法的规定及相关知识，回答下列问题：

（1）材料 1 中甲快递公司的做法是否合法？为什么？

（2）材料 2 中有关地方立法是否侵害了公民所享有的通信自由？为什么？

37．（15 分）试论人民检察院的工作原则。

38.（20分）材料1：《张家山汉墓竹简·二年律令·具律》：其自出者，死罪，黥为城旦舂。

材料2：《张家山汉墓竹简·二年律令·亡律》：诸亡自出，减之。毋名者，皆减其罪一等。诸舍匿罪人，罪人自出，若先自告，罪减，亦减舍匿罪者。

材料3：《唐律疏议·名例律》（卷五）：诸犯罪未发而自首者，原其罪。其轻罪虽发，因首重罪者，免其重罪。即因问所劾之事而别言余罪者，亦如之。即遣人代首，若于法得相容隐者为首及相告言者，各听如罪人身自首法。即自首不实及不尽者，以不实不尽之罪罪之，至死者，听减一等。其知告及亡叛而自首者，减罪二等坐之。即亡叛者虽不自首，能还归本所者，亦同。其于人损伤，于物不可备偿，即事发逃亡，若越度关及奸，并私习天文者，并不在自首之例。

分析上述材料并回答下列问题：

（1）结合材料1和材料2说明汉代的自出制度的渊源和对"自出"者的处罚。

（2）结合材料3概括说明唐代对自首的处罚和不适用自首的情形。

（3）对比材料1、2、3说明唐代对自首制度的发展、完善。

（4）如何评价上述材料所体现的自首制度？

综合课模拟试题（一）答案解析

一、单项选择题

1. A

【解析】 以法的创制方式和表达形式的不同，可以将法分为成文法和不成文法，故选 A 项。以法规定内容的不同，可以将法分为实体法和程序法；以法的地位、效力、内容和制定主体、程序的不同，可以将法分为根本法和普通法；以法的适用范围的不同，可以将法分为一般法和特别法；以法的创制主体和适用主体范围的不同，可以将法分为国内法和国际法。

2. B

【解析】 自然法学派强调公意、理性，强调法与道德存在天然的联系，可见，选 B 项。社会法学派特别强调法对社会生活的作用和各种社会因素对法的影响，以及强调社会利益和"法的社会化"。可见，不选 A 项。分析法学派特别强调对法的规范性分析，揭示了法的技术性、工具性、规范性和独立性。可见，不选 C 项。历史法学派反对古典自然法理论，否定自然法的存在，特别强调法律是民族共同意识在历史发展过程中的体现，各个民族在不同的历史发展时期有不同的法律；法律源于习惯，因而重视习惯法的作用。可见，不选 D 项。

3. A

【解析】 互联网法院建设提高了新科技对法律调整机制和司法运用的实际功效，A 项表述正确。互联网法院是司法"主动"适应互联网发展大趋势的一项重大制度创新，B 项表述错误。互联网法院集中管辖所在市的辖区内应当由基层人民法院受理的特定类型互联网案件，C 项表述错误。《关于互联网法院审理案件若干问题的规定》属于司法解释，司法解释不能成为我国正式的法律渊源形式，D 项表述错误。

4. B

【解析】 狭义上的执法专指国家行政机关和法律法规授权、行政主体委托的组织及其公职人员依照法定职权和程序行使行政管理职权、履行职责、实施法律的活动。A 项：狭义执法活动须为行使行政管理职权的活动，而市工商局对全局人员进行法律培训并非行使行政管理职权的活动，不是执法活动，不选 A 项。B 项：税务人员对逃税案件的查办，属于行政主体依照法定职权和程序行使行政管理职权的活动，为执法活动，选 B 项。C 项：检察机关是司法机关，检察机关对受贿案件的侦查活动属于司法活动，不选 C 项。D 项：法官对有争议的双方进行的劝解行为，既不是司法活动，也不是执法活动，不选 D 项。

5. C

【解析】法律全球化并不意味着全球各类法律规范采取相同的调整方式，由于法律渊源、法律规范不同的效力等级决定了法律规范不能采取同一调整模式，A 项表述不能成立。法律全球化目前只是一个进程，一个过程，一种趋势。法律全球化并不是所有法律的全球化，那些不具有涉外性、国际性的地方性法律不可能、也没有必要化为"全球性"或"世界性"法律，B、D 项表述不能成立。法律全球化意味着法律的趋同化，法律的趋同化是指调整相同类型社会关系的法律规范和法律制度趋向一致，既包括不同国家的国内法的趋向一致，也包括国内法与国际法的趋向一致。世界范围内的法律趋同首先表现在民商法领域。可见，C 项表述成立。

6. B

【解析】大陆法系是以罗马法为基础而发展起来的法律的总称。欧洲大陆大多数国家（法国、德国、意大利、荷兰、比利时、西班牙、葡萄牙、俄罗斯、波兰、瑞士、瑞典、希腊等）、前欧洲国家的殖民地（埃及、埃塞俄比亚、南非等）、拉丁美洲（墨西哥、巴西、阿根廷、哥伦比亚等）等许多国家和地区的法律都属于大陆法系。此外，由于历史的原因，日本、土耳其、美国的路易斯安那州、加拿大的魁北克省、英国的苏格兰、中国的澳门等国家和地区的法律也属于大陆法系。可见，选 B 项。中国的香港、爱尔兰、新西兰的法律制度都属于英美法系，故不选 A、C、D 项。

7. A

【解析】《最高人民法院关于加强和规范裁判文书释法说理的指导意见》指出：裁判文书释法说理的目的是通过阐明裁判结论的形成过程和正当性理由，提高裁判的可接受性，实现法律效果和社会效果的有机统一。可见，A 项表述正确。裁判文书释法说理，要求立场正确、内容合法、程序正当，符合社会主义核心价值观的精神和要求，且释法说理毕竟不是法律适用，因而不会损害法律的权威性和公正性。可见，B 项表述错误。《最高人民法院关于加强和规范裁判文书释法说理的指导意见》指出：法官行使自由裁量权处理案件时，应当坚持合法、合理、公正和审慎的原则，充分论证运用自由裁量权的依据，并阐明自由裁量所考虑的相关因素。可见，C 项表述错误。《最高人民法院关于加强和规范裁判文书释法说理的指导意见》指出：裁判文书释法说理应当避免使用主观臆断的表达方式、不恰当的修辞方法和学术化的写作风格，不得使用贬损人格尊严、具有强烈感情色彩、明显有违常识常理常情的用语，不能未经分析论证而直接使用"没有事实及法律依据，本院不予支持"之类的表述作为结论性论断。可见，D 项表述错误。

8. B

【解析】行政法是有关国家行政管理活动的法律规范的总称，它是由调整行政管理活动中国家机关之间、国家机关同企业事业单位、社会团体、公民之间发生的行政关系的规范性文件组成的。行政法不同于行政法规，行政法作为一个法律部门，是规范和调整行政法律关系的法律的总称。行政法规是国务院制定的规范性法律文件的总称。可见，B 项表述能够成立，A 项表述不能成立。有的行政法律是由全国人大常委会制定的，如《公务员法》《行政许可法》等。有的行政法律则由全国人大制定，如《行政处罚法》。可见，C 项表述不能成立。基本法律是关于刑事、民事、国家机构和其他方面的基本法律；基本法律以外的其他法律是非基本法律，是关于国家和社会生活某一方面具体问题的法律。根据《宪法》规定，基本法律的制定权属于全国人大，非基本法律的制定权属于全国人大常委会。可见，行政法既可能是基本法律，也可能是非基本法律，故 D 项表述不能成立。

9. A

【解析】最早系统提出宪法制定权概念及其理论体系的学者是法国大革命时期的西耶斯。可见，A 项表述能够成立。制宪权是高于修宪权的一种权力形态，而不是相反。可见，B 项表述不能成立。制宪权和修宪权的行使主体有时候是相同的，有时候是不同的。可见，C 项表述不能成立。行使修宪权的机关不是宪法起草机关，因为宪法起草机关任务完成后即行解散，而修宪机关则是常设的，一般由宪法规定修宪机关。可见，D 项表述不能成立。

10. D

【解析】根据《宪法》第 124 条的规定，国家监察委员会主任连续任职不得超过两届。据此，A 项表述错误。根据《宪法》第 62、67 条的规定，国家监察委员会主任由全国人大选举产生，全国人大常委会根据国家监察委员会主任的提请，任免国家监察委员会副主任、委员。据此，B、C 项表述错误。根据《宪法》第 126 条的规定，国家监察委员会对全国人民代表大会和全国人民代表大会常务委员会负责。地方各级监察委员会对产生它的国家权力机关和上一级监察委员会负责。据此，D 项表述正确。

11. D

【解析】《选举法》第 54 条规定，全国人民代表大会代表，省、自治区、直辖市、设区的市、自治州的人民代表大会代表，可以向选举他的人民代表大会的常务委员会书面提出辞职。常务委员会接受辞职，须经常务委员会组成人员的过半数通过。接受辞职的决议，须报送上一级人民代表大会常务委员会备案、公告。县级的人民代表大会代表可以向本级人民代表大会常务委员会书面提出辞职，乡级的人民代表大会代表可以向本级人民代表大会书面提出辞职。县级的人民代表大会常务委员会接受辞职，须经常务委员会组成人员的过半数通过。乡级的人民代表大会接受辞职，须经人民代表大会过半数的代表通过。接受辞职的，应当予以公告。据此，只有 D 项表述是正确的，故选 D 项。

12. D

【解析】平等权是我国宪法赋予公民享有的基本权利，但平等权不是绝对的，宪法允许存在合理差别，这些合理差别主要包括 5 种：（1）由于年龄上的差异所采取的责任、权利等方面的合理差别。（2）依据人的生理差异所采取的合理差别。（3）依据民族的差异所采取的合理差别。（4）依据经济上的能力以及所得的差异所采取的纳税负担上的轻重的合理差别。（5）对从事特定职业的权利主体的特殊义务的加重和特定权利的限制。A 项表述符合上述第 4 项表述所采取的合理差别，B 项表述符合上述第 1 项表述所采取的合理差别，C 项表述符合上述第 2 项表述所采取的合理差别。只有 D 项表述不符合合理差别，D 项表述的情形违反了男女就业平等权，故选 D 项。

13. A

【解析】《宪法》第116条规定，民族自治地方的人民代表大会有权依照当地民族的政治、经济和文化的特点，制定自治条例和单行条例。自治区的自治条例和单行条例，报全国人民代表大会常务委员会批准后生效。自治州、自治县的自治条例和单行条例，报省或者自治区的人民代表大会常务委员会批准后生效，并报全国人民代表大会常务委员会备案。据此，只有A项表述的机关才有权制定自治条例，故选A项。

14. D

【解析】《宪法》第9条第1款规定，矿藏、水流、森林、山岭、草原、荒地、滩涂等自然资源，都属于国家所有，即全民所有；由法律规定属于集体所有的森林和山岭、草原、荒地、滩涂除外。据此，矿藏的所有权应当属于国家，故选D项。

15. D

【解析】《选举法》第29条第2款规定，各政党、各人民团体，可以联合或者单独推荐代表候选人。选民或者代表，10人以上联名，也可以推荐代表候选人。据此，A项表述错误。《选举法》第31条第1款规定，由选民直接选举人民代表大会代表的，代表候选人由各选区选民和各政党、各人民团体提名推荐。选举委员会汇总后，将代表候选人名单及代表候选人的基本情况在选举日的15日以前公布，并交各该选区的选民小组讨论、协商，确定正式代表候选人名单。如果所提代表候选人的人数超过本法第30条规定的最高差额比例，由选举委员会交各该选区的选民小组讨论、协商，根据较多数选民的意见，确定正式代表候选人名单；对正式代表候选人不能形成较为一致意见的，进行预选，根据预选时得票多少的顺序，确定正式代表候选人名单。正式代表候选人名单及代表候选人的基本情况应当在选举日的7日以前公布。据此，B项表述错误。根据《选举法》第30条第1款规定，确定正式代表候选人名单，不一定通过预选产生，故C项表述错误。《选举法》第32条规定，县级以上的地方各级人民代表大会在选举上一级人民代表大会代表时，代表候选人不限于各该级人民代表大会的代表。据此，D项表述正确，选D项。

16. C

【解析】据《历代判例判牍》记载，李春阳所犯罪行，符合不应为罪之规定（做了法律上虽然没有明文规定但事理上不许可做的事），应处杖八十，但依律减等处刑，即杖七十，并照例纳米赎罪。这里依律减等处刑的依据是《大诰》。《大诰》规定："一切官民诸色人等，户户有此一本，若犯笞、杖、徒、流罪名，每减一等。"可见，选C项。

17. C

【解析】1923年制定的《中华民国宪法》是中国历史上第一部正式颁行的宪法，由于该部宪法是直系军阀曹锟为掩盖其"贿选总统"的丑闻炮制的，故又称为"贿选宪法"，选C项。

18. C

【解析】秦朝掌管司法审判的中央司法机关称为廷尉，故选C项。从商朝到春秋时期的中央最高司法机关是司寇或大司寇。从秦朝至南北朝北齐之前的中央最高司法审判机关是廷尉。北齐正式创设大理寺，取代了廷尉作为中央最高审判机关。元朝撤销大理寺，刑部成为中央主审机关。明清时期以刑部作为中央最高审判机关或主审机关，而大理寺则是刑事案件复核机关。清末司法改革，改刑部为法部，作为全国最高司法行政机关，改大理寺为大理院，作为全国最高审判机关。可见，不选 A、B、D 项。

19．D

【解析】唐朝实行同居相为隐，但对于犯谋反、谋大逆、谋叛者，不适用同居相为隐。可见，并非十恶重罪都不得同居相为隐，而是仅限于十恶中的"三谋"犯罪，故 A 项表述不符合唐律规定。唐律规定，化外人同类相犯者，各依本俗法；异类相犯者，以法律论（适用唐律）。可见，B 项表述不符合唐律规定。唐律规定，老幼废疾减刑或免刑，而不仅仅是免刑，只是对 90 岁以上、7 岁以下不加刑。可见，C 项表述不符合唐律规定。唐律规定，诸二罪以上俱发，以重者论。可见，D 项表述符合唐律规定。

20．A

【解析】《陕甘宁边区施政纲领》为加强政权民主建设，规定根据地政权的人员构成实行"三三制"原则，即共产党员占 1/3、非党左派进步人士占 1/3、中间派占 1/3，并以参议会作为政权组织机关。可见，选 A 项。

二、多项选择题

21．BCD

【解析】以下人员不得享有从事法律职业的资格：（1）因故意犯罪受过刑事处罚的；（2）曾被开除公职或者曾被吊销律师执业证书、公证员执业证书的；（3）被吊销法律职业资格证书的；（4）被给予 2 年内不得报名参加国家统一法律职业资格考试（国家司法考试）处理期限未满或者被给予终身不得报名参加国家统一法律职业资格考试（国家司法考试）处理的；（5）因严重失信行为被国家有关单位确定为失信联合惩戒对象并纳入国家信用信息共享平台的；（6）因其他情形被给予终身禁止从事法律职业处理的。可见，选 C、D 项，不选 A 项。取得国家统一法律职业资格必须同时具备下列条件：（1）具有中华人民共和国国籍。（2）拥护中华人民共和国宪法，享有选举权和被选举权。（3）具有良好的政治、业务素质和道德品行。（4）具有完全民事行为能力。（5）具备全日制普通高等学校法学类本科学历并获得学士及以上学位；全日制普通高等学校非法学类本科及以上学历，并获得法律硕士、法学硕士及以上学位；全日制普通高等学校非法学类本科及以上学历并获得相应学位且从事法律工作满 3 年。参加国家统一法律职业资格考试并获得通过，法律法规另有规定的除外。可见，选 B 项。

22．ACD

【解析】法律解释、法律推理和法律论证都属于法律方法。法律解释和法律论证的关系体现在，法律解释为法律论证提供了命题，命题本身的正确与否不能靠法律解释来完成，它只能通过法律论证的方法加以解决。可见，A 项表述能够成立。法律推理不能完全独立于法律论证，因为法官在运用法律推理过程中，需要论证各种可能性，以便找出最佳答案。可见，B 项表述不能成立。法律论证需要运用一定的法律方法进行，这些方法包括法律解释和法律推理，但又不限于法律解释和法律推理方法。可见，C 项表述能够成立。辩证推理又称为实质推理，故 D 项表述能够成立。

23．AC

【解析】司法机关审理一切案件，都只能以与案件有关的事实作为依据，而不能以主观臆断作为依据。可见，A项表述正确，选A项。以事实为根据，以法律为准绳中的"事实"既包括被合法证据证明了的事实，也包括依法推定的事实。可见，B项表述错误。司法机关在查办案件的全过程中，都要按照法定权限和法定程序，依据法律的有关规定，确定案件性质，区分合法与违法、一般违法和犯罪等，并根据案件的性质，作出恰当正确的裁决。可见，C项表述正确，选C项。以法律为准绳中的法律，不仅是实体法的规定，还有程序法的规定。可见，D项表述错误。

24. ABCD

【解析】法治政府是政府依据宪法法律设立、政府权力法定、政府决策和行为严格依据法律程序进行并对其后果要承担相应责任的政府。法治政府是有限政府，其权力受到法律的界分和限定，不能超越法律的界限运行；法治政府是责任政府，有权必有责，有责必承担；法治政府是人民政府，以人的基本自由和权利为依归；法治政府是程序政府，一切重大决策和行为的活动都必须通过公正参与、专家论证、风险评估、合法性审查和集体讨论决定；法治政府是阳光政府，实行信息公开，赋予社会大众广泛的知情权和参与权，以民主决策和民主监督来实现公开公正、保障政府的法治本色；法治政府是诚信政府，应当自觉维护法律权威、自觉履行职责，为政令畅通、政民和谐奠定基础。可见，A项表述正确。法治国家是全面推进依法治国的根本目标。法治国家是指依法赋予、运行和制约国家权力，通过公正司法和严格执法来维护法律权威并实现人民权利的国家存在形式。一个成熟的法治国家首先是依法治理的国家。可见，B项表述正确。法治政府是政府依据宪法法律设立、政府权力法定、政府决策和行为严格依据法律程序进行并对其后果要承担相应责任的政府。政府依法行政和严格执法，是法治的重心。可见，C项表述正确。法治社会是社会依法治理、社会成员人人崇尚法治和信仰法治、社会组织依法自治、社会秩序在法治下和谐稳定的社会。法律的权威来自人民的内心拥护和真诚信仰。通过法治宣传教育，弘扬社会主义法治精神、建设社会主义法治文化，使全体人民自觉依法行使权利、履行义务、承担社会和家庭责任。因此，弘扬社会主义法治精神，建设社会主义法治文化有利于推进法治社会建设，D项表述正确。

25. BC

【解析】A项表述的情形为时效经过免责，而时效经过免责属于减轻或免责的条件之一，不选A项。B项表述的情形为紧急避险中的假想避险，对于假想避险不能适用减轻或者免除责任，应认定为侵权行为。可见，选B项。C项表述的情形为正当防卫，正当防卫不负刑事责任，既然不负刑事责任，则谈不上责任的减轻或者免除。可见，选C项。D项表述的情形为时效经过免责，民法典规定此情形的诉讼时效为3年，对于超过诉讼时效的，属于不诉免责，为免责或减责条件，不选D项。

26. BC

【解析】《立法法》第91条规定，部门规章之间、部门规章与地方政府规章之间具有同等效力，在各自的权限范围内施行。据此，A项表述错误。《立法法》第97条第2项规定，全国人民代表大会常务委员会有权撤销同宪法和法律相抵触的行政法规，有权撤销同宪法、法律和行政法规相抵触的地方性法规，有权撤销省、自治区、直辖市的人民代表大会常务委员会批准的违背宪法和本法第75条第2款规定的自治条例和单行条例。据此，B

项表述正确。《立法法》第94条第1款规定，法律之间对同一事项的新的一般规定与旧的特别规定不一致，不能确定如何适用时，由全国人民代表大会常务委员会裁决。据此，C项表述正确。《立法法》第90条第1款规定，自治条例和单行条例依法对法律、行政法规、地方性法规作变通规定的，在本自治地方适用自治条例和单行条例的规定。据此，有权依法对法律、行政法规、地方性法规作变通规定的规范性文件，仅限于自治条例和单行条例，其他规范性文件不能对法律、行政法规、地方性法规作变通规定。可见，D项表述错误。

27．ABD

【解析】《全国人民代表大会组织法》第15条规定，全国人民代表大会3个以上的代表团或者1/10以上的代表，可以提出对于全国人民代表大会常务委员会的组成人员，中华人民共和国主席、副主席，国务院和中央军事委员会的组成人员，最高人民法院院长和最高人民检察院检察长的罢免案，由主席团提请大会审议。据此，选A、B项。另据《全国人民代表大会议事规则》第39条规定，主席团、3个以上的代表团或者1/10以上的代表，可以提出对于全国人民代表大会常务委员会的组成人员，中华人民共和国主席、副主席，国务院的组成人员，中央军事委员会的组成人员，最高人民法院院长和最高人民检察院检察长的罢免案。据此，全国人大主席团也可以提出罢免案，选D项。

28．CD

【解析】《宪法》第62条第3项规定，全国人民代表大会制定和修改刑事、民事、国家机构的和其他的基本法律。《宪法》第67条第2、3项规定，全国人民代表大会常务委员会制定和修改除应当由全国人民代表大会制定的法律以外的其他法律。在全国人民代表大会闭会期间，对全国人民代表大会制定的法律进行部分补充和修改，但是不得同该法律的基本原则相抵触。可见，基本法律的制定和修改权属于全国人大；基本法律以外的其他非基本法律的制定权属于全国人大常委会；全国人大常委会虽然有权修改基本法律，但不得同该法律的基本原则相抵触。故不选A项。《宪法》第62条第13项规定，全国人民代表大会批准省、自治区和直辖市的建置。据此，不选B项。《宪法》第67条第4项规定，全国人民代表大会常务委员会解释法律。据此，选C项。《宪法》第67条第18项规定，全国人民代表大会常务委员会决定特赦。据此，选D项。

29．ABC

【解析】明朝禁止同姓、同宗无服亲结婚，也禁止良贱为婚。可见，选A项。明朝在婚姻制度上特别强调婚姻礼俗："男女婚姻，各有其时"，即适龄者方可结婚。可见，选B项。明朝在继承制度上实行嫡长子继承制和诸子均分制。可见，选C项。在户绝财产的继承上，明朝不同于宋朝，宋朝对于户绝财产实行立继和命继方式，而明朝没有这两种继承方式，并规定户绝财产由所有亲女继承，无女者入官。可见，D项表述为宋朝继承制度，而非明朝继承制度，故不选D项。

30．BD

【解析】《大清民律草案》分总则、债权、物权、亲属、继承五编，其中，总则、债权、物权三编由修订法律馆起草；亲属、继承两编由修订法律馆会同礼学馆起草，且礼学馆是主要起草机构。可见，选B、D项。

三、简答题

31.（1）价值位阶原则。价值位阶原则是指在不同位阶的法律价值发生冲突时，在先的价值优先于在后的价值。就法律价值而言，法律的主要价值或基本价值如秩序、自由、平等、人权、正义等，与非基本法律价值的位阶顺序不是并列的。当基本价值与非基本价值之间发生冲突时，应以基本价值为优位；而基本价值之间有冲突时，人权和正义作为法治保障的核心和标尺，具有重要的价值地位，这与我国宪法确立的"国家尊重和保障人权"的原则精神相符合，它也是正义原则的具体体现。（3分）

（2）个案平衡原则。即指在处于同一位阶上的法律价值之间发生冲突时，要基于个案的基本情况作出适当的平衡，同时，必须综合考虑主体之间的特定情形、需求和利益，便利个案的解决能够适当兼顾双方的利益。（3分）

（3）比例原则。即指为保护某种较为优越的法律价值不可避免侵犯某一法益时，不得逾越达到此目的所必要的程度。（2分）

（4）人民根本利益原则。这是当代中国社会主义法律价值体系中的根本价值原则，即以是否满足最广大人民的根本利益为标准，来解决一些存在重大疑难的法律价值冲突问题。它也可以作为价值位阶原则的补充和保障。（2分）

32.（1）选举权和被选举权，即公民享有选举与被选举为国家权力机关的代表或其他国家机关公职人员的权利；言论自由，即公民通过口头等各种语言形式表达其意见和观点的自由。（2分）

（2）出版自由，即公民有在宪法和法律规定的范围内，通过出版物表达自己的意见和思想的权利。（2分）

（3）集会、游行、示威自由。集会是聚集于露天公共场所，发表意见、表示意愿的活动。游行是在公共道路、露天公共场所列队行进、表达共同意愿的活动。示威是在露天公共场所或者公共道路上以集会、游行、静坐等方式，表达要求、抗议或者支持、声援等共同意思的活动。（4分）

（4）结社自由，即公民为了一定的宗旨而依照法律规定的手续组织某种社会团体的自由。（2分）

33.（1）继受西方国家通行的刑事法律原则，并注重采纳与中国宗法伦理原则相适应的法律制度。在立法原则方面，继受罪刑法定、罪刑相适应以及刑罚人道主义等原则；在罪名体系和刑罚制度方面，一准西方国家通行良规。为适应传统的宗法伦理精神，刑法典还注重吸纳西方刑事立法中对亲属犯罪的特别规定，如对侵害直系尊亲属的犯罪行为，采取加重处罚原则。（4分）

（2）在时间效力上采取"从新从轻主义"，但保安处分采取"从新主义"和裁判后的"附条件从新主义"；在空间效力上以属地主义为主，属人主义为辅，兼采特定犯罪的保护主义和世界主义。（3分）

（3）采取社会防卫主义，并增设保安处分。刑罚分为主刑和从刑，主刑包括死刑、无期徒刑、有期徒刑，从刑包括褫夺公权和没收。刑法典受西方国家社会防卫主义主流刑法思想和立法实践的影响，从西方引进保安处分制度，作为专门的一章。保安处分是用来补充或替代刑罚以预防犯罪、维护社会秩序的强制性措施，有其合理性，但南京国民政府将

该制度演变成惩治政治犯的工具。（3分）

四、分析论述题

34.（1）法律与道德不同，二者存在冲突，这主要体现在情理与法理的冲突，即合法不合理、合理不合法。李某不让座即属于合法不合理。一方面，李某不给老人刘某让座有违尊老爱幼的传统美德，这在道德上是应予谴责的；另一方面，李某不给老人让座是合法的，至少是不违法的，根据"法不禁止即允许"，李某的行为并不违法。（4分）

（2）道德是法律的评价标准，法律的主要目的在于维护和保障道德，但在法律和道德存在冲突时，不能实行道德的"法律强制"，不能以道德要挟法律，更不能以道德原则代替法律原则。尽管社会强烈反响是可以理解的，但应避免道德的"法律强制"和非理性介入。（3分）

（3）①法官任某在审理案件过程中所运用的推理形式是辩证推理。辩证推理就是在出现两个相互矛盾的命题时，从中选择出最佳命题，以解决法律问题。法官任某在有违传统美德的行为和损害赔偿之间必须作出抉择，而这个抉择是一个主观价值判断的过程，法官任某运用辩证推理，从而找出最佳答案。（2分）②法官任某采取的法律论证的标准是内容的融贯性。法官任某在审理案件过程中既考虑了尊重既有法律的事实，即刘某已经给李某造成人身和财产损失，同时又考虑到案件的特殊性，即李某没有贯彻尊老爱幼的传统美德，因而对于李某赔礼道歉的要求不予支持，从而做到了合法性与合理性的统一，这体现了法律论证在内容上的融贯性要求。（2分）

（4）①法官任某在面临法与道德冲突时，经过价值判断，判决刘某赔偿损失，这表明，法官任某主要是以法律问题解决二者的冲突的，因为在法律与道德发生冲突时，作为法官，应该首先考虑的是法律规定，以维护法律的权威，毕竟道德评价有时候是个人化的东西。（2分）②道德是法律的补充，如果确实出现法律规则无法适用于个案时，法官可以运用自由裁量权，通过辩证推理形式寻找最佳答案。（2分）

35.（1）法律适用存在法律规范竞合或者冲突的，裁判文书应当说明选择的理由。民事案件没有明确的法律规定作为裁判直接依据的，法官应当首先寻找最相类似的法律规定作出裁判；如果没有最相类似的法律规定，法官可以依据习惯、法律原则、立法目的等作出裁判，并合理运用法律方法对裁判依据进行充分论证和说理。法官行使自由裁量权处理案件时，应当坚持合法、合理、公正和审慎的原则，充分论证运用自由裁量权的依据，并阐明自由裁量所考虑的相关因素。（8分）

（2）加强人权司法保障，主要有：健全落实罪刑法定、疑罪从无、非法证据排除等法律原则的法律制度。完善对限制人身自由司法措施和侦查手段的司法监督等举措。（7分）

（以上要点需要联系我国司法实践实际展开）

36.（1）甲快递公司的做法不合法。（2分）根据我国《宪法》规定，中华人民共和国公民的通信自由受法律的保护。除因国家安全或追查刑事犯罪的需要，由公安机关或者检察机关依照法律规定的程序对通信进行检查外，任何组织或者个人不得以任何理由侵犯公民的通信自由。据此，甲快递公司依据其公司的规定对陈女士的信件进行开拆毁弃，侵犯了陈女士的通信自由。（4分）

（2）地方立法并未侵害公民的通信自由权。（2分）因为：①滥发小广告的根本目的在于商业经营，而并非个人通信之间的交流，这一通信方式并不具有通信自由保护的目的性，只是手段性，因此不具备通信自由保护的必要条件。（3分）②通信自由的核心在于通信秘密，保护信息交流过程中的个人隐私是通信自由确立的最重要的权利价值，如果一项交流并不存在隐私问题，也就无所谓对其交流隐私性的保护，滥发小广告者恰恰将其通信方式大白于天下，并非视为对隐私权加以保留，因而也就无所谓对通信自由的侵犯。（4分）

37.（1）依法独立行使检察权原则。人民检察院依照法律规定独立行使检察权，不受其他行政机关、团体和个人的干涉。这是检察机关的一项重要原则，也是检察机关进行法律监督、实现检察职能的重要保证。人民检察院独立行使检察权，有利于维护社会主义法制的统一实施，保证案件得到公正处理。（3分）

（2）行使检察权在适用法律上一律平等原则。人民检察院行使检察权在适用法律上一律平等，不允许有任何组织和个人有超越法律的特权，禁止任何形式的歧视。（3分）

（3）司法公正原则。人民检察院坚持司法公正，以事实为根据，以法律为准绳，遵守法定程序，尊重和保障人权。（2分）

（4）司法公开原则。人民检察院实行司法公开，法律另有规定的除外。（2分）

（5）司法责任制原则。人民检察院实行司法责任制，建立健全权责统一的司法权力运行机制。（2分）

（6）公民使用本民族语言文字进行诉讼原则。这一原则与人民法院审判活动中的公民使用本民族语言文字进行诉讼原则的性质相同，是宪法中规定的重要司法工作原则。人民检察院在办理案件过程中，对于不通晓当地通用的语言文字的诉讼参与人，应当为他们翻译。在少数民族聚居或者多民族杂居的地区，应当用当地通用的语言进行讯问；用当地通用的文字制作起诉书或其他法律文书。（3分）

38.（1）自出即自首，秦代确立了自出制度，汉代继承并发展了该制度。（1分）依据汉律，对于自首的减免刑罚。（1分）材料所体现的对自首犯的处罚表现在：①对于应当判处死刑的罪犯自首的，可以减为髡为城旦舂的劳役刑；②对于隐匿罪人而罪人自动投案的，减等处刑，对于窝藏者也减刑处理。（2分）

（2）①唐代对自首者减免刑罚（1分）：犯罪尚未案发而自首的免罪；轻罪案发而自首重罪的，免重罪；自首司法机关不知情的他罪的免罪；遣人自首、容隐之人告发应依据人身之法视同本人自首；自首不实或不尽的，只对不实或不尽情形论罪，致人死亡的，减一等处刑；知道他人告发或逃亡后又自首的，或者逃亡者虽未自首，但能返回原住所的，减二等处刑。（4分，上述6项情形，考生只要回答4项即可给分——编者注）②唐代不适用自首的情形包括：杀伤之罪已经造成实际损害的；侵犯财产已经造成损失无法挽回的；偷渡关卡的；犯奸罪的；私习天文的。（2分）

（3）唐代对自首制度的发展、完善表现在：①明确了构成自首的法定情形，并区分了自首和自新；②对自首不实或不尽作了详细规定；③具体规定了不适用自首的情形；④自首虽可减免刑罚，但赃物应如数偿还。（4分）

（4）汉代、唐代关于自首制度的规定表明：①有利于防治犯罪和感化罪犯。②有利于巩固封建统治秩序，维持长治久安。③不适用自首的例外性规定有利于对特定受害人和财产的保护。（5分）（其他表述符合题意的，可酌情给分——编者注）

综合课模拟试题（二）

一、单项选择题（第 1～20 小题，每小题 1 分，共 20 分。下列每题给出的四个选项中，只有一个选项是最符合题目要求的）

1. 下列选项中，属于保证公正司法、提高司法公信力的改革举措是（　　）。

A. 实行办案质量终身负责制和错案责任倒查问责制

B. 完善守法诚信褒奖机制和违法失信行为惩戒机制

C. 完善多元纠纷解决机制

D. 深化律师管理制度改革

2. 下列关于大陆法系和英美法系的表述，能够成立的是（　　）。

A. 大陆法系国家法的基本分类是普通法和衡平法

B. 大陆法系的基本法律一般采用系统的法典形式

C. 英美法系的诉讼程序具有纠问程序的特点

D. 英美法系具有理性主义的哲学倾向

3. 下列关于法律与宗教关系的表述，能够成立的是（　　）。

A. 法律先于宗教产生

B. 法律规范和宗教规范都是以国家强制力保障实施

C. 法律在起源阶段与宗教浑然一体

D. 法律规范和宗教规范都侧重于规范人们的外部行为

4. 下列关于法律移植的说法，正确的是（　　）。

A. 法律移植是不同历史类型的法律制度之间的延续和继受

B. 法律移植可以促进组建现代司法制度和确立司法理念

C. 法院落实改善裁判文书的举措，是我国从判例法国家移植先进法律制度的体现

D. 在法律移植过程中，要考虑供体与受体之间的兼容性，但不必考虑法律移植的优选性

5. 《中华人民共和国刑法》第 94 条规定："本法所称司法工作人员，是指有侦查、检察、审判、监管职责的工作人员。"下列关于该法律条文的理解，正确的是（　　）。

A. 该条文是法律技术性规定，具有强制力

B. 该条文在逻辑结构上包括假定条件、行为模式和法律后果三要素

C. 该条文用以表达法律关系主体间的权利、义务关系

D. 该条文有助于认识法律和理解司法工作人员的范围

6. 下列关于我国的法律解释的表述，能够成立的是（　　　）。

A. 依据解释尺度的不同，法律解释可以分为正式解释和非正式解释

B. 学理解释是正式解释

C. 司法解释是司法机关对法律进行的解释

D. 行政解释是国务院及其主管部门对有关法律、法规进行的解释

7. 下列关于法律论证的表述，能够成立的是（　　　）。

A. 法律论证是一个价值判断过程

B. 法律论证主要应用于行政执法过程中

C. 法律论证的结论应当是正确无误的

D. 法律论证的结论应当是可接受的，因而不考虑正当性问题

8. 关于人民检察院的组织、职权和领导体制，下列表述正确的是（　　　）。

A. 专门人民检察院的组织和职权，由全国人民代表大会决定

B. 地方各级人民检察院检察长与副检察长由本级人民代表大会选举和罢免

C. 地方各级人民检察院对产生它的国家权力机关和上级检察院负责

D. 最高人民检察院和地方各级人民检察院可以发布指导性案例

9. 根据我国宪法规定，下列说法正确的是（　　　）。

A. 省级人大常委会可以要求全国人大常委会解释法律和审查行政法规的合法性

B. 省高级人民法院可以提议省人大制定地方性法规

C. 在省级人大闭会期间，省级人大常委会有权任免省级人民检察院检察长

D. 省人大专门委员会可以提议省人大罢免省长

10. 下列关于国家监察委员会的表述，不正确的是（　　　）。

A. 国家监察委员会是最高国家监察机关

B. 国家监察委员会主任由国务院总理提名，全国人大决定

C. 国家监察委员会实行垂直领导

D. 国家监察委员会主任连续任职不得超过两届

11. 下列关于我国公民社会文化权利的表述，正确的是（　　　）。

A. 我国公民在年老、疾病、丧失劳动能力时有从国家或者社会获得物质帮助的权利

B. 我国公民有劳动的权利和义务，我国公民都有休息的权利

C. 我国宪法规定，我国逐步建立完善的社会保障制度

D. 我国宪法对发展公民社会保障权所需要的社会保险和社会救济事业未作规定

12. 根据宪法规定，下列选项中，属于国务院职权的是（　　　）。

A. 决定驻外全权代表的任免

B. 决定特别行政区的设立

C. 批准自治州的建置和区域划分

D. 决定全国或者个别省、自治区、直辖市进入紧急状态

13. 某村有年满 18 周岁的村民 1 100 人，在一次县人大选举中作为一个选区，应选人大代表 3 人，第一次投票中，5 名代表候选人只有 2 人得票超过参加投票选民的过半数，于是进行再次选举。在这次选举中，参加投票的选民有 900 人，其中赵某当选。赵某当选为县人大代表的最低得票数是（   ）。

    A. 501 票   B. 451 票   C. 300 票   D. 301 票

14. 下列关于香港特别行政区的说法，正确的是（   ）。

A. 香港特别行政区行政长官在当地通过选举或协商产生，由中央人民政府任命

B. 香港特别行政区立法会享有对特别行政区基本法的解释权

C. 全国人大常委会享有对香港特别行政区基本法的修改权

D. 香港特别行政区政府对国家主席负责

15. 秦朝对于"贼杀伤，盗他人"所引起的诉讼称为（   ）。

    A. 非公室告   B. 乞鞫   C. 公室告   D. 举劾

16. 唐高宗永徽年间，华州刺史萧岭之因为在任广州都督时贪赃的事情被发觉，唐高宗将案件交付群臣议定。在议奏之时，唐高宗非常恼火，决定要处以重刑。但有大臣奏请唐高宗应对萧岭之以"八议"之条减刑。唐高宗听从了建议，将萧岭之流放岭外。萧岭之减等处刑符合八议中的情形是（   ）。

    A. 议亲   B. 议能   C. 议贵   D. 议勤

17. "律法断罪，皆当以法律令正文，若无正文，依附名例断之，其正文名例所不及，皆勿论。"上述文字体现的古代制度是（   ）。

    A. 援法断罪   B. 引律比附   C. 同居相隐   D. 存留养亲

18. 唐玄宗天宝年间，京兆府民吴某在与李某嬉戏过程中，不慎将李某杀死。唐律并没有规定直接戏杀的处罚，但依据唐律规定，故杀处斩刑，斗杀减故杀一等处刑，戏杀减斗杀二等处刑。则吴某应判处（   ）。

    A. 流三千里   B. 流二千五百里   C. 徒三年   D. 徒二年半

19. 依照唐律规定，下列情形适用自首的是（   ）。

    A. 私习天文   B. 强奸   C. 监守自盗   D. 偷渡关卡

20. 下列关于《中华民国民法》的表述，正确的是（   ）。

A. 《中华民国民法》采取权利本位的立法原则

B. 《中华民国民法》在体例上效法法国民法典编纂而成

C. 《中华民国民法》采取民商分立的编纂体例

D. 《中华民国民法》是中国历史上第一部正式颁行的民法典

二、多项选择题（第 21～30 小题，每小题 2 分，共 20 分。下列每题给出的四个选项中，至少有两个选项是符合题目要求的。多选、少选或错选均不得分）

21. "法所体现的意志由一定的物质生活条件所决定"是马克思主义法学关于法本质的论断。该论断的含义包括（   ）。

A. 反映阶级意志内容的法对物质生活条件具有决定作用

B. 物质生活条件是法的阶级意志内容的唯一因素

C. 物质生活条件是在多种因素作用下对法的阶级内容起决定作用的因素

D. 物质生活条件是法的深层次的本质

22. 下列关于授权性法律规则的表述，能够成立的是（   ）。

A. 授权性法律规则是一种可为模式的法律规则

B. 授权性法律规则可分为鼓励性规则和容许性规则

C. 授权性法律规则没有国家强制性

D. 授权性规则是一种任意性规则

23. 下列选项中，行为人应当承担法律责任的是（   ）。

A. 保安员甲收取 5 元自行车停车费，但拒绝给自行车车主收据

B. 乙向报社写信揭露某纪录片造假，报社没有刊登

C. 丙乘坐高铁拒绝给老人让座，致使老人久站摔伤

D. 丁酒后驾驶机动车将正常行走的行人撞伤

24. 下列关于法治国家中法律与其他社会调控方式的关系的说法中，正确的是
（   ）。

A. 法律与其他社会调控方式具有一定程度的一致性和互补性

B. 法律与其他社会调控方式彼此独立，互不相干

C. 当法律与其他社会调控方式发生冲突时，法律应处于优先地位

D. 法律调整是最重要的社会调整，其他社会调控方式可有可无

25. 下列关于居民委员会的表述，正确的是（   ）。

A. 居民委员会是我国基层政权的派出机关

B. 居民委员会根据居民居住状况，按照便于居民自治的原则设立

C. 居民会议由 18 周岁以上的居民组成

D. 居民委员会每届任期 3 年，其成员可以连选连任

26. 我国宪法规定，中华人民共和国公民在年老、疾病或者丧失劳动能力的情况下，
有从国家和社会获得物质帮助的权利。下列选项中，对这一规定的理解正确的有（   ）。

A. 该规定体现了合理差别对待原则

B. 该规定体现了社会保障权方面的内容

C. 该规定属于法律保留事项

D. 对年老、疾病或者丧失劳动能力的人实施物质帮助应当是必要的和适当的

27. 下列选项中，属于政府派出机关的有（   ）。

A. 行政公署   B. 公安派出所

C. 区公所   D. 街道办事处

28. 据《旧唐书·裴潾传》记载，唐穆宗年间，前率府仓曹曲元衡杖杀百姓柏公成之
母，柏公成私受曲元衡资货，母死不闻公府。后事情败露，法寺认为：柏公成母死在辜
外，且曲元衡之父曾在朝为官，因父荫庇而判铜赎罪；柏公成因遇恩赦免罪。时任刑部郎
中裴潾奏请皇帝改判曲元衡处杖六十并配流，柏公成诛。皇帝采纳了裴潾意见。该判决结
果得到社会认可。对于该案的改判，最可能的理由有（   ）。

A. 曲元衡擅行暴力且没有官吏身份，应予改判重惩

B. 曲元衡未在辜限期内积极救治，应予改判重惩

C. 柏公成借母之死而获利，违背儒家义礼和孝道，应处死刑

D. 柏公成借母之死而获利，犯恶逆重罪，应处死刑

29. 依照唐律规定，下列行为中属于"不义"罪的有（　　）。

A. 闻父母丧，匿不举哀　　　　　　　B. 闻夫丧，匿不举哀

C. 殴夫　　　　　　　　　　　　　　D. 杀本属府主

30. 关于《中华民国刑法》（"新刑法"），下列说法正确的是（　　）。

A. "新刑法"继受了罪刑法定、罪刑相适应以及刑罚人道主义等原则

B. "新刑法"对亲属间犯盗罪者可以免予处罚、适用亲告

C. "新刑法"对于有妨碍社会秩序嫌疑之人，可适用保安处分

D. "新刑法"采取报应刑论

三、简答题（第 31～33 小题，每小题 10 分，共 30 分）

31. 简述依法行政原则的内容和要求。

32. 简述全国人大常委会的法律制定和解释权限。

33. 简述南京国民政府的司法体系和司法权配置。

四、分析论述题（第 34～38 小题，共 80 分）

34.（15 分）材料 1：古罗马法学家盖尤斯《法学阶梯》：法是关于人世和神世的学问，关于正义与不正义的科学。

材料 2：2012 年 3 月 14 日，第十一届全国人大五次会议表决通过关于修改刑事诉讼法的决定，此次刑事诉讼法修改幅度较大，修改内容涉及 100 多处，修改比例超过总条文的 50%。此次刑事诉讼法修改，坚持实体正义与程序正义并举，加强对刑事诉讼程序机制的构建，对侦查、起诉、审判、执行以及特别程序等进行了重要完善，努力追求并促成程序正义的实现。

请结合上述材料回答下列问题：

（1）请根据材料 1 分析盖尤斯在法本质上的学说和正义作为法律价值的作用。

（2）请根据材料 2 分析法律对正义保障作用的体现。

（3）结合材料 1、2 分析正义的特点。

35.（15 分）联系我国法治建设的实际，论述我国司法体制改革的方向和原则。

36.（15 分）甲系北方 A 县公民，甲于 2008 年辞去家乡单位的工作，来到南方 B 市所辖 C 区打工。2009 年，A 县进行换届选举，甲前单位所在地选区的选举委员会向其发函，对其进行选民登记，并告知甲如不能回原单位参加选举，可以委托他人代为投票，甲便口头委托了过去的同事乙、丙等 4 人代其参加了投票，结果甲当选为人大代表。2010 年，C 区进行换届选举，甲所在的企业与附近企业划分为一个选区，甲又一次参加选民登记。根据 C 区选举委员会的要求，该选区最好选出 1 名年龄在 35 周岁以下从事技术方面工作的代表，甲正符合这一要求，被单位同事联名推荐为候选人。经该选区选民投票，甲获得了全体代表的 1/2 选票，被 C 区人民政府宣布当选为 C 区人大代表。

外来人员当选两地人大代表的情况引起广泛的争议，为了避免这一情况，更多的人建议应允许外来人口参加现生活或工作所在地的选举，而不再参加原户口所在地的选举。上述建议有较多优点，因而得到许多学者的支持。

请结合上述材料，运用宪法学知识和选举法的相关规定，回答下列问题：

（1）本选举人大代表的案件有哪些做法不符合选举法的规定？为什么？

（2）甲进行两次选民登记，参加两地选举违反了选举法的哪项原则？甲只被允许参加原户口所在地的选举会有哪些弊端？为什么？

（3）许多人建议允许外来人口参加现生活或工作所在地的选举，而不再参加原户口所在地的选举，该建议有哪些优点？

37.（15分）试论全国人民代表大会代表的权利和义务。

38.（20分）材料1：《唐律疏议·户婚律》（卷十四）：诸杂户不得与良人为婚，违者，杖一百。官户娶良人女者，亦如之。良人娶官户女者，加二等。即奴婢私嫁女与良人为妻妾者，准盗论；知情娶者，与同罪。各还正之。

材料2：《大明律·户律》"良贱为婚姻"条：凡家长与奴娶良人女为妻者，杖八十。女家减一等，不知者不坐。其奴自娶者，罪亦如之。家长知情者减二等。因而入籍婢者，杖一百。若妄奴婢良人而与良人为夫妻者，杖九十。各离异改正。

分析上述材料并回答下列问题：

（1）根据材料1概括说明唐律对于良贱为婚的处罚。

（2）对比材料2，明朝在良贱为婚的处罚上与唐朝相比有哪些主要变化？

（3）如何评价上述材料？

综合课模拟试题（二）答案解析

一、单项选择题

1. A

【解析】本题考查的是司法改革主要任务中的相关举措。司法改革的任务之一是保证公正司法、提高司法公信力。重点包括：推进以审判为中心的诉讼制度改革，改革法院案件受理制度，探索建立检察机关提起公益诉讼制度，实行办案质量终身负责制和错案责任倒查问责制，完善人民陪审员和人民监督员制度等。探索设立跨行政区划的人民法院和人民检察院，办理跨地区案件。完善行政诉讼体制机制，合理调整行政诉讼案件管辖制度，切实解决行政诉讼立案难、审理难、执行难等突出问题。可见，A项表述正确。司法改革的任务之一是增强全民法治观念、推进法治社会建设。重点包括：发展中国特色的社会主义法治理论，把法治教育纳入国民教育体系和精神文明创建内容，完善守法诚信褒奖机制和违法失信行为惩戒机制，推进公共法律服务体系建设，构建对维护群众利益具有重大作用的制度体系，完善多元化纠纷解决机制等。可见，B、C项表述没有问题，但并非属于保证公正司法、提高司法公信力的举措。司法改革的任务之一是加强法治队伍建设。重点包括：完善法律职业准入制度，加快建立符合职业特点的法治工作人员的管理制度，建立法官、检察官逐级遴选制度，健全法治工作部门和法学教育研究机构人员双向交流与互聘机制，深化律师管理制度改革。可见，D项表述没有问题，但并非属于保证公正司法、提高司法公信力的举措。

2. B

【解析】大陆法系国家法的基本分类是公法和私法；英美法系国家法的基本分类是普通法和衡平法。可见，A项表述不能成立。大陆法系的基本法律一般采用系统的法典形式；英美法系尤其是英国的法律一般不倾向于法典形式，而是注重判例法。可见，B项表述能够成立。大陆法系的诉讼程序以法官为中心，奉行职权主义，具有纠问程序的特点；英美法系的诉讼程序奉行当事人主义，法官一般充当消极的、中立的裁定者的角色，法官首先要考虑以前类似案件的判例，将本案的事实与以前案件事实加以比较，然后从以前判例中概括出可以适用于本案的法律规则。可见，C项表述不能成立。大陆法系具有理性主义的哲学倾向；英美法系具有经验主义的哲学倾向。可见，D项表述不能成立。

3. C

【解析】宗教在历史上要早于国家和法律而存在。可见，A项表述不能成立。法律可以由人们自觉遵守，但法律更要以国家强制力作为最后的保障，而宗教规范并不是以国家强制力保障实施的，宗教规范只有上升为法律规范才能以国家强制力作为保障。可见，B项表述不能成立。法律在起源阶段是与宗教规范浑然一体的，这也是法起源的一般规律之一。可见，C项表述能够成立。法律规范侧重于规范人们的外部行为，而宗教规范不仅规范人们的外部行为，也规范人们的内心活动，而且更侧重于规范人们的内心活动。可见，D项表述不能成立。

4. B

【解析】法律移植是指在鉴别、认同、调适、整合的基础上，引进、吸收、采纳、摄取、同化外国法，使之成为本国法律体系中的有机组成部分。法律移植体现的是一国同一时代（横向）对其他国家法律制度的吸收与借鉴，法律继承是不同历史类型的法律制度之间的延续和继受，法律继承体现的是旧法对新法（纵向）的影响和继受。可见，A项表述错误。现代司法制度和司法理念是法治现代化的重要组成部分，法律移植则是法治现代化的一个过程和途径，因此，法律移植可以促进组建现代司法制度和确立司法的基本理念（司法独立、司法公正等）。可见，B项表述正确。我国司法面临着一系列难题，因此，司法机关制定了各种措施进行司法改革尝试，包括落实改善裁判文书、落实公开审判、加强诉讼指导、在裁判文书中附加"判后语"、在裁判文书中进行释法说理等，但是，法院落实改善裁判文书的举措，并非是从判例法国家引进判例的体现，因为判例不是我国的法律渊源，判例还不能成为正式的法律，C项表述错误。在法律移植过程中，既要考虑国外法（供体）与本国法（受体）之间的兼容性，又要考虑法律移植的优选性，即选择优越的法律制度，为本国所用。可见，D项表述错误。

5. D

【解析】这道题考查的是法律规范（规则）、法律条文、法律概念等的区别。该条文是法律概念的规定，而不是法律的技术性规定，A项表述错误。法律规范（规则）有逻辑三要素，即法律规则在逻辑上是由假定（条件）、行为模式和法律后果三要素构成的，但法律概念没有完整的逻辑结构，B项表述错误。只有法律规范才能表达法律关系主体的权利和义务，法律概念由于没有完整逻辑结构，因此不能确定权利义务关系，C项表述错误。《刑法》第94条规定有助于认识法律和理解司法工作人员的范围，D项表述正确，选D项。

6. D

【解析】依据解释主体和解释的效力不同，可以将法律解释分为正式解释和非正式解释；依据解释尺度的不同，法律解释可以分为限制解释、扩充解释和字面解释。可见，A项表述不能成立。学理解释又称为非正式解释、无权解释，是指由学者或其他个人及组织对法律规定所作的不具有法律约束力的解释。可见，B项表述不能成立。司法解释是最高国家司法机关（最高人民法院和最高人民检察院）对司法工作中具体应用法律问题所作的解释。其他司法机关所作的解释属于无权解释。可见，C项表述不能成立。行政解释是最高国家行政机关，即国务院及其主管部门对有关法律和法规进行的解释。可见，D项表述能够成立。

7. A

【解析】法律论证无法回避价值判断问题，法律论证是一个价值判断的过程，法律有各种价值，在法律的基本价值发生冲突时，往往通过法律论证来实现法律的价值。可见，A 项表述能够成立。法律论证主要应用于司法裁判过程中，而不是行政执法过程中。可见，B 项表述不能成立。法律论证的结论正确自然是好，但法律论证的结论未必是正确的，因此确定法律论证的正当性标准显得尤为必要，但无论如何，法律论证的结论应当具有可接受性，应当为不同层次的人所接受。可见，C、D 项表述不能成立。

8. C

【解析】根据《人民检察院组织法》的规定，专门人民检察院的设置、组织、职权和检察官任免，由全国人民代表大会常务委员会规定。可见，A 项表述错误。地方各级人民检察院检察长由本级人民代表大会选举和罢免，副检察长、检察委员会委员和检察员由检察长提请本级人民代表大会常务委员会任免。可见，B 项表述错误。人民检察院实行双重从属制，地方各级人民检察院都应当对产生它的权力机关负责并报告工作，人民检察院上下级之间是领导关系，因此地方各级检察院需要对上级人民检察院负责。可见，C 项表述正确，选 C 项。最高人民检察院可以发布指导性案例，地方各级人民检察院没有发布指导性案例的职权。可见，D 项表述错误。

9. A

【解析】《立法法》第 46 条规定，国务院、中央军事委员会、最高人民法院、最高人民检察院和全国人民代表大会各专门委员会以及省、自治区、直辖市的人民代表大会常务委员会可以向全国人民代表大会常务委员会提出法律解释要求。《立法法》第 99 条第 1 款规定，国务院、中央军事委员会、最高人民法院、最高人民检察院和各省、自治区、直辖市的人民代表大会常务委员会认为行政法规、地方性法规、自治条例和单行条例同宪法或者法律相抵触的，可以向全国人民代表大会常务委员会书面提出进行审查的要求，由常务委员会工作机构分送有关的专门委员会进行审查、提出意见。根据上述规定，A 项表述正确，选 A 项。根据《地方各级人民代表大会和地方各级人民政府组织法》第 18 条的规定，地方各级人民代表大会举行会议的时候，主席团、常务委员会、各专门委员会、本级人民政府，可以向本级人民代表大会提出属于本级人民代表大会职权范围内的议案。县级以上的地方各级人民代表大会代表 10 人以上联名，乡、民族乡、镇的人民代表大会代表 5 人以上联名，可以向本级人民代表大会提出属于本级人民代表大会职权范围内的议案。据此，省高级人民法院无权提出制定地方性法规的提案，B 项表述错误。根据《宪法》第 67 条第 13 项的规定，全国人大常委会根据最高人民检察院检察长的提请，任免最高人民检察院副检察长、检察员、检察委员会委员和军事检察院检察长，并且批准省、自治区、直辖市的人民检察院检察长的任免。根据《地方各级人民代表大会和地方各级人民政府组织法》第 44 条第 11 项的规定，省级人大常委会任免省级人民法院副院长、庭长、副庭长、审判委员会委员、审判员，任免省级人民检察院副检察长、检察委员会委员、检察员，批准任免下一级人民检察院检察长；省、自治区、直辖市的人民代表大会常务委员会根据主任会议的提名，决定在省、自治区内按地区设立的和在直辖市内设立的中级人民法院院长的任免，根据省、自治区、直辖市的人民检察院检察长的提名，决定人民检察院分院检察长的任免。根据上述规定，省级人大常委会无权任免省级人民检察院检察长，C 项表述错误。根据《地方各级人民代表大会和地方各级人民政府组织法》第 26 条第 1 款的规定，县级以上的地方各级人民代表大会举行会议的时候，主席团、常务委员会或者 1/10 以上代表联名，可以提出对本级人民代表大会常务委员会组成人员、人民政府组成人员、人民法院院长、人民检察院检察长的罢免案，由主席团提请大会审议。据此，省人大专门委员会无权提议省人大罢免省长，D 项表述错误。

10. B

【解析】现行《宪法》第 125 条规定，中华人民共和国国家监察委员会是最高监察机关。国家监察委员会领导地方各级监察委员会的工作，上级监察委员会领导下级监察委员会的工作。据此，A、C 项表述正确。根据现行《宪法》第 62 条第 7 项规定，国家监察委员会由全国人民代表大会选举产生，B 项表述错误，选 B 项。现行《宪法》第 124 条第 3 款规定，监察委员会主任每届任期同本级人民代表大会每届任期相同。国家监察委员会主任连续任职不得超过两届。据此，D 项表述正确。

11. A

【解析】《宪法》第 45 条第 1 款规定，中华人民共和国公民在年老、疾病或者丧失劳动能力的情况下，有从国家和社会获得物质帮助的权利。国家发展为公民享受这些权利所需要的社会保险、社会救济和医疗卫生事业。据此，A 项表述正确，D 项表述错误。《宪法》第 42 条第 1 款规定，中华人民共和国公民有劳动的权利和义务。但根据《宪法》第 43 条第 1 款规定，中华人民共和国劳动者有休息的权利。据此，我国宪法规定的休息权的主体是劳动者，而非全体公民，B 项表述错误。《宪法》第 14 条第 4 款规定，国家建立健全同经济发展水平相适应的社会保障制度。据此，C 项表述错误。

12. C

【解析】《宪法》第 67 条第 14 项规定，全国人大常委会决定驻外全权代表的任免。据此，不选 A 项。《宪法》第 62 条第 14 项规定，全国人民代表大会决定特别行政区的设立及其制度。据此，不选 B 项。《宪法》第 89 条第 15 项规定，国务院批准省、自治区、直辖市的区域划分，批准自治州、县、自治县、市的建置和区域划分。据此，选 C 项。《宪法》第 67 条第 21 项规定，全国人大常委会决定全国或者个别省、自治区、直辖市进入紧急状态。据此，不选 D 项。

13. C

【解析】《选举法》第 44 条规定，在选民直接选举人民代表大会代表时，选区全体选民的过半数参加投票，选举有效。代表候选人获得参加投票的选民过半数的选票时，始得当选。获得过半数选票的当选代表的人数少于应选代表的名额时，不足的名额另行选举。另行选举时，根据在第一次投票时得票多少的顺序，按照本法第 30 条规定的差额比例，确定候选人名单。如果只选一人，候选人应为 2 人。依照前款规定另行选举县级和乡级的人民代表大会代表时，代表候选人以得票多的当选，但是得票数不得少于选票的 1/3；县级以上的地方各级人民代表大会在另行选举上一级人民代表大会代表时，代表候选人获得全体代表过半数的选票，始得当选。根据上述规定，本题表述中，应选代表为 3 人，但只选出 2 人，不足的名额只能另行选举，另行选举时，代表获得的选票数不得少于选票的 1/3，故选 C 项。

14. A

【解析】《香港特别行政区基本法》第 45 条第 1 款规定，香港特别行政区行政长官在当地通过选举或协商产生，由中央人民政府任命。据此，A 项表述正确。《香港特别行政区基本法》第 158 条第 1 款规定，本法的解释权属于全国人民代表大会常务委员会。据此，B 项表述错误。《香港特别行政区基本法》第 159 条第 1 款规定，本法的修改权属于全国人民代表大会。据此，C 项表述错误。香港特别行政区政府是香港特别行政区行政机关，香港特别行政区政府对中央人民政府负责。可见，D 项表述错误。

15. C

【解析】秦朝把"贼杀伤，盗他人"等危害统治秩序的犯罪，列为严惩对象，这类诉讼称为"公室告"，对于"公室告"案件，官府必须受理；秦朝把"子盗父母，父母擅刑，髡子及奴妾"等引起的诉讼称为"非公室告"，对于"非公室告"案件，官府不予受理。可见，选 C 项，不选 A 项。"乞鞫"即允许被告及其亲属申请重审，秦汉时期对于申请重审的制度称为"乞鞫"。可见，不选 B 项。举劾是汉代官府代表国家主动纠举犯罪，类似于现代诉讼的公诉。可见，不选 D 项。

16. C

【解析】"八议"是指贵族官僚中的八种人犯罪后，普通司法机关无权处理，须在大臣"议其所犯"后，由皇帝对其所犯罪行实行减免刑罚的制度。"八议"即议亲（皇亲国戚）、议故（皇帝故旧）、议贤（有封建德行与影响的人）、议能（有大才能的人）、议功（有大功勋的人）、议贵（贵族官僚）、议勤（为封建国家勤劳服务的人）、议宾（前朝皇室宗亲）。本题表述中，萧岭之具有贵族身份，当为"议贵"，选 C 项。

17. A

【解析】晋代刘颂提出："律法断罪，皆当以法律令正文，若无正文，依附名例断之，其正文名例所不及，皆勿论。"根据刘颂提出的援法断罪原则，审理判决案件首先应以律典法令的明确内容为依据；律典法令无明文规定者，参照名例律关于定罪量刑的有关原则类推比附；律典法令和名例原则均无相应规定者，则不应定罪量刑。这就要求各级司法官不得在法律规定之外治罪用刑。这种援法断罪的思想，近于现代罪刑法定原则，为中国古代律学理论和法律思想的一大进步。可见，选 A 项。引律比附即类推，不选 B 项。同居相隐即近亲属犯罪相互容忍不予告发的制度，不选 C 项。存留养亲指"亲老丁单"时即凶犯属系独子、父母年老有病、家中无其他男丁，考虑到其父母无人奉养，又无其他男丁继承宗嗣，经皇帝特许，可免其死罪，施以其他处罚，令其回家"奉养其亲"的制度，不选 D 项。

18. D

【解析】唐律规定的减刑，对于笞、杖、徒三刑而言是依等次递减；对于流、死二刑而言，则不是按等次递减，而是按刑种递减。本题表述中，故杀处斩刑，斗杀减故杀一等，即流三千里，戏杀减斗杀二等，即先减一等为徒三年，再减一等为徒二年半。可见，选 D 项。

19. C

【解析】《唐律疏议·名例律》规定：诸犯罪未发而自首者，原其罪。其轻罪虽发，因首重罪者，免其重罪。即因问所劾之事而别言余罪者，亦如之。其于人损伤，于物不可备偿，即事发逃亡，若越度关及奸，并私习天文者，并不在自首之例。可见，唐朝对侵害人身、毁坏贵重物品、偷渡关卡、私习天文等犯罪，即便投案也不适用自首。备选项中，只有监守自盗的情形可以适用自首，故选 C 项。

20．D

【解析】《中华民国民法》采取社会本位的立法原则。可见，A 项表述错误。《中华民国民法》效法德国民法典的体例结构编纂而成。可见，B 项表述错误。《中华民国民法》采取民商合一的民事立法体例，这与清末和北洋政府采取民商分立的民事立法体例有很大不同。可见，C 项表述错误。《中华民国民法》是中国历史上第一部正式颁行的民法典。可见，D 项表述正确。

二、多项选择题

21．CD

【解析】物质生活条件对法具有决定作用，而不是相反。可见，A 项表述错误。物质生活条件是对反映阶级意志内容的法起决定作用的因素，但不是唯一因素，其他因素包括政治、思想、道德、文化、历史传统、民族、宗教、习惯等对阶级内容也有不同程度的影响，只不过这些因素是在物质生活条件起决定作用的条件下发挥其应有作用的。可见，B 项表述错误，C 项表述正确。法有两层本质，第一层本质即浅层本质是意志，第二层本质即深层本质是物质生活条件。可见，D 项表述正确。

22．AB

【解析】按照法律规则的内容规定不同，法律规则可以分为授权性规则和义务性规则。授权性规则是规定人们有权做一定行为或不做一定行为的规则，即规定人们的"可为模式"的规则。授权性规则可以分为鼓励性规则和容许性规则。可见，A、B 项表述能够成立。授权性规则为权利主体提供一定的选择自由，对于权利主体来说不具有强制性，但如果作为法律规则，授权性规则仍然具有国家强制性，这两种解释并不矛盾。可见，C 项表述不能成立。按照法律规则对人们行为规定和限定的范围或程度不同，可以将法律规则分为强行性规则和任意性规则。其中，任意性规则是指在一定范围内，允许人们自行选择或协商确定法律关系中的权利义务内容的法律规则。授权性规则和任意性规则有相同点，但也有区别。对于授权性规则规定的权利，主体可以行使，也可以不行使，但不能任意作出与法律规定不同的处分。而任意性规则规定当事人各方可以就相互的权利和义务作出法定行为模式以外的规定，只有在他们没有约定时，才以法律规定的权利义务作为他们的行为标准和尺度。总之，授权性规则不能简单等同于任意性规则。可见，D 项表述不能成立。

23．AD

【解析】产生法律责任的原因包括违法行为、违约行为和法律规定。A 项表述的情形产生行政责任，选 A 项。B 项表述的情形，有可能合法，也有可能侵权，但由于报社并未刊登，不会对相对人造成损害，故不可能产生法律责任，不选 B 项。丙乘坐高铁不给老人让座，不产生任何法律责任，不选 C 项。D 项表述的情形产生刑事责任，选 D 项。

24．AC

【解析】法律与其他社会调控方式具有一定程度的一致性和互补性，而不是毫不相干的。可见，A 项表述正确，B 项表述错误。在社会调控方式中，法律占据主导地位，也是最主要的调控方式，当法律与其他社会调控方式发生冲突时，法律应处于优先地位。可见，C 项表述正确。法律调整是最重要的社会调整，但这并不意味着其他调控方式可有可无，因为法律不是万能的。可见，D 项表述错误。

25. BC

【解析】居民委员会是基层群众性自治组织，而不是基层政权的派出机关。可见，A 项表述错误。《城市居民委员会组织法》第 6 条规定，居民委员会根据居民居住状况，按照便于居民自治的原则，一般在 100 户至 700 户的范围内设立。居民委员会的设立、撤销、规模调整，由不设区的市、市辖区的人民政府决定。据此，B 项表述正确。《城市居民委员会组织法》第 9 条规定，居民会议由 18 周岁以上的居民组成。居民会议可以由全体 18 周岁以上的居民或者每户派代表参加，也可以由每个居民小组选举代表 2 至 3 人参加。居民会议必须有全体 18 周岁以上的居民、户的代表或者居民小组选举的代表的过半数出席，才能举行。会议的决定，由出席人的过半数通过。据此，C 项表述正确。《城市居民委员会组织法》第 8 条规定，居民委员会每届任期 5 年，其成员可以连选连任。据此，D 项表述错误。

26. ABD

【解析】我国宪法规定的物质帮助权体现了合理差别。我国宪法规定，我国公民在法律面前一律平等，从而确立了平等权，但平等权并不意味着对所有公民采取无差别待遇，只要存在差别待遇的合理理由，就应当承认这种差别，这就是合理差别。合理差别并不违反平等权的要求。体现合理差别的情形主要包括如下 5 点：（1）由于年龄的差异所采取的责任、权利等方面的合理差别；（2）依据人的生理差异所采取的合理差别；（3）依据民族的差异所采取的合理差别；（4）依据经济上的能力以及所得的差异所采取的纳税负担上的轻重的合理差别，如个人所得税法采取的超额累进税率征税方法；（5）对从事特定职业的权利主体的特殊义务的加重和特定权利的限制，如国家工作人员必须接受公民的监督、批评和建议，以及在高等学府任教的学历条件等。根据上述所列合理差别，A 项表述正确，选 A 项。我国宪法规定的社会保障权包括退休人员的生活保障权和物质帮助权，可见，B 项表述正确，选 B 项。物质帮助权并非法律保留事项，换句话说，物质帮助权的具体内容并非只能由法律规定。可见，C 项表述错误。对年老、疾病或者丧失劳动能力的人实施物质帮助应当是必要的和适当的，这是获得物质帮助的条件之一。可见，D 项表述正确，选 D 项。

27. ACD

【解析】政府的派出机关有三类：（1）行政公署。行政公署是省、自治区人民政府的派出机关。（2）区公所。区公所是县、自治县人民政府的派出机关。（3）街道办事处。街道办事处是市辖区和不设区的市的人民政府的派出机关。可见，选 A、C、D 项。公安派出所、居委会、村委会等不是派出机关，故不选 B 项。

28. AC

【解析】本案中，原判决是曲元衡判铜赎罪，柏公成遇到恩赦免罪，后采纳刑部郎中裴潊的建议，将曲元衡改判为杖六十并配流，将柏公成改判为死刑。改判最有可能的理由就是：曲元衡之父虽曾为官身，但曲元衡本人并非有官员身份，且曲元衡擅行暴力，杖杀柏公成的母亲，事情败露后，曲元衡收买了柏公成，而柏公成为了获利，竟然隐瞒此事不向官府告发，因此必须改判。可见，选 A、C 项。原判决就是以柏公成的母亲死在辜限期外为理由而判决以铜赎罪的，因此不选 B 项。柏公成本身并没有犯恶逆重罪。因为恶逆是指殴打及谋杀祖父母、父母，杀伯叔父母、姑、兄姊、外祖父母、夫、夫之祖父母、父母。而柏公成并没有上述行为，只不过借母亲之死而获利，这是违背儒家义礼和孝道的，故不选 D 项。

29. BD

【解析】依照《唐律疏议·名例律》规定，构成十恶中"不义"罪的情形是：谓杀本属府主、刺史、县令、见受业师，吏、卒杀本部五品以上官长；及闻夫丧匿不举哀，若作乐，释服从吉及改嫁。据此，选 B、D 项。《唐律疏议·名例律》规定：七曰不孝。谓告言、诅詈祖父母父母，及祖父母父母在，别籍异财，若供养有阙；居父母丧，身自嫁娶，若作乐，释服从吉；闻祖父母、父母丧，匿不举哀，诈称祖父母父母死。据此，A 项表述的情形构成"不孝"罪，不选 A 项。《唐律疏议·名例律》规定：八曰不睦。谓谋杀及卖缌麻以上亲，殴告夫及大功以上尊长、小功尊属。据此，C 项表述的情形构成"不睦"罪，不选 C 项。

30. ABC

【解析】"新刑法"在立法原则方面，继受罪刑法定、罪刑相适应以及刑罚人道主义等原则，A 项表述正确。"新刑法"中同居相为隐原则得到一定的体现，如规定罪犯的配偶、五亲等内之血亲或姻亲犯便利犯人逃脱、藏匿犯人、湮灭证据等犯罪，可以减轻或免除处罚；亲属间犯盗可以免予处罚、适用亲告；纵容纳妾。可见，B 项表述正确。"新刑法"首次引进保安处分，保安处分是用来补充或替代刑罚以预防犯罪、维护社会秩序的强制性措施，其适用对象是未成年的少年犯及有犯罪或妨碍社会秩序嫌疑之人，特别是那些有潜在犯罪危险，而不是已经构成犯罪的人员。可见，C 项表述正确。"新刑法"采取"侧重于防卫社会主义"的理论，而非"旧刑法"的"报应主义"的报应刑论，D 项表述错误。

三、简答题

31. （1）内容：依法行政原则即行政机关必须依照法定的权限、法定程序和法治精神进行管理，越权无效。（4分）

（2）要求：①执法的主体合法。国家行政机关的设立及其职权必须有法律依据，必须在法律规定的职权范围内活动，越权违法，越权无效。②执法的内容合法。执法活动是根据法律的规定进行的，采用的具体方式也要符合法律的规定。③执法的程序必须合法。要严格按照法定的步骤、顺序和时限进行执法，不得任意改变、省略和超越。（6分）

32. （1）全国人大常委会有权制定和修改除应当由全国人民代表大会制定的法律以外的其他法律；在全国人民代表大会闭会期间，全国人大常委会对全国人大制定的法律进行部分补充和修改，但是不得同该法律的基本原则相抵触。（4分）

（2）法律解释权属于全国人民代表大会常务委员会。法律有以下情况之一的，由全国人民代表大会常务委员会解释：①法律的规定需要进一步明确具体含义的；②法律制定后出现新的情况，需要明确适用法律依据的。全国人大常委会的法律解释同法律具有同等效

力。（6分）

33.（1）南京国民政府在《法院组织法》公布后，实行三级三审制，第三审为法律审。南京国民政府在法院系统上分为普通法院系统、司法院和特种刑事法庭。（2分）

（2）南京国民政府的普通法院系统分为地方法院、高等法院和最高法院三级。地方法院审理民事、刑事第一审案件和非诉案件；高等法院审理上诉和抗告案件，以及内乱、外患、妨害国交等罪的第一审案件；最高法院审理不服高等法院之判决、裁定的上诉、抗告案件。（2分）

（3）南京国民政府在普通法院系统上面设有司法系统的一个最高层次，即司法院。司法院为最高司法机关，总揽各项司法事务。其下设四个直属机构，其中司法行政部掌管司法行政事务，最高法院行使最高审判权，行政法院行使行政诉讼案件的审判权，官吏惩戒委员会掌管文官和法官的惩戒事宜。此外还设有秘书处、参事处等办事机构，负责办理院内文秘、庶务及撰拟审核关于司法的法律命令等事宜。司法院还统一行使解释宪法和法令以及变更判例之权。（4分）

（4）南京国民政府特种刑事法庭是受理特种刑事审判程序案件的法庭，特种刑事法庭分为中央特种刑事法庭和高等特种刑事法庭。特种刑事法庭依据特殊的程序审理案件，对其裁判不得上诉或抗告，为迫害共产党人和爱国进步人士提供了组织及程序保障。（2分）

四、分析论述题

34.（1）盖尤斯在法本质上坚持唯心主义神意论，认为法是人的意志和神的意志的体现。（2分）从盖尤斯对法与正义关系的概括，可以看出正义对法律具有如下价值作用：正义是法律的存在根据和评价标准。法律的好坏需要评价标准，正义就是检验现实中法律好坏的根本标准和依据。（4分）

（2）从法律对正义的保障作用角度分析，刑事诉讼法的大幅度修订表明：①刑事诉讼法将程序正义融入刑事诉讼法律制度和法律规范之中，实行法治化管理，严格依法办事，从而全面促进和保障程序正义的实现。（2分）②通过刑事诉讼当事人权利和义务机制，公正地分配社会的利益和负担，并设定程序公正来保障，使实体正义与程序正义都通过立法方式落实。（2分）③通过刑事诉讼上规定的惩罚机制，在刑事司法领域上保障程序正义的实现。（2分）

（3）正义具有如下特点：①正义既有普遍性又有特殊性。正义的普遍性即正义所反映的是人类文明的基本共识与人类生活的根本理想；正义的特殊性是指这种反映根本理想的普遍正义，始终只能是在具体的和特殊的人类生活境况之中存在并得到实现。②正义既具有超时代性又具有时代性。正义的超时代性表现为正义与人的存在和发展相一致，正义反映了人所具有的共同情感、理想和需求；正义的时代性表现为具体的不同时代的人们对正义的认识、理解和态度又是彼此有区别的。③正义既具有客观性又具有主观性。正义的客观性是指它是人类作为一个整体所具有的共性，这些共性不以具体的人的各种自然和社会差异因素的存在而发生改变；正义的主观性是指现实生活中正义观念的某些具体内容始终与人们的具体生活状况及其感受直接相关，因而体现出强烈的主观性。（3分）

35. 司法体制改革是指在宪法规定的司法体制基本框架内，国家司法机关和国家司法制度实现自我创新、自我完善和自我发展，建设中国特色社会主义现代司法体系和司法制

度。司法体制改革事关党和国家事业大局，必须树立科学的司法改革观，在司法改革中坚持正确的方向和原则。（3分）

（1）坚持正确的政治方向。坚持党的领导是我国社会主义司法制度的根本特征和政治优势。深化司法体制改革，必须在党的统一领导下进行，坚持党的领导，关键是坚持党对政法工作的领导，坚持党管政法干部的原则，坚持走中国特色社会主义司法改革之路，努力创造更高水平的社会主义司法文明。（2分）

（2）坚持以宪法为根本遵循。我国宪法以国家根本法的形式确立了司法制度的基本框架和司法活动的基本规矩，是组织实施司法体制改革的根本遵循。深化司法体制改革，不仅不能违反宪法的规定，更重要的是把宪法的规定落实到位。（2分）

（3）坚持以提高司法公信力为根本尺度。推进司法体制改革，必须坚持以提高司法公信力为根本尺度，以矛盾纠纷得到公正的解决、合法权益得到有效的维护为目标，确保取得人民满意的改革实效。（2分）

（4）坚持符合国情和遵循规律相结合。深化司法体制改革，必须从社会主义初级阶段的基本国情出发，既认真借鉴人类法治文明的有益成果，又不照抄照搬外国的司法制度；既勇于改革创新，又不超越经济社会发展阶段盲目冒进。深化司法体制改革，必须坚持从司法规律出发设计改革方案，善于运用司法规律破解改革难题，确保改革成果经得起历史和实践的检验。（2分）

（5）坚持统筹兼顾。司法体制改革的系统性、整体性、协同性强，必须在中央统一领导下自上而下有序推进。既要加强中央顶层设计，又要鼓励各地因地制宜地开展试点；既要坚持整体推进，又要善于抓住重点事项进行攻坚，以重点事项突破带动改革的全面开展。（2分）

（6）坚持依法有序推进。凡是同现行法律规定不一致的改革举措，必须先提请立法机关修改现行法律规定，然后再开展改革。修改现行法律规定的条件尚不成熟的，应及时提请立法机关进行授权，在授权范围内进行改革试点。（2分）

36.（1）本案在选举程序上有如下做法不符合选举法的规定：①甲口头委托他人投票和委托的人数不符合选举法规定。根据选举法规定，选民如果在选举期间外出，经选举委员会同意，可以书面委托其他选民代为投票。每一选民接受的委托不得超过3人，并应当按照委托人的意愿代为投票。本案中，在A县进行换届选举时，甲没有采取书面委托形式而是采取口头委托形式和委托人数超过3人的做法都是不符合选举法规定的。（2分）②甲在C区参加换届选举时，其获得的选票数不符合选举法规定。根据选举法规定，在选民直接选举人民代表大会代表时，选区全体选民的过半数参加投票，选举有效。代表候选人获得参加投票的选民过半数的选票时，始得当选。本案中，甲在参加C区换届选举时，其获得的投票数仅为参加投票选民的1/2，没有过半数便当选为人大代表，这违反了选举法规定。（2分）③C区人民政府宣布甲当选的做法不符合选举法规定。根据选举法规定，选举结果由选举委员会或者人民代表大会主席团根据本法确定是否有效，并予以宣布。本案中，选举结果应由选举委员会宣布，而不能由C区人民政府宣布，这违反了选举法的规定。（2分）④甲当选两地人大代表违反了选举法规定，根据选举法规定，公民不得同时担任两个以上无隶属关系的行政区域的人民代表大会代表。据此，甲不能同时当选A县和

C 区人大代表。(2 分)

（2）①甲的做法违反了选举法的平等性原则。本案中，甲进行两次选民登记，参加两次选举的情况，与我国选举法的平等性原则相悖。(1 分) ②甲只被允许参加原户口所在地的选举存在如下弊端：其一，如果只允许参加原户口所在地的选举，外来人员大多采取如甲这样的通过口头方式，或者通过电话、通信等其他方式委托他人代为投票，这就与选举法提倡的便民原则相悖；其二，如果只允许参加原户口所在地的选举，不允许参加工作所在地的选举，在能参加选举的地方无权参加选举，实际上剥夺或限制了这部分选民的选举权。(2 分)

（3）该建议的优点在于：①方便选民。②减少委托投票。③使选举和利益结合起来。④保障选民选举权的真正行使。(4 分，考生从其他角度回答且言之成理的，可酌情给分——编者注)

37.（1）全国人大代表是依照法律规定选举产生的最高国家权力机关的组成人员，是人民委派到国家权力机关的使者，代表全国人民的意志和利益，依据宪法和法律参与行使国家权力，管理国家事务，因而享有广泛的权利：①全国人大代表有出席全国人大会议，发表意见，参与表决，共同决定中央国家机关领导人员的人选和国家生活中的重大问题的权利。(2 分) ②根据法律规定的程序提出议案、建议和意见的权利。1 个代表团或者 30 名以上的代表，可以向全国人民代表大会提出属于全国人民代表大会职权范围内的议案。(2 分) ③依照法律规定的程序提出质询案的权利。在全国人民代表大会会议期间，1 个代表团或者 30 名以上的代表，可以书面提出对国务院和国务院各部、各委员会的质询案。在常务委员会会议期间，常务委员会组成人员 10 人以上，可以向常务委员会书面提出对国务院及国务院各部、各委员会，最高人民法院和最高人民检察院的质询案。(2 分) ④依法提出罢免案的权利。全国人民代表大会 3 个以上的代表团或者 1/10 以上的代表，可以提出对于全国人民代表大会常务委员会的组成人员，中华人民共和国主席、副主席，国务院和中央军事委员会的组成人员，最高人民法院院长和最高人民检察院检察长的罢免案。(2 分) ⑤人身特别保护权。全国人民代表大会代表非经全国人民代表大会主席团许可，在全国人民代表大会闭会期间非经全国人民代表大会常务委员会许可，不受逮捕或者刑事审判。如果因为是现行犯被拘留，执行拘留的公安机关应当立即向全国人民代表大会主席团或者全国人民代表大会常务委员会报告。(1 分) ⑥言论免责权。全国人大代表、全国人大常委会组成人员在全国人大和全国人大常委会各种会议上的发言和表决，不受法律追究。(1 分) ⑦享受适当补贴和物质上的便利的权利。全国人大代表在出席全国人大会议和执行其他属于代表的职务的时候，国家根据实际需要给予适当的补贴和物质上的便利。(1 分)

（2）全国人大代表在享有权利的同时，根据宪法和法律的规定，还应履行以下相应的义务：①模范地遵守宪法和法律，在代表参加的生产、工作和社会活动中，宣传法制并协助宪法和法律的贯彻实施。②与原选举单位和群众保持密切联系，接受原选举单位和群众的监督，原选举单位有权罢免其所选出的代表。③保守国家秘密。④出席全国人大会议，认真参与对国家事务的讨论和决定，积极参加代表的视察活动。(4 分)

38.（1）唐律禁止良贱为婚（2 分）：①良贱不得为婚，违者杖一百；官户之人不得与良人之女为婚，违者杖一百；良人之女不得与官户之人为婚，违者加二等即处徒一年半。②奴婢私自将女嫁给良人为妻妾的，比照盗罪论处；知情者同罪，婚姻须撤销。（4分）

（2）和唐朝相比，明朝在良贱为婚处罚上的变化主要体现在：①处刑较为减轻。②增加不知情者不论罪的规定。③增加妄冒良人而通婚的处罚规定。（6分，考生从材料中概括出某些非主要变化的，可适当量分——编者注）

（3）评价：①唐朝和明朝都禁止良贱为婚，贯彻良贱有别，使良贱之分在婚姻制度上得到确认。②唐朝和明朝贯彻良贱不得为婚，以维护封建等级制度和尊卑关系，体现了儒家"良贱有别"的原则。③明朝在良贱为婚上的处罚较为唐朝有所减轻，体现了明朝"轻其所轻""重其所重"的定罪量刑原则。④明朝在良贱为婚处罚上的变化体现了明律对婚姻关系的调整更加注重道德教化的调整作用。（8分，其他表述符合题意的，可酌情给分——编者注）

综合课模拟试题（三）

一、单项选择题（第 1～20 小题，每小题 1 分，共 20 分。下列每题给出的四个选项中，只有一个选项是最符合题目要求的）

1. "社会不是以法律为基础，那是法学家的幻想。相反，法律应该以社会为基础。法律应该是社会共同的，由一定的物质生产方式所产生的利益需要的表现，而不是单个人的恣意横行。"对于马克思这段话所表达的马克思主义法学原理，下列表述正确的是（   ）。

A. 强调法律以社会为基础，这是马克思主义法学与其他派别法学的根本区别

B. 法律在本质上是社会共同体意志的体现

C. 特定历史条件下的特定国家的法律都是由一定的社会物质生活条件所决定的

D. 在任何社会，利益需要实际上都是法律内容的决定性因素

2. 关于法律的基本特征，下列表述不正确的是（   ）。

A. 法律是调整人们行为的规范，具有规范性

B. 法律是全社会普遍适用的规范，具有普遍性

C. 法律是以权利和义务为内容，并以义务为本位的社会规范

D. 法律是强调程序性的规范，具有程序性

3. 划分法律部门应当坚持的首要原则是（   ）。

A. 从实际出发原则　　　　　　　　B. 适当平衡原则

C. 主次原则　　　　　　　　　　　D. 合目的性原则

4. 下列法学流派中，主张严格意义上的法即实在法是一个法律规范体系的是（   ）。

A. 自然法学派　　B. 分析法学派　　C. 社会法学派　　D. 注释法学派

5. 我国《刑法》第 358 条第 1 款规定，"组织、强迫他人卖淫的，处五年以上十年以下有期徒刑，并处罚金"。某地检察机关在办理一起涉嫌组织同性恋卖淫案时，将法律规定的"他人"理解为既指女性，也包括男性。这一解释属于（   ）。

A. 扩大解释　　　　B. 限制解释　　　　C. 字面解释　　　　D. 自由解释

6. 下列关于法律责任的表述，能够成立的是（   ）。

A. 刑事责任是犯罪人向被害人所负的一种法律责任

B. 刑事责任只能由个人承担

C. 民事责任主要是一种救济责任

D. 行政责任的承担方式具有单一性

7. 下列关于法与商品经济、市场经济关系的表述，不能成立的是（   ）。

A. 法是伴随着商品经济的出现而产生的，法是商品交换的产物

B. 商品经济越发展，法就越兴旺，法的权威性就越高

C. 法的部门数量和法律体系的发达程度决定着市场经济的繁荣程度

D. 法律对市场经济的发展具有引导、确立、保障、协调作用

8. 下列关于村民委员会的表述，正确的是（   ）。

A. 村民委员会实行村务公开制度，涉及财务的事项至少每年公布一次

B. 村民委员会每届任期 5 年，村民委员会成员可以连选连任

C. 本村 1/5 以上有选举权的村民或者半数以上的村民代表联名，可以提出罢免村民委员会成员的要求

D. 村民委员会由主任、副主任和村民小组组长组成

9. 首次提出刚性宪法和柔性宪法分类的学者是（   ）。

A. 浦莱士　　　　　B. 西耶斯　　　　　C. 汉密尔顿　　　　　D. 孟德斯鸠

10. 下列选项中，不属于民族自治地方自治权限的是（   ）。

A. 管理地方财政

B. 安排和管理地方经济建设事业的自主权

C. 批准自治县的区域划分

D. 制定单行条例

11. 下列关于我国宪法修正案的表述，正确的是（   ）。

A. 2018 年宪法修正案在统一战线中增加了"社会主义事业的建设者"这一阶层

B. 我国从 1993 年开始采取修正案的方式对现行宪法进行修改

C. 2018 年宪法修正案在国家机构体系中首次设置监察委员会作为国家的监察机关

D. 2004 年宪法修正案首次规定了物质文明、精神文明、政治文明、社会文明和生态文明的协调发展

12. 根据我国立法法，下列事项尚未制定法律的，全国人大及其常委会可授权国务院先行制定行政法规的是（   ）。

A. 限制人身自由的强制措施　　　　B. 犯罪与刑罚

C. 司法制度　　　　D. 财政基本制度

13. 根据香港特别行政区基本法规定，下列关于香港特别行政区司法机关的表述，错误的是（   ）。

A. 香港特别行政区终审法院享有香港特别行政区的终审权

B. 香港特别行政区实行陪审制度的原则

C. 香港特别行政区设立行政法院和区域法院

D. 香港特别行政区司法机关依法独立行使审判权

14. 在一起行政诉讼案件中，被告进行处罚的依据是国务院某部制定的一个行政规章，原告认为该行政规章违反了有关法律。根据我国宪法规定，有权改变或者撤销该违法

的行政规章的机关是（　　）。

 A. 国务院   B. 全国人民代表大会常务委员会

 C. 最高人民法院   D. 全国人民代表大会

15. 唐朝有关国家机关的公文程式和活动细则的法律形式是（　　）。

 A. 律   B. 令   C. 格   D. 式

16. "其五刑之目：凡七下至五十七，谓之笞刑；凡六十七至一百七，谓杖刑；其徒法，年数杖数，相附丽为加减，盐徒盗贼既决而又镣之；流则南人迁于辽阳迤北之地，北人迁于南方湖广之乡；死刑，则有斩而无绞，恶逆之极者，又有凌迟处死之法焉。"该史料记载的五刑之法，作出上述规定的朝代是（　　）。

 A. 唐朝   B. 宋朝   C. 元朝   D. 明朝

17. 据《旧唐书·李朝隐传》记载，唐玄宗开元十年（公元 722 年），开国元勋裴寂的曾孙武强令裴景仙"犯乞取赃积五千匹，事发逃走。上大怒，令集众杀之"。经李朝隐奏请减免刑罚，裴景仙仍决杖一百，流岭南恶处。依据唐律，裴景仙减免刑罚适用的原则是（　　）。

 A. 八议   B. 上请   C. 存留养亲   D. 官当

18. 1917 年，洪述祖因涉嫌主谋暗杀宋教仁被上海地方检察厅提起公诉，被告洪述祖对判决不服上诉，其上诉的司法机构应为（　　）。

 A. 大理院   B. 平政院   C. 司法院   D. 军政执法处

19. 《法院组织法》公布后，南京国民政府实行的审级制度是（　　）。

 A. 四级三审制   B. 三级三审制

 C. 四级二审制   D. 三级二审制

20. 下列关于唐朝定罪量刑原则适用的说法，正确的是（　　）。

 A. 诸断罪无正条，其应入罪者，则举重以明轻

 B. 诸皇太子大功以上亲犯死罪者例减一等

 C. 诸疑罪各依所犯以赎论

 D. 诸盗罪经断后仍更行盗者累犯加重

二、多项选择题（第 21～30 小题，每小题 2 分，共 20 分。下列每题给出的四个选项中，至少有两个选项是符合题目要求的。多选、少选或错选均不得分）

21.《立法法》第 92 条规定，同一机关制定的法律、行政法规、地方性法规、自治条例和单行条例、规章，特别规定与一般规定不一致的，适用特别规定；新的规定与旧的规定不一致的，适用新的规定。该条文确立法律效力等级所遵循的原则是（　　）。

 A. 新法优于旧法原则   B. 特别法优于一般法原则

 C. 等级序列原则   D. 上位法优于下位法原则

22. 对"刑法"的理解，下列表述正确的是（　　）。

 A. 刑法是我国正式意义上的法律渊源

 B. 刑法是我国的一个重要法律部门

 C. 刑法是当代中国法律体系的有机组成部分

 D. 刑法属于我国的基本法律

23. 下列选项中，表述不正确的有（   ）。

A. 国家强制力可以超越法律，不受法律约束

B. 法律规范以外的其他社会规范不具有强制性

C. 法的实施的全过程需要国家强制力的介入

D. 国家强制力是保证法律实施的唯一力量

24. 下列关于正当程序的表述，能够成立的是（   ）。

A. 正当程序是法的程序正义价值在法律上的体现

B. 正当程序原则最早起源于美国

C. 正当程序原则是行政执法所遵循的基本原则

D. 正当程序原则是法治的基本原则

25. 下列关于执法的诚实守信原则的表述，能够成立的是（   ）。

A. 行政机关公布的信息应当全面、准确、真实

B. 行政机关应当保护公民的信赖利益

C. 行政机关应当对其公布的信息的真实性承担法律责任

D. 行政机关不得撤销、变更已经生效的行政决定

26. 某青年妇女甲在家中通过视频网络聊天室，与多人共同进行"裸聊"活动，而她们进行"裸聊"的目的主要是寻求性刺激，"裸聊"引起了司法机关的介入，甲被逮捕。对此，下列说法正确的是（   ）。

A. 警方介入"裸聊"事件，没有侵犯甲的住宅权

B. 为了社会公共利益的需要，有必要对甲的"裸聊"行为予以制止

C. 甲被逮捕意味着甲的"裸聊"行为构成犯罪

D. "裸聊"行为是对宪法规定的人身自由权利的滥用

27. 我国宪法没有规定的公民基本权利是（   ）。

A. 迁徙自由   B. 受益权   C. 参政权   D. 罢工自由

28. 根据我国宪法规定，有权在全国人大会议期间提出质询案的主体是（   ）。

A. 全国人大主席团   B. 一个代表团

C. 30 名以上代表   D. 1/10 以上代表

29. 以刑部作为中央最高审判机关或中央主审机关的朝代有（   ）。

A. 宋朝   B. 元朝   C. 明朝   D. 清朝

30. 下列关于清末修律和司法制度改革的表述，正确的是（   ）。

A.《大清新刑律》的附则中规定了加重妻对夫杀伤等罪的刑罚

B. 清末在民商事立法上采取民商分立的民事立法体例

C. 清末修律使中华法系"依伦理而轻重其刑"的特点受到极大冲击

D. 清末在诉讼审判制度上从西方引进了刑事附带民事诉讼制度

三、简答题（第 31～33 小题，每小题 10 分，共 30 分）

31. 简述法律规则的含义和特点。

32. 简述人民法院的工作制度。

33. 简述南京国民政府法律体系的构成。

四、分析论述题（第 34～38 小题，共 80 分）

34.（15 分）目前，我国《人体器官移植条例》规定活体器官移植只限于"在配偶、直系血亲、三代以内旁系血亲以及因帮扶形成的亲情关系"之间进行，然而在现实生活中却出现了多例器官"交叉移植"现象。典型的例子就是：两名尿毒症患者急需进行肾脏移植手术来挽救生命，各自家庭的所有亲人均未能与患者配型成功，但两个家庭中各自肾源提供者恰恰能与对方匹配，只要彼此交换，双方都能得到最好的手术效果。然而，甲医院的伦理委员会以 8∶1 的表决结果否决了"交叉换肾"的请求，理由是《人体器官移植条例》没有规定允许来自不同家庭人员之间进行"交叉换肾"。但是，乙医院在基于相同事实的基础上，本着实行救死扶伤的人道主义精神，实施了"交叉换肾"手术，使肾移植手术最终完成，从而挽救了两条生命，且双方家庭均表示满意。该"交叉换肾"手术在社会上引起了广泛的关注，卫健委也表示要深究此事。

请结合上述材料回答下列问题并阐述：

（1）根据法律与科技关系的原理分析：

①科技发展对立法的影响。

②科技发展对立法和法律适用带来的挑战。

（2）针对社会上对"交叉换肾"的不同反映，阐述对器官捐献的立法完善。

35.（15 分）联系实际，论述法律解释的必要性。

36.（15 分）为了缓解日益严重的交通拥堵状况，某直辖市政府制定了《××市小客车数量调控暂行规定》（以下简称《调控规定》），开始实施小客车数量调控措施，以摇号方式分配小客车配置指标。根据《调控规定》，住所地在本市的个人，名下没有本市登记的小客车，持有效的机动车驾驶证，可以办理摇号登记。这里在公民办理摇号登记的资格上进行了差别对待，具体区分可否参加摇号的标准有三个——有无户籍、有无车辆、有无驾照。有无车辆，是指一个人如果已经购买了车辆，就不能再参加摇号。有无驾照，是指只有持有有效的机动车驾驶证的个人，才能申请参加摇号。有无户籍，是指只有住所地在本市的个人，才能申请参加摇号。2011 年 1 月 26 日，该市进行了首轮购车摇号，个人车牌名额随机分配给申请者，平均中标率约为 9.4%。而 5 月第五期个人摇号申请平均中标率下降到约 3.3%。对于企业办理摇号申请的，需以企业纳税额作为申请摇号的条件。摇号购车政策施行后引发了热议，其中涉及许多宪法问题，关涉公民、企业等主体诸多基本权利，尤其是平等权的问题。

请结合材料，根据宪法理论和法律的相关规定，回答下列问题：

（1）《××市小客车数量调控暂行规定》属于何种形式的法律渊源？其备案机关有哪些？

（2）摇号购车中是否存在差别对待？如果存在差别对待，请指明。

（3）以有无驾照、有无户籍和企业纳税额作为申请摇号的资格，该规定是否合理？为什么？

（4）该市对摇号申请资格的限定是否违反了宪法基本原则和宪法对公民基本权利限制的原则？为什么？

37.（15 分）试论我国宪法关于私有财产权的保护及意义。

38.（20 分）《宋书·卷五十四》（列传第十四）：安陆应城县民张江陵与妻吴共骂母

黄令死，黄忿恨自经死，值赦。律文，子贼杀伤殴父母，枭首；骂詈，弃市；谋杀夫之父母，亦弃市。值赦，免刑补冶。江陵骂母，母以之自裁，重于伤殴。若同杀科，则疑重；用殴伤及骂科，则疑轻。制唯有打母，遇赦犹枭首，无骂母致死值赦之科。（尚书比部郎孔）渊之议曰："夫题里逆心，而仁者不入，名且恶之，况乃人事。故殴伤咒诅，法所不原，詈之致尽，则理无可宥。罚有从轻，盖疑失善，求之文旨，非此之谓。江陵虽值赦恩，故合枭首，妇本以义，爱非天属，黄之所恨，情不在吴，原死补冶，有允正法。"诏如渊之议，吴免弃市。

分析上述材料并回答下列问题：

（1）依据南朝刘宋法律，对杀伤殴父母者如何处罚？对本案适用法律时出现了哪些疑难问题？

（2）结合本案说明"礼法结合"在法律适用中的具体体现。

（3）该案体现了南北朝时期怎样的礼法关系？

综合课模拟试题（三）答案解析

一、单项选择题

1. C

【解析】题干表述的这段话表明，法律都是由一定的社会物质生活条件所决定的。可见，选 C 项，不选 A 项。法并非社会共同意志的体现，而是统治阶级整体意志的体现，B 项表述错误。物质生活条件决定法，而不是利益需要，D 项表述错误。

2. C

【解析】法律是调整人们行为的规范，具有规范性，法律规定的行为模式包括可为模式、勿为模式和应为模式，从而规范人们的行为。可见，A 项表述正确。法律是国家制定或认可的行为规范，具有全体社会成员一体遵守的效力，因而具有普遍性。可见，B 项表述正确。法律是以权利和义务为内容的社会规范，具有权利和义务的一致性，没有无权利的义务，也没有无义务的权利。可见，C 项表述不正确。法律具有程序性，无论立法、执法，还是司法，都应当有相应的法律程序。可见，D 项表述正确。

3. D

【解析】法律部门的划分原则包括客观原则（从实际出发原则）、合目的性原则、适当平衡原则、辩证发展原则、相对稳定原则和主次原则（重点论原则）。其中，合目的性原则是划分法律部门应当坚持的首要原则，因为划分法律部门的目的在于帮助人们了解和掌握本国现行法律。故选 D 项。

4. B

【解析】分析法学派也称实证法学派，该法学派别特别强调真正意义上的法或严格意义上的法是由国家制定或认可的法律规则构成的，而不是自然法。可见，选 B 项。

5. C

【解析】根据解释尺度的不同，法律解释可以分为限制解释、扩充解释与字面解释三种。限制解释是指在法律条文的字面含义显然比立法原意广时，作出比字面含义窄的解释。扩充解释是指在法律条文的字面含义显然比立法原意窄时，作出比字面含义广的解释。字面解释是指严格按照法律条文字面的通常含义解释法律，既不缩小，也不扩大。本题中表述的"他人"，理解为既指女性，也包括男性，这是字面解释，选 C 项。

6. C

【解析】刑事责任是犯罪人向国家所负的一种法律责任。可见，A 项表述不能成立。刑事责任通常由个人承担，但也有一些刑事责任由法人或组织承担。可见，B 项表述不能成立。民事责任主要是一种救济责任，其功能主要在于救济当事人的权利，赔偿或补偿当事人的损失，民事责任也有惩罚功能，但不是主要功能。可见，C 项表述能够成立。行政责任的承担方式具有多样性，可以是行为责任、精神责任、财产责任，甚至还可以是人身责任。可见，D 项表述不能成立。

7. C

【解析】法与商品经济、市场经济关系密切，法是伴随着商品经济的出现而产生的，法是商品交换的产物。可见，A 项表述能够成立。法的产生与发展与商品经济的发展密不可分，法的发展程度，对商品经济的作用程度，直接受商品经济发展程度及其对法的需求程度所制约。商品经济越发达，法就越兴旺，法的权威性就越高，法的部门就越多，法的体系就越发达，法对商品经济和市场经济的作用就越大，反之亦然。可见，B 项表述能够成立，C 项表述不能成立。法与市场经济的关系可以概括为法在宏观方面和微观方面对市场经济的作用两个方面，就宏观方面而言，法律对市场经济的发展具有引导、确立、保障、协调以及对消极因素的制约等作用。可见，D 项表述能够成立。

8. B

【解析】《村民委员会组织法》第 30 条规定，村民委员会实行村务公开制度。村民委员会应当及时公布下列事项，接受村民的监督：（1）本法第 23 条、第 24 条规定的由村民会议、村民代表会议讨论决定的事项及其实施情况；（2）国家计划生育政策的落实方案；（3）政府拨付和接受社会捐赠的救灾救助、补贴补助等资金、物资的管理使用情况；（4）村民委员会协助人民政府开展工作的情况；（5）涉及本村村民利益，村民普遍关心的其他事项。前款规定事项中，一般事项至少每季度公布一次；集体财务往来较多的，财务收支情况应当每月公布一次；涉及村民利益的重大事项应当随时公布。村民委员会应当保证所公布事项的真实性，并接受村民的查询。据此，A 项表述错误。《村民委员会组织法》第 11 条第 2 款规定，村民委员会每届任期 5 年，届满应当及时举行换届选举。村民委员会成员可以连选连任。据此，B 项表述正确，选 B 项。《村民委员会组织法》第 16 条第 1 款规定，本村 1/5 以上有选举权的村民或者 1/3 以上的村民代表联名，可以提出罢免村民委员会成员的要求，并说明要求罢免的理由。被提出罢免的村民委员会成员有权提出申辩意见。据此，C 项表述错误。《村民委员会组织法》第 6 条第 1 款规定，村民委员会由主任、副主任和委员共 3 至 7 人组成。据此，D 项表述错误。

9. A

【解析】按照宪法效力和修改程序是否与普通法律相同和以宪法有无严格的制定和修改机关以及程序为标准，可以将宪法分为刚性宪法和柔性宪法，这种分类最早是由英国学者浦莱士提出的。可见，选 A 项。

10. C

【解析】根据宪法和民族区域自治法的有关规定，民族自治地方自治权的内容包括：

（1）制定自治条例和单行条例；（2）根据本地方的实际情况，贯彻执行国家的法律和政策，对于上级国家机关的决议、决定、命令和指示，如有不适合民族自治地方的实际情况的，自治机关可以报经上级国家机关批准变通执行或停止执行；（3）管理地方财政；（4）安排和管理地方经济建设事业的自主权；（5）管理本地方的教育、科学、文化、卫生、体育事业的自主权；（6）依照国家的军事制度和当地的实际需要，经国务院批准，可以组织本地方维护社会治安的公安部队；（7）其他方面的职权。可见，A、B、D项表述都属于民族自治地方自治权的内容。《宪法》第89条第15项规定，国务院批准省、自治区、直辖市的区域划分，批准自治州、县、自治县、市的建置和区域划分。据此，C项表述不属于民族自治地方自治权的内容，选C项。

11. C

【解析】2004年宪法修正案在统一战线中增加了"社会主义事业的建设者"这一阶层，2018年宪法修正案又增加了"致力于中华民族伟大复兴的爱国者"这一阶层。对此，《宪法》序言具体表述为：社会主义的建设事业必须依靠工人、农民和知识分子，团结一切可以团结的力量。在长期的革命、建设、改革过程中，已经结成由中国共产党领导的，有各民主党派和各人民团体参加的，包括全体社会主义劳动者、社会主义事业的建设者、拥护社会主义的爱国者、拥护祖国统一和致力于中华民族伟大复兴的爱国者的广泛的爱国统一战线，这个统一战线将继续巩固和发展。可见，A项表述错误。我国从1988年开始采取修正案的方式对现行宪法进行修改，B项表述错误。2018年宪法修正案第52条具体规定了监察委员会（5个条文），这是我国宪法首次在国家机关体系中规定监察委员会，C项表述正确。2004年宪法修正案首次规定了"政治文明"，使物质文明、精神文明和政治文明这"三个文明"建设协调发展，2018年宪法修正案增加了"社会文明"和"生态文明"建设，《宪法》序言具体表述为：中国各族人民将继续在中国共产党领导下，在马克思列宁主义、毛泽东思想、邓小平理论、"三个代表"重要思想、科学发展观、习近平新时代中国特色社会主义思想指引下，坚持人民民主专政，坚持社会主义道路，坚持改革开放，不断完善社会主义的各项制度，发展社会主义市场经济，发展社会主义民主，健全社会主义法治，贯彻新发展理念，自力更生，艰苦奋斗，逐步实现工业、农业、国防和科学技术的现代化，推动物质文明、政治文明、精神文明、社会文明、生态文明协调发展，把我国建设成为富强民主文明和谐美丽的社会主义现代化强国，实现中华民族伟大复兴。可见，D项表述错误。

12. D

【解析】《立法法》第8条规定，下列事项只能制定法律：（1）国家主权的事项；（2）各级人民代表大会、人民政府、人民法院和人民检察院的产生、组织和职权；（3）民族区域自治制度、特别行政区制度、基层群众自治制度；（4）犯罪和刑罚；（5）对公民政治权利的剥夺、限制人身自由的强制措施和处罚；（6）税种的设立、税率的确定和税收征收管理等税收基本制度；（7）对非国有财产的征收、征用；（8）民事基本制度；（9）基本经济制度以及财政、海关、金融和外贸的基本制度；（10）诉讼和仲裁制度；（11）必须由全国人民代表大会及其常务委员会制定法律的其他事项。《立法法》第9条规定，本法第8条规定的事项尚未制定法律的，全国人民代表大会及其常务委员会有权作出决定，授权国务院可以根据实际需要，对其中的部分事项先制定行政法规，但是有关犯罪和刑罚、对公民政治权利的剥夺和限制人身自由的强制措施和处罚、司法制度等事项除外。根据《立法法》第9条规定，备选项中只有D项表述的财政基本制度可以授权制定行政法规，故选D项。

13. C

【解析】《香港特别行政区基本法》第82条规定，香港特别行政区的终审权属于香港特别行政区终审法院。据此，A项表述正确。《香港特别行政区基本法》第86条规定，原在香港实行的陪审制度的原则予以保留。据此，B项表述正确。《香港特别行政区基本法》第81条第1款规定，香港特别行政区设立终审法院、高等法院、区域法院、裁判署法庭和其他专门法庭。高等法院设上诉法庭和原讼法庭。据此，香港设有区域法院，但香港法律体系属于英美法系，因此不设置行政法院，故C项表述错误。《香港特别行政区基本法》第85条规定，香港特别行政区法院独立进行审判，不受任何干涉，司法人员履行审判职责的行为不受法律追究。据此，D项表述正确。

14. A

【解析】根据《宪法》第89条第13项规定，国务院有权改变或者撤销各部、各委员会发布的不适当的命令、指示和规章。据此，选A项。

15. D

【解析】唐朝的法律形式包括律、令、格、式四种：律是关于定罪量刑的基本法典；令是国家政权组织制度与行政管理活动的法规；格是用以"禁违止邪"的"永为法则"，即皇帝针对"百官有司之所常行之事"，临时颁发的各种敕令，经过汇编之后上升为法律；式是国家机关的公文程式和活动细则，具有行政法规性质。可见，选D项。

16. C

【解析】元世祖忽必烈为标榜仁政，规定对于犯人"天饶他一下，地饶他一下，我饶他一下"，因此将唐宋以来以十为尾数的笞杖刑改为以七为尾数的笞杖刑，笞刑改为十下决七下，二十至三十决一十七下，四十至五十决二十七下；杖刑六十至七十决三十七下，八十至九十决四十七下，一百决五十七下；徒刑，一年至一年半，决六十七下，二年至二年半，决七十七下，三年，决八十七下，四年，决九十七下，五年，决一百零七下。对于贩卖私盐的盗贼，决杖并加镣。对于处流刑的，南人迁于辽阳迤北，北人迁于湖广之地。死刑有斩和凌迟，没有绞刑。规定上述五刑之法的朝代是元朝，选C项。

17. B

【解析】唐朝开国元勋裴寂的曾孙裴景仙索取钱财，累计达五千四，事发后畏罪逃走。皇帝大怒，召集百官，欲将其当众处斩。本案中，裴景仙累计获赃数量巨大，应当按照"坐赃"罪减一等论处，依律最高只能徒3年，而不应当判处死刑。且裴景仙为开国元勋裴寂之后，裴寂属于八议中的"议功"人员，《唐律疏议·名例律》第九条"请章"规定："诸皇太子妃大功以上亲，应议者期以上亲及孙若官爵五品以上，犯死罪者，上请，流罪以下，减一等。"同样，《唐律疏议·名例律》第九条"请章"亦对不适用的行为作了明确规定："其犯十恶，反逆缘坐杀人，监守内奸，盗，略人，受财枉法者，不用此律。"据此，裴景仙曾祖为开国元勋，可以适用"八议"中的"议功"，因此对裴景仙可以适用"请"。同时其所犯为"坐赃"，不在"请"的例外之列，所以可以从轻处罚。综上分析，选 B 项。

18. A

【解析】1913 年宋教仁被刺杀，主谋是北洋政府内务部秘书洪述祖。1917 年，洪述祖因涉嫌主谋暗杀宋教仁被上海地方检察厅提起公诉，被告洪述祖对判决不服上诉，其上诉的司法机构应为大理院，大理院改判死刑，保持了司法独立的精神。可见，选 A 项。B 项表述的平政院为北洋政府设立的专门受理行政诉讼的中央司法机关。C 项表述的司法院是南京国民政府设立的最高司法机关。D 项表述的军政执法处是北洋政府统治时期各派军阀在各控制地方设置的专门司法机构。

19. B

【解析】南京国民政府成立之初，沿用清末和北洋政府实行四级三审制，1932 年《法院组织法》公布后，南京国民政府将审级制度改为三级三审制。可见，选 B 项。

20. C

【解析】《唐律疏议·名例律》规定：诸断罪而无正条，其应出罪者，则举重以明轻；其应入罪者，则举轻以明重。据此，A 项表述错误。《唐律疏议·名例律》规定：诸皇太子妃大功以上亲、若官爵五品以上，犯死罪者，上请；流罪以下，减一等。其犯十恶，反逆缘坐，杀人，监守内奸、盗、略人、受财枉法者，不用此律。据此，B 项表述错误。《唐律疏议·断狱律》规定：诸疑罪，各依所犯，以赎论。即疑狱，法官执见不同，得为异议，议不得过三。据此，C 项表述正确。《唐律疏议·贼盗律》规定：诸犯罪已发及已配而更为罪者，各重其事。诸盗经断后，仍更行盗，前后三犯徒者，流二千里，三犯流者绞。据此，D 项表述错误。

二、多项选择题

21. AB

【解析】《立法法》第 92 条规定的"特别规定与一般规定不一致的，适用特别规定"是依据特别法优于一般法的原则确立了不同法律规范的效力等级，故选 B 项；"新的规定与旧的规定不一致的，适用新的规定"是依据新法优于旧法的原则确立了不同法律规范的效力等级，故选 A 项。

22. ABCD

【解析】对"刑法"可以从不同角度进行理解。从法律渊源角度看，刑法是我国正式意义上的法律渊源，法律有基本法律和非基本法律之分，刑法是基本法律的一种。可见，A、D 项表述正确。从法律部门角度看，刑法是我国的一个重要法律部门，即刑法部门，故 B 项表述正确。从法律体系角度看，刑法是我国法律体系的有机组成部分，故 C 项表述正确。

23. ABCD

【解析】法律依靠国家强制力保证实施，并不意味着国家强制力可以超越法律，不受法律约束。国家运用强制力保证法律实施，也必须依法进行，接受法律约束。可见，A 项表述不正确。法以外的其他社会规范，如道德规范，也具有强制力，只不过不是国家强制力。可见，B项表述不正确。国家强制力仅是法律实施的"保证"力量，并不是说法律实施的任何过程都需要国家强制力的介入，也不意味着法律实施的全过程都需要国家强制力，因为法通过人们的自觉遵守也能够得以实现，不一定非得用惩罚措施，法的国家强制力具有潜在性和间接性。可见，C项表述不正确。国家强制力是法律实施的最后保障手段，但国家强制力并不是保证法律实施的唯一力量。除了国家强制力外，政治、经济、文化等因素也能保证法律的实施。可见，D项表述不正确。

24．ACD

【解析】正义有实质正义与程序正义之分，程序正义是为了实现法律上的实体权利与义务而公正地设定一系列必要程序所体现出来的正义，而法的程序正义价值正是通过程序的正当性体现出来的。可见，A项表述正确。正当程序原则最早起源于英国，但最早将正当程序原则作为制度性原则规定在宪法中的是美国。可见，B项表述错误。行政执法原则包括合法性原则、合理性原则、正当程序原则和讲求效率原则。可见，C项表述正确。法治的基本原则包括法律至上原则、权利保障原则、权力制约原则和正当程序原则。可见，D项表述正确。

25．ABC

【解析】行政执法的诚实守信原则，其内涵分为2个方面：（1）行政信息真实原则。行政机关公布的信息应当全面、准确、真实。无论是向普通公众公布的信息，还是向特定人或者组织提供的信息，行政机关都应当对其真实性承担法律责任。（2）保护公民信赖利益原则。非因法定事由并经法定程序，行政机关不得撤销、变更已经生效的行政决定；因国家利益、公共利益或者其他法定事由需要撤回或者变更行政决定的，应当依照法定权限和程序进行，并对行政管理相对人因此而受到的财产损失依法予以补偿。根据上述内容（1），A、C项表述能够成立。根据上述内容（2），B项表述能够成立，D项表述不能成立。

26．ABD

【解析】我国宪法明确规定，公民的住宅不受侵犯。禁止非法搜查或者非法侵入公民的住宅。但出于对公共利益的维护和追查刑事犯罪的需要（当然，是否构成犯罪有待法院的判定），司法机关的介入是必要的，司法机关并没有侵犯甲的住宅权，A、B项表述正确，选A、B项。虽然甲的"裸聊"行为侵犯了公共利益和社会道德秩序，但基于罪刑法定原则，甲的行为并不构成犯罪，C项说法错误，不选C项。"裸聊"行为说明宪法规定的人身自由权的行使是有边界的，不能滥用，要受到社会公共利益的限制。当然，对于基本权利的限制，需要通过立法形式予以明确。可见，D项表述正确，选D项。

27．AD

【解析】备选项中，我国宪法没有规定的公民基本权利包括迁徙自由和罢工自由，故选A、D项。我国宪法规定的选举权和被选举权即属于参政权，我国宪法规定的受益权即社会经济文化权利。

28．BC

【解析】《全国人民代表大会组织法》第16条规定，在全国人民代表大会会议期间，1

个代表团或者30名以上的代表，可以书面提出对国务院和国务院各部、各委员会的质询案，由主席团决定交受质询机关书面答复，或者由受质询机关的领导人在主席团会议上或者有关的专门委员会会议上或者有关的代表团会议上口头答复。在主席团会议或者专门委员会会议上答复的，提质询案的代表团团长或者提质询案的代表可以列席会议，发表意见。据此，选 B、C 项。

29. BCD

【解析】元朝撤销大理寺，以刑部作为中央主审机关，这是我国历史上第一个以刑部作为中央主审机关的朝代，明清沿用，故选 B、C、D 项。宋朝虽然在宋初的较长时间内（宋神宗元丰变法前）因审刑院的设置使大理寺一度降为慎刑机构，但总体上还是以大理寺作为中央最高审判机关的，故不选 A 项。

30. ABCD

【解析】《大清新刑律》的附则《暂行章程》中规定了无夫妇女通奸罪；对尊亲属有犯不得适用正当防卫；加重卑幼对尊长、妻对夫杀伤等罪的刑罚；减轻尊长对卑幼、夫对妻杀伤等罪的刑罚；凡犯危害皇室、内乱、外患罪以及杀伤尊亲属罪，处以死刑的，仍适用斩刑；凡犯毁弃、盗取尸体罪、发掘尊亲属坟墓、强盗罪等罪的，仍可视情形适用斩刑。可见，A 项表述正确。清末在民商事立法上，效法德国、法国等国采取民商分立的民事立法体例。可见，B 项表述正确。清末修律导致中华法系走向解体。随着修律过程中一系列新的法典、法规的出现，不仅传统的"诸法合体"的形式被抛弃，而且中华法系"依伦理而轻重其刑"的特点也受到了极大的冲击。可见，C 项表述正确。清末司法改革过程中，规定了一系列刑事诉讼程序和审判规则，其中包括从西方引进了刑事附带民事诉讼制度。可见，D 项表述正确。

三、简答题

31. 法律规则是采取一定的结构形式具体规定人们的法律权利和法律义务以及相应法律后果的行为规范。（2分）

法律规则具有如下特点：

（1）法律规则是一种一般的行为规则，它使用同一标准，对处于其效力范围内的主体行为进行指导和评价，这一特点使它有别于任何个别性调整措施。（2分）

（2）法律规则规定了一定的行为模式，是一种命令式的必须遵守的行为规则，这使它区别于不包含确定行为方案或仅具有倡导性的口号或建议。（2分）

（3）法律规则是由国家制定或认可的行为规范，具有强烈的国家意志性，这是它区别于其他社会规范的最基本特征。（2分）

（4）法律规则规定了社会关系参加者在法律上的权利和义务以及违反规范要求时的法律责任和制裁措施。（1分）

（5）法律规则有明确的、肯定的行为模式，有特殊的构成要素和结构，是一种高度发达的社会行为规则。（1分）

32.（1）合议制度。人民法院审理案件，由合议庭或者法官一人独任审理。（1分）

（2）回避制度。在审判阶段，人民法院受理的案件如果与审判人员有利害关系或其他关系，应当回避。（2分）

（3）公开审判制度。人民法院对于受理的案件公开审理和公开宣判。（1分）

（4）两审终审制。一个案件经过两级人民法院的审判，即告终结。（1分）

（5）审判监督制度。人民法院对已经发生法律效力的判决和裁定，发现确有错误，依法重新进行审判。（2分）

（6）审判委员会制度。审判委员会既是各级人民法院内设立的审判工作组织，又是人民法院进行审判工作的一种制度。（2分）

（7）司法责任制度。人民法院实行司法责任制，建立健全权责统一的司法权力运行机制。（1分）

33. 南京国民政府法律体系的主要构成包括基本法典、关系法规、判例和解释例三个层次。（1分）

（1）基本法典。宪法、民法、刑法、刑事诉讼法、民事诉讼法等基本法典（行政法除外）构成了南京国民政府六法全书的法律体系的核心和骨架。（3分）

（2）关系法规。围绕基本法典而制定的条例、命令、细则、办法等众多的关系法规，是对各自的基本法典的重要补充。（3分）

（3）判例和解释例。最高法院依照法定程序作成的判例和司法院大法官会议作出的解释例和决议，也是六法体系的重要构成部分。（3分）

四、分析论述题

34.（1）①科技发展对立法有如下影响：其一，科技发展影响立法的调整范围。当前在医学领域还存在许多法律空白，如器官移植技术的应用问题，亟须法律予以解决。（2分）其二，科学技术对法律的评价标准产生影响，如人体器官移植，应当重新确定捐赠亲属和人员的范围，从而确立新的器官捐赠标准，并要求法律予以完善。（2分）②科技发展对立法和法律适用带来如下挑战：其一，科学技术给立法带来了难题，如器官捐赠，如果不对捐赠人员的范围和捐赠方式通过立法形式予以控制，就会出现非法买卖人体器官和对死者器官的滥用，这容易引发道德和伦理危机。（2分）其二，科学技术对法律适用带来了挑战，如医学上可以通过人体器官捐赠让人的生命得以延续，在此情形下，法律要以维护人的权利为目的，因此在法律适用上就存在着生命权和运用医学技术之间的冲突，法官在适用法律时不得不在人的最基本的生命权和健康权问题上采取谨慎态度。（2分）

（2）应当完善人体器官捐赠的立法：①《人体器官移植条例》从性质上看属于行政法规，而人体器官捐赠涉及人的生命权和健康权的保护，因此应当用法律而不是行政法规的形式来予以规范。（2分）②人的生命健康权是第一位的，因此为拯救更多人的生命，同时缓解我国在器官供应来源方面的短期压力，可以附条件地允许"交叉换肾"。（2分）③科学技术是一把双刃剑，既可能给人类造福，也可能带来灾难，因此应当对紧急情况下的器官捐赠设定条件，在符合条件的情况下对器官捐赠予以容许。具体而言，在没有器官买卖和自愿无偿的前提下，由于确实找不到合适的尸体捐献者或者有血缘关系的捐献者，才允许亲属以外的第三者捐献活体器官。同时，为了避免发生道德和伦理危机，该捐献必须在无相关利益的第三方监督下进行，这样，"交叉换肾"可以在法律监督下正常开展。（3分，考生对立法完善措施有其他阐述符合法理，且言之成理的，亦可给分——编者注）

35. 法律解释是指人或组织对法律规定含义的说明。（1分）法律解释的必要性是由法律调整的特殊性及其运作的规律所决定的，它有助于解决法律实施中原则性与灵活性、一般与具体的矛盾，是完善立法的需要。（1分）

（1）由于法律具有概括性、抽象性的特点，因此需要法律解释化抽象为具体，变概括为特定。法律规范是抽象的、概括的行为规则，只能规定一般的适用条件、行为模式和法律后果，它不可能也不应该对一切问题都作出详尽无遗的规定。在法律实施过程中，要把一般的法律规定适用于千差万别的具体情况，对各种具体的行为、事件和社会关系作出处理，就必须对法律作出必要的解释。（3分）

（2）人们对同一法律规定往往有不同的理解，因此需要通过法律解释来统一人们的理解，保证法的实施的统一性。由于人们在认识能力、认识水平上以及利益与动机上存在差别，因此会对同一法律规定有不同的理解，特别是对法律规定中一些专门术语有不同的理解。法律规范是以严格的、专门的法律概念、术语表述出来的，有时会与实际生活用语含义不同，不易为人们所理解。同时，由于社会主体的社会地位、生活环境和文化水平等特定原因，对于同一法律规范往往会产生不同的理解，这就需要有权威性的法律解释，来统一人们的理解，保证法的实施的统一性。（3分）

（3）由于立法工作中存在不足，因此需要通过法律解释改正、弥补法律规定的不完善。法律规范是由不同的国家机关创制的，分属于不同的法律部门，在现实的法律运作过程中，属于不同法律部门的各种法律规范之间，有时会发生各种各样的矛盾或冲突；而且，在任何法律体系中都不可避免地存在应规定的未作规定、规定不够准确清晰或界限不明等诸如此类的法律漏洞，为了弥补法律漏洞，使法律规范得以实施，有效地进行法律调整，法律解释就是必不可少的手段。（3分）

（4）由于法律滞后于社会发展，因此需要通过法律解释解决法律的稳定性与社会发展之间的矛盾。法律规范是相对稳定、定型的规则，而社会生活却是不断发展变化的。要把相对确定的法律规定适用于不断变化的法律实际，就需要对法律规范作出必要的解释，以期在保证法律体系和基本原则的稳定性的同时，能够适时根据法律规范的基本原则、精神和规定，对新情况、新问题作出符合实际的处理。（2分）

（5）通过法律解释普及法律知识，开展法制教育。在中国目前这样的民主法制还不健全的社会主义初级阶段，由法学工作者和法律界人士进行的、旨在普及法律知识、开展法制宣传教育的法律解释工作，对推进依法治国，建设社会主义法治国家的伟大进程具有十分重要的意义。（2分）

36. （1）《××市小客车数量调控暂行规定》属于地方政府规章。该规章的备案机关有：国务院、××市人民代表大会常务委员会。（3分）

（2）摇号购车中存在差别对待，这些差别对待主要表现在，以有无驾照、有无户籍和企业纳税额作为申请摇号的资格。（3分）

（3）对于个人的摇号资格，依据有无驾照、有无户籍等标准实行了差别对待，由于是否持有驾照的标准进行差别对待，对于普通人而言不具有适当性，对于残疾人等特殊群体来说不具有正当性和合理性；依据户籍的标准进行差别对待，对住所地在该市的居民实行特殊保护并没有正当的理由，这种不平等不具有正当的目的，因此，这两种差别对待都侵害了平等权，不具有合宪性。在摇号购车政策中，对于企业的摇号资格依据纳税额实行了差别对待，这种差别对待并不违反平等权，因为企业规模不同，用车数量也不相同，差别对待具有合理性，且摇号资格也并非平等权的应有内容，因而并不违反平等权。（4分）

（4）该市对摇号申请资格的限定违反了宪法法治原则中的法律保留原则。理由：平等权属于宪法规定的基本权利，对于该基本权利的限制，属于法律保留事项，政府规章不得代为规定。该市对摇号申请资格的限定违反了宪法对公民基本权利限制的比例原则。理由：限制摇号是为了实现公共利益所必须，有其正当性和合理性，但该正当性和合理性，是以牺牲住所地在该市之外的其他人利益的，因而其正当性和合理性与公共利益之间存在比例失调，其所采取的手段对基本权利的影响较大，因而违反了比例原则的要求。特别针对因残疾等原因无法考取驾照的人，确实具有减少摇号人数的适当性，这种差别对待涉及残疾人的固有特征，对残疾人的尊严是一种侵害，因此也不符合狭义比例原则。（5分）

37.（1）我国宪法规定，公民的合法的私有财产不受侵犯。确认和保护公民的财产不受非法侵犯，是发展生产、繁荣经济、富国强民的基本保障，也是社会发展必不可少的物质条件。（5分）

（2）我国宪法规定，国家依照法律规定保护公民的私有财产权和继承权。我国宪法对公民私有财产权和继承权的保护，不仅有助于在市场经济条件下形成平等竞争的环境，使公民私有财产及时转化为社会财富，而且有助于鼓励拥有财产的公民积极投资，推动市场经济的发展。同时，确认公民私有财产权，也是我国人权保障和立宪史上的里程碑，具有重要的现实意义和深远的社会影响。（5分）

（3）我国宪法规定，国家为了公共利益的需要，可以依照法律规定对公民的私有财产实行征收或者征用并给予补偿。国家在征收或者征用私有财产时，必须满足公共利益、正当程序和公平补偿三个要件，才能满足合宪性要求，并有利于减少对公民财产权构成实质性损害。（5分）

38.（1）①依据南朝刘宋法律，如果子杀伤、殴打父母，就要处以枭首的极刑；詈骂父母的，处以弃市的刑罚；预谋杀害丈夫、父母的，同样要处以弃市的刑罚。如果遇到恩赦，则可以免除死罪。张江陵辱骂母亲致使其自杀，这比伤害、殴打父母的情形更严重。（3分）②本案在法律适用时出现了疑难问题：如果适用有关杀害父母的法律，就会量刑过重；如果适用殴伤、詈骂父母的法律，又显得量刑过轻。同时，法律只规定：如果殴打父母，即使遇赦，仍然要枭首。但是没有规定辱骂父母遇到恩赦如何处理。（3分）

（2）"礼法结合"在法律适用中具体体现在：①失礼则入刑，二者相互表里。对于殴伤、詈骂等情况，是违背礼的内容的，对于违背礼的行为，法律不能宽宥，这体现了礼与法的互补关系。（2分）②适用法律要遵循礼的原则。礼的原则是"亲亲""尊尊"，强调孝道，不孝更是严重的犯罪行为，因此，在法无正条时，应当依据礼的原则和精神适用法律。张江陵詈母致死案中，张江陵的行为违背了礼所倡导的原则和精神，无法原谅。（2分）③依据礼的精神解释法律。在适用法律显得量刑过轻时，应当依据礼的精神进行如下解释：法律之所以在处罚上有从轻的规定，目的是为了碰到难以判断的案件时不要错杀好人，害怕违背儒家经义中的善良本意，这是法律规定从轻的根本原因，也是礼的要求。所以，对于张江陵即便遇到恩赦，也不能免罪。对于张江陵的妻子吴氏应予免死，也应依据礼的精神进行解释：对于其妻而言，应本"义"从事，其对公婆的关爱之心并非天生的属性，所以可以免死。（6分）

（3）该案体现了南北朝时期如下礼法关系：①体现了魏晋南北朝时期"礼法结合""礼融于法"的特点。但南北朝时期仍然处于引礼入律、礼律进一步结合的历史时期。在中国法律文化的发展过程中，礼的思想是逐渐融合到法律之中的。（2分）②南北朝时期法律尚不完善，因此依礼断案能够弥补法律规定的不足，从而体现了二者的互补关系，也体现了礼对法的重要影响。（2分）

综合课模拟试题（四）

一、单项选择题（第 1～20 小题，每小题 1 分，共 20 分。下列每题给出的四个选项中，只有一个选项是最符合题目要求的）

1. 下列选项中，能够形成法律关系的是（　　）。

A. 研究生李某与大学四年级的黄某租房同居

B. 小王欠老代赌博款 1 200 元

C. 陈律师对叶工程师说他要去抢银行

D. 小刘贩卖黄色光碟的行为

2. 下列关于我国法的效力的表述，正确的是（　　）。

A. 非规范性法律文件不具有法律效力

B. 不同渊源形式的法律规范在效力上是不同的

C. 我国刑法在对人的效力上坚持属人主义原则

D. 我国民法在效力上采取从旧兼从轻原则

3. 下列关于英国法的表述，能够成立的是（　　）。

A. 诺曼征服之后，盎格鲁—撒克逊习惯法仍然有效

B. 衡平法院法官应当遵循普通法确立的法律原则审理案件

C. 英国法是超阶级的公共意志的体现

D. 英国法具有理性主义的哲学倾向

4. "所有进步社会的运动，都是一个从身份到契约的运动。"提出上述著名论断的学者是（　　）。

A. 亨利·梅因　　　　　　　　　　B. 罗斯科·庞德

C. 卡尔·冯·萨维尼　　　　　　　D. 马克斯·韦伯

5. 下列关于法与科技关系的表述，不能成立的是（　　）。

A. 科技发展能够提高法律实施的效率和精确度

B. 科技对立法体制的影响主要体现在委托立法上

C. 法律在抵制和防范科技消极作用方面是无所作为的

D. 法律对科技发展具有组织和管理作用

6. 下列选项中，属于狭义执法的是（　　）。

A. 交警对违反道路交通安全法的机动车驾驶员给予罚款处罚

B. 公民依法纳税

C. 男女双方依法进行结婚登记

D. 人民法院在民事案件审理中依法进行调解

7. 下列关于司法原则的表述，能够成立的是（　　）。

A. 司法独立原则意味着司法不受法律监督

B. 司法责任原则是权责一致原则在司法活动中的体现

C. 司法公正原则的内容就是司法程序的公正

D. 司法法治原则是指公民在适用法律上一律平等原则

8. 下列关于古代和近代"宪法"概念的表述，正确的是（　　）。

A. 我国古代诸多典籍中有关"宪法"一词特指法令的公布

B. 古罗马帝国立法中，宪法一词用来表示与皇权相对立的法律

C. 近代意义宪法以限制国家权力、保证公民权利为根本特征

D. 我国近代首次使用"宪法"一词是在清政府颁布《钦定宪法大纲》之后

9. 下列关于监察委员会组织和职权的表述，正确的是（　　）。

A. 国家监察委员会主任、副主任和委员由全国人民代表大会选举产生

B. 地方各级监察委员会只对本级人民代表大会及其常务委员会负责，并接受其监督

C. 监察机关有权对国有企业管理人员进行监察

D. 被调查人涉嫌职务犯罪，监察机关可以对其进行讯问

10. 下列职位中，连续任职不得超过两届的是（　　）。

A. 最高人民法院副院长　　　　　　　　B. 中央军事委员会主席

C. 国家副主席　　　　　　　　　　　　D. 国家监察委员会主任

11. 根据宪法和法律规定，下列关于居民委员会的表述，不正确的是（　　）。

A. 居民委员会是基层群众性自治组织

B. 居民委员会具有基层性、群众性和自治性

C. 居民委员会向居民会议负责并报告工作

D. 居民委员会的组成人员是由不设区的市、市辖区的人民政府任命产生

12. 有权提出罢免县级人大代表的法定人数是（　　）。

A. 原选区选民 30 人以上联名　　　　　B. 原选区选民 50 人以上联名

C. 原选区选民 10 人以上联名　　　　　D. 原选区过半数选民联名

13.《立法法》第 2 条第 1 款规定：法律、行政法规、地方性法规、自治条例和单行条例的制定、修改和废止，适用本法。关于该款条文及其相关术语的理解，正确的是（　　）。

A. 该款规定中的"法律"专指全国人大常委会制定的法律

B. 该款所列规范性法律文件都是我国法律渊源的表现形式

C. 该款所列规范性法律文件在效力等级上是相同的

D. 该款没有对规章作出规定表明规章并非我国正式意义上的法律渊源

14. 根据我国宪法规定，下列表述不正确的是（　　）。

A. 全国人大常委会向全国人大负责并报告工作

B. 最高人民法院向全国人大及其常委会负责并报告工作

C. 中央军委向全国人大及其常委会负责并报告工作

D. 国家主席不向全国人大报告工作

15. 革命根据地时期制定的宪法文件中，规定颁发土地证确认地权以发展农业的政策的是（ ）。

A.《中华苏维埃共和国宪法大纲》 B.《陕甘宁边区宪法原则》

C.《陕甘宁边区施政纲领》 D.《华北人民政府施政方针》

16. 宋神宗熙宁年间，开封府民某甲将毒虫偷偷放入某乙家吃的食物中，某乙一家人食后处于昏狂状态；某甲还假借鬼神符咒方式诅咒某丙一家得瘟疫而死。依据宋律，某甲的行为构成（ ）。

A. 不睦 B. 不义 C. 不道 D. 大不敬

17. 唐朝对处流一千里的罪犯加一等处刑，则该罪犯应判处的刑罚是（ ）。

A. 流三千里 B. 绞刑 C. 斩刑 D. 流二千里

18.《法经》中规定"六禁"的篇目是（ ）。

A. 具法 B. 杂法 C. 贼法 D. 盗法

19. 汉武帝为了推行抑商政策，特颁布法令，向商人征收重税，并奖励告发不实申报财产的商人。该法令是（ ）。

A. 缗钱令 B. 贱商法 C. 平准法 D. 告缗令

20."诉讼"在法典中成为独立篇目的朝代是（ ）。

A. 唐朝 B. 宋朝 C. 元朝 D. 明朝

二、多项选择题（第 21～30 小题，每小题 2 分，共 20 分。下列每题给出的四个选项中，至少有两个选项是符合题目要求的。多选、少选或错选均不得分）

21. 下列关于法学和法理学的表述，能够成立的是（ ）。

A. 法学的产生晚于法

B. 马克思主义法学认为法学是随着私有制、国家和阶级的出现而出现的

C. 法理学为研究部门法学提供了立场、观点和方法

D. 法理学是法学的一般理论、基础理论和方法论

22. 下列关于各法学流派所持观点的表述，能够成立的是（ ）。

A. 自然法学派认为实在法不是法律

B. 分析法学派认为法与道德在本质上没有必然的联系

C. 社会法学派将法律区分为"书本上的法"和"行动中的法"

D. 分析法学派认为"恶法亦法"

23. 下列关于法的平等价值的表述，能够成立的是（ ）。

A. 平等和平均是同一含义

B. 平等排斥差别对待

C. 平等排斥特权和消除歧视

D. 平等的内涵随着社会历史环境和条件的变化而变化

24. 下列关于权利能力的说法，能够成立的是（　　）。

A. 权利能力以权利主体的存在为前提

B. 权利能力以行为能力为前提

C. 权利能力实际上也是一种权利

D. 权利能力也包括公民承担义务的能力或资格

25. 甲为某大学法学院教授，兼职律师，其在某知识产权案件中作为被告代理人，运用法学理论中的遗嘱的有效条件理论为其代理人辩护，其意见被法院采纳。从法律解释上分析，其意见属于（　　）。

A. 司法解释　　　　B. 学理解释　　　　C. 无权解释　　　　D. 正式解释

26. 下列关于我国宪法规定的公民文化教育权的表述，正确的是（　　）。

A. 文化教育权是一种综合性的权利体系

B. 我国宪法并没有规定教育和文化权利的地位与具体实现方式

C. 文化教育权在基本权利体系中处于基础地位

D. 文化教育权是主观权利与客观价值秩序的统一

27. 根据我国宪法和法律规定，下列关于调查委员会的表述，正确的是（　　）。

A. 全国人民代表大会认为必要的时候，可以组织关于特定问题的调查委员会

B. 全国人大主席团可以提议组织关于特定问题的调查委员会

C. 调查委员会与专门委员会任期相同

D. 调查委员会的组成人员必须是全国人大代表

28. 下列关于国家主席的表述，正确的是（　　）。

A. 国家主席由全国人民代表大会选举产生

B. 国家主席缺位的时候，由全国人民代表大会补选

C. 国家主席连续任职不得超过两届

D. 国家主席宣布进入紧急状态

29. 根据《唐律疏议》的规定，下列人员中，可以适用上请的有（　　）。

A. 适用"八议"人员的子孙，但犯有恶逆重罪

B. 五品官员，但犯有应处死刑的重罪

C. 四品官员，但犯有受所监临财物的赃罪

D. 皇太子妃大功以上亲属，但犯有应处死刑的重罪

30. 在中国近代宪政运动中，规定采取责任内阁制的宪法性文件有（　　）。

A.《临时政府组织大纲》　　　　　　　　B.《临时约法》

C. "天坛宪草"　　　　　　　　　　　　D. "五五宪草"

三、简答题（第 31～33 小题，每小题 10 分，共 30 分）

31. 简述司法解释的基本作用。

32. 简述人权和公民权的区别。

33. 简述《大清民律草案》的立法原则和主要特点。

四、分析论述题（第 34～38 小题，共 80 分）

34.（15 分）甲从隶属于中国银行的一储蓄所取款后，未及点数即回家，不一会儿，

该所经手人储蓄员乙匆匆来到甲家中，说多付给甲人民币 1 000 元，经查点后属实，甲遂退还乙 1 000 元，乙表示感谢后返回。事后，甲想起该储蓄所柜台前的告示"钱款当面点清，离柜概不负责"，觉得该告示不公，遂表示异议。双方就此发生争议。

请结合上述材料回答下列问题：

（1）银行在储蓄所设置的告示体现了何种法律价值？请说明理由。

（2）银行的告示容易导致哪些法律价值的限制或者损害？请说明理由。

（3）如何解决材料中涉及的法的价值之间的冲突？请说明理由。

35.（15 分）联系我国法治建设的实际，论述全面依法治国的基本原则。

36.（15 分）2001 年 11 月 6 日，最高人民法院颁发了《地方各级人民法院及专门人民法院院长、副院长引咎辞职规定（试行）》（简称《引咎辞职规定》），并专门发出通知要求各级人民法院贯彻这一规定。该规定的主要内容包括：本规定制定的原则和适用范围；引咎辞职的情形；有关引咎辞职的具体程序和善后工作；本规定的解释权和实施日期。其中，规定第 3 条指出，引咎辞职是指在其直接管辖的范围内，因不履行或者不正确履行职责，导致工作发生重大失误或者造成严重后果，负有直接领导责任的院长、副院长，主动辞去现任职务的行为。第 4 条规定，院长、副院长在其直接管辖范围内，具有下列情形之一的，应当主动提出辞职：（1）本院发生严重枉法裁判案件，致使国家利益、公共利益和人民群众生命财产遭受重大损失或造成恶劣影响的；（2）本院发生其他重大违纪违法案件隐瞒不报或拒不查处，造成严重后果或恶劣影响的；（3）本院在装备、行政管理工作中疏于监管，发生重大事故或造成重大经济损失的；（4）不宜继续担任院长、副院长职务的其他情形。

请结合上述材料，运用宪法学知识回答下列问题：

（1）《引咎辞职规定》体现何种国家机构的组织和活动原则？为什么？

（2）《引咎辞职规定》是否存在违宪问题？为什么？

（3）作为公民如果发现法规或法律解释存在违宪问题，应如何提出违宪审查建议？

37.（15 分）有人认为，只有那些试图宣泄不满的民众才需要监督权，对于生活安逸的人来说，监督权可有可无。请结合宪法学原理对此看法进行评析。

38.（20 分）《唐六典·卷六·尚书刑部》：凡鞫狱官与被鞫人有亲属、仇嫌者；皆听更之。（亲谓五服内亲及大功已上婚姻之家，并授业经师为本部都督、刺史、县令，及府佐与府主，皆同换推。）

凡有罪未发及已发未断而逢格改者，若格重则依旧条，轻从轻法。凡天下诸州断罪应申覆者，每年正月与吏部择使，取历任清勤、明识法理者；仍过中书门下定讫以闻，乃令分道巡覆。

请结合上述材料回答下列问题：

（1）材料第一段反映了唐朝何种制度？该制度的具体内容有哪些？

（2）材料第二段反映了唐朝何种制度？该制度的主要内容有哪些？

（3）如何评价唐六典的上述规定？

综合课模拟试题（四）答案解析

一、单项选择题

1. D

【解析】A项表述中，同居不可能在研究生李某与大学四年级的黄某之间形成具有权利义务内容的任何法律关系，不选A项。法律关系必须是合法社会关系，而赌博之债不是合法的债权债务关系，不能形成法律关系，不选B项。陈律师的表示仅仅是犯意流露，甚至还没有进入犯罪预备阶段，无法形成刑事法律关系，不选C项。D项表述形成行政法律关系，甚至形成刑事法律关系，选D项。

2. B

【解析】非规范性法律文件，如判决书、调解书、仲裁裁决书等，也具有法律效力。可见，A项表述错误。不同渊源形式的法律规范在效力上是不同的，如宪法具有最高法律效力，法律和国际条约次之，行政法规再次之。可见，B项表述正确。我国刑法在对人的效力上采取属地主义原则为主，其他原则为补充的法律效力原则。可见，C项表述错误。我国民法一般不具有溯及力，采取从旧原则，除非法律另有规定。可见，D项表述错误。

3. A

【解析】1066年，法国大封建主诺曼公爵（威廉一世）征服英国，当了英国国王。诺曼征服之后，威廉一世为了不至于引起被征服者的反感，尽量以英国王位合法继承者的身份出现，宣布盎格鲁—撒克逊习惯法继续有效，使得盎格鲁—撒克逊习惯法成为英美法系早期的法律渊源。可见，A项表述能够成立。英国衡平法号称以"公平""正义"为基础，因此衡平法院法官在审理案件时不遵循普通法的原则和规则。可见，B项表述不能成立。英国法是资本主义类型的法，体现了资产阶级的意志，而不是超阶级公共意志的体现。可见，C项表述不能成立。英国法具有经验主义的哲学倾向，而大陆法系具有理性主义的哲学倾向。可见，D项表述不能成立。

4. A

【解析】英国著名法史学家亨利·梅因（1822—1888年）在《古代法》一书中提出了"所有进步社会的运动，都是一个从身份到契约的运动"的著名论断，故选A项。罗斯科·庞德（1870—1964 年）是美国法学家、社会法学派代表人物，他提出了法的社会控制理论。卡尔·冯·萨维尼（1779—1861 年）是德国著名法学家、历史法学派代表人物，提出了法是民族精神体现的学说。马克斯·韦伯（1864—1920 年）是德国社会学家，曾参与魏玛宪法的起草工作，他曾提出过法律合理化理论。

5. C

【解析】科技发展对法的影响是多方面的，从科技发展对法律实施的影响看，科技发展为法律实施提供了先进技术、手段和装备，从而提高了法律实施的效率和精确度。可见，A 项表述能够成立。科技对立法的影响主要体现在科技对立法技术和立法体制的影响上，就立法体制而言，科技发展促进了委托立法的出现，并提高了委托立法的水平。可见，B 项表述能够成立。法律对科技发展的作用是多方面的，而不是无所作为的，法律对科技发展的影响表现之一就是法律对科技发展所带来的消极后果具有抵制和防范作用。可见，C 项表述不能成立，选 C 项。法律对科技发展具有组织和管理作用，包括确认科技发展在社会生活中的地位、确认科技发展战略、协调和管理科技活动等。可见，D 项表述能够成立。

6. A

【解析】狭义的执法即行政执法是指国家行政机关和法律法规授权、行政主体委托的组织及其公职人员依照法定职权和程序行使行政管理职权、履行职责、实施法律的活动。狭义执法的主体包括行政机关、法律法规授权的组织、行政主体委托的行政组织和行政公职人员。备选项中，只有 A 项表述的交警符合狭义执法的主体范围，故选 A 项。

7. B

【解析】司法原则包括司法法治原则、司法平等原则、司法独立原则、司法责任原则和司法公正原则。司法独立原则并不意味着司法不接受法律监督，司法接受法律监督和司法独立并不悖逆。可见，A 项表述不能成立。司法责任原则是指司法机关和司法工作人员在行使司法权过程中侵犯了公民、法人和其他组织的合法权益，造成严重后果而应当承担责任的原则，该原则是权责一致的法治原则在司法活动中的体现。可见，B 项表述能够成立。司法公正原则的内容不仅包括程序公正，还包括实质公正。可见，C 项表述不能成立。司法法治原则是指以事实为根据，以法律为准绳的原则，司法平等原则是指公民在适用法律上一律平等原则，不能将这两个司法原则混淆。可见，D 项表述不能成立。

8. C

【解析】我国古代诸多典籍中有关"宪法"一词有两重含义：一是泛指典章制度；二是法令的公布。可见，A 项表述错误。古罗马帝国立法中，宪法一词用来表示皇帝的各种建制和诏令，即指皇帝发布的各种文件。可见，B 项表述错误。近代意义上对宪法概念的使用，其最根本的特征是强调宪法必须是限制国家权力、保证公民权利的基本法律。凡是不符合上述特征的法律都不是宪法。可见，C 项表述正确。我国近代将宪法作为一个概念使用是在清政府于 1908 年颁布《钦定宪法大纲》之前，而作为法律正式出现"宪法"一词是 1923 年颁布的《中华民国宪法》（"贿选宪法"）。可见，"宪法"一词无论是作为一个概念，还是作为正式法律，D 项表述都是不正确的。

9. C

【解析】《宪法》第 62 条第 7 项规定，国家监察委员会主任由全国人大选举产生。《宪法》第 67 条第 11 项规定，全国人大常委会根据国家监察委员会主任的提请，任免国家监察委员会副主任、委员。根据上述规定，A 项表述错误。《监察法》第 9 条第 4 款规定，地方各级监察委员会对本级人民代表大会及其常务委员会和上一级监察委员会负责，并接受其监督。据此，B 项表述错误。《监察法》第 15 条规定，监察机关对下列公职人员和有关人员进行监察：（1）中国共产党机关、人民代表大会及其常务委员会机关、人民政府、监察委员会、人民法院、人民检察院、中国人民政治协商会议各级委员会机关、民主党派机关和工商业联合会机关的公务员，以及参照《中华人民共和国公务员法》管理的人员；（2）法律、法规授权或者受国家机关依法委托管理公共事务的组织中从事公务的人员；（3）国有企业管理人员；（4）公办的教育、科研、文化、医疗卫生、体育等单位中从事管理的人员；（5）基层群众性自治组织中从事管理的人员；（6）其他依法履行公职的人员。据此规定第 3 项，C 项表述正确，选 C 项。《监察法》第 20 条第 2 款规定，对涉嫌贪污贿赂、失职渎职等职务犯罪的被调查人，监察机关可以进行讯问，要求其如实供述涉嫌犯罪的情况。据此，并非任何职务犯罪监察机关都有权讯问，监察机关进行讯问，涉嫌的职务犯罪限于贪污贿赂、失职渎职等。可见，D 项表述错误。

10. D

【解析】现行《宪法》第 124 条第 3 款规定，监察委员会主任每届任期同本级人民代表大会每届任期相同。国家监察委员会主任连续任职不得超过两届。据此，选 D 项。根据现行《宪法》，A、B、C 项表述的职位不受连续任职不得超过两届的限制，因而不选 A、B、C 项。

11. D

【解析】《宪法》第 111 条第 1 款规定，城市和农村按居民居住地区设立的居民委员会或者村民委员会是基层群众性自治组织。居民委员会、村民委员会的主任、副主任和委员由居民选举。居民委员会、村民委员会同基层政权的相互关系由法律规定。据此，A 项表述正确。居民委员会具有基层性、群众性和自治性三个特点，故 B 项表述正确。《城市居民委员会组织法》第 10 条第 1 款规定，居民委员会向居民会议负责并报告工作。据此，C 项表述正确。《城市居民委员会组织法》第 8 条第 1 款规定，居民委员会主任、副主任和委员，由本居住地区全体有选举权的居民或者由每户派代表选举产生；根据居民意见，也可以由每个居民小组选举代表 2 至 3 人选举产生。居民委员会每届任期 5 年，其成员可以连选连任。据此，D 项表述不正确。

12. B

【解析】《选举法》第 49 条第 1 款规定，对于县级的人民代表大会代表，原选区选民 50 人以上联名，对于乡级的人民代表大会代表，原选区选民 30 人以上联名，可以向县级的人民代表大会常务委员会书面提出罢免要求。据此，选 B 项。

13. B

【解析】该款规定的法律是指全国人大及其常委会制定的法律，A 项表述错误。我国法律渊源的表现形式有宪法、法律、行政法规、地方性法规、自治条例和单行条例、特别行政区法律、行政规章、国际条约和国际惯例。可见，B项表述正确，选B项。《立法法》第2条第1款所列规范性法律文件在效力等级上是不同的，宪法的效力高于法律，法律的效力高于行政法规。可见，C项表述错误。规章也是我国正式意义上的法律渊源，D项表述错误。

14. C

【解析】《宪法》第69条规定，全国人民代表大会常务委员会对全国人民代表大会负责并报告工作。据此，A项表述正确。《宪法》第133条规定，最高人民法院对全国人民代表大会和全国人民代表大会常务委员会负责。地方各级人民法院对产生它的国家权力机关负责。据此，B项表述正确。《宪法》第94条规定，中央军事委员会主席对全国人民代表大会和全国人民代表大会常务委员会负责。据此，中央军委主席向全国人大及其常委会负责，但不报告工作。注意：是中央军委"主席"而不是中央军委向全国人大及其常委会负责。可见，C项表述错误，选C项。国家主席既不向全国人大负责，也不报告工作，故D项表述正确。

15. D

【解析】革命根据地时期制定的宪法文件中，规定颁发土地证确认地权以发展农业的政策的是《华北人民政府施政方针》，选D项。

16. C

【解析】十恶重罪包括谋反、谋大逆、谋叛、恶逆、不道、大不敬、不孝、不睦、不义、内乱。其中，不道是指"谋杀一家非死罪三人及支解人、造畜蛊（gǔ）毒、厌魅"，即杀死同一家不当处死的三人及以上；肢解被杀人的尸体；制造、存放用毒虫制成的毒药及用巫术杀人。据说古代将许多毒虫放在器皿中，使之互相吞食，能生存下来的毒虫即为蛊，放入食物害人可使人昏狂失态；厌魅是假借鬼神符咒以图害人，就视为令人生畏的害人方法。可见，某甲的行为构成不道罪，选C项。不睦是指谋杀及卖缌麻以上亲，殴告夫及大功以上尊长、小功尊属。据此，不选A项。不义是指杀本属府主、刺史、县令、见受业师，吏、卒杀本部五品以上官长；及闻夫丧匿不举哀，若作乐，释服从吉及改嫁。据此，不选B项。大不敬是指盗大祀神御之物、乘舆服御物；盗及伪造御宝；合和御药，误不如本方及封题误；若造御膳，误犯食禁；御幸舟船，误不牢固；指斥乘舆，情理切害及对捍制使，而无人臣之礼。据此，不选D项。

17. D

【解析】根据《唐律疏议·名例律》规定，对于犯三流、二死的，加一等，则在加等量刑时死刑和流刑内的刑种都作为一等相加，因此对于被判处流一千里的，加一等即加至流二千里。故选D项。

18. B

【解析】战国时期魏相李悝制定的《法经》共6篇：《盗法》《贼法》《囚法》《捕法》《杂法》《具法》。《盗法》为有关侵犯财产方面犯罪的规定；《贼法》为惩治危害国家安全、危害他人人身安全或社会秩序的犯罪；《囚法》是关于囚禁和审判罪犯的法律规定；《捕法》是关于追捕犯罪者的法律规定；《杂法》是关于"盗贼"以外的其他犯罪与刑罚的法律规定，主要规定了"六禁"：淫禁、狡禁、城禁、嬉禁、徒禁和金禁；《具法》是关于定罪量刑基本原则的规定，相当于近现代刑法典的总则。"六禁"的具体内容是：惩罚奸淫行为是为淫禁；惩罚危害国家政权行为是为狡禁；惩罚偷越城墙行为是为城禁；惩罚赌博行为是为嬉禁；惩罚聚集行为是为徒禁；惩罚受贿行为是为金禁。可见，选 B 项。

19. D

【解析】汉武帝时期颁布告缗令，向商人征收苛重的财产税，并鼓励告发不实申报财产的商人。可见，选 D 项。汉武帝时期颁布的缗钱令是有关征税的法令，而不是重农抑商法令，故不选 A 项。汉朝推行贱商法，该法也是汉朝重农抑商的法律，但该法自汉初就开始施行，而不是汉武帝时期施行的，故不选 B 项。平准法是汉武帝时期颁布的平抑物价的法律，故不选 C 项。

20. C

【解析】元朝的诉讼制度有所发展，突出表现为"诉讼"在法典中开始独立成篇。《元史·刑法志》《元典章》中，"诉讼"已经独立出现，对诉讼的程序、步骤、诉状的格式等，都作了详细规定，反映出实体法与程序法开始逐步分离。可见，选 C 项。

二、多项选择题

21. ABCD

【解析】法学的产生要比法晚，法学是在法发展到一定阶段才出现的，法学的产生需要具备两个条件：（1）要有关于法律现象的材料的一定积累。（2）要有专门从事研究法律现象的学者阶层的出现。可见，A 项表述能够成立。马克思主义法学认为法是人类社会发展到一定阶段的产物，它是随着私有制、阶级和国家的出现而出现的，随着国家的消亡，阶级意义上的法也将会趋于消亡。可见，B 项表述能够成立。法理学是法学的一般理论、基础理论和方法论。法理学与部门法学之间的关系是"一般"与"特殊"的关系。法理学的材料来源是通过对所有部门法材料进行高度抽象概括获得的，所以法理学既提供了研究部门法学的立场、观点和方法，同时它所阐述的基本概念、基本原理和知识，对部门法学的研究又具有指导意义。可见，C、D 项表述能够成立。

22. BCD

【解析】自然法学派并不完全否认实在法，自然法学派认为，法与道德存在必然的联系，法在本质上是内含一定道德因素的概念，实在法只有在符合自然法、具有道德上的善的时候，才具有法的本质，才能成为法，所以"善法亦法""恶法非法"。可见，A 项表述过于绝对，因而不能成立。分析法学派认为法与道德在本质上没有必然联系，评价法律效力的标准不是道德，所以"恶法亦法"。可见，B、D 项表述能够成立。社会法学派认为法律规则条文中的法和实际社会生活中的法是不同的，即区分"书本上的法"和"行动中的法"。"书本上的法"指国家正式颁布的法律；"行动中的法"则是法在社会生活中的实际运作，即在现实中一切起着法的作用的东西。可见，C 项表述能够成立。

23. CD

【解析】平等并不等于平均，任何社会都做不到绝对的平均。可见，A 项表述不能成立。平等和差别对待可以有条件地共存，从人的共性角度看，人与人之间在人格和主体资格上存在着普遍平等，这是绝对的，是形式平等的体现；从人的个性或特殊性的角度看，由于人与人之间确实存在着自然与社会的各种差异，因而对具有各种差别的人们给予权利、义务方面的差别对待具有其合理性，但这是相对的，是实质平等的体现。可见，B项表述不能成立。平等要求排除特权和消除歧视，因而与特权相对立。特权作为一种特殊对待，对个人的发展极其有害，只要有特权存在，平等就不可能实现；在特权面前没有平等，在歧视面前同样没有平等。从社会伦理意义上考虑，歧视比特权更不人道，更不合理。可见，C项表述能够成立。平等是一个历史的范畴，其所表达的内涵随着社会历史环境和条件的变化而变化。可见，D项表述能够成立。

24. ACD

【解析】权利能力是权利主体享有权利和承担义务的资格或能力，它反映了权利主体取得享有权利和承担义务的资格。权利能力当然以权利主体的存在为前提。可见，A、D项表述能够成立。行为能力必须以权利能力为前提，没有权利能力就谈不上有行为能力。可见，B项表述不能成立。权利能力实际上也是一种权利，是能够引起各种具体权利产生的最一般的、最基本的权利。可见，C项表述能够成立。

25. BC

【解析】根据解释主体和解释的效力不同，可以将法律解释分为正式解释与非正式解释两种。正式解释（法定解释、有权解释）是指由特定的国家机关、官员或其他有解释权的人对法律作出的具有法律约束力的解释。根据解释的国家机关的不同，正式解释又可以分为立法解释、司法解释和行政解释三种。非正式解释（学理解释、无权解释）是指由学者或其他个人及组织对法律规定所作的不具有法律约束力的解释。这种解释是学术性或常识性的，不被作为执行法律的依据。从上述各类解释的含义可以看出，甲作为学者，其出具的意见属于学理解释、无权解释，故选B、C项。

26. ACD

【解析】文化教育权是一种综合性的权利体系，主要由文化权利和教育权利组成，是国家发展文化与教育事业的重要基础。可见，A项表述正确。我国宪法规定了教育与文化权利的地位与具体实现方式，为其他基本权利的实现提供文化方面的基础。可见，B项表述错误。文化教育权利在基本权利体系中处于基础地位。文化教育权利的发展程度直接影响公民的政治权利、经济权利等基本权利的实现程度，是保障公民宪法地位的不可忽视的因素。可见，C项表述正确。文化教育权是主观权利与客观价值秩序的统一，权利主体有权请求国家积极创造条件，为公民实现文化教育权利提供各种条件与设施。可见，D项表述正确。

27. ABD

【解析】《全国人民代表大会议事规则》第六章专门规定了调查委员会。《全国人民代表大会议事规则》第45条规定，全国人民代表大会认为必要的时候，可以组织关于特定问题的调查委员会。据此，A项表述正确。《全国人民代表大会议事规则》第46条第1款规定，主席团、3个以上的代表团或者1/10以上的代表联名，可以提议组织关于特定问题的调查委员会，由主席团提请大会全体会议决定。据此，B项表述正确。调查委员会是临时性的，只要全国人大认为有必要，就可以组织调查委员会，完成一定任务即予撤销。可见，C项表述不正确。《全国人民代表大会议事规则》第46条第2款规定，调查委员会由主任委员、副主任委员若干人和委员若干人组成，由主席团在代表中提名，提请大会全体会议通过。调查委员会可以聘请专家参加调查工作。据此，调查委员会的成员一定是全国人大代表。据此，D 项表述正确。

28. AD

【解析】《宪法》第 79 条第 1 款规定，中华人民共和国主席、副主席由全国人民代表大会选举。据此，A 项表述正确。《宪法》第 84 条第 1、2 款规定，中华人民共和国主席缺位的时候，由副主席继任主席的职位。中华人民共和国副主席缺位的时候，由全国人民代表大会补选。据此，B 项表述错误。《宪法》第 79 条第 3 款规定，中华人民共和国主席、副主席每届任期同全国人民代表大会每届任期相同。2018 年宪法修正案取消了国家主席、副主席连续任职不得超过两届的限制。据此，C 项表述不正确。《宪法》第 67 条第 21 项规定，全国人大常委会决定全国或者个别省、自治区、直辖市进入紧急状态。另据《宪法》第 80 条规定，国家主席宣布进入紧急状态。可见，D 项表述正确。

29. BD

【解析】《唐律疏议·名例律》（卷二）规定："诸皇太子妃大功以上亲、应议者期以上亲及孙，若官爵五品以上，犯死罪者，上请；（请，谓条其所犯及应请之状，正其刑名，别奏请。）流罪以下，减一等。其犯十恶，反逆缘坐，杀人，监守内奸、盗、略人、受财枉法者，不用此律。"根据该规定，适用上请的对象包括诸皇太子妃大功以上亲、应议者期以上亲及孙，若官爵五品以上，犯死罪者，上请；流罪以下，减一等。但犯十恶，反逆缘坐，杀人，监守内奸、盗、略人、受财枉法者，不适用上请。A 项表述中，恶逆属于十恶重罪，不适用上请，不选 A 项。官爵五品以上官员犯死罪适用上请，选 B 项。四品官员若犯受财枉法的赃罪，不适用上请，但犯受所监临财物，且没有犯死罪，谈不上适用上请的问题，对此应当依律惩处即可，因而不选 C 项。对于皇太子妃大功以上亲属，犯死罪，适用上请，选 D 项。

30. BC

【解析】在中国近代宪政运动中，规定采取责任内阁制的宪法性文件只有两部：《临时约法》和"天坛宪草"，故选 B、C 项。《临时政府组织大纲》规定采取总统制，而"五五宪草"则未付诸实施。

三、简答题

31.（1）对法律规定不够具体而使理解和执行有困难的问题进行解释，赋予比较概括、原则的规定以具体内容。（2 分）

（2）通过法律解释适应变化了的新的社会情况。法律调整应当与社会现实相协调，应当随社会的发展而赋予某类行为以相应的法律意义，作出适合社会发展的评价。（2 分）

（3）对适用法律中的疑问进行统一的解释。包括：一是在适用法律过程中对具体法律条文理解不一致，通过解释，统一认识，正确司法；二是为统一审理标准，针对某一类案件、某一问题或某一具体个案，就如何理解和执行法律规定而作出的统一解释。（2 分）

（4）对各级法院之间应如何依据法律规定相互配合审理案件，确定管辖以及有关操作规范问题进行解释。（2 分）

（5）通过解释活动，弥补立法的不足。（2 分）

32. （1）二者性质不同。人权是一个政治概念，在实践中不断发展，不同的人们可以对人权有各自的理解和解释。公民权是一个法律概念，其含义和保护方式有着法律的界定，人权的内容一旦入宪而成为公民权，就具有了固定含义，只能依法解释和保护。（4分）

（2）二者不能简单等同。我们可以笼统地讲公民权就是人权，这是因为它体现着人权的内在要求。然而，人权和公民权从性质到形式差异很大，人权的一个方面的要求可能具体化为公民权的若干项权利，而公民权的一项权利也可能同时体现着人权的多方面要求，因而，二者不能一一对等。（4分）

（3）人权与公民权相比，还具有阶级性、民族性、地域性以及时代性和国际性的特点。（2分）

33. （1）立法原则：①采纳各国通行的民法原则。（1分）②以最新最合理的法律理论为指导。（1分）③充分考虑中国特定的国情民风，确定适合中国风俗习惯的法则，并适应社会演进的需要。（1分）

（2）主要内容特点：①民律前三编以"模范列强"为主。民律以日本、德国、瑞士民法典为参照，体例结构取自德国民法典。在总则编中，采取了私有财产所有权不可侵犯、契约自由、过失致人损害应予赔偿等基本原则。债权编规定了债权的标的、效力、让与、承认、消灭以及各种形式债的意义和有关当事人的权利义务等。物权编主要规定了对各种形式的财产权的法律保护及财产使用内容等。（4分）②民律后两编以"固守国粹"为主。根据民律草案的起草原则，所有涉及亲属关系以及与亲属关系相关联的财产关系，均以中国传统为主。这两编主要参照现行法律、经义和道德，虽也采纳了一些资产阶级的法律规定，但更多的是注重吸收中国传统社会历代相沿的礼教民俗。亲属编对亲属关系的种类和范围、家庭制度、婚姻制度、未成年人和成年人的监护、亲属间的扶养等作了规定。继承编规定了自然继承的范围及顺位、遗嘱继承的办法和效力以及对债权人和受遗赠人利益的法律保护。（3分）

四、分析论述题

34. （1）银行在储蓄所设置的"钱款当面点清，离柜概不负责"的告示性格式条款体现了法的效率价值。（2分）理由：法的效率价值是指法所具有或应当具有促进社会财富增长和活动便利并满足人们对物质的需求和便利条件的价值。本案例中，由于银行每天要发生大量的金钱流通业务，将每笔款项交易的完成这种形式特征确立为交易有效的标志，这可以最大限度地降低交易成本，保证交易秩序的确定性。否则，如果认可经常发生的双方间交易额差错的情况，就会产生大量的交涉成本和核查成本，对银行不利。（3分）

（2）银行的告示性格式条款侵害了储户的意志自由，违反了法的平等价值。（2分）理由：法律上的平等主要是社会主体能够获得同等的待遇，包括形式平等与实质平等。本案例中，银行的告示性格式条款是由银行单方面强加于顾客身上的，剥夺了对方的意志自由。银行和储户之间是平等的民事主体，而格式条款却将该告示强加于储户，使双方地位明显不平等，这就违反了平等价值。（3分）

（3）本案体现了法的效率价值和平等价值之间的冲突，银行为本身的效率而对储户给予不平等对待，即体现了两种价值的冲突。（2分）解决效率价值和平等价值之间的冲突，应当坚持个案平衡原则和人民根本利益原则，即在坚持平等这一基本价值的基础上，再行考虑个案的特殊情况，以便个案的解决能够适当兼顾各方的利益。（3 分）

35．（1）坚持中国共产党的领导。党的领导是社会主义法治最根本的保证。把党的领导贯彻到依法治国全过程和各方面，是我国社会主义法治建设的一条基本经验。必须坚持党领导立法、保证执法、支持司法、带头守法，把依法治国基本方略同依法执政基本方式统一起来，把党总揽全局、协调各方同人大、政府、政协、审判机关、检察机关依法依章程履行职能、开展工作统一起来，把党领导人民制定和实施宪法法律同党坚持在宪法法律范围内活动统一起来。（3 分）

（2）坚持人民主体地位。人民是依法治国的主体和力量源泉，人民代表大会制度是保证人民当家作主的根本政治制度。必须坚持法治建设为了人民、依靠人民、造福人民、保护人民，以保障人民根本权益为出发点和落脚点，保证人民依法享有广泛的权利和自由、承担应尽的义务，维护社会公平正义，促进共同富裕。（3 分）

（3）坚持法律面前人人平等。平等是社会主义法律的基本属性。任何组织和个人都必须尊重宪法法律权威，都必须在宪法法律范围内活动，都必须依照宪法法律行使权力或权利、履行职责或义务，都不得有超越宪法法律的特权。（3 分）

（4）坚持依法治国和以德治国相结合。必须坚持一手抓法治、一手抓德治，既重视发挥法律的规范作用，又重视发挥道德的教化作用，以法治体现道德理念、强化法律对道德建设的促进作用，以道德滋养法治精神、强化道德对法治文化的支撑作用，实现法律和道德相辅相成、法治和德治相得益彰。（3 分）

（5）坚持从中国实际出发。必须从我国基本国情出发，同改革开放不断深化相适应，总结和运用党领导人民实行法治的成功经验，围绕社会主义法治建设重大理论和实践问题，推进法治理论创新。汲取中华法律文化精华，借鉴国外法治有益经验，但决不照搬外国法治理念和模式。（3 分）

36．（1）《引咎辞职规定》体现了责任制原则。责任制原则是指国家机关及其工作人员，对其决定、行使职权、履行职责所产生的结果，都必须承担责任。（2 分）理由：人民法院实行集体领导、集体负责的责任制度，而《引咎辞职规定》指出：引咎辞职是指在其直接管辖的范围内，因不履行或者不正确履行职责，导致工作发生重大失误或者造成严重后果，负有直接领导责任的院长、副院长，主动辞去现任职务的行为，并具体规定了引咎辞职的适用情形，这正是责任制原则的体现。（3 分）

（2）《引咎辞职规定》存在下列违宪问题：①最高人民法院无权对地方各级人民法院的法官职务问题作出规定。根据我国宪法规定，地方各级人民法院院长均由地方各级人民代表大会选举并罢免，副院长以及其他法官均由地方各级人民代表大会常务委员会任免。据此，最高人民法院侵犯了地方各级人民法院法官任免权，因此是违宪的。（3 分）②《引咎辞职规定》与宪法规定的法院职权范围不符。宪法以及相关宪法性法律规定，最高人民法院监督地方各级人民法院和专门人民法院的审判工作；下级人民法院的审判工作受上级人民法院监督；最高人民法院只能在审判工作中就如何具体应用法律、法令的问题进行解释。根据上述规定，上下级法院之间仅仅是监督关系，而且仅仅限于监督审判工作，不能越权，否则构成违宪。（3 分）

（3）如果公民认为某一法律、法规或司法解释存在违宪问题，可以向全国人大常委会书面提出进行审查的建议。立法法规定，公民认为行政法规、地方性法规、自治条例和单行条例同宪法或者法律相抵触的，可以向全国人大常委会书面提出进行审查的建议，由常务委员会工作机构进行研究，必要时，送有关的专门委员会进行审查、提出意见。（4分）

37.（1）监督权是指公民享有的参与国家管理、表达政见的一种政治性权利。根据我国宪法规定，公民享有的监督权包括批评权、建议权、申诉权、控告权、检举权以及国家赔偿请求权这六项权利。监督权构成了公民基本权利的一部分，我国宪法对此予以充分保障。（4分）

（2）监督权对于宪政建设和政治生活都具有十分重要的意义：①传递民意、吸纳民智，增进公共决策的理性化程度；②通过直接沟通与对话，缩短公共权力与民意的距离，防止权力的专横与腐败；③培养公民的公共意识、参与意识，民主习惯和民主技能，为实现宪政奠定坚实的基础；④及时宣泄民众的不满，避免社会矛盾的激化，进而维护社会的稳定。（4分）

（3）监督权作为宪法规定的一项公民基本权利，对于任何人，无论他是心存不满的人，还是生活安逸的人，都是必不可少的宪法权利，对于任何公民而言，监督权都是必不可少的。通过行使宪法赋予的监督权，对国家机关或其工作人员提出批评、建议、申诉，对因国家机关和国家工作人员侵犯公民权利而受到损失的人，有权依照法律规定取得赔偿。这不仅可以消除不满，增进社会稳定，还可以保障公民权利免受侵害。（4分）

（4）公民行使监督权受到宪法和法律的保护，对于公民的申诉、控告或者检举，有关国家机关必须查清事实，负责处理，任何人不得压制和打击报复。公民在行使监督权时也不得捏造或者歪曲事实进行诬告陷害。（3分）

38.（1）材料第一段反映了唐朝的审判回避制度。（2分）唐朝审判回避制度的内容是：①凡主审官员与当事人系五服内的亲属或者姻亲，系师生关系，曾为本部都督、刺史、县令者以及此前有仇嫌关系的，都应当回避，改由其他承审官审理。（3分）②同职连判的官员如果属于大功以上亲属，也应当回避。（2分）

（2）材料第二段反映了唐律的溯及力和对申诉案件的处理，关于唐律溯及力问题，类似于现代刑法的"从旧兼从轻原则"。（2分）①唐律溯及力的主要内容是：凡犯罪尚未案发或已经案发但法律规定（材料中指的是颁布了新格）发生变化的，如果新法的规定为重的，则按照犯罪时法律规定处理；如果新法规定为轻的，则依照新法处理。（3分）②对于申诉案件，唐律规定，每年正月，刑部与吏部会同选任知理懂法的官员，经中书省作出最后决定后，到各地办理。（2分）

（3）①唐朝关于审判官回避制度的规定，对于保证司法公正，防止司法官徇私舞弊和防止可能对当事人的偏袒或报复而出现的审判不公等有一定的作用。（2分）②唐律关于"从旧兼从轻"原则的规定，有利于维护法律的尊严和保证罪犯的权益。（2分）③唐律对申诉案件的处理是慎刑思想的体现，这对于平反冤假错案有一定作用。（2分）

综合课模拟试题（五）

一、单项选择题（第 1～20 小题，每小题 1 分，共 20 分。下列每题给出的四个选项中，只有一个选项是最符合题目要求的）

1. 下列条文中，属于法律规则的是（　　）。

A. 《公司法》第 218 条规定："本法自 2006 年 1 月 1 日起施行。"

B. 《刑法》第 94 条规定："本法所称司法工作人员，是指有侦查、检察、审判、监管职责的工作人员。"

C. 《行政处罚法》第 24 条规定："对当事人的同一个违法行为，不得给予两次以上罚款的行政处罚。"

D. 《民法典》第 551 条规定："债务人将债务的全部或者部分转移给第三人的，应当经债权人同意。"

2. 《刑法》第 260 条第 1 款规定："虐待家庭成员，情节恶劣的，处二年以下有期徒刑、拘役或者管制。"甲虐待其父多年，屡教不改。法院审理时认为，甲的虐待行为持续时间长，且屡教不改，应当属于"情节恶劣"的情形。法院对"情节恶劣"的理解属于（　　）。

A. 历史解释　　　　B. 文义解释　　　　C. 体系解释　　　　D. 限制解释

3. 马克思指出：无论是政治的立法或市民的立法，都只是表明和记载经济关系的要求而已。下列关于该论断的理解正确的是（　　）。

A. 法是由生产力水平决定的

B. 法作为上层建筑的重要内容，是由经济基础决定的

C. 法所体现的统治阶级意志的内容是由统治阶级的物质生活条件决定的

D. 法反映的是公共意志

4. 下列选项中，属于我国司法活动范畴的是（　　）。

A. 环保部门要求制污企业限期整改

B. 司法局组织律师培训

C. 检察机关对某涉嫌抢劫的犯罪嫌疑人进行审查起诉

D. 最高人民法院在全国人大会议期间提出法律案

5. 下列关于法律方法的说法，正确的是（　　　）。

A. 法律论证、法律解释和辩证推理方法都具有填补法律漏洞的作用

B. 法律论证是参与方独断的论证过程

C. 归纳推理和演绎推理都是必然性推理

D. 最高国家行政机关有权对行政法作出解释

6. 下列关于法的本质的表述，正确的是（　　　）。

A. 英国哲学家洛克认为法是主权者的命令

B. 德国法学家萨维尼认为法是自由意志的体现

C. 法国思想家卢梭认为法是神的意志的体现

D. 古罗马政治家和法学家西塞罗认为法是理性的体现

7. 下列关于《监察法》的表述，不能成立的是（　　　）。

A.《监察法》属于基本法律

B.《监察法》是一部对专门法律监督工作起统领性和基础性作用的法律

C.《监察法》坚持科学立法、民主立法和依法立法的原则

D.《监察法》坚持党内监督和国家监督的有机统一

8. 根据香港特别行政区基本法的规定，下列关于香港特别行政区行政机关的表述，正确的是（　　　）。

A. 香港特别行政区政府是香港特别行政区的行政机关，对行政长官负责

B. 香港特别行政区行政机关的主要官员由立法会提名报行政长官任命

C. 香港特别行政区的主要官员由在香港通常居住连续满 20 年并在外国无居留权的特别行政区永久性居民中的中国公民担任

D. 香港特别行政区办理基本法规定的中央人民政府授权的对外事务

9. A 省 B 市公民陈某驾驶汽车超速行驶被交警李某认定为违章行为并予以罚款。随后，陈某向"110"投诉，称李某执勤时满口酒气，并对其处理不公。经调查取证，李某执勤时酒精含量为 0。B 市公安分局以陈某捏造事实诽谤他人为由，对其作出治安拘留处罚决定。对此，下列表述正确的是（　　　）。

A. 我国宪法对陈某的投诉行为赋予充分的豁免权

B. 陈某的投诉行为是公民行使监督权的表现

C. 陈某的投诉行为属于捏造事实诽谤他人，应予行政处罚

D. 陈某的投诉行为没有宪法依据

10. 根据《香港特别行政区基本法》的规定，下列选项中属于香港设置的司法机关是（　　　）。

A. 区域法院　　　　B. 行政法院　　　　C. 律政司　　　　D. 检察机关

11. 某村经 1/5 以上的村民代表提议召集村民会议，村民会议由村民委员会召集后，该村过半数的户派代表参加了村民会议。在村民会议召开期间，本村 1/5 以上的村民联名提出了对村委会主任的罢免案。关于该村村民会议的召开，符合法律规定的事项是（　　　）。

A. 经 1/5 以上的村民代表提议召集村民会议

B. 村民会议由村民委员会召集

C. 过半数的户派代表参加了村民会议

D. 1/5 以上的村民联名提出了对村委会主任的罢免案

12. 下列宪法格言所引出处，正确的是（　　）。

A. 法国思想家卢梭：当立法权和行政权集中在同一个人或同一个机关手中，自由便不复存在了；因为人们将要担心这个国王或者议会制定暴虐的法律，并暴虐地执行这些法律

B. 法兰西制宪之父——西耶斯《第三等级是什么？》：如果我们没有宪法，那就必须制定一部；唯有国民拥有制宪权

C. 1787 年《美国宪法》序言：我们认为这些真理是不言自明的：人人生而平等，他们都从"造物主"那里被赋予了某些不可转让的权利，其中包括生命权、自由权和追求幸福的权利

D. 1776 年美国《独立宣言》：凡权利无保障和分权未确立的社会，就没有宪法

13. 下列人员中，不属于全国人大常委会委员长会议的组成人员的是（　　）。

A. 委员　　　　　B. 委员长　　　　　C. 副委员长　　　　　D. 秘书长

14. A 省政府出台一项规定，省民营企业前 500 名的纳税大户的控股企业主的子女中考可享受加 20 分的照顾。对此，下列表述正确的是（　　）。

A. A 省政府制定的加分政策体现了在受教育权上的差别待遇，具有合理性

B. 国家可以以受教育权为回馈手段，对纳税大户的子女给予优待

C. A 省政府在受教育权方面采取差别情况差别对待，存在正当理由

D. 受教育权属于公民基本权利，A 省政府无权出台涉及公民基本权利的规定

15. 据《睡虎地秦墓竹简·法律答问》记载："罪当重而端轻之，当轻而端重之"。该记载所描述的罪名是（　　）。

A. 纵囚　　　　　B. 失刑　　　　　C. 不直　　　　　D. 失察

16. 清朝道光年间，龚某因其妻子与人通奸而争吵，龚某拿剪刀向妻子戳去，刚好龚某的父亲赶来劝解，龚某措手不及将其父戳伤。依据清律，对龚某判处的刑罚应为（　　）。

A. 充军　　　　　B. 发遣　　　　　C. 斩立决　　　　　D. 斩监候

17. 依据唐律规定，对于"非监临主司因事受财"而形成的赃罪是（　　）。

A. 受财枉法　　　　　　　　　　B. 受财不枉法

C. 坐赃　　　　　　　　　　　　D. 受所监临财物

18. 元朝专理蒙古王公贵族案件的中央司法机关是（　　）。

A. 大宗正府　　　B. 宣政院　　　C. 刑部　　　D. 大理寺

19. 下列关于《大清新刑律》的表述，正确的是（　　）。

A. 《大清新刑律》确定的主体刑罚包括死刑、遣刑、流刑、徒刑和罚金

B. 《大清新刑律》取消了以六部分篇的编纂体例，将法典各条按照性质分隶 30 门

C. 《大清新刑律》附有《禁烟条例》和《秋审条例》

D. 《大清新刑律》从西方引进了罪刑法定原则和缓刑、假释等刑罚执行制度

20. 规定"首恶者必办，胁从者不问，立功者受奖"的刑法原则的是（　　）。

A.《华北人民政府施政方针》　　　　　B.《中国人民解放军宣言》

C.《陕甘宁边区宪法原则》　　　　　　D.《陕甘宁边区施政纲领》

二、多项选择题（第 21～30 小题，每小题 2 分，共 20 分。下列每题给出的四个选项中，至少有两个选项是符合题目要求的。多选、少选或错选均不得分）

21. 下列关于当代中国法律渊源的说法，正确的有（　　）。

A. 判例属于我国非正式的法律渊源

B. 香港特别行政区基本法在香港属于根本法

C. 国际惯例可以成为我国正式的法律渊源

D. 儒家仪礼可以成为我国正式的法律渊源

22. 下列情形中，体现责任自负原则的有（　　）。

A. 甲因犯抢夺罪被判处拘役 6 个月

B. 乙的儿子在幼儿园就学期间将同班一小孩抓伤，乙为此支付医疗费 500 元

C. 丙因嫖娼被处以 3 000 元罚款

D. 丁为其上司的贪污行为大包大揽，甘愿顶罪

23. 下列选项中，属于法律关系客体的有（　　）。

A. 节育手术　　　B. 人格独立　　　C. 专利产品　　　D. 遗失物

24. 下列各项表述中，体现了自然法思想的有（　　）。

A. 西塞罗：事实上有一种真正的法律——即正确的理性——与自然相适应，它适用于所有的人而且是不变而永恒的

B. 洛克：理性，教导着有意遵从理性的全人类；人们既然都是平等和独立的，任何人就不得侵害他人的生命、健康、自由或财产

C. 罗斯科·庞德：法律就是一种社会控制，是依照一批在司法和行政过程中使用的权威性法令来实施的高度专门形式的社会控制

D. 阿基马丹：神让一切人自由，自然并没有使任何人成为奴隶

25. 根据我国宪法和地方组织法的规定，关于人大常委会的职权，下列说法正确的是（　　）。

A. A 市人民代表大会闭会期间，市长赵某接受组织审查，市人大常委会可以决定由常务副市长任某代理市长职务

B. A 市人大常委会可以向 A 市人民代表大会提出对 A 市市长赵某的罢免案

C. A 市市长赵某存在严重违纪行为并涉嫌犯罪的组织审查结论公布后，A 市人大常委会可以罢免赵某的市长职务

D. A 市市长赵某被依法罢免后，A 市人大常委会可以提名常务副市长任某为市长候选人

26. A 市盐务局根据省政府制定的《〈盐业管理条例〉实施办法》，对甲公司未经批准购买、运输工业盐的行为作出行政处罚。甲公司认为工业盐不属于国家限制买卖的物品，该《实施办法》的规定违反了《行政处罚法》的规定，遂提起行政诉讼。对此，下列说法正确的有（　　）。

A.《〈盐业管理条例〉实施办法》属于当代中国法的正式渊源中的"地方性法规"

B. 《〈盐业管理条例〉实施办法》是《行政处罚法》的下位法

C. 应当用价值位阶原则解决本案中的价值冲突

D. 若《〈盐业管理条例〉实施办法》与《行政处罚法》相抵触，法院不能直接撤销

27. 下列国家中，实行专门机关解释宪法体制的国家有（   ）。

A. 俄罗斯　　　　　　B. 德国　　　　　　C. 日本　　　　　　D. 英国

28. 下列选项中，属于清朝维护满族特权的法律规定是（   ）。

A. 满汉之间不得通婚　　　　　　　　B. 禁止汉人典买旗地

C. 旗人不适用斩立决　　　　　　　　D. 州县无权对满人涉地方的诉讼作出判决

29. 关于宋朝的行政立法，下列表述正确的是（   ）。

A. 谏院是宋朝中央最高监察机关

B. 为防止科举舞弊，宋朝创立了糊名考校法、誊录制和考官回避制度

C. 宋朝实行官吏差遣制

D. 宋朝首创经义取士的科举制度

30. 民国时期规定实行责任内阁制的宪法（宪法性文件）有（   ）。

A. 《中华民国临时政府组织大纲》　　　B. 《中华民国临时约法》

C. 《中华民国宪法草案》（1913 年）　　D. 《中华民国宪法》（1923 年）

三、简答题（第 31～33 小题，每小题 10 分，共 30 分）

31. 简述法律论证的含义和特点。

32. 简述我国宪法关于全国人大常委会重大事项决定权的主要规定。

33. 简述南京临时政府司法改革的主要措施。

四、分析论述题（第 34～38 小题，共 80 分）

34.（15 分）材料 1：某日，在甲市公共体育场内，武警荷枪实弹，约数千市民正被组织围观一场特别公审公判。陈某是一名犯罪嫌疑人，其胸前挂着 70 厘米长、50 厘米宽的木牌，1 斤多重。上面白底黑字写着"犯罪嫌疑人陈某"，其他被示众者亦如此。甲市法院院长认为公审公判能够起到震慑作用。

材料 2：乙市在市直机关开展了一场普法宣传和一系列普法讲座，使市直机关的工作人员的法律知识水平有了一定的提高。一名市直机关干部丙在采访时表示"普法宣传和普法讲座提高了工作人员的法律意识，因为一个人只有具备了一定的法律理论知识，才具有法律意识"。

请结合上述材料回答下列问题：

（1）材料 1 中，甲市的做法侵犯了何种法律价值？试从法律意识角度分析材料 1 中甲市公审公判的行为。

（2）材料 2 中，市直机关干部丙的说法是否正确？请从法律意识的角度进行分析。

（3）结合材料 1、2 分析法律意识的培养对建设社会主义法治国家的作用。

35.（15 分）联系实际，论述我国的司法原则。

36.（15 分）某女大学生甲到屈臣氏日用品有限公司开设的乙超市购物。当甲离开时，因该超市门口报警器鸣响，甲被滞留检查近两个小时，其间还被保安强行带入该超市办公室内，被迫解开裤扣接受检查。然而，该超市并未检查出甲身上藏有带磁信号的商

品。不久，甲以超市的行为侵害了宪法权利和名誉权、人身权等民法权利并使其精神受到极大伤害为由，向法院起诉，要求被告屈臣氏公司及乙超市公开登报赔礼道歉并赔偿精神损失费2万元。法院根据宪法精神，依据民事法律有关人格权及侵权的规定判决甲胜诉。

请结合上述材料回答下列问题：

(1) 甲的宪法权利是否受到侵害？为什么？

(2) 如果您是法官，是否可以直接适用宪法基本权利条款对该案进行判决？为什么？

(3) 根据法官依据宪法精神断案这一事实说明宪法规范的性质。

37．（15分）试论我国宪法解释制度。

38．（20分）《刑案汇览三编（一）》卷三：秋审处嘉庆五年八月初八奉旨：刑部奏江西省民人周德章殴毙十一岁幼孩黄参才，该抚等将该犯问拟情实，声明周德章之母齐氏现年八十岁，家无次丁。可否将该犯改入缓决，准其留养之处奏明，请旨等语。朕详阅此案情节，幼孩黄参才系代母向周德章索欠，该犯斥其不应催讨，黄参才不依，拉住周德章哭骂，该犯顺用手带烙铁吓打，致伤偏左。黄参才愈加哭骂，仍拉住周德章不放，用头向撞。该犯欲图脱身，复用烙铁吓殴，适伤黄参才脑后左耳根倒地，逾时殒命。是该犯两次随手用烙铁吓殴，衅由逼债，杀出无心。黄参才并非独子，该犯之母现年八十岁，别无次丁，周德章一犯着加恩改为缓决，准其留养。

请结合上述材料回答下列问题：

(1)"秋审"和"留存养亲"的含义和历史沿革。

(2) 请结合材料说明对周德章缓决并准其养亲的原因。

(3) 试说明：

①清朝实行秋审制度的意义。

②清朝规定"留存养亲"制度说明的问题。

综合课模拟试题（五）答案解析

一、单项选择题

1. D

【解析】A项表述的法律条文并非法律规则，而是法律的技术性规定，故不选A项。B项表述的法律条文并非法律规则，而是法律术语，故不选B项。C项表述的法律条文是法律原则，即行政处罚法的基本原则：一事不再罚原则，故不选C项。D项表述的法律条文在逻辑结构上包括假定条件、行为模式和法律后果，规定了当事人的权利和义务，因而是法律规范，故选D项。

2. B

【解析】文义解释是严格遵循法律规范的字面意义并以尊重立法者意志为特征的一种法律解释方法。本题表述中，法院认为甲虐待的行为持续时间长，且屡教不改，属于"情节恶劣"的情形，该解释遵循了立法者的意志，既没有扩大，也没有缩小，因而是文义解释，故选B项，不选D项。历史解释是对法律文件制定的时间、地点、条件等历史背景材料的研究，或者通过将这一法律与历史上同类法律规范进行比较研究来阐明法律规范的内容和含义。历史解释较多运用比较的方法进行，而本题表述中，法官审理案件时直接解释法律规范，没有运用比较解释和可参照的历史资料，因而不是历史解释，故不选A项。体系解释是通过分析某一法律规范在整个法律体系和所属法律部门中的地位和作用，来揭示其内容和含义的法律解释方法。本题表述中，法官仅仅是依照《刑法》第260条第1款审案，并没有将某一法律规范放在整个部门法规范中去探求该条文的含义，因而不是体系解释，故不选C项。

3. C

【解析】马克思的论断反映的是法的本质，即法的本质是由统治阶级的物质生活条件决定的，故选C项。法不能直接由生产力决定，法与生产力发生联系必须通过经济基础这个媒介，故A项表述错误。B项表述没有问题，但与题意不符，故不选B项。法绝对不是公共意志的体现，而是最终由物质生活条件决定的统治阶级的整体意志的反映，故D项表述错误。

4. C

【解析】司法是指国家司法机关依照法定职权和程序，具体应用法律处理各种案件的

488

专门活动。有权行使司法权的司法机关包括审判机关和检察机关，审判机关包括行使审判权的各级法院，检察机关包括各级检察院，检察机关行使批准逮捕、提起公诉、不起诉、抗诉等检察权。可见，C项表述为司法活动，故选C项。A项表述为行政执法，B项表述仅为学习交流活动，D项表述为最高人民法院在全国人大会议期间行使提案权的职权活动，而不是司法活动，故不选A、B、D项。

5. A

【解析】法律方法包括法律解释、法律推理和法律论证。法律论证是一个判断过程，特别是在出现疑难问题时，法律论证的作用体现得更为充分，因此法律论证具有填补法律漏洞的作用；法律解释可以弥补法律规定不完善的地方，因此也具有填补法律漏洞的作用；辩证推理是在解决两个出现矛盾的疑难问题时使用的推理形式，它也具有弥补法律漏洞的作用。可见，A项表述正确。法律论证是各方参与诉讼的过程和结果，在论证过程中寻求共识，而不是每一方的独断。可见，B项表述错误。在形式推理中，演绎推理是一种必然性推理，而归纳推理和类比推理则是或然性推理。可见，C项表述错误。有权对行政法进行解释的机关是全国人大常委会，该解释属于立法解释；有权对行政法规进行解释的机关是国务院，该解释是行政解释。二者不能混淆。可见，D项表述错误。

6. D

【解析】洛克认为法是人类理性的体现，自然法高于实在法，故A项表述错误。萨维尼认为法是民族精神的体现，故B项表述错误。卢梭认为法是理性和公益的体现，故C项表述错误。只有D项表述是正确的。

7. B

【解析】《监察法》是由第十三届全国人大第一次会议通过的，属于基本法律，A项表述成立。制定《监察法》是坚持和加强党对反腐败工作的领导，构建集中统一、权威高效的国家监察体系的必然要求。《监察法》是反腐败工作国家立法成果，是一部对"国家监察工作"（而非专门针对法律监督工作，否则与检察机关的监督职责相混淆）起统领性和基础性作用的法律。为整合反腐败资源力量，加强党对反腐败工作的集中统一领导，实现对所有行使公权力的公职人员监察全覆盖提供法律依据。可见，B项表述不能成立，选B项。监察立法工作遵循以下思路和原则：一是坚持正确的政治方向。二是坚持与宪法修改保持一致。三是坚持问题导向。四是坚持科学立法、民主立法、依法立法。可见，C项表述成立。制定《监察法》是坚持党内监督与国家监察有机统一，坚持走中国特色监察道路的创制之举。通过立法方式保证依规治党与依法治国、党内监督与国家监察有机统一，将党内监督同国家机关监督、民主监督、司法监督、群众监督、舆论监督贯通起来，不断提高党和国家的监督效能。可见，D项表述成立。

8. D

【解析】《香港特别行政区基本法》第59条规定，香港特别行政区政府是香港特别行政区行政机关。《香港特别行政区基本法》第64条规定，香港特别行政区政府必须遵守法律，对香港特别行政区立法会负责：执行立法会通过并已生效的法律；定期向立法会作施政报告；答复立法会议员的质询；征税和公共开支须经立法会批准。根据上述规定，香港特别行政区政府是香港特别行政区的行政机关，对立法会负责，而不是对行政长官负责，

A 项表述错误。《香港特别行政区基本法》第 48 条第 5 项规定，行政长官提名并报请中央人民政府任命下列主要官员：各司司长、副司长，各局局长，廉政专员，审计署署长，警务处处长，入境事务处处长，海关关长；建议中央人民政府免除上述官员职务。据此，行政机关的主要官员由行政长官提名报中央人民政府任命。可见，B 项表述错误。《香港特别行政区基本法》第 61 条规定，香港特别行政区的主要官员由在香港通常居住连续满 15 年并在外国无居留权的香港特别行政区永久性居民中的中国公民担任。据此，C 项表述错误。《香港特别行政区基本法》第 62 条规定，香港特别行政区政府行使下列职权：（1）制定并执行政策；（2）管理各项行政事务；（3）办理本法规定的中央人民政府授权的对外事务；（4）编制并提出财政预算、决算；（5）拟定并提出法案、议案、附属法规；（6）委派官员列席立法会并代表政府发言。据此规定第 3 项，D 项表述正确，选 D 项。

9. B

【解析】《宪法》第 41 条规定，中华人民共和国公民对于任何国家机关和国家工作人员，有提出批评和建议的权利；对于任何国家机关和国家工作人员的违法失职行为，有向有关国家机关提出申诉、控告或者检举的权利，但是不得捏造或者歪曲事实进行诬告陷害。对于公民的申诉、控告或者检举，有关国家机关必须查清事实，负责处理。任何人不得压制和打击报复。由于国家机关和国家工作人员侵犯公民权利而受到损失的人，有依照法律规定取得赔偿的权利。据此，陈某行使的是公民监督权中的检举权，检举权是宪法赋予公民的基本权利。可见，B 项表述正确，选 B 项。为了保障公民充分地行使监督权，公民在行使监督权时，对其行为应享有充分的豁免权，这仅仅是理论层面的探讨，我国宪法目前还没有关于对公民行使监督权进行豁免的规定，因而 A 项表述不正确。本案存在公民行使监督权与捏造事实诽谤他人在区分上难以界定的情况，但是为了保障公民行使监督权，不能要求申诉、投诉或检举的情况与真实情况绝对一致，因此不能将陈某的投诉行为认定为捏造事实诽谤他人。可见，C 项表述错误。陈某的投诉行为是公民行使宪法监督权的表现，有宪法依据。可见，D 项表述错误。

10. A

【解析】《香港特别行政区基本法》第 81 条规定，香港特别行政区设立终审法院、高等法院、区域法院、裁判署法庭和其他专门法庭。高等法院设上诉法庭和原讼法庭。原在香港实行的司法体制，除因设立香港特别行政区终审法院而产生变化外，予以保留。据此，选 A 项。香港特别行政区的法律属于英美法系，而英美法系没有行政法院的设置，这与澳门特别行政区不同，故不选 B 项。英美法系国家一般不设置检察机关，而香港作为原英国进行殖民统治的地区，也没有设置检察机关，虽然根据《香港特别行政区基本法》第 63 条的规定，香港特别行政区律政司主管刑事检察工作，但律政司并非检察机关，而是隶属于香港特别行政区政府的行政机关。可见，不选 C、D 项。

11. B

【解析】《村民委员会组织法》第 21 条规定，村民会议由本村 18 周岁以上的村民组成。村民会议由村民委员会召集。有 1/10 以上的村民或者 1/3 以上的村民代表提议，应当召集村民会议。召集村民会议，应当提前 10 天通知村民。据此，A 项表述不符合法律规定，B 项表述符合法律规定，选 B 项。《村民委员会组织法》第 22 条第 1 款规定，召开村民会议，应当有本村 18 周岁以上村民的过半数，或者本村 2/3 以上的户的代表参加，村民会议所作决定应当经到会人员的过半数通过。法律对召开村民会议及作出决定另有规定的，依照其规定。据此，C 项表述不符合法律规定。《村民委员会组织法》第 16 条规定，本村 1/5 以上有选举权的村民或者 1/3 以上的村民代表联名，可以提出罢免村民委员会成员的要求，并说明要求罢免的理由。被提出罢免的村民委员会成员有权提出申辩意见。罢免村民委员会成员，须有登记参加选举的村民过半数投票，并须经投票的村民过半数通过。据此，D 项表述不符合法律规定。

12. B

【解析】B 项表述出处正确，故选 B 项。A 项表述出自法国思想家孟德斯鸠，而不是卢梭，故 A 项表述错误。C 项表述出自 1776 年美国《独立宣言》，而不是美国宪法，故 C 项表述错误。D 项表述出自 1789 年法国《人权宣言》，而不是美国《独立宣言》，故 D 项表述错误。

13. A

【解析】《宪法》第 68 条规定，全国人民代表大会常务委员会委员长主持全国人民代表大会常务委员会的工作，召集全国人民代表大会常务委员会会议。副委员长、秘书长协助委员长工作。委员长、副委员长、秘书长组成委员长会议，处理全国人民代表大会常务委员会的重要日常工作。据此，选 A 项。

14. D

【解析】D 项表述正确，选 D 项，理由在于：受教育权属于公民基本权利，应由宪法和法律制定，地方法规、部门规章以及规范性文件不能进行创设性规定。因此，A 省政府及其教育部门无权出台涉及受教育权问题的规定。A、B、C 项表述错误，因为在受教育权方面，差别情况要差别对待，但是需要有正当理由。A 省政府的加分规定是基于纳税大户对当地经济的贡献，从而对纳税大户的子女中考加分。这个差别待遇的理由不但不成立，反而破坏了受教育权的平等性。对这些人在经济上的贡献，社会可以从其他途径给予回馈，应该奖励其本人而非其子女。

15. C

【解析】《睡虎地秦墓竹简·法律答问》记载："罪当重而端轻之，当轻而端重之，是谓之'不直'。"即官员对罪应重判而故意轻判，应轻判却故意重判的，构成"不直"罪。可见，选 C 项。秦朝对于故意应当论罪而不论罪或者减轻情节者，对法官以"纵囚"之罪论处；由于过失导致处刑不当、失其轻重的，对法官以"失刑"之罪论处。秦朝没有专门规定失察的罪名。

16. D

【解析】首先需要明确的是，本案属于过失杀伤他人案件，倘若属于常人过失杀伤，可以收赎，以替代直接的刑罚，但子孙过失杀伤父母，不但不得收赎，且处以重刑。其次，唐宋以来，对于尊亲属杀伤卑幼等减等治罪，而卑幼杀伤尊亲属则加重处罚，对于杀伤尊长的，不论故意还是过失，均入"十恶"重罪（咒骂即构成"不孝"，杀伤即构成"恶逆"）。本案中，由于明清时期的充军一般适用于军人犯罪以及江洋大盗、贩卖私盐、搅扰商税、放牧牲畜践踏庄稼等经济犯罪，而对于十恶伦理犯罪一般不适用，不选 A 项。

清朝的发遣刑适用的对象主要是犯徒罪以上的文武官员，一般只限于官员本人，而平民犯罪不适用发遣刑，不选B项。杀伤父母属于重罪，但毕竟属于过失，情有可原，应判处斩监候，选D项。

17．C

【解析】 唐律首次将六种不法所得财物的行为归纳到一起，称为"六赃"，包括受财枉法、受财不枉法、受所监临财物、强盗、窃盗和坐赃。《唐律疏议•杂律》规定："然坐赃者，非监临主司，因事受财，而罪由此赃，故名'坐赃致罪'。"可见，选C项。

18．A

【解析】 元朝专理蒙古王公贵族案件的中央司法机关是大宗正府，大宗正府的地位高于刑部。可见，选A项。宣政院是元朝主持全国佛教事务和统领吐蕃地区军、民之政的中央机构，同时也是全国最高宗教审判机关。刑部是元朝中央主审机关，隶属于中书省，其地位低于大宗正府。元朝撤销大理寺，以刑部取代大理寺。

19．D

【解析】《大清新刑律》确定的刑罚分为主刑和从刑，主刑包括死刑（仅绞刑一种）、无期徒刑、有期徒刑、拘役、罚金；从刑分为褫夺公权和没收两种。《大清现行刑律》将主体刑罚确定为死刑、遣刑、流刑、徒刑和罚金。可见，A项表述错误。《大清新刑律》在体例上抛弃了以往旧律"诸法合体"的编纂形式，采用近代西方刑法典的体例，将法典分为总则和分则两篇，并附有附则——《暂行章程》。《大清现行刑律》虽然取消了明朝以来实行的"六部分篇"的法典编纂体例，将法典各条按照性质分隶30门，但并未改变律例合编体例。可见，B项表述错误。《大清新刑律》的附则称为《暂行章程》，《大清现行刑律》附有《禁烟条例》和《秋审条例》。可见，C项表述错误。《大清新刑律》引进了西方的刑法原则和刑法学的通用术语，有关刑法原则包括罪刑法定原则、法律面前人人平等原则；有关制度和通用术语包括既遂、未遂、缓刑、假释、时效、正当防卫等。可见，D项表述正确。

20．B

【解析】 解放战争时期各解放区刑事立法在原则方面的表现，就是将惩办与宽大相结合的原则进一步明确为"首恶者必办，胁从者不问，立功者受奖"的刑法原则，并通过《中国人民解放军宣言》予以发布。可见，选B项。

二、多项选择题

21．AC

【解析】 当代中国正式意义上的法律渊源包括宪法、法律、行政法规、地方性法规、自治条例和单行条例、特别行政区法律、行政规章、国际条约和国际惯例。当代中国非正式意义上的法律渊源包括习惯、判例、法理、学说、政策等。可见，A、C项表述正确。香港特别行政区基本法不是根本法，宪法才是根本法。可见，B项表述错误。在当代中国，儒家仪礼不仅不能成为正式意义上的法律渊源，也不能成为非正式意义上的法律渊源。可见，D项表述错误。

22．ABC

【解析】 责任自负原则是指违法行为人应当对自己的违法行为负责；不能让没有违法

行为的人承担法律责任，反对株连和变相株连；要保证责任人受到法律追究，也要保证无责任者不受法律追究，做到不枉不纵。A、C项表述中，行为人都要对自己的犯罪行为或违法行为负责，体现了责任自负原则，故选A、C项。B项表述中，监护人对被监护人致他人损害要承担监护责任，这属于责任转承问题，责任转承也属于责任自负原则的应有之义。一般而言，在民事责任和行政责任领域，可以依据法律规定合法转承，但在刑事责任领域不存在转承问题。可见，选B项。D项表述中，丁为其上司揽罪，明显违背责任自负原则，故不选D项。

23．ACD

【解析】法律关系客体是指法律关系主体之间权利和义务所指向的对象。法律关系客体包括物、行为、智力成果、人身利益和数据信息。节育手术属于行为，专利产品属于精神产品，遗失物属于物，故选A、C、D项。人格独立是一般人格权，属于权利，而不是法律关系客体，故不选B项。

24．ABD

【解析】A项表述是古罗马西塞罗的观点，西塞罗是古罗马自然法学派的代表，他认为真正的法是理性的体现，与自然相一致，是必须遵守、永恒不变的，故选A项。B项表述是英国洛克的观点，他认为自然法是理性的体现，故选B项。C项表述是美国罗斯科·庞德的观点，庞德是美国社会法学家，C项表述的观点的核心内容可以概括为法律是社会控制的手段，该观点是社会法学派的观点，故不选C项。D项表述是古希腊阿基马丹的观点，显然属于自然法观点，故选D项。

25．AB

【解析】《地方各级人民代表大会和地方各级人民政府组织法》第44条第9项规定，在本级人民代表大会闭会期间，县级以上的地方各级人民代表大会常务委员会有权决定副省长、自治区副主席、副市长、副州长、副县长、副区长的个别任免；在省长、自治区主席、市长、州长、县长、区长和人民法院院长、人民检察院检察长因故不能担任职务的时候，从本级人民政府、人民法院、人民检察院副职领导人员中决定代理的人选；决定代理检察长，须报上一级人民检察院和人民代表大会常务委员会备案。据此，当A市市长因故不能担任职务的时候，在A市人大闭会期间，A市人大常委会有权从A市政府副职领导人员中决定代理的人选。换句话说，A市人大常委会可以决定由副市长任某代理市长职务。可见，A项表述符合法律规定，选A项。《地方各级人民代表大会和地方各级人民政府组织法》第26条第1款规定，县级以上的地方各级人民代表大会举行会议的时候，主席团、常务委员会或者1/10以上代表联名，可以提出对本级人民代表大会常务委员会组成人员、人民政府组成人员、人民法院院长、人民检察院检察长的罢免案，由主席团提请大会审议。据此，A市人大常委会可以向A市人民代表大会提出对A市市长赵某的罢免案。可见，B项表述符合法律规定，选B项。根据《地方各级人民代表大会和地方各级人民政府组织法》第44条第9项的规定，县级以上的地方各级人大常委会仅有权"在本级人民代表大会闭会期间，决定副省长、自治区副主席、副市长、副州长、副县长、副区长的个别任免"，而无权罢免本级人民政府正职领导人员。因此，A市人大常委会无权罢免赵某的市长职务，该项权力属于A市人民代表大会。可见，C项表述错误。根据《地方各级人民代表大会和地方各级人民政府组织法》第21条的规定，地方各级人大常委会组成人员、地方各级人民政府领导人员的人选，以及人民法院院长，人民检察院检察长的候选人，由本级人大主席团提名，人大代表也可以联合提名上述人选。地方各级人大常委会并无对上述候选人的提名权。可见，D项表述错误。

26．BD

【解析】《〈盐业管理条例〉实施办法》是由省政府制定的，因此它属于当代中国法的正式渊源中的"地方政府规章"，而不是"地方性法规"。地方政府规章的制定主体是"省、自治区、直辖市和设区的市、自治州的人民政府"，而地方性法规的制定主体是"省、自治区、直辖市以及设区的市和自治州的人民代表大会及其常委会"。可见，A项表述错误。《行政处罚法》的制定主体是全国人大，属于"法律"。根据《立法法》第88条的规定，法律的效力高于行政法规、地方性法规、规章。本题题干中表述的《〈盐业管理条例〉实施办法》是《行政处罚法》的下位法。可见，B项表述正确，选B项。法的各种价值之间存在冲突，价值位阶原则是指在不同位阶的法律价值发生冲突时，在先的价值优先于在后的价值。本题表述的是不同法的渊源在效力上的冲突，而不是价值之间的冲突，因此不能用价值位阶原则解决。可见，C项表述错误。根据《立法法》第96、97条的规定，国务院有权改变或者撤销不适当的地方政府规章；地方人民代表大会常务委员会有权撤销本级人民政府制定的不适当的规章。所以，如果《〈盐业管理条例〉实施办法》与《行政处罚法》相抵触，应由国务院或者该省人大常委会撤销，而不是由法院撤销。法院作为司法机关，在任何情况下都无权撤销各级立法机关的制定法，因为法院没有规范性文件是否合宪或者合法的审查权。就本题而言，如果"地方政府规章违反上位法规定的，人民法院在行政审判中不予适用"。可见，D项表述正确，选D项。

27．AB

【解析】实行专门机关解释宪法体制的国家如法国、奥地利、德国、比利时、西班牙、俄罗斯、波兰、韩国等，一般而言，欧洲大多数国家都实行专门机关解释宪法的体制。可见，选A、B项。日本效法美国实行司法机关的宪法解释体制，故不选C项。英国实行立法机关的宪法解释体制，故不选D项。

28．BCD

【解析】清朝满汉通婚的情况非常少见，但清朝法律并无有关满汉不得通婚的规定，不选A项。清朝法律保护旗地旗产，禁止"旗民交产"。清廷入关之初，曾放任满洲贵族及八旗兵丁圈占汉人土地作为私产。为防止旗地旗产散失，清廷多次申令禁止汉人典买旗地。仅乾隆时期就三次定例禁止典买旗地，并对有无典买旗地之事进行清查。在清查中自首者，由官府给价回赎；隐匿不首者，一旦查出，业主售主均照隐匿田律治罪，失察长官也严加议处。可见，B项表述属于清朝维护满族特权的法律规定，选B项。清朝法律规定，如当斩立决者，旗人可减为斩监候，选C项。清朝法律规定，州县可以审理地方诉讼中涉满人的诉讼，但无权判决，选D项。

29．BC

【解析】宋朝的谏院是负责对中枢决策、行政措施和官员任免等事项提出意见的监察机构。虽然谏院是皇帝为了牵制御史台而设置的监察机构，但谏院并非中央最高监察机构，宋朝的中央最高监察机构仍是御史台。可见，A项表述错误。宋朝为了防止科举舞弊，创立了糊名考校法（将试卷弥封）、誊录制（将试卷全部重抄以防止笔迹被辨认）和考官回避制度。可见，B项表述正确。宋朝继续沿袭唐朝做法，实行官吏差遣制，但差遣的规模要比唐朝频繁得多。可见，C项表述正确。元朝首创经义取士的科举制度。可见，D项表述错误。

30. BCD

【解析】《中华民国临时政府组织大纲》效法美国的政治体制，实行总统制，采取三权分立的原则，而不实行责任内阁制。可见，不选A项。为了限制袁世凯的权力，《中华民国临时约法》规定实行责任内阁制，选B项。《中华民国宪法草案》即"天坛宪草"，采取资产阶级三权分立的宪法原则，采取责任内阁制，确认了民主共和制度，体现了国民党等在野派势力通过制宪限制袁世凯权力的意图。可见，选C项。1923年制定的《中华民国宪法》，继续规定责任内阁制，故选D项。

三、简答题

31. 法律论证是指在司法过程中对判决理由的正当性、合法性或合理性进行论证，即在诉讼过程中，诉讼主体运用证据确定案件事实、得出结论的思维过程。（2分）

法律论证的特点有：

（1）法律论证是合情理论证。法律论证是对传统法律教义学和解释理论的超越，即意识到法律三段论的局限，强调"法外"因素在法律正当性论证中的意义，实际上与论理解释中的目的解释和社会学解释以及实质推理异曲同工，属于演绎论证和归纳论证之外的似真论证，即合情理论证。（4分）

（2）法律论证的结论具有可废止性。法律论证一般是由两个部分组成的，即法律问题和事实问题。由于事实、法律、社会等因素的变化，论证的结论有可能被证伪或被修正，因此，法律论证的结论不是绝对的，具有可废止性，或称为可改写性或可证伪性。（4分）

32. 在全国人大闭会期间，全国人大常委会有对下列国家重大事项的决定权：

（1）对国民经济和社会发展计划以及国家预算部分调整方案的审批权。

（2）决定批准和废除同外国缔结的条约和重要协定。

（3）决定驻外全权代表的任免。

（4）规定军人和外交人员的衔级制度和其他专门衔级制度，规定和决定授予国家勋章和荣誉称号。

（5）决定特赦。

（6）遇到国家遭受武装侵犯或者必须履行国家间共同防止侵略的条约的情况，有权决定宣布战争状态。

（7）决定全国总动员和局部动员。

（8）决定全国或者个别省、自治区和直辖市进入紧急状态。

33.（1）确立司法独立的原则。主张司法独立，实现审判权同行政权的分离，是南京临时政府改革司法制度的最重大的举措。根据三权分立的原则，《临时约法》规定，法官独立审判，不受上级官厅之干涉。法官在任中不得减俸或者转职，非依法律受刑罚宣告，或应免职之惩戒处分，不得解职。（2分）

（2）禁止刑讯。临时大总统发布禁止刑讯令，在历数封建刑罚制度的种种罪恶后指出，不论行政司法官署及何种案件，一概不准刑讯；鞫狱应视其证据的充实与否，不当偏重口供，此前不法刑具，应予焚毁。（2 分）

（3）禁止体罚。临时政府颁布禁止体罚令。规定不论司法行政各官署审理及判决刑事、民事案件，不准再用封建刑具，并将笞、杖等刑罚改为罚金、拘留。对于犯人不准实行非人道待遇。（2 分）

（4）试行公开审判、陪审制。《临时约法》规定，法院审判必须公开，但有认为妨碍安全秩序的，可以秘密进行审判。同时引进西方资产阶级的陪审制度，选拔有识之士参与陪审，以提高案件的透明度。（2 分）

（5）试行律师制度。南京临时政府允许律师辩护，以在更大程度上保护被告人的诉讼权利，最大程度地利用辩护律师的诉讼权利牵制司法权，预防司法专横和司法腐败。（2 分）

四、分析论述题

34．（1）①甲市的做法侵犯了陈某和相关公审犯罪嫌疑人的人权。人权是普遍为所有人平等地享有，不容侵犯，甲市公审公判的做法是对犯罪嫌疑人人权的漠视。（3 分）②甲市对诸犯罪嫌疑人采取公审公判的做法，从法律意识角度讲，是法律意识缺失的表现。在法律适用过程中，司法人员的法律意识水准对于适用法律的活动以及案件影响很大。它直接关系到司法人员能否合法审理案件，能否有效地维护公民权利。如果法律意识缺失，就会使公民权利得不到维护，使审判结果的公正性受到质疑，从而不利于法治建设。（3 分）

（2）丙的说法并不正确，因为一个人不具备法律理论知识，也可能具有法律意识。所谓法律意识，是社会意识的一种特殊形式，它是人们关于法律现象的观点、思想、知识和心理的总称，它包括人们对法的本质和作用的看法，对法律现象的理解、要求和态度，对社会成员的法律权利和义务的看法以及对人们行为是否合法的评价等。而法律理论知识是对法律现象理性化、系统化的思想观点，需要经过专门的职业训练才能获得。法律意识可以分为低级阶段的法律心理和高级阶段的法律思想体系，对于低级阶段的法律心理，不需要有法律理论知识，而对于高级阶段的法律思想体系，则需要法律理论知识。（3 分）

（3）①对于材料 1 中出现的违反人权的公审公判，应当提高基层司法人员的法律意识，由于法律意识不能自发形成，只能进行有意识的培养、教育，使法律意识由法律心理阶段上升到法律思想体系阶段。同时，要积极培养司法工作人员的人权观，消除落后的封建法律意识的影响。（3 分）②对于材料 2 中开展的普法宣传，应予以肯定，这对于坚持和实行依法治国、建设社会主义法治国家具有十分重要的意义。社会主义法律意识的培养包括宣传、灌输马克思主义法律观、世界观和普法教育，灌输马克思主义法律观、世界观是培养社会主义法律意识在质的方面的要求，普法教育是培养社会主义法律意识在量的方面的要求，二者相辅相成，缺一不可。宣传和灌输马克思主义法律观、价值观，要自觉抵制封建主义、资本主义法律意识以及其他错误思想的不良影响，以马克思主义为指导，树立正确的法律观与价值观。普法教育，要求开展法制宣传，普及法律常识，重视法制教育，加强法学研究，养成学法、知法、守法、用法的习惯，增强主人翁责任感，强化民主意识，坚决同一切违法、犯罪现象作斗争。培养社会主义法律意识，重在公民意识，要培养广大公民的主人翁观念、权利与义务观念、自由与纪律观念、平等观念。（3 分）

35. （1）司法法治原则。司法法治原则就是以事实为根据，以法律为准绳原则。以事实为根据，就是指司法机关审理一切案件，都只能以与案件有关的事实作为依据而不能以主观臆断作依据。以法律为准绳，就是指司法机关在司法过程中，要严格按照法律规定办事，把法律作为处理案件的唯一标准和尺度。为了贯彻实行该原则，必须坚持实事求是、从实际出发的思想路线，重证据，重调查研究，不轻信口供。坚持维护社会主义法律的权威和尊严，要严格遵守实体法和程序法的规定。（3分）

（2）司法平等原则。司法平等原则要求法律对于全体公民都统一适用，所有公民依法享有同等的权利并承担同等的义务；任何权利受到侵犯的公民一律平等地受到法律保护；在民事和行政诉讼中，要保证诉讼当事人享有平等的诉讼权利，不能偏袒任何一方；在刑事诉讼中，要切实保障诉讼参与人依法享有的诉讼权利。对任何公民的违法犯罪行为，都必须追究法律责任，依法给予相应的法律制裁，不允许有不受法律约束或凌驾于法律之上的特殊公民。实行司法平等原则是发展社会主义市场经济的必然要求；是建设社会主义民主政治的重要保证；是社会主义精神文明的必要条件；是建设社会主义法治国家的要求。在司法实践中贯彻司法平等原则，要坚决反对封建特权思想；司法工作者在司法活动中必须忠实于事实，忠实于法律，忠实于人民。（3分）

（3）司法独立原则。司法独立原则意味着司法权具有专属性和独立性，司法独立原则还要求行使职权必须具有合法性。专属性即国家的司法权只能由国家各级审判机关和检察机关统一行使，其他任何机关、团体和个人都无权行使此项权利；独立性即人民法院、人民检察院依照法律独立行使自己的职权，不受行政机关、社会团体和个人的非法干涉；行使职权的合法性即司法机关审理案件必须严格依照法律规定，正确适用法律，不得滥用职权，枉法裁判。实行司法独立原则对于发扬社会主义民主、维护国家法制统一、保证司法机关正确适用法律和维护社会主义司法公正，具有重要意义。（3分）

（4）司法责任原则。司法责任原则是指司法机关和司法人员在行使司法权过程中侵犯了公民、法人和其他社会组织的合法权益，造成严重后果而应承担的一种责任制度。司法责任原则是根据权力与责任相统一的法治原则而提出的权力约束机制。司法机关和司法人员接受人民权力的委托，行使国家的司法权，有着重大的权力。按照权力与责任相一致的原则，一方面对司法机关和司法人员行使国家司法权给予法律保障，另一方面对司法机关及其司法人员的违法和犯罪行为给予严惩。只有将司法权力与司法责任结合起来，才能更好地增强司法机关和司法人员的责任感，防止司法过程中的违法行为，并对违法行为进行法律制裁，以更好地维护社会主义司法的威信和社会主义法制的权威和尊严。（3分）

（5）司法公正原则。司法公正原则是指司法机关及其司法人员在司法活动的过程和结果中应坚持和体现公平和正义的原则。司法公正是社会正义的重要组成部分，它包括实体公正和程序公正，其中实体公正主要是指司法裁判的结果公正，当事人的权益得到了充分的保障，违法犯罪者受到了应得的惩罚和制裁；程序公正主要是指司法过程的公正，司法程序具有正当性，当事人在司法过程中应受到公平的对待。司法活动的合法性、独立性、有效性，裁判人员的中立性，当事人地位的平等性以及裁判结果的公正性，都是司法公正的必然要求和体现。司法公正是司法的生命和灵魂，是司法的本质要求和终极价值准则。追求司法公正是司法的永恒主题，也是民众对司法的期望。当今中国正在进行司法改革，

它包括制度、程序和体制改革以及建立现代司法制度，其最终目的就是实现司法公正，并通过司法公正维护和促进社会公正。（3分）

36.（1）甲的人格尊严权受到侵犯。依据宪法规定，中华人民共和国公民的人格尊严不受侵犯。禁止用任何方法对公民进行侮辱、诽谤和诬告陷害。甲到超市购物，超市怀疑甲偷东西，对甲进行人身搜查，侵犯了甲的人格尊严。（5分）

（2）如果本人是法官，本人不能直接适用宪法关于人格尊严的条款进行判决，因为宪法规范只提供调整社会关系的宏观性原则，宪法规范的实现不可能是直接的一次性调整具体的权利义务关系。因此，法官应当将宪法有关人格尊严的规定作为一种精神，并具体引用民事法律有关人格权的规定和有关侵犯人格尊严的条款作出判决。（5分）

（3）法官依据宪法精神断案而不直接引用宪法条款说明宪法规范的宏观原则性，而具体权利义务的规定应当由部门法来解决，这也体现了宪法规范是一种确认性规范。（5分）

37.（1）我国现行宪法解释体制属于立法机关解释体制。1954年宪法和1975年宪法都没有对宪法解释权的归属作出规定。这种解释体制首先是由1978年宪法予以确认和建立的。1982年宪法再次以根本法的形式确认了宪法解释的机关是全国人民代表大会常务委员会，这与我国的宪政体制相吻合。（5分）

（2）实行宪法解释体制的理由。宪法解释权由全国人大常委会行使，这种体制存在的理由是：全国人大作为最高的国家权力机关既有制宪权，也有立法权，而全国人大常委会是全国人大的组成部分，拥有解释宪法的权力，使得宪法解释具有立法性质和普遍的约束力，并使宪法解释工作成为一种经常性的行为。从一定的意义上讲，全国人大常委会比其他的国家机关更了解宪法的原意和精神，因而，这种解释体制具有一定的合理性。（5分）

（3）我国宪法解释体制存在的问题。我国宪法解释体制在实际生活中还存在着一定的问题，最突出的表现就是宪法解释缺乏具体的规范化程序，因此，在我国目前还应当建立和完善一些具体的解释程序，用法律将宪法解释进一步规范化。（5分）

38.（1）①秋审是清朝每年秋八月在天安门金水桥西由九卿、科道、詹事、军机大臣、内阁大学士等重要官员会同审理各省上报的斩绞监候案的会审。秋审是清朝最重要的会审制度，该制度源于明朝的朝审，因每年秋天而得名，清末变法修律时将该制度废除。（4分）②"留存养亲"又称为"留养承祀"，是指罪犯为独子而其祖父母、父母年老无人奉养，或符合"孀妇独子"等条件的，经皇帝批准，免于死刑，在实施一定处罚后准其留养的制度。该制度最早源于南北朝北魏时期，唐律也有"亲老丁单"适用上请的规定，明清沿用该制度，清朝对此制度予以发展并完善，并通过秋审方式来决定是否适用。清末变法修律，该制度被废除。（4分）

（2）依据材料所述情形，周德章的母亲齐氏现年80岁，家里没有其他成年男子，加上周德章并非故意杀人，因此符合留存养亲的条件。为此，皇帝下旨施恩，将周德章改判为缓决，待秋审后予以留存养亲。（3分）

（3）①秋审是清朝刑事审判制度完备的重要标志，该制度既保证了皇帝对最高司法权的控制，又宣扬了统治者的仁政德治。（3分）②留存养亲制度是中国法律儒家化的产物，自汉以后，统治阶级以儒家学说为治国的指导思想。儒家把宗法伦理道德看得最高，而宗法伦理中最基本最重要的是"孝"的观念。留养承祀即是"孝"的观念在法律上的体现。清代秋审对留存养亲制度进一步发展，确立了对死刑犯的留养承祀制度。清代法律中规定的承祀制度，更多地考虑到了家族血脉的延续，而不是为了赡养无人照顾的老人，体现了留存养亲制度在清朝的拓展。（6分）